IP 실크로드 2

심영택

발명가

공학박사(의공학)

법학박사(J.D.)

미국 특허변호사

수많은 고난, 숱한 역경을 모두 극복하고,
"하면 된다"는 신념에 가득찬 배달의 후예,

승리하는 대한민국 발명가와 발명+ 기업의
글로벌 특허 정석(이론, 판례, 응용, 전략)

IP SILK ROAD 2

2016년 3월 14일 초판 1쇄 인쇄
2016년 3월 14일 초판 1쇄 발행

저자 심영택
펴낸이 이경란
펴낸곳 (주)이지펙스
주소 서울시 금천구 가산디지털1로205 (가산동 KCC웰츠밸리 304호~306호)
전화 02-565-9930
팩스 02-565-9940
등록 2006. 06. 16. 제2011-78호
출판사 홈페이지 www.ezpex.com

ISBN 979-11-5961-004-2 04020
정가 36,000원

이 책을 만든 사람들
기획 이경란
본문디자인 (주)이지펙스
제작 지식과감성

이 도서의 국립중앙도서관 출판예정도서목록(CIP)은 서지정보유통지원시스템 홈페이지(http://seoji.nl.go.kr)와 국가자료공동목록시스템(http://www.nl.go.kr/kolisnet)에서 이용하실 수 있습니다. (CIP제어번호 : CIP2016003270)

IP SILK ROAD 2

글로벌 특허전쟁의 승자만을 위한
수익 창출용 글로벌 특허 정석

범위, 또 범위, 그리고 범위

EZPEX

심영택

Baby-boom 세대의 절정인 1957년 서울에서 태어난 저자는 유명한 발명가가 되기 위하여 서울대학교 공과대학과 한국과학원(현 KAIST의 전신)에서 화학공학을 공부하였고, 미국 Johns Hopkins 대학교와 Duke 대학교에서 의공학을 공부하였다. 박사학위 취득 후 모교인 Duke 대학교 공과대학에서 연구교수로 근무하던 저자는 특허 2건을 출원하며 '바가지'를 톡톡히 쓰고 말았다. 이에 저자는 자신이 직접 특허를 쓰기 위하여 만 38세에 다시 Duke 대학교 Law School에 진학하여 법학을 공부하였으며, 미국 변호사 자격증 취득 후에는 미국 Boston, Silicon Valley의 유수 특허 law firm에서 특허변호사로 근무하였다.

2006년 10월 저자는 21년 반의 미국 생활을 접고 영구 귀국하였으며, 저자의 40년 지기이자 지금은 고인이 된 홍국선 교수의 권유로 서울대학교 산학협력재단 본부장으로 근무하게 되었다. 2008년 4월 저자는 자본금 5조 원의 세계 최대의 특허관리업체(특허괴물?)인 Intellectual Ventures가 서울에 설립한 "Intellectual Ventures Korea"의 초대사장으로 근무하였으며, 2009년 10월부터 서울대학교 법학전문대학원에서 초빙교수로 근무하며 미국특허제도 및 특허 사업화 등을 강의하였다.

2015년 9월 저자는 software 전문 startup인 'Firstface'에 공동대표로 합류하였으며, 2016년부터는 인천 송도의 한국뉴욕주립대학교(SUNY Korea)에서 정교수로 근무하며 발명, 창업 및 기술 사업화 등에 대한 강의는 물론 이의 실질적 구현에도 계속 정진할 계획이다.

이지펙스

- 산업통상자원부 지정 기술거래기관
- 지식재산 경영 컨설팅 서비스 전문기관

(주)이지펙스는 특허·기술의 동향조사(Patent Map)를 통해 고객이 원하는 전문적인 특허의 분석 및 평가 서비스를 제공하고 있으며, 시장성이 있고 사업화 가능한 특허·기술을 발굴하는 한편 이를 이용한 새로운 사업 모델을 고객에게 제시함으로써 우수한 특허·기술이 고객에게 이전될 수 있도록 기술거래 서비스를 제공하고 있습니다. 또한 (주)이지펙스는 고객이 경쟁력 있는 지식재산을 창출할 수 있는 방법을 제시할 뿐만 아니라, 창출 또는 획득한 지식재산을 안정적으로 보호 및 관리하고, 분쟁대응, 마케팅 등 다방면에 활용할 수 있도록 컨설팅 서비스를 제공하는 한편 관련 서적을 출판하고 있습니다.

머리말

대한민국의 "발명가"와 "발명+ 제조업체"를 위하여!

중국제국보다 광활하고 강대하였던 고구려, 해동성국으로 알려진 발해, 해상강국이었던 신라와 백제에서 살아본 적은 없지만, 저자는 단군 이래 한민족이 지금처럼 잘 살아본 적은 없었으리라 확신한다. 이는 북한의 남침에 의한 6.25 한국전쟁 후 세계 최빈국 중 하나로 전락한 대한민국에서 태어난 baby-boom 세대가 박정희 전 대통령의 중화학공업 육성 정책과 수출입국 정책의 기조였던 "**하면 된다**"라는 맹목적 믿음만으로 근면하게 일하고 각자 자신의 재주를 살린 결과라고 생각한다.

하지만 21세기는 지식기반시대이다. 지식기반시대의 특징은 제조 능력의 global 평준화와, 이에 의한 제조업의 가치 하락과 지식재산의 가치 상승이다. 그 결과 변변한 제조 시설도 없이 특허, 저작권, 상표 등의 지식재산으로 단단히 무장한 Apple은 smart-phone 및 computer 부분에서 세계 시장을 제패하고 있다. 21세기 지식기반시대를 살고 있는 대한민국 역시 제조업만으로는 더 이상의 발전을 이룰 수 없음은 자명하다. 따라서 대한민국이 자랑스러운 과거에만 집착하며 제조업만을 추구할 경우, 많은 전문가들은 대한민국이 세계 제1의 제조국인 중국과의 경쟁에서 패할 수밖에 없으며, 궁극적으로 중국에 종속되지 않을까 우려하고 있다.

따라서 이제는 대한민국도 "제조하면 된다"는 20세기의 paradigm을 버리고 "발명하면 된다"는 21세기의 paradigm으로 전환할 때이다. 즉 대한민국 특허생태계의 선순환적 초석을 세울 우량 발명가를 대량 육성할 시점이다. 그렇다고 대한민국이 제조업을 포기해야 한다는 말은 절대 아니다. 오히려 대한민국이 일군 자랑스러운 제조업에 우량 발명·우량특허를 전향적으로 융합하자는 말이다. 바꾸어 말하자면 대한민국도 이제는 더 이상 맹목적으로 제조업체를 키울 것이 아니라, "**침해+ 제조업체**"는 지양하고 "**발명+ 제조업체**"를 전략적으로, 집중적으로 육성하자는 말이다.

저자는 누구이기에?

저자는 baby-boom 세대의 절정인 1957년 서울에서 태어나 서울대학교 공과대학과 한국과학원(현 KAIST의 전신)에서 화학공학을 공부하고, 미국 Johns Hopkins 대학교와 Duke 대학교에서 의공학을 공부하였다. 박사학위 취득 후 모교인 Duke 대학교에서 연구교수로 근무하던 저자는 다시 Duke 대학교 Law School에 진학하여 법학을 공부하였으며, 미국 변호사 자격증 취득 후 미국 Boston, Silicon Valley의 유수 특허 law firm에서 특허변호사로 근무하였다.

2006년 10월 저자는 21년 반의 미국 생활을 접고 영구 귀국하였으며, 저자의 40년 지기이자 지금은 고인이 된 홍국선 교수의 권유로 서울대학교 산학협력재단 본부장으로 근무하게 되었다. 그 후 저자는 자본금 5조 원으로 설립된 세계 최대의 특허관리업체(혹자는 '특허괴물'이라고 지칭)인 Intellectual Ventures가 서울에 설립한 "Intellectual Ventures Korea"의 대표로 근무하였으며, 2009년 10월부터 서울대학교 법학전문대학원에서, 2015년부터는 성균관대학교 창업대학원에서 초빙교수로 근무하며 미국특허제도 및 특허 사업화 등을 강의하였다. 2015년 9월 저자는 mobile platform의 global 강자로 부상할 software 전문 startup인 'Firstface'의 설립자인 정재락 대표와 의기투합하여 'Firstface'에 공동대표로 합류하였으며, 2016년부터는 인천 송도 소재 한국뉴욕주립대학교(SUNY Korea)의 기술경영학과 교수로 발명, 창업 및 기술 사업화 등에 대한 강의는 물론 이의 실질적 구현에 계속 정진할 계획이다.

공학박사와 법학박사를 취득하고, 미국 특허변호사 및 특허활용 전문가로 활동하면서도 저자가 항상 추구해온 꿈이 하나 있다. 즉 "인류에 공헌하는 발명가로서 이름을 날리며, 여건이 허락하건 안하건 발명으로 무조건 큰 수익을 창출해보겠다"라는 어린 시절부터의 꿈이다. 공학도 어느 정도는 깊이 있게 이해하고 미국 특허법도 웬만큼 꿰고 있고 혼자 미국 특허도 쓸 수 있는 특허 전문가인 저자에게도 특허로 수익을 창출하기는 쉽지 않은 일이다. 하지만 저자는 지금도 시간이 허락하는 한 발명 활동을 계속하고 있다. 왜냐하면 공학박사, 법학박사, 미국 특허변호사, 특허활용 전문가라고 우겨온 저자가 정작 자기 자신의 발명·특허로 수익을 창출하지 못한 채 은퇴하게 된다면, 그야말로 천추의 한이 될 것이 자명하기 때문이다. 물론 "중도 제 머리는 못 깎는다"고 자위할 수 있겠지만, 자신의 머리를 매일 직접 깎는 저자는 이렇게 자위할 수도 없기에 저자의 상황은 더더욱 처절하다.

저자가 본 저서를 집필하게 된 계기도 이와 관련이 있다. 즉 대한민국이 명실상부하게 21세기 지식기반시대의 선진국으로 안착하기 위해서는 수많은 우량 발명가가 필요하며, 또 이들이 착상한 우량 발명을 미국·유럽·중국 등 전략적 주요 국가에서 우량특허로 재창출할 수 있는 특허전문가가 필요하기 때문이다. 이에 저자는 나름대로 다양한 학문을 공부하고 다양한 직종에서 활동하며 얻은 발명·특허 관련 지식과 knowhow를 정리하여 추후 대한민국의 발명가, 발명+ 제조업체는 물론 특허전문가가 이를 활용하기를 기대하며 본 저서를 출간하기로 결정하였다.

저자의 당부!

저자는 본 저서가 대한민국의 모든 발명가들(즉 개인발명가, 대학교·연구소의 발명가 및 발명+ 제조업체의 발명가 포함), 변리사들은 물론 특허활용 전문가들에게 "**오직 범위 뿐**"이라는 특허의 속성을 간과할 경우 절대로 수익을 창출할 수 없다는 엄연한 진리를 다시 한 번 각인시킬 수 있는 기회가 되기를 바란다. 물론 그 옛날 막대한 수익 창출을 위하여 수많은 고난, 숱한 역경을 모두 극복하며 아무도 가본 적 없는 Silk Road를 개척하던 caravan들과 같이, 아무도 가본 적 없는 길을 따라 기약없는 여행을 떠나는 발명가들은 항상 외로우며 불안하다. 하지만 한 번 개척한 Silk Road는 발명가 자신만을 위함이 아니라 배달의 후예 발명가들이 따라갈 수 있는 훌륭한 귀감이다. 이를 위하여 저자는 본 저서의 제목을 "**IP Silk Road**"로, 부제목을 "**범위, 또 범위, 그리고 범위**"로 정하였다. 단 저자가 특허의 속성을 파헤치고 이에 대한 근거를 설명하다 보니 본의 아니게 본 저서의 분량도 많아지게 되었고, 이에 따라 발명가이건 변리사이건 특허활용 전문가이건 본 저서를 한 번에 통독하기는 어려울 것으로 생각된다. 따라서 저자는 본 저서의 각 장에서 앞서 설명한 관련 부분을 간략히 정리함으로써, 독자가 각 장을 이해하기 위하여 앞 장들을 읽을 필요가 없도록 최선을 다하였다.

하지만 저자가 무모할 만큼 넓은 범위를 혼자 다루다보니 분명 본 저서에는 본의 아니게 왜곡된 사실이나 부정확한 설명이 포함되었으리라 우려된다. 또한 저자 역시 발명가이기에 본 저서에는 분명 발명가의 입장이 약간 (a.k.a., very very little) 과장된 부분도 포함되었으리라 생각된다. 이에 저자는 선후배는 물론 동료 특허 전문가들에게 이에 대한 날카로운 지적을 개인적으로 또는 공개적으로 개진해 주도록 간곡히 부탁하는 바이다. 저자는 물론 국내 특허 전문가들이 새로운 쟁점을 인지하고 이를 토론함에 따라 대한민국에 선순환적 특허생태계가 구축되는 날 역시 앞당겨지고, 이에 따라 대한민국이 21세기 지식기반시대의 강자로 부상하여 안착하는 날도 더 일찍 도래할 수 있기 때문이다.

저자의 감사!

저자는 우선 오늘의 저자가 있게 해주신 저자의 부친(심의환 전 총무처 장관, 작고)과 모친(권효순)께 감사드린다. 특히 고등고시에 합격한 후 거의 일평생을 상공부의 상역계장, 상역과장, 상역국장, 상공차관보, 상공차관 등의 요직을 거치며 수출입국에 헌신하였고, 3남 1녀 자식들에게 항상 국가에 봉사하라고 말씀하시던 부친과[1] 이를 잊을만하면 다시 자식들

1) 자세한 내용은 아래의 URL 참고 (2014.08.31 최종 확인): http://m.blog.daum.net/camcos/6532097

에게 당부하셔온 모친께, 저자는 본 저서로 저자 역시 국가에 헌신하기 위하여 최소한의 노력은 기울였다고 답할 수 있기를 바란다.

개인적으로 저자는 40년 지기이자 대한민국 산학협력의 선구자인 홍국선 교수(작고)에게 깊은 감사를 표한다. 아울러 저자는 연구·강의 경력이 미천하였던 저자를 맹목적일 정도로 신뢰하여 서울대학교 법학전문대학원에서 연구하며 열정적 지식재산 전문가들을 대상으로 황금 시간인 매주 토요일 오후 강의할 수 있는 기회를 흔쾌히 맡겨주신 김건식 (전)학장님, 정상조 (전)학장님, 이원우 학장님은 물론 오연천 (전)총장님(현 울산대학교 총장), 성낙인 총장님과, 이 분들께 저자를 적극적으로 추천해주신 김도연 (전)공대학장님(현 포항공과대학교 총장)께도 깊이 감사드린다.

저자는 저자의 고등학교·대학교 선배이자 화학공학과 선배이기도 하신 김창세 대표님(화학공학 박사 및 제일국제법률사무소 대표변리사)께도 심심한 감사를 표한다. 물론 김 대표님께서는 또렷이 기억하지 못하시겠지만, 저자는 Duke 대학교에서 연구교수로 근무하던 중 Law School로부터 입학 허가를 받고 1995년 여름 잠시 귀국하여 김 대표님께 구직을 요청한 적이 있었다. 물론 그 이유는 바로 만38세에 다시 Law School에서 공부를 시작하기가 무척이나 싫었기 때문이었다. 하지만 김 대표님께서는 미국에서 J.D.를 마치고 오라하시며 저자의 구직 요청을 매몰차게 거절하셨고, 이에 저자는 몹시 낙담하며 Duke 대학교 J.D. 과정에 입학하게 되었다. 만일 그 당시 김 대표님께서 저자의 구직 요청을 받아주셨다면 저자가 미국특허제도를 익히고, 미국 유수 특허 law firm에서 실무 경험을 쌓은 후, 추후 global 특허 business를 접할 기회도 놓쳤을 가능성이 매우 컸으리라 추측하며, 이에 저자는 김창세 대표님께 항상 감사하고 있다. 하지만 약간 생뚱맞기도 하고 게으른 탓에 저자는 김 대표님께 개인적으로 직접 감사를 표하지는 못하였다. 따라서 이렇게 지면을 빌려 김창세 대표님께 다시 한 번 깊이 감사드린다.

Intellectual Ventures Korea에서 18개월 동안 대표로 근무하며 저자는 그 동안 알아왔던 특허를 finance와 business라는 측면에서 새로이 볼 수 있는 '눈'을 계발할 수 있었다. 이에 저자는 당시에는 저자의 상관, 현재는 막역한 동료인 Mr. Andre Lee(현 Technology Reserve 창업자, 대표)에게도 깊은 감사를 표한다. 만일 저자가 그 때 Andre를 만나지 못했더라면 발명가, 미국 특허변호사였던 저자가 global patent business는 물론 IP finance라는 새로운 세계를 접하고 이에 대한 새로운 '눈'을 뜰 수 있는 시기는 더 늦어졌으리라 생각한다.

저자는 본 저서의 초고를 읽고 수많은 오류를 지적하는 동시에 다양한 조언을 아끼지 않은 많은 동료, 선후배님들께도 깊이 감사드린다. 특히 박원미 변리사님(두리암 특허법률사무소, 이학박사)께서는 머리말부터 결론까지 꼼꼼히 읽고 수많은 오타와 오류를 지적하며 새로운 내용을 제안해 주셨으며, 동 사무소의 문환구 변리사님 역시 문맥과 내용은 물론 사자성어에 대해서도 수많은 조언을 주셨다. 홍석경 변리사님(특허법인 충현)과 김두규 변리사님(특허법인 우인, 미국 특허변호사) 역시 저자의 초고에 대한 많은 조언을 제공해 주신 한편 백만기 변리사님(김앤장 법률사무소), 황우택 변리사님(특허법인 C&S, 전 특허심판원장), 고충곤 대표님(Intellectual Stone, 미국 특허변호사), 김광준 대표님(Intellectual Discovery, 미국 특허변호사), 조정욱 변호사님(법무법인 강호, 대표변호사), 조서용 박사님(공학박사, 서울대학교 기술지주회사, 실장), 김동리 변리사님(ETRI, 책임), 김수연 변리사님(삼성디스플레이, 책임), 박지영 변리사님(서울대학교 기술지주회사, 전문위원) 등 많은 분들께서 아낌없는 조언을 제공해 주셨다. 이에 더 좋은 저서를 집필하지 못한 송구함을 접은 채 모든 분들의 노력과 애정에 깊이 감사드린다.

또한 저자는 저자의 저서를 과감하게 출판하기로 결정하고 끊임없는 성원으로 격려해주신 (주)이지팩스의 이경란 대표님은 물론 무려 17개월 동안 지치지 않고 오타 투성이의 초고를 매끄럽게 닦아주신 이영란 선생님의 끈기에도 감사드린다.

마지막으로 저자는 대한민국의 동료 및 선후배 특허전문가들에게 본 저서를 이용하여 이보다 수십 배의 전문성과 통찰력을 제공할 수 있는 새로운 교재를 집필하도록 요청하는 바이다. 이를 통하여 저자가 미처 인지하지 못한 새로운 이론과 응용은 물론 인지는 하였으나 이해할 수 없었던 이론과 실체를 이해할 수 있기를 열망한다.

2016년 2월 글쓴이 심영택

"IP SILK ROAD"를 마무리하며

"IP Silk Road"는 2011년 저자가 서울대학교 법학전문대학원 재직 시절 떠올린 idea이다. Intellectual Ventures Korea 대표로 근무하였던 저자는 국내 대학교와 연구소에 근무하는 수많은 우량 발명가들이 착상한 수많은 우량 발명들이 제대로 우량특허로 재창출되지 못하고, 그 결과 대한민국의 발명가들은 한 푼의 수익도 창출하지 못한 채 해외 유수기업들이 이를 공짜로 활용하고 있는 답답한 상황을 종종 목도하였다. 이에 저자는 국내 대학교나 연구소가 보유한 특허의 해외 기술이전을 도모하는 전문가를 양성하기 위한 IP 비즈니스 전문 인력 양성 프로그램을 구상하게 되었으며, 저자는 이 프로그램을 "IP Silk Road"라고 부르기로 결정하였다.

저자가 IP 비즈니스 전문 인력 양성 프로그램을 "IP Silk Road"라고 부르기로 결정하게 된 이유는 간단하다. 그 옛날 막대한 수익을 창출하기 위하여 아무도 가지 않았던 벌판과 사막을 가로지르고 수많은 고난, 숱한 역경을 모두 극복하며 Silk Road를 개척하던 caravan들과 마찬가지로, 아무도 가본적 없는 여행을 떠나는 발명가들 역시 수많은 고난과 숱한 역경을 겪지 않고는 발명과 특허를 이용하여 수익을 창출하기 어렵다는 사실을 여러 경로를 통하여 확인하였기 때문이다. 하지만 caravan들이 목숨을 걸고 닦은 Silk Road는 이들의 자손들이 대대로 삶을 영위하는 젖줄이 된다. 마찬가지로 대한민국 발명가들이 합심하여 지금 "IP Silk Road"를 제대로 닦을 수만 있다면, 이는 자신의 수익 창출의 근원이 될 수 있음은 물론 우리의 후배 발명가들이 자랑스럽게 따라올 수 있는 왕도(王道)가 되리라고 저자는 확신하였다.

2011년 여름 저자는 저자의 40년 지기이자 지금은 고인이 된 서울대학교 공과대학 홍국선 교수와 함께 정부 산하 K1 기관에 "IP Silk Road" 사업을 제안하였다. 하지만 저자와 홍교수는 K1 기관을 통한 예산 확보에는 성공하지 못하였다. 이에 저자와 홍교수는 다시 지식경제부(현 산업통상자원부) 산하 한국산업기술진흥원(KIAT)에 "IP Silk Road" 사업을 제안하였고, KIAT의 곽용원 책임님, 장승태 팀장님 (현재 정보통신기술진흥센터 재직) 및 조영희 단장님의 전향적, 열정적, 적극적인 지원에 힘입어 2012년 초 마침내 이에 대한 예산을 확보할 수 있었다.

저자는 "IP Silk Road" 사업의 책임자로서 서울대학교 기술지주회사 2대 사장으로 취임한 홍국선 교수와 함께 2012년 3월부터 7월까지 "제1기 IP Silk Road"(IP 비즈니스 전문 인력 양성 프로그램) 사업을 수행하였으며, 약 30여명의 국내 IP 전문가들과 함께 미국 Silicon Valley는 물론 기타 지역의 미국 IP 전문가들과 현지에서 이들의 knowhow를 전수받음은 물론 이들과의 실무적 network도 구축할 수 있었다. 또한 "제1기 IP Silk Road" 사업의 결과에 대한 성공 평가에 따라 저자와 홍교수는 2012년 12월부터 2013년 4월까지 "제2기 IP Silk Road" 사업을[2] 수행할 수 있었다.

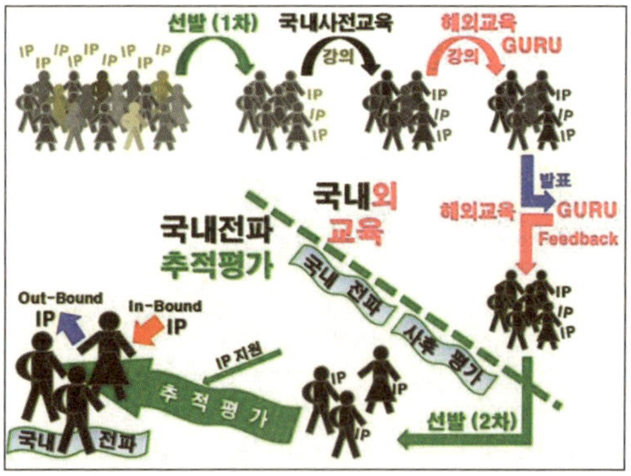

그림 1. "IP Silk Road" 사업의 개념도

2) 이에 대한 자세한 내용은 아래의 url 참고: http://blog.naver.com/shuaitian/50173179317

제1기, 제2기 "IP Silk Road" 사업 결과는 여러 가지 측면에서 목표를 초과달성하였다. 우선 제1기, 제2기 "IP Silk Road" 사업을 통하여 변리사 23명, 변호사 2명, 중견기업 및 대기업의 IP 관리자 13명, 벤처기업 창업가 3명, 대학 및 출연연의 IP 관리자 또는 연구자 13명, 특허거래기관 실무자 4명 등 총 58명이 5주간의 국내교육을 수료하였다. 또한 변리사 18명, 변호사 2명, 중견기업 및 대기업의 IP 관리자 11명, 벤처기업 창업가 3명, 대학 및 출연연 IP 관리자 또는 연구자 10명, 특허거래기관 실무자 3명 등 총 47명이 모두 자비로 2주간의 Silicon Valley 현지 실무교육을 참여하였다. 이들은 저자와 서울대학교 기술지주회사가 엄선한 Silicon Valley의 특허 broker 12명, VC 6명을 포함하는 많은 Silicon Valley IP 전문가들과 함께 이들의 실무 knowhow를 익히며, 이들과 network를 구축할 수 있었다.

이와 같이 국내의 수많은 IP 전문가들과 국내기업의 IP 관리 실무자들이 "IP Silk Road" 사업에 흔쾌히 참여한 이유는 간단하다. 즉 정량적 지표들로 포장되며 정성적 측면은 도외시되는 국내 IP 시장은 인위적 구조에 따르는 여러 가지 제한이 존재할 뿐만 아니라 IP에 대한 합당한 대가도 보장되어 있지 않기 때문이다. 따라서 국내 변리사, 변호사는 물론 다수의 국내 유수 대기업(삼성, LG, 현대, KT, SK 등) IP 부서의 실무자들도 상기 "IP Silk Road" 사업에 적극적으로 동참하며, out-bound 특허 이전 및 특허 사업화 실무교육에 참여하였다.

그림 2. "IP Silk Road" 사업 결과 보고 자료 발췌

하지만 2012년 신정부가 출범하며 지식경제부는 산업통상자원부로 명칭을 바꾸었고, IP 관련 업무는 산업통상자원부 산하 KIAT로부터 타기관으로 이관되었으며, 이에 따라 "IP Silk Road" 사업 역시 제2기를 끝으로 종료되었다. 수많은 국내 IP 전문가들이 적극적으로 호응하였고, Silicon Valley의 IP broker들 및 IP 기반 start-up 투자 전문 VC들과의 실무적 network 구축을 통한 IP 비즈니스 전문 인력을 양성할 수 있었던 "IP Silk Road" 사업이 시작되자마자 종료되어 안타까울 따름이다.

저자는 2014년 봄 집필을 시작하며 본 저서의 제목을 골똘히 생각하였다. 하지만 문학적 소질이 미진한 저자가 생각한 제목은 "수익 창출용 특허" 또는 "돈 되는 특허" 정도였다. 탈고가 끝나가던 2015년 여름 EZ Pex 대표인 이경란 변리사님께서는 친히 여러 가지 흥미로운 제목들을 제안해 주셨고, 이에 저자는 본 저서의 제목을 "특허 전쟁의 승자의 정석"으로 거의 마음을 굳혔다.

그 다음 작업은 본 저서의 표지 도안이었고, 이경란 변리사님께서는 역시 참신한 표지 도안을 제안하셨다. 하지만 이 때 갑자기 저자의 마음을 스쳐간 생각이 바로 특허를 이용한 수익 창출의 어려움과 이에 대한 국내 발명가, 언론 및 정부의 오해에 대한 우려였다. 그리고 저자와 함께 제목을 고민하시던 IP Frontiers의 김영재 대표님께서는 저자의 마음 속 깊이 숨겨져 있던 "IP Silk Road" 사업과 사막을 헤치는 caravan들의 강인한 모습을 파헤쳐 주셨다. 저자는 차녀(심지민, graphic designer)에게 도안 작업을 부탁하였고, 저자의 차녀는 illustrator인 저자의 장녀(심지연)와 상의하여 본 저서의 겉표지와 속표지 도안을 준비하였으며, 이에 따라 저자는 본 저서의 제목 역시 "IP Silk Road"로 결정하게 되었다.

문뜩 작년 이맘때 개봉하여 저자를 포함한 1,400만 이상의 관객들을 감동시켰던 영화 '국제시장'의 마지막 부분 대사가 떠오른다. "IP Silk Road! 우리가 이 험난한 길을 닦는 데 실패하였다면 그 짐을 고스란히 물려받았을 우리 자식들이 얼마나 힘들었을까? 우리 자식들이 고생안하고 우리가 고생하여 IP Silk Road를 개척한 것이 얼마나 다행이냐?”

많은 국민들이 인정하듯, 그리고 저자도 흔쾌히 동의하듯, 지금 대한민국의 20대, 30대는 단군 이래 가장 높은 global 경쟁력을 보유한 세대이다. 예술, sport 등에서 두각을 나타내는 젊은이들만 보더라도 금방 알 수 있으며, 그들의 늠름함과 지적 아름다움을 느껴보면 금방 공감할 수 있다. 하지만 몹시 안타깝게도 이들 대부분은 선천적으로 타고난 재능은 물론 후천적으로 계발한 능력조차 제대로 발휘하지 못하며 청춘을 보내고 있다.

누가 이렇게 만들었을까? 저자는 이에 대한 가장 큰 책임은 바로 지금의 50대에 있다고 생각하며, 지금의 40대 역시 이를 용인하였다는 책임을 피하기는 어려울 것으로 생각한다.

사실 baby-boom 세대의 끝물인 50대나 그 후배들인 40대가 대학을 졸업하자마자 직장을 골라가며 취업할 수 있었던 이유는 우리들이 잘나서만은 아니었다. 이는 “**하면 된다**”는 신념으로 앞만 보고 열심히 달려온 지금의 60대, 70대, 80대 선배들의 노력의 결과였다.

하지만 지금의 20대, 30대는 어떤가? 많은 젊은이들이 꿈 없는, 희망 없는 청춘을 그냥 보내고 있다. 그렇다고 취업 연령의 젊은이들의 global 경쟁력이 부족한 탓에, 이들의 수가 폭발적으로 증가한 탓에 이들이 취업난에 시달리는 것도 아니다. 보통 3~4명, 많으면 6~7명 이상의 형제, 자매들과 자라난 baby-boom 세대에 비하여, 지금의 20대, 30대는 핵가족에서 자라났다. 또한 형이 동생들을 키우고 누나가 동생들을 뒷바라지하던 baby-boom 세대에 비하여 지금의 부모들은 외동아들, 외동딸의 global 경쟁력 개발에 혼신의 힘을 기울였다. 이와 같이 global 경쟁력도 하늘을 찌르고 머릿수도 줄어든 젊은 세대의 일자리조차 만들어주지 못한 책임은 당연히, 전적으로 지금의 기성세대가 질 수밖에 없다. 즉 입법부, 사법부, 행정부는 물론 사회 전반을 주도하며 강력한 영향력을 행사하고 있는 지금의 50대야말로 이에 대한 책임을 절대로 피할 수 없는 세대이며, 이들의 뒤를 차근차근 밟고 있는 40대 역시 일말의 책임을 질 수밖에 없다.

왜 이렇게 되었을까? 저자는 지금의 60~80대 선배들이 노력한 결과를 향유하여온 지금의 50대와 40대가 너무 안이하게 지내왔기 때문이라고 생각한다. 우선 그 사이 대부분의 개인과 기업들은 불법적, 비도덕적으로 돈을 벌었으니 이런 불결한 돈은 당연히 공짜로 나누어 써야만 한다는 populist들이 대거 등장하였다. 이에 일부 50대, 40대는 자신의 이익을 위하여 이들에 동조하였고, 이에 동의하지 않는 대다수의 50대, 40대는 강 건너 불구경하듯 이에 침묵하며 오히려 이를 방조하였다. 그러다보니 합법적, 도덕적으로 돈 버는 일은 제쳐놓은 채, 세금 나눠주는 선심쓰며 말로만 일하는 populist들이 사회 각계각층에 침투하였지만, 대다수의 50대, 40대는 이를 방조하고, 심지어 일부는 이들 populist들에 편승하며 그들이 나눠주는 돈을 전향적으로, 열정적으로 받아썼다. 그러니 사필귀정이라 할 수 있을까?

결국 지금이야말로 그 동안 침묵하며 자신의 길을 묵묵히 걸어온 50대, 40대들이 아직 우리의 기억 속에 어렴풋이 남아있는 "**하면 된다**"는 신념을 기억해내고, 대한민국의 자랑인 우리 20대, 30대 젊은이들과 함께 다시 한 번 "**해보니 진짜 되더라**"를 실천할 때이다. 철지나도 한참 지난 독선적 선민의식의 "**염병**과 **빠이**"가 우리의 자랑인 대한민국 20대, 30대 젊은이들의 "global mind"를 송두리째 불태워버리고 파괴하기 전, 자신들만 편하게 먹고 살면 만사형통인 populist들의 "**공짜 나눠주기**"가 이들의 "창조적 정신"을 피동적 패배주의로 흉건하게 적시어버리기 전, 우리는 대한민국 젊은이들의 창조성과 열정이 결실을 맺을 수 있는 선순환적 IP 생태계를 조국에 구축해야 한다. 그리고 이를 발판으로 우리 대한민국의 젊고 창의적인 20대와 30대가 global 무대에서 신명나게 활동할 수 있도록 선순환적 IP infra를 갖추고 global 경쟁력을 지닌 IP 전문 인력을 양성하여 IP Silk Road를 구축해야만 한다.

이는 물론 우리만을 위해서가 아니다. 우리와 함께 "**해보니 역시 되더라**"는 자신감을 찾은 대한민국의 젊은이들이 global 무대에서 맘껏 끼를 부리며 자신의 인생을 진짜 신나게 살아볼 수 있도록 하기 위해서이다!

차례

2장 청구항 및 공수전략 81

4장 발명은 신(神)내림 vs. 특허는 인간이 제조 219

6장 청구항 기본 법칙 423

7장 청구항 해석 533

8장 신규성 요건 및 진보성 요건 611

9장 기재요건 701

그림 차례

제1장

제2장

제5장

제6장

제7장

제8장

제9장

제10장

제11장

표 차례

제1장

제2장

제3장

제4장

제5장

제6장

제7장

제8장

제9장

제10장

제11장

제7장 청구항 해석

특허제도의 최종 수혜자는 공중이다. 정부는 혁신을 유도하여 궁극적으로 공중이 시장에서 더 좋은 제품과 서비스를 공급받도록 특허제도를 운용한다. 이를 위하여 정부는 혁신의 주체인 발명가를 '당근'으로 유인하되 '채찍'을 가하며, 특허제도의 최종 수혜자인 공중에게도 '채찍'을 가하는 한편 '당근'을 제공한다. 또한 정부는 특허제도를 운영하며 공공영역에 축적된 지식과 기술의 양을 보존하고 확충한다. 정부는 상기 '보존'을 위하여 공공영역에 속하는 지식이나 기술에 대해서는 추후 특허를 등록시키지 않으며, 상기 '확충'을 위하여 일정 기간이 경과하여 만료된 특허기술을 공공영역에 강제로 편입한다.

특허제도가 발명가를 유인하기 위하여 사용하는 '당근'은 제한된 기간 동안만 유효한 제한된 금지권이다. 기술과 창의에는 영민하지만 돈 계산에는 꽤나 서투른 발명가는 이 '당근'을 얻기 위하여 혁신을 창출하고 그 결과물인 발명을 특허출원한다. 물론 특허를 받은 발명가는 금지권을 활용하여 수익을 창출함으로써 자신이 R&D에 투자한 비용은 물론 자신의 혁신에 대한 대가를 챙기기 위하여 노력한다.

반면 특허제도가 발명가에게 가하는 '채찍'은 크게 두 가지이다. 첫 번째 '채찍'은 발명가에게 특허존속기간이라는 유한한 기간에 한하여 제공하는 금지권이다. 대부분 국가의 특허존속기간은 출원 후 20년으로서, 상기 존속기간이 지나면 상기 특허는 소멸되며 공공영역에 귀속된다. 참고로 창작자 사후 70년 동안 유효한 저작권이나 갱신만 하면 반영구적인 상표권에 비하면 특허존속기간은 턱없이 짧음을 알 수 있다. 특허제도가 발명가에게 가하는 두 번째 '채찍'은 발명의 공개이다. 즉 발명가가 특허제도를 통하여 금지권을 획득하려면, 특허 출원 시 특허청에 제출하고 출원 후 18개월이 지나면 공개되는 "발명의 설명"에 금지권의 대상이 되는 청구발명에 대한 내용을 샅샅이 기술해야 한다. 그 결과 특허존속기간이 만료되면 공중은 발명가의 기술을 무료로 사용할 수 있게 되고, 발명가의 기술에 관한 한 발명가와 공중은 동등한 위치에서 경쟁을 하게 된다.[1)]

1) 따라서 발명가는 선택의 기로에 놓인다. 발명가가 범위가 광활한 원천특허를 획득할 경우, 발명가는 막대한 수익을 창출할지 몰라도 특허가 만료되었을 때 공공영역으로 '빼앗기는' 기술의 양 역시 막대하다. 반면 발명가가 범위가 좁은 개량특허를 획득할 경우, 발명가가 얻을 수 있는 수익은 적더라도 특허 만료 후 공공영역으로 '빼앗기는' 기술의 양 역시 적다. 과연 일반 발명가는 전자와 후자 중 어느 쪽을 선호할까? 물론 전자이다. 왜냐하면 특허의 목적은 수익 창출이기 때문이다.

한편 특허제도가 공중에게 제공하는 '당근'은 공공영역의 보존과 확충이다. 즉 특허제도는 공공영역에 귀속되어 공중이 자유로이 실시할 수 있는 기술을 보호하며 가능한 한 많은 양의 기술을 꾸준히 공공영역으로 편입시킨다. 이를 위하여 특허제도는 출원 후 20년의 존속기간이 경과하면 특허를 소멸시키고 공공영역에 귀속시킴으로써 공중이 이를 자유로이 사용하여 새로운 혁신을 창출할 수 있도록 도모한다. 반면 특허제도는 공중에게 '채찍'을 가하는 바 이는 발명가가 보유한 특허의 금지권에 대한 보호이다. 따라서 공중은 특허존속기간에 한하여 발명가에게 대가를 지불하지 않고는 발명가의 특허를 실시할 수 없다.

하지만 발명가와 공중만이 특허제도의 참여자는 아니다. 발명가의 경쟁자 역시 특허제도에 참여하고, 특허제도 역시 경쟁자에게도 '당근'을 제공하고 '채찍'을 가한다. 특허제도가 경쟁자에게 제공하는 '당근'은 발명가의 출원특허와 등록특허의 공개이다. 이에 따라 경쟁자는 발명가의 등록특허의 권리범위를 확인할 수 있으며, 자신의 시간과 재원을 투자하여 상기 권리범위의 우회·회피를 도모할 수 있다. 또한 경쟁자는 특허기술을 섭렵한 후 특허의 권리범위 내에서도 개량 발명을 착상하여 별도의 특허를 확보할 수도 있다.[2] 한편 특허제도가 경쟁자에게 가하는 '채찍'은 발명가 특허의 금지권에 대한 보호이다. 따라서 경쟁자 역시 특허존속기간 동안 발명가에게 대가를 지불하지 않고서는 발명가의 특허발명을 자유로이 실시할 수 없다.

이와 같이 특허제도의 핵심은 금지권의 범위이며, 상기 금지권의 범위는 청구항에 의하여 결정된다. 따라서 특허제도를 효율적으로 운용하려면 특허 청구항의 금지권의 범위를 효율적으로 판단할 수 있어야 한다. 이와 같이 청구항의 권리범위를 판단하는 작업이 바로 "청구항 해석"이며, 영어로는 "claim construction" 또는 "claim interpretation"이라고 지칭한다.

청구항의 권리범위를 해석하기 위해서는 우선 청구항에 포함된 모든 단어와 모든 문구에 대한 정확한 의미를 파악해야 한다. 하지만 청구항이란 권리범위의 확충을 위하

2) 제3장의 2-나절 "허구의 배타적 독점권 vs. 실질적 금지권" 참고.

여 최소한의 단어와 문구로 청구발명을 표현한 법적 도구이다. 따라서 청구항 해석을 위해서는 거의 대부분의 경우 "발명의 설명 또는 specification"을 참고해야 한다. 그럼에도 불구하고 특정 청구항 단어나 문구의 의미가 불확실할 경우에는 특허 출원 중 발명가와 특허청 심사관 사이의 교신 기록을 참고해야 한다. 이 외에도 청구항 해석을 위하여 사전이나 문헌, 전공 분야의 handbook을 참고할 수도 있으며, 필요한 경우에는 전문가 증언을 참고할 수도 있다.

하지만 특허의 핵심인 청구항의 해석은 절대로 용이한 작업이 아니다. 청구항 해석이 어려운 데에는 여러 가지 이유가 있다. 우선 발명가가 청구항에서 단어나 문구로 표현한 청구발명의 의미를 확인하려면 과학 및 공학 지식은 물론 관련 분야의 전문 지식이 필요하기 때문이다. 또한 발명가는 권리범위를 최대화하기 위하여 청구항에서 가능한 한 적은 수의 요소 및 제한조건만을 사용하며, 가능하면 광의의, 함축된 의미를 지닌 단어나 문구를 사용한다. 따라서 함축된 청구항의 단어, 문구, 문장으로부터 청구항의 정확한 의미를 추출하기는 쉽지 않다.

또한 발명가는 청구항을 단일 문장으로 기재하는 동시에, 청구항 관련 문법을 준수해야 한다. 그 결과 청구항의 문장은 길어지고, 수많은 부사구, 종속절 등은 물론 부자연스러운 표현을 사용하게 된다. 따라서 문법적으로 복잡한 구성을 가진 청구항의 정확한 의미를 추출하려면 분석적 독해 능력은 필수이다.

그림 7-1. 청구항의 청구범위와 권리범위

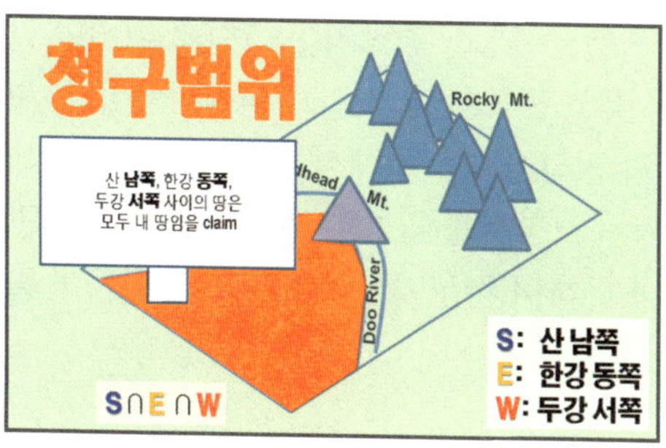

그림 7-1(a)

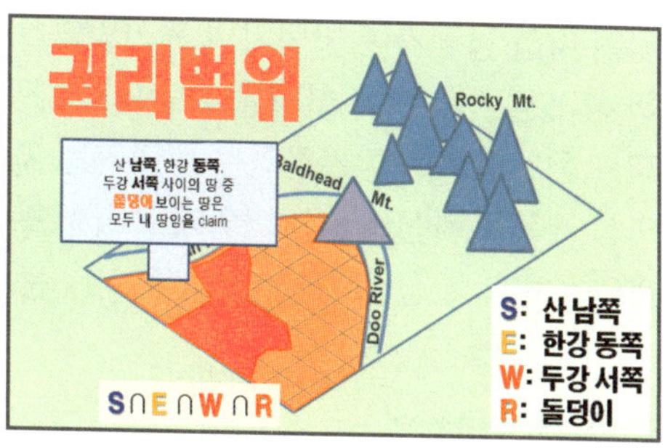

그림 7-1(b)

청구항 해석이 어려운 더 중요한 이유는 청구항의 특정 단어나 문구에 대하여 발명가와 경쟁자 모두가 '상황'에 따라 "상이한 의미"를 주장하기 때문이다. 우선 출원특허의 심사 과정 중 발명가의 최대 목표는 특허 등록이므로, 발명가는 선행기술에 대비하여 신규성 요건과 진보성 요건을 만족하는 특정 단어나 문구의 의미를 원하게 된다. 따라서 그림 7-1(a) 및 7-1(b)와 같이 발명가는 특허청 심사관의 거절 이유를 극복하는 과정에서 청구항에 포함된 단어나 문구의 의미가 축소되더라도 특허를 등록하게 된다. 그 결과 대부분의 경우 발명가는 특허를 등록하며 출원특허에서 청구하였던 청구범위보다[3] 협소한 권리범위를 확보하게 된다.

그림 7-2. 경쟁자의 우회·회피에 따르는 권리범위 확장

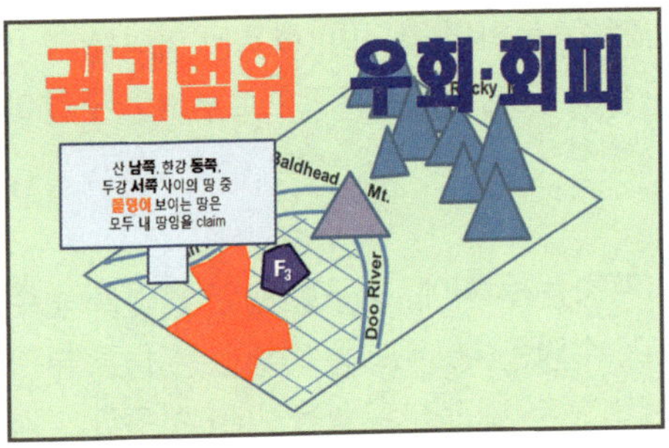

그림 7-2(a)

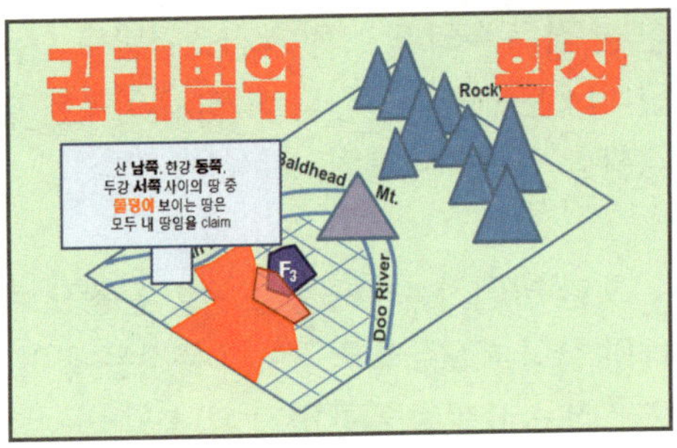

그림 7-2(b)

하지만 등록특허를 이용한 특허침해소송 중 발명가는 동일한 단어나 문구에 대하여 침해 입증에 도움이 될 수 있는 의미를 원하게 된다. 일예로 발명가의 등록특허가 공개됨에 따라 경쟁자는 발명가의 권리범위를 파악할 수 있고, 경쟁자는 그림 7-2(a)와 같이 상기 범위를 우회·회피할 수도 있는 제품을 제조·판매한다. 따라서 경쟁자의 우회·회피를 원천적으로 방지하려는 발명가는 자신의 권리범위를 재해석하여 경쟁자의 침해의심 제품을 자신의 권리범위에 포획함으로써 특허침해를 입증할 수밖에 없다. 하지만 이와는 반대로 경쟁자는 동일한 단어나 문구에 대하여 자신의 비침해 입증에 도움이 될

3) 특허청 심사관의 거절 및 이에 대한 대응을 미리 고려하여 대부분의 대리인은 특허출원 시 독립항의 범위를 광활하게 설정하는 경향이 있다.

수 있는 의미를 원한다. 따라서 특허침해 소송 중 발명가가 그림 7-2(b)와 같이 자신의 권리범위를 확장하려 시도할 경우, 경쟁자는 이와는 상반된 주장을 개진하며 발명가의 권리범위를 그림 7-2(a)의 상태로 유지하는 데 최선을 다하게 된다.

이와 같이 발명가와 경쟁자는 특허 청구항의 유효성, 경쟁자 제품의 침해 여부를 놓고 서로 상반된 청구항 해석을 주장한다. 따라서 청구항을 해석해야 하는 법원은 발명가가 주장하는 청구항 해석이나 경쟁자가 주장하는 청구항 해석 중 양자택일하거나 당사자들의 해석을 배척하는 제3의 청구항 해석을 개진할 수밖에 없다.

하지만 법원 역시 발명가 청구항을 자유로이 해석할 수는 없다.[4] 왜냐하면 법원은 공공영역을 지키는 파수꾼으로서 발명가의 사유재산인 특허를 보호하는 한편 특허의 권리범위가 공공영역을 침범하지 못하도록 감시하는 역할도 수행해야만 하기 때문이다. 따라서 법원은 청구항 해석의 일관성을 유지하기 위하여 청구항 해석과 관련된 여러 가지 원칙들과 규칙을 정하여 청구항을 해석한다.

또한 헌법 상 배심원제도를 인정하는 미국은 1995년 Markman vs. Westview에서[5] 청구항 해석은 법률 사안(matter of law)으로서 배심원이 아닌 판사의 고유 권한이라고 판결함으로써 청구항 해석의 일관성을 유지하며, 상급법원은 하급법원의 청구항 해석 결과에 구애받지 않고 청구항을 해석(de novo analysis)할 수 있다고 판결하며 청구항 해석의 전문성을 도모한 바 있다. 상기 판결 이후 미국에서는 이와 같이 청구항 해석과 관련된 공판을 Markman hearing이라고 지칭한다.

4) 대부분 국가의 특허청은 법원과 함께 청구항 해석을 담당한다. 단 차이점이라면 미국의 경우 특허청은 출원특허의 심사 및 등록특허의 재심사(re-examination), 재발행(reissue) 등의 절차를 통하여 청구항 해석을 수행하는 반면 법원은 출원특허의 최종 거절에 대한 항소심, 등록특허의 유·무효에 대한 확인소송 및 등록특허의 침해소송 시 청구항 해석을 수행한다. 물론 특허청과 법원의 청구항 해석이 상이한 경우, 특허청은 행정기관이므로 법원의 청구항 해석을 따라야 함은 당연하다. 본장에서는 특허침해소송을 배경으로 청구항 해석을 설명한다.

5) Markman v. Westview Instruments, Inc., 52 F.3d 967 (Fed. Cir. 1995).

하지만 상기 원칙들을 이용하더라도 권리범위 확정에 필수적인 청구항의 올바른 해석은 용이한 작업이 아니다. 특히 법원이 청구항의 단어와 문구를 해석하기 위하여 "발명의 설명 (specification)"을 참고하다보니 미국 판례에서조차 서로 상충되는 판례들을 자주 볼 수 있고, 다수의견에 동의하지 않는 소수의견도 자주 접할 수 있다. 왜냐하면 발명가는 "발명의 설명"에 다양한 실시예를 기재하는바, 상기 실시예 각각의 범위 역시 다양하고 상이하기 때문이다. 또한 이와 같이 동일한 청구항에 대한 판사들의 해석도 많은 경우 불일치하는 또 다른 원인은 청구항 해석에는 "발명의 설명"을 반드시 참고해야만 하지만, 그렇다고 "발명의 설명"에 기재된 내용을 청구항에 편입하여 청구항의 권리범위를 축소할 수도 없기 때문이다.[6)]

따라서 제7장에서는 미국 판례에서 정립된 청구항 해석 원칙을 정리한다. 우선 제7장의 1절에서는 청구항 해석과 관련된 발명가와 경쟁자의 각각의 입장·전략을 살펴보며 이에 근거하여 청구항 해석의 중요성을 강조하고, 제7장의 2절에서는 청구항 해석에 사용되는 특허내적 증거(intrinsic evidence) 및 특허외적 증거(extrinsic evidence)에 대하여 설명한 후 청구항 해석의 대표적 원칙들인 (1) 사전편찬자 원칙, (2) 일상적·관습적 의미 원칙, (3) 의미의 일관성 원칙, (4) 최선의 실시예 포함 원칙, (5) 발명의 설명 참고 원칙 vs. 청구항 편입 불가 원칙 및 (6) 청구항 차별 규칙 등을 소개한다. 제7장의 3절에서는 청구항 해석 시 특허내적 증거로 사용되는 "발명의 설명(specification)"의 중요성을 설명하고, 제7장의 4절에서는 청구항 해석을 요약한다.

하지만 명심할 점은 이와 같은 청구항 해석 원칙들을 모두 이해하였다고 해서 일관성 있는 청구항 해석이 보장되지는 않는다는 점이다. 왜냐하면 각각의 원칙 자체에도 주관적 판단이 개입되는 부분이 상당히 존재하기 때문이다. 만일 청구항 해석 원칙이 명확하고 또한 적용이 간단하다면 청구항 해석과 관련된 상반된 판결도 존재하지 않을 것이며, 미국 연방지방법원이 내린 청구항 해석을 모두 미국 연방항소법원이 그대로 인용할 것이기 때문이다. 그만큼 청구항 해석은 절대로 용이한 작업이 아니다.

6) 제7장의 2-바절 "'발명의 설명' 참고 원칙 vs. 청구항 편입 불가 원칙" 참고.

1. 청구항 해석의 중요성

청구항은 특허의 권리범위를 정의한다. 특허의 최종 목적이 수익 창출이므로 청구항 범위는 발명가의 수익 창출에 직접적인 영향을 미친다. 따라서 영민한 발명가는 유능한 대리인을 선정하여 유능하게 대우하며, 효율적인 협업을 통하여 가능한 한 넓은 권리범위를 가진 특허를 확보하기 위하여 총력을 기울인다.

하지만 발명가 못지않게 영민한 경쟁자 역시 공개된 발명가 특허의 권리범위를 샅샅이 파헤쳐 분석하며, 유능한 대리인을 확보한 후, 협업을 통하여 발명가에게 royalty를 지급하지 않고 발명가 특허의 권리범위를 우회·회피할 방법을 강구한다. 특히 그림 4-13과 같이 경쟁자는 특허청이 공개한 발명가의 출원특허 및 등록특허를 샅샅이 분석할 수 있다.

그림 4-13. 출원특허 및 등록특허 공개의 효과

이뿐만이 아니다. 미국특허청이 운영하며 그림 7-3에서 예시한 PAIR(Patent Application Information Retrieval)[7] system을 이용하면 미국특허청의 모든 등록특허는 물론 출원특허에 대한 발명가와 특허청 심사관 사이의 모든 교신 기록을 검토함은 물론 관련 서류를 pdf file로 download할 수도 있다. 그 결과 경쟁자가 발명가 특허의 권리범위를 우회·회피할

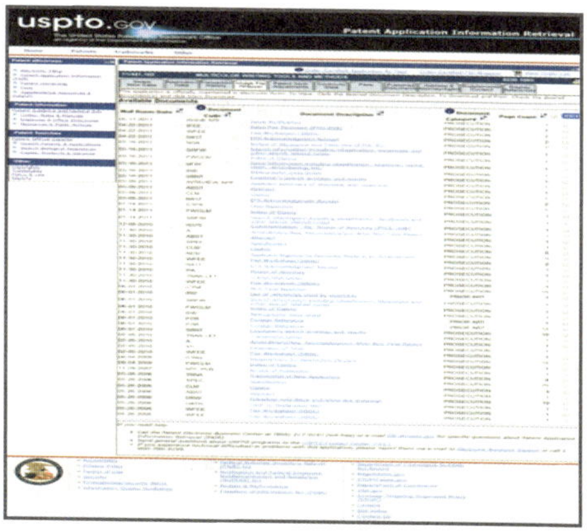

그림 7-3. 미국특허청의 출원특허 관련 정보 Database인 PAIR

7) USPTO의 PAIR system을 이용하려면 아래 URL 참고 (2014.08.31 최종 확인):http://portal.uspto.gov/pair/PublicPair

수 있다고 판단하면, 경쟁자는 당연히 회피 제품을 제조·판매한다. 만일 발명가 특허의 권리범위를 우회·회피할 수 없는 경우 경쟁자는 발명가와 license 계약 체결을 고려할 수 있다. 하지만 발명가가 요구하는 royalty가 과하거나, 발명가에게 주는 royalty보다 추후 특허침해소송에서 패소할 경우 지불하는 손해배상금이 싸게 칠 것으로 생각되면, 경쟁자는 당연히 침해의 위험을 무릅쓰고 침해의심 제품을 제조·판매한다. 물론 경쟁자의 판단이 옳고 그름은 침해소송 시의 청구항 해석에 달려 있다.

가. 청구항 해석과 침해 판단

우선 침해 판단에 대한 청구항 해석의 역할 및 영향에 대하여 살펴보자. 이를 위하여 발명가가 특정 청구발명에 대한 특허를 출원한 후 심사관의 거절 이유를 극복하기 위하여 청구항의 범위를 축소하여 특허를 등록한 경우를 가정한다.

그림 7-4. 발명가의 권리범위 및 경쟁자의 우회·회피

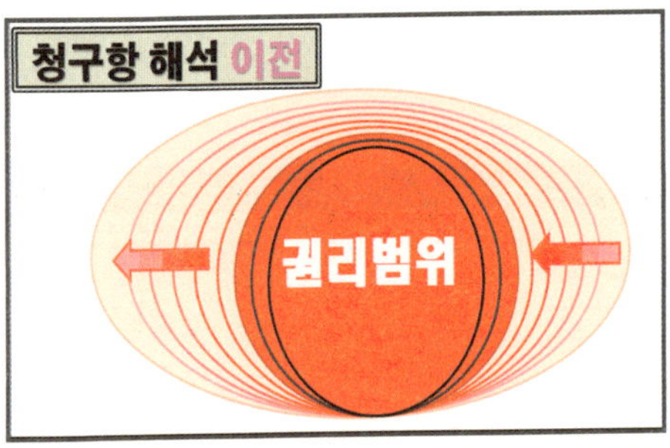

그림 7-4(a)

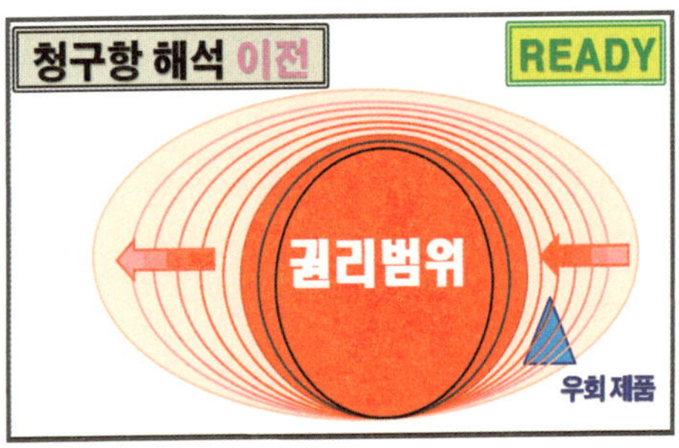

그림 7-4(b)

그림 7-4(a)는 특허의 권리범위를 나타내는 예시도로서, 옅은 황색 원은 발명가가 최초 특허출원 시 청구한 청구범위를, 적색 원은 등록특허의 권리범위를 나타낸다. 반면 그림 7-4(b)의 청색 삼각형은 특허 권리범위 주변에 위치한 경쟁자 제조업체의 제품을 나타낸다. 물론 특허로 수익을 창출하려는 발명가는 이를 '침해제품'이라고 주장할 것이며, 발명가의 특허의 권리범위를 우회·회피하여 수익을 창출하려는 경쟁자는 이를 '우회제품'이라고 주장할 것이다. 즉 각 당사자가 주장하는 명칭만 보더라도 각자가 원하는 바를 미루어 짐작할 수 있다.

그렇다면 발명가가 보유한 등록특허의 권리범위는 정확히 적색 원으로 정의될까? 이에 대한 정답은 "거의 대부분의 경우 그렇지 않다"이다. 그렇기 때문에 청구항 해석은 중요한 동시에 어려운 과제이다.

앞서 설명하였듯이 특허의 청구항은 단어와 문구로 이루어진 발명가의 발명에 대한 해설에 불과하다. 따라서 발명가는 특허를 출원하고, 특허청 심사관은 이를 심사하여 특허로 등록시키지만, 그 누구도 상기 특허 청구항의 범위를 족집게처럼 정확히 정의할 수는 없다. 만일 누군가가 발명가 특허의 권리범위를 정량적으로 2차원 또는 3차원 좌표를 이용하여 확실히 정의할 수 있다면 그 누구도 소송을 청구하지도 않고 또 청구할 필요도 없다. 왜냐하면 발명가이건 경쟁자이건 특허침해소송을 제기할 필요도 없이 미리 특허침해 여부에 대한 결론을 내릴 수 있으며, 이에 대한 법원의 판결 역시 모두 앞서 내린 결론과 동일할 수밖에 없기 때문이다.

따라서 청구항의 범위 및 특허의 금지권은 그림 7-4(a) 및 7-4(b)의 동심원처럼 변화무쌍하게 해석될 소지가 있다.[8] 그렇다고 청구항의 범위 및 특허의 금지권이 때에 따라 곳에 따라 변한다는 말은 아니다. 특허청 심사관이나 법원의 판사가 청구항의 범위, 특허의 금지권의 범위를 판단할 때 주체에 따라, 상황에 따라 범위가 달라질 수 있다는 말이다. 단 심사관이 판단한 청구항의 범위, 특허 금지권의 범위를 지방법원이나 항소법원 판사가 변경할 수 있으며, 이 범위 또한 대법원의 대법관이 변경할 수 있다. 하지만 일단 대법원의 판결이 내려지면 상기 청구항의 범위, 특허의 금지권의 범위는 확정된다. 이러한 과정이 바로 청구항 해석이다.

앞서 발명가가 자신의 특허 청구항에 대한 경쟁자의 문언침해를 주장하려면 "구성요소 완비의 법칙"에 따라 청구항의 모든 요소 및 제한조건이 "침해의심 제품"의 일부에라도 존재함을 입증해야 한다고 설명하였다. 따라서 발명가는 청구항의 모든 요소 및 제한조건을 표 7-1의 claim chart의 좌측 열에 기입한 후, 표의 가운데 열에는 각 요

8) 청구항과 마찬가지로 경쟁자 제품의 부품이나 방법의 단계 역시 다양하게 해석될 수 있다. 하지만 경쟁자 제품의 해석과 청구항 해석은 상대적이므로 여기에서는 청구항 해석을 기준으로 설명한다.

소에 대응하는 침해의심 제품의 부품을 열거하여 문언침해를 주장한다.[9)]

표 7-1. 침해 판단을 위한 Claim Chart

청구항 (요소, 제한조건)	침해의심 제품·방법 (부품·단계)	
	존재 여부 (문언침해)	존재 여부 (균등론)
산 남쪽 ? ⇒	Yes	Yes
한강 동쪽 ? ⇒	Yes	Yes
두강 서쪽 ? ⇒	Yes	Yes
돌덩이 ? ⇒	Yes (발명가) NO (경쟁자)	Yes (발명가) NO (경쟁자)

또한 경쟁자가 특허의 권리범위를 우회·회피하기 위하여 특정 청구항 요소를 생략한 제품을 제조·판매하는 경우를 가정하자. 이 때 발명가는 상기 요소가 경쟁자의 "침해의심 제품"에는 존재하지 않지만, 상기 요소와 유사한 기능을 유사한 방법으로 수행하여 유사한 결과를 달성하는 부품·단계를 경쟁자의 침해의심 제품에서 확인한 후 이를 claim chart에 기입하여 표 7-1의 우측 열처럼 균등론에 의한 침해를 주장할 수도 있다.

물론 경쟁자 역시 "구성요소 완비의 법칙"에 따라 발명가의 청구항 요소 중 하나 이상의 요소가 자신의 '우회제품'에 존재하지 않으므로 문언침해가 성립되지 않는다고 주장할 수 있다. 또한 경쟁자는 발명가가 주장하는 균등 부품·단계가 발명가 청구항의 요소와 상이한 기능을 수행하거나, 상이한 방법으로 작동하거나 또는 상이한 결과를 달성하므로 균등론에 의한 침해도 성립하지 않는다고 주장할 수 있다. 즉 자신의 '우회제품'이 성공적으로 발명가 특허의 권리범위를 벗어났으므로 자신의 제품은 비침해제품이라는 경쟁자의 주장이다.

이와 같이 발명가와 경쟁자의 상반된 주장에 종지부를 찍는 과정이 청구항 해석이

9) 제6장의 2-나절 "청구항 전환구"에서 설명한 바와 같이 본문의 claim chart 및 문언침해에 대한 설명은 청구항 전환구가 개방형인 개방형 청구항일 경우에 한한다.

다. 이를 video game으로 친다면 "GAME OVER"에 해당한다. 즉 법원이 발명가 청구항의 범위를 해석함에 따라 특허의 권리범위가 결정되고, 이에 근거하여 경쟁자의 제품이 "침해제품"인지 아니면 '우회제품'인지도 결정된다. 즉 침해의심업체에 대한 발명가의 공격에 대한 법원의 판단이 확정되는 셈이다.

그림 7-5. 청구항 해석 이후 침해 여부에 대한 승패

그림 7-5(a)

그림 7-5(b)

그 결과 그림 7-5(a)와 같이 특허의 권리범위에 침해의심 경쟁자의 제품의 일부라도 속하지 않는 경우에는 "구성요소 완비의 법칙"이 성립되지 않으므로 발명가의 특허는 경쟁자의 제품에 의하여 침해되지 않는다는 비침해 판결을 받게 된다. 반면 그림 7-5(b)와 같이 특허의 권리범위에 경쟁자 제품의 일부라도 속하는 경우에는 "구성요소 완비의 법칙"이 성립되므로 발명가의 특허는 경쟁자의 제품에 의하여 문언침해되었다는 침해 판결을 받게 된다.

나. 청구항 해석과 특허성 판단

앞서 설명한 침해 판단과 마찬가지로 특허 청구항의 신규성 요건 및 진보성 요건의 만족 여부 역시 청구항 해석에 의하여 결정된다. 앞서와 마찬가지로 발명가가 특허를 출원한 후 심사관의 거절 이유를 극복하기 위하여 청구항의 범위를 축소하여 특허를 등록한 경우를 가정하자.

그림 7-6. 발명가의 권리범위 및 선행기술

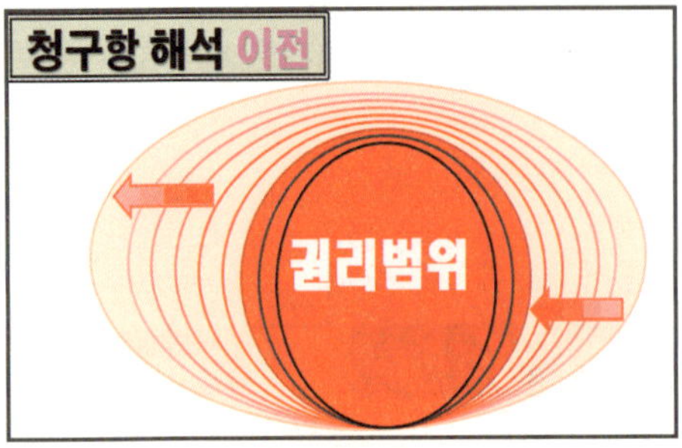

그림 7-6(a)

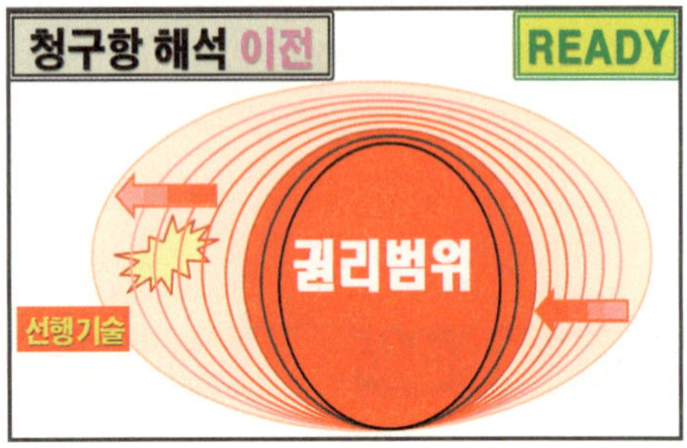

그림 7-6(b)

그림 7-6(a)는 그림 7-4(a)와 동일하며, 옅은 황색 원은 발명가가 최초 특허출원 시 청구한 청구범위를, 적색 원은 등록특허의 권리범위를 나타낸다. 반면 그림 7-6(b)의 황색별은 특허의 권리범위 주변에 위치한 선행기술을 나타낸다. 물론 발명가는 선행기술이 권리범위로부터 멀리 떨어져 있으므로 자신의 청구항이 신규성 요건 및 진보성 요건을 만족한다고 주장하는 반면 경쟁자는 선행기술의 일부 또는 전부가 특허 권리범위에 속하므로 상기 특허가 무효라고 주장한다.

그렇다면 선행기술의 위치와 범위는 그림 7-6(b)에서와 같이 정확히 황색별과 경계선으로 정의될까? 청구항과 마찬가지로 선행기술의 위치와 범위 역시 그렇지 않다.

선행기술 역시 단어와 문구로 이루어진 기술에 대한 해설이기 때문에 선행기술의 위치와 범위를 족집게처럼 정확히 정의할 수 없다. 만일 누군가가 선행기술의 위치와 범위를 정량적으로 2차원 또는 3차원 지도를 이용하여 확실히 정의할 수 있다면 그 누구나 신규성 요건이나 진보성 요건의 만족 여부를 판단할 수 있을 것이므로, 특허청의 심사를 받을 필요는 물론 법원의 판결을 받을 필요도 없다. 따라서 선행기술에 대한 청구항의 범위 및 특허의 금지권 역시 그림 7-6(a) 및 7-6(b)의 동심원처럼 변화무쌍하게 해석될 소지가 있다.

경쟁자가 발명가 특허의 무효성을 주장하려면 "구성요소 완비의 법칙"에 따라 청구항의 모든 요소, 제한조건이 선행기술의 일부에 의해서라도 개시됨을 입증해야 한다. 따라서 경쟁자는 발명가 특허 청구항의 모든 요소를 표 7-2의 좌측 열에 기입한 후, 표 7-2의 가운데 열에는 각 요소를 개시하는 단일의 선행기술의 내용을 열거하여 신규성 결여를 주장한다. 만일 청구항의 요소 중 단일의 선행기술에 의해서는 개시되지 않으나, 상기 선행기술과 다른 선행기술을 동시에 조합하였을 때 청구항 요소가 개시되는 경우, 경쟁자는 표 7-2의 우측 열처럼 진보성 결여를 주장할 수도 있다.

표 7-2. 신규성·진보성 판단을 위한 Claim Chart

청구항 (요소, 제한조건)	선행기술 개시 사항 (부품 . 단계)	
	선행기술 1 존재 여부 (신규성)	선행기술 1 + 2 존재 여부 (진보성)
산 남쪽 ? ⇒	Yes	Yes
한강 동쪽 ? ⇒	Yes	Yes
두강 서쪽 ? ⇒	Yes	Yes
돌덩이 ? ⇒	NO (발명가) Yes (경쟁자)	NO (발명가) Yes (경쟁자)

물론 발명가 역시 "구성요소 완비의 법칙"에 따라 발명가의 청구항 요소 중 하나 이상의 요소가 선행기술에 의하여 개시되지 않으므로 신규성 요건을 만족한다고 주장할 수 있다. 또한 발명가는 상기 선행기술에 의하여 개시되지 않은 요소가 상기 선행기술과 다른 선행기술을 동시에 조합하더라도 개시되지 않는다고 주장하여 진보성 요건을 만족한다고 주장할 수 있다. 즉 자신의 청구항이 성공적으로 선행기술의 범위를 벗어났기 때문에 자신의 청구항이 유효하다는 발명가의 주장이다.

이와 같은 발명가와 경쟁자의 상반된 주장에 종지부를 찍는 과정이 청구항 해석이다. 이 역시 video game으로 친다면 "GAME OVER"에 해당한다. 즉 법원이 발명가 청구항의 범위를 해석함에 따라 선행기술에 대한 발명가 특허의 유무효도 결정된다. 그 결과 그림 7-7(a)와 같이 청구항의 요소나 제한조건 중 하나라도 선행기술에 의하여 개시되지 않는 경우 특허의 권리범위가 선행기술의 일부에라도 중첩하지 않으므로 "구성요소 완비의 법칙"이 성립되지 않으며, 그 결과 발명가의 특허는 신규성 요건 및 진보성 요건을 만족한다는 유효 판결을 받게 된다. 반면 그림 7-7(b)와 같이 청구항의 모든 요소와 제한조건이 단일 또는 다수의 선행기술에 의하여 개시되는 경우 특허의 권리범위가 선행기술 범위와 일부라도 중첩되므로 "구성요소 완비의 법칙"이 성립되며, 그 결과 발명가의 특허는 신규성 또는 진보성 요건을 만족하지 못한다는 무효 판결을 받게 된다.

그림 7-7. 청구항 해석 이후 신규성·진보성에 대한 승패

그림 7-7(a)

그림 7-7(b)

다. 청구항 해석의 승패 ≈ 특허소송의 승패

따라서 일단 법원이 청구항 해석을 마치면 특허침해소송의 승패는 95% 이상 결정되었다고 간주할 수 있다. 왜냐하면 침해의심 제품 또는 우회제품에 대비한 발명가 특허의 청구항의 범위가 결정됨은 물론 단일 또는 다수의 선행기술에 대비한 발명가 특허의 유무효 역시 결정되기 때문이다.

따라서 위의 그림 7-5(a)에서와 같이 발명가의 권리범위 이내에 경쟁자의 "침해의심 제품"이 속하지 않는 경우 발명가가 할 수 있는 일이라고는 경쟁자의 '우회제품'을 재해석하여 자신의 권리범위에 끼워 맞추는 작업밖에 없다. 하지만 법원이 이미 청구항 해석을 내린 이상 발명가의 운신의 폭은 굉장히 좁다. 경쟁자 역시 마찬가지이다. 그림 7-5(b)와 같이 자신의 '우회제품'이 발명가 특허의 권리범위에 속하는 이상 경쟁자 역시 발명가의 불공정 행위 등의 청구항 외적 사안을 이용하여 특허를 무효시키지 못하는 이상 속수무책이기 때문이다.

설령 특허 청구항이 경쟁자의 “침해의심 제품”에 의하여 침해된다고 판단되더라도 경쟁자는 발명가 특허가 무효라고 주장할 수 있다. 하지만 청구항 해석에 따라 선행기술에 대비한 발명가 특허의 신규성과 진보성이 인정될 경우 경쟁자의 운신의 폭 역시 굉장히 좁아진다. 발명가 역시 마찬가지이다. 위의 그림 7-6(b)에서와 같이 자신의 청구항의 모든 요소 및 제한조건이 단일 또는 다수의 선행기술에 의하여 개시되었다는 법원의 해석이 내려진 이상 발명가 역시 속수무책이기 때문이다.

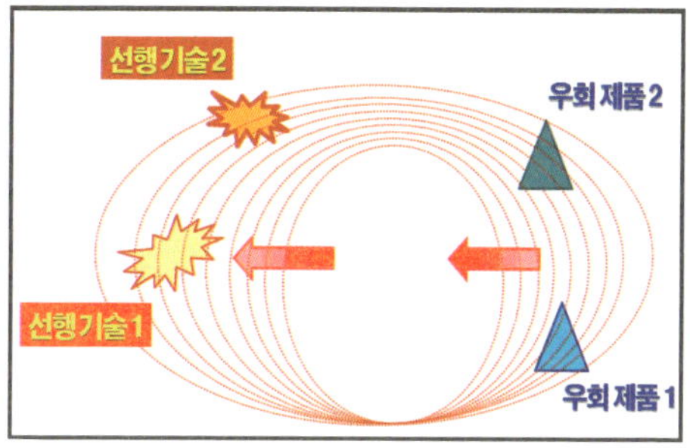

그림 7-8. 청구항 해석의 중요성

따라서 청구항 해석의 승패는 특허와 관련된 모든 소송에서의 승패와 직결된다. 즉 청구항 해석에서 발명가가 승리할 경우 발명가는 자신이 주장하는 청구항 범위를 이용하여 경쟁자의 침해를 입증할 수 있으며, 반대로 청구항 해석에서 경쟁자가 승리할 경우 경쟁자는 자신의 비침해를 입증하거나 발명가 특허가 무효임을 입증할 수 있다.

미국 특허침해소송의 통계를[10] 참고하더라도 법원이 청구항 해석을 결정하는 공판에 해당하는 Markman hearing의 중요성을 실감할 수 있다. 그림 7-9는 1980~2012년 동안 미국 연방지방법원에 접수된 특허침해소송을 나타내며, 연간 800여건 정도이던 특허침해소송 건수는 2010년에는 2,800건 정도로 증가한 후 2011년에는 3,500건, 2012년에는 4,000건 정도로 급격히 증가하고 있음을 알 수 있다.

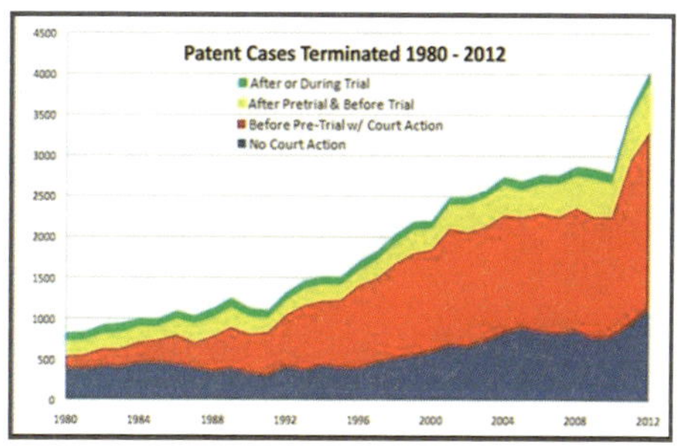

그림 7-9. 미국 특허침해소송의 통계

더욱 흥미로운 점은 소송의 결말이다.

10) 자세한 내용은 아래의 URL 참고 (2014.08.31 최종 확인):http://www.ipwatchdog.com/2013/04/09/the-rise-of-patent-litigation-in-america-1980-2012/id=38910/

그림 7-9에서 청색으로 표시된 부분은 원고가 소송을 제기한 후 공판, 사전심리(pre-trial)는 물론 법원이 어떤 조치도 취하기 전 원고가 소를 취하한 경우이며, 적색으로 표시된 부분은 법원이 조치를 취한 후 사전심리 전 원고가 소를 취하한 경우이다. 청색과 적색으로 표시된 경우는 발명가나 경쟁자 등의 당사자 일방이 소송에 이길 자신이 없어서 소를 취하한 경우도 있겠지만, 당사자들이 합의한 후 취하한 경우를 포함한다. 물론 이러한 합의 및 license 계약은 대부분 비밀유지계약에 따라 공개되지 않으므로 청색과 적색으로 표시된 부분 중 어느 정도가 당사자 간의 합의에 의한 소취하인지는 알 수 없다. 한편 그림 7-9에서 황색으로 표시된 부분은 사전심리 후 판결 전 원고가 소를 취하한 경우이며, 녹색의 얇은 부분이 공판 도중 또는 공판 후 판결까지 내려진 사건이다.

그림 7-9에서와 같이 미국 연방지방법원에 제기된 특허침해소송 중 약 70%는 사전심리 전후 취하된다. 미국의 경우 청구항을 해석하는 Markman hearing은 사전심리에 속한다. 바꾸어 말하자면 미국 연방지방법원에 제기된 특허침해소송 중 약 70%가 법원의 청구항 해석을 전후하여 취하되는 것이다. 왜 그럴까?

정답은 간단하다. 일단 법원이 청구항 해석을 마치면 발명가나 침해의심 제조업체는 추후 소송에서의 승패를 가늠할 수 있기 때문이다. 하지만 청구항 해석이라는 작업은 어려우며 그 결과를 확실히 예측하기도 어렵다. 따라서 당사자들은 법원의 청구항 해석에 따르는 risk를 감수하기보다 청구항 해석이 내려지기 전 합의를 통한 해결을 모색하는 경향이 있다. 또한 법원이 청구항 해석을 마침에 따라 승소가 어려워진 발명가가 소를 취하하던지 또는 승소가 어려워진 경쟁자가 발명가와 합의를 보는 경우도 흔히 볼 수 있다.

또한 법원이 청구항 해석을 마칠 즈음에는 당사자들 간의 증거조사도 완료된다. 따라서 발명가는 경쟁자가 제출하는 비침해 관련 자료 및 무효주장을 뒷받침하는 선행기술을 분석할 여유가 있는 반면 경쟁자 역시 발명가가 제출하는 침해입증자료 및 자신이 제출한 선행기술을 고려한 신규성 요건 결여 및 진보성 요건 결여에 대한 주장을 분석할 여유가 있다. 결국 발명가이건 침해의심업체이건 자신이 전개하는 논리의 강약을 파악할 수 있게 되며 또한 상대방 주장의 장단점도 파악할 수 있으므로 결과를 확실히 예측하기도 어려운 법원의 청구항 해석을 감수하는 대신 합의를 통하여 법적 쟁점을 해결하는 편이 나을 수도 있기 때문이다.

따라서 그림 7-9는 두 가지의 시사점을 제공한다. 첫 번째는 당사자 간의 승패를 가늠하는 청구항 해석의 중요성이며, 두 번째는 청구항 해석의 어려움 및 비예측성이다. 즉 당사자들이 제공하는 증거를 감안하고 판례를 숙독하더라도 특정 기술을 단어와 문구로 표현한 청구항의 해석은 만만한 작업이 아니다.

그렇다면 어차피 어렵고 예측하기도 힘든 청구항 해석에 대하여 굳이 설명할 필요가 있으며, 발명가는 이러한 청구항 해석에 대하여 알 필요가 있을까?

정답은 "그러기에 더욱, 그럴수록 더더욱 그렇다"이다. 그만큼 어렵고 예측하기도 힘든 청구항 해석이기 때문에 발명가이건 경쟁자이건 자신에게 불리한 단초를 하나라도 상대방에게 제공한다면, 법원은 상기 단초를 증거로 인용하며 자신에게 불리한 청구항 해석을 선택할 수 있기 때문이다.

아래에서는 청구항 해석에 통용되는 기본 원칙들을 살펴본다. 물론 청구항 해석에 대한 원칙들을 살펴보는 이유는 종신이 보장되는 미국 연방법원에서 수십 년 동안 청구항 해석만 담당하는 판사들끼리도 종종 합의하지 못하는 청구항 해석을 단기간에 숙달하기 위함이 아니다. 오히려 발명가가 이러한 원칙에 대한 기초 지식만 있더라도 피할 수도 있는 '어리석은' 실수를 범하지 않도록 강조하기 위함이다.

2. 청구항 해석의 원칙

청구항 해석은 어렵다. 예측하기도 쉽지 않다.

발명가가 착상한 기술적 사상을 대리인이 단어와 문구로 표현한 결과가 청구항이므로 어렵다. 또한 유능한 대리인일수록 청구항 범위를 확충하기 위하여 간결하지만 의미가 함축된 광의의 단어와 문구를 사용하는 청구항과 이를 해석하기 위하여 기술적이지만 서술식으로 작성한 "발명의 설명 (specification)"을 고려해야만 하므로 어렵다. 더불어 발명가와 특허침해 의심업체가 서로 아전인수 격의 주장을 개진하므로 더더욱 어렵다.

법원 역시 어렵고 예측하기도 힘든 청구항 해석에서 일관성과 전문성을 유지하기 위하여 여러 가지 원칙을 운용한다. 따라서 아래에서는 청구항 해석에 사용할 수 있는 증거를 설명한 후 청구항 해석에 사용되는 원칙들 중 여섯 가지를 심층 분석한다.

가. 청구항 해석의 근거 자료

청구항을 해석하기 위하여 법원이 참고할 수 있는 자료는 무궁무진하다. 일예로 법원은 청구항 자체는 물론 도면이나 "발명의 설명"에 포함된 "발명의 상세한 설명" 등을 참고할 수 있다. 그럼에도 불구하고 청구항의 특정 단어나 문구의 의미가 불확실할 경우 법원은 상기 특허의 청구발명과 관련된 전문서적, handbook, 학술논문은 물론 전문가의 증언을 청취할 수도 있다.

하지만 이 모든 자료는 크게 두 가지로 구분할 수 있다. 첫 번째는 "특허내적 증거"로서 영어로는 "intrinsic evidence"라고 부르며, 발명가가 특허를 출원하기 위하여 특허청에 제출한 특허출원서와 이와 직접적으로 관련된 모든 증거가 특허내적 증거이다. 두 번째 증거는 "특허외적 증거"로서 영어로는 "extrinsic evidence"라고 부르며, 이 세상의 모든 지식과 기술은 물론 개인적 의견을 모두 포함하는 증거에서 위의 "특허내적 증거"를 제외한 나머지가 "특허외적 증거"이다.

(1) 특허내적 증거 (Intrinsic Evidence)

특허내적 증거, 즉 "intrinsic evidence"는 발명가가 특허를 출원하며 특허청에 제출한 모든 서류 및 심사 도중 특허청에 제출한 모든 서류를 포함한다. 따라서 청구항, 도면, "발명의 설명 (배경 기술, "발명의 상세한 설명" 등)"이 모두 특허내적 증거에 속한다.

미국 판례에 의하면 법원은 청구항 해석 시 모든 특허내적 증거를 이용해야만 하며,

특히 "발명의 설명 (specification)"을 반드시[11] 참고해야만 한다. 이러한 측면에서 "발명의 설명"은 발명가가 청구항에서 사용한 단어나 문구의 의미를 파악하여 청구항의 범위를 해석하기 위한 '사전'으로 간주할 수 있다.

특허내적 증거에 포함되는 또 다른 중요한 증거는 바로 출원특허의 심사 중 발명가 또는 발명가의 대리인과 특허청 심사관 사이의 교신 내용이다. 미국의 경우 발명가가 특허청에 특허를 출원하는 과정과 상기 출원특허에 대한 심사관의 심사 및 등록 과정을 통칭하여 "patent prosecution"이라고 부르며, 상기 과정과 관련된 모든 출원·심사 기록(줄여서 "특허 출원기록"으로 지칭)을 "prosecution history"[12]라고 부른다. 미국 판례는 청구항 해석 시 특허 출원기록도 반드시[13] 참고하도록 판시한다.

발명가가 특허출원 시 특허청에 제출한 특허출원서는 발명가가 특허로 보호받고자 하는 청구항 및 이에 대한 설명이 주요 내용이다. 하지만 특허청 심사관이 상기 청구항을 거절하고, 발명가가 심사관의 거절 이유의 부당성을 주장하거나 거절 이유를 극복하는 경우, 이와 관련된 모든 출원기록은 청구항 해석의 핵심 증거라 할 수 있다. 또한 이러한 과정에서 발명가가 개진하는 설명이나 주장은 청구항에 대한 발명가 자신의 해석 또는 자인(admission)에 해당한다. 따라서 특허 출원기록이야말로 출원특허에 대한 의심의 여지가 없는 공공문서로서 청구항 해석의 필수 요소 중 하나이다. 따라서 특

11) "Claims must be read in view of the specification, of which they are a part." Autogiro Co. of America vs. U.S., 384 F.2d 391 (CCPA 1967). 참고로 위의 인용에서와 같이 청구항(claim)은 특허명세서, 즉 specification의 일부이다. 하지만 미국 특허업계에서는 관습적으로 특허명세서에서 청구항을 제외한 부분을 specification이라고 지칭한다. 따라서 본문에서도 specification을 "발명의 설명"으로 지칭함을 알린다.

12) 과거에는 이를 "file wrapper," 즉 서류를 담는 '포대'라고 지칭하였으나, 점점 "prosecution history"라는 용어가 정식 명칭으로 자리 잡는 추세이다.

13) "To construe claim language, the court should also consider the patent's prosecution history, if it is in evidence." Graham v. John Deere Co., 383 U.S. 1, 33 (S.Ct. 1966).

허내적 증거는 필수적으로 특허 출원기록을 포함한다.[14)]

그림 7-10. 특허내적 증거로서의 특허명세서 및 특허 출원기록

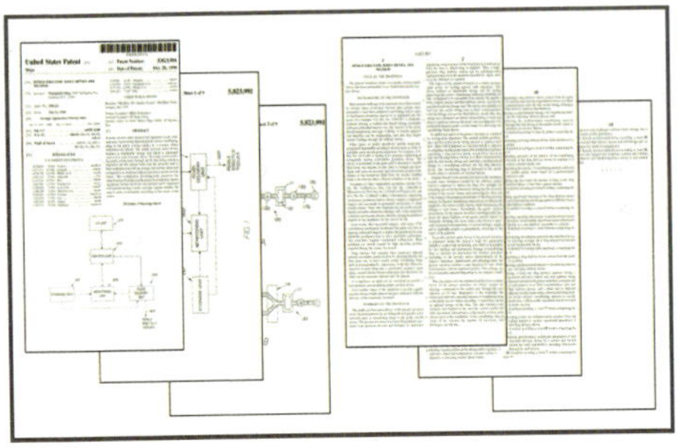

그림 7-10(a)

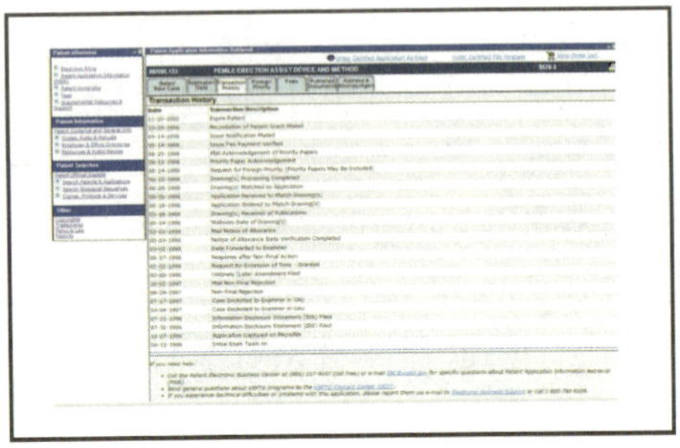

그림 7-10(b)

대부분 국가의 특허청은 발명가가 특허를 출원한 후 18개월이 경과하면 출원특허 전문을 공개하며, 상기 특허가 등록되면 이를 다시 공개한다. 출원기록의 공개는 국가별로 차이가 있지만 미국특허청의 경우 그림 7-10의 Public PAIR system을 이용하면 원하는 출원특허 및 등록특허는 물론 이에 대한 특허 출원기록을 열람할 수 있다.[15)]

미국 법원은 청구항 해석 시 위에서 설명한 특허내적 증거는 항상 반드시 고려하되 아래에서 설명할 특허외적 증거는 법원의 재량으로 판단할 수 있다고 판시한다. 따라서 청구항 해석 시 반드시 고려해야하는 특허내적 증거의 증거력이 청구항 해석 시 고려하지 않아도 무방한 특허외적 증거의 증거력보다 월등히 높음은 당연하다고 할 수

14) 미국 연방법원은 청구항 해석 시 특허 출원기록에 상당한 비중을 둔다. 상식적으로 특허청 심사관과 발명가의 교신 내용은 날씨나 가족의 안부와 같은 개인적 내용 대신 발명가가 출원한 청구항의 특허성에 대한 대화가 핵심이다. 따라서 현실적으로 특허 출원기록만큼 청구항 및 청구발명에 대한 발명가의 의중을 명확하게 표현하는 문서는 없다.

15) 미국특허청의 PAIR system은 2014.02.02 기준 약 523만개 이상의 특허 정보를 보관하고 있다.

있다. 또한 법원이 특허외적 증거가 필요하지 않다고 판단할 경우에는 특허내적 증거만을 이용하여 청구항을 해석할 수 있다.

단 특허내적 증거라고 해서 이에 대한 발명가의 주장과 경쟁자의 주장이 일치한다는 보장은 없다. 발명가이건 경쟁자이건 당사자는 특허내적 증거 중 자신에게 유리한 내용을 논리적으로 조합하여 법원을 설득하려고 최선을 다하기 때문이다. 물론 법원은 발명가의 주장과 경쟁자의 주장 중 논리적으로 일관성이 있고 특허내적 증거에 의해서도 입증 가능한 주장을 참고하여 청구항을 해석하게 된다.

(2) 특허외적 증거 (Extrinsic Evidence)

특허외적 증거, 즉 "extrinsic evidence"는 위에서 설명한 특허내적 증거를 제외한 이 세상의 모든 지식, 기술, 의견 등을 포함한다. 따라서 청구항, "발명의 설명" 및 특허출원기록은 당연히 특허외적 증거에서 제외된다. 그림 7-11과 같이 특허외적 증거의 예로는 기술 관련 전문서적, 학술논문, 기술사전, 일반 사전, 발명가 증언, 기술 전문가 증언, 법률 전문가 증언 등이 있다.

그림 7-11. 특허외적 증거의 예

특허외적 증거의 종류가 다양한 만큼 발명가, 경쟁자, 법원이 특허외적 증거를 사용하는 목적도 다양하다. 일예로 법원은 발명의 과학적 원리를 설명하기 위하여 또는 청구항이나 "발명의 설명"에 기재된 기술적 용어나 전문용어의 의미를 확인하기 위하여 특허외적 증거를 사용할 수 있다. 이뿐만이 아니라 법원은 특허출원 시점에서의 해당 분야의 기술 수준을 확인하기 위하여 또는 특허출원 시점에서의 선행기술에 대비한 청구발명의 신규성 요건이나 진보성 요건을 확인하기 위하여 특허외적 증거를 사용할 수도 있다. 하지만 법원이 특허외적 증거를 용인하지 않는 분야가 있는 바, 특허법에 대한 해석이 가장 전형적인 경우이다. 즉 특허와 관련된 분쟁에 있어서 판사가 아닌 변호사, law school 교수 등이 특허법 전문가로서 판사에게 특허법을 강의할 수는 없다.

단 주의할 사안은 청구항 해석 시 특허외적 증거의 사용 목적은 청구항에 포함된 단어나 문구의 의미에 대한 이해이며, 이를 청구항 용어를 교체하거나 반박하기 위해서 사용할 수는 없다는 점이다. 또한 법원이 특허외적 증거를 사용할 때 각각의 특허외적 증거에 대한 신뢰도까지 결정할 필요는 없다. 따라서 청구항 해석 시 항상 고려하여야만 하는 특허내적 증거와는 달리 법원은 특허외적 증거를 고려하지 않거나, 선별적으로 고려할 수도 있다.

나. 사전편찬자 (Lexicographer) 원칙

(1) 사전편찬자(Lexicographer)로서의 발명가의 권리

발명가는 자신의 발명을 신조어, 즉 자신이 만들어낸 자신만의 용어를 사용하여 개시하고 청구할 수 있다. 즉 발명가는 자신의 발명을 설명하기 위하여 자기 자신을 위한 사전편찬자(lexicographer)가 될 수 있다는 말이다.[16] 따라서 법원이 청구항을 해석할 때에도 이러한 발명가의 의도를 반영해야만 한다.

표 7-3. 사전편찬자(Lexicographer)로서의 발명가

A patentee may be his or her own lexicographer.

표 7-3에서와 같이 발명가가 신조어를 사용하는 경우는 발명가가 착상한 신기술에 대한 적당한 기존 용어가 존재하지 않거나, 기존 용어를 사용할 경우 발명의 속성과 맞지 않는 경우 등이다. 이러한 경우 발명가는 특정 용어를 일상적 의미외의 다른 의미를 가진 신조어로 사용할 권리를 보유한다. 단 여기에도 조건이 있다. 발명가는 특허명세서(즉 "발명의 설명"과 청구항)에서 자신이 창조한 신조어에 대한 정의를 분명히 해야 함은 물론 특허출원서 전체에서 신조어를 일관성 있게 사용해야 한다.

16) Chicago Foundry Co. v. Burnside Foundry Co., 132 F.2d 812 (7th Cir.1943).

(2) 사전의 종류

단 발명가가 만들어낸 신조어가 반드시 인류 역사 상 그 누구도 들어보지 못한 fancy 한 새로운 용어일 필요는 없다. 발명가는 일상적인 단어로도 신조어를 만들고 사용할 수 있다. 특히 발명가는 이러한 신조어를 특정 부품·단계를 세부적으로 지정하는 대신 광의의 범위를 확보함으로써 청구항의 범위를 확충하기 위한 목적으로 사용하는 경우가 대부분이다.

표 6-3. 국내특허 물건청구항 예시 (청구항 1)

1. 윗면과 아랫면을 갖는 본체를 포함하는 그릴의 가열부에 의한 가열을 통해 조리되고, 컨테이너 내에 배치되는 음식의 조리의 정도를 검출하는 그릴 제어시스템으로서,
상기 그릴의 하나 이상의 부분과 동작적으로 연결되는 하나 이상의 센서를 포함하고, 상기 컨테이너 내의 상기 음식의 양을 모니터하는 하나 이상의 **센서부** 및 상기 가열 전에 상기 음식의 초기 양 및 상기 가열 후에 상기 음식의 제1양(量)을 수신하고, 상기 초기 양을 상기 제1양과 비교하고, 상기 초기 및 제1양 사이의 차이로부터 상기 음식의 조리의 정도를 검출하도록 구성되는 하나 이상의 **제어부**를 포함하는, 그릴 제어시스템.

일예로 앞의 표 6-3의 청구항 본문에서 ‘센서부’와 ‘제어부’는 일종의 신조어라 할 수 있다. 만일 표 6-3에서 ‘센서부’라는 단어 대신 중량 센서라는 단어를 사용하면, 상기 표의 청구항은 컨테이너 내부의 음식의 무게를 모니터하는 시스템으로 범위가 축소된다. 하지만 중량 센서 대신 ‘센서부’라는 신조어를 사용함에 따라 상기 청구항은 컨테이너 내부의 음식의 무게나 부피를 감지하거나, 음식의 색이나 농도를 감지하는 등 음식의 양을 모니터할 수 있는 시스템으로 범위가 확충된다. 물론 발명가는 “발명의 설명”에서 ‘센서부’가 이와 같은 다양한 센서를 하나 이상 포함할 수 있다고 설명해야 한다.

또한 앞의 표 6-20의 청구항도 발명가가 자신만의 신조어를 만들어 사용한 예이다. 발명가는 청구항 본문에서 "rotating member"와 "stationary member" 및 "air classification means," "injection mechanism" 등을 청구항 요소로 사용하며 특정 부품을 지칭하는 대신 청구항 범위를 확충하였다. 물론 발명가는 "발명의 설명"에서 자신이 명명한 신조어인 'member'들과 'means' 등 모든 신조어에 대하여 설명해야 한다.

표 6-20. U.S. Pat. No. 5,289,978의 장치 발명의 독립항

1. A substantially continuous granulated material processing apparatus in which adhesive and affixed product labels are removed from granulated plastic container material wherein continuous defines an apparatus whereby said apparatus progressively effects the processing action in the absence of holding or batching stages, said continuous granulated material processing apparatus comprising:
a) a rotating **central shaft** with substantially a horizontal orientation; b) at least two **rotating members** axially attached to said rotating shaft; c) each of said rotating members cooperating with at least two **stationary members** mounted on the same plane relative to each other when perpendicular to said rotating central shaft, and in a same axial plane with said rotating members whereby an impacting force is imparted to said granulated material unto which is affixed said product label; d) an **air classification means** employing an air **injection mechanism** having a mechanical air supply, and at least one air injector cooperating with a labyrinth exit path and an air exit opening, said labyrinth exit path substantially distinct from the exit path of said granulated material, all of which is incorporated into the processing section wherein at least two of said rotating members and at least four of said stationary members are located; and e) wherein the rate of movement of said granulated container material being processed is controlled within the process area while maintaining said rotating central shaft at a constant rate of rotational speed so as to determine the length of time said granulated container material is subject to the forces of at least two of said rotating members in cooperation with at least four of said stationary members.

발명가가 인류 역사 상 그 누구도 들어보지 못한 fancy한 신조어 또는 표 6-20의 청구항과 같이 'member'나 'mechanism' 등의 신조어를 사용하였으나, "발명의 설명"에서 상기 신조어에 대하여 명확히 정의하지 않은 경우, 법원은 이러한 신조어를 어떤 의

미로 해석할까? 법원은 상기 신조어가 상기 용어의 일상적·관습적 의미를 지닌 것으로 추정한다. 만일 발명가가 사용한 신조어가 신규 용어라 이에 대한 일상적·관습적 의미가 없을 경우에는, 법원은 할 수 없이 특허외적 증거인 일반 사전, 기술사전이나 전문가의 증언을 통하여 상기 신조어의 의미를 확인할 수밖에 없다.

그렇다면 발명가가 신조어를 사용하였으나 "발명의 설명"에서 이에 대한 정의를 제공하지 않아 법원이 특허외적 증거를 이용하여 상기 신조어를 해석할 경우, 이는 발명가와 경쟁자 중 누구에게 더 유리할까?

정답은 "아무도 모른다"이지만, 발명가에게 조금은 불리할 수 있다. 일예로 경쟁자가 발명가는 미처 생각하지 못한 방법으로 발명가 특허의 권리범위를 우회·회피하더라도, 발명가는 상기 신조어의 의미를 사후적으로 자신에게 유리하게 조작하여 경쟁자의 침해를 주장할 수도 있다. 하지만 계약서 해석 원칙(contra proferentem)의 "작성자 불이익의 원칙 (interpretation against the drafter)"에 의하면, 계약 관련 분쟁이 발생하였고 분쟁의 원인이 불확실한 의미의 용어 때문일 경우, 계약서를 작성한 당사자에게 분쟁에 대한 책임을 물을 수 있다. 특허 청구항 역시 마찬가지이다. 발명가가 자신의 청구항에 의미가 불확실한 용어를 기재하였으나 이를 "발명의 설명"에서 명확히 정의하지 않은 경우 이에 대한 책임을 질 수도 있음을 유의할 필요가 있다.

또한 사전편찬자로서의 발명가도 그 권한에는 한계가 존재한다. 일예로 발명가가 "발명의 설명"에서 사용하는 모든 단어에 새로운 의미를 부여한다거나 (일예로 "본 명세서에서 사용하는 '적색'이란 통상의 청색을 의미하며, 명세서의 '청색'이란 통상의 황색을 의미하며, 명세서의 '황색'이란 통상의 적색을 의미한다), 하찮은 신조어를 고집한다거나, 의미가 명확치 않은 단어(일예로 '거시기' 등)를 사용할 수 없다는 미국 판례도 있다.

(3) 고백과 뼈아픈 후회

사전편찬자와 관련하여 발명가가 주의해야할 사항이 또 하나 있다. 즉 자신의 발명과 관련된 '고백'을 하지 말아야한다는 점이다. 왜냐하면 '고백'하는 발명가에게 남는 것은 "뼈아픈 후회"뿐이기 때문이다.

앞서 발명가는 청구항에서 자신의 발명을 자신만의 용어를 사용하여 개시하고 청구할 수 있으므로, 법원은 청구항을 해석할 때 이러한 발명가의 의도를 반영해야 한다고 설명하였다. 마찬가지로 발명가가 "발명의 설명"을 통하여 고백한 사실이 발견될 경우, 경쟁자는 당연히 이를 백분 활용할 것이며, 법원 역시 발명가의 고백을 청구항 해석에 반영한다. 발명가가 설마 자신의 권리범위에 해가 되는 고백을 할까하고 의심하겠지만 많은 특허, 특히 국내특허 대부분은 이러한 발명가의 고백으로 점철된다.

우선 발명가가 가장 흔히 범하는 실수는 바로 자신의 발명과 관련된 선행기술에 대한 고백이다. 발명가는 자신이 착상한 발명의 우수성을 강조하기 위하여 종래 기술과의 차이점을 기술한다. 특히 많은 발명가들은 Stanford 대학교의 S교수는 S_1이라는 화합물의 합성 및 응용에 대한 논문을 발표하였으나 S_1은 발광 효율이 떨어진다는 단점이 있으므로 자신은 이러저러한 뛰어난 발명을 착상함으로써 이를 해결하였다고 자랑한다.

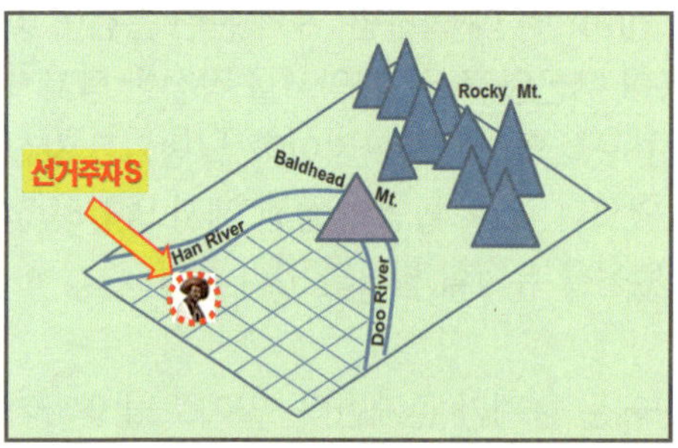

그림 7-12. 발명의 선행기술에 대한 고백

겉보기에는 이러한 자랑이 특허 권리범위에 아무런 영향을 미치지 않을 것 같지만, 이러한 고백은 사실 Stanford 대학교 S교수의 S_1이라는 화합물이 자신의 발명과 관련된 선행기술이라고 인정하는 고백으로 간주된다. 결국 그림 7-12와 같이 이러한 자랑은 신대륙에서 발명가가 소유하고자 하는 영토에 대한 선행기술의 위치를 친절히 지정해주는 격이다.

더 중요한 점은 추후 상기 고백이 선행기술에 대한 발명가의 오해에 따른 결과임이 입증되더라도 치유할 수 없다는 점이다. 즉 발명가가 자신의 발명과 관련되었다고 간주하였던 Stanford 대학교 S교수의 화합물 S_1이 알고 보니 자신의 발명과는 전혀 관련 없는 화합물이라도, 추후 특허청 심사관이나 경쟁자가 S교수의 문헌 또는 이와 관련된 문헌을 선행기술로 인용하였을 때 발명가는 상기 문헌들이 자신의 발명에 대한 선행기술이 아니라고 주장할 수 없게 된다. 이미 발명가의 고해성사는 끝났고, 심사관이나 경쟁자는 발명가의 고해성사를 비밀로 지켜줄 성직자가 아니기 때문이다.

발명가가 자주 범하는 또 다른, 더 큰 실수는 자신의 발명의 진보성에 대한 고백이다. 앞서와 같이 발명가는 자신이 착상한 발명의 논리성을 강조하기 위하여 종래 기술들의 단점을 인용하며 자신이 발명을 착상하게 된 동기를 기술한다. 일예로 Stanford 대학교의 S교수가 합성한 S_1이라는 화합물은 기존 물질의 R_1을 methyl기로 개량하여 합성하였지만 발광 효율이 떨어진다는 단점이 있고, MIT의 M교수가 합성한 M_1이라는 화합물은 기존 물질의 R_2를 ethyl기로 개량하여 합성하였으나 투명도가 낮다는 단점이 있으므로 자신은 R_1과 R_2를 여러 물질들로 치환하며 실험한 후 이 중에서 발광 효율도 훌륭하고 투명도도 높은 propyl기로 합성하였다고 기술하는 경우이다.

발명가가 저명한 경쟁자들의 결함을 지적함으로써 자신이 착상한 발명의 중요성 및 발명에 이르게 된 논리를 설명하려는 욕구는 당연히 이해할 수 있다. 하지만 이러한 고백은 그림 7-13에서와 같이 신대륙에 위치한 선행기술들의 위치에 대한 고백일 뿐만 아니라 자신의 발명은 선행기술들의 조합이라는 고백에 해당할 수도 있다. 즉 추후 특허청 심사관 또는 경쟁자가 발명가가 착상한 발명은 관련 분야의 통상적 지식을 가진 자가 Stanford 대학교의 화합물 S_1과 MIT의 화합물 M_1을 용이하게 결합하여 착상할 수 있는 발명이라고 주장할 경우, 발명가는 자신의 발명에 대한 진보성을 확보하기가 상당히 어렵게 된다. 또한 추후 이러한 고백이 각각의 선행기술에 대한 발명가의 오해에 따른 결과임이 입증되더라도 이를 치유하기는 매우 어렵다.

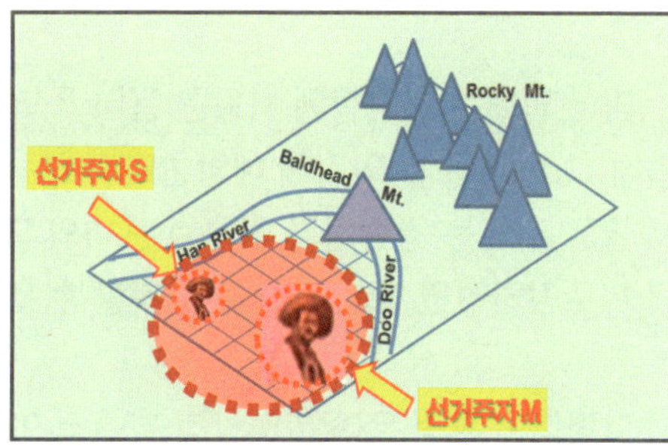

그림 7-13. 발명의 진보성에 대한 고백

이뿐만이 아니다. 발명가는 "발명의 설명" 중간 중간마다 또는 각종 실시예를 설명하며, 자신의 발명과 선행기술의 차이를 친절하게, 상세히 설명한다. 하지만 이를 위하여 발명가가 사용한 단어 하나하나, 문구 하나하나가 언제 어디에서 어떻게 독화살로 변하여 발명가를 위협할는지는 아무도 모른다.

중요한 점은 위에서 설명한 모든 사항은 모든 연구자가 학술논문을 작성할 때마다 기재하는 내용이라는 점이다. 이에 따라 발명가가 자신이 작성한 논문 초고를 대리인에게 전달하고, 대리인이 이를 토대로 "발명의 설명"을 작성하다보면 알게 모르게 발명가의 수많은 고백이 포함될 수밖에 없다. 앞서 제3장의 3절 "논문 쓰듯 쓴 특허 vs. 특허 쓰듯 쓴 논문"에서 설명하였듯이 발명가가 논문 쓰듯 쓴 특허로 수익을 창출할 수 없는 또 다른 이유가 바로 발명가의 "진솔한 고백" 때문이다. 물론 진보성이 취약한 발명의 진보성을 입증하기 위해서 발명가는 자신이 착상한 발명과 선행기술과의 차이를 강조해야만 하지만, 이때에도 단어나 문구 선택에 극히 조심해야만 한다. 이는 특허명세서, 특히 "발명의 설명"은 차분한 tone으로 작성해야만 하는 이유이기도 하다.

다. 일상적·관습적 의미 (Ordinary·Customary Meaning) 원칙

미국 법원은 청구항에 사용한 용어의 의미는 상기 용어의 일상적(ordinary) 또는 관습적(customary) 의미에 해당한다고 강력히 추정(heavy presumption)한다.[17] 따라서 발명가 또는 경쟁자가 청구항 용어의 의미가 일상적·관습적 의미 이외의 뜻을 지닌다고 주장하려면 상기 추정을 극복할 수 있는 더욱 강력한 증거가 필요하다.

그렇다면 특정 용어의 일상적·관습적 의미는 어떤 의미인가? 미국 판례는 일상적·관습적 의미를 "사전(dictionary)에 의한 정의"라고 판시한다. 따라서 "발명의 설명"에 상반된 정의가 없는 이상 의미가 확실치 않은 청구항 단어는 사전을 이용하여 해석할 수 있다. 그렇다고 청구항에 포함된 용어의 의미를 단일 사전으로만 해석할 필요도 없다. 청구항의 세 번째 용어는 Random House사의 "Unabridged Dictionary"를 이용하

17) 미국 특허소송은 모두 민사소송이다. 따라서 당사자는 "증명의 우월"이라는 입증 책임을 가진다. "증명의 우월"이란 "preponderance of evidence" 또는 "more likely than not"으로서 대략 50.001:49.999 이상의 확률로 자신의 주장을 입증할 경우에 한하여, 법원이 이를 사실로 인정한다는 기준이다. 하지만 앞서 제4장의 1-라절 "발명가의 Reaction에 대한 경쟁자의 Counter-Reaction"에서 설명한 바와 같이, 특정 사안을 '추정'할 경우 당사자가 상기 추정을 뒤엎기 위한 기준은 "증명의 우월"이 아닌 "명백하고 신뢰할만한 증거 (clear and convincing evidence)"로서, 이는 대략 70:30 정도 또는 80:20 정도로 추정된다. 따라서 일방이 청구항의 특정 용어가 비일상적, 비관습적 의미를 가진다고 입증하려면 최소한 70% 정도의 확률 이상으로 이를 입증해야하기 때문에 '추정' 극복에는 그만큼 각고의 노력이 필요하다. 즉 발명가가 청구항에 아무런 생각 없이 기재한 단어의 일상적·관습적 의미가 발명가의 청구발명과는 상반된 또는 상이한 의미를 가질 경우, 발명가가 이를 부정하기는 그만큼 어렵다는 말이다.

여 해석하고, 다섯 번째 용어는 Webster사의 "Third New International Dictionary"를 이용하여 해석할 수도 있다.

단 여기에도 예외가 존재한다. 일예로 발명가가 "발명의 설명" 또는 특허 출원기록 등에서 특정 청구항 용어에 대하여 특별한 정의를 명확히 제공한 경우이다. 발명가가 사전 편찬자로서 신조어를 만들고 "발명의 설명"에서 이에 대한 정의를 명확히 제공한 경우, 법원은 상기 용어를 일상적·관습적 의미로 해석할 수 없다.

또한 발명가가 "발명의 설명"또는 특허 출원기록을 통하여 청구항에 기재한 특정 용어의 의미가 상기 용어의 일상적·관습적 의미와 다르다고 명시적으로 구별하였을 경우도 예외에 속한다. 이는 일반적으로 발명가가 특정 용어의 의미가 상기 용어의 일상적·관습적 의미보다 좁다고 주장하는 경우로서, 발명가가 특허청 심사관이 인용한 선행기술을 극복하기 위하여 청구항 용어의 범위를 축소하는 경우가 대부분이다. 이런 사실이 입증되면 발명가는 추후 특허침해소송에서 상기 용어의 축소된 의미를 이용할 수 있으며, 경쟁자는 상기 용어를 일상적·관습적 의미로 해석할 수 없다. 이는 앞서 설명한 사전편찬자로서의 발명가의 고백과 일맥상통한다고 간주할 수 있다.

또한 발명가가 청구항에서 사용한 용어를 일상적·관습적 의미로 해석하였을 경우 상기 용어의 의미에 대한 명확성이 결여되는 경우, 법원은 특허내적 증거를 이용하여 상기 용어에 대한 상이한 의미를 사용해야 한다. 마지막 경우는 제6장의 3-바절에서 설명한 기능청구항의 일종인 "means-plus-function" 청구항이다. 하지만 앞서 설명한 바와 같이 상기 청구항의 사용 빈도가 현저히 줄어들었으므로 이에 대한 자세한 설명은 생략한다.

라. 의미의 일관성 (Consistent Meaning) 원칙

발명가는 청구항 용어를 일관성 있는 의미로 사용해야 한다. 하지만 "의미의 일관성"은 두 가지 맥락으로 해석할 수 있다. 즉 특허내적 및 특허외적으로 발명가는 청구항 용어에 대한 의미의 일관성을 유지해야 하는 것이다. 우선 특허내적 측면에서의 "의미의 일관성"이란 청구항 용어를 특허명세서 전체에서 일관성 있게 사용하여야 한다는 원칙이다. 따라서 발명가가 "발명의 설명"에서 '장치'라는 단어를 특정 하위 구조(subset of structure)에 제한되지 않고 일반적 구조라는 의미로 사용하였으면, 발명가는 특허명세서 전체에서 동일한 단어를 동일한 의미로 사용해야 한다.

만일 발명가가 "발명의 설명"의 상이한 부분에서 특정 청구항 용어에 대하여 상이한 정의를 기재하였거나 청구항과 "발명의 설명"에서 서로 상이한 의미로 기재하였다면, 의미의 일관성을 유지하지 못한 용어를 포함하는 상기 청구항은 어떻게 해석할까?

정답은 "해석이 안 된다" 또는 "해석할 수 없다"이다. 왜냐하면 공중은 상기 청구항을 읽고 "발명의 설명"을 참고해도 청구항의 권리범위를 인지할 수 없기 때문이다. 이런 청구항은 특허의 목적 중 하나인 공지(notice) 기능을 만족하지 못하므로 무효이다.

만일 상기 청구항이 두 가지의 의미로 해석될 소지는 있지만 어떤 의미로 상기 청구항을 해석하더라도 경쟁자의 침해를 입증할 수 있는 경우, 상기 청구항은 유효일까? 이에 대한 정답은 "그래도 무효이다"이다. 왜냐하면 발명가가 자신의 청구항으로 경쟁자의 침해를 입증하려면 유효 청구항이 필요하기 때문이다.

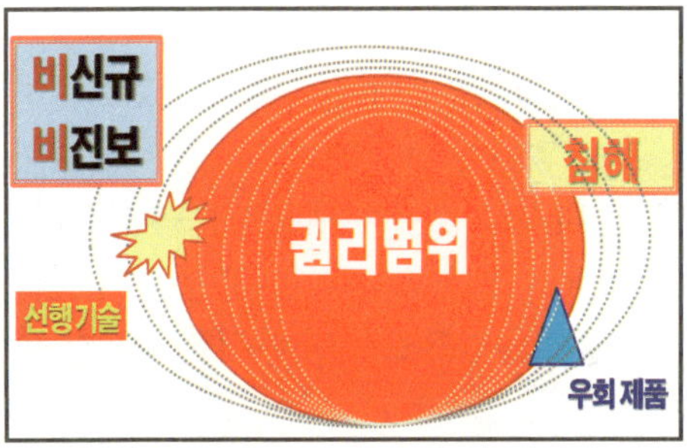

그림 7-14. 공격과 수비에 있어서의 의미의 일관성

특허외적 측면에서의 "의미의 일관성"이란 발명가가 출원특허 심사 시 특허를 등록하기 위하여 청구항 용어에 부여한 의미가 있을 경우, 발명가는 특허침해소송 시 경쟁자의 침해를 입증하기 위해서도 상기 용어에 동일한 의미를 부여해야 한다는 원칙이다. 따라서 그림 7-14와 같이 발명가가 청구항의 신규성, 진보성 입증을 위하여 특정 용어에 부여한 의미가 있다면, 추후 발명가가 침해의심 제품의 침해를 입증할 때에도 동일한 용어는 동일한 의미로만 사용해야 한다. 이러한 측면에서 보면 의미의 일관성 원칙은 일종의 출원기록 금반언의 원칙(prosecution history estoppel)과 같은 맥락으로 해석할 수 있다.

물론 "의미의 일관성"은 발명가에게만 적용되는 것이 아니라 경쟁자에게도 동일하게 적용된다. 즉 침해의심 제조업체가 자신의 비침해를 입증하기 위하여 특정 용어에 부여한 의미가 있다면, 침해의심업체는 청구항의 신규성 결여 또는 진보성 결여를 입증할 때에도 동일한 용어를 동일한 의미로 사용해야 한다.

마. 최선의 실시예 포함 (Include Preferred Embodiment) 원칙

대부분의 발명가는 각고의 노력 끝에 착상한 자신의 발명을 자신의 자식만큼이나 귀하게 여긴다. 그러다보니 발명가는 "발명의 설명"을 작성하며 자신이 가장 자랑스럽게 여기는 최적 또는 최선의 실시예(preferred or best embodiment 또는 best example)를 자랑하며 강조한다. 마치 연구자가 자신이 규명한 우주의 진리를 남들에게 자랑하는 학술논문을 작성하듯 "발명의 설명"을 작성하는 것이다. 이뿐만이 아니다. 많은 발명가는 "발명의 설명"을 작성하며 다양한 실시예를 기재한 후 특정 반응 조건하에서 제품의 수율(yield)이 '가장' 높고, 순도도 '제일' 좋을 뿐만 아니라, 여기에 첨가물을 더하면 물성마저 '최고조'에 달한다고 기재하기도 한다.

하지만 발명가가 자랑삼아 무심코 사용한 '최적,' '최선,' 'preferred,' 'best,' '가장' 또는 '제일' 등과 같은 단어를 포함한 "발명의 설명"의 결말은 모골이 송연해지도록 참혹하다. 미국 판례에 의하면 발명가가 최적 또는 최선의 실시예라고 인정하는 실시예는 청구항 해석 시 반드시 권리범위에 포함되어야만하기 때문이다. 그 결과 발명가나 대리인이 아무리 청구항의 요소나 제한조건의 수를 줄이고 광의의 뜻을 지닌 단어로 청구항을 작성하였더라도, 발명가가 "발명의 설명"에서 자랑한 최선의 실시예가 추가 요소나 제한조건으로 부가되는 순간 발명가의 권리범위는 1/1,000 내지 1/10,000로 축소될 수도 있다.

미국 연방법원이 최적 또는 최선의 실시예를 청구항 범위에 포함시키는 이유는 상식적으로 이해할 수 있다. 일예로 자수성가하여 약관 30대에 대기업체를 30개나 거느린 초대형 group의 회장으로 취임하고, 효와 예에도 유별나서 김씨 가문의 대를 이을 대들보라고 자타가 치켜세우던 잘 나가던 종손이, 알고 보니 김씨가 아니고 심씨라면 어떻게 될까? 김씨 가문의 체면은 땅에 떨어질 수밖에 없다. 분명 종친회가 잘못하였거나 아니면 종손이 출생신고를 똑바로 하지 못한 탓이다. 지상파 방송에서 황금시간 대에

억대의 광고비를 지출하며 강남 이태리 식당의 원조라고 떠들썩하게 홍보한 식당을 찾아가 pizza를 시켰으나 막상 가져다주는 음식이 pizza 대신 곰국, 꼬리곰탕, 닭곰탕이라면 어떻게 될까? 이 또한 이해하기 어려울 수밖에 없다. 분명 거액을 들인 지상파 광고 내용이 잘못되었거나 아니면 식당이 장사를 똑바로 하지 못한 탓이다.

특허도 마찬가지이다. 발명가가 "발명의 설명"에서 화합물의 순도가 가장 높은 반응온도 및 압력, 혼합물의 전기전도도가 가장 높은 조성물, 표면 투명도가 가장 높은 표면 coating 물질 등에 대한 최선의 실시예를 열심히 설명한 후, 막상 청구항의 권리범위에서는 엉뚱한 실시예를 포함한다면 어떻게 될까? 분명 발명가가 기재한 상기 최선의 실시예가 진실이 아니거나 아니면 발명가가 청구항을 제대로 해석하지 못한 탓일 것이다.[18] 따라서 제대로 된 청구항 해석은 청구항의 권리범위에 최적·최선의 실시예가 포함됨이 도의적으로나 법률적으로나 상식적으로도 타당하다.

하지만 청구항의 권리범위에 최선의 실시예를 포함하는 청구항의 결말은 모골이 송연해지도록 참혹하다. 왜냐하면 상기 청구항의 권리범위는 더 이상 쪼그라들 수 없을 정도로 좁아지는 경우가 대부분이기 때문이다.

표 7-4. 특허명세서의 최적 실시예

청구항
산 남쪽, 한강 동쪽, 두강 서쪽, 돌덩이가 보이는 땅은 모두 내 땅.
명세서 [발명의 설명] **Specification [Detailed Description of the Invention]**
상기 땅도 여러 상이한 부분으로 구성된다. 이 중에는 금 덩어리, 은 덩어리, 주석 덩어리, 실리콘 덩어리, 인디움 덩어리, 석탄 덩어리가 보이는 부분들이 널려 있다. 하지만 그 많은 부분들 중에서 특히 **다이아몬드 덩어리**가 보이는 땅이야말로 **최선의 땅**이다.

18) Vitronics Corp. v. Conceptronics, 90 F.3d 1576 (Fed. Cir. 1996); Hormone Research Foundation, Inc. v. Genentech, Inc., 904 F.2d 1558 (Fed. Cir. 1990), cert. denied, 499 U.S. 955 (1991).

일예로 표 7-4는 발명가가 청구항에는 “산 남쪽, 한강 동쪽, 두강 서쪽, 돌덩이 보이는 땅”이 자신의 땅이라고 기재한 후, “발명의 설명”에서는 “다이아몬드 덩어리가 보이는 땅이야말로 최선의 땅”이라는 실시예를 기재한 경우이다. 앞서 설명한 바와 같이 법원은 청구항의 권리범위에 “다이아몬드 덩어리가 보이는 땅”이라는 최선의 실시예를

그림 7-15. 최선의 실시예를 고려한 청구항 권리범위

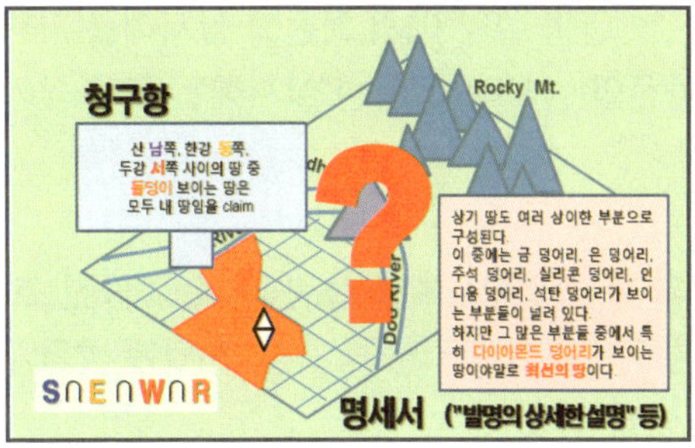

그림 7-15(a)

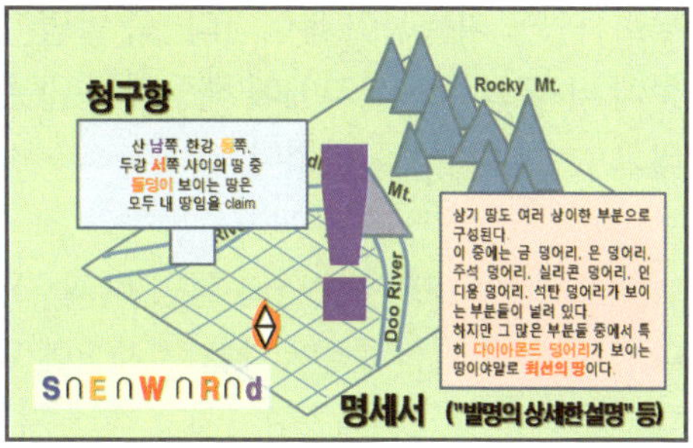

그림 7-15(b)

포함하도록 청구항을 해석하고, 이에 따라 다이아몬드 덩어리가 보이지 않는 땅은 권리범위에서 제외될 가능성이 높다. 왜냐하면 신대륙에서 다이아몬드 덩어리가 보이는 땅이야말로 자신의 최선의 땅임이 분명하다고 발명가 자신이 수차례에 걸쳐 시인한 문서가 바로 발명가가 작성한 “발명의 설명”이기 때문이다.

그 결과 발명가가 표 7-4의 청구항으로 주장할 수 있는 권리범위는 청구항에 기재한 요소만으로 해석하면 그림 7-15(a)의 주황색 부분의 영토에 해당할 수도 있지만, 상기 청구항 범위를 “다이아몬드 덩어리가 보이는 땅”이라는 발명가의 최선의 실시예를 포함하도록 해석하면 그림 7-15(b)의 협소한 영토로 전락하게 된다. 즉 상기 청구항의 권리범위가 “다이아몬드 덩어리가 보이는 땅”이라는 최선의 실시예를 포함하게 됨에 따라, 이와는 반대의 경우인 “다이아몬드 덩어리가 보이지 않는 모든 땅”이 상기 청구항의 범위로부터 제외되어 버린다. 따라서 최선의 실시예가 권리범위에 포함되는 청구항은 해석해보았자 그 권리범위가 몹시 협소할 수밖에 없다. 즉 “발명의 설명”에서 최선이라고 기재한 실시예가 청구항 본문으로 편입되어 새로운 청구항 요소로 간주됨에 따라 청구항의 권리범위마저 그만큼 대폭적으로 협소해지기 때문이다.

이뿐만이 아니다. 발명가가 “발명의 설명”에 최선의 실시예를 기재할 때에는 범위를 의식하지 않고 상기 실시예에 대하여 자세히 기입하는 경우가 대부분이다. 따라서 상세한 구조, 조성물, 공정 단계 등에 대한 제한조건을 명시한 실시예가 청구항 본문에 편입될 경우, 상기 청구항의 범위는 그야말로 좁쌀만큼 줄어들 수도 있다. 결국 경쟁자는 자신의 우회제품이 산 남쪽, 한강 동쪽, 두강 서쪽에 위치하지만 발명가가 최선의 실시예라고 자랑한 다이아몬드 덩어리가 보이지 않는 이상 청구항의 권리범위 역시 우회하였을 가능성이 높아진다. 즉 발명가는 “발명의 설명”에서 최선의 실시예를 기재함에 따라 최선의 실시예에 해당하지 않는 차선의 실시예, 열등한 실시예는 모두 공터라고 선언한 바와 다름없다.

하지만 발명가는 “발명의 설명”에서 자신의 최선의 실시예를 설명하기는 해야만 한다. 그렇다면 최선의 실시예를 기재함에 따른 권리범위 축소를 방지할 수 있는 발명가의 해결책은 무엇일까? 여기에는 여러 가지 방법이 있다.

첫 번째는 ‘최적,’ ‘최선,’ ‘most preferred,’ ‘best,’ ‘가장,’ ‘제일’ 등과 같이 극단적인 단어를 “발명의 설명”에서 아예 사용하지 않는 방법이다. 하지만 이 방법도 문제점이 있는바, 미국 특허법 35 U.S.C. § 112(a)에 따라 발명가는 특허출원 시 자신이 최적이라 생각하는 실시예를 개시해야할 의무(best mode requirement)가 있기 때문이다. 물론 미국 개정특허법인 America Invents Act가 2011년 9월 16일 발효됨에 따라 그 누구도 발명가가 최적 실시예를 개시하지 않았으므로 특허가 무효라고 주장할 수는 없게 되었지만, 특허청 심사관은 여전히 이를 거절 이유로 삼을 수 있다. 따라서 최소한 한 가지 실시예 정도는 최적 또는 최선이라고 지칭할 필요는 있지만, 하나의 실시예를 최적 또는 최선이라고 지칭할 경우에는 위에서 여러 번에 걸쳐 누차 강조한 바와 같이 권리범위가 파격적으로 축소되는 문제가 발생한다.

따라서 최선의 실시예를 기재함에 따른 권리범위 축소를 방지하는 두 번째 전략은 모든 실시예를 최선이라고 기재하는 방법이다. 일예로 “발명의 설명”에서 실시예를 언급할 때마다 이것도, 저것도 모두 최선이라고 떳떳하게 기재하는 전략이다. 물론 다섯 번째 실시예의 화합물은 투명도가 98% 이상인데, 투명도가 이의 반에 불과한 50%인 아홉 번째 실시예의 화합물도 최선이라고 기재함은 어폐가 있을 수도 있고 낯이 간지러울 수도 있다.

따라서 최선의 실시예를 기재함에 따른 권리범위 축소를 방지하는 마지막 전략은 그림 7-16에서와 같이 아예 "발명의 설명"의 한 부분인 "발명의 상세한 설명"을 "발명의 최선 실시예에 대한 설명" 또는 "Detailed description of the preferred embodiments" 등으로 지칭한 후, "발명의 상세한 설명"에서는 '최선' 또는 '최적'이라는 단어를 사용하지 않은 채 모든 실시예를 동등하게 개시하는 방법이다.

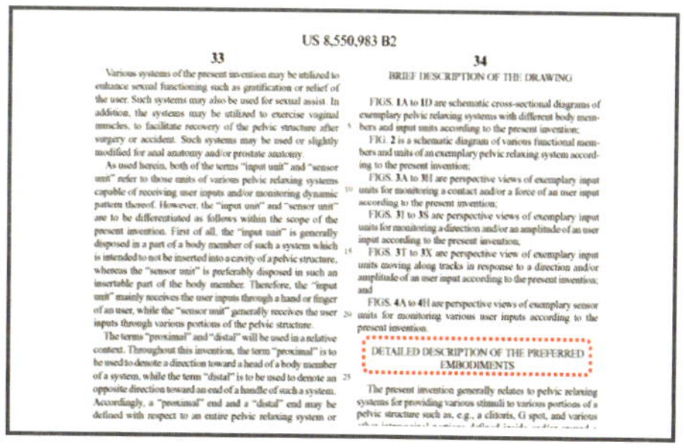
US 8,550,983 B2

33

Various systems of the present invention may be utilized to enhance sexual functioning such as gratification or relief of the user. Such systems may also be used for sexual assist. In addition, the systems may be utilized to exercise vaginal muscles, to facilitate recovery of the pelvic structure after surgery or accident. Such systems may be used or slightly modified for anal anatomy and/or prostate anatomy.

As used herein, both of the terms "input unit" and "sensor unit" refer to those units of various pelvic relaxing systems capable of receiving user inputs and/or monitoring dynamic pattern thereof. However, the "input unit" and "sensor unit" are to be differentiated as follows within the scope of the present invention. First of all, the "input unit" is generally disposed in a part of a body member of such a system which is intended to not be inserted into a cavity of a pelvic structure, whereas the "sensor unit" is preferably disposed in such an insertable part of the body member. Therefore, the "input unit" mainly receives the user inputs through a hand or finger of an user, while the "sensor unit" generally receives the user inputs through various portions of the pelvic structure.

The terms "proximal" and "distal" will be used in a relative context. Throughout this invention, the term "proximal" is to be used to denote a direction toward a head of a body member of a system, while the term "distal" is to be used to denote an opposite direction toward an end of a handle of such a system. Accordingly, a "proximal" end and a "distal" end may be defined with respect to an entire pelvic relaxing system or

34

BRIEF DESCRIPTION OF THE DRAWING

FIGS. 1A to 1D are schematic cross-sectional diagrams of exemplary pelvic relaxing systems with different body members and input units according to the present invention;

FIG. 2 is a schematic diagram of various functional members and units of an exemplary pelvic relaxing system according to the present invention;

FIGS. 3A to 3H are perspective views of exemplary input units for monitoring a contact and/or a force of an user input according to the present invention;

FIGS. 3I to 3S are perspective views of exemplary input units for monitoring a direction and/or an amplitude of an user input according to the present invention;

FIGS. 3T to 3X are perspective view of exemplary input units moving along tracks in response to a direction and/or amplitude of an user input according to the present invention; and

FIGS. 4A to 4H are perspective views of exemplary sensor units for monitoring various user inputs according to the present invention.

DETAILED DESCRIPTION OF THE PREFERRED EMBODIMENTS

The present invention generally relates to pelvic relaxing systems for providing various stimuli to various portions of a pelvic structure such as, e.g., a clitoris, G spot, and various

그림 7-16. 불특정 다수의 최적 실시예

특허를 쓰며 "꼭 이런 방법까지 동원해야 할까"라는 회의가 드는 발명가도 있을 것이다. 하지만 이에 대한 대안은 발명가가 자신의 실시예 중 일부를 최선의 실시예라고 지정하는 방법이 유일하다. 하지만 위에서 여러 번에 걸쳐 누차 강조한 바와 같이 호기있게 '최선,' '최적,' '가장,' '제일' 등과 같은 단어를 사용하는 발명가는 반드시 후회하게 된다. 따라서 나중에 후회하기 보다는 사전에 주의하는 방법이 상책이다.[19)]

청구항 해석은 어차피 힘들고 예측도 어려운 과정이다. 그런데 이러한 과정 중 발명가가 자신에게 불리한 결정적 빌미를 자발적으로 상대방에게 제공한 후 이에 따른 위험을 감수해야 할 이유가 없다. 따라서 특허명세서, 특히 "발명의 설명"은 절대로 만용을 부리지 않고 차분한 tone으로 기재해야 한다.

하지만 어떻게 쓰는 것이 "발명의 설명"을 차분하게 쓰는 것일까? 자랑은 하되, 절대로 심하게 자랑하지는 않음이다. 이는 연애편지와 흡사하다. 흠모하는 상대의 마음을 다잡기 위하여 감정 표현을 심하게 하는 순간 주인공은 연애편지 앞장, 뒷장은 물론 겉봉투에도 '제일,' '가장,' '평생' 또는 "그 누구보다"라는 표현들을 삽입할 수밖에 없다. 물

19) 발명가는 수익 창출을 위하여 발명을 착상하고 특허를 출원·등록하여 합법적으로 금지권을 확보하는 한편 경쟁자는 수익 창출을 위하여 발명가의 권리범위를 우회·회피하여 합법적으로 유사 제품을 제조·판매하도록 도모하는 제도가 특허제도이다. 하지만 만인이 만인을 상대로 투쟁하는 business 세계에서도 신사도만을 발휘하겠다는 발명가가 있다면, 그를 말릴 수는 없을 것이다.

론 이러한 극단적 표현을 사용함으로써 주인공은 상대방의 마음을 끌어 사랑에는 성공할 수 있다. 발명가도 마찬가지이다. 발명가가 자신의 발명이 선행기술보다 얼마나 유용하고 훌륭한지 강조할수록 발명가가 특허를 받기는 용이해진다.

하지만 이것으로 끝이다. 왜냐하면 "평생토록 가장, 그 누구보다 더"라고 표현한 주인공이기에 나중에 다른 연인을 만나기는 어려워진다. 만일 주인공이 자신이 작성한 연애편지에도 불구하고 다른 연인을 만나게 되면, 이러한 주인공은 이전 연인으로부터는 물론 거국적으로 패륜아라는 지탄을 받게 된다.

발명가도 마찬가지이다. 자신이 자랑스럽게 사용한 단어 때문에 나중에 경쟁자에게 발목을 붙잡히기 마련이다. 일예로 발명가 특허의 권리범위를 우회·회피한 경쟁자의 침해를 입증하기 위하여 발명가가 자신의 청구항의 권리범위를 확충하고 싶더라도, 발명가가 자신이 기재한 "발명의 설명"에서 '최선' 또는 '제일'이라고 강조한 청구항의 범위를 변경하거나 확충하기는 그만큼 더 어려워진다. 따라서 발명가는 자신의 발명의 장점에 대해서는 언급을 하되, 이를 선행기술과 비교해야만 하는 경우에도 극히 조심해야 한다.

이러한 맥락에서 미국 특허변호사들은 발명가의 발명과 선행기술을 직접 비교하지 않도록 노력하며, 그 결과 "종래 기술과의 차이" 또는 "Background of the Invention"을 아예 작성하지 않는 경우도 있다. 또한 부득이 이를 작성하더라도 짧고 무덤덤하게 사실만을 기재하는 정도로 그친다. 즉 발명가의 발명과 선행기술을 직접 대놓고 비교함으로써 추후 특허침해소송에서 발명가가 발목을 잡히지 않도록 선제 대응하는 전략이다. 따라서 후회하게 될 고백을 하지 않기 위해서는 '제일,' '가장,' '유일한' 등의 단어를 사용하지 말아야 하며, 특히 이전 여자 친구와 현재 여자 친구를 결코, 절대로 비교하지 말라는 말이다.

이에 반하여 우리나라 특허청 심사관은 대리인에게 발명가가 출원한 청구발명과 선행기술과의 차이점을 명확하고 자세히 기술하기를 요구하는 경향이 있다. 심사관의 요청을 비교적 존중하는 국내 변리사이기에 거의 모든 국내 특허명세서의 "발명의 설명"은 발명가의 청구발명과 선행기술을 비교하는 부분을 거의 항상 포함한다. 또한 대부분의 변리사는 발명가에게 자신의 발명과 선행기술을 비교하는 부분을 작성해주도록 요청하기도 한다. 물론 이를 작성하는 발명가의 대부분은 연구자이므로 학술논문 초고를 작성하듯이 Stanford 대학교 작품부터 시작하여 Oxford 대학교 작품, 동경대 작품까지 세계 일주를 하며 자신의 발명의 우월성을 과시한다.

그 결과 우리나라 특허청 심사관의 특허 심사 효율은 분명히 향상될 것이다. 하지만 이러한 특허심사 효율의 향상이 국가적으로 도움이 될까? 그렇지는 않다는 것이 저자의 견해이다. 왜냐하면 상기 특허가 추후 번역되어 미국이나 유럽에 출원될 경우, 국내 특허명세서의 "발명의 설명"에 포함된 선행기술에 대한 언급은 분명 해외 경쟁자들이 추후 우리나라 발명가들의 발목을 잡을 수 있는 확실한 굴레임이 자명하기 때문이다.

바. "발명의 설명" 참고 원칙 vs. 청구항 편입 불가 원칙

앞서 청구항 해석을 위해서 특허내적 증거는 물론 특허외적 증거도 사용할 수 있지만, 항상 특허내적 증거가 특허외적 증거보다 우선적으로 사용되어야 한다고 설명한 바 있다. 즉 "발명의 설명"이라는 특허내적 증거에는 청구항 용어에 대한 발명가의 정의는 물론 상기 발명을 구현하기 위한 다양한 실시예가 개시되어 있으므로, 청구항 용어의 의미를 확인할 때 "발명의 설명"은 가장 우선적으로 참고하는 특허내적 증거이다.

표 7-5. 청구항 해석과 "발명의 설명" 참고 원칙

(A) In case of doubt or ambiguity it is proper in all cases to refer back to the descriptive portions of the specification to aid in solving the doubt or in ascertaining the true intent and meaning of the language employed in the claims.
(B) Claims must always be read in light of the specification.
(C) It is therefore entirely appropriate for a court, when conducting claim construction, to rely heavily on the written description for guidance as to the meaning of the claims.

미국의 경우 많은 판례에서 청구항 해석 시 "발명의 설명"을 참고하도록 강조하고 있다. 일예로 표 7-5(A)와 같이 미국 연방대법원은 1886년 판례에서 청구항 용어의 의미가 명확하지 않을 경우 "발명의 설명"을 참고하는 것이 적법하다고 판시하였고, 표 7-5(B)와 같이 미국 연방항소법원의 전신인 CCPA는 1982년 판례에서 청구항은 항상

(must) "발명의 설명"을 참고하여 해석하여야 한다고 판시하였으며, 표 7-5(C)와 같이 미국 연방항소법원인 CAFC(Federal Circuit)는 2005년 판례에서 "발명의 설명"에 과다할 정도로 의존하는(heavily rely on) 청구항 해석도 전적으로 적법하다고 판시하였다.

하지만 미국 연방법원은 청구항 해석 시 "발명의 설명"에 개시한 내용을 청구항에 제한조건 또는 요소로 편입 또는 부가하는 청구항 범위의 축소 해석 또한 금지한다. 일예로 청구항에는 "돌덩이가 보이는 땅"이라는 요소가 포함되어 있지만, "발명의 설명"에서는 "금 덩어리가 보이는 땅, 은 덩어리가 보이는 땅, 주석 덩어리가 보이는 땅, 다이아몬드 덩어리가 보이는 땅"이라는 설명이 있을 경우, 이러한 "발명의 설명"의 기재 사항을 청구항에 편입(import)하여 청구항의 "돌덩이가 보이는 땅"을 "다이아몬드 덩어리가 보이는 땅"으로 축소 해석할 수 없다는 말이다. 심지어 위의 청구항에 대하여 "발명의 설명"에서는 "돌덩이가 보이는 땅"에 대한 유일한 실시예로서 "다이아몬드 덩어리가 보이는 땅"만 기재하였더라도 이를 청구항에 편입하여 청구항의 범위를 축소하는 청구항 해석은 불법이라고[20] 판시한 바 있다.

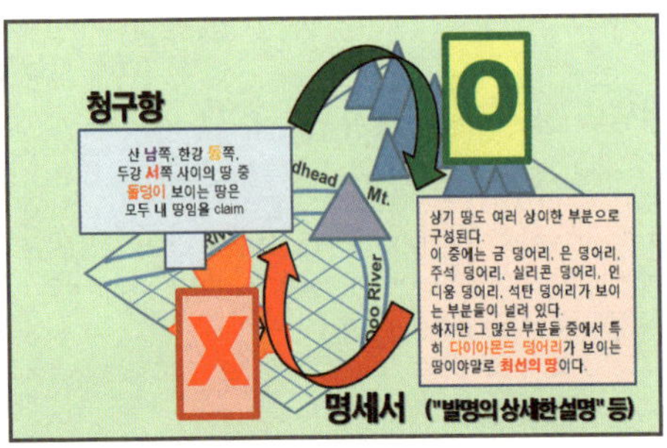

그림 7-17. "발명의 설명" 참고 vs. "발명의 설명" 편입 불가

이의 도식화가 그림 7-17로서, 청구항의 요소 또는 제한조건에 대한 의미를 확인하기 위한 청구항 해석 시에는 그림의 녹색 화살표처럼 "발명의 설명"을 반드시 참고해야 하지만, 그림의 적색 화살표처럼 "발명의 설명"의 내용을 청구항에 편입함으로써 청구항의 범위를 '불법적'으로 축소 해석할 수 없다는 원칙이다. 바꾸어 말하자면 "발명의 설명"을 "보기는 하되 쓰지는 말라"는 말과 유사하다. 따라서 청구

20) 이 경우에도 발명의 분야에 따라 상이한 결론이 도출될 수 있다. 일예로 발명이 기계·전자 등의 "예측가능 분야"일 경우, 발명가가 "발명의 설명"에 단일의 실시예만 개시하였더라도 상기 실시예를 청구항에 편입하여 청구항 범위를 축소할 수는 없다. 하지만 발명이 의학, 약학, 화학, 바이오 등과 같은 "예측불가능 분야"일 경우, 발명가가 "발명의 설명"에 단일의 실시예만 개시하였다면 상기 실시예는 청구항에 편입되어 청구항 범위를 축소시킬 수도 있다.

항 해석에는 "발명의 설명"을 참고하되, "발명의 설명"의 제한조건을 청구항에 편입할 수는 없다는 원칙은 말로는 쉬워 보여도 실제로 적용하기에는 무척 까다로운 원칙이다. 이러한 "'발명의 설명' 참고 원칙" vs. "'발명의 설명'의 청구항 편입 불가 원칙"에 대한 판례는 아래의 제7장의 2-사절에서 "청구항 차별규칙"과 병행하여 설명한다.

사. 청구항 차별 규칙 (Doctrine of Claim Differentiation)

청구항 해석 규칙으로서 "청구항 차별 규칙" 또는 "doctrine of claim differentiation"은 발명가가 단일 특허에서 의미(즉 범위)가 동일한 청구항을 반복 사용할 이유가 없다는 추정에 근거한다. 즉 한 청구항이 다른 청구항에 포함되지 않은 단어나 문구(즉 요소나 제한조건)를 포함하며 상기 문구나 단어의 차이점을 무시하면 두 개의 청구항이 동일해질 경우, "청구항 차별 규칙"에 의하여 두 청구항의 범위는 상이하다는 추정이다.[21] 이를 바꾸어 말하면 단일 특허의 특정 청구항에 다른 청구항에 포함되지 않은 단어나 문구(즉 요소나 제한조건)가 포함되면 상기 청구항의 범위는 반드시 다른 청구항과 상이할 수밖에 없다는 추정이다.

이뿐만이 아니다. 위의 "청구항 차별 규칙"은 각각의 청구항 level에서 적용할 수 있음은 물론 청구항에 포함된 각각의 용어 level에서도 적용된다. 즉 상이한 권리범위를 가진 상이한 청구항에서 사용된 동일한 용어(즉 청구항 요소나 제한조건)는 "청구항 차별 규칙"에 의하여 상이한 범위를 가진다는 추정이다. 따라서 독립항과 상기 독립항에 종속하는 종속항에서 동일한 용어를 상기 독립항과 종속항의 요소나 제한조건으로 이용하였을 경우, 상기 용어들은 동일함에도 불구하고 각각의 청구항에서 상이한 범위를 가질 수 있다는 추정이다.

단 한 가지 주의할 점이 있다. 앞서 설명한 청구항 해석 원칙에 비하여 "청구항 차별 규칙"은 doctrine, 즉 추정에 불과하다는 점이다. 즉 앞서 설명한 사전편찬자 원칙, 일상적·관습적 의미의 원칙, 의미의 일관성 원칙, 최선의 실시예 포함 원칙, 발명의 설명

21) To the extent that the absence of such difference in meaning and scope would make a claim superfluous, the doctrine of claim differentiation states the presumption that the difference between claims is significant. Tandon Corp. v. U.S. Int'l Trade Comm'm, 831 F.2d 1017 (Fed. Cir. 1987).

참고 원칙, 발명의 설명 청구항 편입 불가 원칙들과 "청구항 차별 규칙"이 상반된 청구항 해석을 도출할 경우, 청구항 해석은 "청구항 차별 규칙"이 아닌 여타 원칙에 따라 해석하여야 한다. 바꾸어 말하면 청구항 해석 시에는 doctrine 또는 추정 수준에 해당하는 "청구항 차별 규칙"에 비하여 보다 더 확실한 상기 원칙들을 우선적으로 사용해야만 한다.[22)]

(1) 청구항 차별 규칙의 승리

위에서 설명한 "청구항 차별 규칙"과 제7장의 2-바절에서 설명한 "'발명의 설명' 참고 원칙 vs. 청구항 편입 불가 원칙"의 실제 사례를 설명하기 위하여 1995년 미국 연방항소법원의 Transmatic vs. Gulton 판례를[23)] 소개한다.

Transmatic은 차량용 조명기구 제조업체이다. Transmatic은 resin에 glass fiber를 연속공정으로 주입하는 'pultrusion'이라는 공정을 통하여 재질이 강화된 plastic을 제조하여 일체성형(single-piece) 몸체로 이루어진 조명기구를 생산하였다. 그림 7-18에서와 같이 Transmatic 조명기구의 특징은 일체성형 몸체(light housing)로서 이는 그림의 '22'에 해당한다. 또한 Transmatic은 조명기구를 차량에 용이하게 부착시킬 수 있도록 기구의 몸체에 수평벽(horizontal wall, 그림의 '44'에 해당) 및 수직벽(vertical wall, 그림의 '60'에 해당)과 같은 부착 부위를 형성하였으며, 이에 따라 사용자는 상기 수평벽이나 수직벽을 자유로이 이용하여 조명기구를 원하는 부분에 쉽게 부착할 수 있었다. Transmatic은 pultrusion 공정에 의하여 제작한 차량용 조명기구에 대한 발명을 특허출원한 후

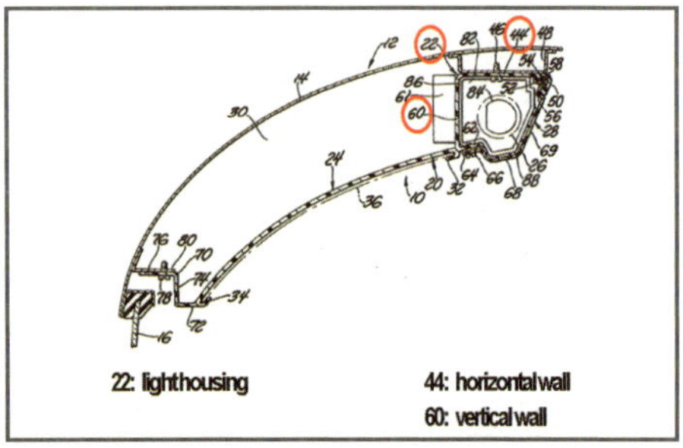

그림 7-18. Transmatic이 보유한 '415 특허의 대표 도면

22) 이러한 의미에서 "doctrine of claim differentiation"을 "청구항 차별 원칙"이라 지칭하지 않고 대신 "청구항 차별 규칙"이라고 지칭하였음을 알린다.

23) Transmatic, Inc. v. Gulton Industries, Inc., 53 F.3d 1270 (Fed. Cir. 1995).

이를 U.S. Pat. No. 4,387,415('415 특허)로[24] 등록하였다.

Transmatic의 경쟁자인 Gulton 역시 pultrusion 공정을 이용하여 일체성형 몸체로 이루어지며 Transmatic 제품과 상당히 유사한 차량용 조명기구를 제작·판매하였다. Gulton은 Transmatic의 '415 특허의 권리범위를 우회·회피하기 위하여 조명기구 몸체에 수평벽이나 수직벽을 설치하는 대신 몸체로부터 3.5" 길이의 extension 또는 flange를 장착하였다. 즉 Gulton은 자신의 제품에 Transmatic의 '415 특허 청구항에 포함된 수평벽, 수직벽을 포함하지 않음으로써 '415 특허 권리범위의 우회·회피를 도모하였다.

표 7-6. "청구항 차별 규칙"의 예

1. A cornice lighting fixture for public transit vehicles, the lighting fixture comprising:
a unitary member made as a pultrusion from resin and glass fibers so as to have an elongated shape with a uniform cross section along the length thereof, said unitary member including **a light housing** that defines one longitudinal margin of the fixture and a trim panel that extends vertically and horizontally from the light housing ... ; an electrical connector support for mounting a fluorescent tube ... ; and a light cover for cooperating with the light housing to enclose a mounted fluorescent tube within the housing.
3. A cornice lighting fixture for public transit vehicles, the lighting fixture comprising:
a unitary member made as a pultrusion from opaque resin ... ; said unitary member including a light housing ... having a horizontal wall with an inward securement formation and also having a vertical wall extending downwardly from the outward extremity of the horizontal wall; said light housing opening toward the direction in which light is to be provided by the fixture; the unitary member also including ... ; and a light cover for cooperating with the light housing ...

24) U.S. Pat. No. 4,387,415 entitled "Cornice lighting fixture," filed by Ben V. Domas on Nov. 24, 1980, issued on June 7, 1983, and now expired.

Transmatic은 Gulton을 특허침해로 미국 연방지방법원에 제소하며 Gulton의 조명기구가 표 7-6과 같이 '415 특허의 청구항 1과 청구항 3을 침해하였다고 주장한 반면 Gulton은 비침해를 주장하였다. 참고로 '415 특허의 청구항 3은 light housing이 수평벽과 수직벽을 최소한 하나씩 포함한다고 명시적으로 기재하는 반면 청구항 1의 light housing은 trim panel이 수평 및 수직 방향으로 뻗어 있다고는 명시하지만 수평벽이나 수직벽을 포함한다고는 명시하지 않았다.

결국 침해소송의 핵심은 '415 특허의 청구항 1의 light housing이 수평벽과 수직벽을 포함하는지 여부에 대한 청구항 해석으로 귀결되었다. 즉 청구항 1이 수평벽과 수직벽을 포함한다고 해석되면, 몸체에 수평벽과 수직벽을 포함하지 않는 Gulton의 조명기구는 침해를 회피하는 반면, 청구항 1의 light housing이 상기 벽들을 포함하지 않는다고 해석되면 Gulton의 조명기구는 청구항 3은 회피할 수 있을지 몰라도 청구항 1은 문언침해하게 된다.

미국 연방지방법원은 Transmatic의 '415 특허가 유효하기는하지만, 청구항 1의 light housing은 수평벽과 수직벽을 포함한다는 청구항 해석을 택하였으며, 그 결과 Gulton의 조명기구는 '415 특허의 청구항 1에 대한 문언침해는 모면하였으나 균등론에 의해 침해하였다고 판결하였다. 이에 분개한 Gulton은 연방지방법원의 판결을 미국 연방항소법원에 항소하였으나 다시 패소하였다. 특히 연방항소법원은 "청구항 차별 규칙"과 "'발명의 설명'의 청구항 편입 불가 원칙"을 이용하여 Transmatic의 '415 특허의 청구항 1은 Gulton의 조명기구에 의하여 문언침해된다고 판시하였다.

연방항소법원은 청구항 1의 light housing이 청구항 3의 light housing과 유사하게 수평벽과 수직벽을 포함한다고 해석할 경우, 청구항 1의 light housing과 청구항 3의 light housing 사이의 상이점이 사라진다고 판시하였다. 따라서 "청구항 차별 규칙"에 의하여 청구항 1의 light housing은 청구항 3의 light housing과는 달리 수평벽이나 수직벽을 포함하지 않는다고 해석하였으며, 그 결과 수평벽, 수직벽을 포함하지 않는 Gulton의 조명기구는 청구항 3의 문언침해는 피할지 몰라도 청구항 1은 문언침해한다고 판결하였다.

한편 '415 특허의 "발명의 설명"은 light housing의 수평벽과 수직벽을 언급하고 또한 선호 실시예(preferred embodiment)로서 light cover보다 짧은 upper horizontal wall을 개시할 뿐 구체적인 추가 개시 사항이 없었다. 따라서 청구항 1에 포함된 light housing이라는 요소의 의미를 확인하기 위하여 "발명의 설명"을 참고할 수는 있으나, "'발명의 설명'의 청구항 편입 불가 원칙"에 따라 "발명의 설명"에 기재된 선호 실시예 또는 특정 예시를 청구항에 편입하여 청구항의 권리범위를 축소할 수 없다는 것이 연방항소법원의 청구항 해석이었다.

이와 같이 "청구항 차별 규칙"은 상이한 청구항들이 상이한 권리범위를 가진다고 추정함으로써 발명가가 경쟁자의 침해를 입증하는 데 유용하게 사용할 수 있다. 물론 경우에 따라서는 경쟁자가 "청구항 차별 규칙"을 이용하여 발명가 청구항을 쉽게 우회·회피하거나 무효화할 수도 있다.

(2) 청구항 차별 규칙의 패배

앞서 설명한 바와 같이 "청구항 차별 규칙"은 추정에 근거한 doctrine에 불과하다. 따라서 앞서 제7장의 2-나절 내지 제7장의 2-바절에서 설명한 청구항 해석 원칙과[25] "청구항 차별 규칙"이 상반된 청구항 해석을 도출할 경우, 청구항 해석은 "청구항 차별 규칙"이 아닌 여타 청구항 해석 원칙에 따라 해석해야 한다. 이와 관련된 미국 판례가 2011년 미국연방항소법원의 Retractable Tech. v. Becton Dickinson이다.[26]

기존의 일회용 주사기(syringe)는 사용하기가 무척 간편하다는 장점이 있지만 주의하지 않으면 날카로운 바늘에 환자나 의료진이 찔리는 사고가 발생한다. 1980년대 이후 AIDS와 같이 혈액으로 감염되는 치명적 질병이 만연함에 따라 주사기 사용 부주의로 질병에 감염될 수 있다는 우려가 확산되었다.

---

25) "사전편찬자 원칙," "일상적·관습적 의미의 원칙," "의미의 일관성 원칙," "최선의 실시예 포함 원칙," "'발명의 설명' 참고 원칙" 등을 의미한다.

26) Retractable Technologies, Inc. v. Becton, Dickinson and Co., 653 F.3d 1296 (Fed. Cir. 2011).

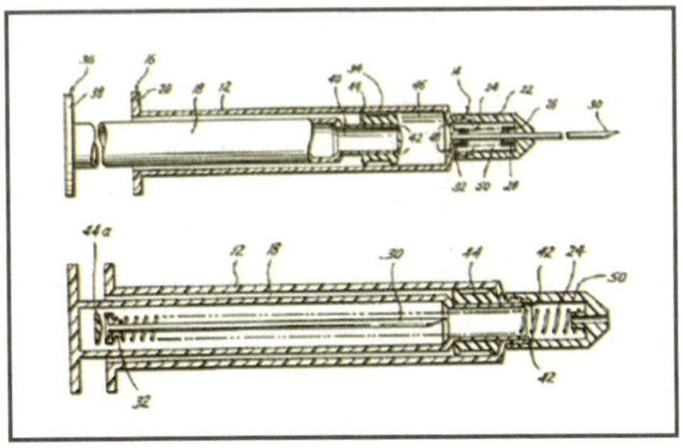

그림 7-19. Retractable Technologies(RTI)가 보유한 '224 특허의 대표 도면

이에 따라 주사기 끝 부분에 압축 상태의 용수철을 장치하고, 밀대(plunger) 끝 부분에는 절단기를 장착함으로써, 사용자가 주사약을 환자에게 주입하며 밀대를 몸체 끝부분까지 밀면 절단기가 용수철을 이완시키며 이에 따라 주사바늘을 주사기 내부로 이동하여 사고를 방지하는 안전 주사기(retractable syringe)가 개발되었고, 1990년대 초반부터 다양한 형태의 안전 주사기가 시판되었다.

Retractable Technologies(RTI)는 다양한 형태의 안전 주사기를 제조·판매하는 제조업체이다. RTI는 특히 몸체가 일체형(one-piece)으로 만들어진 안전 주사기에 대한 다수의 미국특허(U.S. Pat. No. 5,632,733,[27)] 6,090,077,[28)] 7,351,224[29)] 등)를 보유하였다. 그림 7-19는 RTI가 보유한 안전 주사기에 대한 '224 특허의 안전 주사기의 대표 도면이다.

Becton, Dickinson and Co.(Becton) 역시 안전 주사기를 제조·판매하였다. 단 Becton은 RTI의 특허를 우회·회피하기 위하여 고민 끝에 몸체가 일체형이 아닌 안전 주사기를 제조·판매하였다. 바꾸어 말하면 Becton은 안전 주사기의 몸체를 두 개 이상의 부품을 결합하는 비일체형, 조립형으로 제작함으로써 RTI의 특허를 우회·회피하는 전략을 선택하였다.

27) U.S. Pat. No. 5,632,733 entitled "Tamperproof retractable syringe," filed by Thomas J. Shaw on Sep. 29, 1995, and issued on May 27, 1997.

28) U.S. Pat. No.6,090,077 entitled "Syringe plunger assembly and barrel," filed by Thomas J. Shaw on April 25, 1997 and issued on July 18, 2000.

29) U.S. Pat. No. 7,351,224 entitled "Retractable syringe assembly designed for one use," filed by Thomas J. Shaw on July 17, 2000, and issued on April 1, 2008.

RTI는 Becton이 표 7-7과 같이 '224 특허의 청구항 25을 침해하였다고 미국 연방지방법원에 제소하였다. 이에 Becton은 청구항 25의 "hollow body"가 일체형 몸체이므로 비일체형 또는 조립형 몸체로 제작한 자신의 주사기는 '224 특허를 침해하지 않았다고 주장하였다. 그 결과 수백만 달러의 법률 비용을 지불하며 특허침해 여부를 다투던 RTI와 Becton의 분쟁은 결국 '224 특허 청구항 25의 'body'가 일체형 몸체인지 아니면 조립식 몸체인지에 대한 청구항 해석으로 압축되었다.

표 7-7. "청구항 차별 규칙"의 예

25. A syringe comprising
a **hollow body** with first and second open ends and an inside wall of varying inside diameter extending between the first and second open ends, a needle retraction mechanism, a plunger having a forwardly extending plunger head insertable into the **body** through the second open end, and a needle extending forwardly of the first open end, wherein: the **body** further comprises a nose adjacent to the first open end, a substantially cylindrical barrel adjacent to the second open end, and a transition zone connecting the barrel and nose ...
31. The syringe of claim 25 comprising
a **one-piece body.**

만일 법원이 RTI의 청구항 25의 몸체를 일체형이라고 해석하면 비일체형, 조립형 몸체를 가진 Becton의 안전 주사기는 청구항 25에 대한 침해를 회피하게 된다. 하지만 청구항 25의 몸체가 일체형뿐만 아니라 비일체형 또는 조립형 몸체도 포함한다고 해석되면 청구항 25는 Becton에 의하여 문언침해된다.

RTI는 다양한 방법으로 청구항 25의 몸체가 일체형뿐만 아니라 다수의 부품으로 구성된 비일체형 또는 조립형 몸체도 포함한다고 주장하였다. RTI는 우선 'body'라는 단어의 일상적·관습적 의미는 일체형 몸체로 한정되지 않으므로 청구항 25의 몸체는 다수의 부품으로 구성된 조립형 몸체도 포함한다고 주장하였다. 또한 RTI는 청구항 25의 종속항인 청구항 31에서 안전 주사기의 몸체(body)는 일체형(one-piece)라고 명시하였으므로, "청구항 차별 규칙"에 의하여 독립항인 청구항 25의 몸체를 청구항 31

과 동일하게 해석할 수 없으며, 그 결과 종속항 31보다 범위가 넓은 독립항 25의 몸체는 비일체형 또는 조립형도 포함할 수밖에 없다고 주장하였다.

미국 연방지방법원은 RTI의 특허가 유효하며, '224 특허 청구항 25의 '몸체'가 비일체형, 조립형도 포함한다는 RTI의 주장을 받아들여 Becton이 RTI의 특허를 침해하였다고 판결하였다. 하급심에서 패소한 Becton은 이를 미국 연방항소법원에 항소하였으며, 연방항소법원은 발명가의 고백이 "청구항 차별원칙"을 우선한다고 판시하며 연방지방법원의 침해 판결을 파기, 환송하였다.

연방항소법원은 청구항 해석에는 "발명의 설명"을 참고해야 한다는 기본 원칙을 확인한 후, RTI는 "발명의 설명"에서 자신의 발명을 선행기술과 구별하기 위하여 자신의 청구발명인 주사기는 일체형 몸체로 만들어진다는 점을 수차례 강조함은 물론 여러 번에 걸쳐서 일체형 몸체의 장점도 강조하였다고 해석하였다.

또한 연방항소법원은 발명가가 "발명의 요약 (Summary of the Invention)"에서 자신의 발명은 일체형 몸체라고 개시하였고, "발명의 설명"의 모든 실시예에서 안전 주사기의 몸체는 일체형이라고 기재하였음은 물론 첨부 도면에 도시한 모든 주사기의 몸체 역시 일체형이라는 점을 지적하였다. 또한 연방항소법원은 '224 특허의 어떤 청구항도 안전 주사기의 몸체가 비일체형 또는 조립형이라고 청구하지도 않았다는 점을 언급하며, 본 사건의 경우 "청구항 차별 규칙"에 근거한 청구항 해석은 설득력이 약하다고 판결하며, 다수의 부품으로 구성된 몸체를 포함하는 Becton의 주사기는 '224 특허의 청구항 25를 침해하지 않았다고 판결하였다.

물론 연방항소법원의 담당 판사들이 이러한 청구항 해석에 모두 동의한 것은 아니다. 일예로 Randall Rader 전판사장은 소수의견에서 청구항의 범위는 "발명의 설명"이 아닌 청구항이 결정한다는 청구항 해석의 기본 원칙을 확인한 후, 다수의견은 "'발명의 설명'의 청구항 편입 불가 원칙"에 어긋나는 전형적 실수라고 주장하였다.

특히 Rader 전판사장은 상기 발명 시점의 기술적 수준을 감안하면 안전 주사기의 몸체는 특수한 의미 또는 기술적 의미를 지니지 않으므로 '몸체'라는 용어에 통상적 의미 이상을 부여할 수 없으며, '몸체'라는 단어의 통상적 의미에는 당연히 다수의 부품으로 이루어진 비일체형, 조립형 몸체도 포함되어야 한다고 주장하였다. 또한 Rader 전판사장은 청구항 1과 43이 “hollow body”를 개시하고 이의 종속항인 청구항 14와 57은 각각 “one-piece barrel”을 개시하기 때문에 독립항의 ‘몸체’라는 단어를 일체형으로 해석할 경우 이 모든 청구항들에서 ‘몸체’라는 용어가 동일한 의미를 가지며 중복 사용되는 결과를 초래하며, 따라서 독립항의 ‘몸체’가 종속항과 상이한 범위를 가지도록 해석할 필요가 있다고 주장하였다. 또한 Becton의 주장과는 달리 RTI는 “발명의 설명”에서 ‘몸체’가 일체형에만 한정되고 비일체형 또는 조립형 몸체로 이루어진 경우는 제외한다는 언급이 없었기 때문에, “발명의 설명”에서 개시한 내용이 “청구항 차별 규칙”을 능가할 정도의 증거력을 가지지 못한다고도 주장하였다.

그렇다면 왜 RTI는 “발명의 설명”에서 일체형 몸체에 대한 실시예는 물론 비일체형 또는 조립형 몸체에 대한 실시예를 개시하지 않았을까? 만일 RTI가 “발명의 설명”에서 몸체를 일체형으로 제작한 자신의 안전 주사기는 여러 가지 장점을 지니지만 그렇다고 안전 주사기 몸체를 반드시 일체형으로 제작할 필요는 없기 때문에 비일체형, 조립형 몸체를 사용할 수도 있다는 언급만 하였더라도, RTI는 청구항 해석에서 유리한 위치를 점할 수 있었을 것이다.

물론 RTI가 “발명의 설명”에서 비일체형, 조립형 몸체에 대한 실시예를 개시하지 않은 정확한 이유를 알 수는 없지만 아래와 같은 추론은 가능하다. 우선 RTI의 발명의 핵심은 일체형 몸체를 가진 안전 주사기라는 점에는 이의가 없다. 따라서 RTI가 비일체형, 조립형 몸체를 가진 안전 주사기를 자신의 발명에 대한 선행기술로 간주하였는지에 대한 점이 의문의 핵심이다.

판결 내용으로만 보면 RTI는 ’224 특허 출원 시 비일체형 몸체를 가진 선행기술을 인지하였고, 그렇기 때문에 “발명의 설명” 전반에서 자신의 일체형 몸체를 강조한 것으로 추정된다. 하지만 RTI 특허의 청구항 25는 몸체만을 기재할 뿐 상기 몸체가 일체형이라는 제한조건을 포함하지는 않으며, 일체형 몸체는 종속항인 청구항 31이 명시한다. 즉 RTI 자신도 선행기술의 범위에 대한 확신이 없었으므로 독립항에서는 아무 제한조건도 사용하지 않았으며, 다행히 청구항 25를 등록할 수 있었다. 또한 Rader 전판사장의 소수의견처럼 몸체 자체는 안전 주사기의 작동에서 중요한 요소가 아니므로 추후 경쟁자가 몸체와 같이 의미가 자명한 요소를 개량하여 자신의 특허를 우회·회피할 것으로 예상치 못했을 가능성도 높다.

하지만 Becton은 RTI의 방심을 틈타 비일체형, 조립형 몸체를 이용하여 회피 제품을 설계하여 제조·판매하였고, 그 결과 "청구항 차별 규칙"을 극복하고 RTI의 특허를 성공적으로 우회하였다. 그렇다면 Becton이라고 해서 자신이 RTI와 유사한 안전 주사기를 제조·판매하며 비일체형 몸체만으로 RTI 특허의 권리범위를 우회·회피할 수 있고, 추후 특허침해로 제소되더라도 소송에서 승리하리라 확신하였을까? 반드시 그렇지만은 않았으리라 생각한다. 하지만 Becton은 나름대로 RTI의 권리범위를 고려하여 웬만큼 승소할 가능성이 있다고 예상하였음은 물론이다.

결국 Becton의 침해를 입증해야 하는 RTI의 입장에서는 자신의 청구항과 Becton의 침해의심 제품과의 유일한 차이인 일체형 몸체 vs. 비일체형 몸체에 대하여 자신에게 유리한 주장을 전개하며 청구항 범위를 확충해야 했으며, 이를 위하여 RTI가 활용한 작전은 청구항 용어의 "일상적·관습적 의미"의 원칙과 "청구항 차별 규칙"인 반면 Becton은 "사전편찬자 원칙"과 "청구항 해석에 '발명의 설명'을 참고해야한다는 원칙"을 이용하였다. 물론 연방항소법원은 2:1로 Becton의 손을 들어 주었다.

아. 다양한 원칙들의 갈등과 조화?

위의 판례들로부터 확인할 수 있는 사항은 "청구항 차별 규칙"이라도 청구항 사이에서만 적용되지는 않으며, 다수의 청구항을 차별하기 위해서 "발명의 설명"을 참고해야 한다는 점이다. 또한 청구항 용어의 의미를 확인하기 위한 "발명의 설명"의 참고 자체도 용이한 일이 아닌데, "발명의 설명"에서 확인한 청구항 용어의 의미를 적용할 때에도 "'발명의 설명'의 청구항 편입 불가" 원칙도 적용해야만 하기 때문에 과연 어디까지가 청구항 용어의 의미를 확인하기 위한 "발명의 설명" 참고이고, 어디서부터가 "'발명의 설명'의 청구항 편입"인지도 전혀 명확하지 않다는 점이다.

결국 "청구항 차별 규칙"은 청구항 용어의 의미를 확인하기 위한 "발명의 설명" 참고 원칙은 물론 "'발명의 설명'의 청구항 편입 불가" 원칙과도 밀접하게 연결된다. 그러다 보니 청구항 해석 원칙은 각각의 원칙이 독립적으로 작동한다기보다는 여러 개의 원칙들이 종합적으로, 유기적으로 작동한다고 간주함이 타당하다.

앞서 청구항 해석은 어차피 힘들고 예측도 어려운 과정이므로, 일반적인 경우 "발명의 설명"과 청구항을 작성하는 대리인, 이를 심사하는 특허청 심사관, 이를 우회·회피하려는 경쟁자도 청구항 해석에 확신을 가지지 못한다고 설명하였다. 따라서 특허침해소송이 제기되더라도 발명가나 경쟁자를 대리하는 특허변호사 역시 대부분의 경우 확실하게 결과를 단언할 수 없으며, 정작 이를 판단해야할 연방법원 판사 역시 의견이 엇갈리는 경우도 흔할 수밖에 없다.

따라서 발명가는 청구항 해석 시 자신에게 불리한 결정적 빌미를 경쟁자에게 제공한 후 추후 이에 따른 위험을 감수해야 할 이유가 없다. 즉 법원이 수많은 청구항 해석 원칙들을 적용하며 힘들게 청구항을 해석하려 할 때, 발명가가 "발명의 설명"에서 무심코 자신의 발명과 선행기술을 비교하거나 '제일'이나 '유일한' 등과 같은 단어를 사용하면, 경쟁자와 법원은 이를 중점적으로 추궁하여 발명가가 예상치 못하였던 파국으로 치닫는 경우가 종종 발생하기 때문이다. 이 점이 바로 어려운 청구항 및 "발명의 설명"의 해석과 관련하여 반드시 발명가가 명심해야할 점이다.

3. "발명의 설명 (Specification)"의 중요성

발명가가 발명을 착상하고 특허를 출원·등록하는 최종 목적은 수익 창출이다. 따라서 특허의 핵심은 바로 청구항의 금지권과 일맥상통하며, 금지권의 범위를 결정하려면 위의 제7장의 2절에서 설명한 바와 같이 청구항 해석에 대한 각종 원칙들을 이용하여야 한다.

하지만 청구항 해석에는 "발명의 상세한 설명"을 포함하는 "발명의 설명"을 반드시 참고해야한다는 "'발명의 설명' 참고 원칙"이 있는가하면, "발명의 설명"에 기재된 내용을 청구항에 편입하여 청구항의 범위를 줄이지 못하도록 금지하는 "'발명의 설명'의 청구항 편입 불가 원칙"도 있다. 따라서 그림 7-20과 같이 "발명의 설

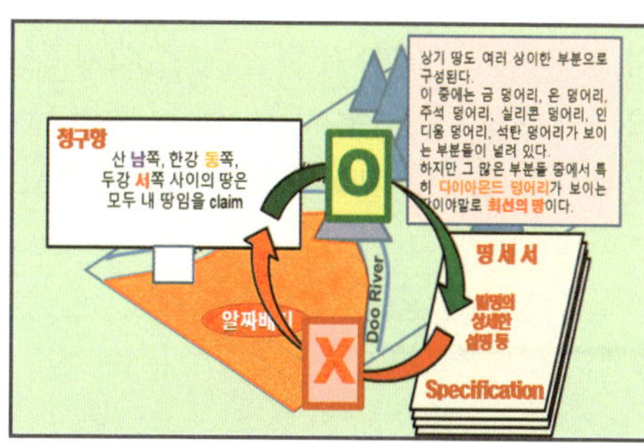

그림 7-20. 청구항과 "발명의 설명"

명"은 청구항 해석에 결정적 영향을 미칠 수밖에 없다.

그렇다면 "발명의 설명" 또는 specification이란 특허명세서의 어떤 부분을 지칭할까? 국내는 물론 미국 특허업계에서도 "발명의 설명" 또는 'specification'이라는 용어는 다양한 의미로 사용되어온 것이 사실이다.

표 7-8. 국내특허와 미국특허의 전형적 목차

국내특허		미국특허	
목차	세부 목차	목차	세부 목차
발명의 명칭	-	Title	-
-	-	Cross-references	우선권, 계속출원 기재
도면 설명	-	Brief description	-
발명의 상세한 설명	기술 분야	Detailed description of the invention	Brief summary
	배경기술		Background
	발명의 내용		Objectives
	실시의 구체 내용		Embodiments
청구범위	청구항	CLAIMS	-
요약서	요약, 대표도	Abstract	-
도면	-	Drawings	-

미국의 경우 청구항이 'specification'의 일부라는 판례에[30] 근거하여 'specification'이란 법적으로 "detailed description of the invention"과 'claim'을 포함한다는 사실에는 혼동이 없는 편이다. 하지만 미국 특허전문가들은 관용적으로 'specification'에서 청구항을 제외한 부분을 "detailed description of the invention"이라는 긴 이름으로 부르는 대신 'specification' 또는 'spec'이라는 약어로 지칭하는 경우가 잦다. 따라서 본문에서도 미국특허의 경우에는 'specification'이란 청구항을 제외한 부분으로

30) "Claims must be read in view of the specification, of which they are a part." Autogiro Co. of America vs. U.S., 384 F.2d 391 (CCPA 1967).

통칭한다. 국내의 경우에는 '특허명세서'라는 용어가 혼용되어 사용되었던 것이 사실이다. 이러한 혼동을 없애기 위하여 제6장의 1절 "특허의 구성"의 표 6-1과 같이 2014년 특허청은 특허출원서를 특허명세서, 도면 및 요약서로 구분하고, 특허명세서를 "발명의 설명"과 청구항으로 구분하였다.

따라서 본문에서는 국내특허의 경우에는 위의 규정에 따라 특허명세서를 "발명의 설명"과 청구항으로 구분하여 지칭하고, 미국특허의 경우에는 'specification'을 "발명의 설명"으로, 'claim'을 청구항으로 지칭한다. 또한 "발명의 설명"과 청구항을 통칭하는 용어인 '특허명세서'는 'disclosure'로 지칭하기로 한다.

아래에서는 청구항과 대비한 "발명의 설명"의 특징을 살펴본다. 그 후 "발명의 설명"이 청구항 해석에 얼마나 지대한 영향을 미치는지에 대한 미국 연방항소법원의 최근 판례를 살펴본 후, 미국특허청 자료를 인용하여 "발명의 설명"의 중요성을 입증한다.

가. 출원 후 보정 불가의 "발명의 설명 (Specification)"

발명가가 "발명의 설명"에 기재할 수 있는 내용에는 원칙적으로 제한이 없다. 따라서 발명가는 "발명의 설명"에 자신이 착상한 모든 발명은 물론 자신이 착상하지는 않았지만 인지하고 있는 모든 지식과 기술을 기재할 수도 있다. 이뿐만이 아니다. 발명가는 "발명의 설명"에 경쟁자나 타인의 발명은 물론 공지기술마저도 기재할 수 있다. 즉 발명가는 추후 청구항의 권리범위 확충에 도움이 될 수 있다면, 자신의 정보이건 남의 정보이건, 이미 알려진 정보이건 아니건 모두 "발명의 설명"에 기재할 수 있다. 조금 과장하여 표현한다면 발명가는 "발명의 설명"에 자신의 사생활도 기재할 수 있다. 물론 특허청 심사관이 발명가의 사생활에 대한 내용은 거절할지 몰라도, 상기 거절 이유는 심각한 거절 이유는 아닐 개연성이 높다.

또한 앞서 제3장 "오로지 특허 쓰듯 쓴 특허"와 제4장 "발명은 신(神)내림 vs. 특허는 인간이 제조"에서 발명가는 자신의 발명을 전향적으로 과장하는 전략을 활용하여 가능한 한 자신의 권리범위를 확충하는 한편 자신의 권리범위 주변에서 생길 수 있는 공터 형성을 가능한 한 방지하여야 한다고 설명하였다. 이를 위해서 발명가는 “발명의 설명”에 가능한 한 많은 종류 또는 분야의[31] 실시예를 기재함이 유리하다. 왜냐하면 발명가가 청구항에서 사용한 단어나 구절의 범위는 발명가가 “발명의 설명”에서 기재한 실시예의 종류와 분야만큼 넓어질 수도 있고 줄어들 수도 있기 때문이다.

그림 7-21. 특허외적 증거의 특허내적 증거화

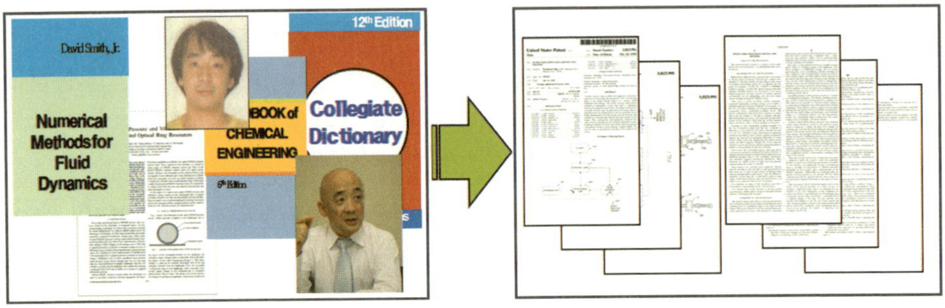

그림 7-21(a) 그림 7-21(b)

발명가가 “발명의 설명”에 경쟁자나 타인의 발명은 물론 공지기술마저도 기재함에 따라 얻을 수 있는 또 다른 이점은 발명가의 발명과는 관련이 없어 기재하지 않을 경우 “특허외적 증거”로 간주되는 내용들을 “발명의 설명”에 기재함으로써 “특허내적 증거”로 변환시킨다는 점이다. 앞서 설명한 바와 같이 청구항 해석 시 특허내적 증거는 최우선으로 고려해야하는 신뢰성 높은 증거인 반면 특허외적 증거는 법원이 임의로 고려할 수 있는 증거에 불과하다. 따라서 발명가가 자신에게 유리할 것으로 생각되는 다양한 종류와 범위의 공지 지식을 “발명의 설명”에 기재함에 따라 발명가는 추후 상기 지식을

31) 발명가는 “발명의 설명”에 가능한 한 많은 종류, 분야는 물론 가능한 한 많은 수의 실시예를 기재할 수 있다. 하지만 앞서 제3장의 3절 “논문 쓰듯 쓴 특허 vs. 특허 쓰듯 쓴 논문”에서 설명하였듯이 실시예의 개수가 아무리 많더라도 범위가 한정되면 아무런 쓸모가 없다. 따라서 발명가는 “발명의 설명”에 가능한 한 많은 종류, 상이한 분야의 다양한 실시예를 기재하되, 각각의 분야에 있어서 일정 개수 이상의 실시예를 기재하는 전략이 바람직하다.

자신의 청구항 범위를 확충하거나 선행기술을 회피하는 데에도 사용할 수 있다.[32)]

이러한 점에서 청구항과 "발명의 설명"의 속성은 정반대라 할 수 있다. 즉 청구항에 포함된 청구항 요소 및 제한조건의 개수가 많아질수록 특허의 권리범위는 협소해진다. 따라서 발명가는 청구항에 자신이 특허로 보호받고자 하는 청구발명의 필수 요소 및 필수 제한조건만을 기재해야 한다. 이에 반하여 발명가가 "발명의 설명"에 기재한 실시예의 종류, 분야는 물론 실시예의 수가 많아질수록 청구항 해석을 통하여 청구항의 권리범위를 확충시킬 수도 있게 된다.

그렇다고 발명가가 "발명의 설명"에 기재한 모든 내용을 청구하여 특허 받을 수 있다는 말은 절대 아니니다. 발명가가 특허를 받을 수 있는지는 발명가가 청구항에 어떤 발명을 어떻게 기재하느냐에 따라 결정되기 때문이다. 발명가가 "발명의 설명"에 자신의 발명과 공지 기술을 기재한 후 자신의 발명만을 청구항으로 청구하면 특허를 받을 수 있는 가능성이 증가하는 반면 발명가가 공지 기술만을 청구항에 기입하여 청구할 경우 상기 청구항은 당연히 신규성 요건이나 진보성 요건을 만족하지 못하여 거절된다. 바꾸어 말하면 발명가는 자신이 착상하고 특허보호대상인 발명을 청구항에 기입하여 특허를 받지만, 상기 청구항의 범위를 최대한 확충하려면 "발명의 설명"에 다양한 종류 및 분야의 실시예를 기재해야 하며, 때에 따라 곳에 따라 필요한 부분을 청구항에 편입시키면서 적절한 권리범위를 확보하는 전략을 사용해야 한다는 말이다.[33)]

32) 물론 발명가의 경쟁자 역시 발명가가 "발명의 설명"에 기재한 타인의 발명이나 공지기술을 이용하여 청구항의 신규성 요건이나 진보성 요건을 부정할 수도 있다. 결국 관건은 얼마나 많은 내용을 기재하느냐가 아니라 어떤 내용을 어떻게 기재하는 가이다. 따라서 "발명의 설명"을 발명가가 직접 기재할 경우, 발명가는 추후 특허침해소송에서 경쟁자를 대리하는 소송전문 특허변호사로부터 예상치 못한 공격을 받게 되며, 최악의 경우 특허를 상실하게 된다. 결국 "발명의 설명" 역시 유능한 대리인에게 의뢰할 수밖에 없다.

33) 발명가가 "발명의 설명"에 자신이 수행하여 얻은, 가능한 한 많은 실시예를 기입함에 따르는 반대급부도 있다. 즉 발명가가 "발명의 설명"에 기재하였으나 청구하지 않은 발명은 발명가가 공공영역에 헌납하였다고 추정되기 때문이다. 따라서 발명가가 가치가 있다고 생각되는 발명을 "발명의 설명"에 기재한 경우에는 이를 청구함이 현명하다.

청구항과 "발명의 설명" 사이에는 또 다른 중요한 차이점이 있다. 즉 발명가는 자신이 출원한 특허가 등록되기 전에는 원칙적으로 자신의 청구항을 "발명의 설명"의 범위 이내에서 거의 자유자재로 수정할[34] 수 있는 반면 발명가가 일단 "발명의 설명"을 포함하는 특허출원서를 특허청에 출원하면 오탈자 보정을 제외한 "발명의 설명"의 실질적 추후 보정은 거의 불가능하다는 점이다.

왜 특허제도는 청구항 보정은 용인하면서도 "발명의 설명"의 보정은 허락하지 않을까?

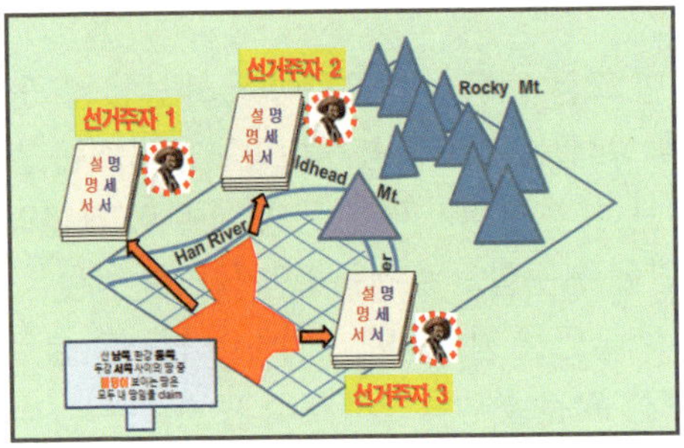

그림 7-22. 청구항과 "발명의 설명"의 역할

정답은 발명가의 불공정 행위를 방지하기 위해서이다. 말뚝을 예로 들어 설명해 보자. 그림 7-22와 같이 발명가는 "산 남쪽, 한강 동쪽, 두강 서쪽, 돌덩이가 보이는 땅"이라는 자기 영토의 경계를 표시하는 말뚝(특허의 청구항)을 박은 후 자신의 영토 밖에서 거주하는 경쟁자로부터 상기 땅을 자신의 영토라고 인정받은 경우, 즉 특허를 등록한 경우를 가정하자. 발명가는 경쟁자에게 자신의 영토를 확실히 알리기 위하여 말뚝(특허의 청구항)에 쓴 단어와 문구에 대한 설명서("발명의 설명" 또는 specification)를 배포하여 경쟁자가 자신의 영토의 위치와 경계를 확실히 알고 침입하지 않도록 도모한다.[35]

하지만 발명가가 말뚝을 박고 설명서를 배포한 후 한참이 지나서야 자신의 영토에 비하여 "산 서쪽, 한강 서쪽"에 위치한 경쟁자의 땅이 더 비옥함을 확인한다. 변심한 발

---

34) 물론 발명가가 자신의 청구항을 자유자재로 보정하는 것은 아니다. 청구항 보정의 범위는 "발명의 설명"에 기재한 내용의 범위 이내에서 이루어져야만 한다. 즉 발명가가 청구항을 수정할 때 "발명의 설명"에 기재하지 않았던 내용을 추가할 경우 이는 제9장의 3절에서 설명할 "서면기재 요건"의 위반이므로 특허청 심사관은 이러한 청구항 보정을 거절하고, 법원은 상기 청구항을 무효로 처리한다.

35) 앞서 설명한 바와 같이 특허제도의 목적 중 하나가 타인에 대한 "공지 (notice)"로서, 이러한 공지에 따라 타인의 중복 R&D를 방지할 수 있으며, 사회 전체의 재원의 낭비도 극소화할 수 있다.

명가는 그림 7-23과 같이 자신의 영토를 넓히기를(특허 청구항의 범위 확충) 원하게 된다. 이러한 경우 발명가가 “산 서쪽, 한강 서쪽”의 땅을 확보하기 위하여 자신이 “산 남쪽, 한강 동쪽, 두강 서쪽, 돌덩이가 보이는 땅”이라고 기재한 말뚝에 기재한 문구(청구항의 문구)를 슬그머니 “산 서쪽, 한강 서쪽”이라고 고칠 수 있을까?

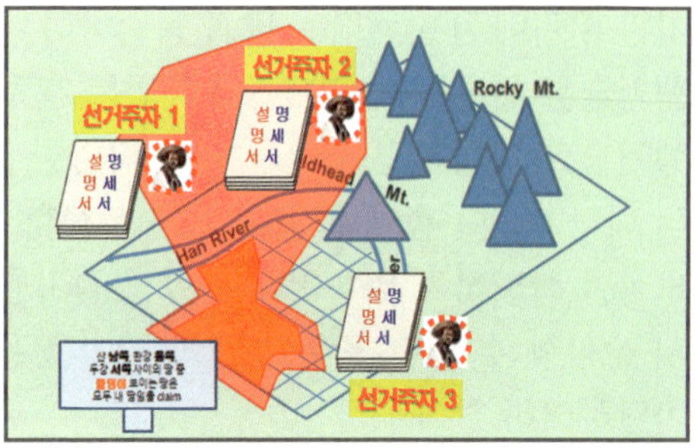

그림 7-23. 출원 후 “발명의 설명” 보정 불가의 이유

이에 대한 정답은 “절대로 불가능하다”이다. 아무리 발명가가 자신의 말뚝의 문구를 고치고 싶어도 고칠 수가 없는 바, 그 이유는 발명가가 이미 경쟁자는 물론 공중에게 설명서(“발명의 설명”)를 배포하였으며, 상기 설명서에는 “산 남쪽, 한강 동쪽, 두강 서쪽, 돌덩이가 보이는 땅”에 대한 설명은 있어도 “산 서쪽, 한강 서쪽의 땅”에 대한 설명은 없기 때문이다. 이와 같이 특허를 이미 출원한 발명가가 특허출원 시에는 생각지 못한 새로운 발명을 추후 자신의 권리범위에 편입하지 못하도록 방지하기 위한 제도가 바로 “출원 후 ‘발명의 설명’ 보정 불가 원칙”이다.

만일 발명가가 특허 출원 후 착상한 후속 발명을 선출원 특허의 “발명의 설명”에 기재할 수 있다면, 발명가는 청구항 보정 또는 청구항 추가를 통하여 나중에 착상한 발명에 대하여 이전의 출원일에 대한 우선권을 주장할 수 있다. 따라서 발명가는 경쟁자에 비하여 불공정한 이익을 취할 수 있다. 바꾸어 말하면 발명가가 특허를 출원한 후 경쟁자의 추후 발명을 자신이 이미 출원한 “발명의 설명”에 기재하고 우선권을 주장하면 출원일이 늦은 경쟁자는 자신의 발명을 발명가에게 빼앗기게 된다. 이와 같은 발명가의 불공정 행위를 미연에 방지하는 제도가 “출원 후 ‘발명의 설명’ 보정 불가 원칙”이다.

또한 이것이 바로 특허 출원 시 “발명의 설명”을 전략적으로, 체계적으로 작성해야만 하는 이유이다. 발명가는 청구항을 보정할 수 있으나 보정 범위는 “발명의 설명”에 개시한 내용에 국한된다는 말은, 전쟁이 발발하였을 때 전쟁에 나가는 군인이 무기를 바꿀 수 있지만 군인이 선택할 수 있는 무기는 전쟁 발발 이전에 병기창에 비치된 무기에 제한된다는 말과 동일하다. 즉 특허 심사 시 심사관이 제기하는 각종 선행기술은 물론 추후 발생할 수 있는 특허침해소송에서 경쟁자가 제기하는 각종 선행기술을 피하려면 발명가 역시 다양한 화력을 지닌 여러 종류의 무기가 필요하다. 더 나아가 청구항에 틈만 보이면 상상할 수 있는 모든 수단과 방법을 동원하여 우회도로를 확보하기 위하여 노력할 경쟁자를 효과적으로 제압하기 위해서는 발명가 역시 상상할 수 있는 모든 수단과 방법을 동원하여 미래의 경쟁자의 우회도로 건설을 차단하여야 한다.

앞서 설명하였듯이 발명가의 출원특허와 등록특허는 공개되므로, 발명가는 자신의 무기고에 해당하는 "발명의 설명"과 자신의 군인인 청구항을 만천하에 공개한 Burberry Man 신세가 된다. 게다가 "발명의 설명"은 일단 제출하면 오탈자를 제외한 내용 수정이 불가능하다. 이런 맥락에서 보면 특허 출원 시 제대로 작성한 "발명의 설명"이 특허의 권리범위 확보에 얼마나 중요한 지 실감할 수 있다.

그렇다면 이와는 반대인 논문 쓰듯 작성한 "발명의 설명"을 가정해보자. 앞서 제3장의 3절 "논문 쓰듯 쓴 특허 vs. 특허 쓰듯 쓴 논문"에서 설명하였듯이 우주의 진리를 탐구하는 연구자는 자신이 규명한 우주의 원리에 대한 최선의 실시예를 중심으로 "발명의 설명"을 작성하는 경향이 있으며, 차선의 실시예나 열등한 실시예는 아예 기재하지도 않는다. 이뿐만이 아니다. 연구자는 자신의 최선의 실시예 주변에 널려 있는 공터에는 신경도 쓰지 않는다. 즉 연구자가 신대륙에 설치하는 지뢰가 좁고 깊은 마이크로지뢰인 것처럼 연구자가 작성하는 "발명의 설명" 역시 깊이는 깊지만 범위는 하잘 것 없이 좁은 경우가 대부분이다.

물론 경쟁자는 이를 묵과하지 않는다. 위의 제7장의 2절 "청구항 해석의 원칙"에서 설명한 바와 같이 몸체에 수평벽이나 수직벽을 설치하는 대신 적당한 길이의 extension, flange를 장착하여 Transmatic의 특허를 회피하려는 Gulton이나, 일체형 몸체 대신 조립형 몸체를 이용하여 RTI의 특허를 회피하려는 Becton처럼 경쟁으로 생사가 결정되는 business 세계에서는 발명가가 저지른 추호의 실수도 용납되지 않는다.

참고로 법률비용만 100만~200만 달러를 호가하는 미국특허침해소송에서도 수천만 달러 또는 수억 달러의 손해배상금이 달린 소송의 승패가 이와 같이 극히 평범한 용어 한두 개에 따라 결정되는 경우도 흔한 편이다. 왜 그럴까? 발명가의 특허를 우회·회피하려는 고객 제조업체에게 수만 달러의 법률비용을 청구하며 조언하는 미국 특허변호사의 idea가 고작 Transmatic case처럼 조명기구의 extension이나 flange 모양의 거치대, 또는 RTI case처럼 조립형 몸체 정도일까?

정답은 “많은 경우 그렇다”이다. 왜냐하면 특허변호사의 업무는 발명가의 특허를 우회·회피하는 깜찍하면서도 참신한 발명의 착상은 아니기 때문이다. 오히려 이는 특허변호사의 고객인 제조업체의 연구진의 몫이다. 하지만 발명가 특허 청구항의 핵심 요소를 누락하면서 특허기술을 재현한다는 특허의 우회·회피는 쉬운 일이 아니다. 만일 연구진이 성공적으로 발명가 특허를 우회·회피하며 특허기술을 재현한다면, 고객은 특허변호사를 찾아와 발명가의 권리범위의 우회·회피에 대한 조언을 구할 일도 없다. 오히려 발명가 특허를 우회·회피하는 데 필요한 기술적 idea의 부재, 법적 이해도 부족 등이 바로 고객이 특허변호사를 찾아온 이유이다.

하지만 연구진의 과업에 비하여 특허변호사의 업무는 상대적으로 간단하다. 즉 발명가 특허의 청구항과 “발명의 설명”을 면밀히 분석한 후, 발명가가 미처 예상하지 못하였던 권리범위 사이의 공터 또는 발명가가 대수롭지 않게 생각한 부분의 허점만 찾으면 특허변호사는 자신의 몫을 다하기 때문이다.

다시 한 번 강조하지만 특허는 완벽해야 한다. 하지만 세상에 완벽이란 존재하지 않는다. 따라서 특허는 완벽하지는 못하더라도 최소한 눈에 띄는 허점만은 포함하지 말아야 한다. 물론 특허가 완벽하거나 허점이 없다고 해서 발명가가 항상 특허로 수익을 창출한다는 보장은 없다. 왜냐하면 특허가 완벽하더라도 청구발명의 기술성이 경쟁기술보다 열등하거나 청구발명의 경제성이 낮을 경우, 이를 이용한 수익 창출은 불가능하기 때문이다. 따라서 특허가 완벽하더라도 이는 수익 창출의 필요조건일 뿐 충분조건은 아니다. 하지만 아무리 기술성과 경제성이 우수하더라도 특허가 완벽하지 않으면 발명가가 수익을 창출하기는 그만큼 더 어려워진다는 만큼은 사실이다.

이러한 점을 고려하면 적당한 수임료로 적당히 작성한 특허로 수익을 창출해 보겠다는 국내 발명가들의 발상은 끔찍하기는 하지만, 실현 불가능한 nonsense이다. 일금 100~200만 원으로 출원, 등록한 특허로 수천억 원을 벌어보겠다는 욕망 자체가 어리석음의 경지를 벗어난, 꿈이며 이상이며 현실이 아닌 망상이기 때문이다.

나. 제대로 쓴 “발명의 설명”에 대한 판례 - “한 줄”의 중요성

특허명세서, 특히 “발명의 설명”의 중요성에 대한 미국 판례는 수없이 많지만, 아래에서는 2012년 미국 연방항소법원 판례인 Advanced Fiber Technologies vs. J&L Fiber를[36] 소개한다. 상기 case는 발명가가 “발명의 설명”에 딱 한 번 기재한 단 한 줄의 설명이 특허침해소송의 승패를 가른 경우이다.

제지업계는 pulp와 물의 혼합물인 stock에서 불순물인 막대(stick), 크기가 큰 오염물 등을 분리(screening)하여 종이를 만든다. 이를 위하여 제지업계는 평면 또는 원주의 형태를 가진 screen에 구멍을 뚫은 형태의 분리장치를 사용하지만, 이러한 장치는 구멍이 오염물로 쉽게 막힌다는 고질적 문제점이 있었다.

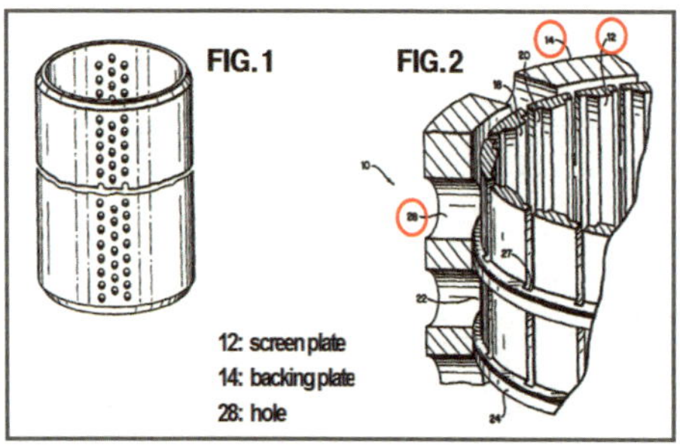

그림 7-24. AFT의 U.S. Pat. No. 5,200,072의 대표 도면

Advanced Fiber Technologies(AFT로 약칭)는 그림 7-24와 같이 다수의 홈(opening)이 뚫린 형태의 원주형 분리막(screening medium)과 상기 분리막 외부에 장착되어 이를 지지하는 지지대(backing plate)로 구성된 분리장치를 개발하였다. 사용자가 물과 pulp의 혼합물인 stock을 분리막에 주입하고 장치를 회전시키면 막대 등의 오염물은 분리막 내부에 잔류하는 반면 pulp 수용액은 분리막의 홈(opening)을 통해 지지대로 이동한 후 장치 밖으로 이동하게 된다. 이와 같이 지

36) Advanced Fiber Techs. Trust v. J&L Fiber Servs., Inc., 674 F.3d 1365 (Fed. Cir. 2012).

지대가 외부에서 분리막을 보호하고 손상을 방지하므로, 상기 분리막에는 더 많은 홈을 구성할 수 있었고, 그 결과 pulp 수용액의 처리 효율은 물론 처리량도 증가한다는 장점이 있었다. AFT는 위의 발명을 특허출원하여 U.S. Pat. No. 5,200,072('072 특허)를[37] 등록하였다.

수년이 경과한 후 AFT는 '072 특허를 재발행하기 위하여 미국특허청에 재발행특허를 출원하였다. 하지만 특허청 심사관은 촉매화학공정 반응기 관련 선행기술을 인용하며 AFT의 청구항을 신규성 결여로 거절하였다. 이에 대응하여 AFT는 심사관이 인용한 선행기술이 제지산업에는 적합하지 않다고 주장하였으며, 특히 "발명의 설명"에서도 발명의 용도를 pulp screening으로 명시한 바 있으므로 제지업 Handbook에 정의된 바와 같이 청구항에서 사용한 여러 가지 용어는 제지산업의 고유 용어로서 특별한 의미가 있다고 주장하였다.

일예로 AFT는 'screen'이란 stock stream으로부터 불순물을 제거하기 위하여 특정 형태의 구멍이 뚫려있는(perforated) 장애물을 이용하는 분리장치를 의미하고, 'screening'이란 크거나, 문제를 일으키거나 불필요한 입자를 fiber로부터 제거하기 위하여 특정 형태의 구멍이 뚫린 장애물을 통하여 stock을 거르는 공정이며, "screen plate"란 pulp의 흐름을 방해하는 부유 물질을 크기, 모양, 유연성 등에 따라 분리할 수 있는, pulp 분리장치에 사용되는 구멍이 뚫린 금속판을 지칭한다고 설명하였다. AFT는 2007년 '072 특허의 재발행 특허인 U.S. Pat. No. RE39,940('940 특허)을 등록하였다.[38] 표 7-9는 AFT의 '940 특허의 독립항 1과 18의 예시이다.

---

37) U.S. Pat. No. 5,200,072 entitled "Screen plates and methods of manufacture," filed by Frey A. Frejborg and Lassi J. Halonen on Aug. 16, 1990, issued on April 6, 1993, and assigned to Ahlstrom Screen Plates Inc.

38) U.S. Pat. No. RE39,940 entitled "Screen plates and methods of manufacture," filed by Frey Frejborg, Lassi J. Halonen on Sep. 12, 2003, issued on Dec. 18, 2007, and assigned to Advanced Fiber Technologies Trust.

표 7-9. AFT의 '940 특허의 청구항

1. A screen cylinder comprising:
a cylindrical **screening medium** having a plurality of **openings** therethrough; a cylindrical structural **backing plate** for structurally supporting said screening medium and having a plurality of **openings** therethrough; and said screening medium and said structural backing plate lying concentrically one within the other and having respective opposed surfaces in engagement with one another at an interface therebetween whereby said backing plate structurally supports said screening medium ...
18. A method of manufacturing a screen for use in screening for pulp, said screen being formed of a screening plate and a backing plate, said screening plate having first and second opposite faces, comprising the steps of:
(a) forming elongated, substantially parallel, grooves in said first face, each groove having a side face and a bottom; (b) forming **openings** through the bottom of the grooves in said first face and into the screen-ing plate to terminate within the screening plate short of said second face thereof; (c) forming elongated grooves in the second face of said screening plate inclined relative to the longitudinal extent of the grooves formed in step (a) and to a depth to expose the openings formed in step (b) so that the openings extend entirely through said screening plate ...

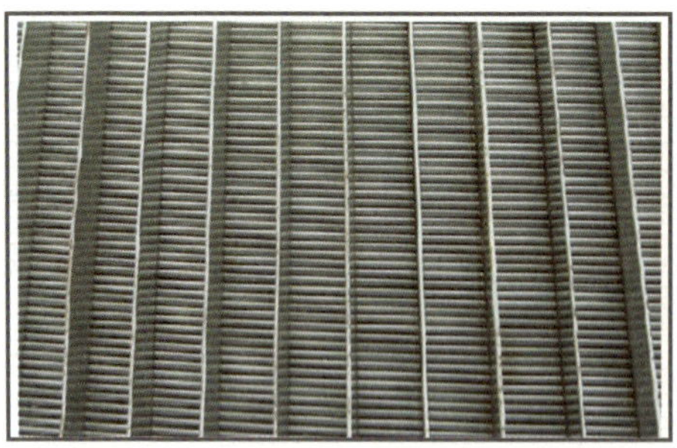

그림 7-25. Wedgewire (쐐기 모양의 선) 형태의 예시

J&L Fiber Services, Inc.('J&L'로 약칭) 역시 제지업 장비 제조업체로서 'V-Max'라는 분리장치를 제조·판매하였다. J&L의 V-Max 분리장치 역시 분리막과 그 외부에서 분리막을 지지하는 지지대로 구성되는 등 AFT의 분리장치와 상당히 유사하였다. 하지만 J&L은 AFT의 특허를 우회·회피하기 위하여 '940 특허의 구멍이 뚫린 분리막 대신 그림 7-25에서 예시한 모양의 쐐기 모양의 선(wedgewire) 형태의

분리막을 사용하여 부유 물질을 분리하였다.

AFT는 J&L이 자신의 '940 특허 청구항을 고의로 침해하였다고 미국 연방지방법원에 제소하였다. 이에 대하여 J&L은 '940 특허의 침해를 부인함은 물론 AFT 특허에 대한 무효확인소송을 제기하였다.[39] 결국 AFT와 J&L 사이의 소송의 주안점은 표 7-9와 같이 AFT가 '940 특허의 청구항 1과 18에서 사용한 용어 'opening'의 범위에 J&L의 쐐기형 분리막이 포함되는지에 대한 여부였다. 따라서 법원이 '940 특허 청구항 1과 18에 포함된 용어인 'opening'이 쐐기형 형태를 포함한다면 J&L은 '940 특허를 침해하게 되지만, 이와 반대로 'opening'이라는 용어가 원형 또는 타원형의 홈만을 의미한다면 J&L은 '940 특허를 성공적으로 우회·회피할 수 있게 된다.

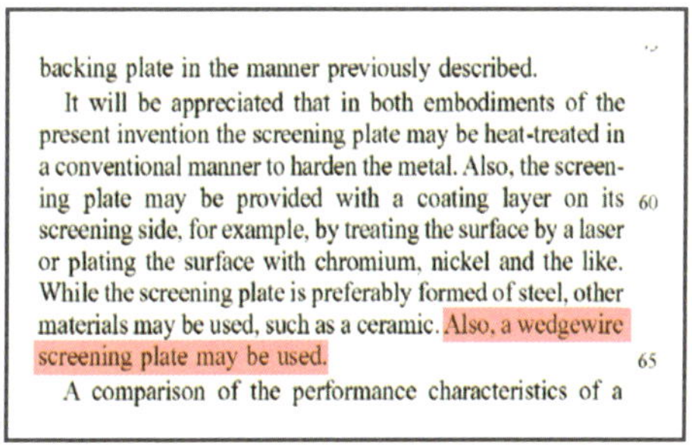
backing plate in the manner previously described.

It will be appreciated that in both embodiments of the present invention the screening plate may be heat-treated in a conventional manner to harden the metal. Also, the screening plate may be provided with a coating layer on its screening side, for example, by treating the surface by a laser or plating the surface with chromium, nickel and the like. While the screening plate is preferably formed of steel, other materials may be used, such as a ceramic. Also, a wedgewire screening plate may be used.

A comparison of the performance characteristics of a

그림 7-26. AFT의 '940 특허의 "발명의 설명" Column 11의 개시 내용

미국 연방지방법원은 AFT 특허의 청구항 용어를 해석하기 위하여 사전적 의미를 이용하였다. 일예로 연방지방법원은 특정 형태의 구멍이 뚫린(perforated) 분리막에서 구멍의 의미는 "pierced or punctured with holes"라고 해석하였으며, 여기에서의 'hole'이란 원형 또는 타원형의 모양에 국한된다고 해석하였다. 비록 그림 7-26에서와 같이 AFT가 '940 특허의 "발명의 설명"의 column 11에서 딱 한 번 두 줄에 걸쳐 "Also, a wedgewire screening plate may be used"라고 개시하였지만 '940 특허 청구항 중 어느 것도 쐐기형 구멍을 청구하지 않았으므로, 연방지방법원은 '940 특허의 'opening'에는 쐐기형 모양의 홈은 포함되지 않는다고 해석하였다. 이러한 청구항 해석에 근거하여 연방지방법원은 J&L이 AFT의 '940 특허를 침해하지 않았다고 판결하였다.

하지만 AFT의 항소심을 맡은 미국 연방항소법원은 연방지방법원의 판결을 파기, 환

39) 이는 제4장의 1-라절에서 설명한 발명가의 Reaction에 대한 경쟁자의 Counter-Reaction이다.

송하였다. 연방항소법원은 우선 특허내적 증거와 특허외적 증거를 언급하며 사전을 이용한 청구항 용어의 정의는 상기 정의가 특허내적 증거로 확인할 수 있는 정의와 상충되지 않는 경우 사용 가능하다고 지적하였다. 이에 따라 연방항소법원은 발명가가 "발명의 설명"에서 쐐기형 분리막을 개시하였지만[40] 이를 무시한 연방지방법원의 청구항 해석이 오류라고 지적하였다.

특히 연방항소법원은 작금의 "발명의 설명"이 간단한 기술도 어렵고 난해하게 설명하는 경향이 있어서 청구발명을 이해하기도 어렵거니와 청구항 해석 시에도 여러 가지 문제점이 발생한다고 지적하였다. 반면 연방항소법원은 표 7-10에서와 같이 단 한 줄로 개시된 실시예라고 해서 무시할 수 없으며 오히려 "간단명료함은 칭찬할 일이지 배격할 일이 아니다"라고 판시하였다. 따라서 '940 특허의 "발명의 설명"이 개시한 바에 따라 청구항 1과 18의 용어 'opening'은 쐐기형 형태를 포함하며, 그 결과 J&L은 '940 특허를 침해하였다고 판결하였다.[41]

표 7-10. 한 줄의 위력

Indeed, as a general matter, brevity in a patent disclosure should be applauded, not impugned.
A disclosed embodiment is a disclosed embodiment, no matter the volume of ink required to adequately describe it.

40) '940 특허의 "발명의 설명"을 읽어보면 발명가는 screening plate의 각종 재질에 대하여 설명한 후 그 문단 마지막에 wedgewire screening plate도 사용할 수 있다고 개시하였음을 알 수 있다. 즉 screening plate의 다양한 모양을 설명하며 그 중 하나가 wedgewire라고 개시한 것이 아니라, 다양한 재질을 설명하다가 불현듯 새로운 모양을 언급하였다. 이러한 사실에 비추어보면 어쩌면 "발명의 설명"을 검토하던 발명가나 특허변호사가 갑자기 wedgewire screening plate에 대한 생각이 떠오른 바, 이러한 모양을 가진 또 다른 실시예를 "발명의 설명"에 개시한 다양한 실시예 중 어떤 부분에 기재할지를 고민하다가 column 11에 첨가하지 않았나 생각된다.

41) 물론 연방항소법원의 배석 판사들이 위의 청구항 해석에 모두 동의한 것은 아니다. Dyk 판사는 소수의견에서 "발명의 설명"에서 'perforated'란 판과 같은 고형물질을 관통하는 hole이나 opening을 의미한다고 개시하였으므로 여기에는 쐐기형 모양의 분리막은 포함되지 않는다고 해석하였다.

위의 2012년 미국 연방항소법원의 AFT vs. J&L case야말로 "발명의 설명"의 중요성을 실감할 수 있는 판례이다. 즉 "한 줄의 중요성"을 여실히 입증하는 AFT vs. J&L case야말로 전략적으로 작성한 "발명의 설명"이 추후 특허침해소송에서 발명가에게 막강한 힘을 실어줌은 물론 다양한 전략을 구사하는 기본이 된다는 사실을 다시 한 번 일깨워주는 판례이다. 물론 이러한 "발명의 설명"은 절대로 무(無)에서 저절로 창조되지 않는다. 단지 합당한 보수를 받는 유능한 변리사와 영민한 발명가의 합작에 의해서만 가능할 뿐이다.

다. 잘못 쓴 "발명의 설명"에 대한 판례 - "본 발명"의 저주

앞서 "제대로 쓴 '발명의 설명'은 추후 특허침해소송에서 발명가에게 막강한 힘을 실어준다"고 설명하였다. 즉 여러 가지의 다양한 무기를 비치한 무기고인 "발명의 설명"이야말로 발명가가 필요에 따라 자신의 입장에 유리한 청구항 해석을 가능하게 해주는 근거로 활용할 수 있다는 말이다. 물론 이에 대한 역(逆)도 성립한다. 즉 "잘못 작성한 '발명의 설명'은 추후 특허침해소송은 물론 특허존속기간 내내 틈날 때마다 발명가의 발등을 찍는다"이다.

Trading Tech Int'l vs. eSpeed는[42] 2010년 미국연방항소법원 판례이다. 특히 Trading Tech case는 대리인이 "발명의 설명" 서식에 따라 무심코 쓴 구절이 특허침해소송의 승패를 가르며, 믿었던 도끼에 발명가의 발등이 날아간 전형적 사례이다.

전자상거래는 특정 상품에 대한 판매자의 best asking price(판매 최저가격)와 구입자의 best bidding price(구입 최고가격)에 의하여 발생하며, 이 두 가격을 "inside market"이라고 지칭한다. 기존의 전자상거래용 software는 거래자에게 특정 상품의 asking price, bidding price는 물론 상기 상품의 물량 등에 대한 inside market을 고정된 grid를 이용하여 screen에 개시하였다.

42) Trading Technologies International, Inc. v. eSpeed, Inc., Ecco, LLC, Eccoware Ltd., and eSpeed Int'l, Ltd., 595 F.3d 1340 (Fed. Cir. 2010).

기존의 전자상거래 software를 사용할 경우, 특정 상품의 가격이나 물량에 변동이 생기면 grid 안의 숫자가 변하고, 거래자는 자신이 원하는 asking price, bidding price, 물량 등을 키보드로 입력하거나 click하며 상거래를 진행하였다. 하지만 특정 상품을 $100에 구입하려고 click하는 동안 inside market이 변동하고 이에 따라 click하는 grid의 가격이 갑자기 $130으로 뛰거나, 특정 상품을 $100에 팔려고 click하는 동안 click하는 grid의 가격이 $70으로 떨어지는 경우도 발생하였다. 이와 같이 inside market이 급격히 변하여 당락 폭이 커질 때 거래자가 잘못 click하거나 필요한 click을 놓칠 경우, 거래자는 막대한 손실을 입는 불상사가 종종 발생하였다.

그림 7-27. Trading Tech. International의 "Static Price Level" System

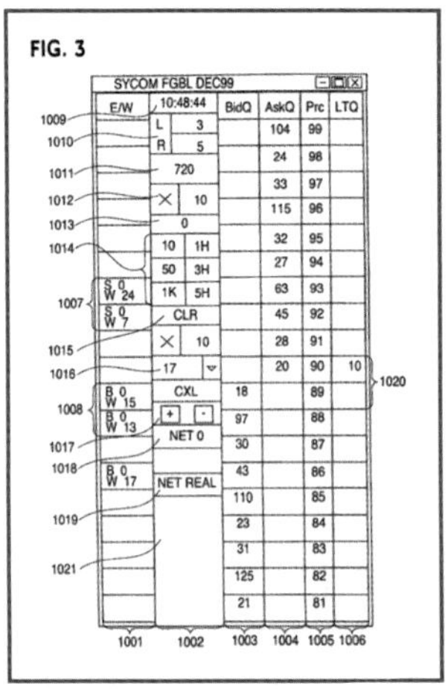

그림 7-27(a)

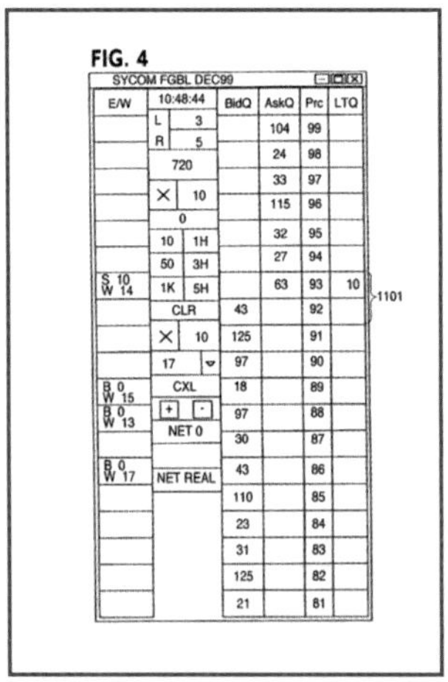

그림 7-27(b)

Trading Tech. International('TTI'로 약칭)은 이런 불상사를 방지할 수 있는 "static price level"을 사용하는 전자상거래용 system를 개발하였다. TTI의 system의 핵심은 screen에 개시된 inside market의 위치는 거래자가 위치를 재조정(re-centering)하지 않는 이상 screen의 고정된 위치에 개시된다는 점이었다. 그림 7-27(a)는 TTI의 전자상거래용 system이 개시하는 화면으로서, column 1005는 거래 가격을, column 1003은 상기 가격에서의 물량을, column 1004는 상기 가격에서의 ask quantity를,

column 1006은 특정 상품의 last traded quantity를, inside market 1020은 bid price와 ask price를 각각 나타낸다. 만일 그림 7-27(b)와 같이 inside market이 변하더라도 column 1005의 위치는 변하지 않고 대신 column 1003(bid quantity)과 column 1004(ask quantity)의 위치가 (위로 또는 아래로) 변하게 되므로, 거래자는 큰 불편 없이 inside market의 상황을 screen의 같은 지점에서 확인할 수 있었다. 또한 inside market의 변화 폭이 커서 screen 상단이나 하단, 또는 screen 밖으로 밀려나면 거래자는 column의 위치를 수동으로 재조정하여 inside market을 다시 screen의 중앙에 위치시킬 수 있었다.

표 7-11(a). Trading Tech. International의 '304 특허의 청구항

1. A method for displaying market information relating to and facilitating trading of a commodity being traded in an electronic exchange having an inside market with a highest bid price and a lowest ask price on a graphical user interface, the method comprising:
dynamically displaying a first indicator in one of a plurality of locations in a bid display region ... ; dynamically displaying a second indicator in one of a plurality of locations in an ask display region ... ; displaying the bid and ask display regions in relation to fixed price levels positioned along the common static price axis such that when the inside market changes, the price levels along the common static price axis do not move and at least one of the first and second indicators moves in the bid or ask display regions relative to the common static price axis; displaying an order entry region ... and in response to a selection of a particular location of the order entry region by a single action of a user input device, setting a plurality of parameters ...

표 7-11(b). Trading Tech. International의 '132 특허의 청구항

1. A method of placing a trade order for a commodity on an electronic exchange having an inside market with a highest bid price and a lowest ask price, using a graphical user interface and a user input device, said method comprising:

setting a preset parameter for the trade order;
displaying market depth of the commodity, through a dynamic display of a plurality of bids and a plurality of asks in the market for the commodity, including at least a portion of the bid and ask quantities of the commodity, the dynamic display being aligned with a static display of prices corresponding thereto, wherein the static display of prices does not move in response to a change in the inside market;
displaying an order entry region aligned with the static display prices ... ; and
selecting a particular area in the order entry region through single action of the user input device ...

따라서 TTI의 전자상거래용 system을 사용하면, bid quantity와 ask quantity는 상하 방향으로 움직이므로 거래자는 inside market의 변동을 시각적으로 확인할 수 있음은 물론 screen 상에서 column 1005(가격)의 위치가 변하지 않으므로 거래자는 실수 없이 원하는 가격에 거래를 할 수 있었다. TTI는 위의 발명을 특허출원하여 U.S. Pat. No. 6,766,304 ('304 특허)[43] 및 U.S. Pat. No. 6,772,132 ('132 특허)를[44] 등록하였다. 표 7-11(a)와 표 7-11(b)는 '304 특허와 '132 특허의 독립항을 나타낸다.

eSpeed는 TTI의 제품과 유사한 "Futures View" 및 "Dual Dynamics"라는 전자상거래용 software를 제조·판매하였다. 단 eSpeed의 제품은 inside market 변동에 따라 screen 상의 column의 위치를 자동적으로 재조정(re-centering)하는 기능을 갖추었으며, 거래자가 상기 자동 위치 재조정 기능을 끄지 못하도록 설계되었다.[45]

43) U.S. Pat. No. 6,766,304 entitled "Click based trading with intuitive grid display of market depth," filed by Gary A. Kemp, Jens-Uwe Schluetter, and Harris Brum on June 27, 2001, and issued on July 20, 2004.

44) U.S. Pat. No. 6,772,132 entitled "Click based trading with intuitive grid display of market depth," filed by Gary A. Kemp, Jens-Uwe Schluetter, and Harris Brumfield on June 9, 2000, and issued on August 3, 2004 ('304 특허의 분할특허, 즉 divisional patent).

45) eSpeed가 "Futures View"나 "Dual Dynamics"에서 거래자가 자동 위치 재조정 기능을 끄지 못하도록 한 이유는 비로 TTI의 '304 특허와 '132 특허를 우회·회피하기 위함으로 추정된다.

TTI는 eSpeed가 자신의 특허를 침해하였다고 미국 연방지방법원에 제소하였다. 이에 연방지방법원은 TTI의 청구항 용어인 "static display of prices,"[46] "common static price axis" 등을[47] 해석하였으며, 상기 청구항 해석에 따라 eSpeed의 "Dual Dynamics"는 TTI의 특허를 침해하지 않았지만, "Futures View"는 TTI의 특허를 고의로 침해하였으므로 eSpeed가 350만 달러의 손해배상금을 TTI에게 지급하도록 판결하였다. 이에 TTI 및 eSpeed는 각각 미국 연방항소법원에 항소하였다.

표 7-11(c). Trading Tech. International의 "발명의 설명" 발췌

'132 특허: Column 8, Lines 49~54: '304 특허: Column 9, Lines 14~19:
As the market ascends or descends the price column, the inside market might go above or below the price column displayed on a trader's screen. Usually a trader will want to be able to see the inside market to assess future trades. The system of the present invention addresses this problem with a one click centering feature. With a single click at any point within the gray area, 1021, below the "Net Real" button, the system will re-center the inside market on the trader's screen. Also, when using a three-button mouse, a click of the middle mouse button, irrespective of the location of the mouse pointer, will re-center the inside market on the trader's screen.

미국 연방항소법원은 항소심 판결에서 연방지방법원의 판결을 모두 인용하며, eSpeed의 "Dual Dynamics"가 TTI의 특허를 침해하지 않은 이유는 표 7-11(c)와 같이 "발명의 설명"의 "the present invention"이라는 문구가 청구항 범위를 대폭적으로

46) 미국 연방지방법원은 "static display of prices"라는 문구는 "a display of prices comprising price levels that do not change positions unless a manual re-centering command is received"를 의미한다고 해석하였다.

47) 미국 연방지방법원은 "common static price axis"라는 문구는 "a line comprising price levels that do not change positions unless a manual re-centering command is received and where the line of prices corresponds to at least one bid value and one ask value"를 의미한다고 해석하였다.

축소했기 때문이라고 설명하였다. 특히 연방항소법원은 TTI가 "발명의 설명"에서 "one click centering feature"에 해당하는 수동 위치 재조정(manual re-centering) 기능을 실시예라고 지칭하는 대신 "본 발명 (즉 'the present invention')"이라고 지칭하였으므로, 특허내적 증거에서 이와 상반되는 TTI의 의도를 확인하지 못한다면 TTI 특허의 "본 발명"은 수동 위치 재조정 기능에 국한될 뿐 자동 위치 재조정 기능은 포함하지 않는다고 해석함이 타당하다고 판시하였다.

물론 TTI는 eSpeed의 "Dual Dynamics"가 자신의 특허를 침해하였다고 주장하기 위하여 권리범위 확장을 시도하였다. 일예로 TTI는 청구항 전환구가 'comprising'이므로 "발명의 설명"에서 개시하지 않은 자동 위치 재조정 기능(automatic re-centering)도 권리범위에 포함되어야 한다고 주장하였다. 하지만 연방항소법원은 'comprising'이라는 개방형 전환구가 청구항의 제한조건을 극복하는 마법의 단어는 아니라고 판시하며, 자동 위치 재조정 기능이 수동 위치 재조정 기능의 부가 기능은 아니며, 오히려 자동 위치 재조정 기능은 수동 위치 재조정 기능과 서로 공존할 수 없는, 배치되는 기능이므로 권리범위에 포함될 수 없다고 설명하였다.

표 7-11(d). Trading Tech. International의 '132 특허의 청구항

55. The method of claim 1,
wherein the market depth is based on an exchange order book and the static display of prices never moves in response to a price change in the exchange order book relating to a price which is displayed.

또한 TTI는 권리범위 확장을 위하여 청구항 차별 규칙에 의한 청구항 해석도 (제7장의 2-사절 참고) 시도하였다. 즉 청구항 1의 종속항인 청구항 55가 "static display of prices는 가격 변동에도 '절대로' 움직이지 않는다"고 개시하므로 독립항 1의 같은 문구를 동일하게 해석할 경우 의미가 중복되므로 연방지방법원의 청구항 해석은 오류라고 주장한 것이다. 하지만 연방항소법원은 청구항 55는 market depth에 대한 상이한 limitation 추가, 즉 market depth가 exchange order box에 근거한다는 의미라고 해석하였다. 또한 연방항소법원은 중첩되는 다수의 청구항의 범위를 확인하려면 "발명의 설명"이나 특허 출원기록(prosecution history)을 참고해야 하지만, 본안의 경우

청구발명의 특성, "발명의 설명," 출원기록을 모두 고려해도 "static display of price"는 수동 위치 재조정 command를 입력하기 전까지는 움직일 수 없다는 연방지방법원의 해석이 옳다고 판시하였다.

또한 연방항소법원은 청구항 용어의 일상적·관습적 의미를 고려하여 청구항을 해석하더라도 (제7장의 2-다절 참고) 'static'은 움직이지 않는, 고정된 상태를 의미하므로 'moving'이 아니라고 설명하였다. 또한 TTI의 가격 축(price axis)이 price level에 따라 움직인다는 청구항 해석은 TTI의 청구발명의 목표인 "정확한 거래 수행"과도 배치되며, TTI는 이러한 청구항 해석에 반하는 증거를 제출하지 않았다고 지적하였다.

Trading Tech case는 발명가에게 여러 가지 중요한 시사점을 던진다. 우선 총 16 column에 달하는 "발명의 설명"을 기재하며 왜 발명가나 대리인은 수동 위치 재조정 기능에만 치중하고 자동 위치 재조정 기능은 언급하지 않았을까? 웬만한 미국 특허변호사라면 발명가가 수동(manual)이라고 외쳤을 때 당연히 자동(automatic)이라고 화답해야하지 않았을까? 발명가나 대리인은 자동 위치 재조정 기능에 대한 선행기술이 두려워 수동 위치 재조정 기능만 기재하였을까? 항상 수동이 먼저 개발되고 그 후 자동이 개발되는 일반적 기술 발달 과정을 고려한다면 발명가가 수동 위치 재조정 기능에 대한 발명을 착상하였을 때 이미 자동 위치 재조정 기능에 대한 선행기술이 존재할 수 있었을까?

Trading Tech case는 제7장의 2-나절 "사전편찬자 (Lexicographer) 원칙"의 제3항 "고백과 뼈아픈 후회"를 상기시킨다. 즉 "본 발명 (the present invention)"이라는 상투적 문구를 범위가 좁은 실시예(?)와 실수로 연계하는 바람에 발명가는 경쟁자와 법원에 자신의 권리범위를 자발적으로, 대폭적으로 축소할 수 있는 단초를 제공한 셈이다. Trading Tech case는 위의 제7장의 2-마절 "최선의 실시예 포함 원칙"도 연상시킨다. 즉 그냥 실시예라고 지칭하였으면 아무런 문제가 발생하지 않았겠지만 "본 발명 (the present invention)"이라는 문구를 관습적으로 사용하는 바람에 모든 일이 걷잡을 수 없는 파국으로 치달아 버린 경우이다.

하지만 Trading Tech case의 모든 사단은 발명가와 대리인이 수동 위치 재조정 기능에만 치중하고 자동 위치 재조정 기능은 언급하지 않았기 때문에 발생하였다. 즉 발명가는 자신의 최선의 실시예인 수동 위치 재조정 기능에 심취하여 있었고, 그리 유능하지 못한 또는 적절한 수임료를 지급받지 못한 특허변호사 역시 수동(manual)이라고 외치는 발명가에게 자동(automatic)이라고 화답하지 못하였다.

그만큼 특허 청구항의 권리범위에 있어서 "발명의 설명"은 중요하다. 즉 "발명의 설명"에 기재한 한 단어, 한 구절이 언제 독화살로 변하여 자신에게 날아올지 모르기 때문이다. 특허를 이용하여 수익을 창출하고픈 발명가에게 유능한 변리사나 출원전문 특허변호사가 필요한 또 하나의 이유이다.

참고로 Trading Tech case 이전 미국 출원전문 특허변호사들은 명세서 작성 시 거의 관습적으로 "the present invention" 또는 "this invention"이라는 관용구를 사용하였다. 물론 주의 깊은 특허변호사는 상기 관용구를 무분별하게 사용하지 않고 "the present invention," 즉 "본 발명"과 이를 구성하는 다수의 "embodiment," 즉 실시예를 구분하여 사용하였다. 일예로 가장 범위가 좁은 종(species)발명은 'embodiment'로 지칭하고, 종발명의 상위 발명인 속(genus)발명은 'aspect'로 지칭하며, 특허출원서에 기재하는 발명가의 모든 청구발명을 "the present invention"이라거나 또는 "this invention"이라고 지칭하였다. 물론 이러한 체계적 구성을 사용하려면 "발명의 설명"을 전략적으로 작성함이 필수이다.

하지만 TTI의 "발명의 설명"을 작성한 미국 law firm의 특허변호사의 경우 상기 "발명의 설명"에서 "the present invention"이라는 문구를 총 32번 사용하였다. 물론 특허변호사는 상기 문구를 TTI의 system 전반을 지칭하기 위하여, 또는 TTI의 system의 특수 기능을 지칭하기 위하여 혼용하였고, 연방항소법원은 표 7-11(c)의 "one click centering feature"에 해당하는 수동 위치 재조정(manual re-centering) 기능에 주안점을 두어 판결문을 작성하였다고 생각된다. 따라서 상기 판결문은 학계, 업계에서도 상당한 논란을 불러 일으켰다. 저자 역시 연방항소법원의 판결은 "the present invention"이라는 문구보다는 'static'이라는 단어에 중점을 두었다고 생각한다.

하지만 Trading Tech case 이후 미국의 출원전문 특허변호사들은 "발명의 설명" 자체에서 가능한 한 "the present invention"이라는 문구를 사용하지 않음을 원칙으로 하게 되었다. 왜냐하면 아무리 주의를 기울여도 실수가 가능하며, 또한 자신이 실수하지 않더라도 경쟁자가 이에 치중한 전략을 사용하여 자신에게 유리한 결과를 도출할 가능성도 존재하기 때문이다. 즉 이 경우에도 언제, 어디에서, 어떤 이유로 발생할지도 모르는 공터를 미연에 방지함이 최선의 전략이기 때문이다.

라. 제대로 쓴 "발명의 설명 (Specification)"의 역할에 대한 증거

"발명의 설명"의 중요성에도 불구하고 국내에서는 저가의 변리사 수임료, 발명가의 무관심 등으로 인하여 국내특허의 "발명의 설명," 특히 "발명의 상세한 설명"은 "발명의 간단한 설명"으로 둔갑하는 경우도 많다. 심한 경우에는 "발명의 상세한 설명"이 반 page에도 미치지 못하는 경우도 있다.[48]

저자가 "발명의 설명"의 중요성에 대한 강의를 하다보면 자주 의아한 표정을 짓는 청중들을 발견한다. 왜냐하면 이들은 그동안 청구항의 중요성에 대해서는 귀에 못이 박히도록 들어왔지만 "발명의 설명"이 그만큼 중요하다는 설명은 처음 들어보기 때문이다. 그렇다면 "발명의 설명"이 실제로 중요함을 입증하는 자료는 없을까?

그림 7-28. 미국특허의 "발명의 설명"의 길이와 특허 등록률

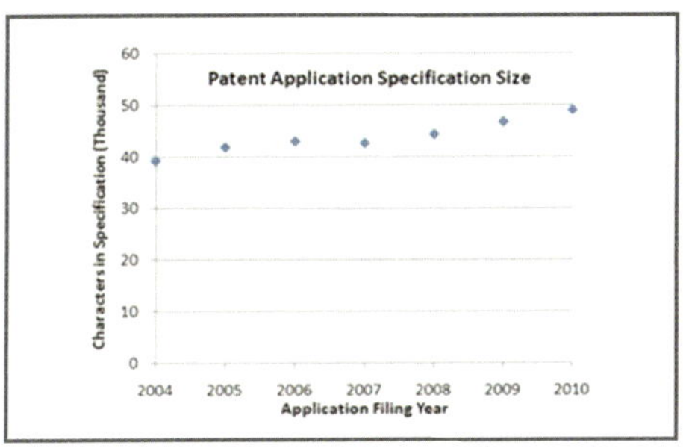

그림 7-28(a)

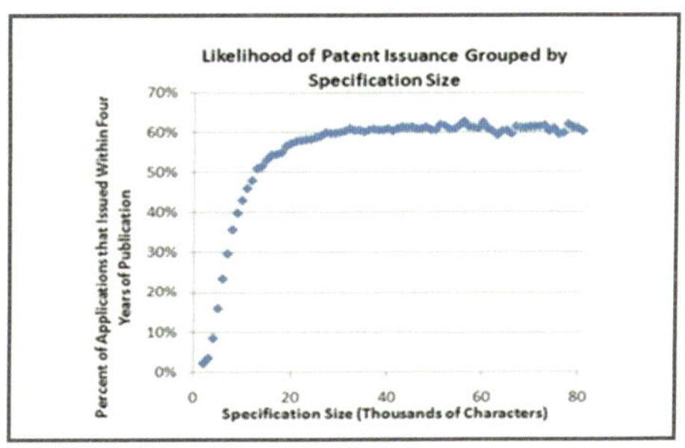

그림 7-28(b)

48) 그림 7-26과 같이 작은 font의 text로 내용이 빼곡한 미국특허 명세서와는 달리 국내 대리인이 작성한 특허출원서의 본문 내용의 행간 간격은 MS Word의 경우 "3 줄"정도이거나 아래한글의 경우 280% 정도에 해당하는 경우도 흔하다. 따라서 이러한 행간 간격을 줄여보면 국내특허의 길이가 얼마나 짧은지 실감할 수 있다. 이와 같이 빈약하게 작성된 특허로 수익을 창출하는 작업은 매우 어려울 수밖에 없다.

물론 존재한다. 일예로 그림 7-28은 "발명의 설명"에 대한 2011년 미국특허청 자료로서, 그림 7-28(a)는 미국특허의 "발명의 설명"은 대략 40,000 음절에서 50,000 음절정도로 서서히 길어지고 있음을 보여주는 반면 그림 7-28(b)는 "발명의 설명"의 길이에 따른 특허 등록률을 예시한다. 흥미롭게도 그림 7-28(b)는 "발명의 설명"에 포함된 음절이 20,000자 이하일 경우에는 "발명의 설명"의 길이가 짧을수록 특허 등록률 역시 낮은 반면 "발명의 설명"에 포함된 음절이 20,000자를 초과하는 경우 등록률은 60% 정도에 수렴함을 보여준다.

그렇다면 "발명의 설명"이 길어지면 길어질수록 미국특허청에 특허를 등록하기 용이해지는 이유는 과연 무엇일까?

이에 대한 정답은 "칼로 흥한 자, 칼로 망하기 때문"이다. 일예로 발명가가 1,500°C에서 가열한 칼을 용의 눈물에 7일 동안 담구며 담금질하여 "전가의 보도"를 제작한 후, "전가의 보도"에 대한 설명만 1,000자로 요약하여 "발명의 설명"을 작성하고, 칼에 대한 청구항을 작성하여 특허를 출원하였다고 가정하자. 이에 특허청 심사관은 자신이 사용하던 부엌칼을 선행기술로 인용하며 발명가의 청구항을 신규성 결여로 거절한다. 발명가의 선택은 무엇일까?

발명가가 작성한 "발명의 설명"에는 칼 실시예, 용의 눈물 실시예, 담금질 실시예 밖에 없다. 따라서 발명가에게는 심사관의 거절을 극복할 수 있는 뾰족한 방법이 없다. 결국 발명가가 작성한 "발명의 설명"의 주요 부분인 "발명의 상세한 설명"은 사실 "발명의 간단한 설명"에 불과했던 셈이다.

이와는 달리 발명가가 "전가의 보도"에 대한 실시예 외에도 20,000자 정도에 걸쳐서 "전가의 보도"의 칼날 중 일부에 톱니를 만드는 실시예, "전가의 보도" 칼날의 일부를 창이나 다른 종류의 무기의 날과 유사하게 성형하는 실시예, "전가의 보도"를 창이나 화살 등에 부가하는 실시예, "전가의 보도"를 방망이나 도끼 등의 다른 종류의 무기와 결합하는 실시예 등을 "발명의 설명"에 포함한 경우를 가정하자. 발명가는 부엌칼을 선행기술로 인용한 심사관의 거절에 대응하여 톱니칼, 창칼, 화살칼, 방망이칼, 도끼칼 등의 형태로 변환한 실시예에 근거하여 자신의 청구항을 보정함으로써 심사관의 거절

을 비교적 용이하게 극복할 수 있게 된다.[49)]

결국 특허는 범위이고, 추후 예측하지 못한 특허청 심사관의 거절이나 경쟁자의 우회·회피 제품에 대응할 수 있도록 발명의 범위를 확충하는 유일한 전략은 바로 "발명의 설명"에 다양한 종류의 실시예를 개시하는 전략이다. 따라서 "발명의 설명"에 개시된 다양한 종류의 실시예가 많으면 많을수록 특허의 범위 역시 확충됨은 물론 특허 등록률마저 높아질 수밖에 없다. 따라서 "발명의 설명"에 개시한 실시예가 1~2개에 불과하거나 청구발명의 최선의 실시예에 대해서만 설명한 mini "발명의 설명"은 경쟁자에게 발명의 핵심을 공지함과 동시에 발명가 특허의 청구범위 주변에 형성된 무수히 넓은 공터들을 경쟁자에게 잘 포장하여 헌납하는 결과를 초래한다. 이것이 바로 "발명의 설명"의 중요성을 아무리 강조해도 지나치지 않은 이유이다.

그렇다면 "발명의 설명"의 적정 길이는 어느 정도일까?

내용적 측면에서 보면 "발명의 설명"의 적정 길이는 일반적으로 발명의 분야, 성질 등에 따라 좌우된다. 일반적으로 기계, 전자 등과 같이 예측성이 높은 분야에서는 "발명의 설명"의 길이가 짧은 반면 화학, 의학, 바이오, 약학 등과 같이 예측성이 낮은 분야에서는 실험 결과는 물론 다양한 실시예들을 필수적으로 포함하여야만 하므로 "발명의 설명"이 상대적으로 길어질 수밖에 없다.

물론 "발명의 설명"의 길이를 고려하려면 이에 수반되는 비용 부담도 고려하여야 한다. 미국특허청의 경우 특허 출원 시 "발명의 설명"이 100쪽을 초과할 경우 초과하는 50쪽마다 추가 출원료를 지불하여야 한다. 바꾸어 말하면 미국특허청에 특허를 출원할 경우 도면, 표지 등이 총 10-20 page일 경우 80-90 page 정도의 "발명의 설명"까지는 동일한 비용으로 출원이 가능하다. 하지만 미국특허청의 관납료만 생각하고 출원

49) 물론 발명가는 칼 자체에 대한 특허를 받을 수는 없고 대신 다른 무기와 결합한 발명에 대한 특허만 받을 수 있으므로, 발명가가 받게 될 특허의 권리범위는 그만큼 협소해질 수밖에 없다. 하지만 이미 부엌칼이라는 선행기술이 존재하기에 애당초 전가의 보도에 대한 특허는 받을 수 없는 상황을 고려할 경우, "발명의 설명"에 기재한 내용이 알차야지만 차선의 권리범위를 가진 특허라도 등록할 수 있게 된다.

한 후 PCT 및 개별국 진입 시 관납료가 증가할 가능성도 농후하다. 또한 해외 출원에 따르는 번역 비용도 만만치 않다. 따라서 "발명의 설명"에 쓸데없는 내용까지 담을 필요는 없다. 하지만 비용이 부담이 되어 "발명의 설명"에 포함되어야 할 내용을 생략한다면 이 또한 특허 출원의 목적과는 배치되는 결정이다.

결국 "발명의 설명"의 적정 길이는 존재하지 않는다. 하지만 앞서 설명한 바와 같이 "발명의 설명"의 길이가 짧으면 짧을수록 절대적으로 발명가에게는 불리한 경우가 대부분이다. 반대로 이론적, 통계적으로 보면 "발명의 설명"이 너무 길 필요도 없다. 결국 선택과 집중에 창의력을 발휘하는 수밖에 없다.

4. "청구항 해석"의 요약

앞서 설명한 바와 같이 발명가는 변리사로 하여금 청구항 작성을 책임지도록 해야 하며, "발명의 설명"을 포함한 특허명세서 역시 변리사가 최종적으로 작성하는 전략이 가장 바람직하다. 그렇다고 발명가가 담당해야할 부분이 없는 것은 절대 아니다. 발명가는 변리사와 발명 상담이라는 전향적 brain-storming session을 통하여 발명의 범위를 확정하고, 이에 따라 "발명의 설명"에 기재할 내용을 정리해야 한다. 하지만 "발명의 설명" 초고를 작성할 때 또는 변리사가 작성한 "발명의 설명"의 초고를 검토할 때에는 앞서 설명한 청구항 해석 원칙을 숙지하여 추후 발생할 수 있는 문제점을 최소화해야 한다.

우선 발명가는 "발명의 설명" 전체에 걸쳐 일관적으로 용어를 사용하여야 한다. 일예로 같은 부품이나 구성을 지칭할 때 다른 용어들을 사용할 경우 추후 법원에서 이에 상응하는 불이익을 받을 수 있기 때문이다. 또한 발명가가 특정 용어를 사용하려면 그 의미를 명확히 정의할 필요가 있다. 그렇지 않을 경우 추후 소송에서 청구항이 무효 처리되거나 공터를 제공하여 상대방이 쉽게 권리범위를 회피하도록 도와주는 결과를 초래할 수도 있기 때문이다.

하지만 특허의 모든 것이 그렇듯 발명가나 대리인이 청구항이나 "발명의 설명"에 고의적으로 불명확한 용어를 사용하여 추후 권리범위를 늘리거나 줄일 수 있도록 도모할 수도 있다. 하지만 이 경우에도 결국은 불명확성에 대한 정도의 문제이므로, 사용한 용어의 의미가 합리적으로 확실하지 못할 경우에는[50] 청구항 자체가 무효 처리될 수도 있음을 명심해야 한다.

또한 발명가가 명심할 점은 흥분하지 말아야 한다는 점이다. 실제로 자신의 발명에 심취한 발명가는 "발명의 설명"을 작성할 때 자신의 발명의 장점이나 특징을 강조하다 보니 자신이 특히 자랑스럽게 여기는 실험결과를 최선의 실시예라고 개시하는 경우가 많다. 그 결과 추후 특허침해소송에서 자신의 권리범위에 최선의 실시예가 편입되며 이에 따라 청구항의 권리범위가 과다하게 협소해져서 경쟁자가 쉽게 발명가의 권리범위를 우회·회피하는 경우가 발생한다. 따라서 발명가가 "발명의 설명"을 작성할 때에는 절대로 흥분하지 않고 마음의 평정을 찾은 후 가능한 방관자적인 입장에서 발명에 대한 다양한 실시예들을 "발명의 설명"에 서술해야 한다.

발명가들이 특히 조심하여야 할 부분이 바로 발명의 배경 또는 자신의 청구발명과 선행기술과의 비교이다. 대부분의 발명가들은 선행기술보다 자기 발명이 우월하다는 점을 강조하기 위하여 선행기술의 단점 및 자기 발명의 장점을 강조하는 데, 그 결과 발명가는 두 가지 실수를 범하게 된다. 첫 번째는 자신의 발명과 관련된 선행기술의 인정이다. 바꾸어 말하면 발명가 자신이 특정 논문이나 특허를 자신의 발명의 선행기술이란 점을 인정하였기 때문에 추후 신규성이나 진보성 논쟁에서 상기 논문이나 특허가 자신의 발명과 관련이 없다고 부인할 기회를 자발적으로, 선제적으로 부정하는 셈이다. 두 번째는 자신의 발명의 범위에 대한 한정이다. 즉 자신의 발명이 선행기술과는 상이하다고 인정하였기 때문에 추후 권리범위 논쟁에서 자신의 권리범위를 그 이상 확장할 수 없게 되는 불행한 결과를 초래한다. 따라서 발명의 배경 또는 선행기술과의 비교는 가능한 짧게 쓰는 동시에 가능한 비교하지 않음으로써 그 어느 것도 인정하지 않

50) 2014년까지만 해도 권리범위의 불확실성, 즉 indefiniteness의 기준은 청구항의 의미가 치유하기 어려울 정도의 불확실성이었다. 하지만 미국 연방대법원은 2014년 Nautilus v. BioSig case에서 불확실성의 기준을 "치유하기 어려울 정도의 불확실성"에서 "합리적 확실성의 결여"로 낮추었다. 이에 따라 미국 연방법원에서는 더 많은 특허가 권리범위의 불확실성으로 무효 처리될 것으로 예상된다. 자세한 내용은 아래의 URL 참고 (2014.08.31 최종 확인):https://www.eff.org/files/2014/06/02/nautilus.pdf

도록 노력해야 한다.

이와 같이 제7장에서는 청구항 해석의 중요성과 청구항 해석에 대한 각종 원칙은 물론 이와 관련된 미국 판례들을 소개하였다. 그렇다면 위의 내용 중 발명가에게 필요한 부분은 어떤 부분일까? 이에 대한 정답은 "모든 부분이다"일 것이다.

그렇다면 발명가는 이를 모두 숙지하여야 할까? 이에 대한 정답은 "꼭 그럴 필요까지는 없다"이다. 왜냐하면 발명가의 본분은 우량 발명의 착상이지 청구항과 "발명의 설명"과 같은 특허명세서 작성은 아니기 때문이다.

저자가 본 장을 통하여 발명가에게 꼭 전하고 싶은 내용은 특허는 amateur가 자신의 재능을 뽐내는 마당이 아니라는 점이다. 물론 누구나 세미나 몇 번 참석하거나 특허 관련 수업 1~2개 수강하고 청구항과 "발명의 설명"을 작성할 수는 있다. 하지만 이러한 청구항과 "발명의 설명"으로는 수익 창출이 불가능하다. 이러한 특허는 형태만 갖춘 특허일 뿐 사방에 공터가 널려 있는, 경쟁자들이 쌍수로 환영하는 특허이기 때문이다.

그렇다고 발명가가 모든 것을 변리사에게만 일임할 수도 없다. 따라서 저자는 발명가들이 본 장을 통하여 청구항과 "발명의 설명" 작성에는 고도의 기술이 필요함을 숙지하고, 따라서 발명가가 추후 우량 발명을 착상하였을 때 우수한 변리사를 선정하고 평가하는 과정에 본 장의 내용을 활용할 수 있기를 바랄 뿐이다.

제8장 신규성 요건 및 진보성 요건

앞서 설명한 바와 같이 특허제도는 공공영역(public domain)에 축적된 지식과 기술의 보존(preservation) 및 확충(expansion)을 통하여 혁신을 도모함으로써 시장에서 공중이 보다 나은 제품이나 보다 나은 service를 향유하도록 도모함을 목적으로 한다. 특허제도의 목적을 달성하기 위한 핵심 도구가 발명가인 바, 특허제도는 여러 가지 요건들을 설정하여 이들을 모두 만족하는 발명가의 발명만을 특허로 보호한다.

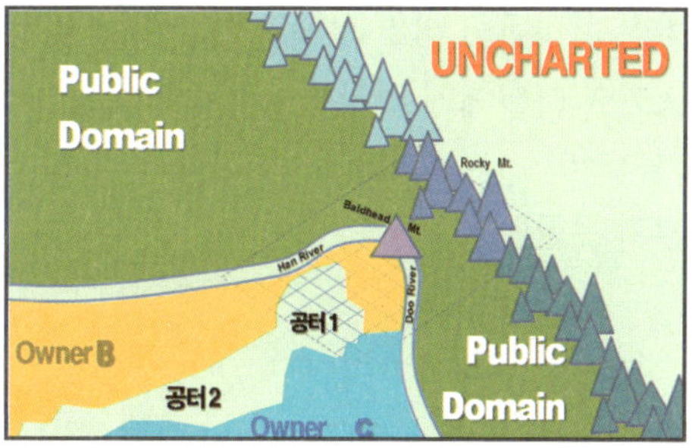

그림 8-1. 공공영역, 사유지 및 공터로 이루어진 신대륙

그림 8-1의 신대륙에서 그 북동쪽은 미개척지(uncharted territory)인 반면 신대륙의 남서쪽은 초록색으로 표시한 공공영역(public domain), 황색으로 표시한 타인 B의 사유지, 하늘색으로 표시한 타인 C의 사유지로 구성된다고 가정하자. 또한 그림 8-1의 공공영역과 사유지 사이에는 공터1, 공터 2 등이 군데군데 존재한다고 가정하자.

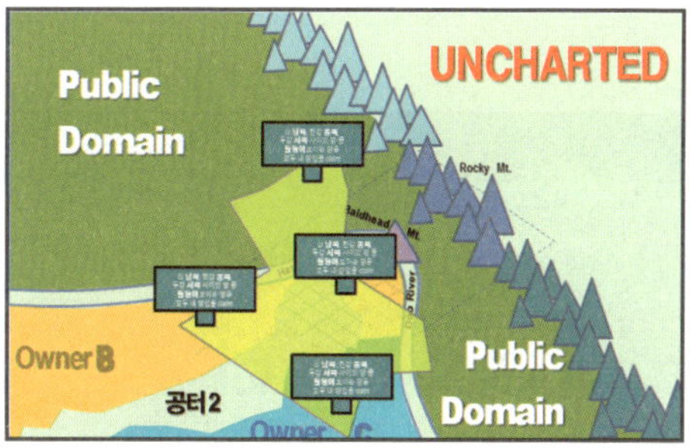

그림 8-2(a). 신규성 요건 예시도

위의 신대륙을 답사한 발명가가 그림 8-2(a)와 같이 신대륙 중앙에 위치한 알짜배기 공터 1은 물론 약간 욕심을 내어 공공영역과 타인 사유지 일부도 자신의 영토(노란색으로 표시)라고 청구하는 경우를 가정하자. 상기 공공영역은 이미 공중이 인지해왔음은 물론 충분히 예상(anticipate)할 수도 있었을 뿐만 아니라 자유로이 사용해온 땅이므로, 이러한 야심찬 발명가의 주장을 인정하게 되면 공공영역의 일부가 발명가의 사유지로 전환되는 바, 이는 공공영역을 보존한다는 특허제도의 목적과 배치된다. 따라서 그림 8-2(a)와 같은 발명가의 말뚝은 인정받지 못한다.

특허도 마찬가지이다. 발명가의 청구발명이 이미 공공영역에 속한 기술이라서 공중이 이미 인지하고 있거나 예상할 수 있는 경우, 이러한 발명은 특허로 보호할 필요가 없다. 이러한 발명을 특허로 보호하게 되면 오히려 공공영역에 축적된 지식과 기술의 양이 줄어들게 되어 특허제도의 목적과도 배치되는 결과가 발생하기 때문이다.

그림 8-2(a)와 같이 발명가가 주장하는 영토(노란색으로 표시)에 타인 소유지의 일부가 속하게 되는 경우도 마찬가지이다. 이러한 야심찬 발명가의 주장을 인정하게 되면 타인이 이미 소유한 사유재산의 일부가 발명가의 사유지로 전환되는 바, 이는 발명가와 타인과의 법적 분쟁을 유발하게 된다. 또한 공중이 상기 사유지를 사용하려면 발명가와 타인에게 각각 royalty를 지불해야 하거나, 또는 소유권 분쟁이 해결될 때까지 기다려야 하는 비효율도 초래한다. 따라서 그림 8-2(a)와 같은 발명가의 말뚝은 인정받지 못한다.

특허도 마찬가지이다. 발명가의 발명이 이미 타인이 착상하여 특허 받은 발명일 경우, 이는 공중에게 이미 공개된 발명에 불과하다. 또한 타인의 발명은 타인의 특허가 소멸되면 공공영역에 귀속되는 데, 이러한 발명에 대하여 발명가에게 또 다른 특허를 부여하게 되면 공중은 발명가의 특허가 소멸될 때까지 더 긴 기간을 기다려야만 한다. 따라서 이러한 발명도 특허로 보호할 필요가 없다.

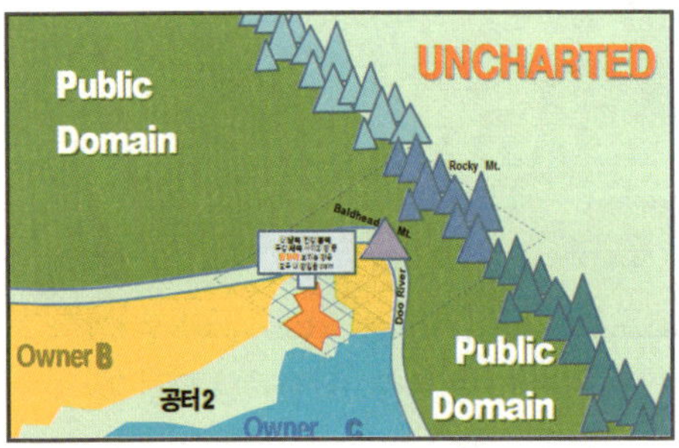

그림 8-2(b). 신규성 요건 예시도

이와 같이 발명가의 발명이 공중이 이미 인지하고 있거나 예상(anticipate)할 수 있는 발명인지에 대한 요건을 신규성 요건(novelty requirement)이라고 지칭한다. 따라서 그림 8-2(a)와 같이 발명가의 발명이 공공영역에 속한 기술이거나 타인이 특허 받은 발명을 포함하면, 이는 공중이 예상할 수 있는 발명이므로 신규하지 못하여 (not novel) 특허를 받을 수 없는 발명이다. 반면 그림 8-2(b)와 같이 발명가가 주장하는 영토(주황색으로 표시)가 공공영역에 속한 기술이나 타인의 특허 발명을 포함하지 않을 경우, 이러한 발명은 신규(novel)하다고 지칭하며 이러한 발명은 신규성 요건을 만족하므로 다른 요건들을 충족할 경우 특허를 받을 수 있다.

아래에서 설명하겠지만 이와 같은 신규성 요건(novelty requirement)의 핵심은 발명가가 청구항에 기재한 발명이 단일의 선행기술에 의하여 예상(anticipate)되는 지에 대한 판단이다. 즉 제3장의 1-가절에서 설명한 "구성요소 완비의 법칙"에 따라 청구항의 모든 요소 및 제한조건이 단일의 선행기술의 일부에 의해서라도 개시될 경우 상기 청구항은 신규성 요건을 만족하지 못한다.[1] 반면 청구항의 요소 및 제한조건 중 하나라도 단일의 선행기술에 의하여 개시되지 않을 경우, 상기 청구항은 신규성 요건을 만족한다.

그렇다고 청구항에서 발명가가 청구한 청구발명이 신규성(novelty) 요건을 만족한다고 해서 특허를 보장받는 발명으로 승격되는 것은 아니다. 왜냐하면 발명가의 청구발명이 신규성 요건을 만족하기는 하지만, 상기 발명은 공중이 공공영역에 속한 지식이나 기술을 이용하여 자명하게 인지할 수 있는 경우도 발생하기 때문이다. 즉 발명가가 청구항에 개시한 발명이 신규성 요건은 만족하지만 진보성 (non-obviousness) 요건을 만족하지 못하는 경우도 자주 발생한다.

일예로 앞서 설명한 신규성 요건과는 달리 발명가가 청구항에 기재한 발명이 신규하기는 하지만, 상기 발명은 공중이 공공영역에 속한 지식이나 기술을 이용하여 자명하게 인지할 수 있는 경우도 있다. 일예로 그림 8-3과 같이 신대륙 중앙의 공터 1과 타인 B의 사유지 사이의 황색으로 표시한 근접지역(적색 점선 원으로 표시)은 토양, 성질 등이 타인 B의 사유지와 상이한 점이 거의 없기 때문에 타인 B가 근접지역을 자신의 땅과 같이 사용할 수도 있다. 또는 타인 B의 사유지를 방문해본 공중은 상기 근접지역을 타인 B의 사유지와 같은 용도로 공공영역처럼 사용할 수도 있다. 마찬가지로 신대륙 남쪽의 공터 2와 타인 C의 사

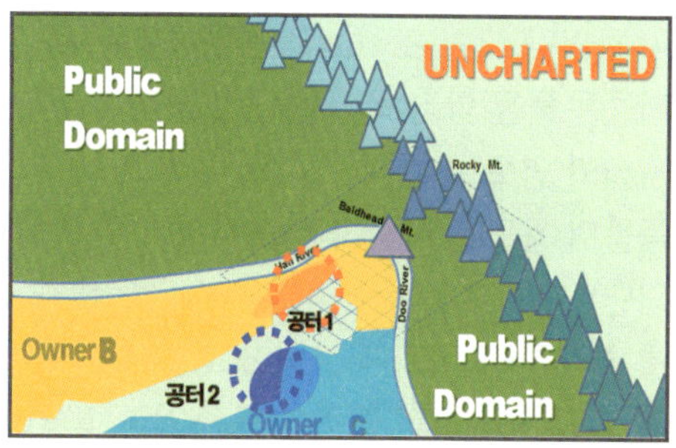

그림 8-3. 공공영역과 사유지 사이의 근접지역

1) 물론 제6장의 2-나절 "청구항 전환구"에서 설명한 바와 같이 이는 개방형 전환구를 가진 개방형 청구항의 경우에 해당한다.

유지 사이의 청색으로 표시한 근접지역(청색 점선 원으로 표시) 역시 토양, 성질 등이 상이한 점이 거의 없기 때문에 타인 C가 이 근접지역을 자신의 사유지처럼 사용하거나 또는 공중이 이를 공공영역처럼 사용할 수도 있다.

그림 8-4. 진보성 요건 예시도

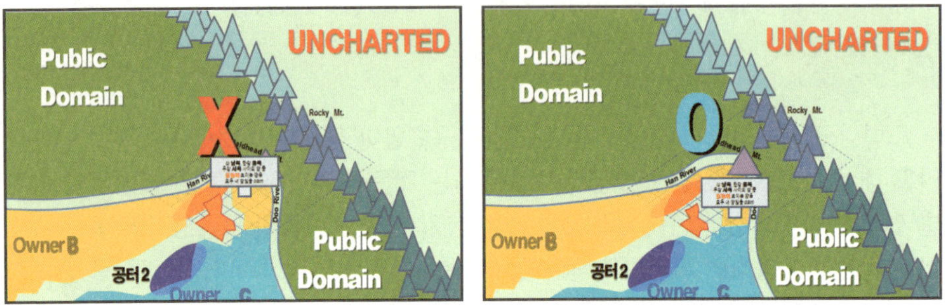

그림 8-4(a) 그림 8-4(b)

하지만 그림 8-4(a)와 같이 신대륙을 답사한 발명가가 신대륙 중앙의 알짜배기 공터 1은 물론 약간 욕심을 내어 공터 1과 타인 B의 사유지 사이의 황색 근접지역 일부를 자신의 영토(주황색으로 표시)라고 청구하는 경우를 가정하자. 상기 근접지역은 이미 공중이 용도를 자명하게 인지하고 있는 땅임에도 불구하고 발명가의 주장을 인정하게 되면, 사유지 또는 공공영역과 유사한 땅의 일부가 발명가의 사유지로 전환되는 결과를 초래한다. 따라서 그림 8-4(a)와 같은 발명가의 말뚝은 인정받지 못한다. 이에 반하여 그림 8-4(b)의 말뚝은 공공영역, 타인 B나 C의 사유지는 물론 그 사이의 근접지역도 포함하지 않으므로 공중의 인정을 받을 수도 있다.

특허도 마찬가지이다. 발명가의 발명이 이미 공공영역에 속한 기술이나 타인의 특허로 보호받는 기술의 자명한 개량 발명일 경우, 이러한 발명은 특허를 받을 수 없다. 왜냐하면 이러한 발명을 특허로 보호하게 되면 오히려 공중이 공공영역에 축적된 지식과 기술을 사용하는 데 장애가 되기 때문이다.

이와 같이 발명가가 청구항에 기재한 청구발명이 공공영역에 속한 기술이나 타인의 특허로 보호받는 기술의 자명한 개량 발명에 해당하는 지에 대한 요건을 진보성 요건(nonobviousness requirement)이라고 지칭한다. 따라서 그림 8-4(a)와 같이 발명가의 발명이 공공영역에 속한 기술이나 타인이 특허 받은 발명에 대한 자명한 개량 발명에 해당하면, 이는 진보성이 없거나 자명한(obvious) 발명이며, 따라서 특허도 받을 수 없는 발명이다. 반면 그림 8-4(b)와 같이 발명가의 발명이 공공영역에 속한 기술이나 타인의 특허 발명의 자명한 개량 발명에 해당하지 않을 경우, 이러한 발명은 진보성이 있거나 비자명(nonobvious)하다고 지칭하며 이러한 발명은 진보성 요건을 만족하여 특허를 받을 수도 있다.

아래에서 설명하겠지만 이와 같은 진보성(non-obviousness) 요건의 핵심은 발명가가 청구항에 기재한 발명과 단일 또는 다수의 선행기술의 차이점이 특허 출원 시점에서 관련 분야의 통상 지식을 가진 당업자에게 비자명(not obvious)한 지에 대한 판단이다. 따라서 일종의 근사치로서 제3장의 1-가절에서 설명한 "구성요소 완비의 법칙"을 적용할 경우 청구항의 모든 요소 및 제한조건이 단일 또는 다수의 선행기술의 일부에 의해서라도 개시될 경우, 상기 청구항은 진보성 요건을 만족하지 못한다.[2] 반면 청구항의 요소 및 제한조건 중 하나라도 단일 또는 다수의 선행기술에 의하여 개시되지 않을 경우 상기 청구항은 진보성 요건을 만족한다.

제8장에서는 발명이 특허를 받기 위하여 만족하여야 할 요건인 신규성 요건과 진보성 요건을 설명한다. 이를 위하여 제8장의 1절에서는 청구항의 신규성 판단 요건, 신규성 판단에 사용되는 선행기술 및 신규성 예외 규정 등을 설명한다. 제8장의 2절에서는 진보성 판단 요건, 이의 근거가 되는 당업자(a person of ordinary skill in the art 또는 POSITA), 진보성 판단에 사용되는 선행기술, 시장반응 고려사항(secondary consideration) 및 관련 미국 판례 등을 설명한다. 제8장의 3절에서는 신규성 요건 및 진보성 요건을 요약한다.

---

2) 물론 제6장의 2-나절 "청구항 전환구"에서 설명한 바와 같이 개방형 전환구일 경우에 해당한다.

1. 청구항의 신규성 (Novelty) 요건

발명가가 특허를 받기 위하여 우선 만족해야 하는 조건은 신규성, 자세히 말하면 청구항에 기재한 청구발명의 신규성이다. 신규성, 즉 novelty는 발명가의 청구발명이 인류 역사 상 최초여야 한다는 의미로서 발명가의 특허 출원일 이전에는 이러한 발명이 세상에 존재하지 않았다는 조건이다. 이러한 측면에서 신규성은 특허제도의 핵심 개념이다.

신규성 요건은 최소한 남보다는 기술을 발전시켜야만 특허를 받을 수 있다는 사실을 주지시키는 역할을 담당한다. 따라서 신규성 요건은 발명을 착상한 발명가로 하여금 실험실에 틀어박혀 연구만 할 게 아니라 도서관으로 뛰어가 (요사이는 ipad 앞으로 달려가) 혹시 남이 비슷한 발명을 하였는지 확인하도록 요구한다.[3] 어떻게 보면 극복하기에 상당히 어려운 조건으로 생각될 수도 있으나 생각보다 쉽게 만족할 수도 있는 조건이 바로 신규성 요건이기도 하다.

국내 특허법 제29조 제1항에 의하면 산업 상 이용할 수 있는 발명이라도 특허 출원 전 국내외에서 공지(公知)되었거나 공연(公然) 실시된 발명, 국내외에서 반포된 간행물에 게재되거나 전기통신회선을 통하여 공중이 이용할 수 있는 발명은 특허를 받을 수 없다고 신규성 판단 기준을 설명한다. 바꾸어 말하면 발명가 청구항의 청구발명을 출원 전 공지, 공연 실시, 공연 이용 등 선행기술이 모두 개시할 경우 상기 청구항은 신규

3) 해외, 특히 미국 대기업의 경우 종업원 발명가가 직접 선행기술 검색을 하지 않도록 권장한다. 우선 발명가의 본분은 발명이며 선행기술 검색이 아니기 때문이다. 또한 발명가가 선행기술을 검색하였더라도 특허법 지식이 부족한 발명가가 자신의 발명과 선행기술을 비교하여 신규성 요건이나 진보성 요건에 대한 제대로 된 결론을 도출할 수 없기 때문이다. 하지만 발명가가 R&D와 IP를 연계할 수 있다면 발명가는 실시간으로 R&D를 수행하며 전략적으로 IP를 창출할 수 있게 된다. 미국 대기업이 발명가에게 선행기술을 검색하지 않도록 권장하는 또 다른 이유가 있는 바, 이는 제5장의 4-나절 "특허권의 후천적 제한"의 제5항 "불공정 행위 (Inequitable Conduct) 금지 원칙" 때문이다. 즉 발명가가 섣불리 선행기술을 검색하고 특허를 출원한 후 상기 선행기술을 미국특허청에 통보하지 않은 경우, 추후 경쟁자는 발명가가 특허성에 중요한 영향을 미칠 수 있는 선행기술을 특허청 심사관으로부터 의도적으로 은닉하였다고 간주되어 상기 특허의 금지권을 상실할 수도 있기 때문이다. 과연 해외 대기업의 전략이 효율적인지 아니면 국내 발명가에게 선행기술 검색 교육을 실시하여 발명가가 자신이 착상한 발명의 신규성, 진보성을 판단하는 것이 효율적인지, 또는 발명가가 선행기술을 검색하기는 하되 어느 정도가 적합한 지에 대해서는 심사숙고할 가치가 있다.

성 결여로 특허를 받을 수 없다. 미국 특허법 역시 35 U.S.C. § 102에서 특허 출원 전 특허로 등록되었거나 출판되었거나, 공연 실시되거나, 판매되었거나, 기타 방법으로 공지된 발명은 특허를 받을 수 없다고 신규성 판단 기준을 설명한다.

물론 특허법에 익숙하지 않은 발명가는 이러한 실수를 범하여 특허를 출원할 수 있는 자격 자체를 박탈당하기도 한다. 일부 국가에서는 이러한 부주의한 발명가를 구제하기 위한 예외 규정이 있으며, 이는 아래의 제8장의 1-라절의 제3항 "부주의한 발명가를 구제하기 위한 신규성 의제"에서 자세히 설명하기로 한다.

청구항의 신규성 요건 만족 여부를 판단하기 위해서는 필연적으로 청구발명과 선행기술을 대비해야만 한다. 단 신규성 판단에 사용되는 선행기술은 분야에는 제한이 없지만 그 수에는 제한이 있다. 즉 신규성 판단에는 단일의 선행기술만을 사용해야 하고, 청구항의 모든 요소와 모든 제한조건이 단일의 선행기술의 최소한 일부에 의해서라도 모두 개시되면 상기 청구항은 신규성 조건을 만족하지 못하므로 특허를 받을 수 없다.

그렇다면 무엇이 단일의 선행기술인가? A4 용지 반쪽에 불과한 학술논문의 초록도, 총 3,223쪽에 이르는 "Perry's Handbook of Chemical Engineers"도 모두 단일의 선행기술이다. 바꾸어 말하면 문건의 공개 양태에 따라 선행기술이 단일의 자료로 공개되면 단일의 선행기술, 같은 문건이라도 상기 선행기술이 여러 개로 분할되어 공개되면 다수의 선행기술로 간주된다.[4)]

그렇다면 왜 신규성 판단에는 단일의 선행기술만 사용할 수 있고 다수의 선행기술을 사용할 수 없을까? 왜냐하면 신규성 판단에 사용되는 선행기술은 그 분야에 제한이 없기 때문이다. 앞서 이 세상의 모든 발명 중 99% 이상은 원천 발명의 개량 발명이라고 하였다. 따라서 신규성 판단에 분야에 관계없이 다수의 선행기술을 사용할 경우 이 세상 대부분의 발명가는 평생 잘해야 특허 몇 개나 겨우 받을 수 있을 것이며, 그 결과

4) 학회의 연례 총회에서 발표되는 수많은 연구논문의 초록집에 수록된 초록은 각각 단일의 선행기술로 취급하는 반면 두꺼운 handbook은 단일의 선행기술로 취급하는 경향이 있다. 만일 두꺼운 handbook이 12개의 chapter들로 구성되고 각 chapter의 저자가 다를 경우, 이는 단일의 선행기술로 취급해야 할까?

발명가의 수는 줄어들고 혁신 또한 기껏해야 더디게 일어날 것이다. 참고로 이와 같이 청구항의 신규성 판단에는 항상 단일의 선행기술만을 사용해야 하지만, 제8장의 2절에서 설명할 진보성 판단에는 단일의 선행기술을 사용하거나 다수의 선행기술을 조합하여 사용할 수 있다. 단 청구항의 신규성 판단에 사용되는 선행기술은 그 분야에 상관없으나 진보성 판단에 사용되는 사용기술은 청구항에 기재한 발명과 관련이 있는 분야로 제한된다는 상이점이 있다.

아래에서는 신규성 판단 요건, 신규성 판단에 사용되는 선행기술의 종류 및 기타 신규성 관련 의제 등의 순서로 신규성을 설명한다. 특히 신규성 판단에 적용되는 각종 규칙의 이해를 돕기 위하여 미국 연방항소법원의 판례도 인용한다.

단 제6장의 2-나절 "청구항 전환구"에서 설명한 바와 같이 "구성요소 완비의 법칙"을 적용하여 청구항의 신규성 여부를 판단할 때 그 결과는 청구항 전환구의 종류에 따라 달라진다. 따라서 아래에서는 별도의 설명이 없는 한 설명의 편의를 위하여 개방형 전환구를 사용한 개방형 청구항을 가정한다.

가. 신규성 판단 요건

신규성 판단은 비교적 간단명료하다. 즉 "구성요소 완비의 법칙"에 따라 특허 청구항의 모든 요소 및 모든 제한조건이 단일의 선행기술의 일부에 의해서라도 개시되면 상기 청구항은 "신규성이 없다" 또는 "신규성 요건을 만족하지 못한다"고 표현한다. 이를 영어로는 "a claim is anticipated by a prior art (청구항이 선행기술에 의하여 개시된다)"고 표현하는 바, 발명가의 청구항보다 선행기술이 우선하므로, 이러한 청구항은 신규성이 없다는 말이다.

표 8-1(a). 신규성 판단을 위한 Claim Chart

청구항 (요소, 제한조건)		선행기술 개시 사항 (부품·단계)	
		존재 여부	적용 부위
A	⇒	Yes	4쪽
B	⇒	Yes	4쪽
C	⇒	Yes	6쪽

표 8-1(a)는 "구성요소 완비의 법칙"에 따라 신규성을 판단하는 claim chart의 예시이다. 제3장의 1-가절에서 설명한 바와 같이 claim chart를 이용하여 청구항에 기재한 청구발명의 신규성을 판단하기 위해서는 청구항의 모든 요소 및 제한조건을 chart의 좌측 열에 기입하고, chart의 우측 열에는 상기 요소 및 제한조건 각각에 대한 선행기술의 개시 내용을 기입한다. 그 후 claim chart 좌측 열에 기입한 청구항의 모든 요소 및 제한조건이 chart 우측 열에 기재한 선행기술에 의하여 개시되면 상기 청구항은 선행기술에 의하여 신규성이 부정되는 반면 선행기술이 청구항의 요소 및 제한조건 중 하나라도 개시하지 않으면 상기 청구항은 선행기술에 대하여 신규성 요건을 만족한다.

표 8-1(b). 신규성 판단을 위한 Claim Chart

청구항 (요소, 제한조건)		선행기술 개시 사항 (부품·단계)	
		존재 여부	적용 부위
A	⇒	Yes	4쪽
B	⇒	Yes	4쪽
C	⇒	Yes	6쪽
?	⇍		7쪽 (풀이 무성한 땅)
?	⇍		8쪽 (모래가 많은 땅)

단 제3장의 1-가절에서 설명한 바와 같이 "구성요소 완비의 법칙"의 주체는 항상 청구항이며, claim chart를 이용한 청구항과 선행기술의 비교 주체도 청구항이다. 즉 청구항과 선행기술 사이의 모든 비교는 좌측 열에서 우측 열로의 일방향성(one-way) 비교이다. 따라서 표 8-1(b)에서와 같이 신규성 판단은 항상 chart 좌측 열의 요소나 제한조건이 chart 우측 열의 선행기술에 의하여 개시되는지에 대한 여부이다. 그 결과 그림 8-1(b)와 같이 선행기술이 청구항에 포함되지 않은 요소나 제한조건을 아무리 많이 개시하더라도, claim chart를 이용한 비교의 방향이 우측에서 좌측으로의 방향이 아니므로, 이는 신규성 판단에 아무런 영향도 미치지 않는다.

이에 대한 설명이 그림 8-5(a) 및 8-5(b)이다. 그림 8-5(a)는 A, B, C라는 요소를 포함하는 청구항과 동일한 요소를 개시하는 선행기술에 대한 신규성 판단으로서, 모든 청구항 요소가 단일의 선행기술에 의하여 개시되므로 청구항이 신규성 요건을 만족하지 못하는 경우이다. 참고로 그림 8-5(a)에서 청구항의 배경은 청색으로 표시한 반면 선행기술의 배경은 황색으로 표시한 이유는 청구항에 기재한 청구발명과 선행기술이 관련된 분야가 아니어도 무방함을 나타내기 위한 저자의 "color coding"이다. 그림 8-5(b) 역시 청구항이 신규성 요건을 만족하지 못하는 경우로서, 표 8-1(b)에서와 같이 선행기술이 청구항 요소나 제한조건 이외의 사항들을 개시하더라도 이는 신규성 판단에 아무런 영향도 미치지 못함을 예시한다.

그림 8-5. 개방형 전환구를 지닌 청구항과 신규성

그림 8-5(a) 그림 8-5(b)

단 주의할 점은 위에서 설명한 표 8-1과 그림 8-5는 상기 청구항의 전환구가 '포함하는' 또는 'comprise'와 같은 개방형 전환구일 경우라는 점이다. 즉 제6장의 2-나절 제1항에서 설명한 바와 같이 상기 청구항은 자신의 청구범위에 자신이 포함한 요소와 제한조건 이외의 요소와 제한조건도 포함할 수 있기 때문에, 선행기술이 청구항 요소나 제한조건 이외의 사항들을 개시하더라도 신규성 판단에 아무런 상관이 없다.

한편 상기 청구항의 전환구가 '구성되는' 또는 "consisting of"와 같은 폐쇄형 전환구일 경우에는 청구항의 신규성 판단 역시 달라진다. 일예로 제6장의 2-나절 제2항에서 설명한 바와 같이 그림 8-6(a)의 청구항은 자신의 모든 요소와 제한조건이 단일의 선행기술에 의하여 개시되므로 신규성 요건을 만족하지 못하지만, 청구항이 폐쇄형 전환구를 사용할 경우 그림 8-6(b)의 청구항은 선행기술이 자신의 모든 요소나 제한조건은 물론 그 외의 요소들을 개시하므로, 상기 청구항은 선행기술에 대비하여 신규성 요건을 만족한다.

그림 8-6. 폐쇄형 전환구를 지닌 청구항과 신규성

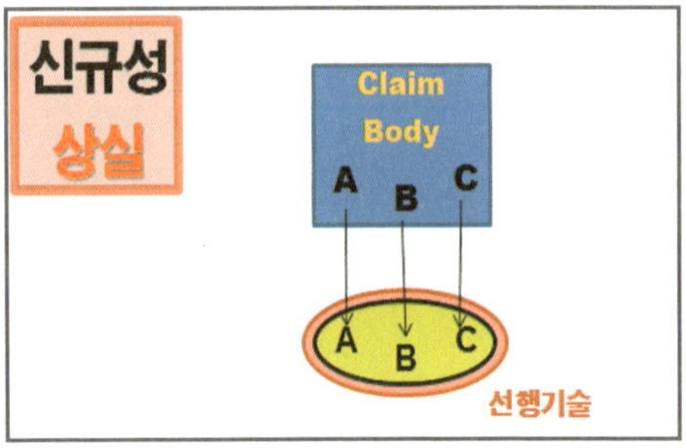

그림 8-6(a)

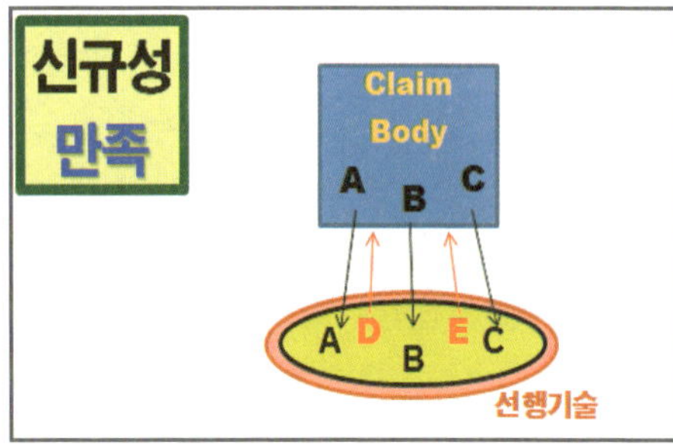

그림 8-6(b)

나. 엄격한 동일성 (Strict Identity)

앞서 신규성 요건은 굉장히 까다로운 조건으로 생각되지만, 현실적으로는 예상보다 용이하게 만족할 수도 있는 요건이라고 설명하였다. 이에 대한 가장 중요한 이유는 바로 청구항이 신규성 요건을 만족하지 못하려면 청구항과 단일의 선행기술 사이의 "엄격한 동일성 (strict identity)"이 요구되기 때문이다.

그림 8-7. 엄격한 동일성 불만족에 의한 신규성 만족

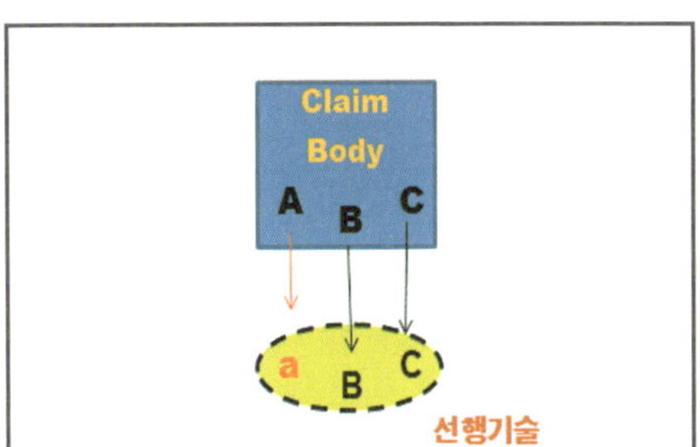

그림 8-7(a)

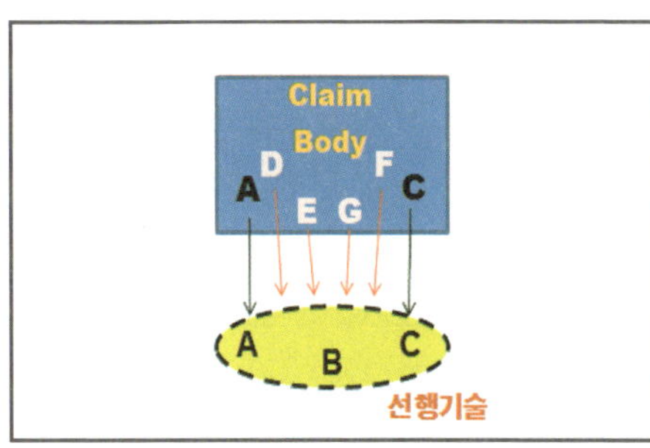

그림 8-7(b)

그림 8-7(a)는 “엄격한 동일성”에 대한 예시로서 청구항은 A, B, C라는 요소를 포함하는 반면 선행기술은 a, B, C를 개시하는 경우이다. 만일 ‘A’와 ‘a’가 동일한 구성을 가지고 동일한 기능을 수행하여 동일한 결과를 얻지 않는 이상, 청구항은 선행기술에 대비하여 신규성 요건을 만족한다. 그림 8-7(b) 역시 마찬가지로서, 청구항 요소인 D, E, F, G가 선행기술에 의하여 개시되지 않으므로 상기 청구항 역시 신규성 요건을 만족한다. 물론 실질적으로 “B = D + E+ F + G“인 경우에는 상기 청구항은 신규성을 상실한다.

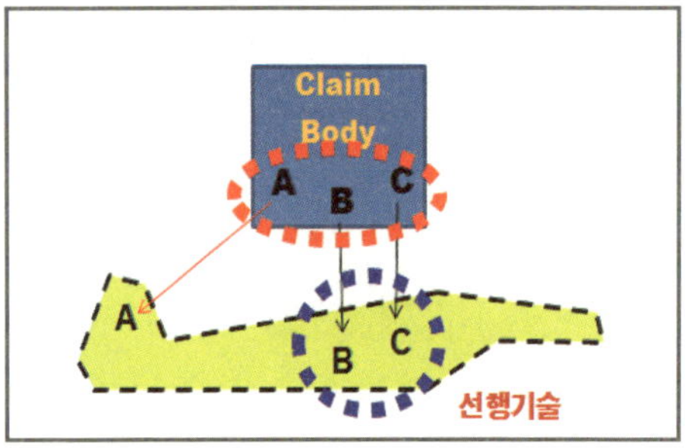

그림 8-8. 엄격한 동일성 및 신규성 만족

위에서 설명한 “엄격한 동일성”은 청구항 요소들 사이의 조합 또는 배열과 선행기술이 개시한 요소들 사이의 조합 또는 배열에도 적용된다. 일예로 그림 8-8과 같이 선행기술은 청구항 요소 A, B C를 모두 개시하지만, 청구항 요소인 A, B, C는 서로 조합하여 청구발명을 구현하는 반면 선행기술의 경우 B와 C는 조합하지만 A는 B나 C와는 조합하지 않은 채 작동하는 경우를 가정하자. 일예로 청구항 요소 A, B, C가 각각 computer의 입력부, processor, 출력부인 반면 선행기술의 B와 C는 fax machine의 문서 출력을 담당하는 processor와 출력부, A는 동일한 기기의 전화기의 keypad라면, 선행기술의 A, B, C 사이의 조합은 청구항 요소들 사이의 조합과는 상이할 수밖에 없다. 따라서 그림 8-8의 청구항은 선행기술에 대비하여 신규성 요건을 만족한다.

미국 법원은 청구항의 신규성 판단 시 “엄격한 동일성”을 대단히 엄격히 적용한다. 따라서 청구항 구성 요소와 선행기술이 개시하는 요소들이 동일해야하고, 청구항 구성 요소들 간의 조합과 선행기술이 개시하는 요소들 사이의 조합도 동일해야 하며, 청구항 구성 요소 각각에 대한 제한조건과 선행기술 개시 요소 각각에 대한 제한조건도 동일해야 한다. 따라서 발명가는 자신의 청구항과 조금이라도 상이한 측면이 있는 선행기술에 근거한 신규성 상실 주장은 쉽게 극복할 수 있다. 이를 바꾸어 표현한다면 특허청 심사관이나 경쟁자가 청구항 요소 및 제한조건을 모두 개시함은 물론 엄격한 동일성도 만족하는 선행기술에 근거하여 신규성 결여를 주장할 경우, 이는 발명가로서는 극복하기가 무척 어려운, 사형선고에 해당하는 셈이다.

만일 그림 8-9와 같이 전자공학 관련 분야의 청구발명을 개시하는 청구항이 요소 A, B, C를 포함하고, 기계공학 관련 선행기술 1은 A와 B를 개시하는 반면 토목공학 관련 선행기술 2가 C를 개시할 경우, 선행기술 1과 선행기술 2를 조합하면 청구항의 모든 요소를 개시할 수 있다. 그림 8-9의 청구항은 신규성 요건을 만족할까?

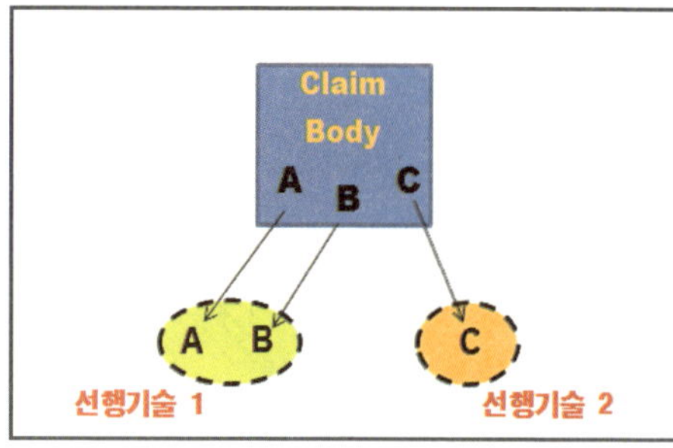

그림 8-9. 신규성 vs. 진보성

정답은 "청구항은 신규성 요건을 만족한다"이다. 왜냐하면 선행기술 1은 청구항 요소인 A, B, C를 모두 개시하지 않으며, 선행기술 2 역시 청구항 요소인 A, B, C를 모두 개시하지 않기 때문이다. 추후 설명하겠지만 다수의 선행기술을 조합하는 특허성 판단은 신규성 요건 판단이 아니라 진보성 요건의 판단이다.

앞서 설명한 바와 같이 청구항의 신규성 판단에는 청구항의 모든 요소 및 제한조건이 단일의 선행기술에 의하여 개시되어야 함은 물론 청구항 요소와 선행기술 사이의 "엄격한 동일성"도 요구된다. 아래에서는 미국 연방항소법원의 판례를 소개하며 청구항의 신규성 판단 과정을 설명한다. 첫 번째 판례는 생활 발명에 대한 1993년 판례이고, 두 번째 판례는 internet business에 대한 2008년 판례이며, 마지막 판례는 biotechnology에 대한 2010년 판례이다.

(1) 생활 발명 - In re Runion (Fed. Cir. 1993)

In re Runion은[5] 1993년 미국 연방항소법원 판례로서, 청구항의 신규성 판단 시

5) In re Derwood L. Runion, 989 F.2d 1201 (Fed. Cir. 1993).

청구항 요소와 선행기술 사이의 "엄격한 동일성"에 대한 연방항소법원의 해석을 잘 보여주는 case이다.

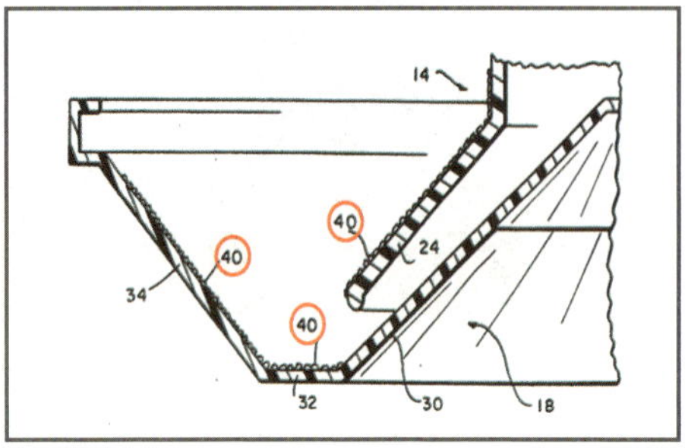

그림 8-10. Runion의 발명

닭은 뾰족한 부리를 이용하여 서로 쪼는 경향이 있다. 특히 양계장과 같이 좁은 공간에서 수많은 닭을 사육하다 보면 닭들이 서로 쪼아 많은 닭들이 다치거나 상처를 통한 감염으로 폐사한다. 이에 고심하던 Derwood L. Runion은 1990년 그림 8-10과 같이 모이통 바닥에 모래와 같이 마찰력이 있는 물질을 coating함으로써 닭들이 모이를 먹을 때 부리가 모이통 바닥의 모래에 닿도록 하여 닭들이 모이를 먹는 동안 닭 부리가 저절로 닳아 뭉툭해지도록 고안된 닭 모이통을 발명하였다.

표 8-2. Runion의 청구항

1. A bird feeder comprising:
a **pan** for retaining and presenting feed; said pan having a feeding surface to be covered by said feed; said pan having at least one upstanding surface; and **abrasive means** secured to said at least one upstanding surface for abrading beaks of birds as they feed.

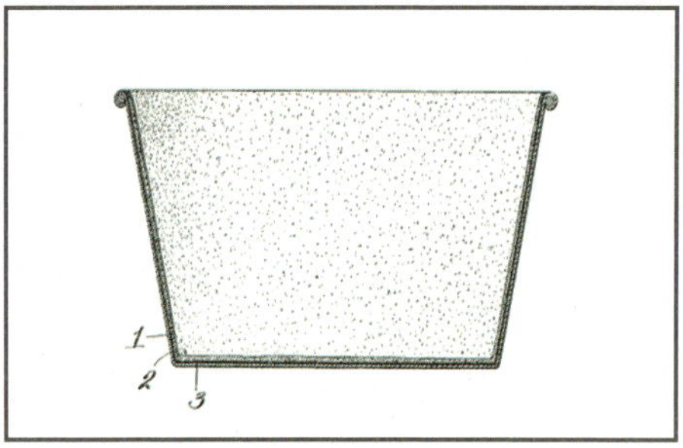

그림 8-11. Runion의 발명에 대하여 심사관이 인용한 선행기술

이에 Runion은 표 8-2의 독립항 1을 포함한 특허를 출원하였다. 표에서와 같이 상기 독립항의 요소는 'pan'과 "abrasive means"이다. 특히 후자는 그림 8-10의 숫자 '40'에 해당하며, 그림에서는 이를 적색 원으로 표시하였다.

미국특허청 심사관은 Runion의 청구

항을 신규성 결여로 거절하였다. 심사관은 선행기술로서 1915년 미국등록특허인 F. J. Wolff의 U.S. Pat. No. 1,162,427을[6] 인용하였으며, Wolff 특허는 그림 8-11과 같이 빵 반죽판 밑바닥에 vegetable grit을 coating함으로써, 사용자가 반죽판에서 밀가루를 반죽한 후 이를 뒤집기만 하면 반죽이 vegetable grit에 의하여 반죽판으로부터 쉽게 분리되도록 고안한 용기이다.

표 8-3(a). Runion의 청구항의 신규성에 대한 미국특허청의 Claim Chart

청구항 (요소, 제한조건)	선행기술 개시 사항 (부품)	
	존재 여부	적용 부위
pan ⇒	Yes	pan
abrasive means ⇒	Yes?	vegetable grit?

즉 미국특허청 심사관은 표 8-3(a)에서와 같이 Runion 청구항의 모든 요소들이 Wolff 특허에 의하여 개시되어 "구성요소 완비의 법칙"이 성립되므로 신규성이 결여된다고 주장하였다. Runion은 특허청의 거절 결정을 항소하였으며, 미국 연방항소법원은 Runion의 청구항이 신규성 요건을 만족하였다고 판결하며 특허청의 결정을 파기, 환송하였다.

표 8-3(b). Runion의 청구항의 신규성에 대한 미국연방항소법원의 Claim Chart

청구항 (요소, 제한조건)	선행기술 개시 사항 (부품)	
	존재 여부	적용 부위
pan ⇒	Yes	pan
abrasive means ⇒	NO	~~vegetable grit~~

연방항소법원은 Wolff의 반죽판 밑바닥의 vegetable grit이 빵 반죽은 잘 분리할

6) U.S. Pat. No. 1,162,427 entitled "Dough loaf support or receptacle," filed by F. J. Wolff on Dec. 18, 1914, issued on Nov. 30, 1915, and now expired.

지 몰라도 닭 부리를 닳게 할 만큼의 마찰성은 부족하다고 해석하였다. 그 결과 연방항소법원은 Wolff 특허는 Runion의 청구발명과 "엄격한 동일성"을 만족하지 못한다고 판단하였다. 즉 표 8-3(b)와 같이 Wolff 특허는 Runion의 청구항 요소 "abrasive means"를 개시하지 않으므로 Runion 청구항의 신규성을 부정하는 선행기술이 아니라는 판결이다. 연방항소법원의 파기, 환송 결정에 따라 미국특허청은 Runion의 발명을 U.S. Pat. No. 5,235,934로[7)] 등록하였다.

국내 발명가 및 연구자들은 우주의 진리를 규명하기 위하여 밤낮으로 연구에 매진하며, 이를 위하여 관련 분야의 갖가지 선행논문을 연구하고 습득한다. 이들이 우량 연구결과를 도출하면 유수 학술지에 논문을 게재함은 물론 수익 창출을 위하여 특허출원도 고려한다. 하지만 자신의 발명이 최소한 신규성 요건은 만족해야만 특허를 받을 수도 있다는 정도는 이해하는 대부분의 국내 발명가 및 연구자들이 선행기술 검색을 통하여 자신이 착상한 발명과 유사한 선행기술을 찾게 되면, 자신의 발명과 선행기술을 어설프게 비교한 후 자신이 착상한 발명의 신규성에 대한 확신을 잃게 되어 더 이상 발명을 추구하지 않거나 상기 발명에 대한 특허출원을 쉽사리 포기하는 경향이 있다.

이러한 측면에서 위에서 설명한 미국 연방항소법원의 Runion case는 발명가들에게 시사하는 점이 크다. 즉 신규성 판단 시 최소한 미국 법원은 앞서 설명한 바와 같이 청구발명과 선행기술 사이의 "엄격한 동일성" 요건을 상당히 '엄격히' 적용한다는 사실이다. 따라서 국내 발명가가 신규성에 대한 불안감으로 쉽게 포기한 발명 중 실제로는 강력한 신규성을 지닌 발명도 있었을 가능성이 크다.

앞서 제4장의 5-나절 "발명 상담의 중요성"에서 설명한 바와 같이 영민한 발명가와 유능한 변리사의 생산적인 발명 상담은 필수이다. 단 아무리 유능한 변리사라도 합당한 보수가 없다면 평범한 변리사로 전락할 수밖에 없다. 물론 합당한 보수를 받은 유능한 변리사는 발명가의 발명과 선행기술 사이의 신규성 정도는 정확히 판단해줄 수 있을 것이다.

---

7) U.S. Pat. No. 5,235,934 entitled "Bird beek growth control feeder," filed by Derwood L. Runion on Aug. 15, 1990, issued on Aug. 17, 1993, and now expired.

(2) BM 발명 - Net MoneyIn vs. VeriSign (Fed. Cir. 2008)

Net MoneyIn v. VeriSign은[8] 2008년 미국 연방항소법원 판례이다. 상기 판례 역시 청구항의 신규성 판단 시 청구항 요소들과 선행기술 사이의 "엄격한 동일성"에 대한 연방항소법원의 해석을 잘 보여주는 case이다.

1990년대 후반 신용카드를 이용한 internet 상거래가 아직 걸음마를 걷던 시절, internet 상거래를 이용하던 사용자들은 항상 network의 보안에 안심하지 못했다. 특히 internet 상거래 시 사용자가 입력한 신용카드 정보가 유출될 경우 이로부터 초래될 수 있는 금전적 타격 등에 대한 우려로 인하여 초기 internet 상거래의 성공 여부는 internet 보안에 대한 사용자의 신뢰에 달려 있었다. 이러한 문제점을 해결하기 위하여 1995년 IBM과 Internet Engineering Task Force는 기존의 은행 전산망을 이용한 두 가지의 IKP (Internet Keyed Payment) Protocol을 제안하였다.

표 8-4. IKP의 1st 및 2nd Protocol[9]

IKP 1st Protocol
(a) 사용자는 상인의 internet business website에서 구매할 제품 결정 (b) 사용자는 상인에게 신용카드 정보 전송 (c) 상인은 상인 은행(1)에 사용자의 신용카드 정보 및 금액 전송 (d) 상인 은행(1)은 기존 전산망을 이용하여 사용자 은행에 승인 요청 (e) 사용자 은행은 (사용자가 아닌) 상인 은행(1)에 거래 승인 통고

8) Net MoneyIn, Inc. v. VeriSign, Inc., 545 F.3d 1359 (Fed. Cir. 2008).

9) 참고로 표 8-4의 IKP 1st Protocol과 IKP 2nd Protocol은 분명 상이한 protocol이다. 하지만 IBM과 IKP는 위의 두 가지 protocol을 동일한 제안서에 수록하였다. 그 결과 신규성 판단 시 위의 두 가지 protocol은 단일의 선행기술에 의하여 개시되었다고 간주된다.

IKP 2nd Protocol

(a) 사용자는 상인의 internet business website에서 구매할 제품 결정

(b) 사용자는 상인 은행(2)에 사용자의 신용카드 정보 및 금액을 전송하여 승인 요청

(c) 상인 은행(2)는 기존 전산망을 이용하여 사용자 은행에 승인 요청

(d) 사용자 은행은 사용자에게 거래 승인 통고

(e) 사용자는 거래 승인을 상인에게 통고

- 단 상인 은행(2)는 상인이 이용하는 은행이 아니어도 무방

특허변호사이자 발명가인 Mark Ogram은 IKP Protocol을 이용할 경우 사용자가 자신의 정보를 internet을 통하여 미지의 상인에게 전송하는 데 따르는 위험 및 자신의 신용카드 발급 은행에게 상인들이 성가신 요구를 하는 등의 단점을 인지하게 되었다. 또한 기존의 IKP Protocol을 이용하려면 사용자, 사용자 신용카드 발급 은행, 상인, 상인의 은행 등 사용자 측에 두 개, 상인 측에 두 개, 총 네 개의 개체가 필요하였다. Ogram은 여기에 다섯 번째 개체인 payment processing entity를 추가하는 발명을 착상하였다.

바꾸어 말하면 Ogram의 다섯 번째 개체는 일종의 internet 상거래 agent에 해당한다. 하지만 이 agent는 사용자 은행과 상인 은행의 업무를 줄이는 동시에 민감한 정보를 단독으로 처리함으로써 보안 효과를 향상시켰다. 물론 Ogram의 agent는 위의 업무를 수행하며 사용자, 사용자 은행, 상인, 또는 상인 은행으로부터 internet 거래 당 일정 금액의 commission을 받으며 수익을 창출하는 구조로 추측된다.

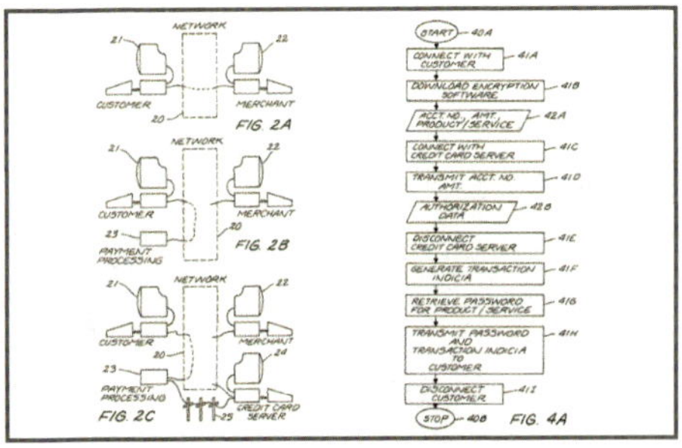

그림 8-12. Ogram의 U.S. Pat. No. 5,822,737의 대표 도면

Ogram은 이를 특허로 출원하여 U.S. Pat. No. 5,822,737('737 특허)[10] 및

10) U.S. Pat. No. 5,822,737 entitled "Financial system of computers," filed by Mark E. Ogram on Feb. 5, 1996, issued on Oct. 13, 1998, and assigned to Net MoneyIn, Inc.

U.S. Pat. No. 5,963,917('917 특허)을[11] 등록하였다. 그림 8-12는 '737 특허의 대표 도면들이며, 표 8-5는 '737 특허의 청구항 중 독립항 22 및 이에 종속하는 종속항 23을 나타낸다. 추후 Ogram은 Net MoneyIn, Inc.를 설립하여 '737 특허 및 '917 특허를 양도하였다. 추후 Net MoneyIn은 자신의 '737 특허 및 '917 특허를 침해하였다고 VeriSign을 미국 연방지방법원에 제소하였다.

표 8-5. Ogram의 '737 특허의 청구항 22 및 23

22. An internet payment system comprising:
a) a first link between a customer computer and a vending computer for communicating promotional information from said vending computer to said customer computer; (b) a second link, initiated by said customer computer, between said customer computer and a payment processing computer, remote from said vending computer, for communicating credit card information and amount from said customer computer to said payment processing computer; (c) a third link, initiated by said payment processing computer with a credit card server computer for communicating ... and, (d) a fourth link between said payment processing computer and said customer computer for communicating a transactional indicia.
23. The internet payment system according to claim 22 further including
a **fifth link** between the payment processing computer and said vending computer for communicating said transactional indicia.

미국 연방지방법원은 '737 특허의 독립항 1 및 '917 특허의 독립항 1의 청구항 요소의 의미가 불명확하여 무효라고 판결하였으며, '737 특허의 독립항 22 및 종속항 23의 모든 요소 및 제한조건들이 IKP의 1st 및 2nd Protocol에 의하여 개시되므로[12] 상기

11) U.S. Pat. No. 5,963,917 entitled "Financial system of computers," filed by Mark E. Ogram on Oct. 5, 1998, issued on Oct. 5, 1999, and assigned to Net MoneyIn, Inc.

12) 앞서 신규성 판단은 항상 단일의 선행기술만을 이용하여야 한다고 설명하였다. 실제로 연방지방법원은 IKP의 1st 및 2nd Protocol들을 단일의 IKP Reference에 개시된 내용이라고 간주하였다.

청구항들은 신규성 요건을 만족하지 못한다고 해석하였고, 이에 따라 상기 청구항들도 모두 무효라고 판결하였다. 즉 ’737 특허의 종속항 23은 독립항 22의 네 가지 link 및 fifth link로 구성되지만 IKP의 1st 및 2nd Protocol은 두 개의 example을 예시하는 바, 이들을 조합할 경우 종속항 23의 다섯 가지 link가 모두 개시된다는 연방지방법원의 청구항 해석이다.

모든 청구항이 무효가 된 Net MoneyIn은 미국 연방항소법원에 항소하였다. 이에 연방항소법원은 종속항 23이 IKP의 1st 및 2nd Protocol에 의하여 신규성이 부정되지는 않는다고 판시하며, 사건을 연방지방법원으로 파기, 환송하였다.

연방항소법원은 신규성 상실 요건을 설명하며, 청구항이 단일의 선행기술에 의하여 예상(anticipate)되려면 청구항의 모든 요소와 제한조건이 선행기술 전체에 개시되어야 함은 물론 선행기술은 청구항에서 기재한 요소들 사이의 배열과 “동일한 배열(arranged as in the claim)”도 개시하여야 한다는 “엄격한 동일성”을 확인하였다. 특히 연방항소법원은 “동일한 배열”을 엄격히 해석해야한다고 강조하며 아래와 같은 예를 제시하였다. 우선 청구항이 각각의 성분을 특정 순서로 혼합한 혼합물을 청구하는 경우를 가정하였을 경우, 선행기술이 청구항의 성분을 모두 개시하지만 청구항이 청구한 순서를 개시하지 않거나 아무런 순서도 개시하지 않는 경우, 상기 선행기술은 청구항의 ‘배열’과 동일한 ‘배열’을 개시하지 않으므로 상기 청구항을 예상하지 않는다고 판시하였다. 또한 이러한 예는 혼합물, 방법특허의 순서뿐만 아니라 다른 종류의 청구항에도 적용되기 때문에, 선행기술이 청구항을 예상(anticipate)하려면 청구항의 모든 요소를 동일한 방법으로 배열(arrange)하거나 조합(combine)하여야만 한다고 판시하였다.

이러한 연방항소법원의 판시에 따르면 IKP Protocol은 ’737 특허의 종속항 23을 예상하지 않는다. 왜냐하면 IKP reference는 두 가지 protocol을 개시하지만 상기 protocol들은 각각 네 개의 개체 및 이들 사이의 네 가지 link를 개시하는 반면, ’737 특허의 종속항 23은 다섯 번째의 link를 개시하기 때문이다. 또한 IKP reference의 두 가지 protocol은 각각 네 개의 link만을 개시하므로 이들을 어떤 방법으로 배열하더라도 상기 청구항의 다섯 가지 link의 배열과는 상이할 수밖에 없다. 따라서 연방항소법원은 ’737 특허의 종속항 23은 IKP reference의 두 가지 protocol을 혼합한 형태이기는 하지만, IKP reference의 어느 protocol에 의해서도 예상되지 않는다고 판결하였다. 즉 연방항소법원은 청구항과 IKP reference의 protocol들이 유사하기는 하지만 이들 사이에 차이가 존재하는 한 이는 신규성에 대한 문제가 아니라 진보성에 대한 문제라고 판시하였다.

연방항소법원의 Net MoneyIn case는 "엄격한 동일성"에 근거한 신규성 부정 요건을 강화한 판결이다. 즉 단일의 선행기술이 청구항을 예상하려면, 상기 선행기술이 청구항의 모든 요소 및 모든 제한조건을 개시해야함은 물론 상기 선행기술이 청구항 요소 및 제한조건들 사이의 "조합(combination) 및 배열 (arrangement)" 역시 동일하게 개시해야한다는 판결이다. 따라서 Net MoneyIn case에 따르면, 선행기술에 개시된 다수의 '배열'을 조합하여 청구항의 '조합'을 개시할 수 있더라도, 상기 선행기술이 청구항에 기재한 '배열'을 엄격히 동일하게 개시하지 않는 한 상기 선행기술은 청구항의 신규성을 부정하는 용도로는 사용할 수 없다.

그렇다면 과연 어떤 선행기술이 청구항의 모든 요소 및 제한조건은 물론 상기 요소들 사이의 '조합'과 '배열'까지 개시할 수 있을까?

확률적으로 청구항에 기재한 발명과 기술 분야가 상이한 선행기술이 청구항의 모든 요소 및 제한조건은 물론 그들 사이의 조합과 배열까지 동시에 개시할 가능성은 매우 낮을 수밖에 없다. 따라서 연방항소법원이 Net MoneyIn case에서 판시한 '조합'과 '배열'에 대한 "엄격한 동일성" 요건은 신규성 판단에 사용할 수 있는 선행기술의 범위를 축소하는 결과를 초래할 수도 있다. 바꾸어 말하면 발명가가 심사관의 신규성 거절이나 신규성 요건 불만족에 근거한 경쟁자의 특허무효 주장을 극복하는 데 또 하나의 강력한 무기를 제공한 셈이다.

물론 이는 발명가가 청구항에 다수의 요소를 기재한 후 이들 사이의 '조합'과 '배열'도 기재한 경우에만 해당한다. 하지만 대부분의 물건특허는 다수의 청구항 요소를 포함하고 상기 요소들은 특정 '배열'에 따라 서로 '조합'하여 작동하다는 점, 대부분의 방법특허 역시 다수의 단계(step)들을 포함하며 상기 단계들은 특정 '배열'에 따라 순차적 또는 병렬로 진행된다는 점을 감안하면 "엄격한 동일성"의 엄격한 적용의 파급 효과는 상당하지 않을까?

그렇다면 미국 연방항소법원의 Net MoneyIn case가 국내 발명가들에게 시사하는 점은 무엇일까?

정답은 "쉽게 포기하지 말자"이다. 왜냐하면 대부분의 발명가들은 발명을 착상하고 선행기술을 검색하다가 자신의 발명의 핵심 단어를 선행기술이 개시하거나 또는 자신의 발명의 구성과 비슷한 그림을 선행기술이 개시하였다는 사실을 확인하는 순간 가슴이 철렁 내려앉으며 발명을 포기할 수밖에 없지는 않을까하는 의구심에 빠지기 마련이기 때문이다.

저자 역시 발명가이기에 이러한 사실에 충분히 공감할 수 있다. 하지만 Net MoneyIn case에서와 같이 발명이 신규성을 상실하려면 상기 발명과 유사한 정도가 아니라 각종 청구항 요소와 제한조건은 물론 이들 사이의 '조합'과 '배열'이 실질적으로 거의 동일한 선행기술이 존재해야만 한다. 따라서 발명가가 자신의 발명과 비슷한 내용을 개시한 선행기술을 발견하였다고 무조건 낙심하기 전에, 유능한 대리인과 심도 있는 발명 상담을 가질 필요가 있다.

(3) Bio 발명 - Enzo Biochem vs. Applera (Fed. Cir. 2010)

Enzo Biochem v. Applera는[13] 2010년 미국 연방항소법원 판례로서, biotech 분야에서 사용되는 탐침자(probe)에 대한 청구항의 신규성 판단 시 청구항 요소에 대한 제한조건의 "엄격한 동일성"에 대한 연방항소법원의 해석을 잘 보여주는 case이다.

시료가 특정 nucleotide를 포함하는지를 검사하려면 탐침자의 H(수소), P(인) 또는 C(탄소)를 방사성 동위원소(radioisotope)인 H^3, P^{32} 또는 C^{14} 등의 label로 치환한 후 Geiger 측정기 등으로 계측하는 방법이 사용되었다. 하지만 방사성 동위원소를 사용하는 방법은 위험하고, 고비용이며, 화학적으로 불안정하다는 단점이 있었다.

13) Enzo Biochem, Inc., Enzo Life Sciences, Inc., and Yale University v. Applera Corp. and Tropix Inc., 599 F.3d 1325 (Fed. Cir. 2010), reh'g den., 605 F.3d 1347 (March 26, 2010).

표 8-6. Enzo의 '767 특허의 독립항 1

1. An oligo- or polynucleotide containing
a nucleotide having the structure: 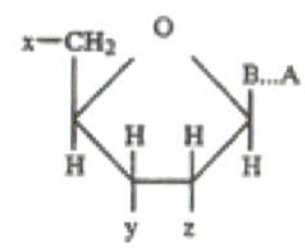 wherein B represents a 7-deazapurine or a pyrimidine moiety covalently bonded to the C[1]-position of the sugar moiety, provided that whenever B is a 7-deaza- purine, the sugar moiety is attached at the N[9]-position of the 7-deazapurine, and whenever B is a pyrimidine, the sugar moiety is attached at the N[1]-position of the pyrimidine; wherein A comprises at least three carbon atoms ... ; wherein B and A are covalently attached directly or through a **linkage group** that does **not substantially interfere with** the characteristic ability of the oligo- or polynucleotide to hybridize with a nucleic acid and does **not substantially interfere with** formation of the signalling moiety or detection of the detectable signal, provided also that if B is 7-deazapurine, A or the linkage group is attached to the 7-position of the deazapurine, and if B is pyrimidine, A or the linkage group is attached to the 5-position of the pyrimidine; wherein one of x and y represents 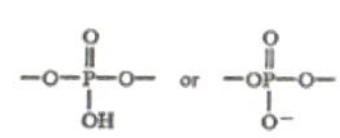 and the other of x and y is absent or represents -OH or -H; and wherein z represents H- or HO-.

Enzo는 특정 oligo- 또는 polynucleotide를 개발하여 방사성 동위원소를 사용하지 않고도 nucleotide를 측정할 수 있는 탐침자를 개발하였다. Enzo은 상기 물질 및 상기 물질을 장착한 탐침자를 사용하는 방법에 대한 특허인 U.S. Pat. Nos. 5,328,824, 5,449,767 ('767 특허),[14] 5,476,928, 5,082,830 등을 등록하였다. 표 8-6은 '767

14) U.S. Pat. No. 5,449,767 entitled "Modified polynucleotides and methods of preparing same," filed by David C. Ward, Pennina R. Langer, and Alexander A. Waldrop, III on May 20, 1992, issued on Sept. 12, 1995, and assigned to Yale University.

특허의 독립항 1을 나타낸다.[15] 표 8-6의 독립항 1의 특징은 'A,' 'B,' 'x,' 'y' 및 'z'를 특정 원소나 group으로 지정하지 않음으로써 청구항의 범위를 확충할 수 있는, 구조식을 이용한 전형적인 조성물청구항이다.

표 8-7. Linkage Group에 대한 명세서의 개시 사항

[I]t is generally preferred that the chemical linkage include an olefinic bond at the α-position relative to B ... [which] serves to hold the moiety A away from the base when the base is paired with another in the well known double-helix configuration. This permits interaction with polypeptide to occur more readily, thereby facilitating complex formation. Moreover, single bonds with greater rotational freedom may not always hold the moiety sufficiently apart from the helix to permit recognition by and complex formation with polypeptide. ('824 patent, col.8, lines 54~68)

Enzo는 2004년 미국 연방지방법원에 Applera가 상기 특허들을 침해하였다고 제소하였다. 물론 Applera는 Enzo의 특허 청구항 각각이 불명확하거나 신규성 요건을 만족하지 못하므로 무효라고 주장하였다. 특히 Applera는 Enzo 특허의 거의 모든 청구항에 포함된 요소인 "linkage group"에 대한 기능적 제한조건을 설명하는 구절인 "not substantially interfere with"의 의미가 불명확하며, 이에 대한 "발명의 설명"의 기재 내용도 표 8-7의 내용에 불과하므로 상기 청구항은 불명확하거나 또는 선행기술에 의해서 예상되기 때문에 신규성 요건을 위배하므로 무효라고 주장하였다.

미국 연방지방법원은 2009년 linkage group의 "substantial interference"를 판단하는 기준을 명시하지 않았음은 물론 상기 발명의 작동 한계 역시 개시하지 않은 Enzo 특허의 모든 청구항의 의미가 불명확하거나, 또는 상기 제한조건의 의미를 알 수 있더라도 청구항 요소 및 제한조건들은 최소 세 개의 선행기술에 의하여 예상되므로, Enzo 특허의 청구항들은 모두 무효라고 판결하였다.

15) 미국 연방항소법원은 본 판례에서 여러 가지 복잡한 사안들을 고려했으나, 아래에서는 청구항의 신규성에 대한 판결만을 설명하기 위하여 U.S. Pat. No. 5,449,767('767 특허)을 제외한 나머지 특허들에 대한 연방항소법원의 판결 내용은 생략하였다.

하급심에서 패소한 Enzo는 미국 연방항소법원에 항소하였고, 이에 연방항소법원은 연방지방법원의 판결을 파기, 환송하였다. 특히 연방항소법원은 Applera가 인용한 선행기술들이 Enzo의 청구항에 기재된 linkage group의 "substantial interference"를 판단하는 기준을 어느 정도 제공한다고 해석하여 청구항의 의미가 불명확하지는 않다고 해석하였으며, Applera가 인용한 선행기술이 Enzo의 청구항들을 예상하지 않을 가능성도 있다고 판시하였다.

특히 연방항소법원은 Kasai 선행기술이 개시한 aminomethyl group(CH_2-NH-)은 단일결합으로만 구성되어 단단하지 않고 회전이 가능하여 nucleotide의 hybridization을 상당히 방해할 가능성이 존재할 가능성을 개진하며, linkage group의 길이가 길어지면 길어질수록 moiety를 hybridization site로부터 멀리 떨어뜨려 hybridization을 방해할 수 있다고 설명하였다. 또한 연방항소법원은 비록 Enzo가 단일 결합으로 이루어진 "CH_2NH"를 자신의 "most preferred embodiment"라고 기재하였으나 상기 구조를 가진 linkage group은 수없이 많기 때문에 이들 모두가 hybridization을 방해하지 않지는 않을 것이라고도 판결하였다.[16)]

앞서 설명한 바와 같이 눈에 보이는 가시적 부품을 요소로 가지는 물건특허에 비하여 화학, 의학, biotech 분야에서 자주 사용하는 조성물특허는 청구항 해석도 어려울 뿐만 아니라 이와 관련된 선행기술의 해석도 난해한 경우가 많다. 따라서 이러한 분야일수록 청구항 해석은 물론 선행기술의 해석이 어려워짐은 당연하며, 선행기술과의 비교가 필수인 청구항의 신규성 요건 및 진보성 요건에 대한 판단도 더 난해해진다.

따라서 발명가는 이와 같이 예측불가능 분야일수록 그만큼 더 청구항과 "발명의 설명"을 작성하는 데 세심한 주의를 기울여야한다. 또한 이러한 예측불가능 분야일수록 발명가나 연구자가 논문 쓰듯이 특허를 써서는 절대로 수익을 창출할 수 없음을 명심할 필요가 있다.

16) 미국 연방지방법원은 연방항소법원이 파기, 환송한 본 사건에 대하여 2012년 11월에야 판결을 내렸다. 연방지방법원은 Enzo의 '767 특허 청구항은 신규성 요건을 만족하였고, Applera는 '767 특허를 침해하였으므로, Applera는 Enzo에게 486만 달러를 지불하도록 판결하였다.

다. 내재성 원칙 (Doctrine of Inherency)

흔치는 않지만 후발명가의 발명은 선발명가가 선발명을 통하여 부수적·내재적으로나마 이미 구현하였던 경우가 종종 발생한다. 즉 선발명가가 특정 발명을 착상하며 이에 부수적·내재적으로 수반되는 발명도 구현하였었지만, 선발명가는 전자만 인지하고 후자를 인지하지 못한 반면 후발명가는 선발명가의 선발명에 부수적·내재적인 발명을 명확히 착상하는 경우이다.

일예로 선발명가가 국유지에서 식목일을 맞아 흙을 파며 나무를 심고 있는 중 우연히 노천금광을 파헤치게 되는 경우를 가정하자. 하지만 선발명가는 나무심기에만 열중한 나머지 자신이 땅을 파며 구덩이 옆에 쌓아놓은 흙더미에 숨겨진 금덩어리를 인지하지 못하였다. 반면 마침 그 옆을 지나가던 후발명가는 선발명가가 열심히 파놓은 흙더미 속에 숨어있는 금덩어리를 발견하였다.

그렇다면 이 금덩어리는 누가 소유해야할까? 미처 금덩어리를 인지하지는 못했지만 먼저 파헤친 선발명가가 금덩어리를 가져야할까? 아니면 자신이 직접 파헤치지는 않았으나 이를 먼저 발견한 후발명가가 금덩어리를 가져야할까? 아니면 일단 국유지에 숨겨져 있다가 지표 위로 등장한 금덩어리인 만큼 국가가 소유하는 것이 타당할까? 아니면 선발명가와 후발명가 사이의 분쟁이 해결될 때까지 제3자인 동시에 공명정대하기로 소문이 파다한 저자가 당분간 보관함이 합당할까?

특허의 경우도 마찬가지이다. 선발명가의 발명에 내재적·부수적으로 존재했었지만 선발명가가 미처 인지하지 못한 발명을 후발명가가 명확히 착상하였을 경우, 후발명가의 발명은 선발명가의 부수적·내재적 발명에 의하여 예상(anticipate)되므로 신규성 요건을 만족하지 못하고, 이에 따라 후발명가에게 특허를 부여하지 않음이 타당한가? 아니면 선발명가가 충분히 인지하지 못한 발명을 확실히 인지한 후발명가의 노력을 인정하여 이에 대한 특허를 후발명가에게 부여해야만 할까? 이러한 경우 선발명가의 선발명에 대한 후발명가 발명의 신규성을 결정하기 위하여 특허제도가 운용하는 원칙이 바로 "내재성 원칙 (doctrine of inherency)"이다.

(1) 화학 발명 - Tilghman vs. Proctor (S.Ct. 1880)

고종황제가 일본의 군사적 강압에 굴복하여 강화도 조약을 체결한 지 4년 후인 1880년 미국 연방대법원은 Tilghman v. Proctor 판결에서[17] 내재성 원칙(doctrine of inherency)을 확인하였다. Tilghman case의 관련 기술은 지방산과 glycerine의 제조 기술이었다. 당시 지방산과 glycerine은 양초와 비누의 주원료였으므로 고품질의 지방산을 양산할 수 있는 기술은 당연히 당시 실내조명의 핵심을 담당하던 양초 산업에 큰 영향을 미쳤을 것이며, 그만큼 경제성도 막대한 기술이었을 것이다.

표 8-8. Tilghman의 '766 특허의 독립항 1

The manufacturing of
fat acids and glycerin from fatty bodies by the action of water at a high temperature and pressure.

Richard A. Tilghman은 1850년대 초반 지방에 고온·고압의 steam을 주입하는 공정을 통하여 종래 공정보다 훨씬 효율적으로 고품질의 지방산과 glycerine을 제조하는 방법을 발명하였다. Tilghman은 상기 제조 공정에 대한 특허를 출원하여 1854년 그림 8-13과 같이 3쪽짜리 특허인 U.S. Pat. No. 11,766을[18] 등록하였다. Tilghman은 이 방법을 이용하여 제조

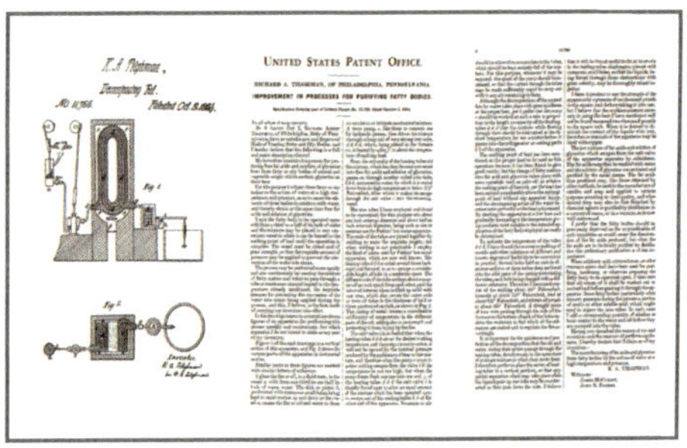

그림 8-13. Richard A. Tilghman의 U.S. Pat. No. 11,766

17) Tilghman vs. Proctor, 102 U.S. 707, 26 L.Ed. 279 (S.Ct. 1880).

18) U.S. Pat. No. 11,766 entitled "Decomposing fat," filed by Richard A. Tilghman, and issued on Oct. 3, 1854.

한 지방산과 glycerin으로 양초와 비누를 생산하여 커다란 수익을 창출하였다. 표 8-8은 Tilghman에게 부를 안겨 준 '766 특허의 유일한 청구항이다.

Tilghman은 William Proctor, James Gamble, W. A. Proctor, James N. Gamble, George H. Proctor 등을[19] 특허침해로 제소하였다. 이에 Proctor와 Gamble 등은 Tilghman의 청구항이 내재성 원칙에 따라 선행기술에 의하여 예상되므로 무효라고 주장하였다. 즉 Tilghman이 고온고압의 증기공정에 대한 발명을 착상하기[20] 이전부터 사용되던 기존의 steam cylinder나 water barometer 등도 고온·고압에서 작동하는 바, 상기 기기의 내부에는 윤활제인 grease와 같은 지방이 존재하였으므로 상기 지방 역시 당연히 지방산과 glycerine으로 분해되었으리라는 주장이다.

미국 연방대법원은 Tilghman의 특허가 신규성 요건을 만족하므로 유효라고 판결하였다. 연방대법원은 steam cylinder에서 지방산이 실수로 생성되었다 하더라도 이를 기술자들이 인지하지 못했으며, 실제로 양초 업체나 지방산 제조업체들 중 누구도 위의 실수로부터 어떤 hint도 얻지 못하였다고 지적하였다. 따라서 steam cylinder, water barometer 내부에서 생성된 지방산은 이 기구들의 본래의 기능에 부수적인 기술적 결과일 뿐이므로 이러한 실수로 인하여 생성된 지방산이 Tilghman의 발명을 예상한다는 주장은 어리석은(absurd) 주장이라고 설명하며, steam cylinder에서 생성된 지방산은 본안과는 무관하므로 이러한 prior use는 Tilghman 특허의 신규성을 부인할 수 없다고 판결하였다.

Tilghman case의 시사점은 미국 연방대법원이 판시한 바와 같이 당시의 양초 제조업체 및 지방산 제조업체에 대한 언급이다. 즉 이들이 steam cylinder, water barometer 내부에서 생성된 지방산의 존재를 인지하고 이를 이용하여 Tilghman의 발명을 Tilghman보다 먼저 인지하였다면 몰라도, 이와는 반대일 경우에는 내재성 원

19) 본 사건의 피고들은 Proctor & Gamble의 창업자들로 추정된다.

20) 당시 미국은 선발명주의를 운용하였으므로, 신규성 판단 기준은 특허 출원일이 아니라 발명 착상일이다.

칙을 적용할 수 없다는 판시이다. 따라서 Tilghman case의 경우 주안점은 청구발명과 관련된 분야의 당업자가 발명가의 후발명을 미리 인지하였는지 여부였다.

(2) 물리 발명 - In re Seaborg (CCPA 1964)

In re Seaborg는[21] 'Americium'이라는 원소에 대한 미국 연방항소법원 사건이다. 앞서 특허보호대상에 대한 "anything under the Sun that is made by man"이라는 미국 연방대법원의 정의를 소개한 바 있다. 하지만 이렇게 넓은 특허보호대상의 범위에도 불구하고 특허를 받을 수 없는 세 가지 범주가 존재하는바, 이는 자연법칙(law of nature), 자연현상(natural phenomenon) 및 추상적 아이디어(abstract idea)이다. Glenn T. Seaborg는 자연계에 존재하지 않는 원소인 ${}_{95}Am^{241}$과 ${}_{95}Am^{242}$, 즉 원자번호 95번의 Americium을 합성하였으며, 1944년 12월 19일 상기 원소, 상기 원소의 동위원소 및 이를 제조, 정제하는 방법 등에 대한 특허를 출원하였다.

표 8-9. Seaborg의 청구항

1. Element 95
2. The isotope of element 95 having the mass number 241.

비록 Am이 원소이지만 자연계에서 자연 상태로는 존재하지 않으므로, Am은 자연현상에 속하지는 않는다. 하지만 미국특허청은 E. Fermi의 U.S. Pat. No. 2,708,656을 선행기술로 인용하며, 표8-9에 예시한 Seaborg의 청구항을 신규성 결여로 거절하였다. 미국특허청은 Fermi의 선행기술이 Am을 직접적으로 개시하지 않았다는 사실은 인정하였지만, Fermi의 선행기술이 개시하는 여러 가지 종류의 핵반응로 조업 조건들을 고려하였을 때, Seaborg가 인류 최초로 합성하였다고 주장하는 Am 역시 Fermi의 핵반응로에서 생성되었을 수밖에 없다고 주장하였다.

21) In re Seaborg, 328 F.2d 996, 140 USPQ 662 (CCPA. March 19, 1964).

당시 미국 연방항소법원인 CCPA는[22] Seaborg의 주장을 인용하며 특허청의 거절을 파기하였다. 특히 CCPA는 내재성 원칙이란 미국특허청이 동일한 제품을 제조하는 비교 가능한(comparable) 공지의 공정이 존재할 경우 이러한 발명을 신규성 결여로 처리하기 위하여 35 U.S.C. § 101에 근거하여 만든 doctrine이라고 설명하며, Fermi reactor가 Am을 생성하였다는 증거가 없다고 판시하였다.

CCPA는 설령 Fermi reactor가 Am을 생성하였다 하더라도 그 양은 이론상 아주 미세한 정도(minuscule amount)에 불과할 뿐만 아니라, 이렇게 생성된 Am이나마 막대한 양의 방사성 uranium 연료에 의하여 희석되어있었을 것이라고 설명하였다. 또한 CCPA는 이 같이 알려지지도 않고 확인할 수도 없는 미세한 양의 Am의 존재를 근거로 Seaborg의 발명이 예상될 수는 없다고 판결하였다.

(3) 내재성 원칙 (Doctrine of Inherency) 정리

발명가가 내재성 원칙을 고려하여야 하는 경우는 예상보다 많다. 특히 발명가가 경쟁자의 선연구결과를 재현하던 중 새로운 물건이나 방법에 대한 발명을 착상할 수도 있고, 자신의 연구를 수행하다가 예상치 않은 물건이나 방법에 대한 발명을 착상할 수도 있다. 이 경우 발명가는 과연 어디까지 특허를 받을 수 있는 지 번민할 수밖에 없다.

미국 연방법원 판례들을 종합하면 내재성 원칙을 적용할 때 고려하는 변수는 대략 다음과 같이 정리된다. 즉 발명이 내재적(inherent)이었는지 아니면 우연(accidental)이었는지, 선행기술이 발명을 본질적으로 인지했는지, 선행기술이 발명의 성질을 인지했는지, 선행기술이 의도적 발명이었는지, 선행기술의 발명이 의도적 행위(intentional act)에 의한 필연적 결과(necessary consequence)이었는지, 발명이 유용했는지, 또는 발명이 특이(unusual)한지 아니면 간헐적(occasional) 인지 등이다.

---

22) CCPA는 U.S. Court of Customs and Patent Appeals의 약자로서, 현재 미국 연방항소법원인 CAFC 또는 Federal Circuit의 전신으로 간주할 수 있다.

표 8-10. 내재성 원칙(Doctrine of Inherency)의 고려 변수 및 판결 요약

Cases	(1) invention accident or Inherent?	(2) reference recognize invention?	(3) reference recognize Property?	(4) invention intended by ref?	(5) invention necessary for ref?	(6) invention useful for ref?	(7) invention unusual?	(8) invention NOVEL or NOT?
Tilghman[23)]	Accident	NO	n/a	NO	YES	NO	not disc	Novel
Eibel Process[24)]	Accident	YES	NO	YES	n/a	YES	YES	
Seaborg[25)]	Accident	NO	n/a	NO	YES	NO	not disc	Novel
Felton[26)]	Accident	YES	NO	YES	n/a	YES	YES	
Marshall[27)]	Accident	YES	NO	YES	n/a	YES	not disc	
MEHL (tattoo)[28)]	Accident	YES	NO	YES	n/a	YES	YES	
Atlas Powder[29)]	Inherency	YES	NO	YES	n/a	YES	NO	
Verdegaal[30)]	Inherency	YES	NO	YES	n/a	YES	NO	
MEHL (pigment)[31)]	Inherency	YES	NO	YES	n/a	YES	NO	
Cruciferous[32)]	Inherency	YES	NO	YES	n/a	YES	NO	
Elan[33)]	Inherency	YES	NO	YES	n/a	YES	NO	
Schering[34)]	Inherency	NO	n/a	NO	YES	YES	NO	

23) *Tilghman v. Proctor*, 102 U.S. 707, 712-13 (S.Ct. 1880).

24) *Eibel Process Co. v. Minn. & Ont. Paper Co.*, 261 U.S. 45, 46 (1923).

25) *In re Seaborg*, 328 F.2d 996 (C.C.P.A. 1964).

26) *In re Felton*, 484 F.2d 495, 497 (C.C.P.A. 1973).

27) *In re Marshall*, 578 F.2d 301, 302-03 (C.C.P.A. 1978).

28) *MEHL/Biophile Int'l Corp. v. Milgraum*, 192 F.3d 1363, 1364 (Fed. Cir. 1999).

29) *Atlas Powder Co. v. Ireco Inc.*, 190 F.3d 1342, 1348 (Fed. Cir. 1999).

30) *Verdegaal Bros. v. Union Oil Co. of Cal.*, 814 F.2d 628, 631 (Fed. Cir. 1987).

내재성 원칙과 관련된 12건의 미국 판례를 분석한 결과가 표 8-10이다.[35] 표의 최우측 열에서 볼 수 있듯이 내재성 원칙에도 불구하고 후발명가의 발명이 신규성을 인정받은 경우는 총 12건 중 2건으로서, 이는 표 8-10의 column (6)이 'NO'인 경우에만 해당한다. 즉 후발명가의 발명이 신규성을 인정받은 경우는 선행기술에서 후발명가의 발명이 유용하지 않았던 경우와 일치한다. 바꾸어 말하면 선발명가의 입장에서 보면 부수적인 발명이었더라도, 선발명가가 상기 부수적 발명의 유용성을 인지하였더라면 상기 선행기술은 후발명가의 발명을 예상함으로써, 후발명가의 발명은 신규성이 결여된, 특허보호대상 발명이 아니다.

그렇다면 위에서 정리한 미국 판례를 적용할 경우, 본 절을 시작하며 소개한 금덩어리는 누구의 소유일까? 선발명가 역시 금 자체의 유용성은 인지하고 있을 것이다. 하지만 선발명가는 자신이 파놓은 부수적 흙더미에 묻혀있는 금덩어리의 유용성은 인지하지 못하였다. 따라서 상기 금덩어리는 선발명가가 파놓은 흙더미 속의 금덩어리의 유용성을 확인한 후발명가의 몫이라 함이 타당할까?

요약하면 "chance hits in the dark will not anticipate an invention"이라는[36] 말

31) *MEHL/Biophile Int'l Corp. v. Milgraum*, 192 F.3d 1363, 1364 (Fed. Cir. 1999).

32) *In re Cruciferous Sprout Litigation*, 301 F.3d 1343, 1345 (Fed. Cir. 2002).

33) *Elan Pharms., Inc. v. Mayo Found. for Med. Educ. & Research*, 304 F.3d 1221 (Fed. Cir. 2002), vacated and reh'g granted, 314 F.3d 1299 (Fed. Cir. 2002) (en banc), substituted opinion, 346 F.3d 1051 (Fed. Cir. 2003).

34) *Schering Corp. v. Geneva Pharms.*, 339 F.3d 1373, 1379-80 (Fed. Cir. 2003).

35) Anne Brown and Mark Polyakof, "The accidental and inherent anticipation doctrines: where do we stand and where are we going?" John Marshal Review of Intellectual Property Law, Vol. 63, No. 4 p.63-90 (2004).

36) United Chromium, Inc. v. International Silver Co., 60 F.2d 913, 917 (2d Cir. 1932).

과 같이 실수로 얻어진 기술적 결과가 간헐적이고 인지되지 않은 경우, 상기 결과는 후 발명가가 착상한 후속 발명의 신규성을 부정할 수 없다. 바꾸어 말하면 이러한 실수가 내재성 원칙에 따라 후속 발명의 신규성을 부정하려면 기술적 결과가 선발명가의 의도와 비교하면 부수적이고, 또한 선발명가가 완전히 이해하지는 못했더라도 이 결과가 일관되게 얻어지고, 인지되고, 재생될 수 있는 경우라고 간주할 수 있다.

그렇다면 미국 연방법원의 내재성 원칙이 발명가에게 시사하는 점은 무엇일까?

정답은 역시 "쉽게 포기하지 말자"이다. 연구자가 R&D를 수행하다보면 일단 선연구자의 연구결과를 재현하며 관련 기술을 확인한 후, 이를 개량하는 경우가 많다. 하지만 연구자가 선연구자의 성과를 재현하는 도중 선연구자가 미처 인지하지 못했던 발명이나, 선연구자의 결과를 약간 변형함에 따라 신규 발명을 착상하는 경우도 종종 발생한다. 하지만 이때 대부분의 연구자는 자신의 발명은 이미 선연구자의 연구결과에 의하여 공지되었다고 판단하여 포기하는 경우도 많다. 이때 연구자가 명심해야 할 점이 바로 미국 특허제도의 내재성 원칙이다. 따라서 이러한 발명을 착상한 발명가는 내재성 원칙에 대한 위의 설명을 숙지하고, 자신이 착상한 발명의 신규성에 대하여 유능한 변리사와 함께 심사숙고할 필요가 있다.

라. 신규성 판단을 위한 선행기술의 요건

청구항의 신규성 판단에 사용될 수 있는 선행기술에는 특별한 제한이 없다. 일예로 화학 분야 청구항의 신규성 판단을 위해서 전자 분야는 물론 예능 분야의 선행기술을 이용할 수도 있다. 또한 발명가가 출원한 특허 청구항의 신규성 판단을 위해서 경쟁자의 선행기술, 타인의 선행기술은 물론 발명가 자신의 선행기술도 사용될 수 있다.

단 청구항의 신규성 판단을 위한 선행기술에도 두 가지 제약이 있다. 첫 번째 제약은 신규성 판단 시에는 반드시 단일의 선행기술을 사용하여야 한다는 점이다. 물론 앞서 설명한 바와 같이 A4 용지 반쪽의 학술논문 초록이나 총 3,223쪽의 Perry's Handbook이나 모두 단일의 선행기술이다. 두 번째 제약은 신규성 판단에 사용할 수 있는 선행기술은 실시가능(enabling)해야 한다는 점이다. 아래에서는 신규성 판단을 위한 선행기술 요건 각각에 대하여 자세히 설명한다.

(1) 분야 무관

청구항의 신규성 판단에는 단일의 선행기술만을 사용할 수 있다. 따라서 "구성요소 완비의 법칙"에 따라 청구항의 모든 요소 및 제한조건이 단일의 선행기술의 일부에 의해서라도 개시될 경우 상기 청구항은 신규성 요건을 만족하지 못하고 특허도 받을 수 없다.

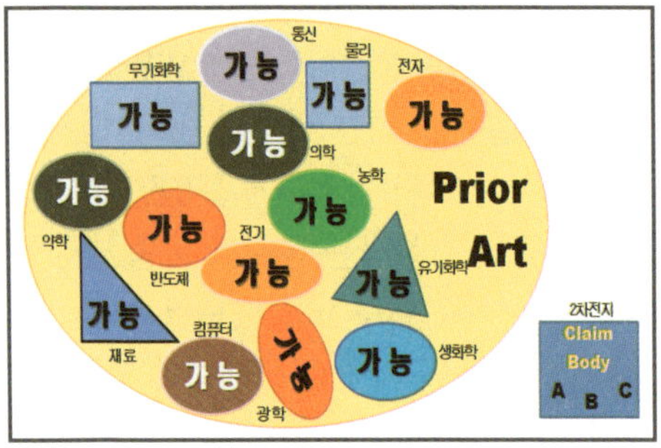

그림 8-14. 신규성 판단에 사용될 수 있는 선행기술의 종류

또한 신규성 판단에 사용되는 선행기술은 청구항에 기재된 청구발명의 분야와 무관하다. 따라서 그림 8-14와 같이 청구항의 발명이 2차전지(청색)인 경우, 상기 청구항의 신규성 판단에는 농학(녹색), 유기화학(청색), 무기화학(옅은 청색) 분야의 선행기술은 물론 생화학(하늘색), 의학(회색), 약학(회색) 분야의 선행기술도 모두 사용할 수 있다. 즉 선행기술의 개수는 한 개로 한정되지만 그 종류에는 관계가 없다. 이는 진보성 판단에 사용되는 선행기술이 청구발명과 관련된 분야로 한정되는 점과는 반대이다. 하지만 진보성 판단에는 단일 또는 다수의 선행기술을 조합하여 사용할 수도 있다. 즉 진보성 판단의 경우 선행기술의 분야는 제한되지만 개수에는 (이론적으로) 제한이 없다.

(2) 출처 무관

청구항의 신규성을 판단할 때에는 선행기술의 출처 역시 전혀 상관이 없다. 따라서 발명가의 특허 출원일 이전에 경쟁자 또는 제3자가 발표한 논문이나 서적, 경쟁자나 제3자가 출원한 특허, 경쟁자나 제3자가 판매한 제품은 물론 경쟁자나 제3자의 판매 시도 모두 청구항의 신규성 판단에 사용될 수 있는 선행기술이다.

이뿐만이 아니다. 발명가의 특허 출원일 이전 발명가 자신이 발표한 논문이나 서적,

발명가 자신이 출원하여 공개된 출원특허나 등록특허, 발명가 자신이 판매한 제품은 물론 발명가 자신의 판매 시도 역시 신규성 판단에 사용될 수 있는 선행기술이다. 따라서 발명가가 특허 출원 전 자신의 발명을 학술지에 게재하거나 학회에서 발표함은 물론 발명가가 자신이 만든 시제품으로 판매, 투자를 위하여 행한 모든 활동도 자신의 신규성을 부정하는 선행기술로 사용된다.

요약하면 앞서 신규성, 즉 novelty는 발명가가 청구하는 발명이 인류 역사 상 최초여야 한다는 의미로서 발명가의 특허 출원일 이전에는 이러한 발명이 세상에 존재하지 않았다는 조건이라고 설명하였다. 이러한 측면에서 청구항의 신규성을 판단하기 위해서는 이 세상, 인류 역사 상 존재하였던 모든 선행 자료를 선행기술로 사용할 수 있다고 생각하여도 무방하다.

(3) 부주의한 발명가를 구제하기 위한 신규성 의제

단 특허제도에 대하여 지식이 없는 발명가의 처지를 감안한 예외 규정이 "신규성 의제" 또는 "grace period"이다. 일예로 우리나라와 미국특허청은 발명가가 자신의 발명을 공지한 후 12개월 이내, 일본특허청은 6개월 이내에 발명가가 특허를 출원할 경우, 발명가의 출원 전 공지에도 불구하고 상기 발명가에게 특허를 받을 수 있는 자격을 허락한다. 하지만 이들 3개국을 제외한 많은 국가, 특히 유럽에서는 발명가가 자신의 발명을 특허 출원 전 공개할 경우 특허를 출원할 수 있는 자격 자체를 박탈하는 바, 이러한 제도를 "absolute novelty system"이라고 지칭한다. 따라서 발명가가 특허 출원 전 자신의 발명을 공개하면 미국, 일본, 한국 정도에서만 특허를 출원할 수 있다. 따라서 발명가, 특히 연구자의 세심한 주의가 필요한 부분이다.

물론 이러한 논쟁의 쟁점은 바로 특허 출원 이전의 '공지'이다. 불과 10~15년 전만 하더라도 '공지'에는 지리적 한계가 존재하였다. 따라서 제3세계 국가의 전문대학 졸업생이 제출한 학사학위 논문이 발명가가 미국에 출원한 특허 청구항의 신규성 판단에 대한 선행기술로 사용될 수 있는지에 대한 판결도 심심찮게 나오곤 하였다. 하지만 internet이 보편화됨에 따라 지구촌 한 곳의 정보가 전 세계로 확산되는 것은 시간문제로 전락하였고, search engine의 성능이 괄목할 정도로 성장함에 따라 검색이 불가능한 정보는 하나 둘씩 지구상에서 사라지고 있다.

또한 SNS의 발달로 모든 가입자들이 자신의 일기를 동영상으로 제작하여 실시간 upload하고 있다. 따라서 머지않아 발명가가 자기 blog에서 전 세계에 뽐냈던 자신의 아이디어에 대한 동영상이 추후 발명가의 특허 출원 시 자신의 신규성을 부정하는 자료로 인용되는 날도 곧 다가오리라 생각된다.

결국 선출원주의 제도 하에서는 특허 출원이 우선이다. 그럼에도 불구하고 출원 전 공개로 인한 신규성 상실 위험은 상존한다. 그 첫 번째 이유는 비용이다. 일예로 비용 문제로 특허출원을 주저하는 발명가가 동업자, 투자자를 찾는 과정에서 알게 모르게 자신의 발명을 공개함에 따라 신규성을 상실할 수 있기 때문이다. 두 번째 이유는 정확히 맺고 끊을 수 없는 발명의 속성 때문이다. 즉 하나의 아이디어가 열 개의 아이디어로 세분화되며, 각각의 아이디어와 씨름하는 발명가가 최적 특허출원 시기를 가늠하다가 실수로 자신의 발명 중 일부를 공개함에 따라 신규성을 상실하는 경우이다. 하지만 비용 문제는 해결할 수 없다손 치더라도 발명가가 "무거운 입"만 유지하고, 자신의 발명을 공개하더라도 비밀유지계약서를 활용하는 등 주의를 기울인다면 자신의 부주의로 인한 신규성 상실은 어느 정도 방지할 수 있다.

(4) 선행기술의 실시가능성 (Enabling Prior Art)

신규성 판단에 사용할 수 있는 선행기술은 실시 가능한, 즉 enabling한 기술이어야 한다. 따라서 실시가 가능하지 않은 선행기술은 신규성 요건 판단은 물론 아래에서 설명할 진보성 요건 판단에서도 사용할 수 없다.

일예로 발명가가 호신용 레이저 광선검을 발명하여 특허를 출원하였을 경우, 특허청 심사관은 영화 Star Wars의 Luke Skywalker가 광선검을 들고 있는 사진을 선행기술로 인용하며 청구발명을 신규성 결여로 거절할 수는 없다. 그 이유는 바로 Star Wars 영화 속의 광선검은 실시가능하지 않기 때문이다. 마찬가지로 영화 Jurassic Park에 나온 DNA를 이용한 공룡 복제기술이나, Star Trek 영화에 나오는 time machine도 모두 실시가능하지 않은 기술로서, 신규성이나 진보성 판단을 위한 선행기술로 사용할 수 없다.

발명의 신규성 판단에 실시가능하지 않은 기술을 사용하지 않는 이유는 간단하다.

만일 특허청 심사관이 영화 Star Wars의 Luke Skywalker가 광선검을 켰다 껐다하는 장면은 물론, Luke Skywalker가 광선검의 회로도를 보며 부러진 광선검을 고치는 장면을 선행기술로 인용하며 발명가가 출원한 호신용 레이저 광선검에 대한 특허를 모두 거절하는 경우를 가정하자. 영화 Star Wars의 선행기술을 극복할 수 없는 발명가는 실제로 광선검을 발명하더라도 특허를 못 받게 되며, 특허를 받지 못하면 금지권을 확보하지 못하게 되므로, 장차 광선검을 제조·판매하더라도 무임승차자의 모방으로 말미암아 수익 창출도 어렵게 된다. 따라서 이러한 사실을 예상할 수 있기에 그 어떤 발명가도 더 이상 광선검을 개발하려 하지 않게 되며, 그 결과 인류는 영원히 광선검이라는 발명품을 보지도 못하고 사용하지도 못하게 된다.

광선검을 개발하여 특허를 받지 못하더라도 그래도 어떤 발명가는 광선검을 개발하리라고 주장할 수도 있다. 물론 그런 발명가가 존재할 수는 있다. 하지만 대부분의 발명가는 수익 창출을 목표로 발명을 하고 특허를 출원하기에 특허를 받지 못하는 대상을 연구하지는 않게 된다. 이것이 바로 특허제도가 청구발명의 신규성 판단에 사용할 수 있는 선행기술을 실시가능한 선행기술(enabling prior art)로 제한하는 주된 이유이다.

신규성 판단에 사용할 수 있는 선행기술은 실시가능한 기술이어야 한다는 규칙은 일면 간단해 보일지 모른다. 하지만 발명은 물론 선행기술 자체가 칼로 무 자르듯 정량적으로 구별할 수는 없기 때문에 문제가 발생할 수도 있다. 일예로 전자공학이나 기계공학과 같이 예측가능 분야에서는 기본 원리가 밝혀지면 상기 원리의 응용은 상대적으로 간단한 편이다. 따라서 선발명가가 특정 기기에 대한 회로도를 작성하였을 경우 상기 회로에 저항이나 op amp를 추가하는 결과는 쉽게 예측할 수 있으며, 경우에 따라서는 저항이나 op amp를 추가한 system의 작동을 수식으로 정확히 예측할 수도 있다.

이에 반하여 화학, 재료, 약학, biotechnology와 같은 예측불가능 분야에서는 기본 원리가 밝혀지더라도 이의 응용에는 실험에 의한 검증이 필요한 경우가 대부분이다. 일예로 화합물 A가 Mg와 격렬한 발열반응을 일으킨다고 해서 다른 제2족 원소인 Ca, Sr, Ba, Ra도 A와 동일한 발열반응을 일으킨다는 보장은 없기 마련이다. 마찬가지로 국내 발명가가 Mycobacterium Koreanese sp. nov라는 비결핵성 마이코박테리아 균주를 이용하여 특정 질병을 치료하였다고 해서 이 균주가 Oxford 대학교 교수가 보유한 균주와 동일하다는 보장도 없다. 즉 동일한 암탉이 낳은 달걀에서 부화한 병아리들의 속성이 다를 수 있듯이 균주가 동일하다고 하여 상기 균주에 속하는 모든 미생물이 동일하지는 않기 때문이다. 따라서 발명이 전자, 기계, 물리와 같이 예측가능 분야에 속한다면 신규성 판단에 사용할 수 있는 선행기술 역시 발명을 100% 완벽하게 동일하게 구현할 필요는 없지만, 발명이 화학, 재료, 약학, 바이오와 같은 예측불가능 분야에 속한다면 신규성 판단에 사용할 수 있는 선행기술은 발명을 상당히 유사하게 구현해야만 한다.

마. 속발명과 종발명 (Genus and Species) 원칙

학계에서 아직 이론에 의하여 정립되지는 않았지만, 전자파가 인체에 해롭다고 주장하는 학자들도 있고, 이를 굳게 신봉하는 소비자들도 있다. 발명가가 mobile phone의 작동은 방해하지 않은 채 mobile phone에서 발생하는 몸에 해로운 전자파만 소거하는 장치 및 방법을 발명하고 이에 대한 특허를 등록하였다고 가정하자.

상기 특허를 mobile phone 제조업체에 양도하여 royalty를 받아 인생을 즐기던 발명가는 어느 날 자신의 특허기술을 hair dryer, heater 등의 가전기구는 물론 전기자동차, 발전기 등에도 활용할 수 있음을 인지한다. 그 순간 발명가는 자신의 전자파 소거 방법 및 장치가 모든 전기기구에서 활용될 수 있음을 인지하여, 모든 전기기구에서 전자파를 소거하는 방법 및 장치에 대한 원천특허를 출원한다.

발명가의 특허는 등록될 수 있을까? 혹 mobile phone에 대하여 발명가가 이미 출원한 선행특허 때문에 발명가가 광활한 범위를 청구하는 후속특허를 받을 수 없지는 않을까? 물론 이에 대한 정답은 "대부분의 경우 받을 수 없다"이다. 이러한 상황은 자주 일어날까? 정답은 "대부분의 경우 그렇다"이다. 왜냐하면 대부분의 R&D는 연역적으로 이루어지지 않고, 귀납적으로 이루어지기 때문이다.

바꾸어 말하자면 대부분의 발명가는 특정 현상이나 문제를 해결하기 위한 물건이나 방법에 대하여 R&D를 수행하다가 발명을 착상하게 된다. 발명가는 이에 대한 특허를 출원하거나 논문을 게재하고, 이에 대한 후속 R&D를 수행하며 서서히 상기 발명의 기본 원리 및 기타 용도에 대하여 귀납적으로 눈을 뜨게 된다. 또한 발명가는 이러한 과정을 통하여 발명의 잠재성 및 상기 발명의 속성과 응용 가능성을 인지하는 경우가 대부분이다. 즉 몇몇 천재를 제외한 대부분의 발명가들은 좁은 범위에서의 해답을 찾아 이에 대한 특허를 출원하고, 그 후 후속 R&D를 통하여 발명에 잠재되어 있는 우주의 법칙을 이해하며 해답의 전모를 파악하게 된다. 하지만 귀납적으로 시작하여 연역적으로 발명을 완성한 발명가가 후속발명을 선발명에 편입하여 특허의 권리범위를 확장하지 못하도록 특허제도는 "속발명과 종발명" 원칙을 운용한다.

속발명과 종발명 또는 "genus and species"는 상대적 개념으로서 그 기원은 그림 8-15와 같은 생물 분류방법이다. 일반적으로 생물계는 계 (system), 문 (phylum), 강 (class), 목 (order), 과 (family), 속 (genus), 종 (species) 순서로 생물을 세분화된다. 가장 소집단인 '종'이 여러 개 모여 '속'을 구성하며, 여러 개의 '속'이 모여 다시 '과'를 구성하는 것이다. 기술과 발명도 비슷한 개념으로 구분할 수 있다. 앞의 예시와 마찬가지로 전기를 사용하는 모든 전기기구에서 전자파를 소거하는 방법 및 장치에 대한 발명을 '속발명'이라 한다면 이를 적용한 mobile phone, hair dryer, heater, 전기자동차, 발전기 등이 각각 '종발명'에 해당한다.

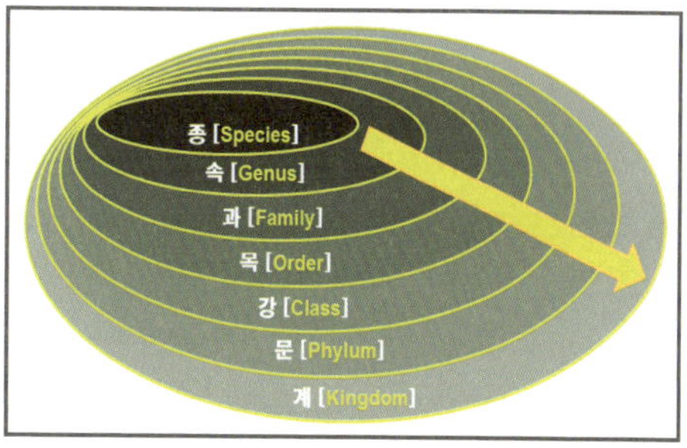

그림 8-15. 속발명과 종발명의 예시

그림 8-16. 종(Species)특허의 속성 및 단점

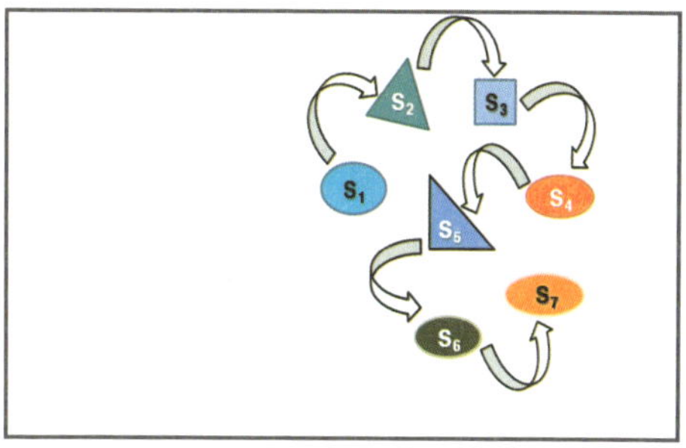

그림 8-16(a)

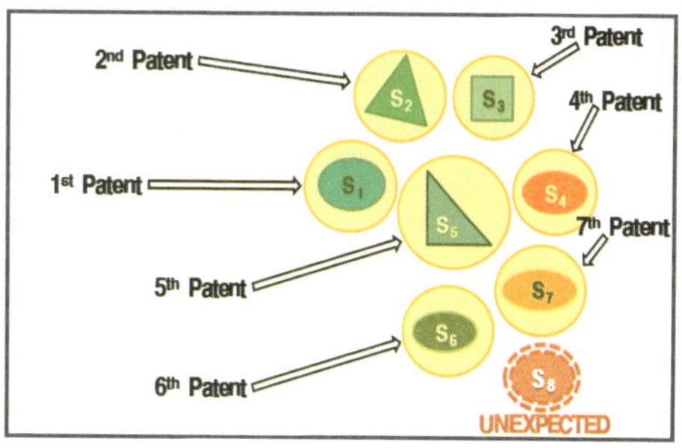

그림 8-16(b)

그림 8-16은 종(species)발명에 대한 종특허가 발명가에게 미치는 영향을 예시한다. 그림 8-16(a)와 같이 발명가가 종발명 S_1을 착상하고, 6개월 후 종발명 S_2를 착상하며, 그 후 순차적으로 종발명 S_3, S_4, S_5, S_6, S_7을 착상한다고 가정하자. 발명가가 이 모든 발명에 대한 금지권을 확보하려면 그림 8-16(b)와 같이 각각의 종발명에 대한 특허를 출원해야 한다.

하지만 다수의 종발명을 착상할 때마다 순차적으로 특허를 출원하는 전략에는 두 가지 단점이 있다. 첫 번째는 비용이다. 즉 종발명에 대한, 범위가 상대적으로 협소한 종특허를 다수 출원하다보니 비용이 많이 소요된다. 두 번째는 경쟁자의 예기치 않은 발명에 대한 무방비이다. 그림 8-16(b)와 같이 경쟁자가 다른 종발명인 S_8을 착상하고 특허출원할 경우, 발명가는 경쟁자의 종특허 S_8에 대하여 대처할 방법이 없다. 특히 경쟁자의 종특허 S_8의 경제성이 발명가의 종특허 S_1~S_7의 경제성보다 월등할 경우, 발명가는 경쟁자에게 신대륙의 위치와 항로만 알려주고 정작 자신은 신대륙의 알짜배기 땅을 놓치고 별 볼일 없는 땅만 꿰찬 결과를 초래한다.

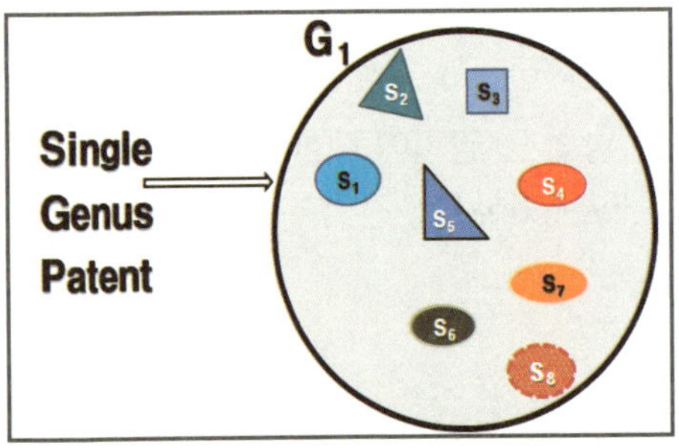

그림 8-17. 속(Genus)특허의 속성 및 장점

다수의 종(species)발명을 특허출원하여 고비용을 지출하다가 경쟁자에게 알짜배기 땅을 놓치는 실수를 방지하는 방법이 그림 8-17의 속(genus)특허 전략이다. 즉 범위가 협소한 종발명들을 모두 아우르는, 범위가 넓은 속발명 G_1에 대한 청구항을 작성하여 모든 종발명을 한 번에 속특허로 청구하는 전략이다. 속발명 G_1을 특허로 출원하면 종특허의 단점을 보완할 수 있다. 우선 속(genus) 전체에 대한 단일의 특허를 출원함으로써 비용을 절감할 수 있다. 또한 후발명가가 종발명 S_8에 대한 특허를 청구하더라도 발명가는 원천특허를 보유하므로, 발명가는 자신의 허락 없이 후발명가가 개량 발명에 해당하는 종특허 S_8을 확보하지 못하도록, 설령 확보하더라도 실시하지 못하도록 방지할 수 있다.

그렇다면 발명가가 종발명 S_1에 대한 특허를 출원하고 종발명 S_2와 S_3를 착상한 후에야 속발명 G_1을 인지하였다면, 발명가는 속발명 G_1에 대한 특허를 출원할 수 있을까?

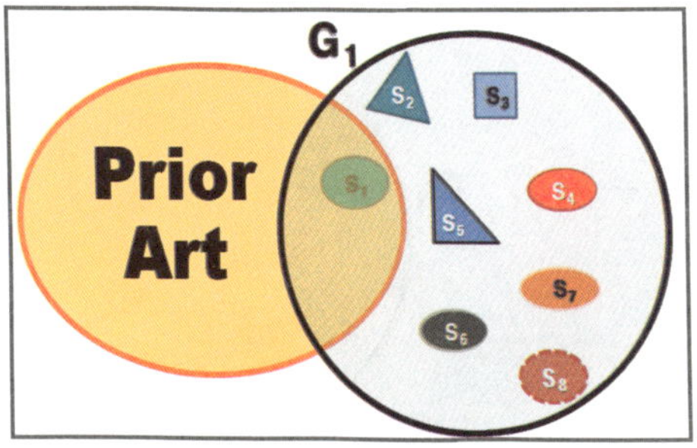

그림 8-18. 종(Species)특허 출원 후 속(Genus)특허 제한

정답은 case-by-case이다. 특히 그림 8-18과 같이 발명가가 이미 출원한 종특허 S_1이 공개되었거나 특허로 등록되어 선행기술에 편입된 후에는, 발명가는 속발명에 대한 특허를 출원할 수 없는 경우가 대부분이다. 왜냐하면 발명가의 종특허 S_1이 선행기술에 편입된 후 속특허를 출원하고 등록하게 되면, 속특허 G_1은 종특허의 존속기간(출원일 이후 20년) 이후에도 계속 유효하므로 실질적으로 S_1에 대한 특허권 연장이 가능해지기 때문이다.[37)]

특허제도는 이와 같은 속발명과 종발명 또는 "genus and species"에 대한 규칙을 신규성 요건으로 운용한다. 즉 특정 속(genus)에 속하는 종(species)이 이미 공지된 후 상기 종을 포함하는 속에 대한 특허가 출원된 경우, 상기 종은 후속 속특허의 선행기술이 되어 속특허의 신규성을 부정한다. 물론 발명가는 선행기술에 편입된 종발명 S_1을 제외한 나머지 종발명들에 대해서는 각각 특허를 출원할 수 있다. 하지만 발명가는 이에 따르는 고비용은 감수할 수밖에 없다.

속발명과 종발명 또는 "genus and species" 원칙이 발명가에게 시사하는 점은 간단하다. 발명가가 발명을 착상한 후 별 생각 없이 특허를 출원할 경우, 상기 특허는 단일의 종에 대한 특허로 제한되는 경우가 대부분이다. 따라서 발명가는 항상 자신이 착상한 발명은 물론 아직 생각해보지 못한 다른 종발명들을 파악하도록 최선을 다하여야 한다.

물론 발명가는 그림 8-19와 같이 진정한 속발명(G_1)을 영구히 착상하지 못할 수도 있다. 하지만 단일의 종발명 S_1에 대한 특허를 출원하는 경우보다 그림 8-19와 같이 몇 개의 종발명들만이라도 아우르는 속특허(g_1)를 출원할 수 있다면, 다수의 종특허를

37) 제9장의 3-나절 "원출원특허 관련 미국 연방항소법원 판례" 참고.

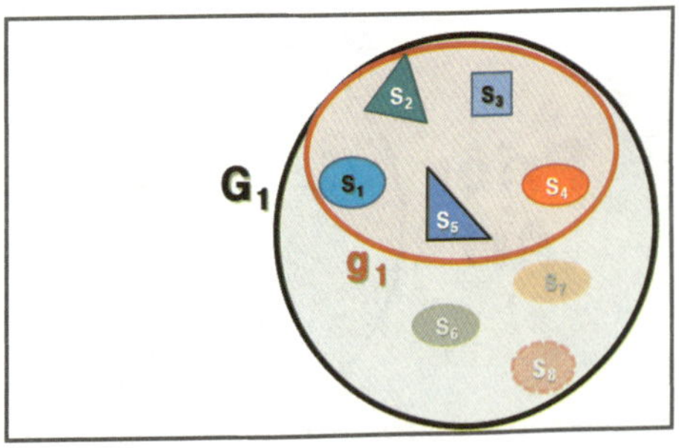

그림 8-19. 속발명과 종발명에 대한 발명가의 전략

각각 출원하는 경우에 비하여 비용도 절약하는 동시에 넓은 권리범위도 확보할 수 있게 된다. 따라서 종발명을 착상한 발명가가 속발명까지 고려하려면 유능한 변리사와 머리를 맞대고 진지하게 발명 상담을 진행할 필요가 있다. 물론 이와 같이 진지한 동시에 효율적인 상담을 위해서는 유능한 대리인에 대한 합당한 대우가 전제조건임은 아무리 강조해도 지나치지 않다.

2. 청구항의 진보성 (Non-Obviousness) 요건

청구발명이 신규성 요건을 만족하더라도 특허로 등록되기 위해서는 진보성 요건도 만족해야 한다. 진보성 또는 비자명성(non-obviousness)이란 발명의 내용이 선행기술에 의하여 명확하게 공개되지는 않았지만, 발명과 이와 관련 있는 선행기술의 차이가 발명이 속하는 관련 분야의 통상적 지식을 가진 자('당업자'라 지칭)에게 자명하지 않음을 의미한다. 따라서 진보성 또는 비자명성은 발명가가 청구하는 발명이 인류 역사 상 최초임은 물론, 발명가의 특허 출원일 이전에는 관련 분야의 통상적 지식을 가진 당업자가 관련 분야의 아무리 많은 선행기술들을 참고하더라도 동일한 발명을 착상하지 못하였으리라는 조건에 해당한다.

신규성 요건을 만족하는 발명이 특허를 받기 위하여 진보성 요건도 만족해야하는 이유는 무엇일까? 이에 대한 이유를 설명하는 도면이 그림 8-20(a)와 8-20(b)이다. 그림 8-20(a)는 신규성 요건에 대한 예시로서, 발명가의 권리범위(주황색 부분)가 선행기술(적색 점선의 원)과 중첩되지 않는 한 발명가의 청구항은 신규성 요건을 만족함을 설명하는 도면이다. 즉 발명가가 선행기술을 극히 미미할 정도로만 변환·치환하는 발명을 착상하더라도, 발명가의 청구항이 선행기술이 개시하지 않는 요소나 제한조건을 포함하기 때문에 상기 청구항은 신규성 요건을 만족하는 경우이다.

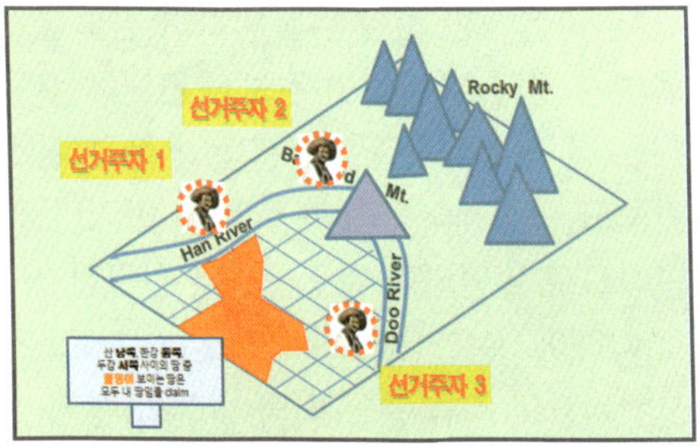

그림 8-20(a). 신규성 요건

물론 이 정도의 발명은 당업자가 선행기술만을 참고하더라도 쉽게 알 수 있는 발명이 대부분이다. 따라서 이 정도의 미미한 발명에 대해서 특허의 금지권을 부여할 경우, 공중은 당연히 무료로 자유로이 사용할 수도 있는 선행기술의 미미한 개량기술 또는 변형 기술에 대해서도 대가를 지불해야만 한다.

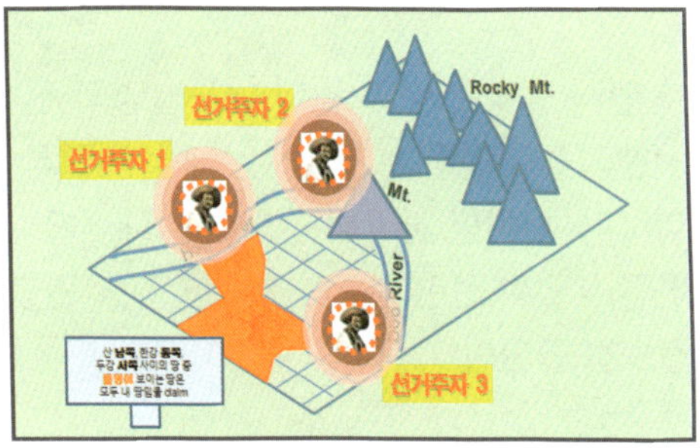

그림 8-20(b). 진보성 요건의 효과

이러한 피해를 방지하기 위해서 특허법은 신규성 이외에 진보성이란 요건을 규정한다. 자세히 말하면 진보성 요건이란 발명가가 청구발명과 관련된 분야의 통상적 지식을 가진 당업자가 단일 또는 다수의 선행기술을 참고하여 용이하게 발명할 수 있는 정도의 자명한 개량 발명을 이용하여 신규성 요건을 만족함으로써 공중에게 끼치는 폐해를 최소화하기 위한 법적도구이다. 즉 진보성 요건은 그림 8-20(b)와 같이 선행기술 주위에 일종의 완충지역을 설정함으로써 발명가가 선행기술의 바로 주변에 자신의 지뢰를 매설하지 못하도록 방지하는, 발명가에게는 확실히 불리한 제도이다.

진보성 판단 시 가장 중요한 점은 진보성 판단의 주체와 대상이다. 우선 진보성 판단의 주체는 앞서 언급한 바와 같이 당업자(관련 분야의 통상적 지식을 가진 자)이며, 진보성 판단의 대상은 발명가의 머릿속에 있는 발명이 아니라, 변리사, 출원전문 특허변호사와 같은 대리인이 작성한 청구항에 기재된 청구발명이라는 점이다. 따라서 아무리 발명이 원천성이 있고 경제성을 지녔더라도 대리인이 상기 발명을 진보성이 부각되지 않도록 청구항에 기재하면 상기 청구항은 당연히 진보성을 인정받지 못한다. 마찬가지로 아무리 발명 자체는 원천성이 없더라도 대리인이 상기 발명을 진보성 요건을 만족하도록 청구항에 기재하면 상기 청구항은 진보성을 인정받을 수도 있다.

앞서 설명한 신규성에 비하여 진보성, 비자명성 요건은 상대적으로 판단이 간단명료하지 않다. 왜냐하면 진보성 판단에는 "구성요소 완비의 법칙"과 같은 기계적인 비교 대신 청구발명과 관련된 분야의 결정, 통상적 지식의 수준 선정은 물론 자명성에 대한 기준도 설정해야하기 때문이다. 하지만 청구항의 진보성 또는 비자명성 판단 역시 필연적으로 발명가가 청구항에서 청구한 청구발명과 선행기술의 대비가 필요하다. 따라서 아래에서는 진보성과 관련된 법제도, 진보성의 판단 기준, 진보성 판단에 사용되는 선행기술의 종류 등을 미국 판례와 함께 설명한다.

가. 진보성 관련 법제도

앞서 설명한 바와 같이 청구발명의 신규성은 청구항에 포함된 요소 및 제한조건이 선행기술에 의하여 개시되는 지를 비교하여 판단하므로, 신규성 판단은 상대적으로 용이하다. 하지만 진보성 판단은 상대적으로 복잡하고, 예측하기도 용이하지 않다. 왜냐하면 무엇이 선행기술의 자명한 개량·변형인지를 판단함은 물론 당업자를 정의해야만 진보성 판단이 가능하기 때문이다.

표 8-11(a). 국내 특허법의 진보성 관련 조항

국내 특허법 제29조 제2항
특허출원 전에 그 발명이 속하는 기술분야에서 통상의 지식을 가진 사람이 제1항 각호의 어느 하나에 해당하는 발명에 의하여 쉽게 발명할 수 있으면 그 발명에 대해서는 제1항에도 불구하고 특허를 받을 수 없다.

표 8-11(a)와 같이 국내 특허법 제29조 제2항에 의하면 산업 상 이용할 수 있는 발명이더라도 특허 출원 전 상기 발명이 속하는 기술분야에서 통상의 지식을 가진 자가 선행기술에 의하여 용이하게 발명할 수 있는 경우에는 그 발명에 대하여는 신규성이 있더라도 특허를 받을 수 없다고 진보성 판단 기준을 설명한다. 즉 무엇이 선행기술의 자명한 개량·변형인지를 판단하는 기준은 해당 기술 분야의 통상 지식을 가진 자인 '당업자'이다.

표 8-11(b). 미국 특허법의 진보성 관련 조항[38)]

35 U.S.C. § 103(a)
A patent for a claimed invention may not be obtained, notwithstanding that the claimed invention is not identically disclosed as set forth in section 102, if the differences between the claimed invention and the prior art are such that the claimed invention as a whole would have been obvious before the effective filing date of the claimed invention to a person having ordinary skill in the art to which the claimed invention pertains. Patentability shall not be negated by the manner in which the invention was made.[38)]

미국 특허법도 표 8-11(b)의 35 U.S.C. § 103에서 청구발명(claimed invention)과 선행기술 사이의 차이가 발명을 전체적으로 보았을 때 상기 발명과 관련된 분야의 통상 지식을 가진 자에게 출원 시점에 자명할 경우 그 발명에 대하여는 신규성이 있더라도 특허를 받을 수 없다고 설명한다. 즉 미국 특허법 역시 관련 분야의 통상 지식을 지닌 자, 즉 당업자가 진보성 판단의 기준이다. 참고로 Section 103에서 규정한 통상 지식을 지닌 당업자를 미국에서는 “a person (or one) of ordinary skill in the art,” “a person (or one) skilled in the art” 등으로 지칭하며, 미국 특허업계는 이를 줄여서 ‘POSITA’라는 약칭을 사용하기도 한다.

국내 및 미국의 진보성 기준을 살펴보면 진보성 판단에 여러 가지 부수적 판단이 필요함을 알 수 있다. 우선 무엇이 청구발명의 “관련 분야”인지, 무엇이 “통상 지식”인지, 몇 개의 선행기술을 사용할 수 있는지, 무엇이 자명한 지 등이다. 특히 중요한 기준은 당업자 또는 POSITA이다. 아래에서는 진보성 판단 기준에 대하여 설명한 후, 진보성 판단의 필수 요소인 “관련 분야” 및 ‘당업자’에 대하여 설명한다.

38) 35 U.S.C. § 103(a)의 제일 마지막 문장은 청구발명(claimed invention)의 진보성에 대한 또 다른 기준으로서, 발명가가 발명의 착상에 이르는 방법과 진보성은 무관하다는 규정이다. 이에 따라 IQ가 200인 천재가 0.001초 만에 발명을 착상하건, 동일한 발명을 둔재가 7년 2개월 간 피땀을 흘리며 착상하건 관계없이 상기 발명들의 진보성 판단에는 동일한 기준을 적용해야만 한다.

나. 진보성 판단 기준

앞서 신규성 판단은 단일의 선행기술에 의한 특허 청구항의 모든 요소 및 제한조건의 개시 여부로 판단한다고 설명하였다. 따라서 청구항의 모든 요소와 제한조건이 단일의 선행기술에 개시되는 경우, 발명가의 청구발명(claimed invention)은 이미 세상에 존재하는 발명이므로 상기 청구발명은 신규성 요건을 만족하지 못한다고 표현하며, 이를 "청구항이 선행기술에 의하여 예상된다" 또는 "a claim is anticipated by a prior art"라고 표현한다고 설명하였다.

반면 진보성 판단은 청구발명과 선행기술 사이의 차이가 발명을 전체적으로 보았을 때 상기 발명과 관련된 분야의 통상 지식을 가진 자에게 출원 시점에 자명한 지 여부로 판단한다. 따라서 청구항이 자명한 경우에는 발명가가 청구항에 기재한 청구발명은 당업자가 선행기술만을 이용하더라도 용이하게 구현할 수 있는 발명이므로 상기 청구발명은 진보성 요건을 만족하지 못한다고 표현하며, 이를 "청구항이 선행기술에 대비하여 자명하다" 또는 "a claim is obvious over a prior art"라고 표현한다.

(1) 진보성 판단과 신규성 판단의 차이점

청구항의 신규성 판단과 진보성 판단의 첫 번째 차이점은 판단 주체이다. 우선 신규성 판단은 "구성요소 완비의 법칙"에 근거하여 청구항의 모든 요소 및 제한조건이 단일의 선행기술의 일부에라도 의하여 개시되는 지를 따지지만, 진보성 판단은 청구발명이 속하는 분야의 통상 지식을 가진 당업자가 판단의 주체라는 점이다. 따라서 청구항의 신규성 판단에는 청구항과 선행기술이 가장 중요한 요소인 반면, 진보성 판단에서는 청구항, 선행기술은 물론 청구발명이 속하는 관련 분야, 당업자의 수준에 따라 결과가 달라질 수 있다. 즉 관련 분야를 넓게 해석할수록 그만큼 선행기술의 수가 증가하므로 발명가에게 불리하고, 당업자의 수준이 높을수록(일예로 박사학위 5개 소지자) 모든 발명이 자명하게 여겨질 것이므로 발명가에게 불리하다. 이러한 측면에서 보았을 때 신규성 판단은 "구성요소 완비의 법칙"을 이용하기 때문에 판단자의 주관이 직접적으로 개입되기 어려운 (약간 과장한다면) 기계적 비교에 의한 객관적 판단이라고도 표현할 수 있는 반면 진보성 판단은 판단자의 주관이 개입될 소지가 농후한 주관적 판단이라고 표현할 수 있다.

신규성 판단과 진보성 판단의 두 번째 차이점 역시 위에서 설명한 당업자와 관련이 있는 바, 진보성 판단에 사용되는 선행기술은 반드시 청구발명과 관련된 분야의 선행기술로 제한된다는 점이다. 즉 모든 선행기술을 이용할 수 있는 신규성 판단과는 달리 진보성 판단에 사용될 수 있는 선행기술은 청구발명과 관련된 분야에 국한된다.

그림 8-21. 진보성 및 신규성 판단에 사용되는 선행기술의 범위

그림 8-21(a) 그림 8-21(b)

진보성 판단에 사용할 수 있는 선행기술이 제한되는 주된 이유는 바로 진보성 판단의 주체인 당업자가 청구발명의 관련 분야의 통상적 지식은 반드시 보유하지만 이외의 분야에서는 통상적 지식을 보유하지 못하기 때문이다. 따라서 진보성 판단을 위하여 사용할 수 있는 선행기술은 청구발명의 관련 분야에 국한되므로 항상 신규성 판단을 위한 선행기술보다 개수가 적어진다. 진보성 및 신규성 판단에 사용될 수 있는 선행기술의 범위에 대한 도시가 그림 8-21으로서, 그림 8-21(a)와 같이 청색 청구발명의 진보성 판단에는 선행기술도 청색 계통(즉 관련 분야)이어야 하는 반면, 그림 8-21(b)와 같이 청색 청구발명의 신규성 판단을 위해서는 청색 계통은 물론 노란 색의 선행기술도 사용할 수 있음을 예시한다.

신규성 판단에는 항상 단일의 선행기술을 사용하여야 하지만, 진보성 판단에는 단일 또는 다수의 선행기술을 사용할 수 있다는 점이 신규성 판단과 진보성 판단의 세 번째 차이점이다. 물론 선행기술 A는 2,323쪽 짜리 handbook이고, 선행기술 B는 1쪽의 초록, 선행기술 C는 2쪽의 brochure일 경우, 경쟁자가 청구항의 진보성을 부정하기 위하여 단일의 선행기술 A를 사용하는 경우가 선행기술 B와 C를 조합하여 사용하

는 경우보다 유리할 수도 있다. 하지만 규칙은 규칙이므로, 선행기술 A, B, C 각각은 여전히 단일의 선행기술이다.

단 진보성 판단을 위하여 다수의 선행기술을 조합하여 사용할 경우에도 이들은 모두 청구발명과 관련된 분야에 속해야하며, 또한 다수의 선행기술들을 조합할 수 있는 근거도 존재하여야 한다는 제약조건이 있다. 미국 판례에서는 이를 TSM test라고 부르며, 이는 teaching (교시, 개시), suggestion (암시), motivation (시사, 동기) 등을 의미한다. 이러한 TSM test 외에도 미국 연방대법원이 제시한 대안으로 상식(common sense) test도 있다.[39)]

또한 신규성 판단에는 청구항 요소와 선행기술의 개시 내용 사이의 엄격한 동일성이 요구되는 반면 진보성 판단에는 엄격한 동일성이 요구되지 않는다는 점이 신규성 판단과 진보성 판단의 네 번째 차이점이다. 여기에는 여러 가지 이유가 존재하지만 가장 중요한 이유는 진보성 판단의 주체가 관련 분야의 통상 지식을 지닌 당업자이며, 진보성 요건의 만족 여부는 청구발명과 선행기술의 차이에 대한 당업자의 판단이라는 점이다. 따라서 진보성 판단 시에는 어차피 현실에 존재하지 않는 가상의 인물인 당업자를 가정하기 때문에 진보성 판단을 위하여 엄격한 동일성을 요구하는 자체가 무리이기 때문으로 생각된다.

이에 따르는 신규성 판단과 진보성 판단의 또 다른 차이점은 청구항 전환구의 효과이다. 앞서 폐쇄형 전환구를 가진 청구항의 신규성 판단 시 그림 8-22(b)와 같이 선행기술이 청구항 요소 외의 내용을 개시할 경우, 상기 선행기술은 청구항의 신규성을 부정하지 못한다고 설명하였다. 하지만 진보성 판단의 경우는 다르다. 어차피 판단 주체가 당업자이므로 진보성 판단에는 엄격한 동일성은 물론 엄격한 개시 내용의 제한도 적용되지 않는다. 따라서 그림 8-22(d)와 같이 선행기술이 폐쇄형 청구항 요소 외의 내용인 D나 E를 개시하더라도, 상기 선행기술은 청구항의 진보성을 부정할 수 있다.

39) TSM (teaching, suggestion, motivation) test와 상식 (common sense) test의 정의 및 관련 판례는 제8장의 2-마절 "미국 판례의 TSM Test 및 KSR Case의 상식 Test" 참고.

그림 8-22. 폐쇄형 전환구를 가진 청구항의 신규성과 진보성

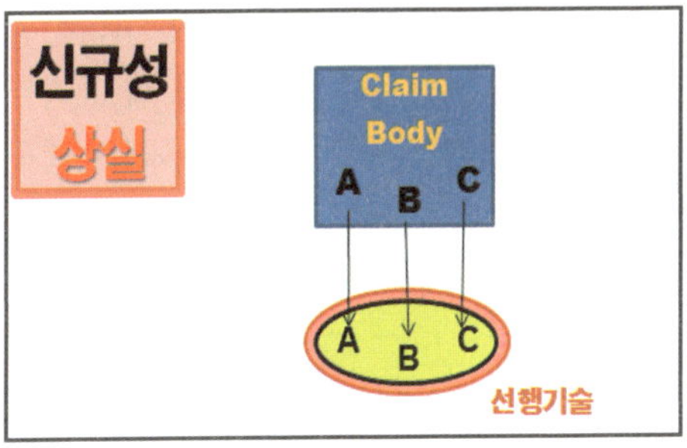

그림 8-22(a)

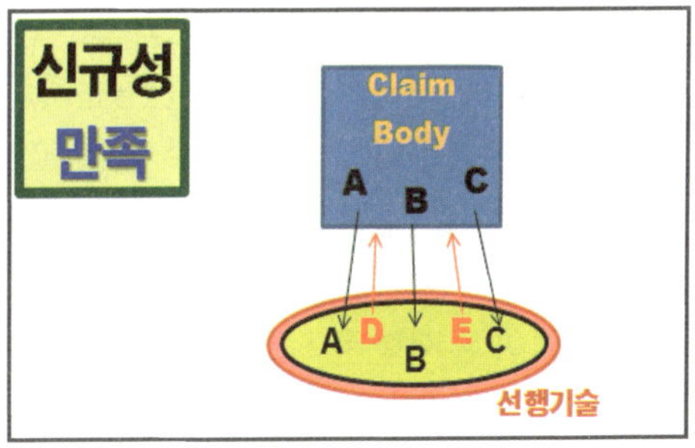

그림 8-22(b)

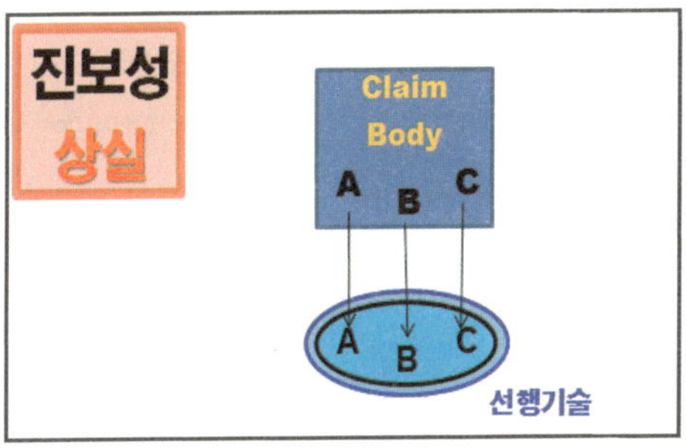

그림 8-22(c)

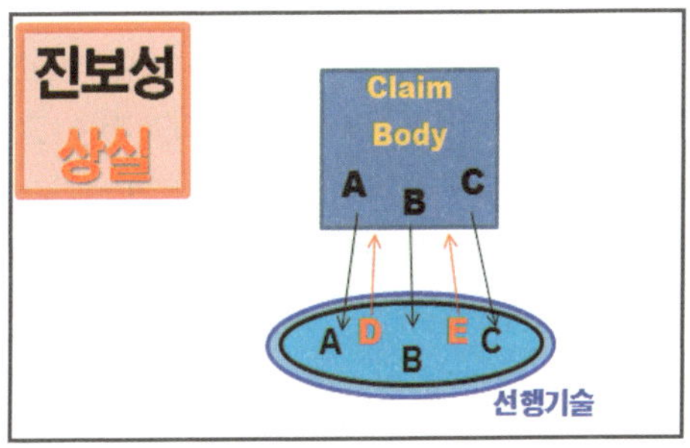

그림 8-22(d)

(2) 진보성 판단과 신규성 판단의 공통점

신규성 판단과 진보성 판단에는 차이점도 존재하지만 상당한 공통점도 존재한다. 우선 신규성 판단이건 진보성 판단이건 모두 청구항에 기재된 청구발명을 선행기술과 비교해야만 한다는 점이다. 물론 앞서 설명한 바와 같이 신규성과 진보성을 판단하는 데 사용될 수 있는 선행기술의 수와 분야는 차이가 있지만, 그럼에도 불구하고 신규성이건 진보성이건 청구항의 요소와 제한조건을 선행기술과 비교해야만 하는 점은 동일하다.

신규성 판단과 진보성 판단의 또 다른 공통점은 청구발명과 선행기술의 비교 방법이다. 즉 청구항에 기재한 청구발명을 선행기술이 개시하는지 여부에 따라 신규성 여

부나 진보성 여부가 결정된다. 물론 신규성을 판단하는 경우에는 청구항의 모든 요소와 모든 제한조건을 선행기술의 최소한 일부분이 명시적으로 개시하는 지에 따라 신규성 여부가 결정되므로, 신규성 판단은 청구발명에 대한 선행기술의 직접적 개시 여부에 의하여 결정된다고 표현할 수 있다. 이에 반하여 진보성을 판단하는 경우에는 청구발명과 선행기술의 차이가 당업자에게 자명한 지를 판단하게 되므로, 이는 청구발명에 대한 선행기술(들)의 명시적 개시라기보다는 간접적 개시에 의하여 결정될 수도 있다는 차이점이 존재함은 사실이다.

(3) 진보성 판단과 "구성요소 완비의 법칙"의 적용 여부

앞서 신규성 판단은 청구항의 모든 요소와 제한조건이 단일의 선행기술에 의하여 명시적으로 개시되는 지에 대한 기계적 비교에 의한 객관적 판단에 가깝다고 설명하였다. 물론 이와 같은 객관적 판단의 근거는 "구성요소 완비의 법칙"이며, 이를 도식화하여 신규성 요건에 대한 판단자의 판단을 용이하도록 도와주는 도구가 claim chart이다.

그렇다면 선행기술에 의한 명시적 개시 여부가 아닌 간접적 개시 여부에 의하여 결정되는 진보성 판단에 "구성요소 완비의 법칙"을 사용할 수 있을까? 또한 "구성요소 완비의 법칙"을 도식화한 claim chart를 활용하여 진보성 요건에 대한 판단자의 판단을 용이하도록 도와줄 수 있을까?

엄밀히 따지자면 선행기술의 명시적 개시 여부가 아니라 자명성에 대한 당업자의 판단에 의존해야만 하는 진보성 판단에는 "구성요소 완비의 법칙"을 적용하기는 어려우며, 그 결과 진보성 분석에 claim chart를 활용하기 어려운 측면이 분명히 존재한다. 특히 선행기술(들)이 청구항의 모든 요소와 제한조건을 명시적으로 개시하지 않는 경우에도, 발명을 전체적으로 보았을 때 청구발명과 선행기술(들)의 차이가 당업자에게 자명할 경우에는 청구발명의 진보성이 부정될 수도 있다.

그럼에도 불구하고 실질적으로 많은 미국 특허전문가들은 진보성 판단에 claim

chart를 활용한다.[40] 그 이유는 위의 제2항 "진보성 판단과 신규성 판단의 공통점"에서 설명한 바와 같이 신규성 판단이건 진보성 판단이건 모두 청구항에 기재된 청구발명을 선행기술과 비교해야만 하며, claim chart를 적절히 활용하면 신규성 판단에 필요한 선행기술에 의한 명시적 개시 여부는 물론 진보성 판단에 필요한 선행기술에 의한 간접적 개시 여부도 표시할 수 있기 때문이다.[41]

따라서 미국 특허전문가들은 "구성요소 완비의 법칙"을 이용하여 신규성 판단에 사용하는 claim chart를 진보성 판단에서도 그대로 사용하는 경향이 있다. 즉 "발명을 전체적으로 보았을 때 청구발명과 선행기술의 차이가 당업자에게 자명"한지에 대한 설명을 말이나 문서로만 표현하며 진보성 요건의 만족 여부를 주장하는 방법에 비하면, claim chart라는 정형의 box를 일종의 "근사치"로 사용함으로써 진보성 기준에 근거한 판단을 시각적으로 용이하게 표시하는 전략이다.

한 가지 주목할 점은 진보성 판단에 claim chart를 사용하다 보니, 청구항의 모든 요소 및 제한조건에 대하여 단일 또는 다수의 선행기술에 의한 개시 여부가 진보성 판단의 핵심이 된다는 점이다. 또한 진보성 판단에 claim chart를 사용하다 보니 상기 chart의 좌측 열의 청구항 요소·제한조건과 우측 열의 선행기술의 개시 사항을 "구성요소 완비의 법칙"을 이용하듯이 비교하게 된다. 하지만 "발명을 전체적으로 보았을 때 청구발명과 선행기술의 차이가 당업자에게 자명"한 지에 대한 여부가 진보성의 판단기준임을 상기한다면, 진보성 판단에 claim chart를 사용하며 청구항 요소와 제한조

40) 자세한 내용은 아래의 URL 참고 (2014.08.31 최종 확인):http://www.patdek.com/claim-charts/http://www.marylandiplaw.com/tags/prior-art/https://static.squarespace.com/static/5318618be4b035ad03368ef1/t/53483878e4b0dd67a161f2ff/1397241976547/reexamination-invalidity-claim-chart.pdf

41) 미국 연방법원도 신규성 판단은 물론 진보성 판단에 claim chart를 사용하도록 허락한다. 그러다보니 일부 미국 특허변호사는 단일의 claim chart를 이용하여 신규성 요건 만족 여부와 진보성 요건 만족 여부를 동시에 주장하기도 한다. 최근 미국특허청의 "Patent Trial and Appeal Board('PTAB'으로 약칭)"는 신규성 판단용 claim chart와 진보성 판단용 claim chart를 분리하도록 요구하며, 신규성 요건 만족 여부와 진보성 요건 만족 여부를 동시에 표현한 단일의 claim chart를 고려하지 않은 바 있다. 이에 대한 자세한 내용은 아래의 URL 참고 (2014.08.31 최종 확인):http://iprpetitiondenied.com/?p=145

건 각각에 대한 선행기술(들)의 개시 여부를 따지는 (근사) 방법과 연방법원의 진보성 판단 판례 사이에는 분명한 차이점이 존재한다. 하지만 이에 대한 설명은 제4항 "근사치 ≈ 발명 전체의 비교 vs. 청구항 요소·제한조건의 개별적 비교"로 미루며, 아래에서는 신규성 판단에 사용되는 claim chart를 진보성 판단에 적용한 예들을 설명한다.

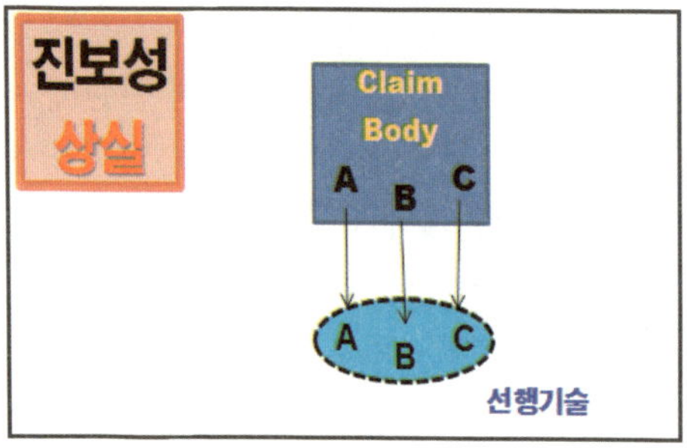

그림 8-23(a). 단일의 선행기술에 의한 진보성 결여

그림 8-23은 신규성 판단의 근간인 "구성요소 완비의 법칙"과 이에 대한 claim chart를 진보성 판단에 응용한 경우에 대한 도식이다. 그림 8-23(a)에서와 같이 발명가가 청구항에 기재한 청구발명의 요소가 A, B, C이며, 모든 청구항 요소가 단일의 선행기술에 의하여 개시되어 자명한 경우, 상기 청구항은 진보성 요건을 만족하지 못한다.

표 8-12(a). 진보성 요건 판단을 위한 Claim Chart

청구항 (요소, 제한조건)		선행기술 개시 사항 (부품·단계)	
		존재 여부	적용 부위
A	⇒	Yes	4쪽
B	⇒	Yes	4쪽
C	⇒	Yes	6쪽

그림 8-23(a)의 진보성 판단 역시 "구성요소 완비의 법칙"에 근거한 claim chart를 이용하여 설명할 수 있다. 일예로 표 8-12(a)와 같이 claim chart의 좌측 열에는 청구항 요소를 각각 기재하고, 같은 행의 우측 열에는 청구항 요소에 대하여 선행기술이 개시한 사항을 기입하며, 청구항의 모든 요소가 단일의 선행기술에 의하여 개시되어 자명할 경우, 상기 청구항은 진보성 요건을 만족하지 못한다.

반면 그림 8-23(b)는 청구발명의 요소인 A, B, C가 두 개 이상, 다수의 선행기술에 의하여 개시되는 경우이다. 일예로 선행기술 1은 청구항 요소인 A와 B를 개시하고, 선행기술 2는 청구항 요소인 C를 개시한다. 따라서 선행기술 1과 선행기술 2를 조합하면 상기 청구항은 진보성 요건을 만족하지 못한다. 단 진보성 판단 시 다수의 선행기술을 조합하려면 특정 요건을 만족해야하는 바, 이는 아래 제8장의 2-마절 "미국 판례의 TSM Test 및 KSR Case의 상식 Test"에서 자세히 설명한다.[42)]

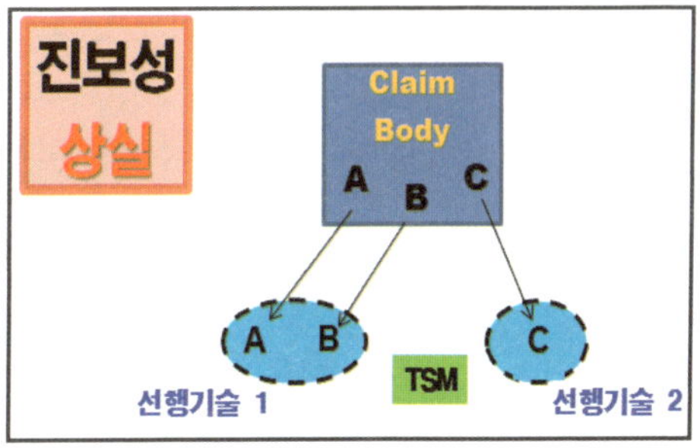

그림 8-23(b). 다수의 선행기술의 조합에 의한 진보성 결여

표 8-12(b). 진보성 요건 판단을 위한 Claim Chart

청구항 (요소, 제한조건)	선행기술 개시 사항 (부품·단계)	
	존재 여부	적용 부위
A ⇒	Yes	선행기술 1 4쪽
B ⇒	Yes	선행기술 1 6쪽
C ⇒	Yes	선행기술 2 4쪽

다수의 선행기술을 이용하여 진보성을 판단할 때에도 "구성요소 완비의 법칙"을 이용할 수 있으며, 표 8-12(b)와 같이 claim chart를 사용할 수 있다. 즉 상기 chart의 좌측 열에는 청구항 요소를 기재하며, 같은 행의 우측 열에는 청구항 요소에 대한 선행기술의 개시사항 및 이를 개시하는 선행기술을 기입한다. 따라서 청구항 요소 모두가 다수의 선행기술의 조합에 의하여 개시되어 자명할 경우, 상기 청구항은 진보성 요건을 만족하지 못한다.

42) 그림에서 TSM은 teaching(교시, 개시), suggestion(암시), and motivation(시사, 동기)의 약자이며, TSM은 제8장의 2-마절 "미국 판례의 TSM Test 및 KSR Case의 상식 Test" 참고.

앞서 제8장의 1-가절 "신규성 판단 요건"에서 설명하였듯이 신규성 판단의 주체는 청구항이기 때문에 선행기술이 청구항 요소나 제한조건 이외의 사항들을 개시하더라도 이는 신규성 판단에 아무런 영향도 미치지 못한다. 이는 진보성 판단에서도 마찬가지이다.

그림 8-24. 진보성 판단과 선행기술의 개시 내용과의 관계

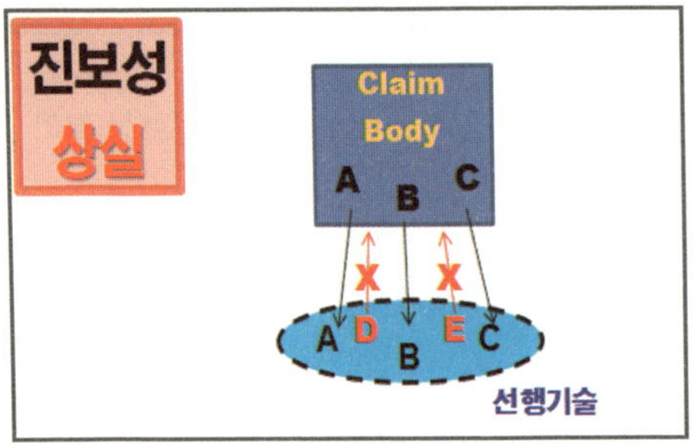

그림 8-24(a)

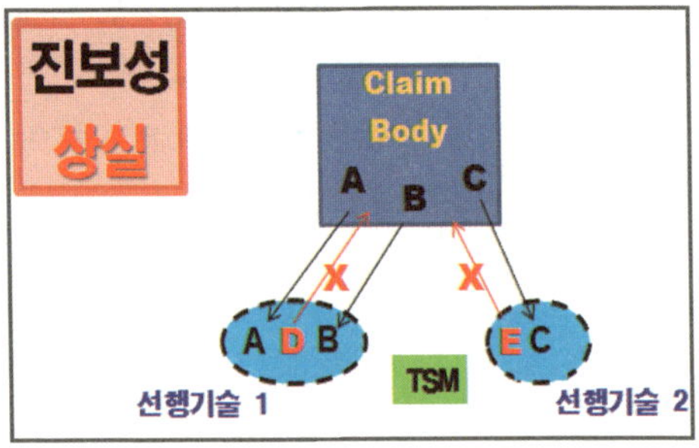

그림 8-24(b)

그림 8-24(a) 및 8-24(b)는 이에 대한 예로서, 그림 8-24(a)와 같이 선행기술이 청구항에 포함되어 있지 않은 내용을 개시하더라도 이는 청구항에 기재한 청구발명의 진보성 판단에는 영향을 주지 않는다. 또한 8-24(b)와 같이 다수의 선행기술들이 청구항에 포함되지 않은 내용을 개시하더라도 이러한 내용이 다수의 선행기술들을 조합하는 TSM에 영향을 주지 않으며, 그 결과 진보성 판단에도 영향을 주지 않는다. 이에 대한 이유는 진보성 판단의 주체인 당업자는 단일의 선행기술 또는 다수의 선행기술들의 조합이 개시하는 사항 중 자신이 필요로 하는 사항만을 선택적으로 인지하는 능력이 있다고 추정되기 때문이라고 생각된다.

(4) 근사치 ≈ 발명 전체의 비교 vs. 청구항 요소·제한조건의 개별적 비교

앞서 진보성 관련 법조항에 의하면, "발명과 선행기술과의 차이가 발명을 전체적으로 보았을 때 당업자에게 출원 시점에서 자명할 경우 상기 발명은 진보성 요건을 만족하지 못한다"고 설명하였다. 하지만 위의 그림 8-23(a)와 8-23(b), 표 8-12(a)와 8-12(b)의 claim chart를 살펴보면 그 어디에도 발명과 선행기술의 전체적 차이는 고

려되지 않는다. 오히려 발명을 전체적으로 비교하는 대신 claim chart를 이용하여 각각의 청구항 요소와 제한조건을 선행기술(들)의 개시 사항과 각각 비교할 뿐이다. 그렇다면 어떻게 그림 8-23 및 8-24가 진보성 판단의 원칙을 설명한다고 볼 수 있을까?

정답은 "이치상으로 그렇다"이다. 일예로 그림 8-25의 (가)는 [A, B, C]라는 청구발명과 (A, B, C)라는 선행기술과의 전체적 차이가 당업자에게 자명한 지 여부에 따라 진보성을 판단하는 방법이다. 이에 반하여 그림 8-25의 (나)는 청구발명의 [A]와 선행기술이 개시하는 (A)의 차이, 청구발명의 [B]와 선행기술이 개시하는 (B)의 차이, 청구발명의 [C]와 선행기술이 개시하는 (C)의 차이가 당업자에게 자명한 지를 판단하는 방법을 예시한다.

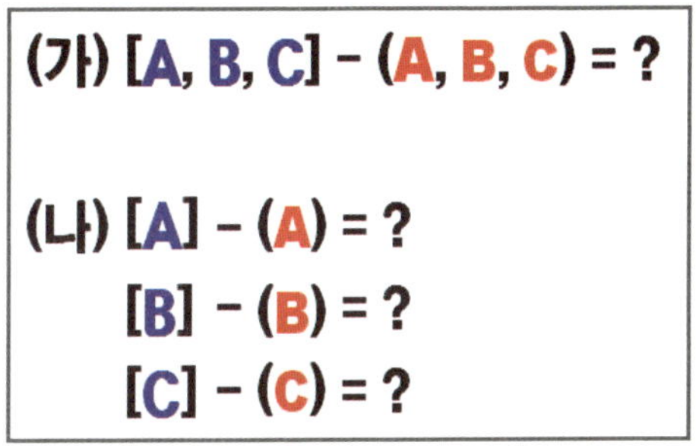

그림 8-25. "구성요소 완비의 법칙"을 이용한 진보성 판단의 이론적 근사치

물론 진보성 관련 규정에 의하면 그림 8-25의 (가)가 정답인 반면 (나)는 진보성 판단에 대한 정확한 규정과는 어긋난다. 또한 수학적으로도 {[A, B, C] - (A, B, C)}가 {[A] - (A)}, {[B] - (B)}, {[C] - (C)}의 합과 동일하다는 보장은 없으며, A, B, C가 서로 독립적일 경우에 한해서만 (가)와 (나)가 동일할 수 있다. 즉 그림 8-23 및 8-24와 같이 진보성 판단에 "구성요소 완비의 법칙"과 claim chart를 이용하는 방법 자체가 특허법이 정의한 진보성 판단 기준과는 상이할 수 있다.

하지만 그림 8-25의 (나)와 같이 청구발명의 모든 요소들이 단일 또는 다수의 선행기술에 의하여 개시될 경우, 청구발명과 선행기술의 개시 사항 사이의 차이는 상당히 적을 가능성이 크다. 또한 상기 차이가 적어질수록 청구발명과 선행기술은 유사할 가능성이 크며, 청구발명이 속하는 관련 분야의 통상적 지식을 가진 당업자 역시 상기 차이를 자명하게 여길 가능성도 크다. 이러한 이유로 미국 특허업계는 진보성 분석 및 설명의 용이성을 높이기 위하여 진보성 판단에도 "구성요소 완비의 법칙"을 사용하며, 이에 근거한 claim chart도 사용하지 않을까?

바꾸어 말하자면 {[A] - (A)}, {[B] - (B)}, {[C] - (C)}의 합과 {[A, B, C] - (A, B, C)}는 수학적으로 동일하지 않을 수 있다. 하지만 진보성 판단 기준 자체가 당업자이며, 당업자는 정의 상 수학과 같이 정밀과학(exact science)을 논하는 주체가 아니므로, 미국 특허업계는 그림 8-25의 (나)의 방법을 진보성 판단에 사용하지 않을까 추정된다.

(5) 기타 진보성 판단 기준

신규성 판단과 달리 진보성 판단에는 다수의 선행기술을 조합하여 사용할 수 있되, 여기에는 teaching(교시, 개시), suggestion(암시), motivation(시사, 동기) 등이 필요하다고 설명하였다. 즉 당업자라고 해서 청구발명이 속하는 관련 분야의 선행기술들을 무작위로 조합할 수는 없으며, 선행기술이 TSM 또는 이에 상응하는 결합에 대한 교시, 암시 또는 동기를 부여하는 경우에만 다수의 선행기술들을 결합할 수 있게 된다.

그림 8-26. 다수의 선행기술의 조합에 의한 진보성 결여

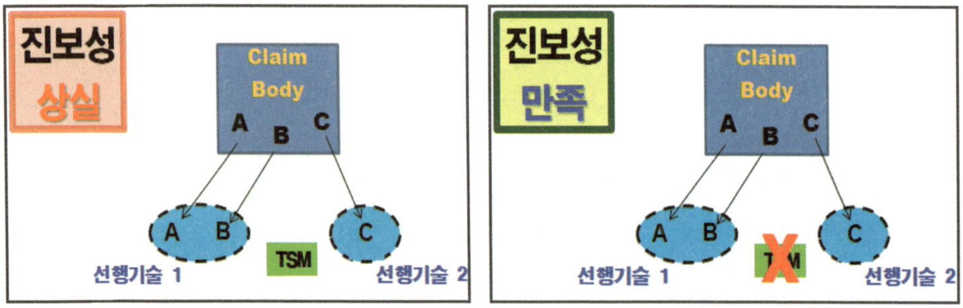

그림 8-26(a) 그림 8-26(b)

따라서 그림 8-26(a)의 경우, 당업자가 TSM에 의하여 선행기술 1과 2를 조합함에 따라 청구발명과 선행기술 사이의 차이가 자명해지므로 상기 청구항은 진보성을 상실한다. 반면 그림 8-26(b)에서는 당업자가 선행기술들을 조합하는 TSM을 선행기술 1, 2가 제공하지 않으므로 상기 청구항은 진보성 요건을 만족한다.

그림 8-27. 선행기술 조합에 의한 진보성 부정의 한계

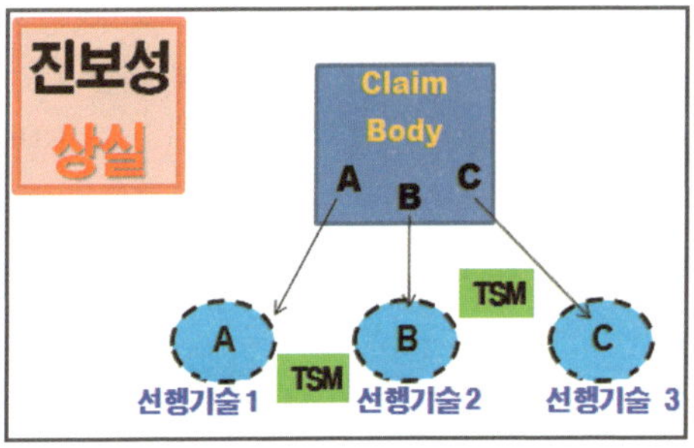

그림 8-27(a)

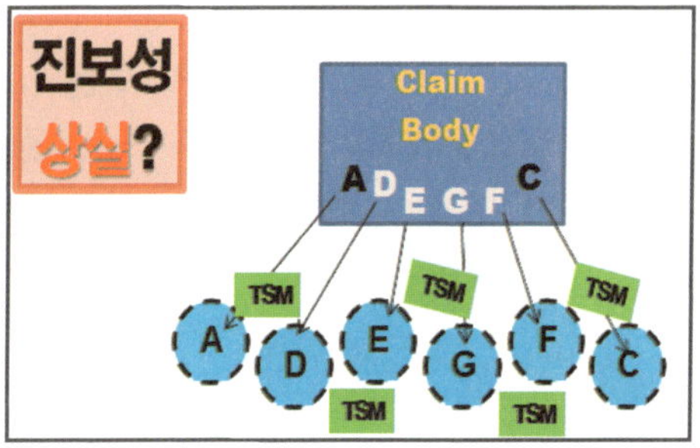

그림 8-27(b)

그렇다면 진보성 판단에 사용될 수 있는 선행기술의 수에는 제한이 없을까?

이론적 정답은 "제한이 없다"이다. 하지만 현실적 정답은 "대부분의 경우 많아야 3~4개 정도로 제한된다"이다. 일예로 그림 8-27(a)와 같이 청구항은 A, B, C의 3개의 요소를 포함하며, 세 개의 선행기술이 각각 A, B, C를 개시하는 한편, 선행기술 1~3을 조합할 수 있는 TSM이 존재할 경우, 청구항의 진보성은 부정된다. 마찬가지로 그림 8-27(b)와 같이 청구항은 A, C, D, E, F, G의 6개의 요소를 포함하며, 6개의 선행기술이 각각 A, C, D, E, F, G를 개시하는 한편, 선행기술 1~6을 조합할 수 있는 TSM이 모두 존재할 경우, 상기 청구항의 진보성 역시 부정될 수 있다.

하지만 당업자가 2~3개도 아니고 5~6개의 선행기술을 조합해야만 청구항의 진보성을 부정할 수 있다는 말은, 그만큼 청구항의 요소 및 제한조건들을 개시하거나 이들이 조합되어 있는 선행기술이 흔하지 않다는 사실을 반영한다. 즉 청구항의 모든 요소를 개시하여 청구발명의 진보성을 부정하기 위하여 특허청 심사관이나 침해 의심업체가 5~6개 이상이나 되는 많은 수의 선행기술을 조합해야만 할 경우, 이러한 사실 자체가 발명가의 청구발명이 그다지 자명하지 않음을 반영한다고 간주할 수 있다. 따라서 현실적으로 특허청 심사관이나 특허침해소송의 피고가 발명가가 침해를 주장하는 특허 청구항의 진보성을 부정하려는 경우, 4개 또는 그 이상의 선행기술을 결합하여 사용하는 경우는 극히 드물다.

다. 관련 분야

진보성의 판단 주체는 '당업자' 또는 POSITA(person of ordinary skill in the art)이다. 따라서 당업자가 속한 분야 또는 "관련 분야"의 선정이 바로 진보성 판단의 첫 번째 관문이다. 사실 진보성 판단을 위한 "관련 분야"야 대충 결정해도 되지 않을까 생각할 수 있지만 "관련 분야"의 선정은 진보성 판단에 큰 영향을 준다.

일예로 발명가가 2차전지에 대한 발명을 특허출원하였다고 가정하자. 상기 발명에 대한 청구항의 진보성은 당연히 청구발명이 속하는 분야의 선행기술과 비교하여 판단한다. 만일 인류가 인지하고 있는 선행기술 전체가 청구발명이 속하는 분야일 경우, 상기 청구항은 이 세상의 모든 선행기술과 대비하여 진보성을 확보해야 한다. 물론 이는 용이한 작업이 아니므로 발명가가 상기 청구항에 대한 진보성을 확보하고 특허를 받기는 상당히 어려워질 수밖에 없다.

그림 8-28. 진보성 판단을 위한 관련 분야

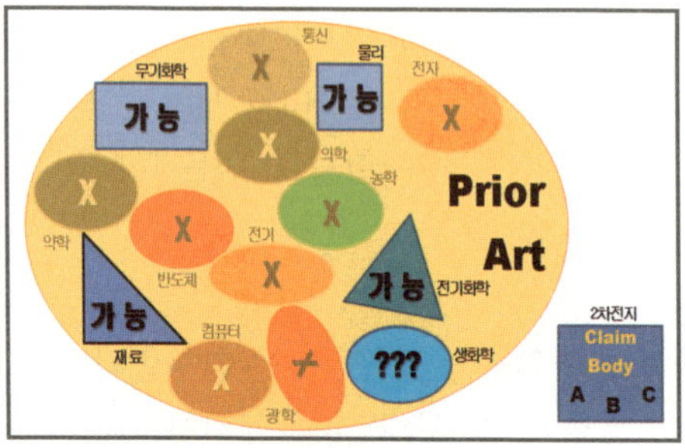

그림 8-28(a)

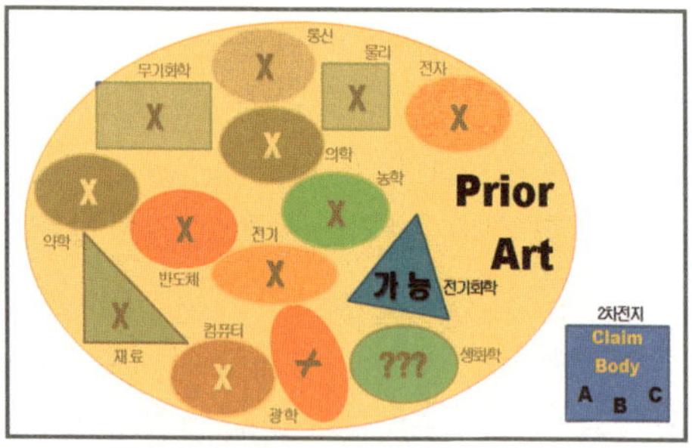

그림 8-28(b)

하지만 그림 8-28(a)의 우하귀의 청색 사각형과 같이 청구발명이 2차전지일 경우 상기 청구발명이 속하는 분야를 물리, 화학 및 재료 분야로 국한한다면, 상기 청구항은 전체 선행기술의 일부에만 해당하는 선행기술과 대비하여 진보성을 확보하면 된다. 즉 선행기술의 분야가 줄어든 만큼 상기 분야에 속한 선행기술의 양 역시 줄어들고, 이에 따라 진보성 확보도 상대적으로 용이해진다.

한편 그림 8-28(b)와 같이 발명가가 특허청 심사관이나 법원을 설득하여 상기 청구항이 속하는 분야를 전기화학이라는 단일 분야로 축소하였다고 가정하자. 그 결과 특허청 심사관이나 법원은 상기 청구항의 진보성을 판단할 때 전기화학 분야의 선행기술만을 고려할 수밖에 없으며, 그 결과 상기 분야에 속한 선행기술의 양은 대폭적으로 줄어든다. 이와 같이 선행기술의 범위가 넓어질수록 일반적으로 청구항이 진보성을 확보하기 어려워지는 반면 선행기술의 범위가 좁아질수록 청구항이 진보성을 확보하기가 용이해질 수밖에 없다.

미국 판례를 종합하면 "관련 분야"란 (1) 발명가가 해결하고자 하는 문제와 동일한 문제에 해당하는 분야 및 (2) 상기 동일 분야는 아니더라도 발명가가 해결하고자 하는 문제와 합리적으로 관련이 있는 분야를 모두 포함한다. 물론 이러한 설명은 상당히 추상적인 문제에 대한 정확히 추상적인 답변이라 큰 도움이 되지 않을 수도 있다. 따라서 아래에서는 진보성 판단을 위한 "관련 분야"에 대한 미국 연방항소법원의 최근 판례를 설명한 후, 발명가에게 시사하는 점을 요약한다.

(1) IT 발명 - Innovention Toys vs. MGA (Fed. Cir. 2011)

Innovention Toys v. MGA는[43] 2011년 미국 연방항소법원 판례로서 진보성 판단 시 필요한 선행기술의 범위는 물론 당업자의 수준에[44] 대한 판결이 포함된 흥미로운 판례이다. 아래에서는 상기 판례 중 "관련 분야"에 대한 부분을 발췌하여 요약한다.

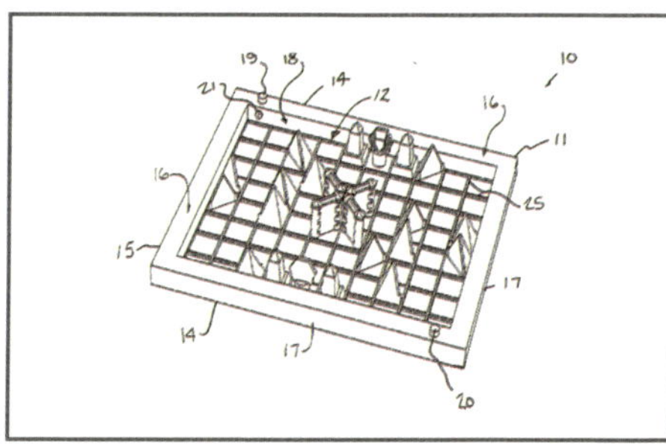

그림 8-29. Innovention의 U.S. Pat. No. 7,264,242의 대표 도면

43) Innovention Toys, LLC. v. MGA Entertainment, Inc., 637 F.3d 1314 (Fed. Cir. 2011).

44) 본 사건의 경우 침해 의심업체인 MGA는 당업자의 수준에 대하여 아무런 항변을 하지 않은 반면 특허권자인 Innovention은 당업자의 수준이 일반인이라고 주장하였으므로, 연방항소법원은 Innovention의 주장을 받아들였다.

Innovention은 그림 8-29에서와 같이 chess와 유사한 게임 판(board) 위에 다수의 laser source를 설치하고 laser를 조사하며 진행하는 chess 유형의 게임을 개발하였다. Innovention이 개발한 게임의 말(game piece)은 거울이 부착되지 않은 왕(key playing piece)과, 한쪽 면(mirrored surface)에 거울이 달려 laser를 반사하는 다수의 말들로 구성되었다.

표 8-13. Innovention의 '242 특허의 대표 청구항

31. A board game for two opposing players or teams of players comprising:
a game board, movable playing pieces having at least one mirrored surface, movable key playing pieces having no mirrored surfaces, and a laser source, wherein alternate turns are taken to move playing pieces for the purpose of deflecting laser beams, so as to illuminate the key playing piece of the opponent.

참가자들은 번갈아 비어있는 칸으로 말을 이동하거나 같은 칸에서 말을 회전하여 거울의 방향을 조정하며, 말을 이동하거나 회전할 때마다 laser를 조사한다. 이 때 거울로 laser를 반사하지 못하는 상대방의 말은 모두 게임 판에서 제거한다. 이러한 순서를 반복하며 참가자는 laser를 피해 움직이는 상대방 왕이 laser에 맞아 죽을 때까지 게임을 진행한다. Innovention은 이 게임을 특허로 출원하여 U.S. Pat. No. 7,264,242 ('242 특허)를 등록한다.[45] 표 8-13은 Innovention의 '242특허의 대표 청구항인 독립항 31이다.

Innovention의 경쟁자인 MGA도 board 게임인 "Laser Battle"을 제작·판매하였다. MGA의 게임 역시 chess와 유사한 판을 이용하며, 거울이 한쪽에 부착된 다수의 말(playing piece)을 이용하는 전략(physical strategy) 게임이었다. 참가자는 번갈아 말을 비어있는 칸으로 이동하거나 같은 칸에서 회전하여 거울의 방향을 조정하며,

45) U.S. Pat. No. 7,264,242 entitled "Light-reflecting board game," filed by Luke Jackson Hooper, Del Alan Segura, Michael Charles Larson on February 13, 2006, issued on September 4, 2007, and assigned to Innovention Toys, LLC.

laser beam이 상대방의 탑(tower piece)을 맞추면 승리한다. 단 MGA 게임의 경우 “Classic Game Play”에서는 게임 시작 전 탑을 정해진 자리 중 하나를 골라 배치한 후 게임 중에는 탑을 움직일 수 없는 반면 “Advanced Game Play”에서는 게임 중에도 탑을 움직일 수 있었다.

Innovention은 MGA, Wal-Mart, Toys “R” Us 등이 자신의 ’242 특허의 독립항 31 등을 침해하였다고 미국 연방지방법원에 제소하였으며, 이에 대응하여 MGA는 Innovention의 ’242 특허가 진보성이 결여되었다고 주장하며, 그 근거로 ‘Computer’ 잡지 1987년 4월호 기사에 실린 “Laser Chess™ First Prize $5,000.00 Winner Atari ST Programming Contest”를 첫 번째 선행기술로, 같은 잡지의 1989년 여름호 기사의 “Advanced Laser Chess”를 두 번째 선행기술로, laser를 이용한 chess와 유사한 전략 game에 대한 U.S. Pat. No. 5,145,182(Swift 특허)를 세 번째 선행기술로 인용하였다.

첫 번째 선행기술인 Atari의 ST 게임은 가상(virtual) 컴퓨터 게임으로서, 거울이 달려있으며 움직이거나 회전이 가능한 말들과 거울이 없는 말로 구성된 chess 형식의 game이었다. 이 게임의 목적은 laser를 이용하여 상대편 말을 죽이는 것이며, 특히 왕(key playing piece)에 해당하는 말은 바로 옆 칸으로 이용하여 상대편 말을 잡을 수 있었다. 두 번째 선행기술 역시 첫 번째 선행기술과 유사하며, 마지막 선행기술은 컴퓨터 게임이 아닌 물리적 board 게임으로서, 거울이 달린 game piece를 chess와 유사한 game 판에 배치하고, 골대는 움직이지 못하게 game 판에 고정시킨 후, 참가자는 laser beam을 굴절하여 자신의 골대(scoring module)를 비켜가며 상대편의 골대를 맞추어 득점하는 방식이었다.

Innovention은 MGA의 첫 번째와 두 번째 선행기술은 ’242 특허 청구항에 기재한 청구발명과는 상이한 분야의 기술이라고 주장하였다. 즉 Innovention의 특허발명은 board에서 말을 움직이는, 물리적 물건을 사용하는 게임인 반면 MGA가 인용한 첫 번째, 두 번째 선행기술은 컴퓨터 게임이므로 분야가 상이한 기술이라는 주장이었다. 또한 Innovention은 자신의 특허발명은 3차원 게임인 반면 MGA가 인용한 첫 번째 및 두 번째 선행기술의 컴퓨터 게임은 2차원 게임이므로 발명이 해결하려고 노력하는 분야(field of endeavor) 역시 상이하다고 주장하였다.

미국 연방지방법원은 Innovention의 특허발명이 board 게임인 반면 MGA가 인용한 선행기술 중 첫 번째와 두 번째는 컴퓨터 게임이므로 분야가 상이하다고 판단하고, 이에 따라 진보성 판단을 위한 선행기술로 사용할 수 없다고 판결하였다. 또한 MGA의 세 번째 선행기술인 Swift 특허는 Innovention의 특허발명과 상이하며, Innovention 게임의 탑은 움직일(movable) 수 있는 반면 Swift 특허의 골대는 움직이지 못한다는 상이점이 있으며, 관련 분야의 통상적 지식을 지닌 당업자가 상기 선행기술을 변형하여 Innovention이 개발한 게임의 탑처럼 골대도 움직일 수 있도록 개량할 이유를 입증하지 못하였기 때문에 Innovention 특허가 무효가 아니라고 판결하였다.[46)]

하급심에서 패소한 MGA는 미국 연방항소법원에 항소하였으며, 연방항소법원은 청구항 용어인 "움직일 수 있는 (movable)"에 대한 연방지방법원의 해석은 인용하였지만, MGA가 인용한 첫 번째 및 두 번째 선행기술이 관련 분야가 아니라는 연방지방법원의 판결을 파기, 환송하였다.

연방항소법원은 진보성 판단에 사용할 수 있는 "관련 분야" 판단에 대한 2단계 test를 설명하였다. 상기 test의 첫 번째 단계에 의하면 발명이 해결하고자 하는 특정 문제와 관계없이 선행기술이 특허발명이 해결하고자 노력하는 분야에 속하는 경우 상기 선행기술은 관련 분야에 속하며, 또한 상기 test의 두 번째 단계는 선행기술이 특허발명과 해결하려고 노력하는 분야가 상이하더라도 선행기술이 발명가가 해결하고자 하는 특정 문제와 합리적으로 관련이 있을 경우 또는 선행기술에 개시된 내용의 목적이 특허발명이 추구하는 목적과 동일할 경우, 상기 선행기술은 특허발명과 동일한 문제와 관련되므로 상기 선행기술은 진보성 판단의 근거로 사용할 수 있다는 해석이다.

연방항소법원은 연방지방법원이 위의 test의 첫 번째 단계는 올바르게 수행하였으나 두 번째 단계는 적용하지 않았다고 판시하였다. 연방항소법원은 상기 test의 두 번째 단계를 수행한 결과 '242 특허와 선행기술의 Laser Chess article들은 chess와 유

46) 미국 연방지방법원은 '242 특허는 진보성 요건을 만족하므로 유효라고 해석하였고, 이에 따라 MGA는 '242 특허를 문언침해하였다고 판단하였다. 연방지방법원은 MGA에게 손해배상금을 지불하도록 판결하였으며, MGA에게 영구 금지처분(permanent injunction)도 내렸다.

사하고 laser를 사용하여 상대편 말을 제거한다는 동일한 목적을 추구함은 물론 게임의 말들이 각각 독특한 능력을 지니며, 사용자가 번갈아 말을 움직이며, 상대방의 왕 또는 탑을 제거한다는 동일한 목적을 수행한다는 공통점이 있기 때문에 상기 선행기술들은 '242 특허의 발명의 분야에 속한다고 판시하였다.

(2) 생활 발명 - In re Klein (Fed. Cir. 2011)

In re Klein[47] 역시 2011년 미국 연방항소법원 판례로서 진보성 판단 시 필요한 선행기술의 범위는 물론 당업자의 수준에 대한 판결이 포함된 흥미로운 판례이다. 아래에서는 상기 판례 중 "관련 분야"에 대한 부분만을 발췌하여 소개하며, 제8장의 2-라절에서는 상기 판례 중 "당업자의 수준"에 대한 부분을 소개한다.

동물을 애호하는 미국인들은 자신의 집에 모이통을 걸어놓고 새나 나비에게 설탕물과 같은 먹이를 준다. 또한 동물마다 즐기는 설탕물의 농도도 상이하므로 일부 열성 동물애호가들은 자신의 집에 날아오는 동물의 종류(일예로 꾀꼬리, hummingbird(벌새) 또는 나비 등)에 따라 상이한 농도의 설탕물을 만들기도 한다. 하지만 일반인들은 계량컵이나 저울 등이 없으므로 특정 농도의 설탕물을 제작하기는 만만한 작업이 아니다.

이에 발명가인 Arnold G. Klein은 일반인이 계량컵이나 저울 없이도 벌새나 나비에게 알맞은 농도의 설탕물을 쉽게 만들 수 있는 기구를 착상하였다. 즉 계량컵이나 저울 없이 상이한 농도의 설탕물을 만들 수 있는 기구에 대한 발명이다.

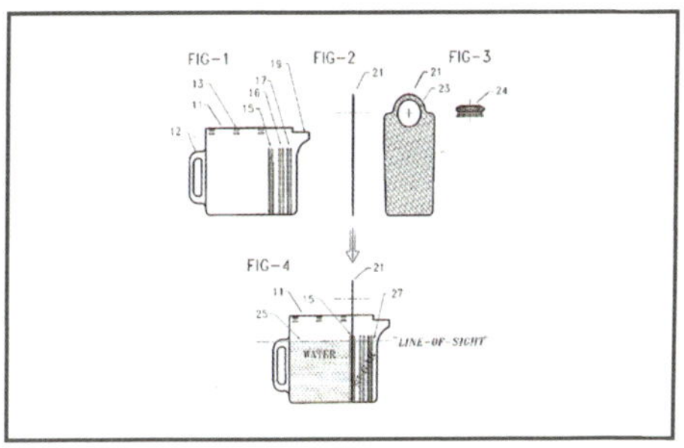

그림 8-30. Klein의 U.S. Pat. Serial No. 10/200,747 출원의 대표 도면

그림 8-30은 Klein의 발명의 예시도로서 상기 발명은 칸막이(divider)를 끼울 수

47) In re Arnold G. Klein, 647 F.3d 1343 (Fed. Cir. June 6, 2011).

있도록 설치된 다수의 홈(rail)을 형성한 용기이다. 따라서 칸막이를 첫 번째 홈에 끼워 용기를 두 부분으로 구분한 후, 한쪽 부분에는 설탕, 다른 쪽 부분에는 물을 채우고 칸막이를 빼면 나비가 좋아하는 농도의 설탕물을 만들 수 있고, 두 번째 홈에 칸막이를 끼운 후 각 부분에 설탕과 물을 채우고 칸막이를 빼면 벌새가 좋아하는 농도의 설탕물을 만들 수 있다는 식이다. Klein은 상기 용기를 특허 출원(10/200,747 또는 '747 출원)하였다.[48]

표 8-14. Klein의 '747 출원의 대표 청구항

21. A convenience nectar mixing device for use in preparation of sugar-water nectar for feeding hummingbirds, orioles or butterflies, said device comprising:
a container that is adapted to receive water, receiving means fixed to said container, and a divider movably held by said receiving means for forming a compartment within said container, wherein said compartment has a volume that is proportionately less than a volume of said container, by a ratio established for the formulation of sugar-water nectar for humming-birds, orioles or butterflies, wherein said compartment is adapted to receive sugar, and wherein removal of said divider from said receiving means allows mixing of said sugar and water to occur to provide said sugar-water nectar.

표 8-14는 '747 출원의 독립항 21이다. 위의 청구항의 특징은 혼합비율을 숫자로 명시하지 않고, 벌새나 나비의 먹이의 설탕 함량에 해당한다고 기능적으로 개시한 점이다.

미국특허청 심사관은 선행기술 다섯 개를 인용하며 Klein의 '747 출원을 진보성 결여로 거절하였다. 상기 선행기술들로는 우선 칸막이와 이를 끼울 수 있는 이동식 홈

48) U.S. Patent Application Serial No. 10/200,747 entitled "Convenience Nectar Mixing and Storage Devices" and filed by Arnold G. Klein on July 24, 2002.

등을 개시하는 U.S. Pat. No. 580,899 (Roberts 특허)와 U.S. Pat. No. 1,523,136 (O'Connor 특허) 및 U.S. Pat. No. 2,985,333 (Kirkman 특허)는 물론, U.S. Pat. No. 2,787,268 (Greenspan 특허), U.S. Pat. No. 3,221,917 (De Santo 특허) 등이다. 그림 8-31(a) 내지 8-31(e)는 상기 선행기술들의 대표 도면들이다.

그림 8-31. Klein의 출원특허에 대한 선행기술의 대표 도면

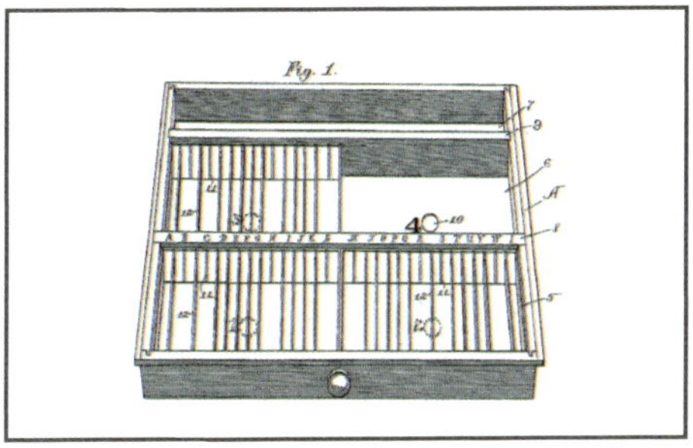

그림 8-31(a) Roberts 특허

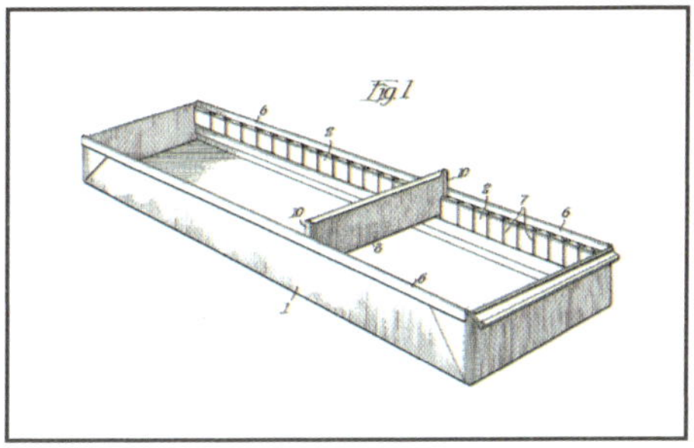

그림 8-31(b) O'Connor 특허

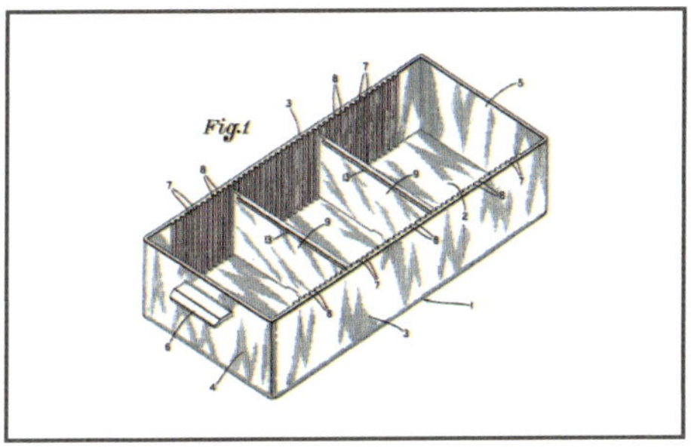

그림 8-31(c) Kirkman 특허

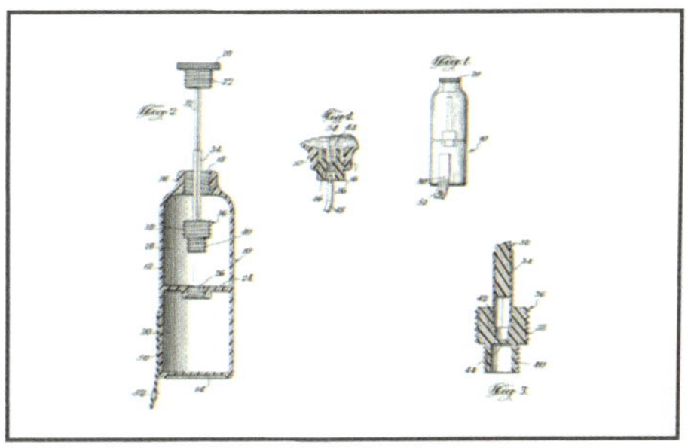

그림 8-31(d) Greenspan 특허

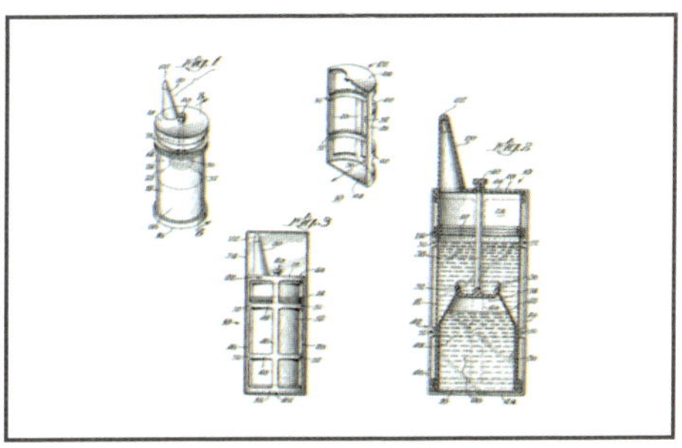

그림 8-31(e) De Santo 특허

우선 그림 8-31(a)의 Roberts 특허는 도서카드를 보관하는 함과 관련된 발명으로서, 상기 보관함의 특징은 다수의 홈(receptacle)을 만들고 여기에 탈착 가능한 칸막이를 삽입하여 다수의 칸을 구성하였다는 점이다. 또한 칸막이 각각에는 사용자가 손가락을 삽입할 수 있는 정도의 구멍을 제공하여 칸막이를 쉽게 조작할 수 있도록 구성하였다. 그림 8-31(b)의 O'Connor 특허는 공구 보관함에 대한 발명이다. 상기 보관함의 특징은 이동 가능한 칸막이를 설치하여 작은 물건을 용이하게 보관하도록 구성하였다는 점이다. 특히 상기 칸막이는 함의 아랫면과 접촉하지 않고 틈이 생기도록 구성하여 사용자가 칸막이를 쉽게 꺼낼 수 있도록 구성하였다. 그림 8-31(c)의 Kirkman 특허는 탈착 가능한 칸막이를 가지는 cabinet 서랍에 대한 발명이다. 상기 서랍의 특징은 칸막이를 끼워 서랍을 다수의 다양한 크기의 칸으로 분할하도록 구성하였으며, 특히 칸막이(9) 하단에 조그만 홈을 만들어 사용자가 칸막이를 쉽게 꺼낼 수 있도록 구성하였다.

위의 세 가지 선행기술 외에도 심사관은 액체 보관 용기에 대한 두 개의 선행기술도 인용하였다. 우선 그림 8-31(d)의 Greenspan 특허는 건조시킨 plasma를 보관하는 칸과 물을 보관하는 칸으로 이루어진 blood plasma 용기 관련 특허이다. 상기 용기는 운반 시 칸막이를 설치하여 두 개의 칸을 분리하며, 사용 시 plasma를 보관하는 칸을 제거하면 plug가 용기의 마개가 되며, 용기를 흔들면 plasma가 물에 용해되어 사용할 수 있다. 단 용기에 장착한 칸막이는 움직이지 않으므로 칸의 크기나 부피는 변하지 않는다. 그림 8-31(e)의 De Santo 특허는 두 가지의 상이한 용액을 각각 별개의 칸에 보관하는 유체 용기에 대한 특허이다. 상기 용기의 두 개의 칸 사이에는 valve를 장착하여, 용기의 외부를 개방하지 않고도 사용자가 원할 때 valve를 열어 두 용액을 혼합하여 hair rinse와 같은 용액을 제조할 수 있도록 고안되었다. 단 valve는 용기에 고정되어 있으므로 칸의 크기나 부피는 변하지 않는다.

발명가 Klein은 특허청 심사관의 진보성 거절 사유에 대한 대응에서 자신이 해결하려는 문제는 "multiple ratio mixing problem"이므로 위의 선행기술들이 자신의 청구발명과 관련된 분야에 속하지 않는다고 주장하였다. 이에 반하여 특허청 심사관 및 미국 특허심판원(Board of Patent Appeals and Interferences, BPAI로 약칭)은 Klein이 해결하려는 문제는 "compartment separation problem"이며, 물건을 분리하는 문제는 설탕물을 혼합하고 저장하는 문제에만 특정되지는 않는다고 주장하였다. 따라서 다섯 개의 선행기술들의 분리 가능한 칸막이 역시 상기 분야에만 특정되지만은 않기 때문에 당업자는 두 가지 상이한 물질을 각각 저장하여 혼합할 때 위의 선행기술들을 참고하였을 것이라고 주장하였다. 특히 특허청 및 특허심판원은 상기 선행기술들이 Klein이 해결하고자 하는 문제와 합리적으로 관련된다고 판단하며 최종 거절을 확인하였다.

하지만 Klein의 항소심을 맡은 미국 연방항소법원은 특허심판원의 거절을 파기, 환송하였다. 연방항소법원은 우선 발명이 해결하고자 하는 특정 문제와 관계없이 선행기술이 특허발명의 분야에 속하는 경우 상기 선행기술은 관련 분야에 속하며, 또한 선행기술이 특허발명과 분야가 상이하더라도 선행기술이 발명가가 해결하고자 하는 특정 문제와 합리적으로 관련이 있을 경우 또는 선행기술에 개시된 내용의 목적이 특허발명이 추구하는 목적과 동일할 경우, 이는 특허발명과 동일한 문제와 관련되므로 상기 선행기술은 진보성 판단에 사용할 수 있다는 원칙을 재확인한 후, 특허청이 인용한 각각의 선행기술에 대하여 아래와 같이 설명하였다.

Roberts 특허는 도서카드 또는 account card를 각각 분리하여 보관하도록 고안된, 탈착가능한 칸막이를 가진 함을 개시하고, O'Connor 특허는 bolt나 nut와 같은 공작재료를 보관하는, 이동이 가능한 칸막이를 가진 공구함을 개시하며, Kirkman 특허는 화장품, 문방용품, 기구 등의 가정용품을 각각 분리하여 보관할 수 있으며, 탈착가능한 칸막이를 가진 cabinet 서랍 등을 개시한다고 해석하였다. 특히 연방항소법원은 Roberts 특허의 구멍(10), 바닥과 떨어진 O'Connor 특허의 칸막이(8), 하단에 홈이 있는 Kirkman 특허의 칸막이(9) 등과 같이 상기 선행기술들은 물을 담아 오랫동안 보관하도록 고안된 용기가 아니라는 점을 지적하며, Roberts, O'Connor 및 Kirkman 특허의 목적은 고형 물질을 분리하는 것이므로, 상이한 동물의 먹이로 사용할 수 있는 상이한 혼합비의 설탕물을 제조하는 문제를 고려하는 당업자는 이러한 선행기술들을 고려하지 않을 것이라고 설명하였다. 따라서 연방항소법원은 이들은 Klein의 특허와는 상이한 분야에 속하기 때문에 진보성 판단에 사용할 수 없다고 판시하였다.

또한 Greenspan 특허 및 De Santo 특허가 두 가지의 격리된 물질을 혼합하기 용이하도록 고안된 것은 사실이지만, 이들은 이동이 가능한 칸막이를 개시하지 않았으므로 상이한 동물의 먹이로 사용할 수 있는 상이한 혼합비의 설탕물을 제조할 수 있는, 이동 가능한 칸막이를 가진 용기를 만들려는 당업자가 고려할만한 선행기술에 해당하지는 않는다고 해석하였다. 이에 따라 연방항소법원은 Greenspan 특허 및 De Santo 특허 역시 Klein 특허와 상이한 분야의 기술이므로 진보성 판단에 사용할 수 없다고 판시하였다.

연방항소법원의 판결에 따라 Klein은 미국특허청에서 '747 출원특허에 대한 재심사를 거쳐 자신의 발명을 U.S. Pat. No. 8,147,119로[49] 등록하였다.

(3) "관련 분야"가 발명가에게 미치는 영향

그렇다면 진보성 판단 시 "관련 분야"에 대한 정의 및 미국 연방법원의 판례가 발명가에게 시사하는 점은 무엇일까?

어쩌면 발명가가 자신의 권리범위를 확충하기 위하여 "발명의 설명" 작성 시 자신의 발명이 많은 분야의 공통적 문제점을 해결하기 때문에 넓은 분야에 응용할 수 있다고 주장할 때마다, 진보성 판단을 위하여 특허청 심사관이나 법원이 고려하게 되는 선행기술의 분야 또한 넓어진다고 볼 수 있다. 또한 발명가가 자신의 발명과 경쟁자의 특허나 논문을 비교하며 이들이 발명가 청구항의 선행기술이라고 '고백' 또는 '자인'할 경우, 추후 발명가는 금반언의 원칙에 따라 이러한 분야들이 자신의 발명이 속하는 분야가 아니라고 주장하기도 어려워진다.

그렇다고 발명가가 추후 자신의 청구항의 신규성 판단 또는 진보성 판단에 사용될 수 있는 선행기술의 수를 줄이기 위하여 자신의 청구항 범위를 축소할 수는 없으며, 자신의 발명이 해결할 수 있는 분야를 축소할 수는 더더욱 없다. 왜냐하면 발명가가 특허를 출원·등록하는 목적은 오로지 수익 창출이기 때문이다. 따라서 발명가가 "단순히 선행기술의 수를 줄이기 위하여 범위가 결여"된 청구항을 작성할 경우 이는 특허 출원·등록의 목적과 배치되므로 수익 창출이 불가능해질 가능성이 높다. 게다가 신규성 판단

49) U.S. Pat. No. 8,147,119 entitled "Convenience Nectar Mixing and Storage Devices," filed by Arnold G. Klein on July 24, 2002, and issued on April 3, 2012.

에 비하여 진보성 판단은 더 예측성이 떨어지는 분야이다.

결국 발명가의 유일한 대비책은 유능한 변리사와 창의적 발명 상담을 통한 범위 확보이며, 이에 근거한 전략적 "발명의 설명" 작성이다. 앞서 누차 강조하였듯이 발명가가 자신의 청구항에 대한 범위를 확보하여 공격력을 증강하는 만큼 발명가는 수비적으로 취약해지기 마련이다. 따라서 특허로 수익을 창출하려는 발명가는 청구항은 물론이고 "발명의 설명" 작성 시 발명가의 발명을 이해하고, 선행기술을 검토한 후 이에 근거하여 광활한 청구범위 및 다양한 종류의 청구범위를 갖는 청구항을 작성하고, 청구항 전략에 따르는 종속항을 작성함은 물론 이 모든 청구항들의 근거를 제공하는 "발명의 설명"을 작성할 수 있는 유능한 변리사를 선임해야만 한다.[50)]

라. 당업자 또는 "POSITA"

진보성을 판단하려면 청구발명의 "관련 분야"를 선정한 후, 상기 분야의 통상 지식을 지닌 '당업자' 또는 "a person of ordinary skill in the art ('POSITA'로 약칭)"의 수준을 결정해야 한다. 당업자의 수준이 왜 중요한지 궁금할 수도 있지만 당업자의 수준 역시 진보성 판단에 크게 영향을 줄 수 있다. 왜냐하면 이종 분야의 박사학위를 5개 정도 취득한 당업자(일명 '도사')에게는 이 세상 거의 모든 발명이 자명하게 느껴지겠지만, 초등학교 중퇴 학력뿐인 당업자에게는 이 세상 거의 모든 발명이 신기하고도 진보적인, 비자명한 발명으로 여겨질 수도 있기 때문이다.

이와 같이 당업자의 지식수준이 높아질수록 일반적으로 청구항이 진보성을 확보하기 어려워지는 반면 당업자의 지식수준이 낮아질수록 청구항이 진보성을 확보하기는

50) 발명가가 유능한 변리사나 출원전문 특허변호사를 선임했다고 모든 문제가 해결되지는 않는다. 발명가는 유능한 대리인과 전향적 발명 상담을 통하여 종(species)발명은 물론 속(genus)발명도 도출해야 하며, 이 모든 절차들이 순조롭게 진행되기 위해서 발명가는 반드시 유능한 대리인에게 이에 합당한 보수를 지불해야만 한다. 그렇다면 발명가가 유능한 대리인에게 지불할 cash가 부족할 경우, 추후 창출할 수익의 일부를 지급한다는 약정 하에 유능한 대리인을 선임할 수 있을까? 물론 가능하다. 하지만 미국의 경우 대부분의 특허변호사는 지분을 절대로 받지 않으며 cash만을 선호한다. 그만큼 특허를 이용한 수익 창출이 어려움을 인지하기 때문이다.

용이해진다. 따라서 침해의심 제조업체의 침해를 입증하려는 발명가는 청구항의 진보성을 확보하기 위하여 일반적으로 당업자의 수준을 낮게 설정하기를 원하는 반면 청구항을 무효로 입증하려는 침해의심 제조업체는 일반적으로 당업자의 수준을 높게 설정하려는 경향이 있다.

하지만 당업자 수준의 설정 역시 용이한 작업이 아니다. 여기에는 여러 가지 요인이 있겠지만 우선 국내 특허법이나 미국 특허법 모두 당업자의 수준에 대한 조항이 없다는 점이 첫 번째 어려움이다. 이에 따라 당업자 수준에 대한 국내 판례는 거의 없으며, 미국 연방법원의 판례 역시 간헐적으로나 당업자 수준에 대하여 언급하는 편이다. 특히 몇 안 되는 미국 판례를 종합하더라도 당업자 수준은 (1) 발명가의 교육 수준 및 경력, (2) 발명가가 발명을 착상하는 데 소요된 시간, (3) 관련 분야 업계 종사자의 교육 수준 및 경력 등을 고려하여 결정한다는 정도이다.[51] 따라서 미국에서도 당업자의 수준은 소송 당사자들이 고용한 전문가 증언에 의존하는 경향이 높다. 아래에서는 진보성 판단을 위한 당업자의 수준에 대한 미국 연방항소법원의 최근 판례를 설명한 후, 당업자의 수준이 발명가에게 시사하는 점을 요약한다.

(1) 생활 발명 - Media Tech. vs. Upper Deck (Fed. Cir. 2010)

Media Tech. v. Upper Deck은[52] 2010년 미국 연방항소법원의 판례로서, 진보성 판단 시 필요한 당업자의 수준에 대한 판결이 포함된 판례이다. 아래에서는 상기 판례 중 당업자 수준에 대한 부분을 발췌하여 소개한다.

우리나라의 딱지에 해당하는 미국의 "trading card"는 주로 운동선수의 모습이 인쇄되어 있는 취미용, 오락용 card로서 어린 학생은 물론 성인들도 수집하여 서로 교환

51) Environmental Designs, Ltd. v. Union Oil Co., 713 F.2d 693 (Fed. Cir. 1983), cert. denied, 464 U.S. 1043 (1984).

52) Media Technologies Licensing, LLC. v. The Upper Deck Co., 596 F.3d 1334 (Fed. Cir. 2010).

하기도 한다. 일반적으로 trading card의 앞면에는 유명 운동선수의 사진을 인쇄하고, 뒷면에는 선수의 인적 사항, 기록 등에 대한 정보를 수록하며, 고급 trading card는 고화질 사진 및 반짝이는 종이로 제작된다.

이러한 trading card 외에도 열혈 sport 애호가는 유명 운동선수의 의복, 운동기구 등도 수집한다. 하지만 이와 같은 유명 운동선수의 소장품들은 거의 대부분 고가이므로 일반인들이 소장하기에는 불가능한 경우가 대부분이다.

이 문제를 해결하기 위하여 Media Technologies Licensing ("Media Tech"으로 약칭)의 Adrian Gluck은 trading card에 유명인과 관련된 수집품(memorabilia)의 전체 또는 일부를 부착하는 동시에, 상기 수집품의 사진과 유명인과의 관계 등을 수록한 trading card에 대한 발명을 착상하였다. 특히 Media Tech은 고가의 '수집품'을 구입한 후 이를 잘게 잘라 수많은 조각으로 만든 후, 이를 trading card에 부착하여 저가에 판매하였다. Media Tech은 1994년 12월 15일 상기 trading card에 대한 특허를 출원한 후 U.S. Pat. No. 5,803,501 ('501 특허)를 등록하였다.[53)]

표 8-15. Media Tech의 '501특허의 대표 청구항

1. A memorabilia card comprising
a substrate in the form of a card and having an image surface, the image surface including a background image and a foreground image, and wherein the foregoing image is of a famous figure, a piece of a memorabilia item being adhered to the card adjacent to where an image of the actual item normally would appear, and the card including a certificate attesting to the authenticity of the item.

53) U.S. Pat. No. 5,803,501 entitled "Memorabilia card," filed by Adrian Gluck on Dec. 15, 1994, issued on Sep. 8, 1998, and assigned to LNCJ Limited.

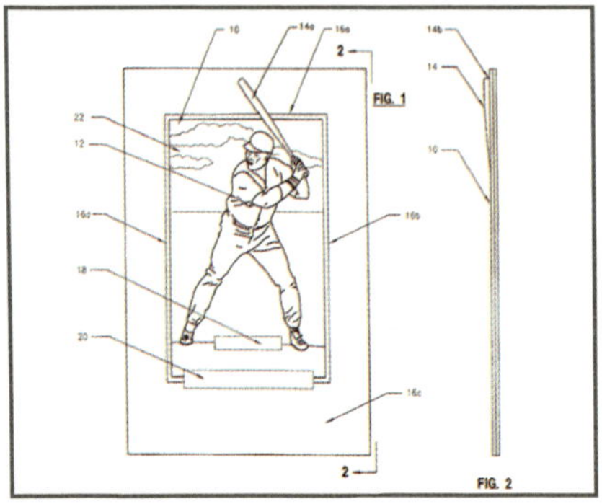

그림 8-32. Media Tech의 '501 특허의 대표 도면

그림 8-32는 Media Tech의 '501 특허의 대표 도면이며, 표 8-15는 '501 특허의 대표 청구항인 독립항 1이다. 표에서 알 수 있듯이 Media Tech의 trading card는 밑판과, 상기 밑판에 부착된 기념품 조각 및 상기 조각의 진위성에 대한 증명서라는 세 개의 요소를 포함한다.

2001년 Media Tech은 Upper Deck이 '501 특허를 침해하였다고 미국 연방지방법원에 제소하였다. 이에 Upper Deck은 Marilyn Monroe의 사진이 인쇄된 trading card 및 여기에 부착된 diamond ("Monroe 선행기술"로 약칭), Beatles member 중 한 명이 깔고 잠을 잤다는 천과 여기에 부착된 Whittier Hotel의 편지 (즉 Beatles member가 실제 사용했다는 사실을 증명하는 편지로서 "Whittier 선행기술"로 약칭), Roman Catholic 시대의 승려 Stephen Eckert가 소유했다는 천과 여기에 부착된 Eckert의 초상화가 그려진 종이 ("Eckert 선행기술"로 약칭) 및 James Dean이 입었던 jean 조각과 여기에 부착된 인사장 ("Dean 선행기술"로 약칭) 등을 인용하며 Media Tech의 '501 특허가 진보성 요건을 만족하지 못하므로 무효라고 주장하였다.

미국 연방지방법원은 Media Tech의 '501 특허가 상기 선행기술들에 비하여 신규성 요건은 만족하지만 진보성 요건을 만족하지 못하였으므로 무효라고 판결하였다. 이에 Media Tech은 미국 연방항소법원에 항소하였지만, 연방항소법원은 연방지방법원의 무효 판결을 인용하였다.

우선 연방항소법원은 Media Tech의 '501 특허와 선행기술의 차이점이 많지 않다고 지적하였다. 일예로 Media Tech은 Monroe 선행기술의 diamond는 '수집품'이 아닐 뿐만 아니라 '일부(piece)'도 아니므로 '501 특허와는 상이하다고 주장하였지만, '수집품'이란 역사적 사건과의 연관으로 가치가 있는 물건이므로 Monroe의 diamond는 '수집품'에 해당한다고 판시하였다. 또한 Monroe의 diamond가 '일부(piece)'는 아니더라도 Whittier, Eckert, Dean 선행기술은 모두 '일부(piece)'를 사용하는 '수집품'을 유인(誘引, teach)하므로 TSM이 존재하며, 그 결과 다수의 선행기술들을 조합할 수 있다고 판시하였다. 또한 Media Tech은 Whittier 선행기술이 trading card를 유인하지 않고 Dean 선행기술은 '수집품'을 유인하지 않으므로 '501 특허와는 상이하다고 주장하였지만, Monroe 선행기술은 card를 유인하고 Dean 선행기술 역시 '수집품'을 유인한다고 판시하였다. 또한 Monroe와 Dean 선행기술은 '정품 수집품'을 유인하지는 않지만 Whittier와 Eckert 선행기술이 정품 수집품을 유인한다고도 설명하였다. 그럼에도 불구하고 위의 선행기술들이 모두 sports trading card를 유인하지 않으므로 '501 특허에 대한 진보성은 당업자가 Whittier, Eckert 및 Dean 선행기술의 개시 사항을 sports trading card에 적용할 지에 의하여 결정되므로, 당업자의 수준을 확인할 필요가 있다고 판시하였다.

당업자의 수준에 대하여 연방항소법원은 90년 역사를 지닌 trading card의 소비자는 이미 진품 여부를 수용하여 왔기 때문에 '수집품'과 trading card를 결합하지 않고서도 '수집품'의 진품 여부를 확인할 수 있다고 설명하였다. 또한 trading card의 물리적 특징 때문에 무한히 많은 형태나 내용이 존재하지 않으며, 비록 trading card의 형태는 색상, 활자체, 배치 등에 따라 상이하지만, Media Tech 특허의 청구항은 card의 형태와는 무관한 반면 내용과 관련되므로 이와는 관련이 없다고 설명하였다. 그 결과 trading card와 관련된 당업자는 상기 선행기술들을 trading card에 적용하여 diamond, 천, 인사장 또는 종이 대신 sports 관련 item을 부착할 수 있었으리라고 설명하며, Media Tech의 '501 특허의 진보성을 부정하였다.

당시 연방항소법원장인 Rader 전판사장은 위의 다수의견에 반대하는 소수의견을 개진하였다. 특히 Rader 전판사장은 다수의견이 무관한 선행기술에 의존하여 Media Tech의 '501 특허의 진보성을 부정하였다고 비판하였다. 일예로 Monroe 선행기술의 diamond는 그 자체가 역사적 사건과 관련된 내재적 가치가 있는 것이 아니라 Monroe의 사진에 부착됨으로써 문화적 중요성을 획득하므로 '501 특허의 청구항과는 정반대이며, '501 특허가 '소장품'을 조각내는 데 반하여 Monroe 선행기술의 diamond는 '소장품'의 조각이 아니므로 상이하다고 주장하였다. 또한 Whittier 선행기술에 사용된 천은 진품이 아니며, 여기에는 trading card나 사진이 포함되지 않는 등 Whittier 선행기술과 '501 특허 사이에는 수많은 차이점이 존재한다고 설명하였다. Eckert 선행기술 역시 특정 인물이 특정 종교의 성인임을 선전하는 종교적 card로서 이것을 '소장품'이라고 간주하기에는 무리가 있으며, Eckert 선행기술은 일반 trading card나 '소장품'과는 달리 판매용, 교환용이 아니라고 지적하였다. 마지막으로 Dean 선행기술에 사용된 jean 조각 역시 진품이 아니며, 그 옆에 "James Dean은 생존해 있음: 놀라운 발견"의 문구를 포함하므로 이는 진품임을 보장하려는 '501 특허와는 정반대의 선행기술에 불과하다고 설명하였다. Rader 전판사장은 당업자가 Upper Deck이 인용한 네 가지 선행기술들을 결합하기는커녕 고려하지도 않았을 것이므로 Media Tech의 '501 특허는 진보성 요건을 만족한다고 주장하였다.

(2) "당업자"가 발명가에 미치는 영향

그렇다면 진보성 판단 시 '당업자' 또는 'POSITA'에 대한 정의 및 미국 연방법원의 판례가 발명가에게 시사하는 점은 무엇일까?

정답은 "명확하지 않다"이다. 발명가가 자신의 권리범위를 확충하기 위하여 "발명의 설명" 작성 시 자신의 발명이 많은 분야의 공통적 문제점을 해결한다고 개시할 때마다 어쩌면 진보성 판단을 위하여 특허청 심사관이나 법원이 고려하게 되는 당업자의 분야 및 수준 또한 다양해진다고 간주할 수 있다.

앞서 발명가가 원하는 당업자는 "초등학교 중퇴 당업자"인 반면 침해의심 제조업체가 원하는 당업자는 "박사학위 다섯 개를 소지한 도사"라고 설명한 바 있다. 그렇다고 발명가가 "발명의 설명"에서 자신이 원하는 당업자의 수준이 "초등학교 중퇴 또는 그 이하"라고 명시할 수도 없다. 왜냐하면 특허청 심사관이나 법원의 판사가 이를 인용할 이유가 없기 때문이다.

결국 발명가의 유일한 대비책은 추후 벌어질 수 있는 불상사에 대한 정보 수집 및 보관이다. 일예로 발명가가 발명을 착상하기 위하여 박사급 연구원과 3년 동안 각고의 노력을 했다는 증거가 있다면 법원 역시 상기 특허의 청구발명의 진보성 판단 시 청구발명이 아주 자명하다고 판단하지는 않을 가능성이 높다.[54] 하지만 진보성에 대한 판

54) 발명가가 청구발명을 착상하기 위하여 다수의 고급 인력, 전문가를 활용하였음을 증명함으로써 자신의 청구발명이 자명하지 않음을 간접적으로 증명할 수는 있다. 하지만 경우에 따라 상기 청구발명의 진보성 판단에 필요한 당업자의 수준이 높아지는 반대급부도 발생할 수 있다. 결국 특허에서도 얻는 것이 있으면 잃는 것이 있기 마련이다.

단은 예측하기 어려운 분야이다. 따라서 합당한 보수를 지불한 유능한 대리인의 도움을 요청함이 필수 조건이다.

마. 미국 판례의 TSM Test 및 KSR Case의 상식 Test

발명의 원리를 설명할 때 흔히 언급되는 "Columbus의 달걀"은 발명과 창의성의 근본은 기존의 사고방식을 극복함에 있음을 깨우치는 일화이다. 이를 바꾸어 말하면 혁신가는 기존의 사고방식을 바꾸어 문제를 해결하지만, 일단 문제가 해결된 후에는 그 해결책이 일반인에게는 자명하게 보일 수도 있다는 말이다.

진보성 역시 마찬가지이다. 발명가는 선행기술을 극복함으로써 발명을 착상하지만, 착상 후 발명가의 발명과 선행기술을 비교하면 "Columbus의 달걀"처럼 자명하게 보이는 경우가 자주 발생한다. 따라서 "Columbus의 달걀"과 같은 잣대로 청구발명의 진보성을 판단하게 되면 특허를 받을 수 있는 발명은 극히 드물어지고, 이에 따라 혁신도 줄어들어 공중이 피해를 보게 된다.

(1) 사후재구성 (Hindsight Reconstruction) 금지 원칙과 TSM Test

특허제도는 위에서 설명한 "Columbus의 달걀"과 같은 진보성 기준을 특허청 심사관이 오용함에 의한 폐해를 방지하기 위하여 법령 또는 판례를 통하여 "사후재구성 (hindsight reconstruction) 금지 원칙"을 정립하였다. 일반적으로 'hindsight'란 뒤늦은 깨달음을 의미하는 한편 "hindsight reconstruction," 즉 '사후재구성'이란 발명가가 전개한 구도에 따라 선행기술을 거꾸로 끼워 맞춤으로서 발명가의 청구발명을 재구성하는 행위를 지칭한다. 즉 발명가가 착상한 발명이 원천 발명이 아닌 이상, 심사관이 청구발명에 딱 맞는 선행기술(들)을 선정한 후 이를 청구발명과 딱 맞는 방법으로 조합하면 발명가의 청구발명과 딱 맞는 결과를 얻을 수 있다고 주장함으로써 청구발명의 진보성을 부정하는 행위가 바로 법적으로 허용되지 않는 '사후재구성'이다.

그렇다면 어떤 행위는 '사후재구성'에 의한 불법적 진보성 부정인 반면 어떤 행위가 합법적 진보성 부정일까? 이에 대한 기준을 확립하기 위하여 미국 연방법원이 판례를 통해 확립한 규칙이 바로 "TSM test"이다. 'TSM'이란 teaching(교시 또는 개시), suggestion(암시), motivation(시사, 동기)의 세 글자의 약칭으로서, "TSM test"란 최소한 하나 이상의 선행기술에 다수의 선행기술들을 조합(combination)하면 합리적으로 발명가의 청구발명을 구성하는 데 성공할 확률이 높다는 TSM이 존재하는 경우에 한하여 심사관 또는 경쟁자는 다수의 선행기술을 조합하여 청구발명의 진보성을 부정할 수 있다는 원칙이다.

미국 연방법원은 진보성 판단 시 미국특허청의 사후재구성을 엄격히 금지하여 왔으나, 주관적 잣대가 적용될 수밖에 없는 진보성 판단 때문에 연방법원 판사들 역시 서로 상충되는 판례에 골치를 앓아 왔다. 이런 와중에 미국 연방대법원이 TSM test를 개발하자 미국 연방지방법원 및 연방항소법원은 TSM test를 진보성 판단의 핵심으로 도입하였으며, 진보성 판단에 대한 일관성을 유지하기 위하여 TSM test를 상당히 엄격하게 적용하였다.

(2) 생활 발명 - In re Dembiczak (Fed. Cir. 1999)

In re Dembiczak은[55] 생활용품 관련 청구발명에 대한 1999년 미국 연방항소법원 판례이다. 미국 연방항소법원은 상기 사건에서 다수의 선행기술을 결합하기 위한 선행조건인 TSM test에 대하여 자세히 설명하였고, 아래에서는 상기 case 중 TSM test에 대한 부분을 발췌하여 요약한다.

그림 8-33(a). 낙엽을 담은 쓰레기 Bag

전원주택을 선호하는 미국인들은 정원에 갖가지 나무를 심고, 마당에는 잔디를 깐다. 봄에는 정원에 꽃을 심고, 여름에는 잔디를 깎으며, 가을에는 열심히 낙엽을 쓸고 치운다. 하지만 낙엽은 건조하기 때

55) In re Dembiczak, 175 F.3d 994 (Fed. Cir. 1999).

문에 아무리 밟고 누르며 쓰레기 bag에 담으려 해도 bag 하나에 채울 수 있는 낙엽의 양이 많지 않다. 따라서 가을이면 집집마다 그림 8-33(a)와 같이 낙엽을 담은 쓰레기 bag이 즐비하게 쌓인다.

그림 8-33(b). Halloween 장식품인 Jack-o'-Lantern

떨어지는 낙엽을 쓸어담는 계절의 미국인들에게 10월 31일은 Halloween이다. Halloween의 기원에 대해서는 여러 학설이 있지만, 중요한 사실은 Halloween 당일 저녁 미국 전역의 어린이들은 "Trick or Treat"을 외치며 이웃들에게 사탕이나 chocolate을 얻으려 돌아다닌다는 점이다. 미국 부모들이 이러한 어린이들을 맞이하기 위하여 자신의 집 현관에 비치하는 장식물이 바로 그림 8-33(b)의 "Jack of Lantern" 또는 'Jack-o'-Lantern'이다.

그림 8-34. Jack-o'-Lantern을 인쇄한 Dembiczak의 쓰레기 Bag

Anita Dembiczak과 Benson Zinbarg은 낙엽을 채운 쓰레기 bag의 진부한 외관을 개선하기 위해 쓰레기 bag과 Jack-o'-Lantern을 조합하였다. 즉 Dembiczak은 orange색 plastic으로 쓰레기 bag을 만든 후 그 표면에 Jack-o'-Lantern 그림을 인쇄하였다. 따라서 사용자가 Dembiczak의 쓰레기 bag에 낙엽 또는 일반 쓰레기를 채우기만 하면 그림 8-34와 같이 진부한 쓰레기 bag이 저절로 Halloween 장식물로 사용할 수 있는 Jack-o'-Lantern으로 변환되었다.

Dembiczak은 자신의 Jack-o'-Lantern 쓰레기 bag에 대한 design patent를 출원·

등록한 후 사업을 시작하였다.[56] 하지만 존속기간이 14년에 불과한 design patent에 불만을 품은 Dembiczak은 다시 이에 대한 특허(utility patent)를 출원하였다.

미국특허청은 다수의 선행기술을 조합하여 Dembiczak의 출원특허를 진보성 결여로 거절하였다. 미국특허청이 인용한 선행기술은 모두 세 가지로서, 첫 번째 선행기술은 종이 bag에 Jack-o'-Lantern을 그린 후 색칠하도록 고안된 어린이용 공작 책 2종, 두 번째 선행기술은 기존의 흑색, 갈색, 백색 및 투명 plastic trash bag, 세 번째 선행기술은 바로 Dembiczak이 출원, 등록한 design patent들이었다.[57] 미국특허청은 당업자가 어린이용 공작책에 비치된 종이 bag을 orange plastic bag으로 바꾸기만 하면 청구발명을 얻을 수 있으므로 Dembiczak의 발명은 진보성이 결여된다며 이를 최종 거절하였다. 미국 특허심판원 역시 심사관의 최종 거절을 인용하였으며, 이에 Dembiczak은 미국 연방항소법원에 항소하였다. 미국 연방항소법원은 미국특허청이 인용한 선행기술들은 TSM test를 만족하지 못한다는 이유로 특허청 및 특허심판원의 판결을 파기, 환송하였다.

연방항소법원은 사후재구성이란 발명가가 개시한 내용을 청사진으로 이용하여 다수의 선행기술을 끼어 맞춤으로써 (piece together) 청구발명의 진보성을 부정하는 행위이며 TSM 없이 선행기술을 조합하는 행위야말로 법으로 금지된 전형적인 사후재구성이라고 판시하였다. 특히 연방항소법원은 어린이용 공작책과 plastic 쓰레기 bag은 서로 완전히 상이한 분야이기 때문에, 이와 같이 상이한 분야의 선행기술들에 대한 당업자의 조합(combination)을 주장하려면 선행기술이 이에 대한 동기(motivation)를 제공해야한다고 설명하였다.

또한 연방항소법원은 본안에서 당업자가 선행기술들을 조합할 동기를 입증하기 위

---

56) 저자가 미국 Duke 대학에서 공학박사를 마치고 교수로 잠시 재직하다가 law school을 다니던 시절, 저자 역시 Halloween이 다가오면 Dembiczak의 trash bag을 구입한 후, 두 딸과 함께 이를 열심히 낙엽으로 채우던 추억이 있다.

57) U.S. Pat. Nos. Des. 310,023 및 317,254.

해서는 아래의 사항을 입증해야 한다고 판시하였다. 첫 번째는 당업자의 수준으로서, 특히 쓰레기 bag 또는 leaf bag의 디자이너 및 제작자의 수준은 물론 상기 bag의 장식 및 graphic designer의 수준이다. 두 번째는 쓰레기 bag 분야와 어린이용 공작 분야 간의 관계로서, 당업자가 쓰레기 bag의 부수적(ancillary), 필연적(corollary) 또는 이례적(atypical) 용도에 대하여 인지하는 지의 여부 및 이러한 용도에 취미나 project가 포함되는 지의 여부이다. 마지막은 당업자가 분야가 완전히 상이한 선행기술들을 조합할 때 이러한 조합에 대한 동기를 제공하는 선행기술의 특징으로서, 본안의 경우 쓰레기 bag의 designer 및 제작자는 선행기술인 Shapiro의 paper bag을 쓰레기 bag으로 인지하였을 것이며, 이에 따라 쓰레기 bag의 designer 및 제작자는 paper bag을 기존의 plastic bag과 조합하였을 지에 대한 여부라고 설명하였다. 하지만 특허청 및 특허심판원은 이러한 조합에 대한 동기를 입증하지 못하였다는 결론이 연방항소법원 판결의 핵심이다.

(3) 기계 발명 - KSR vs. Teleflex (S.Ct. 2007)

미국 연방지방법원과 연방항소법원이 TSM test를 엄격히 적용하다 보니, 단점도 노출되었다. 즉 동일 분야의 다수의 선행기술들을 조합하면 청구발명이 확실히 자명하다고 간주될 수 있음에도 불구하고, 선행기술에 TSM이 없다는 이유만으로 선행기술들을 조합하지 못하게 됨에 따라, 자명해 보이는 청구발명에 진보성을 인정하는 경우도 종종 발생하였기 때문이다.

그림 8-35. Teleflex 특허와 선행기술들

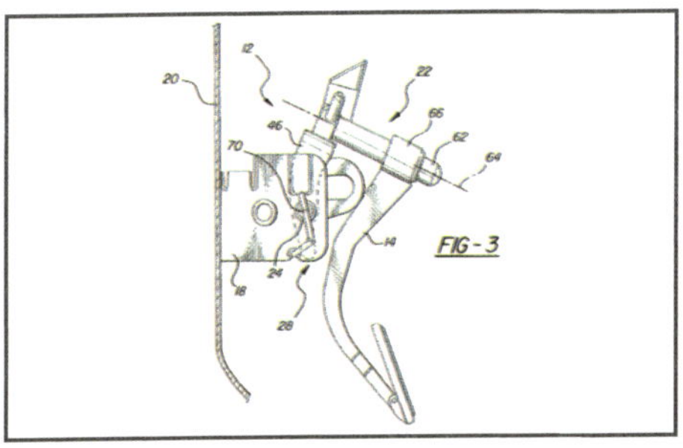

그림 8-35(a)

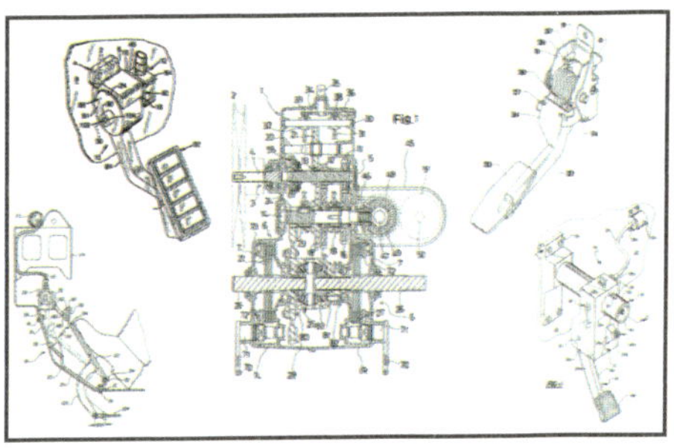

그림 8-35(b)

이와 같이 경직된 TSM test에 대한 제동이 2007년 미국 연방대법원의 KSR case로서, 상기 사건의 발명은 그림 8-35(a)와 같이 운전자가 자신의 체형에 따라 위치를 상하로 조절할 수 있는 자동차 pedal이다. 이에 대한 특허를 보유한 Teleflex, Inc.는 경쟁사인 KSR Int'l Co.를 특허침해로 제소하였으며, 이 사건의 특징은 그림 8-35(b)와 같이 Teleflex가 보유한 특허와 관련된 선행기술이 다수 존재함에도 불구하고 미국 연방항소법원은 선행기술이 TSM을 제공하지 않는다는 이유로 Teleflex 특허의 진보성을 인용하였다는 점이다.

미국 연방지방법원과 연방항소법원이 진보성 판단에 TSM test를 필요 이상으로 엄격히 적용하는 데 불만을 품어오던 미국 연방대법원은 2007년 KSR case에서 당업자도 '머리'가 있으므로 최소한의 창조적 작업을 수행할 수 있는 바, 시장에서 청구발명에 대한 수요가 존재하거나 몇 가지 대안만 시도하면 청구발명을 착상할 수 있는 경우(obvious to try)에는 TSM이 없더라도 선행기술을 조합하여 청구발명의 진보성을 부정할 수 있다고 판시하였다.[58] 즉 미국 연방대법원은 진보성 판단에 여전히 TSM test를 사용할 수 있지만, 선행기술이 TSM을 제공하지 않더라도 당업자는 상식을 이용하여 선행기술들을 조합할 수 있다고 판시함으로써 과거에 비하여 청구발명의 진보성을 쉽게 부정할 수 있도록 진보성 잣대를 한층 강화하였다.

(4) KSR Case 이후

미국 연방대법원의 2007년 KSR case 판결 이후 미국특허청은 상식에 근거한 진보성 test를 이용하여 수많은 출원특허를 진보성 결여로 거절하였다. 미국 연방지방법원 역시 특허침해소송에서 상식에 근거한 test에 근거하여 수많은 등록특허를 진보성 결여를 이유로 무효로 처리하였다. 그 결과 미국 연방대법원의 KSR 판결 후 6개월 동안, 연방지방법원에서의 특허소송사건을 통한 등록특허의 무효율은 과거의 35%에서 약 80%까지 치솟는 결과를 초래하였으며, 미국 특허업계에서는 강화된 진보성 기준에 대한 불만의 목소리가 점차 고조되기 시작하였다.

58) KSR International Co. v. Teleflex Inc., 127 S. Ct. 1727 (2007).

이에 대한 반작용으로 미국 연방항소법원은 서서히 상식에 근거한 test에 제동을 걸기 시작하였다. 일예로 연방항소법원은 상식에 근거한 test 역시 주관적이므로, 상식에 근거한 test를 사용하더라도 미국특허청은 인용한 선행기술 범위 이내에서만 상식을 사용해야 하며, 연방지방법원 역시 증거로 채택된 선행기술 범위 이내에서만 상식을 고려해야한다고 판시하였다. 즉 미국 연방항소법원은 미국특허청이나 미국 연방지방법원의 상식에 근거한 test를 사후재구성과 연계하며 이에 대한 고삐를 죄기 시작하였다.[59)]

그 결과 주관적 상식에 근거하여 출원특허나 등록특허의 진보성을 부정하던 경향도 줄어들었으며, 미국특허청에서의 특허 등록률 및 미국 연방지방법원에서의 등록특허 무효율 역시 연방대법원의 KSR case 이전으로 회복되었다. 이에 고무 받은 미국 연방항소법원의 Randall Rader 전판사장은 2011년 New Hampshire 주립대학에서 행한 연설에서 동료 판사, 특허변호사 및 law school 교수들을 상대로 미국 연방대법원의 KSR case 판결이 미국 연방항소법원의 진보성 판단 기준에 아무런 변화도 주지 않았다고 호언장담한 바 있다.[60)]

실제로 최근 미국특허청의 진보성 심사 guideline이나 미국 연방항소법원의 판례를 보더라도 당업자의 상식에 대한 심사관의 자의적 해석에 의한 진보성 부정은 허용되지 않는다. 바꾸어 말하자면 Rader 전판사장의 연설처럼 미국 연방법원의 진보성 판단은 미국 연방대법원의 KSR case 판결 이전으로 다시 회귀한 것으로 판단된다.[61)]

---

59) Mintz v. Dietz & Watson, Inc., 679 F.3d 1372 (Fed. Cir. 2012).

60) Gene Quinn, “Chief Judge Rader says KSR did not change anything, I disagree,” IP Watchdog (2011.11.06). 이러한 미국 특허업계의 흐름에도 불구하고, 아직도 국내 특허업계 및 학계는 KSR case에 의하여 미국의 진보성 요건이 강화되었다고 주장하는 경향이 있다. 이에 대한 자세한 내용은 아래의 URL 참고 (2014.08.31 최종 확인):http://www.ipwatchdog.com/2011/10/06/chief-judge-rader-says-ksr-didnt-change-anything-i-disagree/id=19603/

61) 단 KSR case 당시 미국 연방항소법원 판사장이었던 Randall Rader 판사가 2014년 5월 30일 사직하였기 때문에, KSR case의 상식 test에 대한 연방항소법원의 견제가 계속 유지될지 아니면 변화할지도 주목의 대상이다.

바. 시장반응 고려사항 (Secondary Consideration)

국내 법원에서는 간헐적으로 사용하지만, 미국 연방법원은 청구발명의 진보성에 대한 증거로 "secondary consideration"을 사용한다. 국내에서는 "secondary consideration"을 글자 그대로 해석하여 "이차적 고려사항"이라고 번역하는 경향이 있다.

하지만 이는 "secondary consideration"의 실제 의미와는 상이하다. 일예로 미국 연방항소법원은 1980년대부터 "secondary consideration"에서의 'secondary'란 단어는 진보성 판단에 있어서의 중요성이 'secondary'란 의미가 아니라 "second in time," 즉 시간적으로 보았을 때 청구발명이 제품으로 구현되어 시장에 소개된 후 시장이 청구발명의 진보성을 입증하는 현상이라고 설명하였다.[62] 따라서 "secondary consideration"은 절대로 "이차적 고려사항"이라고 해석해서는 안 되며, 오히려 "시장반응 고려사항" 정도로 번역함이 타당하다.

그렇다면 미국 연방법원이 진보성 판단에 "시장반응 고려사항"을 활용하는 이유는 무엇일까? 특허법에 따라 청구발명에 대한 관련 분야의 통상적 지식을 지닌 당업자가 판단하여야하는 진보성을 시장에 위임함은 타당한가? 그렇다면 미국 특허법 또는 미국 연방법원은 당업자보다 시장이 진보성을 더 현명하게 판단한다고 믿는다는 말일까?

정답은 "반드시 그렇지는 않지만 거의 그렇다"이다. 즉 그만큼 진보성 판단의 어려움에 대한 미국 연방법원의 고백이기도 하다. 하지만 곱씹어보면 당업자와 시장은 서로 상이하지 않으며, 오히려 동일한 대상이 아닐까 생각된다. 특히 미국특허청 심사관이나 미국 연방법원 판사가 당업자의 정체를 상정할 때 오류가 생길 가능성이 높은 반면 "시장반응 고려사항"은 청구발명에 대한 시장의 여러 당업자들의 총체적 평가라는 점을 감안한다면, 오히려 "시장반응 고려사항"이야말로 발명가의 청구발명에 대한 수많은 당업자의 총체적 반응의 평균치라고 간주할 수도 있다.

---

62) Truswal Sys. Corp. v. Hydro-Air Eng'g., 813 F.2d 1207, 1212 (Fed. Cir. 1987).

미국 연방항소법원이 진보성 판단 시 "시장반응 고려사항"에 거는 기대 역시 막대하다. 실제로 미국 연방항소법원은 "시장반응 고려사항"을 진보성의 객관적 지표라고도 지칭하며,[63] 미국특허청이 모든 출원특허를 심사할 때 "시장반응 고려사항"을 반드시 참고하도록 판시한 적도 있다.[64] 아래에서는 미국 연방법원이 인정하는 "시장반응 고려사항" 중 중요한 요소에 속하는 상업적 성공, 경쟁자의 모방이나 license, 장기간의 비충족 수요 (long-felt need), 업계의 비관적 견해 (teaching away) 등에 대하여 설명한다.

(1) 상업적 성공

진보성에 대한 대표적 "시장반응 고려사항"은 청구발명을 구현한 제품의 시장에서의 상업적 성공이다. 시장에서는 많은 발명가들이 특정 문제를 해결하기 위한 동일한 발명을 착상할 만큼의 충분한 incentive가 존재한다. 그럼에도 불구하고 발명가가 발명을 착상하고 이를 제조·판매하여 시장에서 성공할 때까지 경쟁자가 동일한 발명을 착상하지 못했다는 사실은, 그 동안 경쟁자들이 상기 문제점을 해결하지 못하였다는 사실을 반영한다. 따라서 발명가의 발명은 경쟁자들이 해결하지 못하였던 문제점의 해결책이므로, 특허제도 역시 상기 발명이 진보성 요건을 만족한다고 간주한다. 따라서 특허제품이 시장에서 성황리에 판매되어 막대한 수익을 창출할 경우, 이와 같은 상업적 성공은 청구발명의 진보성을 입증하는 강력한 증거로 간주된다.

진보성에 대한 "시장반응 고려사항"으로서의 상업적 성공은 발명가 자신의 미국 시장에서의 상업적 성공뿐만 아니라 외국에서의 상업적 성공도 포함한다. 또한 경쟁자의 침해의심 제품의 상업적 성공 역시 발명가의 청구발명의 진보성을 입증하는 증거로 사용될 수 있다.

단 상업적 성공이 "시장반응 고려사항"으로 간주되려면 발명가는 자신의 청구발명

63) Minnesota Mining & Mfg. Co. v. Johnson & Johnson Orthopedics, Inc., 976 F.2d 1559 (Fed. Cir. 1992).

64) Custom Accessories, Inc. v. Jeffrey-Allan Industries, Inc., 807 F.2d 955 (Fed. Cir. 1986).

과 상업적 성공 사이의 "연관성 (nexus)"을 반드시 입증해야 한다. 따라서 특허제품의 상업적 성공에 대한 주원인이 광고, marketing, 우수한 끝마무리나 세공일 경우, 이와 같은 상업적 성공은 청구발명의 진보성 입증 증거로 사용될 수 없다.

(2) 경쟁자의 모방 또는 License

경쟁자가 발명가의 청구발명을 모방한 경우, 경쟁자의 모방 또한 청구발명의 진보성에 대한 "시장반응 고려사항"으로 간주된다. 만일 발명가의 청구발명에 견줄 수 있는 다양한 대안들이 시장에 존재할 경우 경쟁자는 특허침해의 위험을 무릅쓰고 청구발명을 모방할 필요가 없으며, 대신 경쟁자는 침해 위험이 없는 다른 대안을 모색함이 상식이다. 그럼에도 불구하고 경쟁자가 발명가의 청구발명을 모방한 이유는 바로 발명가 특허 이외의 다른 대안이 존재하지 않음을 반증하며, 그 결과 청구발명은 진보성 요건을 만족한다고 간주된다.

발명가의 특허에 대한 경쟁자의 licensing 역시 청구발명의 진보성에 대한 "시장반응 고려사항"으로 간주된다. 만일 경쟁자가 발명가의 특허가 자명하다고 믿었다면 발명가로부터 특허를 licensing하지 않고 직접 침해하였을 것이다. 따라서 경쟁자가 발명가로부터 특허를 licensing하였다는 사실 그 자체가 바로 발명가 특허의 청구발명이 진보성 요건을 만족하는 증거로 간주된다.

물론 경쟁자의 모방이나 licensing이 "시장반응 고려사항"으로 간주되려면 발명가는 경쟁자의 모방이나 licensing과 청구발명 사이의 연관성을 입증해야 한다. 만일 경쟁자의 모방이 현저한 자명성 때문이라든가, 경쟁자의 licensing이 royalty가 저렴하기 때문에, 또는 다른 우수 기술을 licensing하며 상기 특허를 부수적으로 licensing한 경우라면, 이 모두 청구발명의 진보성 입증 증거로 사용될 수 없다.

(3) 장기간의 비충족 수요 (Long-Felt Need)

시장에서의 장기간의 비충족 수요 역시 진보성에 대한 또 다른 "시장반응 고려사항" 이다. 즉 시장에서는 많은 사람들이 특정 제품을 요구하고 있음에도 불구하고 경쟁자들이 장기간 이를 구현한 제품을 제조·판매하지 않았다는 사실은 경쟁자들이 모두 이러한 제품을 구현하는 데 실패하였다는 사실을 반영한다. 그 결과 발명가의 발명은 경쟁자들이 해결하지 못한 문제를 해결한, 진보성 요건을 충족하는 발명으로 간주된다.

물론 시장에서의 장기간의 비충족 수요가 "시장반응 고려사항"으로 간주되려면 발명가는 시장에서의 비충족 수요와 청구발명 사이의 연관성을 입증해야 한다. 만일 시장에서의 비충족 수요가 시장 규모가 작기 때문이라든가, 건강상의 문제 또는 공해로 인한 정부의 규제 때문인 경우에는 이 모두 청구발명의 진보성 입증 증거로 사용될 수 없다.

(4) 업계의 비관적 견해 (Teaching Away) 또는 칭송

청구발명에 대한 업계의 비관적 견해도 진보성에 대한 또 다른 "시장반응 고려사항"이다. 동종업계의 전문가가 청구발명의 실용성을 의심하거나, 청구발명의 제품 구현이 비논리적이라거나, 청구발명은 절대로 작동하지 않을 것이라는 등의 비관적 견해를 밝히는 경우, 이 역시 청구발명의 진보성에 대한 강력한 "시장반응 고려사항"으로 간주한다. 이러한 "시장반응 고려사항"을 미국 연방법원은 "teaching away"라고 표현한다. 즉 관련 업계는 발명가의 발명을 비합리적이라고 간주하며 "teaching away"하였으나, 발명가는 이러한 업계의 비난에도 굴하지 않고 꿋꿋이 청구발명이라는 업적을 이루었으므로 진보성 요건을 만족한다고 간주된다.

업계의 비관적 견해가 시장반응 고려사항이듯 업계의 칭찬 역시 "시장반응 고려사항"이다. 즉 발명가가 청구발명을 제품으로 구현한 후 동종업계로부터 칭찬이나 인정을 받거나, 이에 대한 포상을 받는 사실도 진보성에 대한 또 다른 "시장반응 고려사항"이다.

(5) 발명가의 비관적 견해?

앞서 제7장의 2-나절 "사전편찬자 원칙"의 제3항 "고백과 뼈아픈 후회"에서 발명가는 자신의 발명과 관련된 '고백'을 하지 말아야하며, 그 이유는 '고백'하는 발명가에게 남는 것은 "뼈아픈 후회"뿐이기 때문이라고 설명하였다. 이를 진보성 요건에 응용하면

'자랑'하는 발명가에게 남는 것 역시 "뼈아픈 후회"뿐이라고 할 수 있다.

흔히 연구자는 학술논문을 작성하며 자신의 연구방식과 연구결과가 전 세계에서 가장 뛰어나며, 다른 방법으로는 절대 자신이 얻은 바와 같은 좋은 결과를 얻을 수 없다고 자랑하는 경우가 있다. 발명가가 학술논문 또는 이를 copy & paste한 특허에서 이러한 발언을 할 경우 이는 먼 훗날 경쟁자가 "업계의 비관적 견해"로 인용할 수 있는 구절로 둔갑한다. 즉 미래의 경쟁자는 발명가가 "발명의 설명"에 늘어놓은 '자랑'을 근거로 자신의 후속 발명에 대한 진보성 요건을 확립할 수 있게 된다. 그 결과 경쟁자는 발명가의 원천 발명에 대한 개량 발명을 쉽게 특허로 등록할 수도 있으며, 그 결과 발명가는 자신의 영토에 경쟁자가 새 둥지를 마련하도록 허락할 수밖에 없게 된다. 따라서 앞서 설명하였듯이 발명가는 "발명의 설명"을 작성할 때 항상 마음의 평정을 유지할 필요가 있다.

3. "신규성 요건 및 진보성 요건"의 요약

제8장에서는 신규성 요건과 진보성 요건을 설명하였다. 단 여기에서 반드시 명심할 점이 있다. 엄밀히 말하자면 발명의 신규성과 진보성은 따질 수 없다는 점이다. 왜냐하면 신규성이나 진보성을 판단하려면 청구항과 선행기술을 비교해야만 하기 때문이며, 발명과 청구항은 동일할 수도 있고 상이할 수도 있기 때문이다.

가. 발명이 아닌 청구발명에 대한 신규성과 진보성

결국 신규성 요건과 진보성 요건에서도 특허는 청구항의 범위가 핵심임을 알 수 있다. 즉 신규성과 진보성 역시 대상은 발명가가 착상한 발명이 아니라 변리사가 발명가를 대리하여 청구항에 기재한 청구발명이기 때문이다.

따라서 발명가가 아무리 신규하고 비자명한 발명을 착상하였더라도 변리사가 이를 청구항에서 기존 기술의 연장선상에서 표현한다면 상기 청구항은 신규성 결여 또는 진보성 결여로 특허청 심사관에 의하여 거절되거나 법원에서 무효가 될 수 있다. 하지만 발명의 신규성이나 비자명성이 약하더라도 변리사가 이를 창의적으로 표현하고 청구항에 기재한다면 당해 청구항의 신규성이나 진보성은 향상될 수 있다.

나. 신규성, 진보성과 청구항 전략

청구항의 범위는 신규성, 진보성과 반비례한다. 즉 청구항에 기재한 청구발명의 범위가 넓어질수록 청구항의 공격력은 강해져서 경쟁자가 발명가의 권리범위를 우회·회피하기 어려워지지만, 그만큼 청구발명의 신규성이나 진보성을 부정할 수 있는 선행기술의 범위도 넓어지게 되므로 수비력은 약해진다. 물론 다수의 독립항 및 종속항을 활용하는 청구항 전략을 이용하여 이러한 단점을 어느 정도 보완할 수 있다.

그렇다면 청구발명의 신규성과 진보성을 보장하기 위하여 청구항의 범위를 축소하는 것이 유리할까? 이에 대한 정답은 "절대로 아니다"라고 앞서 수차례 강조한 바 있다. 첫 번째 이유는 시작부터 범위를 줄이는 특허는 권리범위 주변에 항상 공터를 남기므로 특허출원의 필요성 자체를 의심해야 한다. 결국 이러한 특허로는 수익 창출이 불가능하므로 구태여 특허를 출원할 필요가 없다. 두 번째 이유는 유능한 변리사는 많은 경우 뻔히 알려진 선행기술을 우회·회피하는 방법 역시 제공해줄 수 있기 때문이다. 앞서 설명한 바와 같이 청구발명의 신규성을 부정하기 위해서는 청구발명과 선행기술 사이의 엄격한 동일성이 필요하며, 청구발명의 진보성을 부정하려면 다수의 선행기술을 결합하는 TSM이 필요하다. 결국 발명가가 특허의 공수전략과 신규성·진보성을 이해한다면 변리사와 함께 최적의 범위를 확보하는 동시에 신규성, 진보성도 확보할 가능성이 높아질 수밖에 없다.

제9장 기재요건

제8장에서는 청구항에 기재한 청구발명이 특허로 등록되기 위해서 만족해야 하는 신규성 요건 및 진보성 요건에 대하여 설명하였다. 하지만 청구발명이 신규성 요건과 진보성 요건을 만족한다고 해서 자동적으로 특허로 등록되지는 않는다. 왜냐하면 청구발명이 특허로 등록되기 위해서는 아래에서 설명할 각종 기재요건도 만족해야하기 때문이다.

표 9-1(a). 기재요건에 대한 특허법 제42조 제3항

제42조(특허출원)
③ 제2항에 따른 발명의 설명은 다음 각 호의 요건을 충족하여야 한다. 1. 그 발명이 속하는 기술분야에서 통상의 지식을 가진 사람이 그 발명을 쉽게 실시할 수 있도록 명확하고 상세하게 기재할 것 2. 그 발명의 배경이 되는 기술을 기재할 것

표 9-1(a)은 국내 특허법 상 만족해야하는 기재요건에 대한 특허법 제42조 제3항이다.[1] 즉 표에서와 같이 청구발명이 속하는 기술 분야에서 통상 지식을 가진 자(즉 '당업자')가 발명가가 "발명의 설명"에 기재한 발명을 쉽게 실시할 수 없다면, 출원특허인 경우에는 기재불비로 특허를 받을 수 없고, 등록특허인 경우에는 무효가 된다는 말이다.

표 9-1(b). 기재요건에 대한 35 U.S.C. § 112

35 U.S.C. § 112 Specification.
(a) IN GENERAL.-The specification shall contain a written description of the invention, and of the manner and process of making and using it, in such full, clear, concise, and exact terms as to enable any person skilled in the art to which it pertains, or with which it is most nearly connected, to make and use the same, and shall set forth the best mode contemplated by the inventor or joint inventor of carrying out the invention. (b) CONCLUSION.-The specification shall conclude with one or more claims particularly pointing out and distinctly claiming the subject matter which the inventor or a joint inventor regards as the invention.

1) 2014년 6월 11일 개정, 2015년 1월 1일부터 시행.

기재요건에 대한 미국 특허법의 규정은 표 9-1(b)와 같다. 즉 35 U.S.C. § 112(a)에 의하면 발명가는 청구발명을 당업자가[2] 실시할 수 있도록 "발명의 설명"에[3] 완전하고, 분명하며, 간결하고, 정확한 용어로 묘사하여야 한다고 규정한다. 또한 § 112(b)는 특허명세서에는 하나 이상의 청구항을 기재하되, 상기 청구항은 청구발명을 상세히 지적하고 명백히 청구해야 한다고 규정한다. 이와 같이 미국 특허법 상의 기재요건은 청구항에 대한 기재요건과 "발명의 설명"에 대한 기재요건의 두 가지로 구성되며, 이러한 기재요건으로는 ① 명확성 요건, ② 서면기재 요건, ③ 실시가능 요건, ④ 최적 실시예 기재요건 등이 있다.

① 명확성 요건 [Definiteness Requirement]:

미국 특허법 상의 기재요건 중 명확성 요건은 청구항에 대한 기재요건이다. 명확성 요건은 "definiteness requirement"라 지칭되며, 발명가는 청구항에 자신의 청구발명을 상세히 지적하고 명백히 기재해야 한다는 요건이다.

② 서면기재 요건 [Written Description Requirement]:

이에 반하여 미국 특허법 상의 서면기재 요건은 "발명의 설명"에 대한 기재요건이다. 서면기재 요건은 "written description requirement"라 지칭되며, 발명가는 "발명의 설명"에 자신의 청구발명을 제대로 기재하여야 한다는 규정이다. 서면기재 요건은 주로 발명가가 원출원특허 출원 시 "발명의 설명"에

---

2) '당업자'란 청구발명이 속하는 분야의 통상 지식을 가진 자를 말한다. 미국의 경우 '당업자'는 "a person of ordinary skill in the art to which a claimed invention pertains"를 의미한다. 이를 줄여 "a person skilled in the art," "one of ordinary skill in the art," "one skilled in the art" 등으로 표시하지만, 이것도 길다고 느끼는 미국 특허전문가들은 "a person of ordinary skill in the art"의 앞 글자들을 따서 당업자를 'POSITA'라고도 지칭한다.

3) 앞서 설명했지만, 본문의 'specification'은 국내특허의 "발명의 설명"에 해당한다. 단 엄밀히 말하면 미국 특허법 상 'specification'은 "청구항 (claim)"과 "발명의 설명 (detailed description)"으로 구성된다. 하지만 미국 특허전문가들은 관습 상 특허명세서 중 청구항을 제외한 부분을 'specification'이라고 지칭하므로, 본문에서도 설명의 편의를 위하여 특허명세서는 'disclosure'로, "발명의 설명"은 'specification'으로 지칭하기로 한다.

기재하지 않은 발명을 추후 보정을 통하여 추가하지 못하도록 방지하는 목적으로 사용된다.

③ 실시가능 요건 [Enablement Requirement]:

미국 특허법 상의 실시가능 요건 역시 "발명의 설명"에 대한 기재요건이다. 실시가능 요건은 발명가가 "발명의 설명"에 청구발명의 특정 실시예에 대한 자세한 예시 및 최소한의 작동원리나 기술적 원리를 기재하였는지에 대한 요건이다.

④ 최적 실시예 기재요건 [Best Mode Requirement]:

미국 특허법 상의 최적 실시예 기재요건 역시 "발명의 설명"에 대한 기재요건이다. 최적 실시예 기재요건은 "best mode requirement"라 불리며, 발명가가 자신이 최선으로 간주하는 실시예를 "발명의 설명"에 기재하고 언급해야한다는 요건이다. 하지만 2011년 미국 개정 특허법인 America Invents Act가 발효된 이후 최적 실시예 기재요건을 이용하여 특허의 무효성을 주장할 수 없게 된바, 최적 실시예 기재요건은 거의 사문화되었다고 간주된다.

이러한 다양한 기재요건에 대한 미국 연방법원의 판례는 굉장히 풍부하다. 하지만 이 같이 풍부한 판례가 존재한다는 사실은 미국 연방법원이 수많은 판례를 통하여 기재요건에 대한 모든 구체적 사항을 확실히 정립하였다기보다는, 기재요건 판단 자체에 주관적 판단이 많이 개입되기 때문에 아직 정립되지 않은 분야가 존재하며, 서로 상충되는 판례도 존재한다는 사실을 반증한다.

기재요건을 설명하기 위하여 제9장의 1절에서는 왜 "발명의 설명"이 특허 청구항의 범위에 중요한 지를 설명한다. 그 후 미국 법령 및 판례를 위주로 제9장의 2절에서는 청구항의 명확성 요건, 제9장의 3절 내지 제9장의 5절에서는 "발명의 설명(즉 specification)"에 대한 기재요건인 서면기재 요건, 실시가능 요건 및 최적 실시예 기재요건을 각각 설명하고, 제9장의 6절에서는 기재요건을 요약한다.

1. 권리범위 ≡ 청구항 + "발명의 설명"

발명가는 수익 창출을 위하여 발명을 착상하고, 특허를 출원·등록하여 청구발명에 대한 금지권을 확보한다. 하지만 발명가가 금지권을 이용하여 수익을 창출하는 방법은 특허의 자가실시를 통한 창업(또는 기존 사업의 확장)이나 licensing을 통한 royalty 수익 정도이다. 특히 발명가가 금지권을 확보하더라도 금지권의 권리범위 주변에 공터가 형성되면 경쟁자의 우회·회피를 방지할 수 없으므로 수익 창출은 더욱 어려워진다. 따라서 발명가가 특허로 수익을 창출하려면 청구항의 권리범위를 가능한 한 확충하는 동시에 경쟁자가 발명가의 권리범위 주변에서 언제, 어디서, 어떤 방법으로 찾아낼지 모르는 공터를 원천적으로 폐쇄하도록 최선을 다해야 한다.

그렇다면 청구항의 권리범위에 대한 "발명의 설명"의 역할은 무엇일까? 어차피 권리범위는 발명가가 청구항에 기재한 단어나 문구에 의하여 결정되는데, "발명의 설명"은 중요하기는 할까?

그림 9-1. 청구항의 역할

정답은 "'발명의 설명'은 아주 무척 중요하다"이다. 우선 그림 9-1과 같이 청구항이야말로 특허제도가 공인한, 발명가의 사조직 군대에 해당한다. 아군이 적군을 제압하며 영토를 수호하듯 특허 청구항 역시 경쟁자의 우회·회피를 억제하며 발명가의 권리범위를 수호한다. 따라서 발명가가 특허를 통하여 수익을 창출하려면 강력한 청구항을 이용하여 경쟁자의 우회·회피를 원천적으로 차단해야 한다.

하지만 군대만 조직하였다고 영토를 보존할 수는 없다. 왜냐하면 아군이 적군을 상대로 군사작전을 제대로 수행하며 적군을 제압하려면 그림 9-2(a) 및 9-2(b)와 같이 다양한 살상범위를 가진 각종 무기가 필요하기 때문이다. 즉 적군의 육·해·공군을 모두 제압할 수 있도록 아군 역시 육·해·공군이 사용할 수 있는 무기를 비축해야 한다.

그림 9-2. "발명의 설명"의 역할

그림 9-2(a)

그림 9-2(b)

특허 역시 마찬가지이다. 발명가가 보유한 특허의 권리범위를 수호하는 동시에 경쟁자의 우회·회피를 억제하려면 광활한 권리범위를 지닌 청구항은 물론 다양한 폭사범위를 지닌 다양한 종류의 권리범위를 지닌 청구항이 필요한 바, 청구항에 갖가지 폭사범위를 지닌 무기를 공급하는 무기고가 바로 "발명의 설명"이다. 바꾸어 말하면 가능한 한 광활한 권리범위를 확보하기 위하여 축약된 단어와 문구로 작성한 청구항을 법적으로 구체화시키는 도구가 바로 "발명의 설명"이라고 간주할 수 있다.

이와 같이 청구항의 권리범위에 "발명의 설명"이 미치는 영향은 지대하다. 따라서 특허제도 역시 발명가가 임의로 "발명의 설명"을 보정함으로써 청구항의 권리범위를 특허출원 전후 자유자재로 조작하지 못하도록 각종 채찍을 가하는 바, 이러한 채찍들이 바로 서면기재 요건, 실시가능 요건 및 최적 실시예 기재요건이라고 간주할 수 있다. 하지만 "발명의 설명"에 대한 제반 기재요건의 만족 여부 역시 "발명의 설명"만으로 결정되지는 않는다. 즉 "발명의 설명"이 특정 기재요건을 만족하는지에 대한 여부는 궁극적으로 발명가가 청구항에 기재한 청구발명과도 밀접한 관련이 있다.

가. 빈약한 "발명의 설명"에 의한 협소한 권리범위

앞서 "발명의 설명"이 청구항의 권리범위에 미치는 영향은 막대하다고 누차 강조한 바 있다. 이를 위하여 아래에서는 청구항이 권리범위를 확보하는 과정을 청구항과 "발명의 설명"의 관계 및 청구발명의 균등물건 및 균등방법 등을 모사하는 도표를 이용하여 설명한다.[4] 참고로 아래 그림 9-3 내지 9-9에서 사각형의 크기는 대략적으로 범위를 나타낸다. 따라서 큰 사각형이 작은 사각형에 비하여 넓은 범위를 나타낸다.

그림 9-3. 청구항과 "발명의 설명"의 범위

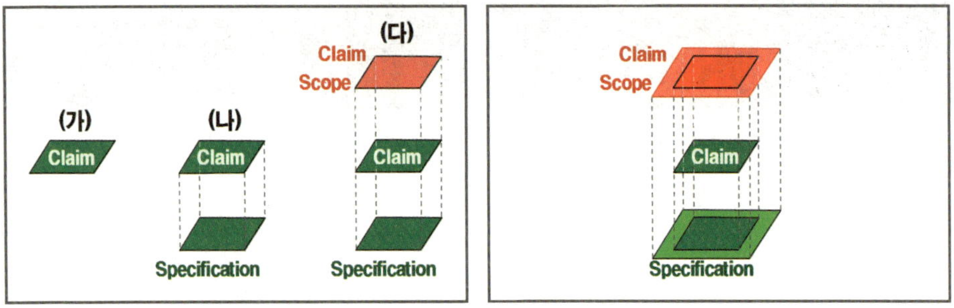

그림 9-3(a) 그림 9-3(b)

특허의 가치는 권리범위에 있으므로 특허에서는 청구항만이 중요하며 "발명의 설명"은 하등 중요하지 않다고 믿는 발명가를 가정하자. 발명가는 그림 9-3(a)의 (가)와 같이 함축된 단어와 문구만을 이용하여 청구발명에 필수적인 요소와 제한조건만을 포함한 청구항('claim'이라고 표시한 녹색 사각형)을 작성한다. 그 후 발명가는 그림 9-3(a)의 (나)와 같이 청구항의 내용을 거의 그대로 반영한 "발명의 설명"(최하부의 녹색 사각형)을 작성한다. 즉 발명가가 작성한 청구항과 "발명의 설명"은 내용이 거의 동일한 경우이다.

이와 같이 "발명의 설명"의 내용이 청구항과 거의 동일한 경우, 청구항을 해석할 때

4) 아래의 그림 9-3 내지 9-9의 도면 및 이에 대한 설명은 특허의 권리범위에 대한 "발명의 설명"의 중요성을 강조하기 위하여 저자가 고안한 예시이다. 하지만 이러한 도면 및 이에 대한 설명에는 논리적 부정확성이 내포되어 있거나 구체성이 결여되었을 가능성도 완전히 배제할 수는 없다. 이에 대한 독자의 주의 및 양해를 미리 구한다.

"발명의 설명"으로부터 청구항의 권리범위에 보탤 수 있는 내용은 빈약할 수밖에 없다. 따라서 설령 상기 특허가 등록되더라도 발명가가 확보할 수 있는 청구항의 금지권의 범위, 즉 권리범위는 극히 제한적일 수밖에 없다. 일예로 그림 9-3(a)의 (다)와 같이 상기 청구항의 권리범위("claim scope"라고 표시한 최상부의 적색 사각형)는 청구항 자체의 범위와 거의 동일할 것이다.[5]

이와는 달리 그림 9-3(b)는 발명가가 함축된 단어와 문구를 이용하여 청구발명에 필수적인 요소와 제한조건만을 포함한 청구항을 작성한 후, "발명의 설명"에서 청구항 단어나 문구를 정의함은 물론 발명가가 선호하는 "최선의 실시예" 정도만을 기입한 경우이다. 발명가가 기재한 최선의 실시예에 의하여 그림 9-3(b)의 "발명의 설명"의 범위(연두색 사각형)는[6] 그림 9-3(a)의 "발명의 설명"의 범위에 비하여 어느 정도 확충된다. 따라서 청구항 해석 시 "발명의 설명"으로부터 청구항의 권리범위에 보탤 수 있는 내용이 조금이나마 존재하므로, 이러한 청구항의 권리범위("claim scope"라고 표시한 최상부의 적색 사각형)는 청구항 자체의 범위보다는 넓어진다.

하지만 그림 9-3(b)의 특허에도 심각한 문제점이 내재한다. 왜냐하면 발명가는 자신이 가장 선호하는 최선의 실시예에 근거하여 청구항에 청구발명을 기재하고 "발명의 설명"에는 상기 실시예에 대한 설명만을 개시하였기 때문에 상기 특허의 권리범위는 상당히 협소할 수밖에 없기 때문이다. 그 결과 그림 9-4와 같이 발명가

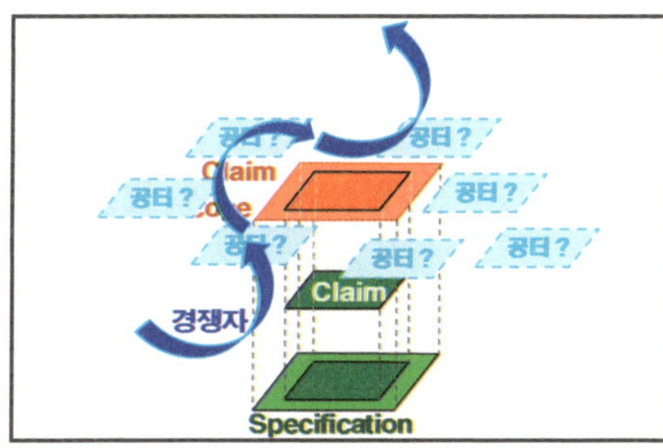

그림 9-4. 협소한 권리범위의 원천적 문제점

5) 발명가가 최선의 실시예만 열심히 설명한 학술논문 초고를 작성한 후, 이를 dumping 수준의 수임료를 지불하며 대리인에게 전달하면, 대부분의 대리인은 상기 논문 초고를 copy, paste하여 "발명의 설명"을 작성하며, 이를 요약하는 청구항을 작성한다. 이러한 특허의 권리범위도 그림 9-3(a)와 동일하다.

6) 특허업계에서 "'발명의 설명'의 범위"란 문구는 자주 사용하지 않는다. 하지만 본문에서는 도면 설명을 위하여 "청구항의 범위"와 유사한 맥락으로 "'발명의 설명'의 범위"란 문구를 사용하였음을 밝힌다.

의 권리범위 주변에는 무수한 공터가 형성될 수밖에 없으며, 경쟁자는 발명가가 "발명의 설명"에 기재한 최선의 실시예를 숙독하여 청구발명의 핵심을 쉽게 파악한 후, 발명가의 협소한 권리범위 주변에 산재한 공터를 이용하여 특허를 쉽게 우회·회피한다.

설령 추후 발명가가 경쟁자를 상대로 특허침해소송을 제기하더라도, 경쟁자는 이미 자신의 침해의심 제품을 발명가의 권리범위에 중첩되지 않도록 고안하였을 가능성이 높다. 따라서 발명가는 제4장의 1-다절에서 설명한 "경쟁자의 Counter-Action에 대한 발명가의 Reaction"에서와 같이 경쟁자 제품의 특허침해를 입증하기 위하여 자신의 권리범위를 확장할 수밖에 없다. 하지만 "발명의 설명"에 기껏 최선의 실시예나 기재한 발명가는 할 수 없이 무리한 권리범위 확장을 시도하다가 자신의 특허만 무효 판결을 받게 될 가능성이 높다.

나. 풍부한 "발명의 설명"에 의한 광활한 권리범위

발명가가 특허로 수익을 창출하기를 원한다면 결국 가능한 한 광활한 권리범위를 확보할 수밖에 없다. 이를 위하여 발명가는 청구발명의 구현에 필수불가결한 요소 및 제한조건을 포함한 청구항을 작성하는 것도 중요하지만, "발명의 설명"에 청구항 단어나 문구의 범위를 필요에 따라 확장할 수 있는 다양한 실시예를 다수 개시해야 한다.

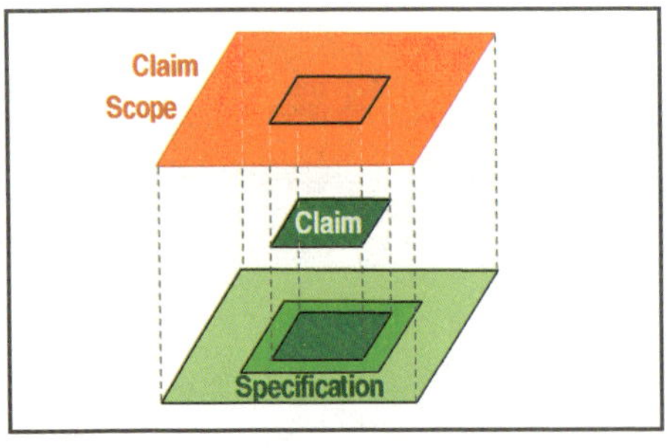

그림 9-5. 청구항과 "발명의 설명" 및 권리범위

이에 대한 예시가 그림 9-5로서, 발명가는 청구항(녹색 사각형)을 작성한 후, "발명의 설명"(연두색 사각형)에서 청구항 단어나 문구를 정의하고, 발명가가 선호하는 최선의 실시예는 물론 차선의 실시예, 열등한 실시예를 기재하며, 또한 발명가 자신이 직접 구현하지는 않았지만 이론적으로 가능한 가상 실시예까지 모두 기입함으로써 범위를 최대한 확장한 경우이다. 이에 따라 청구항의 단어나 문구의 범위 또한 이에 비례하여 확장되며, 그림 9-5와 같이 청구항 범위(적색 사각형)도 확충된다.

그렇다고 발명가의 권리범위가 반드시 "발명의 설명"에 기재한 각종 실시예에만 국한되는 것은 아니며, 그 이유는 균등론에 의한 범위 확대 때문이다. 앞서 제3장의 1-가절 제2항에서 설명한 바와 같이 "균등론에 의한 침해"는 특허침해에 있어서 문언침해의 엄격한 문자적 해석에 의한 단점을 보충하는, 발명가에게 유리한 제도이다. 즉 균등론은 경쟁자가 발명가의 권리범위에 속하는 발명을 미세하게 변형·개량하여 침해를 회피하지 못하도록 금지하는 제도이다.

그림 9-6. 균등론에 의한 "발명의 설명"의 범위와 청구항의 권리범위의 확충

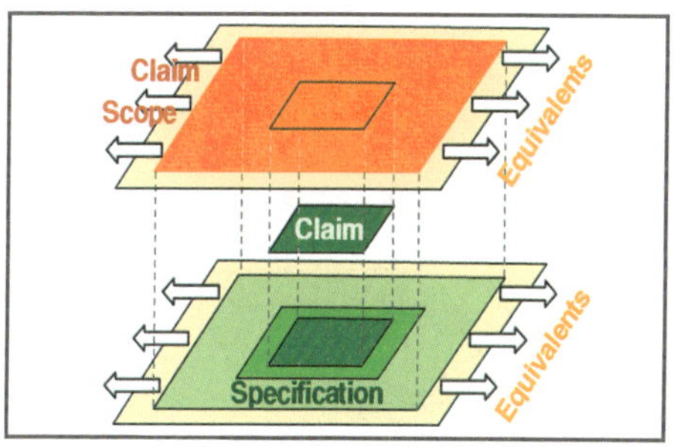

그림 9-6(a)

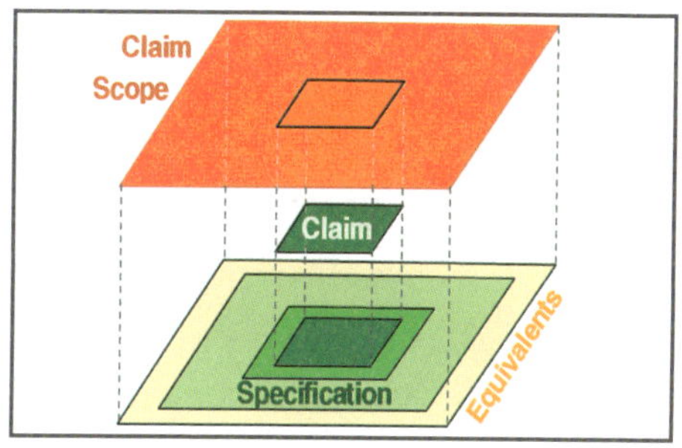

그림 9-6(b)

따라서 그림 9-6(a)와 같이 "발명의 설명" 및 청구항의 권리범위는 자연히 청구발명의 균등물건 또는 균등방법(연한 갈색 사각형)만큼 확대된다. 그 결과 그림 9-6(b)와 같이 발명가는 청구항(녹색 사각형)을 작성한 후, "발명의 설명"(연두색 사각형)에서 청구항 단어나 문구를 정의하고, 발명가의 최선의 실시예, 차선의 실시예, 열등한 실시예, 가상 실시예를 모두 기재함으로써 "발명의 설명"의 범위를 최대한 확충함은 물론 이에 따라 균등물건 및 균등방법까지 총동원할 수 있게 되어 청구항의 범위(적색 사각형)를 최대한 확충할 수 있다.

그림 9-7(a)와 9-7(b)는 "균등론에 의한 침해"에 의한 청구항의 범위 확충을 감안하되 이를 그림에서는 표시하지 않고, 청구항의 권리범위를 "발명의 설명"의 범위와 비교한 예시이다. 그림에서와 같이 청구항의 권리범위는 청구항 자체와 "발명의 설명"의 관계에 의하여 결정된다고 볼 수 있다. 특히 그림 9-7(a)와 9-7(b)를 비교하면 전자의 경

우에 비하여 후자의 경우 청구항이 동일하거나 유사하게 작성되더라도 "발명의 설명"에 의하여 청구항의 권리범위가 확충되는 정도도 결정될 수 있음을 알 수 있다. 즉 발명가가 "발명의 설명"에 다양한 범위의 실시예는 물론 다양한 종류의 실시예를 많이 기재하면 할수록 이에 비례하여 "발명의 설명"의 범위 자체도 확장되고, 이에 따라 청구발명의 균등물건이나 균등방법까지 더욱 확장되기 때문에 청구항의 권리범위 역시 이에 비례하여 확장될 수밖에 없다.

그림 9-7. 청구항, "발명의 설명" 및 권리범위

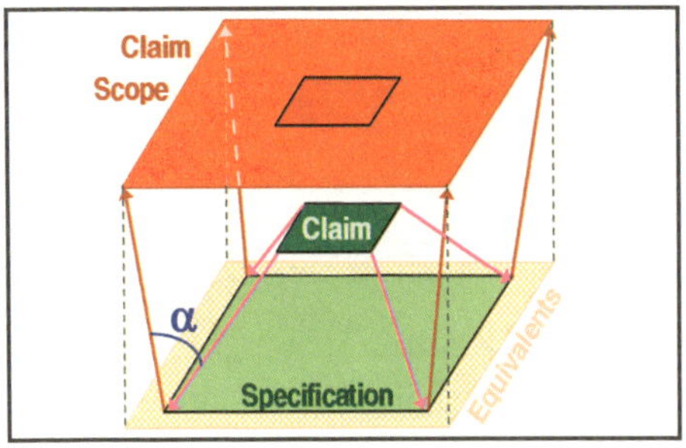

그림 9-7(a)

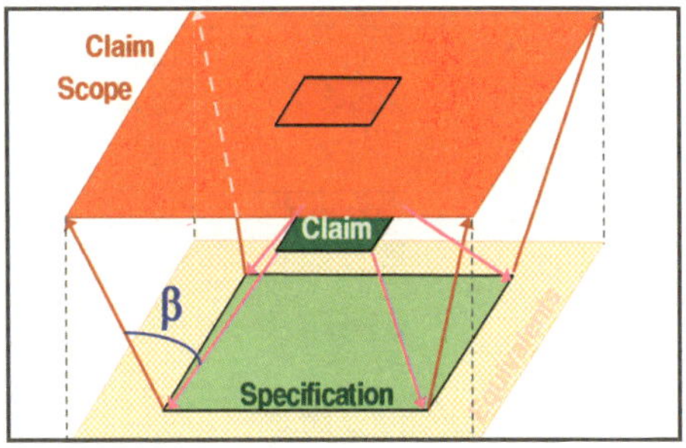

그림 9-7(b)

이와 같이 "발명의 설명"에 기재한 실시예의 수 및 종류에 의한 권리범위의 확충을 위의 그림 9-7(a)와 9-7(b)를 이용하여 다시 설명하면, 청구항의 경계인 녹색 꼭짓점들과 "발명의 설명"의 경계인 연두색 꼭짓점들을 각각 직선으로 연결하고, "발명의 설명"의 경계인 연두색 꼭짓점들과 청구항의 권리범위의 경계인 적색 꼭짓점들을 직선으로 연결하였을 때 상기 직선들 사이의 각도가 그림 9-7(a)(각도 'α'로 표시)의 경우보다 그림 9-7(b)(각도 'β'로 표시)의 경우 더 크다. 이것이 바로 풍부한 실시예를 포함하도록 전략적으로 작성한 "발명의 설명"의 힘이다. 즉 청구항에 기재한 단어와 문구에 대한 풍부한 정의 및 실시예를 통하여 특허 권리범위 자체가 확충될 수 있다.

이러한 측면에서 보면 제4장의 4절 "특허 성공 사례"에서 설명한 곰국과 척추동물국의 예에서와 같이 발명가와 유능한 변리사와의 brain-storming session인 전향적 발명 상담을 통하여 제대로 작성한 "발명의 설명"이 얼마나 중요한지 알 수 있다. 물론 유능한 변리사의 지식과 창의성을 활용하기 위해서는 합당한 보수가 선행되어야 함은 두말할 나위조차 없다.

다. 권리범위 확보 vs. 권리범위 포기

발명가가 그림 9-7(b)와 같이 권리범위를 극대화했다고 안심할 수만은 없다. 그 이유는 발명가의 등록특허는 공개를 통하여 노출되지만, 발명가는 경쟁자가 언제, 어디서, 어떻게 등록특허의 권리범위를 우회·회피하려 할지 예상할 수 없기 때문이다.

그림 9-8. 공터와 경쟁자의 우회·회피

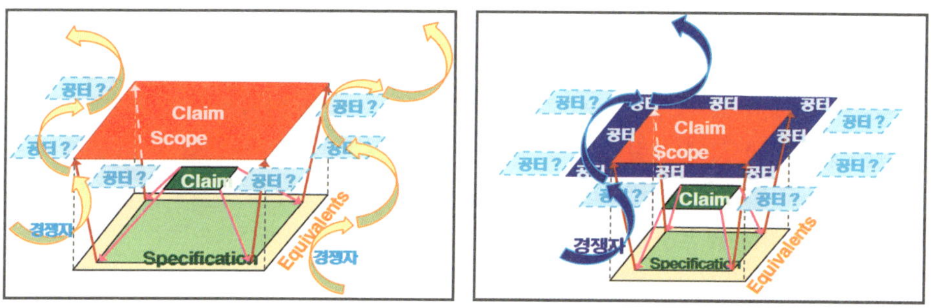

그림 9-8(a) 그림 9-8(b)

일예로 그림 9-8(a)는 발명가가 일정 권리범위를 확보한 경우를 예시한다. 하지만 발명가라도 자신의 권리범위 주변 어디에 얼마나 큰 어떤 공터가 있는지 알 수 없는 경우가 대부분이다. 또한 발명가가 출원특허 심사 중 심사관이 인용한 선행기술을 극복하지 못하여 청구범위를 축소하는 보정을 통하여 특허를 등록시켰다면 권리범위 주변에는 만인이 인지할 수 있는 다양한 공터가 형성되었을 가능성이 매우 높다,

하물며 발명가가 특허전략을 숙지하지 못하여 또는 게을러서 그림 9-8(b)와 같이 "발명의 설명"에 최선의 실시예나 차선의 실시예 정도만 기재하고, 열등한 실시예나 가상 실시예를 기재하지 않는다면, 이는 경쟁자를 위하여 권리범위 주위에 공터를 남겨두는 격이다. 따라서 경쟁자는 그림 9-8(b)와 같이 발명가가 제공한 지도를 읽으며, 발

명가가 표시해준 공터에서 발명가의 청구발명을 소폭 개량·변경함으로써 발명가의 권리범위를 우회·회피할 수 있게 된다.

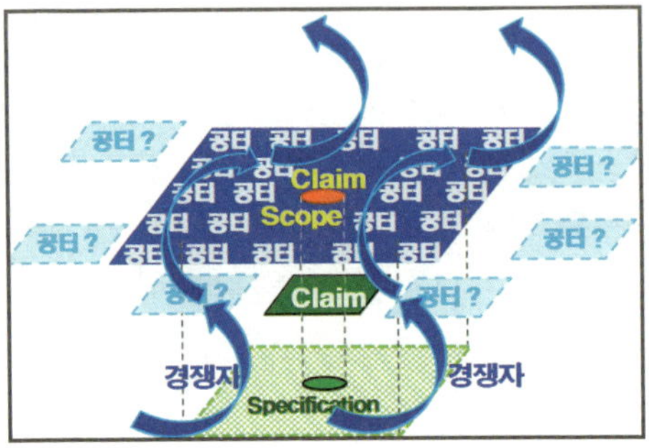

그림 9-9. 경쟁자의 우회·회피를 위한 발명가의 특허

발명가가 청구발명의 필수 요소와 제한 조건만을 포함하는 청구항을 작성하는 한편 "발명의 설명"에 최선의 실시예, 차선의 실시예, 열등한 실시예, 가상의 실시예를 모두 기재하더라도, 발명가는 사소한 실수로 자신의 권리범위를 거의 다 상실하는 경우도 발생한다. 일예로 발명가가 자신의 최선의 실시예를 너무도 자랑스럽게 여겨 "발명의 설명" 여기저기에서 이에 대한 자랑을 늘어놓는 경우를 가정하자. 앞서 제7장의 2-마절에서 설명한 "최선의 실시예 포함 원칙"에 따라 법원은 상기 청구항의 권리범위는 최선의 실시예(그림의 녹색 원)를 반드시 포함하도록 해석할 것이며, 그 결과 발명가의 권리범위는 그림 9-9의 상부의 청색 사각형 내부의 적색 원으로 축소된다. 이에 따라 경쟁자는 유유히 발명가의 권리범위를 우회·회피하게 된다.

이러한 예는 특허의 권리범위에는 청구항만큼 "발명의 설명"도 중요하다는 사실을 확인해준다. 결국 특허로 수익을 창출해야 할 발명가는 특허를 출원하며 청구항과 "발명의 설명" 등 어느 곳 하나 방심해도 좋은 부분이 없다. 즉 청구항은 물론 "발명의 설명"을 가능한 한 완벽하게 작성해야만 특허로 수익을 창출하려고 시도라도 해볼 기회를 얻을 수 있다.

2. 명확성 요건 (Definiteness Requirement)

미국 특허법 35 U.S.C.는 § 112(b)(위의 표 9-1(b)참고)에서 발명가는 청구항에서 자신의 청구발명을 상세히 지적하고 또한 명백히 청구하도록 규정한다. 이를 국내에서는 "명확성 요건"이라고 지칭하며 미국에서는 "definiteness requirement"라고 지칭한다.

앞서 설명한 바와 같이 "명확성 요건"은 경쟁자가 발명가와 동일한 발명을 연구하고 착상하는 중복투자를 방지하기 위한 제도이다. 즉 발명가가 청구항에 자신의 청구발명을 확실히 기재하고 상기 발명의 권리범위를 공중에게 확실히 공지(notice)함으로써, 동일한 발명에 대한 경쟁자의 중복연구를 방지하여 사회적 효율을 제고하기 위함이다.

하지만 청구항의 "명확성 요건"에도 명확히 해야 할 부분이 존재한다. 즉 청구발명을 얼마나 명확하게 기재하여야 하는지, 누구에게 명확하여야 하는지 등이다. 아래에서는 청구항의 "명확성 요건"에 대한 개요 및 이를 적용한 미국 판례를 살펴본다.

가. 명확성 요건 개요

그렇다면 발명가는 자신의 발명을 얼마나 상세히 지적하고 명백히 청구해야만 명확성요건을 만족할 수 있을까? 물론 발명가가 청구항에 자신의 청구발명에 대한 상세하고 명백한 설명을 기재할 수는 있다. 하지만 발명가가 청구항에서 자신의 발명을 상세히, 명백히 청구하면 할수록 필수적으로 청구항에 더 많은 수의 요소와 제한조건이 부가되며, 그 결과 권리범위는 협소해진다. 특히 발명을 더 상세히, 명백히 청구하기 위하여 "발명의 설명"에 기재한 최선의 실시예나 다른 실시예를 구현하는데 필요한 각종 조건을 청구항에 추가할 경우, 발명가의 권리범위는 과도하게 협소해질 수밖에 없다.

또한 발명가가 나름대로 자신의 발명을 청구항에서 상세하고 명백하게 설명하였더라도, 이러한 설명이 그 목적을 달성하는 지의 여부는 설명을 듣는 대상에 따라서도 상이해진다. 즉 박사 학위 5개를 소지한 도사는 간략한 청구항으로도 청구발명을 쉽게 이해하겠지만, 청구발명의 분야에 대한 지식이 없는 일반인은 동일한 청구항을 읽고도 청구발명을 이해하지 못할 가능성이 높다.

하지만 앞서 설명한 바와 같이 명확성 요건의 목적은 특허제도 자체의 목적 중의 하나이기도 한 "공중에 대한 공지"이다. 즉 공중에게 발명가의 권리범위를 상세하고 명백히 알림으로써 경쟁자의 중복 R&D 및 중복 투자를 최소화하여 사회 전체의 효율을 증가시키기 위함이다.[7] 따라서 미국 판례에 도입된 명확성 요건에 대한 기준이 바로 '당업자'이다. 즉 명확성 요건의 주체인 당업자가 발명가가 작성한 청구항을 읽었을 때, 청구항이 청구발명에 대한 명확하고 분명한 의미를 전달하여 당업자가 청구발명을 이해할 수 있는지가 바로 명확성 요건의 기준이다.

나. 명확성 요건 관련 미국 연방항소법원 판례

그렇다면 명확성 요건을 만족하지 못하는 청구항은 어떤 청구항일까? 미국 연방법원의 판례에 의하면 당업자가 청구항을 읽고서도 청구발명을 설명할 수 없을 정도로 청구항이 "애매모호한 경우" 또는 청구항을 읽고서도 "청구항 해석이 불가능한 경우" 상기 청구항은 명확성요건을 만족하지 못한다.[8]

그렇다고 명확성 요건을 만족하기 위하여 청구발명에 대한 절대적 명확성을 필요로 하는 것은 아니다. 따라서 아래에서는 기계 분야와 bio 분야의 청구항을 예로 명확성 요건의 실제 적용 사례를 설명한다.

(1) 기계 발명 - Orthokinetics vs. Safety Travel (Fed. Cir. 1986)

Orthokinetics v. Safety Travel은[9] 1986년 미국 연방항소법원 판례로서, 청구항에

---

7) 명확성 요건에 따라 발명가가 청구발명의 범위를 상세히, 명백히 청구하게 되면 특허청 심사관의 심사 효율도 제고할 수 있다.

8) 하지만 2014년 6월 미국 연방대법원은 Nautilus, Inc. vs. Biosig Instruments, Inc. (No. 13-369)에서 당업자가 청구항을 읽은 후 청구발명을 "합리적으로 확실할 정도 (reasonable certainty)"로 이해하는 경우 명확성 요건을 만족한다고 판시하였다. 연방대법원의 Nautilus case에 따라 청구항의 명확성 요건은 강화되었으며, 곧 연방지방법원 및 연방항소법원의 판결이 뒤따를 것으로 예상된다. 이에 대한 자세한 내용은 아래의 URL 참고 (2014.08.31 최종 확인):http://www.supremecourt.gov/opinions/13pdf/13-369_1idf.pdf

9) Orthokinetics, Inc. v. Safety Travel Chairs, Inc., 806 F.2d 1565 (Fed. Cir. 1986).

기재한 청구발명의 명확성의 한계에 대한 연방항소법원의 견해를 설명하는 case이다.

거동이 불편한 환자가 병원을 출입하려면 여러 사람의 도움이 필요하다. 특히 환자나 보호자가 911에[10] 연락하여 응급환자 구조를 요청하면, 응급차가 응급환자가 있는 장소에 도착하고, 의료진이 환자를 응급차에 실어 병원으로 이송한다. 또한 응급환자가 병원에 도착한 후 의료진은 다시 환자를 응급차에서 내려 이동식 병원침대에 눕힌 후 응급실로 이송하고, 응급실에서는 다시 환자를 응급실 침대에 눕히고 응급조치를 시작한다.

이와 같이 응급환자 한 명을 이동시키기 위해서는 여러 명의 도움이 필요할 뿐만 아니라 각종 불편함이 발생한다. 더욱 중요한 점은 응급환자를 사고 발생지에서 응급차로, 다시 응급차에서 응급실로 옮기기 위하여 자주 움직이다보니, 뇌나 척추에 손상을 입어서 가능한 한 신체를 고정시켜야하는 환자의 경우 부상이 심해지는 부적절한 상황도 발생한다.

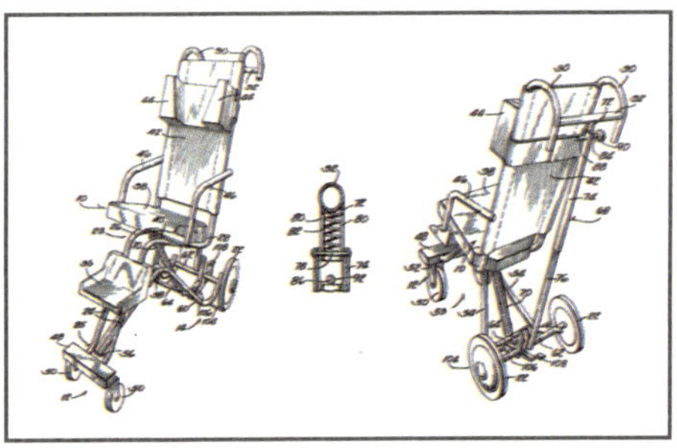

그림 9-10. Orthokinetics의 차량 탈착용 휠체어

Orthokinetics의 발명은 그림 9-10과 같이 앞다리 부분이 차량 앞좌석의 후면 하부에 탈착이 가능하도록 구성된 차량 탈착용 환자 운반용 휠체어이다. 따라서 의료진이 응급환자가 있는 장소에 도착하여 환자를 휠체어에 앉히면 환자를 휠체어에서 옮길 필요 없이 응급차에 실을 수 있으며, 병원에 도착한 후에도 별도의 도움 없이 휠체어를 응급차에서 내린 후 환자를 응급실까지 이송할 수 있다. 이에 따라 응급환자를 이동하기 위한 의료진의 수도 줄일 수 있는 동시에 과도한 이동에 따른 환자의 추가 부상도 방지할 수 있다.

10) 미국에서는 응급상황 발생 시 '119'가 아니라 '911'을 건다.

표 9-2. Orthokinetics의 '867 특허의 독립항 1

1. In a wheel having a seat portion, a front leg portion, and a rear wheel assembly,
the improvement wherein said front leg portion is so dimensioned as to be insertable through the space between the doorframe of an automobile and one of the seats thereof whereby said front leg portion is placed in support relation to the automobile and will support the seat portion from the automobile in the course of subsequent movement of the wheel chair into the automobile, and retractor means for assisting the attendant in retracting said rear wheel assembly upwardly independently of any change in the position of the front leg portion with respect to the seat portion while the front leg portion is supported on the automobile and to a position which clears the space beneath the rear end of the chair and permits the chair seat portion and retracted rear wheel assembly to be swung over and set upon said automobile seat.

Orthokinetics는 이에 대한 특허를 출원하고 재발행하여 U.S. Re. No.30,867('867 특허)을[11] 등록하였다. 표 9-2의 '867 특허의 독립항은 휠체어의 앞다리 부분이 "차량의 앞좌석 하부에 삽입될 수 있는 크기(so dimensioned as to be insertable)"를 가진다고 기재하였다. 즉 Orthokinetics는 휠체어 앞다리의 크기나 모양을 길이, 높이 및 특정 모양 등으로 기재하는 대신 휠체어 앞다리와 차량 앞좌석 하부 사이의 상대적 크기와 기능을 통하여 청구하였다.

Orthokinetics는 Safety Travel이 '867 특허를 침해하였다고 미국 Ohio주 연방지방법원에 제소하였다. 물론 Safety는 여러 가지 근거를 대며 '867 특허가 무효라고 주장한 바, 그 중 하나가 바로 명확성 요건의 위반이었다. 일예로 Safety는 Orthokinetics의 청구항 1이 청구발명의 핵심요소인 휠체어 앞다리 부분의 크기나 모양을 상세히 한정하지 않았고 명확히 청구하지도 않았기 때문에 당업자가 청구항 1을 읽더라도 청구발명을 이해할 수 없다고 강변하였다. 연방지방법원은 이를 받아들여 '867 특허의 청구항 1이 애매모호하므로 명확성 요건을 만족하지 못하였으며, 그 결과 '867 특허의 청구항 1은 무효라고 판결하였다.

11) "Travel chair" filed by Edward J. Gaffney on Mar. 14, 1974 and reissued on Feb. 16, 1982.

하지만 미국 연방항소법원은 연방지방법원의 판결을 파기, 환송하였다. 우선 연방항소법원은 응급차량 제조업체들이 다양한 크기와 형태를 가진 차량을 다양한 모델로 제작하는 것이 사실이지만, 일단 청구발명의 탈착용 휠체어를 장착할 차종 및 모델 등이 결정되면 차량 내외부의 크기, 형태는 물론 구조도 결정되므로, 당업자는 상기 차량에 대하여 탈착용 휠체어를 어떻게 제작할지 알 수 있게 된다고 설명하였다. 이에 따라 연방항소법원은 Orthokinetics가 청구항에 각각의 차량에 탈착 가능한 휠체어의 부품 크기나 모양 등을 모두 열거할 필요는 없다고 설명하였다. 또한 연방항소법원은 Ford가 제작한 차량에 알맞도록 제작한 차량 탈착용 휠체어가 GM이 제작한 차량에서는 사용할 수 없는 등 상이한 제조업체가 제작하는 차량의 크기나 형태가 상이하다는 사실은 중요하지 않다고 Safety의 주장을 일축하였다.

표 9-3. Orthokinetics의 '867 특허의 Specification

Specification의 개시 내용
(1) Col. 2, Line 25; Col. 3, Line 1: it[front wheel assembly] will easily pass through the space between ...
(2) Col. 3, Lines 48-49: the chair will still fit on the automobile seat 18 ...
(3) Col. 4, Lines 1-3: retracted rear wheel assembly 14 may be set upon an automobile seat ...
(4) Col. 5, Lines 23-26: it should be understood that the wheel chair of this invention may be sized for either children or adults. The process of loading and unloading is the same in either case.

특히 연방항소법원은 Orthokinetics가 '867 특허의 "발명의 설명"에서 여러 번에 걸쳐서 탈착용 휠체어의 모양이나 크기와 차량의 모양이나 크기에 대하여 상대적 설명을 기재한 점도 명확성 요건의 만족 여부에 영향을 준다고 설명하였다. 일예로 표 9-3의 (1)~(3)과 같이 '867 특허는 "발명의 설명" 여러 곳에서 휠체어와 차량의 상대적 크기를 묘사하였고, 또한 표 9-3의 (4)는 물론 휠체어를 어린이용(col. 1, line 11)이나 성인용으로 제작할 수도 있다고 언급하는 등 다양한 크기나 모양의 휠체어에 대하여 기재하였다고 설명하였다. 이와 같이 Orthokinetics는 "발명의 설명"에서 청구항의 요소에 대하여 풍부한 설명을 제공하였으며, 그 결과 당업자는 청구항을 읽으며 의미가 불명확한 용어나 구절을 발견하더라도 "발명의 설명"을 참고하면 이러한 모호한 용어

나 구절의 의미를 이해할 수 있기 때문에 '867 특허의 청구항 1은 명확성 요건을 만족한다고 판시하였다.

청구항의 명확성 요건에 대한 Orthokinetics case의 시사점은 간단명료하다. 미국 연방항소법원이 요구하는 명확성 요건에 의하면 발명가가 청구항에 기재한 청구발명이 절대적으로 명확할(absolutely clear) 필요까지는 없다는 점이다.

(2) Bio 발명 - Enzo Biochem vs. Applera (Fed. Cir. 2010)

Enzo Biochem v. Applera는[12] 2010년 미국 연방항소법원 판례로서, 앞서 제8장의 1-나절 "엄격한 동일성 (Strict Identity)"에서 설명한 바와 같이[13] 특정 oligo- 또는 polynucleotide를 이용하여 방사성 동위원소를 사용하지 않고도 nucleotide를 측정할 수 있는 탐침자에 대한 특허침해소송 사건이다.

Enzo는 2004년 미국 연방지방법원에 자신의 특허를 침해하였다고 Applera를 제소하였다. 이에 Applera는 Enzo가 보유한 '767 특허 등에 모두 포함된 청구항 요소인 "linkage group"의 기능적 제한조건에 해당하는 "not substantially interfere with"가 의미가 불명확하므로 명확성 요건을 위배하며, 따라서 Enzo의 특허는 무효라고 주장하였다.

이에 연방지방법원은 Enzo 특허가 linkage group의 "substantial interference"를 판단하는 기준을 명시하지 않았다고 판결하였다. 또한 연방지방법원은 Enzo가 상기 발명의 작동 한계도 개시하지 않아 모든 청구항의 의미가 불명확하며, 상기 제한조건의 의미를 알 수 있더라도 청구항 요소 및 제한조건들은 최소 세 개의 선행기술에 의하여 예상되므로, Enzo 특허의 청구항들은 명확성 요건을 위배하거나 진보성 요건을

---

12) Enzo Biochem, Inc., Enzo Life Sciences, Inc., and Yale University v. Applera Corp. and Tropix Inc., 599 F.3d 1325 (Fed. Cir. 2010), reh'g den., 605 F.3d 1347 (March 26, 2010).

13) Enzo Biochem v. Applera Corp. case의 사실관계에 대한 요약은 제8장의 1-나절 "엄격한 동일성"의 제3항 참고.

만족하지 못하여 모두 무효라고 판결하였다.

Enzo의 항소를 담당한 미국 연방항소법원은 연방지방법원의 판결을 파기, 환송하였다. 우선 연방항소법원은 청구항이 명확성 요건을 만족하지 못할 경우는 청구항 해석이 불가능한 경우이므로, 명확성 요건을 만족하지 못하는 청구항의 신규성 요건이나 진보성 요건 판단은 불가능하므로 연방지방법원의 판결은 오류라고 지적하였다.

또한 연방항소법원은 Applera가 인용한 선행기술들이 Enzo 청구항의 linkage group의 "substantial interference"를 판단하는 기준을 어느 정도 제공하기 때문에 청구항의 의미가 불명확하지는 않다고 해석하였다. 특히 Kasai 선행기술이 개시한 aminomethyl group(CH_2-NH-)은 단일결합으로만 구성되어 단단하지 않고 회전이 가능하여 nucleotide의 hybridization을 상당히 방해할 가능성이 존재하며, linkage group의 길이가 길면 길수록 moiety를 hybridization site로부터 멀어지도록 하여 hybridization을 방해할 수 있다고 설명하였다. 또한 비록 Enzo가 "발명의 설명"에 단일 결합으로 이루어진 "CH_2NH"를 최선의 실시예라고 기재하였으나 상기 구조를 가진 linkage group은 수없이 많으므로 이들 모두가 hybridization을 방해하지 않지는 않을 것이라고 판결하였다.

연방항소법원이 Enzo의 청구항이 명확성 요건을 만족하였다고 판단한 데에는 아무리 예측이 불가능한 분야라 하더라도 특정 조건 하에서 특정 길이를 갖는 DNA는 특성 물성을 가질 수밖에 없으므로 이에 대한 상세한 기재는 필요 없다고 판단하였기 때문이라고 추정된다. 따라서 미국 연방항소법원이 요구하는 명확성 요건은 이전이나 지금이나 청구항의 절대적 명확성(absolute clarity)은 아니다.

(3) 화학공학 발명 - Star Scientific vs. RJ Reynolds (Fed. Cir. 2011)

Star Scientific v. R.J. Reynolds는[14] 2011년 미국 연방항소법원 판례로서 청구항에

14) Star Scientific, Inc., v. R.J. Reynolds Tobacco Co., 655 F.3d 1364 (Fed. Cir. 2011).

기재한 기능 제한조건의 명확성에 대한 연방항소법원의 견해를 설명하는 case이다.

담배를 제조하기 위해서는 담뱃잎을 건조해야만 한다. 담뱃잎을 건조하는 방식은 건조기에 담뱃잎을 주입한 후 직접 열을 가하여 건조시키는 직접 건조방식과, 담뱃잎에 직접 열을 가하는 대신 가열한 공기를 순환시키는 간접 건조방식이 있다. 건조 열효율은 물론 직접 건조방식이 높지만 가열 시 불꽃이 직접 담뱃잎에 닿음으로서 건조기 내부에 혐기성 조건(anaerobic condition)이 형성되는 바람에 TSNA(tobacco-specific nitrosamines)라는 발암물질을 생성하는 단점이 있었다.

이에 따라 대부분의 미국 담배 재배농가는 전통적으로 간접 건조방식을 사용해왔다. 하지만 연료비가 상승함에 따라, 담배 재배농가는 연료비를 절약하기 위하여 1970년대 이후부터는 직접 건조방식을 사용하였다.

표 9-4. Star Scientific의 '649 특허의 독립항 4 및 종속항 12

4. A process of substantially preventing the formation of at least one nitrosamine in a harvested tobacco plant, the process comprising:
drying at least a portion of the plant, while said portion is uncured, yellow, and in a state susceptible to having the formation of nitrosamines arrested, in a controlled environment and for a time sufficient to substantially prevent the formation of said at least one nitrosamine ... wherein said controlled environment is provided by controlling at least one of humidity, temperature, and airflow.
12. The process according to claim 4,
wherein the treatment time is from about 48 hours up to about 2 weeks.

Star Scientific의 Jonnie R. Williams는 담뱃잎의 직접 건조방식 공정에서 공정 습도, 온도, 온도 변화율, 공기 유량, CO 농도, CO_2 농도, O_2 농도, 담뱃잎 구조 등을 조절함으로써 TSNA의 형성을 줄이거나 아예 방지하는 신공정을 발명하였다. Star Scientific은 상기 신공정을 특허출원하여 U.S. Pat. No. 6,202,649('649 특허)를 등

록하였으며,[15] 그림 9-11은 '649 특허의 대표도면이며, 표 9-4는 '649 특허의 독립항 4, 종속항 12이다.

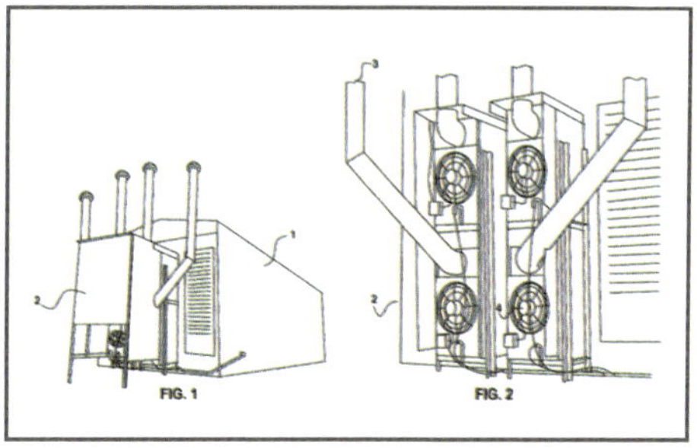

그림 9-11. Star Scientific의 직접 건조방식 공정

Star Scientific은 RJR이 '649 특허를 침해하였다고 미국 연방지방법원에 제소하였다. RJR은 당업자가 '649 특허 청구항 4의 "controlled environment"라는 구절을 읽더라도 청구발명을 설명할 수 없을 정도로 의미가 불확실하므로, 상기 청구항은 명확성 요건을 위반하여 무효라고 주장하였으며, 이 외에도 진보성 결여 및 불공정 행위 등의 이유로 상기 청구항이 무효라고 주장하였다.

배심원은 청구항 4가 "controlled environment"에 대한 자세한 조건을 수치로 명시하지 않았으므로 불명확하다고 판단하였다. 이에 연방지방법원은 명확성 요건 위반 및 불공정 행위에 대한 RJR의 주장을 받아들여 '649 특허는 무효이며, RJR은 '649 특허를 침해하지 않았다고 판결하였다.

Star Scientific의 항소를 담당한 미국 연방항소법원은 연방지방법원의 비침해 판결은 인용하였으나, 명확성 요건 위반 및 불공정 행위에 대한 판결은 파기, 환송하였다.[16] 특히 연방항소법원은 청구항이 명확성 요건을 만족하지 못하는 경우는 당업자가 청구항을 읽고서도 청구발명을 설명할 수 없을 정도로 청구항이 애매모호(insolubly ambiguous)하거나 청구항 해석이 불가능(not amenable to construction)하여 당

15) U.S. Pat. No. 6,202,649 entitled "Method of treating tobacco to reduce nitrosamine content, and products produced thereby," filed by Jonnie R. Williams on Sep. 15, 1999 and issued on March 20, 2001.

16) 미국 연방항소법원이 연방지방법원의 비침해 판결을 인용하고도 Star Scientific의 '649 특허의 유효성에 대한 판결을 파기, 환송한 이유는 특허의 유효성과 침해 여부는 각각 별개의 사안이기 때문이다.

업자가 권리범위의 경계를 충분히 명확하게 인지할 수 없는 경우라고 확인하였다. 하지만 연방항소법원은 청구항 해석이 굉장히 까다롭고 어렵더라도 청구항이 명확성 요건을 만족할 수 있으며, 청구항의 의미에 대해 합리적으로 동의하기 어렵더라도 역시 청구항이 명확성 요건을 만족할 수 있다고 설명하였다.

연방항소법원은 담뱃잎 건조과정이 과학이라기보다는 당업자의 경험 등에 의존하는 경향이 높기 때문에 문제가 된 "controlled environment"에 대한 자세한 조건을 수치로 명시할 필요는 없다고 설명하였다. 또한 당업자는 기존의 건조방식의 공정조건을 잘 인지하고 있으므로 당업자는 '649 특허의 청구발명에 대한 "controlled environment" 역시 알 수 있다고 판결하였다.

청구항의 명확성 요건에 대한 Star Scientific case의 시사점은 간단명료하다. 즉 등록특허는 유효하다는 추정을 극복하고 등록특허를 무효로 만들려면 명백하고 신뢰할 만한 증거(clear and convincing evidence)가 필요한 바, 청구항의 명확성 요건 위반에 의한 등록특허의 무효를 주장하는 당사자는 이러한 증거로 명확성 요건의 위반을 입증해야한다는 점이다.

3. 서면기재 요건 (Written Description Requirement)

서면기재 요건이란 발명가가 특허출원 시점에 자신이 청구항에 기재한 청구발명을 실제로 착상하였는지에 대한 요건이다. 물론 상당히 생뚱맞게 들리는 말이다. 왜냐하면 발명가가 특허출원 시점에 자신이 아직 착상조차 하지 않았거나 착상하지 못한 발명을 (즉 자신이 미래에나 착상할 발명을) 어떻게 "발명의 설명"과 청구항에 기재하였단 말일까? 이뿐만이 아니다. 서면기재 요건의 만족 여부를 판단하기 위하여 발명가가 특허출원 시점에 실제로 청구발명을 착상하였는지를 확인하려면 최소한 time machine 정도는 타고 시간을 거슬러 올라간 후 발명가의 뇌를 해부·검사하지 않고서는 어떻게 착상 여부를 판단할 수 있을까?

하지만 서면기재 요건에 대한 분쟁은 자주 발생한다. 물론 발명가가 time machine을 타고 특허출원 시점으로 돌아가 "발명의 설명"과 청구항을 수정한다는 말이 아니며,

과거로 돌아가 발명가의 뇌를 검사하였다는 말도 아니다. 서면기재 요건은 주로 발명가가 특허출원 시점에는 미처 생각하지 못했던 발명을 추후 착상한 후, 이를 과거에 출원하였던 특허('원출원특허'로 약칭)의 "발명의 설명"에 이미 기재되어 있다고 주장하는 경우이다. 발명가가 이러한 충동에 휩싸이는 이유는 당연하다. 비록 착상은 늦었지만 상기 후속 발명과 조금이라도 관련 있는 기재 사항이 원출원특허에 포함되어있을 경우, 자신이 특허출원 시 이미 후속 발명도 착상하였다고 주장함으로써 상기 후속 발명의 출원일을 앞당길 수 있기 때문이다.

따라서 발명가가 출원한 원출원특허의 "발명의 설명"과 청구항이야말로 서면기재 요건에 대한 강력한 증거이다. 즉 원출원특허의 "발명의 설명"과 청구항을 비교·분석한 결과, 발명가가 특허로 등록하려는 청구발명이 원출원특허의 "발명의 설명"에 당업자가 이해할 수 있을 정도로 이미 기재되어있는 경우, 상기 청구항은 서면기재 요건을 만족한다. 즉 발명가는 특허출원 시점에 상기 청구발명을 실제로 착상하였고 이를 원출원특허의 "발명의 설명"에 당업자가 이해할 수 있을 정도로 기재하여 특허를 출원한 경우이다. 이와는 반대로 발명가가 청구항에 기재한 발명이 원출원특허의 "발명의 설명"에 기재되지 않은 경우, 발명가가 주장하는 청구발명은 특허출원 시점에 발명가가 착상하지 않았던 발명으로 판단되며, 이러한 청구항은 서면기재 요건을 만족하지 못하므로 무효로 처리된다.

아래에서는 서면기재 요건의 개요 및 판단 기준을 살펴본다. 또한 원출원특허가 서면기재 요건을 만족하지 못하는 경우에 대한 미국 연방항소법원의 판례는 물론 원출원특허의 청구항이 아닌 보정 청구항이 서면기재 요건을 만족하지 못하는 경우에 대한 미국 연방항소법원의 판례도 살펴본다.

가. 서면기재 요건 개요

표 9-1(a)에서와 같이 국내 특허법 제42조 제3항은 "발명의 설명"은 당업자가 청구발명을 쉽게 실시할 수 있도록 명확, 상세하게 기재하도록 규정한다. 따라서 "발명의 설명"이 이러한 조건을 만족하지 못할 경우, 출원특허는 기재불비로 특허를 받을 수 없게 되며, 등록특허는 무효가 된다. 하지만 이 규정은 서면기재 요건보다는 다음 절에서 설명할 실시가능 요건(enablement requirement)에 더 가깝다고 간주할 수 있다.

표 9-1(b)와 같이 미국 특허법 역시 U.S.C. § 112(a)는 "발명의 설명"에 대한 기재 요건으로서 "발명의 설명"은 당업자(즉 POSITA)가 청구발명을 실시할 수 있도록 완전한, 분명한, 간결한, 정확한 용어로 묘사하여야 한다고 규정하는 반면, § 112(b)는 앞서 설명한 청구항의 명확성 요건에 해당한다. 따라서 U.S.C. § 112(a) 역시 서면기재 요건이라기보다 실시가능 요건에 해당하지만 미국 연방항소법원은 § 112(a)는 실시가능 요건은 물론 이와는 별개의 서면기재 요건을 요구한다고 판시한 바 있다.[17)]

앞서 설명하였지만 서면기재 요건의 법적 정의는 발명가가 특허출원 시점에 자신이 청구항에 기재한 청구발명을 실제로 착상하였는지의 여부이지만 서면기재 요건의 현실적 정의는 발명가가 청구항에서 자신의 청구발명이라고 주장하는 발명이 실제로 "발명의 설명"에 기재되어 있는지에 대한 여부이다. 따라서 발명가가 서면기재 요건을 만족하지 못하는 경우는 현실적으로 아래의 두 가지 경우 중 하나이다.

① 특허출원 시 발명가가 특허청에 제출한 원출원특허의 "발명의 설명"이 서면기재 요건을 만족하지 못하는 경우

② 특허출원 후 특허청에 제출한 보정 청구항을 원출원특허의 "발명의 설명"과 비교하였을 때 보정 청구항이 서면기재 요건을 만족하지 못하는 경우

아래에서 설명하겠지만 대부분의 서면기재 요건 관련 분쟁은 ②의 경우에 해당한다. 따라서 빈번하게 발생하는 ②를 방지하기 위하여 미국특허법은 청구항 보정 시 청구항에 신규 발명을 추가하지 못하도록 "no new matter" 원칙을 운용한다.

(1) 원출원특허가 서면기재 요건을 만족하지 못하는 경우

발명가가 특허출원 시 특허청에 제출한 원출원특허가 서면기재 요건을 만족하지 못하는 경우 출원특허는 거절되고, 등록특허는 무효가 된다. 따라서 이러한 경우의 판단

17) Ariad Pharmaceuticals, Inc. v. Eli Lilly and Co., 598 F.3d 1336 (Fed. Cir. 2010) (en banc).

기준은 출원 시점의 청구항과 출원 시점의 "발명의 설명"이다.

그림 9-12. 원출원특허가 서면기재 요건을 만족하지 못하는 경우의 예시

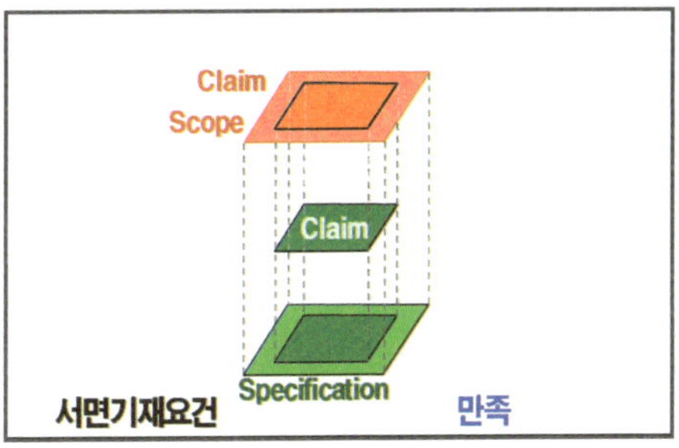

그림 9-12(a)

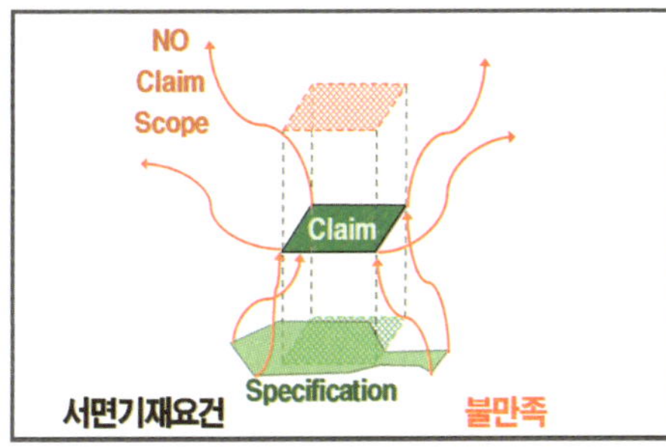

그림 9-12(b)

원출원특허가 서면기재 요건을 만족하지 못하는 경우는 특허출원 시점에 발명가가 원출원특허의 청구항에 기재한 청구발명을 원출원특허의 "발명의 설명"에 제대로 기재하지 않았거나 제대로 설명하지 않은 경우이다. 즉 청구발명이 "발명의 설명"에 제대로 기재되어 권리범위를 형성하는 그림 9-12(a)와[18] 달리, 특허출원 시점에 청구항에 기재한 청구발명과 "발명의 설명"이 그림 9-12(b)와 같이 일치하지 않아 권리범위가 정의되지 않는 경우이다.

물론 서면기재 요건 만족 여부의 판단은 당업자가 한다. 따라서 당업자가 청구항의 청구발명을 이해하기 위하여 "발명의 설명"을 참고하였지만 "발명의 설명"이 청구발명을 제대로 설명하지 않으며, 그 결과 당업자가 청구항을 읽어보건 "발명의 설명"을 읽어보건 청구발명을 이해할 수 없는 경우이다.

이러한 경우는 주로 발명가의 실수나 대리인의 부주의로 가끔씩 발생하기는 한다.

18) 제9장 그림 9-3(b)와 동일.

하지만 이러한 실수나 부주의는 원출원특허가 서면기재 요건을 만족하지 못하는 주된 이유는 아니다. 왜냐하면 발명가와 대리인이 특허를 출원하며 “발명의 설명”을 작성하고 청구항을 작성할 때, 청구발명을 “발명의 설명”에서 아예 언급을 하지 않는 경우는 매우 드물며, 특허 출원 시 청구발명을 “발명의 설명”에서 충분히 설명할 수 없는 단계에서는 대리인이 특허 출원을 미루는 경우가 대부분이기 때문이다.

원출원특허가 서면기재 요건을 만족하지 못하는 대부분의 경우는 특허출원 시점에는 발명가가 원출원특허의 청구항에 기재한 청구발명을 원출원특허의 “발명의 설명”에 제대로 기재하였으나, 추후 발명가가 원출원특허의 청구항의 권리범위를 무리하게 확장 해석하는 경우 발생한다. 즉 발명가가 특허출원 시점에는 미처 인지하지 못했던 공터를 방지하기 위하여 또는 발명가가 경쟁자의 침해의심 제품을 포획하기 위하여 추후 자신의 권리범위를 무리하게 확충함에 따라 확장된 권리범위 내에 “발명의 설명”에 기재되지 않은 내용이 포함되어버리는 경우이다.

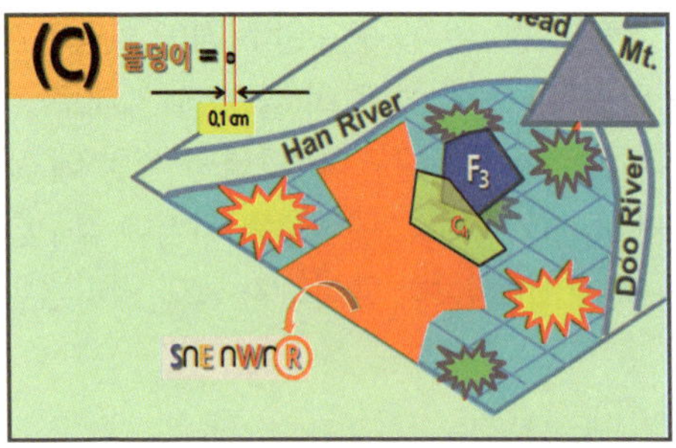

그림 4-21(c). 침해 주장을 위한 발명가의 권리범위 (C_4) 확대

이를 도시한 그림이 제4장의 1-다절의 제2항 “청구항 재해석을 통한 권리범위의 확장”의 그림 4-21(c)이다. 즉 발명가가 자신의 권리범위를 우회·회피한 경쟁자의 침해의심 제품을 침해로 유도하기 위하여 청구항의 권리범위를 그림 4-21(c)의 C_4까지 확장하려 시도하였으나, 원출원특허의 “발명의 설명”이 C_4의 내용의 일부 또는 전부를 기재하지 않았거나 C_4의 내용을 기재는 하였으나 불명확하여 당업자가 이를 이해할 수 없는 경우이다.

아래의 제9장의 3-나절에서 설명하겠지만 위에서 설명한 경우는 주로 발명가가 자신이 착상한 발명을 나름대로는 범위를 확장하여 출원했지만 추후 자신의 발명은 종(species)발명에 불과한 경우이다. 즉 발명가가 출원·등록한 특허의 권리범위가 종특허에 불과하므로 경쟁자는 같은 속(genus)에 속하는 상이한 종에 근거하여 제품을 제조·판매하고, 이에 따라 발명가는 무리를 해서라도 자신의 청구범위를 ‘속’으로 격상시키거나 동일한 '속'의 다른 종발명까지 자신의 권리범위로 편입시키려 시도하다가 실패하는 경우들이다.[19] 따라서 앞서 설명하였지만 발명가는 자신이 착상한 발명을 특허 출원하기 전 항상 한 발작 뒤로 물러나 자신의 발명보다 큰 범위의 '속'발명을 생각하도록 노력할 필요가 있다.

(2) 보정 청구항이 서면기재 요건을 만족하지 못하는 경우

앞서 대부분의 서면기재 요건 관련 분쟁은 원출원특허의 "발명의 설명"의 기재 사항이 관련되는 경우보다 발명가가 추후 보정한 청구항이 관련되는 경우가 흔하다고 설명하였다. 또한 상당히 빈번하게 발생하는 후자와 같은 경우를 미연에 방지하기 위하여 미국특허법은 발명가가 청구항을 보정할 때 신규 발명을 추가하지 못하도록 "no new matter" 원칙을 운용한다고 설명하였다. 이에 따라 발명가는 청구항 보정 시 보정 청구항에 원출원특허의 "발명의 설명"에 포함되지 않은 내용을 추가하지 않았다는 서약서를 미국특허청에 제출해야만 한다.

그림 9-13. 원출원특허가 서면기재 요건을 만족하지 못하는 경우의 예시

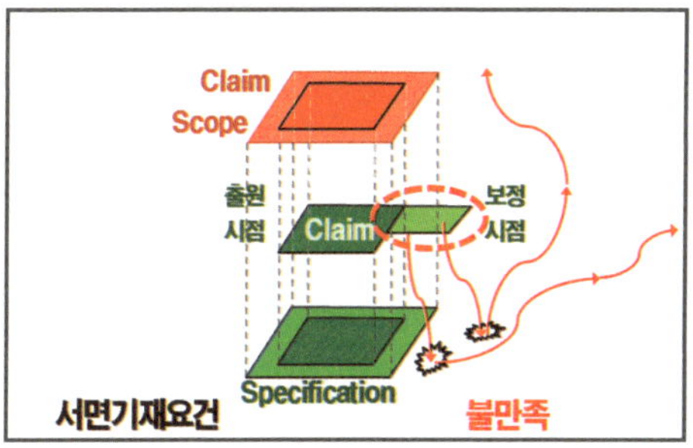

그림 9-13(a)

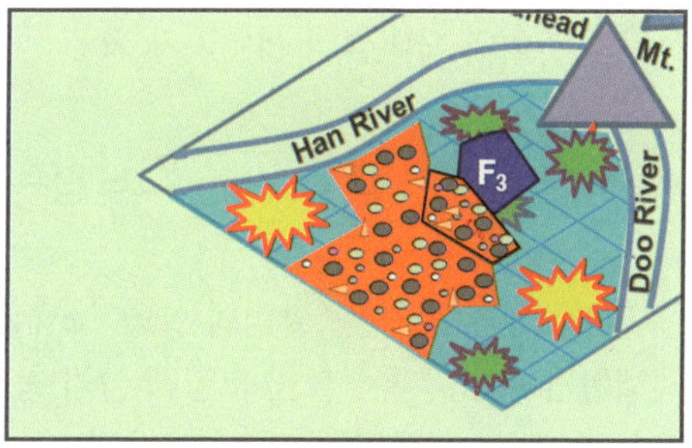

그림 9-13(b)

이에 대한 설명이 그림 9-13(a)로서 'claim'으로 표시한 녹색 사각형은 원출원특허

19) 제8장의 1-마절 "속발명과 종발명 (Genus and Species) 원칙" 참고.

출원 시의 범위인 반면 적색 점선으로 표시한 원 속의 연두색 사각형은 특허출원 후 특허청 심사관의 거절에 대응하여 또는 자발적 청구항 보정을 통한 확장된 범위를 표시한다. 따라서 그림 9-13(a)는 특허출원 시점에서의 청구항의 범위를 추후 발명가가 무리하게 확장함에 따라 특허의 권리범위에 "발명의 설명"에서 기재하지 않은 내용이 부가되어 버리는 경우에 해당한다.

이에 따라 "발명의 설명"은 발명가가 추후 주장하는 권리범위에 포함된 내용 중 일부에 대한 설명을 기재하지 않는 결과를 초래하며, 그 결과 "발명의 설명"을 참고하였을 때 특허출원 시점에 발명가가 실제로 착상하지 않은 발명이 청구항의 권리범위에 포함되어 버린다. 이와 같이 특허출원 시점에 발명가가 "발명의 설명"에 기재한 내용과 특허출원 후 발명가가 청구항 보정 등을 통하여 청구항에 기재한 청구발명이 불일치하는 경우, 상기 청구항은 그림 9-13(b)와[20] 같이 서면기재 요건을 만족하지 못한다. 발명가가 특허출원 후 특허청에 제출한 보정 청구항이 서면기재 요건을 만족하지 못하는 경우, 상기 청구항은 거절되며, 등록특허 청구항은 무효가 된다.

요약하면 서면기재 요건의 판단 기준은 특허출원 시점의 "발명의 설명"과 특허출원 후 발명가가 특허청에 제출한 보정된 청구항이다. 따라서 상기 "발명의 설명"과 보정 청구항 사이의 차이점이 서면기재 요건 만족 여부를 결정짓는다고 간주할 수 있다.

나. 원출원특허 관련 미국 연방항소법원 판례

그렇다면 발명가는 "발명의 설명"에서 자신의 청구발명에 대하여 얼마나 상세히 기재해야만 자신이 특허출원 시점에 상기 청구발명을 실제로 착상하였다고 입증할 수 있고, 이에 따라 서면기재 요건을 만족할 수 있을까?

앞서 특허의 목적은 수익 창출이므로 범위 확보가 필수라고 설명하였으며, 이를 위하여 발명가는 "발명의 설명"에 최선의 실시예, 차선의 실시예, 열등한 실시예는 물론

20) 제4장 그림 4-25와 동일.

가상 실시예까지 기재하는 전향적 과장전략을 활용할 필요가 있다고 설명하였다. 따라서 발명가가 "발명의 설명"에서 자신의 청구발명에 대하여 상세히 기재할수록 자신이 청구발명을 실제로 착상하였음을 입증할 수 있다. 하지만 서면기재 요건에 집착하다보면 발명가는 자신이 구현해본 적이 있는 실시예만 기재하게 되며, 가상 실시예는 기재하지 못하게 되어 자신의 권리범위 주변에 공터를 남겨놓게 되는 실수를 저지를 수도 있다.

하지만 여전히 의문은 남는다. 발명가가 "발명의 설명"에서 청구발명을 얼마나 상세히 기재하였는지는 누가 판단할까? 미국의 경우 앞의 명확성 요건과 같이 서면기재 요건의 판단 주체도 당업자이다. 따라서 당업자가 청구항과 "발명의 설명"을 비교·분석하여 청구발명을 이해할 수 있는 경우 상기 청구항은 서면기재 요건을 만족한다.

그렇다면 서면기재 요건을 만족하지 못하는 청구항 또는 "발명의 설명"은 어떤 청구항과 어떤 "발명의 설명"일까? 아래에서는 의료기기 분야와 biotech 분야의 특허를 예로 서면기재 요건의 실제 적용 사례를 설명한다.

(1) 의료기기 발명 - Boston Scientific vs. J&J (Fed. Cir. 2011)

Boston Scientific v. J&J는[21] 2011년 미국 연방항소법원 판례로서 속(genus)발명의 서면기재 요건에 대한 미국 연방항소법원의 견해를 설명하는 case이다.

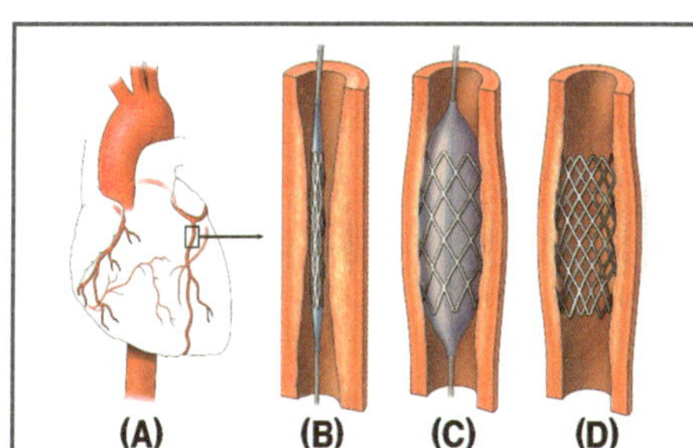

그림 9-14. 관상동맥질환 및 관상동맥 Stent

관상동맥질환은 그림 9-14의 (A)에서와 같이 심장에 혈액을 공급하는 관상동맥의 내부 벽에 plaque이 쌓여 혈류를 방해하고 혈압도 상승시키는 동맥경화

21) Boston Scientific Corp. and Boston Scientific Scimed, Inc. v. Johnson & Johnson, Cordis Corporation, and Wyeth, 647 F.3d 1353 (Fed. Cir. 2011).

(atherosclerosis)에 의한 질병을 지칭한다. 관상동맥 내부의 plaque이 악화되면 통증, 혈전(blood clot), 심장마비 등을 수반할 수 있다. 관상동맥이 plaque에 의하여 심하게 막히면 신체 타부위의 혈관을 절단한 후 이를 막힌 부분을 우회하도록 하는 관상동맥회로이식(coronary artery bypass graft) 수술을 받게 된다. 하지만 관상동맥회로이식 시술은 환자에게 큰 부담을 주며, 회복에도 장기간을 요한다.

관상동맥회로이식 수술에 대한 대안이 바로 관상동맥 (coronary artery) stent이다. 그림 9-14의 (B)와 같이 의료진은 plaque이 쌓인 관상동맥에 관상동맥 stent를 위치시킨 후, 그림 9-14의 (C)와 같이 stent 내부의 풍선을 부풀린다. 풍선이 부풀어짐에 따라 풍선 외부에 장착된 stent 역시 부풀려지며, stent가 막힌 혈관의 내부를 적당한 크기로 회복하면 그림 9-14의 (D)와 같이 풍선을 다시 수축시킨 후 혈관으로부터 제거한다. 따라서 관상동맥 내부에 남은 stent는 부풀려진 형태를 유지하여 동맥경화로 막힌 혈관 내부의 혈류를 확보하게 된다.

이러한 간단한 시술만으로 동맥경화로 막힌 관상동맥의 혈류를 확보하는 기존의 stent에도 결함이 있는 바, 이는 혈관 중간층 세포가 stent 주변에 증식(neointimal proliferation)하여 발생하는 동맥경화의 재발이다. 이러한 부작용을 막기 위하여 stent 표면에 동맥경화 재발을 방지하는 약물을 다양한 방법으로 coating한 약물방출 (drug-eluting) stent도 개발되었다. 즉 관상동맥에 삽입된 stent가 혈관을 부풀리며 동시에 상기 약물을 서서히 분비함으로써 동맥경화의 재발을 방지하는 치료법이다. 이에 따라 많은 업체들이 다양한 약물을 coating한 동맥경화 재발 방지 stent를 개발하였지만, 실험실에서 유망한 결과를 나타낸 약물방출 stent라도 임상실험에서는 모두 실패하였다.

한편 Cordis의 발명가들은 rapamycin ('RM'으로 약칭) 유사체를 동맥경화 재발방지 약물로 coating한 새로운 stent를 개발하였다. Cordis는 RM 또는 RM의 macrocyclic lactone analog 등을 coating한 stent도 개발하였으며, Cordis의 약물방출 stent는 실험실은 물론 임상실험에서도 동맥경화 재발 방지에 현저한 효과를 보였다.

Cordis는 표 9-5(a)와 같이 다양한 약물방출 stent에 대한 다수의 특허(이후 1997 특허라 지칭)를 출원·등록하였다. 참고로 표에서와 같이 1997 특허는 모두 RM 또는

RM의 lactone 유사체를 청구발명으로 기재하였지만, "발명의 설명"에서 RM의 유사체에 대한 자세한 종(species)발명들을 개시하지는 않았다.

표 9-5(a). Cordis의 약물방출 Stent 관련 1997 특허 및 대표 청구항

U.S. Pat. No. 7,217,286 ('7,286 특허)[22] 1. A device comprising
a metallic stent, a biocompatible, non-absorbable polymeric carrier, and a therapeutic agent, wherein said polymeric carrier comprises an acrylate-based polymer or copolymer, a fluorinated polymer, or a mixture thereof, and said therapeutic agent is rapamycin, or a macrocyclic lactone analog thereof, and present in an amount effective to inhibit neointimal proliferation.
U.S. Pat. No. 7,223,286 ('3,286 특허, '7,286 특허와 동일한 "발명의 설명")[23] 1. A stent having
a coating applied thereto, wherein said coating comprises a biocompatible polymer/drug mixture and said drug is rapamycin or a macrocyclic lactone analog thereof.

22) U.S. Pat. No. 7,217,286 entitled "Local delivery of rapamycin for treatment of proliferative sequelae associated with PTCA procedures, including delivery using a modified stent," filed by Robert Falotico and Gerard H. Llanos on Aug. 24, 2006 and issued on May 15, 2007.

23) U.S. Pat. No. 7,223,286 entitled "Local delivery of rapamycin for treatment of proliferative sequelae associated with PTCA procedures, including delivery using a modified stent," filed by Carol Wright, Gerard H. Llanos, Ronald Rakos, Kristin King, Robert Falotico on Sep. 28, 2004 and issued on May 29, 2007.

24) U.S. Pat. No. 7,229,473 entitled "Local delivery of rapamycin for treatment of proliferative sequelae associated with PTCA procedures, including delivery using a modified stent," filed by Robert Falotico and Gerard H. Llanos on Aug. 24, 2006 and issued on June 12, 2007.

U.S. Pat. No. 7,229,473 ('473 특허, '7,286 특허와 동일한 "발명의 설명")[24] A metallic stent having
a coating applied thereto, wherein said coating comprises a mixture of a biocompatible polymeric carrier and a therapeutic agent; said polymeric carrier comprises at least one nonabsorbable polymer; said therapeutic agent is rapamycin, or a macrocyclic lactone analog thereof, present in an amount effective to inhibit neointimal proliferation; and said stent provides a controlled release of said therapeutic agent over a period of several weeks.

표 9-5(b). Cordis의 약물방출 Stent 관련 '662 특허 및 대표 청구항

U.S. Pat. No. 7,300,662 ('662 특허) 1. A drug delivery device comprising:
an intraluminal stent; a biocompatible, nonerodible polymeric coating affixed to the intraluminal stent; and from about 64μg to about 197μg of rapamycin or a macrocyclic triene analog thereof that binds FKBP12 incorporated into the polymeric coating, wherein said device provides an in-stent late loss in diameter at 12 months following implantation in a human of less than about 0.5 mm, as measured by quantitative coronary angiography.

Cordis는 RM 유사체 및 유도체를 coating한 약물방출 stent에 대한 특허도 출원하여 U.S. Pat. No. 7,300,662('662 특허)를[25] 등록하였다. 표 9-5(b)는 '662 특허의 청구항 1이다. 단 '662 특허는 RM 유사체를 "FKBP12와 결합하며 RM과 동일한 약학적 효능을 가진 RM 유사체와 유도체"라고 정의하였다. 하지만 Cordis는 '662 특허의 "발명의 설명"에서는 RM 유사체에 대한 자세한 종(species)을 개시하지 않았을 뿐

25) U.S. Pat. No. 7,300,662 entitled "Drug/drug delivery systems for the prevention and treatment of vascular disease," filed by Robert Falotico, Gregory A. Kopia, Gerard H. Llanos on Aug. 21, 2004 and issued on Nov, 27, 2007.

만 아니라, “발명의 설명”에서 RM의 macrocyclic triene의 유사체에 대한 자세한 ‘종’ 또한 개시하지 않았다.

Cordis가 상기 특허를 출원하던 시점에 RM은 면역억제제로 사용되었으며, RM의 유사체에 대한 선행기술로는 Cottens 논문과 Skotnicki 특허가 있었다. Cottens 논문은 면역억제 효과가 있는 28개의 RM의 신규 alkylated 유도체를 개시하였으며, 그 중 24개는 RM과 동일한 macrocyclic ring 구조를 지녔다. 또한 Cottens 논문의 유도체 중에는 RM 구조의 한 부분을 변형한 everolimus도 포함되며, everolimus도 macrocyclic lactone인 동시에 triene 유사체였다. 한편 Skotnicki 특허는 RM의 macrocyclic 유사체를 개시하며 이에 대한 14개의 구조식을 예시하였다. 참고로 RM 분자는 구조적으로 lactone과 triene moiety 등을 포함하며, 이에 따라 RM은 macrocyclic tirene인 동시에 macrocyclic lactone이라고 간주할 수 있다.

Boston Scientific(BSC)은 동맥경화 재발방지 약물로서 everolimus를 coating 한 stent를 제조·판매하였다. 이에 Cordis와 Cordis의 licensee인 J&J(Johnson & Johnson)는 BSC를 특허침해로 미국 연방지방법원에 제소하였다. BSC 역시 J&J와 Cordis의 특허가 서면기재 요건 불비라며 무효를 주장하였다. 이에 미국 연방지방법원은 1997 특허는 서면기재 요건 또는 실시가능 요건을 만족하지 못하였으며, ’662 특허 역시 서면기재 요건을 만족하지 못하였으므로 모두 무효라고 판결하였다. 미국 연방항소법원 역시 연방지방법원의 판결을 인용하였다.

미국 연방항소법원은 발명가가 당업자에게 특허출원 시점에 청구발명을 실제로 발명하였음을 합리적으로 알릴 수 있는 정도이면 서면기재 요건을 만족하지만, 청구발명을 추후 확보하겠다는 계획이나 소망 정도로는 서면기재 요건을 만족하지 못한다고 설명하였다. 연방항소법원은 Cordis의 macrocyclic lactone 유사체는 속(genus)에 해당하며, 특정 ‘속’을 충분히 개시하기 위해서는 상기 ‘속’에 속하는 대표적 종(species)들을 개시하거나 상기 ‘속’에 속하는 ‘종’들의 공통의 구조적 특성을 개시함으로써 당업자에게 ‘속’의 구성 요소들을 알려야만 한다고 판시하였다. 하지만 각각의 발명은 해당 기술 분야의 현황과 관련이 있으므로 ‘속’을 충분히 개시하기 위한 ‘종’의 수를 확정할 수는 없으며, ‘속’을 충분히 개시하기 위한 ‘종’의 수 역시 상기 발명과 관련 기술의 진보에 따라 변할 수 있다고 설명하였다.

연방항소법원은 서면기재 요건을 만족하기 위하여 “발명의 설명”에 항상 실시예를 기재할 필요는 없지만, 반대로 “발명의 설명”에 기재된 실시예가 전혀 없는 경우는 문제라고 지적하였다. 특히 Cordis 특허는 RM의 macrocyclic lactone 유사체에 대한 어떤 예시도 기재하지 않았으며, 상기 유사체가 RM과 구조가 유사해야한다는 내용을 제외한다면 무엇이 macrocyclic lactone 유사체인지에 대한 개시 사항이 전혀 없다고 설명하였다. 또한 RM은 51개의 C 원자, 79개의 H 원자, 13개의 O 원자, 1개의 N 원자로 구성되는 복잡한 화합물이기 때문에 RM과 구조가 유사하거나 macrocyclic lactone으로 분류될 수 있는 물질은 수없이 많다고 볼 수 있으며, 또한 RM의 구조를 약간 변형할 경우 그 기능에 어떠한 영향을 줄지 예측하기 어렵다고 지적하였다.

또한 연방항소법원은 Cordis의 특허출원 시점에 Cottens 논문이나 Skotnicki 특허 등과 같이 macrocyclic lactone 유사체의 일부가 개시된 것은 사실이지만, 당시 상기 분야에서 약물방출 stent에 대해서는 거의 공지 기술이 없었고, 다른 업체들이 유사 제품을 개발하였으나 계속 실패하였다는 점을 지적하며, 이와 같이 예측불가능 분야인 biotech에서 공지 기술도 부족한 경우 발명가는 “발명의 설명”에 청구발명에 대한 실시예를 개시할 의무가 있다고 판시하였다. 연방항소법원은 서면기재 요건의 충족 여부는 “발명의 설명” 전체를 발명가의 관점이 아닌 당업자의 관점에서 객관적으로 검토해야 하며, 당업자의 관점에서 서면기재 요건을 만족하려면 관련 분야의 공지 기술에 의존해야 하지만, 본안의 경우 RM 및 유사체의 구조 및 기능에 대하여 적절한 개시가 없으며 이에 대한 구조 및 기능이 해당 분야에도 잘 알려져 있지 않은 상태였으므로 Cordis 특허는 서면기재 요건을 만족하지 못한다고 판결하였다.

그렇다면 Cordis는 왜 RM 유사체나 유도체에 대한 실시예를 기재하지 않았을까? Cordis가 RM 유사체나 유도체를 알면서도 “발명의 설명”에 기재하지 않았을 리는 없다. 따라서 현실적으로는 Cordis가 RM을 coating한 stent가 장래성이 있어 보이는 순간 특허를 서둘러 출원하였다고 추론할 수 있다.

그렇다면 Cordis의 실수는 무엇일까? 우선 신천지를 발견한 Cordis가 남이 말뚝을 박기 전 먼저 말뚝을 박은 행위는 신천지 선점을 위한 필수 전략에 해당한다. 하지만 Cordis가 RM을 coating한 stent를 시판하여 큰 성공을 거두었다는 점을 감안하면

Cordis는 1977 특허 및 '622 특허를 출원한 후 실제로 임상 효용이 입증된 RM 유사체 또는 유도체를 실제로 개발하였음에 틀림없다. 따라서 Cordis가 자신의 특허에 대한 후속특허를 출원하였다면 어느 정도 불상사를 막았을 수도 있지 않았을까?

하지만 그렇다고 무조건 Cordis를 나무랄 수만도 없다. 왜냐하면 이미 관련 특허를 네 건이나 출원·등록하였고, 나름대로는 충분한 권리범위를 확보하였기에 Cordis는 이에 대한 후속 출원은 재원의 낭비일 뿐이라고 간주하였을 수도 있다. 이러한 맥락에서 보면 Cordis case는 앞서 설명하였듯이 발명가가 특허로 승리하려면 모든 것이 완벽하여야한다는 말을 실감나게 느낄 수 있는 사례이다.

(2) Biotech 발명 - Billups vs. Associated Regional (Fed. Cir. 2011)

Billups v. Associated Regional[26] 역시 2011년 미국 연방항소법원 판례로서 속(genus) 발명의 서면기재 요건에 대한 미국 연방항소법원의 견해를 설명하는 case이다.

혈색소침착증(hemochromatosis)은 신체가 철분을 과량 흡수하면 나타나는 질병으로서, 피부색이 변하고, 간경변이나 중증 당뇨병 등을 유발한다. 혈색소침착증의 원인은 철분 흡수와 관련된 유전자(High-Fe gene 또는 HFE gene)의 돌연변이로 추정된다. Billups는 Type I 유전성 혈색소침착증은 MHC(major histocompatibility complex) 관련 유전자에 의하여 발현된다는 사실을 발견하였다. 하지만 Billups는 1995년까지 혈색소침착증 유전자 및 돌연변이 확인에는 실패하였다.

한편 Billups와 무관한 Dr. Feder 연구진은 1996년 혈색소침착증 유전자 서열을 확인하였으나 돌연변이까지는 확인하지 못하였다. 추후 Dr. Feder 연구진은 혈색소침착증 유전자의 돌연변이를 확인한 후 이에 대한 특허를 출원하여 U.S. Pat. No. 6,025,130을 등록하였다.

---

26) Billups-Rothenberg v. Associated Regional and University Pathologists, 642 F.3d 1031 (Fed. Cir. 2011).

Billups는 혈색소침착증이 염색체 6번의 돌연변이로 인하여 발병함을 확인한 후, 혈색소침착증 발병이 가능한 돌연변이 염색체를 지닌 잠재 환자를 진단하는 특허를 출원하여 U.S. Pat. No. 5,674,681('681 특허) 및 6,355,425('425 특허)를 등록하였다. 표 9-6은 Billups의 '681 특허의 대표 청구항이다.

표 9-6. Billups의 혈색소침착증 진단 특허 및 대표 청구항

U.S. Pat. No. 5,674,681 ('681 특허)[27] 2. A method to identify an individual having or predisposed to having hemochromatosis, comprising the steps of:
providing from the individual a sample containing a gene encoding a nonclassical MHC class I heavy chain and detecting a mutation in said gene, which mutation results in the reduced ability of said heavy chain to associate with said β_2 microglobulin, wherein the presence of said mutation identifies said individual as having or predisposed to having hemochromatosis.

Billups는 2009년 미국 연방지방법원에 ARUP을 특허침해로 제소하였다. 이에 연방지방법원은 Billups의 '681 특허는 서면기재 요건을 만족하지 못하며 '425 특허는 Dr. Feder 연구진의 '130 특허에 의하여 신규성이 부정된다며 무효 판결을 내렸다. Billups의 항소를 담당한 미국 연방항소법원 역시 연방지방법원의 판결을 인용하였다.

연방항소법원은 미국 특허법 35 U.S.C. § 112의 서면기재 요건에 따라 발명가는 당업자가 인지할 수 있을 정도로 청구발명을 개시할 의무가 있다고 전제한 후, 서면기재 요건은 실제로 어려운 발명을 달성한 발명가의 청구발명을 보호하는 동시에 아직 발명을 완성하지 않은 발명가가 미리 미래를 선매(preempt)하지 못하도록 방지하는 역할을 담당한다고 설명하였다. 또한 연방항소법원은 서면기재 요건을 만족하기 위한 구체성의 정도는 발명의 성질·범위는 물론 해당 기술의 복잡성·예측성에 따라 결정되며, 일

27) U.S. Pat. No. 5,674,681 entitled "Methods to identify hemochromatosis," filed by Barry E. Rothenberg on December 6, 1994, and issued on October 7, 1997.

예로 DNA 발명의 경우 서면기재 요건을 만족하는 올바른 기재는 “DNA를 분리할 수 있는 방법”의 개시가 아니라 “상기 DNA”에 대한 개시라고 설명하였다.

이에 근거하여 연방항소법원은 Billups의 ’681 특허는 혈색소침착증 돌연변이를 탐지하는 방법을 청구하였지만, “발명의 설명”에는 혈색소침착증 관련 유전자 서열은 물론 관련 돌연변이에 대한 내용이 전혀 개시되지 않았다고 판시하였다. 또한 Billups는 “발명의 설명”에서 혈색소침착증 돌연변이 유전자가 6번 염색체의 short arm의 nonclassical MHC class I heavy chain의 α_3 domain에 위치한다고 기재하였지만, 이 역시 mutation의 정확한 위치에 대한 개시는 아니라고 설명하였다. 또한 연방항소법원은 Billups의 발명은 미지의 돌연변이 유전자를 탐지하는 발명이며, Billups의 청구항은 “발명의 설명”에 기재한 두 개 이상의 실시예를 포함하는‘속’발명에 해당하기 때문에 “발명의 설명”에서는 상기 ‘속’에 속하는 최소한 두 개 이상의 종발명을 개시하거나 상기 ‘속’에 속하는 종발명들의 공통적인 구조적 특징을 개시해야 한다고 설명한 후, 하지만 Billups가 “발명의 설명”에 기재한 바와 같이 상기 ‘속’의 경계에 대한 일반적인 개시만으로는 서면기재 요건을 만족하기에는 부족하다고 판시하였다.

또한 연방항소법원은 Billups의 특허는 “발명의 설명”에서 단 하나의 종발명도 개시하지 않았다고 지적하였다. 그리고 Billups 특허의 청구항에서 사용한 기능 제한조건이 서면기재 요건을 만족하려면 구조와 기능 사이의 상관관계가 알려져야 하지만 본안의 경우에는 이러한 상관관계가 알려져 있지도 않았으므로, 연방항소법원은 Billups가 특허출원 당시 자신이 청구항에 기재한 발명을 실제로 착상하지 않았다고 결론지었다. 이에 근거하여 연방항소법원은 Billups가 ’681 특허 출원 당시 청구발명을 실제로 착상하지 않았기 때문에, Billups의 특허는 서면기재 요건을 만족하지 못하며, Billups의 특허는 모두 무효라고 판결하였다.

(3) 원출원특허 관련 서면기재 요건 판례 정리

여기서 복기할 점은 앞서 소개한 두 가지 판례가 모두 ‘속’발명에 대한 사건이라는 점이다. 그렇다면 왜 원출원특허와 관련된 서면기재 요건 사건에는 ‘속’발명에 대한 사건이 많을까?

그림 8-16. 종(Species)특허의 속성 및 단점

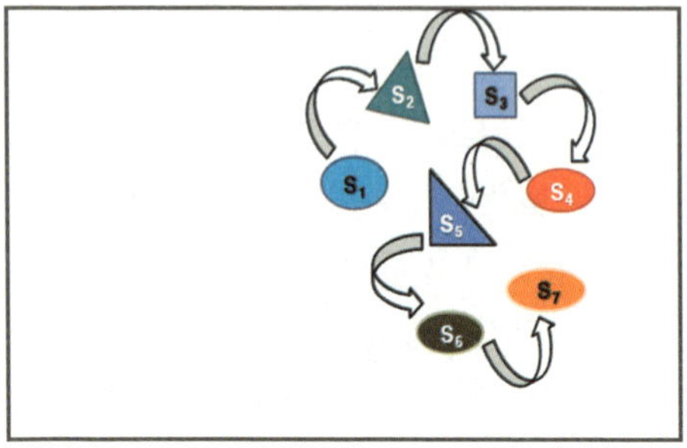

그림 8-16(a)

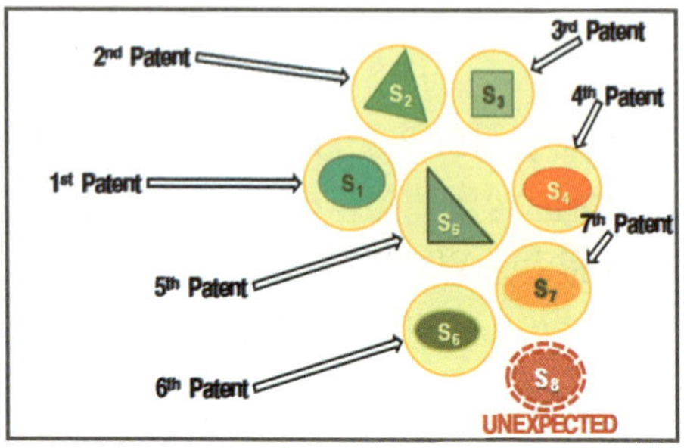

그림 8-16(b)

그 이유는 발명가는 넓은 범위의 권리범위를 확보하기 위하여 '속'발명을 청구하여 특허를 등록하는 데에는 성공하였지만, 발명가는 사실 '종'발명 정도만 완성한 시점에서 '속'발명을 제대로 완성하기 전 서둘러 특허를 출원하는 경우가 흔하기 때문이다. 즉 앞서 그림 8-16에서 설명한 바와 같이 여러 개의 '종'발명들로 이루어진 '속'발명에 대하여 발명가는 이제 한두 개 정도의 '종'발명들을 겨우 착상하였지만 자신이 아직 착상하지 못한 다른 '종'발명들도 선점하기 위하여 "전향적 과장 전략"을 수행한 결과이다.

하지만 발명가 자신이 아직 '속'발명을 섭렵하기 전, 심지어 '종'발명조차 착상하기 전 서둘러 '속'발명을 특허로 출원하게 되면 "발명의 설명"에서는 자신이 착상하였다는 '속'발명의 특성은 물론 제대로된 '종'발명조차 기재하지 못하여 서면기재 요건을 위반하게 되며, 이로 인하여 특허를 통째로 잃을 수도 있다. 그렇다면 발명가들은 왜 이렇게 서둘러 특허를 출원할까? 정답은 바로 제5장의 2-라절에서 설명한 발명가들 사이의 경쟁, 특허들 사이의 경쟁 때문이다. 결국 Cordis와 Billups는 경쟁자와의 특허출원 경쟁에서는 승리하였지만, 서면기재 요건의 벽을 넘지는 못하여 실패한 경우이다.

다. 청구항 보정 관련 미국 연방항소법원 판례

위에서는 원출원특허 관련 서면기재 요건에 대한 기준 및 미국 연방항소법원 판례를 설명하였다. 청구항 보정 관련 서면기재 요건 역시 원출원특허 관련 서면기재 요건

과 대동소이하다. 단 차이라면 청구항 보정 관련 서면기재 요건은 발명가가 특허출원 후 특허청에 제출한 보정 청구항이 서면기재 요건을 만족하지 못한다는 점이다. 따라서 청구항 보정 관련 서면기재 요건의 판단 기준은 특허출원 시점의 "발명의 설명"과 특허출원 후 발명가가 특허청에 제출한 보정된 청구항 사이의 차이점이다. 아래에서는 기계 분야와 의료기 분야의 특허를 예로 청구항 보정 관련 서면기재 요건의 실제 적용 사례를 설명한다.

(1) 기계 발명 - In re Barker (CCPA 1977)

In re Barker는[28] "발명의 설명"에 발명가가 최선의 실시예에 대한 최소한의 내용만을 기재하는 바람에, 닭장을 피해 지붕에서 울고 있는 닭을 잡기 위해 한 번 높이 뛰었다가 오히려 자신이 "닭 쫓던 개" 신세가 된, 짖기만(bark-er) 하다가 수익 창출에 실패한 예이다. In re Barker에 대한 사실관계 및 청구항 해석에 대해서는 제4장의 3-가절 "특허 실패 사례"에서 설명한 바 있다. 따라서 아래에서는 In re Barker 판례 중 서면기재 요건 관련 부분만을 발췌하여 설명한다.

그림 9-15. Barker의 Shingle 결합물과 경쟁자의 우회·회피 제품

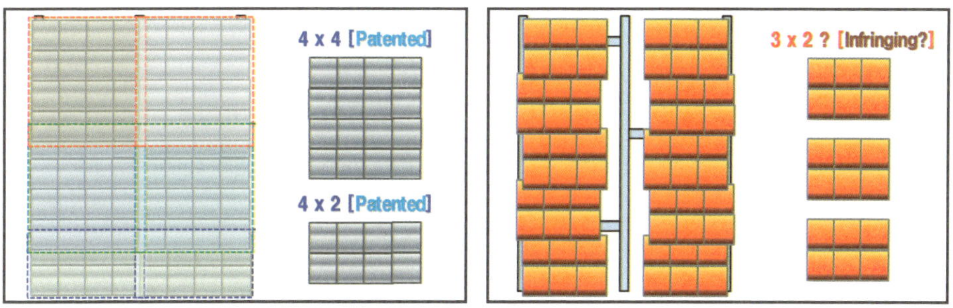

그림 9-15(a) 그림 9-15(b)

28) In re Barker, 559 F.2d 588 (CCPA 1977).

Barker의 발명은 그림 9-15(a)에서 예시한 바와 같이 여러 개의 shingle을 미리 묶어 사용함으로써 공기를 단축하고 인건비도 줄일 수 있는 shingle 결합물이다. 즉 Barker는 여러 개의 shingle들이 총 48"의 길이를 가지도록 미리 결합한 shingle 결합물에 대한 발명을 착상하여 특허를 청구하였다. 당시 shingle의 길이가 대체적으로 12"인 점을 감안하면 이는 길이 방향으로 4개의 shingle을 합친 결합물에 해당하며, 이를 shingle의 개수로 환산하면 4x4 shingle 결합물 및 4x2 shingle 결합물에 해당하였다. 즉 Barker는 단일의 shingle 결합물을 사용할 경우 길이 방향으로 한 번에 4개의 shingle을 설치함으로써 공기를 단축함은 물론 작업의 효율을 향상하였다.

물론 4x4 또는 4x2 shingle 결합물은 지붕의 목조 격자 사이의 간격, shingle의 높이와 크기, shingle들 사이의 겹치는 길이 등을 고려한 최선의 실시예에 해당한다. 따라서 이러한 결합물은 공기 단축은 물론 인건비 감축 폭이 최대인 경우에 해당하는, 발명가 Barker의 최선의 실시예이다.

Barker가 출원한 특허가 등록되기 전, 경쟁자는 그림 9-15(b)와 같이 Barker의 차선의 실시예에 해당하는 3x2 shingle 결합물을 제작, 판매하였다. Barker의 청구항은 4x4 또는 4x2 shingle 결합물만을 청구하였으므로 Barker의 특허가 등록되더라도 경쟁자는 문언침해 및 균등론에 의한 침해도 벗어나게 되었고, 이에 Barker는 아직 자신의 특허가 출원 중이라는 점을 백분 활용하여 청구항 보정을 시도하였다.

표 9-7. Barker의 보정 청구항

18. The method of making substantially uniform, regular modular prefabricated shingle panels which comprises:
selecting individual wooden shingles of at least three different predetermined widths, each shingle having a tip portion and a butt portion and being tapered in thickness away from the butt portion toward the tip portion, selecting elongated backing boards all substantially the same predetermined length and width, each backing board having ... **at least six shingles** ... laying the selected shingles of different predetermined widths in only a single course in each of at least two repetitive identical series, each series including at least three different selected, predetermined widths along the length of each backing board ... , and securing the shingles ...

표 9-7은 Barker가 경쟁자 제품의 침해를 유도하기 위하여 보정한 청구항으로서, Barker는 최소 6개의 shingle을 미리 결합하는 shingle 결합물을 사용하는 방법을 청구하였다. 단 Barker는 "발명의 설명"에서 shingle의 길이는 8" 또는 12"이며, 자신의 shingle 결합물의 길이가 48"라고만 개시하였다. 따라서 Barker의 "발명의 설명"에 의하면 shingle 결합물은 길이 방향으로 4개 또는 6개의 shingle로 이루어지는 구성으로 한정된다.

미국특허청 심사관은 Barker가 보정 청구항에서 처음으로 기재한 "최소 6개"라는 내용이 원출원특허의 "발명의 설명"에 기재되어 있지 않으므로 서면기재 요건을 만족하지 않는다고 거절하였고, 특허심판원 역시 심사관의 거절을 인용하였다. Barker는 심판원의 거절을 당시 특허분쟁에 대한 전속 관할권을 가진 CCPA에[29] 항소하였으나, CCPA 역시 심판원의 거절을 인용하여 Barker의 보정 청구항을 거절하였다.

Barker는 자신의 원출원특허의 "발명의 설명"에서 shingle 결합물의 길이가 48"라고 개시하였으므로, shingle 분야의 통상적 지식을 지닌 당업자는 6개 또는 그 이상의 shingle을 결합하여 48"의 길이를 만족하는 shingle 결합물을 제작할 수 있을 것이라고 주장하며, 자신의 "발명의 설명"이 "최소 6개"라는 청구항 보정에 대한 서면기재 요건을 만족한다고 주장하였다. 하지만 CCPA는 Barker의 주장은 실시가능 요건에 대한 주장이며 서면기재 요건에 대한 주장이 아니라고 판시하였다.

특히 CCPA는 당업자가 "발명의 설명"을 읽고 특정 구조를 인지할 수 있는 실시가능 요건이 서면기재 요건의 충분조건이 아니라고 판시하며, 서면기재 요건을 만족하기 위해서는 실시가능 요건과는 별도로 당업자가 인지할 수 있는 내용을 "발명의 설명"에 기재해야만한다고 설명하였다. 따라서 Barker가 보정 청구항에 기재한 "최소 6개 이상"이라는 내용은 원출원특허의 "발명의 설명"에 기재된 사항이 아니므로, Barker는 특허출원 시점에 이에 대한 발명을 실제로 착상하지 못하였으며, 그 결과 이를 청구한 Barker의 보정 청구항에 대한 거절을 인용하였다.

---

29) CCPA는 "U.S. Court of Claims and Patent Appeals"의 약자로서 Federal Circuit (U.S. Court of Appeals for the Federal Circuit)의 전신이다.

Barker case의 흥미로운 점은 shingle 결합물의 속성에 대한 "발명의 설명"의 기재 방법이다. 일반적으로 shingle 결합물을 청구하려면 몇 개의 shingle을 어떤 배열로 결합하는 지를 설명함이 통상적 방법이다. 하지만 Barker는 shingle의 개수와 배열로 shingle 결합물에 대한 청구발명을 기재하는 대신 shingle 결합물의 길이를 한정하는 방법으로 청구발명을 기재하였다. 그 이유는 무엇일까?

Barker는 나름대로 경쟁자의 우회를 방지하기 위하여 후자의 방법을 사용하였다는 것이 저자의 추정이다. 일예로 Barker가 4x4, 4x2의 shingle 결합물, 또는 3x2의 shingle 결합물을 청구하면, 경쟁자는 shingle의 모양을 삼각형, 육각형으로 변형하여 Barker의 권리범위를 우회·회피할 수 있었을지 모른다. 또한 경쟁자가 창의성을 발휘할 경우에는 4x4 대신 3.5x4.5의 결합물도 구성할 수도 있을지 모른다. 따라서 Barker는 경쟁자가 쉽게 우회·회피할 수 있는 shingle의 개수와 모양으로 자신의 청구발명을 한정하는 대신 당시 건축규정에 명시된 특정 길이를 덮을 수 있는 shingle 결합물을 청구하지 않았나 추정된다. 따라서 Barker의 전략은 나름대로 경쟁자의 우회·회피를 방지할 수 있는 전략이었다.

그렇다면 Barker의 실수는 무엇이었을까? 이에 대한 정답은 "Barker의 결정적 실수는 자신의 최선의 실시예에 대한 맹신이었다"이다. 즉 Barker는 shingle의 길이는 언제, 어디서나, 현재에도, 미래에도 항상 12"이거나 8"이어야만 한다고 가정하였다. 그 결과 Barker는 자아도취에 근거하여 자신의 권리범위 역시 항상 12" 또는 8"의 길이를 가진 shingle의 개수와 구조로만 한정하였다.

만일 Barker가 shingle의 길이는 반드시 12" 또는 8"이어야만 하고, shingle 결합물의 길이는 반드시 48"이어야만 한다는 고정관념에서 벗어나서 자신의 청구범위를 "다양한 길이를 가진 두 개 이상의 shingle을 결합한 shingle 결합물"이라고만 하였더라도, 경쟁자가 이와 같이 어부지리를 얻는 경우는 방지할 수 있었을 것이다.

하지만 Barker는 자신의 최선의 실시예를 필요 이상으로 맹신하였고, 건축물 지붕의 격자 사이의 간격 역시 항상 48"이리라 확신하였던 것으로 추정된다. 그 결과 Barker는 자신이 열심히 추종하는 실시예를 확실히 확보하는 최선의 권리범위만 추구하였으며, 그 결과 경쟁자에게 자신의 권리범위를 용이하게 우회·회피할 수 있는 공터를 헌납하고 말았다.

(2) 의료기기 발명 - Vas-Cath vs. Mahurkar (Fed. Cir. 1991)

Vas-Cath v. Mahurkar는[30] 위의 Barker case와는 달리 발명가인 Mahurkar가 의장특허(design patent)의 도면만을 이용해서 닭장을 피해 지붕에서 올라간 닭을 잡아 수익 창출에 성공한 예이다. Vas-Cath case는 엄격한 의미에서 보면 보정 청구항에 대한 서면기재 요건이라기보다 의장특허에 근거한 특허(utility patent) 청구항의 서면기재 요건에 대한 판례이다. 일반적으로 의장특허는 첨부 도면만을 이용하여 청구발명을 설명하며, 따라서 의장특허의 권리범위 역시 첨부 도면에 의하여 결정된다. 따라서 Vas-Cath case는 발명가 또는 발명가로부터 충분한 수임료를 받은 대리인이 도면만으로 구성된 의장특허의 우선권을 주장하며 도면을 설명으로 변환하면서도 서면기재 요건을 만족한 예이다.

의료기구 중 둥그런 단면을 가진 관 모양의 기구를 'catheter'라 지칭한다. 일반적으로 catheter는 끝이 뾰족하며, 체강으로부터 액체를 배출하거나 체강으로 액체를 주입하는 목적으로 사용된다. 물론 catheter는 용도에 따라 다양한 재질, 크기, 형태로 제작된다.

또한 그림 9-16의 (A)에서와 같이 두 개의 catheter를 병렬로 사용하게 되면 한쪽 catheter로는 환자에게 액체를 주입하는 동시에 다른 쪽 catheter로는 환자의 체액을 배출할 수도 있다. 하지만 환자의 피부나 혈관에는 필연적으로 두 개의 상처가 생기게 되어 회복에 시간이 필요하게 된다.

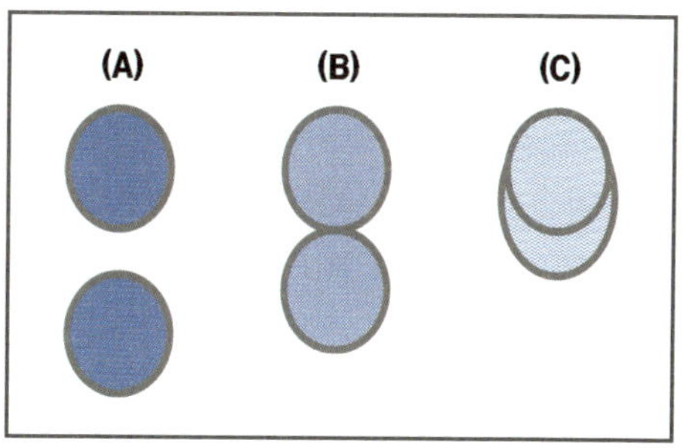

그림 9-16. Double-Lumen Catheter의 변천 과정

그림 9-16의 (B)는 두 개의 catheter를 결합함으로써 환자의 피부나 혈관에 단일의 상처만 생기도록 구성한 실시예이다. 하지만 이 실시예의 상처의 크기 역시 두 개의 catheter를 각각 사용하는 경우

30) Vas-Cath Inc. v. Mahurkar, 935 F.2d 1555 (Fed. Cir. 1991).

의 상처의 크기와 별반 다르지 않다는 단점이 있다. 이에 반하여 그림 9-16의 (C)는 “double-lumen (2관강) catheter”로서 한쪽 관으로는 액체를 주입하고 다른 쪽 관으로는 체액을 배출하는 동시에 환자의 피부 또는 혈관에 생기는 상처를 줄일 수 있다는 장점이 있다. 하지만 그림 9-17의 (C)의 동심원 형태의 2관강 catheter 역시 두께가 두꺼워 환자의 몸이나 혈관에 제법 큰 상처를 남긴다는 단점이 있었다.

표 9-8(a). Mahurkar가 미국특허청에 출원한 의장특허의 청구항

The ornamental design for a double lumen catheter,
as shown and described.

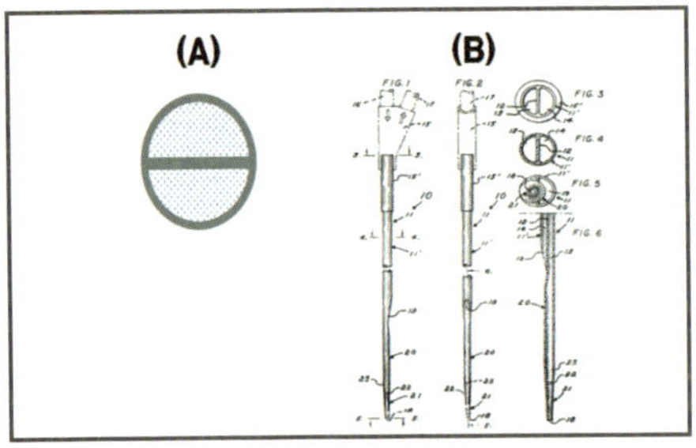

그림 9-17. Mahurkar의 Double-Lumen Catheter

이에 Mahurkar는 그림 9-17의 (A)와 같이 단일의 catheter를 두 개의 관으로 분할한 후 한 쪽으로는 액체를 주입하는 동시에 다른 쪽으로는 액체를 배출할 수 있는 catheter을 착상하였다. Mahurkar의 catheter는 기존의 동심원 형태의 2관강 catheter에 비하여 단면적이 42%나 적으면서도 혈병(blood clot) 생성도 억제하였다. Mahurkar는 그림 9-17의 (B)와 같이 6개의 도면을 첨부하여 미국특허청에 의장특허를 출원·등록('081 의장특허)하였으며,[31] 이를 캐나다특허청에도 의장특허로 출원·등록하였다 (Canadian '089 의장특허). 참고로 의장출원의 명세서는 도면, 도면의 설명 및 도면에 근거한 표 9-8(a)과 같은 단일의 청구항으로 이루어지며, 일반 특허(utility patent)의 “발명의 설명”과 같은 서면기재는 포함하지 않는다.

31) U.S.S.N. 06/317,232 entitled “Double lumen catheter” and filed by Sakharam D. Mahurkar on Nov. 2, 1981. The '232 application had been issued to U.S. Des. Pat. No. D272,651 on Feb. 14, 1984.

표 9-8(b). Mahurkar 특허의 청구항

1. A double lumen catheter having
an elongated tube with a proximal first cylindrical portion enclosing first and second lumens separated by an internal divider, the proximal end of said elongated tube connecting to two separate connecting tubes communicating with the respective first and second lumens ... ; said elongated tube having at its distal end a smooth conical tapered tip that smoothly merges with a second cylindrical portion of said elongated tube, and said second cylindrical portion enclosing the first lumen ... ;

한편 Mahurkar는 의장출원일로부터 1년 이상 경과한 후 미국특허청에 '081 의장출원의 우선권을 주장하며 특허(utility patent)를 출원하였다. 미국특허청 심사관은 Mahurkar의 출원특허가 '081 의장출원에 의하여 "support (근거 제공)"된다고 결정하였고, 이에 따라 Mahurkar는 U.S. Pat. No. 4,568,329[32] 및 U.S. Pat. No. 4,962,141[33]을 등록하였다.

Mahurkar 특허에 위협을 느낀 double lumen catheter 제조업체 Vas-Cath는 Mahurkar의 특허가 서면기재 요건 위반이므로 무효이며, 또한 자신이 제작·판매하는 catheter가 상기 특허를 침해하지 않는다고 주장하며 미국 연방지방법원에 특허무효 및 비침해에 대한 확인소송(declaratory judgment)을 제기하였다. 특히 Vas-Cath는 '081 의장출원은 6개의 도면을 제외하면 서면기재 사항이 전무하므로 '081 의장특허의 출원 시점에 Mahurkar는 '327 특허와 '141 특허에 기재한 double lumen catheter의 특정 구조, 크기, 결합 방법 등에 대한 발명을 실제로 착상하지 못하였고, 이에 따라 상기 특허는 모두 서면기재 요건을 만족하지 못하여 무효라고 주장하였다.

32) U.S. Pat. No. 4,568,329 entitled "Double lumen catheter," filed by Sakharam Mahurkar on October 1, 1984, and issued on February 4, 1986.

33) U.S. Pat. No. 4,962,141 entitled "Double lumen catheter," filed by Sakharam Mahurkar on Jan. 29, 1986, and issued on Sep. 8, 1987.

이에 연방지방법원은 Mahurkar의 특허를 무효로 판결하였다.

하지만 미국 연방항소법원은 연방지방법원의 판결을 파기, 환송하였다. 연방항소법원은 우선 Mahurkar의 '081 의장출원과 '327 및 '141 특허의 도면이 동일하다는 점을 지적하며, 서면기재 요건의 판단기준은 Mahurkar가 '081 의장출원의 도면을 검토한 당업자에게 자신이 '081 의장출원 시점에 '327 및 '141 특허의 청구발명을 실제로 착상하였는지를 합리적으로 전달하였는지에 대한 여부라고 설명하였다. 또한 연방항소법원은 Mahurkar의 발명이 다양한 부품의 조합 발명(combination patent)이라는 점에 주목하며, 조합 발명에는 필수요소가 존재하지 않으므로 Mahurkar의 '327 및 '141 특허가 서면기재 요건을 만족하지 못하지는 않는다고 판결하였다.

Vas-Cath case는 서면기재 사항이 전무한 의장특허라는 선행특허의 도면에만 근거하여 작성한 후속특허의 "발명의 설명"도 서면기재 요건을 만족할 수 있다는 연방항소법원의 판례이다. Mahurkar는 의장특허의 도면 6개에 근거하여 후속특허의 청구항을 작성하고, 후속특허의 "발명의 설명"에 기재한 각종 구조, 결합 방식 등에 대해서도 서면기재 요건을 만족하였다. 결국 Vas-Cath case는 서면기재 요건도 발명가가 당업자에게 특허출원 시점에 청구발명을 실제로 발명하였음을 도면만을 통하여 또는 "발명의 설명"을 통하여 합리적으로 알릴 수 있는 정도면 만족할 수 있음을 확인하는 판례이다.

라. 미국의 계속출원, 일부계속출원 및 서면기재 요건

서면기재 요건은 미국 특허제도의 특징인 계속출원(continuation application, CA로 약칭) 및 일부계속출원(continuation-in-part application, CIP로 약칭)과도 밀접한 관계가 있다. 아래에서는 계속출원과 일부계속출원의 특성을 설명한다.

(1) 계속출원 (Continuation Application)

계속출원(또는 'CA')이란 원출원특허와 동일한 특허출원 시점을 인정받으며 원출원특허의 "발명의 설명" 및 도면을 그대로 사용하는 후출원특허를 지칭한다. 통상적으로 후출원특허는 원출원특허에 기재는 되어있으나 청구하지 않은 발명을 청구하며, 계속출원 특허의 청구항 역시 특허청의 심사를 받는다.

그림 9-18. 원출원특허와 계속출원 특허의 존속기간

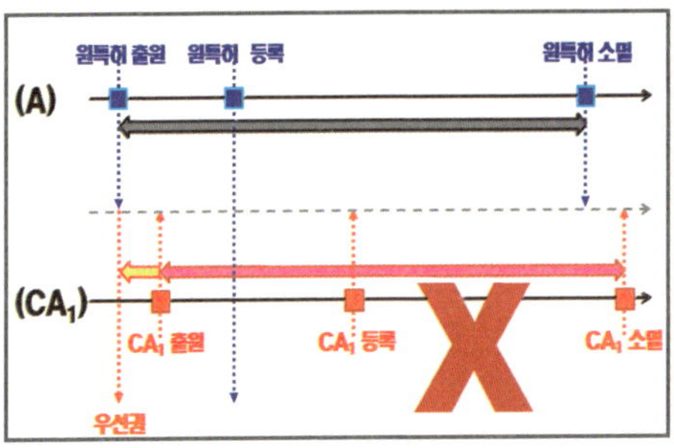

그림 9-18(a)

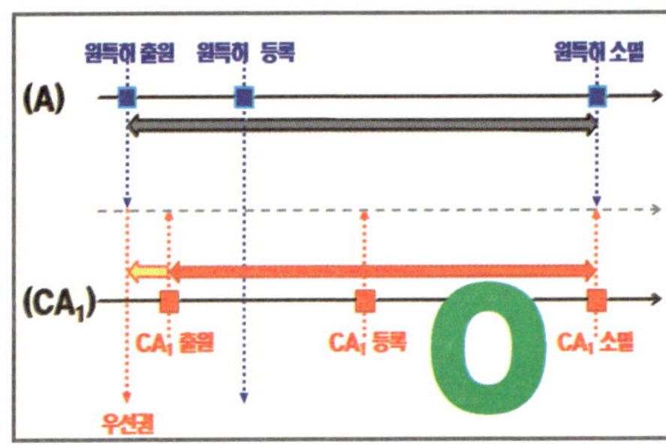

그림 9-18(b)

계속출원 특허에는 대략 세 가지 조건이 있으며, 이에 대한 설명이 그림 9-18(a) 및 9-18(b)이다. 그림에서 (A)는 원출원특허를, (CA_1)은 계속출원 특허를 나타낸다. 첫 번째 조건은 계속출원 특허의 출원 시점에 대한 제한으로서, 발명가는 원출원특허(A)가 등록되기 전 계속출원 특허(CA_1)를 출원해야 한다는 점이다. 바꾸어 말하면 일단 원출원특허가 특허로 등록되면, 그 후 발명가는 계속출원 특허를 출원할 수 없다. 즉 원출원특허가 등록되면 대(代)가 끊기게 된다. 두 번째 조건은 발명가는 원출원특허(A)에 기재하지 않았거나 포함되지 않은 새로운 사항이나 발명(new matter)을 계속출원 특허(CA_1)의 청구항에서 청구할 수 없다는 점이다. 따라서 계속출원 특허(CA_1)의 "발명의 설명"이나 청구항, 도면 등에 원출원특허에 개시되지 않은 새로운 발명이 포함되면 상기 계속출원 특허는 거절된다.

세 번째 조건은 계속출원 특허(CA_1)의 존속기간은 원출원특허(A)의 존속기간과 동일하다는 점이다. 그림 9-18(a)와 같이 계속출원 특허의 존속기간이 출원일로부터 20년이라고 가정하자. 이 경우 원출원특허에 대한 우선권을 청구한 계속출원 특허의 존속기간을 기산점(원출원특허의 출원일)으로부터 시작하여 계속출원 특허 출원일로부터 20년까지로 계산하면 계속출원 특허의 존속기간은 20년을 초과하게 된다. 따라서 계속출원 특허가 원출원특허의 출원일을 인정받으면, 그림 9-18(b)와 같이 계속출원 특허는 원출원특허가 소멸되는 시점에 자동적으로 소멸된다.

그렇다면 발명가는 왜 계속출원 제도를 이용할까? 발명가가 "발명의 설명"에 기재한 모든 발명을 원출원특허에서 청구하면 모든 문제가 해결될 터인데, 왜 발명가는 비용만 더 소요되는 계속출원 제도를 이용할까?

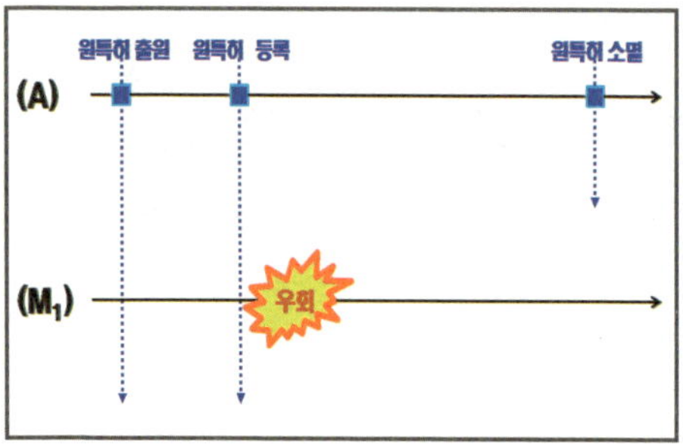

그림 9-19. 원출원특허의 등록 후 경쟁자의 우회·회피

정답은 "계속출원 제도야말로 경쟁자의 우회·회피를 방지하는, 발명가를 위한 제도이기 때문"이다. 이에 대한 설명이 그림 9-19이다. 일예로 그림에서와 같이 발명가가 출원한 제1세대 원출원특허(A)가 등록되었다고 가정하자. 경쟁자는 발명가의 원출원특허 및 이의 등록특허를 비교·분석한 후 권리범위를 우회·회피하는 제품(M_1)을 제조·판매한다.

이에 대한 발명가의 대응은 제한적이다. 즉 제4장의 1-다절 "경쟁자의 Counter-Action에 대한 발명가의 Reaction"에서 설명한 바와 같이, 발명가는 등록특허 청구항의 범위를 재해석하고 확대하여 경쟁자의 제품을 자신의 권리범위에 속하도록 포획하는 수밖에 없다. 물론 대부분의 경우 이는 용이한 작업이 아니다. 왜냐하면 합당한 보수를 받은 경쟁자의 대리인은 용의주도하게 발명가의 권리범위를 우회·회피하도록 제품(M_1)을 고안하였기 때문이다.

이러한 그림 9-19의 발명가에 비하여 계속출원 특허(CA_1)를 보유한 그림 9-20의 발명가는 경쟁자에게 보다 더 효율적으로 대응할 수 있다. 즉 그림 9-20(a)와 같이 발명가가 제1세대 원출원특허(A)가 등록되기 전 제2세대 계속출원 특허(CA_1)를 출원하고, 원출원특허가 등록된 후 경쟁자가 원출원특허의 권리범위를 우회·회피하는 제품(M_1)을 생산, 판매할 경우, 발명가는 경쟁자의 제품이 권리범위에 속하도록 계속출원 특허(CA_1)의 청구항을 적절하게 보정할 수 있다. 따라서 제2세대 계속출원 특허가 등록되면 경쟁자의 제품은 자동적으로 제2세대 계속출원 특허의 권리범위를 문언침해하게 된다.

그림 9-20. 경쟁자를 지속적으로 포획할 수 있는 계속출원 특허

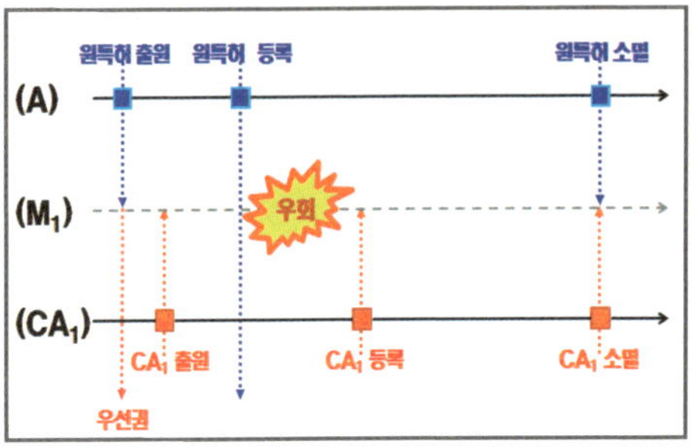

그림 9-20(a)

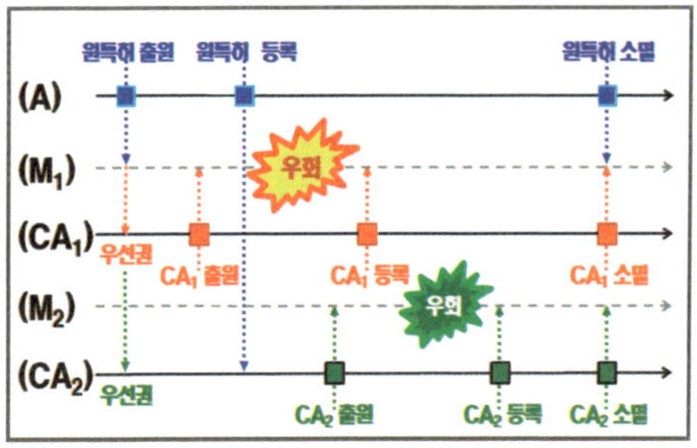

그림 9-20(b)

물론 발명가가 자신의 계속출원 특허(CA_1)의 청구항으로 경쟁자의 제품을 포획하려면 원출원특허의 "발명의 설명"에 경쟁자의 제품(M_1)의 속성에 대한 사항이 미리 기재되어 있어야만 한다. 그리고 이를 위해서는 제3장의 4절 "오로지 특허 쓰듯 쓴 특허의 요약"에서와 같이 발명가는 유능한 변리사와 넓은 권리범위의 청구항, 다양한 종류의 권리범위를 지닌 청구항을 작성해야함은 물론 아래의 제9장의 4-라절 "실시예 ≡ 실제 실시예 + 가상 실시예"와 같이 넓은 범위 및 다양한 종류의 실시예를 "발명의 설명"에 기재함이 바람직하다.

한편 발명가의 제2세대 계속출원 특허(CA_1)가 등록됨에 따라 경쟁자 역시 그림 9-20(b)와 같이 상기 특허(CA_1)의 권리범위를 우회·회피하는 제2세대 신제품(M_2)을 제조·판매할 수 있다. 하지만 발명가 역시 제2세대 계속출원 특허(CA_1)가 등록되기 전 제3세대 계속출원 특허(CA_2)를 출원하며, 경쟁자의 제2세대 신제품을 포획하도록 추후 청구항을 보정할 수 있다. 따라서 제3세대 계속출원 특허가 등록되면 경쟁자의 신제품 역시 자동적으로 제3세대 계속출원 특허의 권리범위를 문언침해하게 된다.

이론적으로 발명가와 경쟁자의 이러한 전투는 원출원특허가 소멸될 때까지 반복될 수 있다. 그 사이 경쟁자는 제2세대 계속출원 특허(CA_1)에 대한 제1세대 경쟁자 제품(M_1)의 침해, 제3세대 계속출원 특허(CA_2)에 대한 제2세대 경쟁자 제품(M_2)의 침해에 대한 보상을 치러야할 수도 있다. 이와 같이 발명가가 계속출원 제도를 이용하여

최소한 하나 이상의 제'n'세대 특허를 출원 상태로 보유하는 한 경쟁자가 발명가의 권리범위를 영원히 우회·회피하기는 용이한 일이 아니다. 따라서 발명가가 하나 이상의 제'n'세대 특허를 출원 상태로 보유할 경우, 발명가는 효과적으로 경쟁자를 압박할 수 있다.

물론 계속출원 제도에도 단점이 있다. 즉 하나 이상의 제'n'세대 특허를 출원 상태로 보유하는 데 필요한 비용이다. 하지만 비용을 차치한다면 계속출원 제도만큼 발명가에게 매력적인 제도는 없다고 해도 과언이 아니다.[34)]

(2) 일부계속출원 (Continuation-In-Part Application)

일부계속출원(continuation-in-part application, CIP로 약칭) 제도는 앞서 설명한 계속출원 제도와 유사한 점이 있다. 일예로 일부계속출원 특허의 출원 시점에 대한 제한으로서, 발명가는 원출원특허가 등록되기 전 일부계속출원 특허를 출원해야 한다는 점이다. 바꾸어 말하자면 일단 원출원특허가 특허로 등록되면, 그 후 발명가는 계속출원 특허는 물론 일부계속출원 특허도 출원할 수 없다. 즉 원출원특허가 일단 등록되면, 계속출원이건 일부계속출원이건 대(代)가 완전히 끊겨 버린다.

하지만 일부계속출원 제도와 계속출원 제도는 실체적인 면에서는 상이한 점이 많다. 우선 발명가는 일부계속출원 특허에서 원출원특허에 기재는 되어있으나 청구하지 않은 발명을 청구할 수 있고, 원출원특허에 기재되어 있지 않은 신규 발명도 청구할 수도 있다. 따라서 일부계속출원 특허는 원출원특허의 "발명의 설명" 및 도면을 그대로 사용할 수도 있지만, 일부계속출원 제도를 백분 활용한다는 측면에서 보면 일부계속출원 특허의 "발명의 설명"에는 원출원특허의 "발명의 설명"에 포함되지 않은 기재 사항

34) 우리나라는 계속출원 제도, 일부계속출원 제도 등을 운용하지 않는다. 우리나라 특허청이 왜 계속출원 제도나 일부계속출원 제도를 도입하지 않는지는 불분명하지만, 발명가보다는 제조업체를 우대하는 것으로 추정되는 국내 실정 및 정서를 감안하면 그리 놀랍지는 않다.

이나 새로운 도면을 포함할 수도 있다.[35)]

그림 9-21은 원출원특허(A), 계속출원 특허(CA_1) 및 일부계속출원 특허(CIP_1)의 비교이다. 발명가가 일부계속출원 특허(CIP_1)에서 원출원특허(A)에 기재는 되어 있으나 청구하지 않은 발명을 청구하는 경우는 그림의 CIP_1의 회색 화살표에 해당하며, 이는 계속출원 특허(CA_1)와 동일한 효과를 가진다.

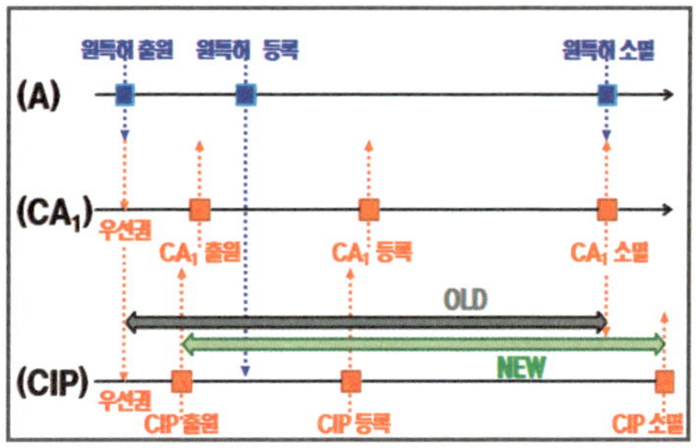

그림 9-21. 원출원특허, 계속출원 특허 및 일부계속출원 특허의 존속기간

하지만 그림 9-21의 일부계속출원 특허의 녹색 화살표, 즉 발명가가 CIP_1에서 원출원특허(A)에 기재하지 않은 신규 발명(new matter)을 기재할 경우의 효과는 계속출원 특허와 상이하다. 우선 일부계속출원 특허의 신규 발명은 원출원특허의 "발명의 설명"에 기재되지 않았으므로 서면기재 요건을 만족하지 못한다. 따라서 발명가가 일부계속출원 특허에 부가한 신규 발명은 원출원특허 출원일에 대한 우선권을 주장할 수는 없다. 따라서 이와 같은 신규 기재 사항에 대한 일부계속출원 특허의 기산점은 상기 특허의 출원일이며, 존속기간은 상기 출원일로부터 20년이다.

그 결과 일부계속출원 특허에는 원출원특허와 대비하여 서면기재 요건을 만족하는 발명과 그렇지 않은 발명이 섞여 있다. 이와 같이 일부계속출원 특허에는 존속기간의 기산점이 다른 발명들이 섞여있기 때문에, 일부계속출원 특허에 기재된 발명들은 소멸 시점이 상이할 수 있다.

그렇다면 일부계속출원 특허의 기재 사항 중 발명가가 원출원특허에는 기재하지 않

35) 발명가가 원출원특허의 기재 사항과 도면을 그대로 사용하려면, 일부계속출원 제도보다는 계속출원 제도를 사용하는 편이 유리하다.

았지만 일부계속출원 특허에 기재한 모든 사항은 신규 발명에 속하므로 존속기간의 기산점은 원출원특허의 출원일이 아닌 일부계속출원 특허의 출원일일까?

정답은 “반드시 그렇지만은 않다”이다. 그 이유는 비록 원출원특허에 명시적으로는 기재하지 않았지만 일부계속출원 특허에 기재한 사항이 원출원특허의 발명에 대한 자세한 설명일 수도 있기 때문이다. 또는 원출원특허에는 기재되어있지 않으나 일부계속출원 특허에 기재한 사항이 전자에 기재한 내용으로부터 당업자가 용이하게 알아낼 수 있는 발명일수도 있고, 전자에 기재한 내용의 균등(equivalent)부품 또는 균등절차일 수도 있기 때문이다. 따라서 이러한 내용은 비록 원출원특허에 기재되지 않았지만 당업자 기준을 통과하여 서면기재 요건을 만족하게 되면 신규 발명으로 취급되지 않을 가능성이 높으며, 그 결과 기산점도 원출원특허의 출원일일 가능성이 높다.

일부계속출원 특허에 기재된 발명 중 어떤 발명이 원출원특허의 출원일에 대한 우선권을 청구할 수 있고 어떤 발명이 이를 청구할 수 없는지에 대한 판단은 누가 할까?

정답은 “오직 법원뿐이다”이다. 우선 특허청 심사관은 일부계속출원 특허의 청구항을 심사하기 위하여 선행기술을 검색해야 한다. 하지만 일부계속출원 특허에 기재된 발명 중 일부는 원출원특허에 대한 서면기재 요건을 만족하므로, 이러한 발명에 대한 선행기술은 원출원특허의 출원일 이전의 공지 사항으로 국한된다. 반면 일부계속출원 특허의 나머지 발명은 원출원특허에 대한 서면기재 요건을 만족하지 못하므로 전자의 출원일 이전의 공지 사항은 모두 선행기술로 사용할 수 있다. 이를 위하여 심사관은 발명가에게 관련 자료를 제출하도록 요구할 수 있지만 심사관의 시간 및 권한은 제한적이다. 이에 반하여 법원은 일부계속출원 특허에 기재된 발명이 원출원특허의 출원일에 대한 우선권을 청구할 수 있는지 판단할 시간과 권한을 보유한다. 또한 침해의심 제조업체는 일부계속출원특허에 포함된 청구발명의 상이한 기산점을 주장하며 상기 특허의 무효를 주장하거나 자신의 우회·회피를 주장할 수도 있다. 따라서 일부계속출원 특허에 기재된 발명 중 어떤 발명이 원출원특허의 출원일에 대한 우선권을 청구할 수 있는지에 대한 실질적 조사는 법원에서 이루어진다.

그렇다면 발명가는 왜 일부계속출원 제도를 이용할까? 여기에는 여러 가지 이유가 있다.

우선 일부계속출원 특허를 출원하는 첫 번째 이유는 발명가가 신규로 기재하기를 원하는 사항이 원출원특허의 청구발명과 동일하지만, 발명가가 원출원특허를 출원할 때 이를 "발명의 설명"에 기재하지 않은 경우이다. 만일 발명가가 상기 사항을 "발명의 설명"에 기재하거나 청구항으로 작성하여 일부계속출원 특허가 아닌 계속출원 특허로 출원할 경우, 추후 자신이 추가 기입한 내용이 서면기재 요건을 만족하지 못하는 것으로 확인되어 상기 특허는 무효가 될 수도 있다.

따라서 이러한 불상사를 방지하기 위하여 발명가는 계속출원 특허 대신 일부계속출원 특허를 출원한다. 물론 경우에 따라 신규 기재 사항이 있음에도 불구하고 일부계속출원 특허 대신 계속출원 특허를 출원하여 인정받는 경우도 존재하기는 한다. 따라서 이에 대한 판단은 유능한 미국 특허출원 전문변호사에게 일임함이 상책이다.

일부계속출원 특허를 출원하는 두 번째 이유는 발명가가 신규로 기재하고자 하는 사항이 원출원특허에 기재되지 않았으며, 원출원특허의 청구발명과도 상이한 경우이다. 이러한 사항은 발명가가 계속출원 특허로 청구하더라도 서면기재 요건을 만족하지 못하며, 특허로 등록될 가능성이 희박하므로 발명가에게는 아무런 소득이 없다. 따라서 일부계속출원 특허를 출원하는 길이 발명가의 유일한 해답이다.

그림 9-22. 일부계속출원 특허의 신규 기재 사항

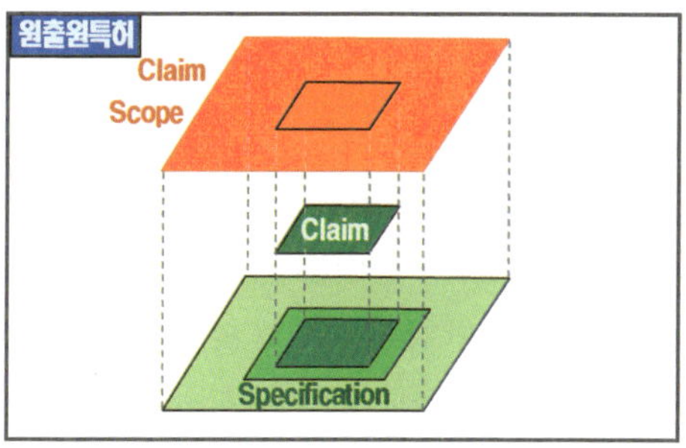

그림 9-22(a)[36]

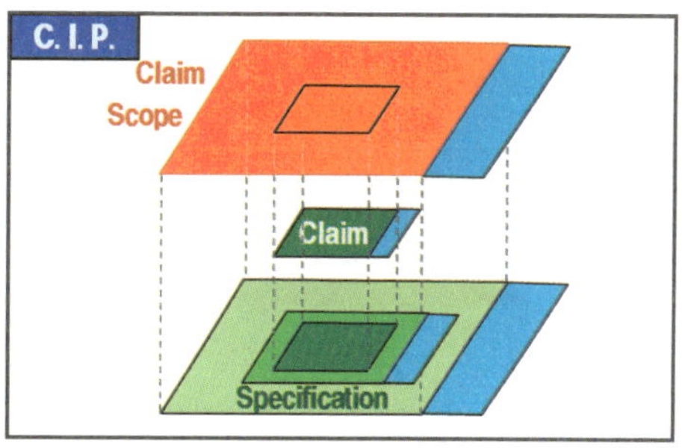

그림 9-22(b)

36) 앞서 설명한 그림 9-3(d)와 동일하다.

그렇다면 그림 9-22(a)의 원출원특허에 대하여 그림 9-22(b)와 같이 우측 끝부분에 신규 사항을 기재한 일부계속출원 특허를 출원하는 발명가는, 일부계속출원 특허에 기재한 사항 중 자신이 원출원특허에 기재하지 않은 사항을 특허청 심사관, 경쟁자, 법원이 용이하게 식별할 수 있도록 그림과 같이 상이한 font를 사용하거나 청색 밑줄을 쳐야할까?

정답은 "대부분의 경우 이와는 완전히 반대이다"이며, 특히 특허를 이해하는 특허변호사의 정답은 "절대로 아니다"이다. 왜냐하면 발명가가 신규로 기재하고자 하는 사항이 원출원특허의 청구발명의 연장이라면 그 누구도 어디까지가 원특허출원 발명의 연장이고 어디서부터가 아닌지 확실히 판단하기 힘든 경우가 대부분이기 때문이다. 따라서 발명가가 원출원특허에는 기재하지 못하고 일부계속출원 특허에만 기재하는 사항에 대하여 특허청이나 법원이 추후 자신에게 유리한 판결을 내릴 수도 있음에도 불구하고, 발명가가 이러한 기회를 원천봉쇄할 필요는 없다.

또한 발명가가 신규 기재 사항에 대한 출원 시점을 원출원특허의 출원일로 앞당겨야만 할 경우에는 "절대로 아니다"가 필수이다. 즉 선행기술을 극복하기 위한 신규 사항을 기재하거나 미처 생각지 못했던 공터를 방지해야 하는 경우이다. 따라서 대부분의 경우 유능한 미국 특허출원 전문변호사는 아래와 같은 전략을 활용한다.

유능한 미국 특허변호사가 사용하는 첫 번째 전략은 camouflage 전략, 즉 '은닉전략'이다. 바꾸어 말하면 그림 9-23과 같이 일부계속출원 특허에 부가하는 신규 사항이더라도 가능한 한 원출원특허의 색상과 유사한 색상을 이용하여 눈에 쉽게 띄지 않도록 은닉하는 전략이다. 이를 특허법으로 풀이하면 일부계속출원 특허에 부가하는 신규 사항이더라도 가능한 한 원출원특허에서 사용한 단어나 문구만을 이용하여 설명함으로써 신규 사항이 아닌 듯 기재하는 방법이다.

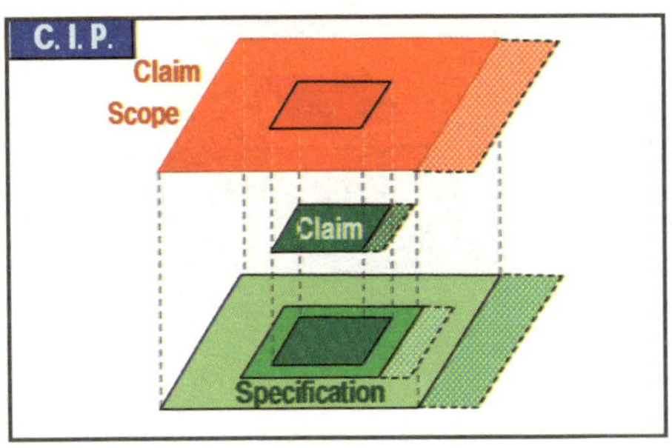

그림 9-23. 일부계속출원 특허 및 은닉전략

따라서 추후 심사관, 경쟁자, 판사가 일부계속출원 특허의 "발명의 설명"이나 청구항에 발명가가 추가로 기재한 사항을 읽더라도 원출원특허에 포함되지 않는 새로운 단어나 문구가 없으므로 상기 사항이 원출원특허에 대한 서면기재 요건을 충분히 만족한다고 판단하도록 유도하는 전략이다. 이에 대한 예시가 바로 제9장의 3-다절 "청구항 보정 관련 미국 연방항소법원 판례"의 Vas-Cath case로서, 상기 case의 특허변호사는 Mahurkar의 의장특허의 도면 6개만을 이용하여 서면기재 요건을 만족하는 "발명의 설명"을 작성하였다고 설명한 바 있다.

유능한 특허변호사가 사용하는 두 번째 전략은 decoy 전략, 즉 '유인전략'이다. 바꾸어 말하면 그림 9-24와 같이 일부계속출원 특허에 부가하는 신규 사항을 가능한 한 원출원특허의 색상과 상반된 색상을 이용하여 상대방의 눈에 쉽게 띄도록 유인하는 전략이다. 이를 특허법으로 풀이하면 일부계속출원 특허에 부가하는 신규 사항을 의도적으로 원출원특허에서 사용한 적이 없는 단어나 문구만으로 기재하는 전략이다.

따라서 추후 심사관, 경쟁자, 판사가 일부계속출원 특허의 "발명의 설명"이나 청구항을 읽은 후 발명가가 추가로 기재하였기 때문에 원출원특허에 대한 서면기재 요건을 만족하지 못하는 부분이 상기 사항뿐이라고 판단하도록 유도하는 전략이다. 그러는 사이 유능한 특허변호사는 앞의 은닉전략을 이용하여 "발명의 설명"의 다른 부분에 신규 사항을 은닉할 수 있다.

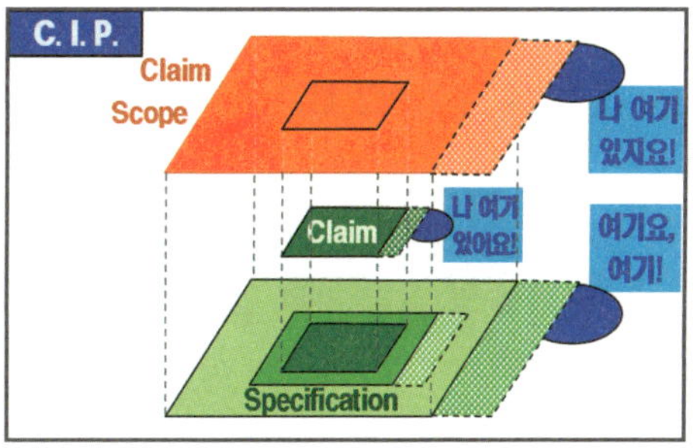

그림 9-24. 일부계속출원 특허 및 유인전략

그렇다면 위에서 설명한 '은닉전략'과 '유인전략'은 적법한 전략일까?

정답은 "미국 출원전문 특허변호사의 입장에서는 물론 그렇다"이다. 미국 특허제도 및 판례에 의하면 당업자가 발명가의 "발명의 설명" 및 청구항을 읽은 후 발명가가 특허출원 시점에 청구발명을 소유하였다고 생각할 경우 서면기재 요건을 만족한다. 따라서 발명가가 일부계속출원 특허에 추가한 사항을 원출원특허에서 사용한 단어나 문구를 이용하여 설명할 수 있는 경우, 상기 사항은 원출원특허의 범위에 속하는 경우가 대부분이다. 게다가 미국의 경우 변호사는 자신의 의뢰인을 최선을 다하여 변호할 의무도 지닌다. 따라서 변호사는 위의 '은닉전략'과 '유인전략'을 활용할 의무도 있다.[37)]

설령 위에서 설명한 '은닉전략'과 '유인전략'이 적법한 전략이라 할지라도, 이는 과연 도의적일까?

정답은 "아무도 모른다"이다. 어쩌면 당업자는 발명가가 일부계속출원 특허에 신규로 기재한 사항을 원출원특허의 연장이라고 당연히 간주할 수도 있고, 상기 사항은 원출원특허에 기재한 발명의 균등(equivalent)으로서 발명가는 당연히 이에 대한 우선권을 청구할 권리를 보유한 경우도 있을 수도 있다. 하지만 발명가가 발명을 착상하고 특허를 출원·등록하는 목적은 수익 창출이다. 따라서 경쟁자가 발명가 또는 대리인의 실수를 백분 활용하여 상기 권리범위를 합법적으로 우회·회피할 수 있듯이, 발명가 역시 서면기재 요건을 만족하는 한 합법적으로 원출원특허를 확대한 일부계속출원 특허의 신규 사항에 대한 권리를 획득하도록 노력함은 당연하다.

4. 실시가능 요건 (Enablement Requirement)

실시가능 요건(enablement requirement)이란 발명가가 자신의 청구발명을 당업자가 실시할 수 있을 만큼 충분히, 정확히 기재하였는지에 대한 요건이다. 따라서 당업자가 특허명세서의 "발명의 설명"과 청구항을 읽고 발명가의 청구발명을 실시할 수 있는 경우, 상기 특허는 실시가능 요건을 만족한다.

하지만 당업자가 "발명의 설명"과 청구항을 읽고서도 발명가의 청구발명을 실시할 수 없는 경우가 있다. 즉 그림 9-25(a)와 같이 청구항에 기재한 청구발명을 "발명의 설명"에서 충분히 또는 정확히 설명하지 않은 경우이다. 그 결과 그림 9-25(a)의 (다) 및 그림 9-25(b)와 같이 "발명의 설명"은 청구항에 대비하여 실시가능 요건을 만족하지 못한다. 설령 발명가가 "발명의 설명"에서 청구발명을 실시하는 방법을 나름대로 설명

37) It is the duty of a lawyer to 'jealously' defend his client.

하였다하더라도 "발명의 설명"과 청구항을 읽은 당업자가 청구발명을 실시하기 위하여 한 번 실험하는 데 2년이 걸리는 실험을 10번쯤 해야 한다거나, 한 번 실험하는 데 1분밖에 걸리지 않는 실험이라도 100만 번쯤 해야만 하는 경우에는 실시가능 요건을 만족하지 못할 수도 있다. 실시가능 요건을 만족하지 못하는 청구항은 특허청에서 거절되고, 법원에서 무효로 처리된다.

그림 9-25. 실시가능 요건을 만족하지 못하는 특허

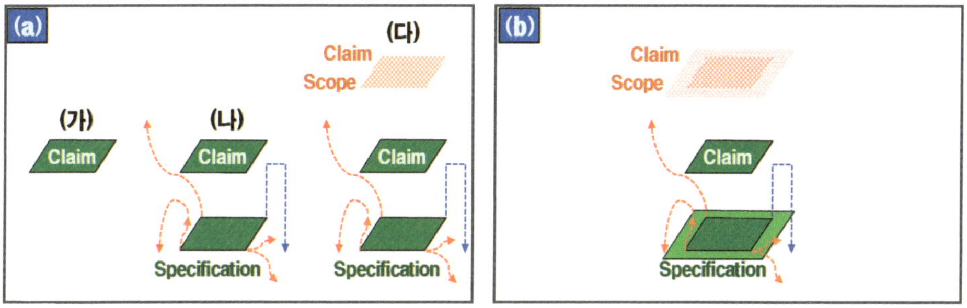

그림 9-25(a) 그림 9-25(b)

아래에서는 실시가능 요건의 개요를 살펴보고, 미국 연방항소법원이 실시가능 요건 만족 여부를 판단하는 데 사용하는 "Wands Factor"를 설명한 후, 권리범위 전체에 대한 실시가능 요건을 설명한다. 또한 실시가능 요건의 핵심인 실시예의 역할을 설명하고, 실제 실시예와 가상 실시예에 대하여 살펴본 후, 가상 실시예와 관련된 발명가의 불공정 행위에 대한 미국 연방항소법원의 판례를 살펴본다.

가. 실시가능 요건 개요

흔히들 서면기재 요건과 실시가능 요건을 혼동하지만 두 가지 요건 사이에는 독립성은 물론 상이성도 존재한다. 우선 서면기재 요건이란 발명가가 특허출원 시점에 자신이 청구항에 기재한 청구발명을 실제로 착상하였는지 여부에 대한 요건이다. 따라서 발명가가 실제로 청구발명을 착상하였다는 사실을 당업자가 인지할 수 있도록 "발명의 설명"에 기재하여 서면기재 요건을 만족하였더라도, 발명가가 청구발명을 어떻게 실시하는지 구체적으로 기재하지 않으면 실시가능 요건을 만족하지 못하게 된다. 따라서 서면기재 요건과 마찬가지로 실시가능 요건에 대한 유일한 증거 역시 발명가가 특허출원 시 특허청에 제출한 "발명의 설명"과 청구항이다.

표 9-9. 실시가능 요건(Enablement Requirement)에 대한 법적 근거

제42조(특허출원)
③ 제2항에 따른 발명의 설명은 다음 각 호의 요건을 충족하여야 한다. 1. 그 발명이 속하는 기술분야에서 통상의 지식을 가진 사람이 그 발명을 **쉽게 실시**할 수 있도록 명확하고 상세하게 기재할 것
35 U.S.C. § 112 Specification.
(a) IN GENERAL.-The specification shall contain a written description of the invention, and of the manner and process of making and using it, in such full, clear, concise, and exact terms as to **enable** any person skilled in the art to which it pertains, or with which it is most nearly connected, to make and use the same, and ...

실시가능 요건에 대한 법적 근거가 표 9-9이다. 일예로 국내 특허법은 제42조 제3항에서 "발명의 설명"은 당업자가 청구발명을 쉽게 실시할 수 있도록 기재해야 한다고 규정한다. 미국 특허법 역시 35 U.S.C. § 112에서 동일하게 규정한다.

그렇다면 왜 특허법은 발명가에게 특허를 받아 자신의 발명을 보호받으려면 당업자가 청구발명을 쉽게 실시할 수 있도록 기재하도록 요구할까?

그 이유는 간단하다. 실시가능 요건은 특허제도가 발명가에게 가하는 또 다른 채찍이기 때문이다. 특허제도는 발명가의 혁신적 발명이 각종 특허요건을 만족할 경우 이에 대한 보상으로 출원 후 20년간의 금지권을 부여한다. 하지만 앞서 설명한 바와 같이 특허제도의 최종 수혜자는 공중이다. 따라서 특허제도는 발명가의 특허가 출원 후 20년이 경과하여 소멸되면 이를 공공영역(public domain)에 편입시켜 공공영역을 확충한다. 이에 따라 공중은 소멸된 특허를 자유로이 실시하고 이에 근거한 개량 발명 역시 자유로이 활용할 수 있게 된다.

만일 발명가가 자신이 착상한 발명을 특허로 출원하되, "발명의 설명"에 최소한의 정보만을 기재하며 청구발명의 원리나 이를 실시하는 방법을 자세히 설명하지 않으면 어떤 결과가 초래될까? 우선 이러한 특허가 소멸되어 공공영역에 편입되더라도 공중은 이를 용이하게 실시할 수 없으므로 공공영역이 확충되지 않는다. 또한 발명가는 특허가 소멸된 후에도 자신은 소멸된 특허를 계속 실시하여 수익을 창출하는 반면 공중은 이를 실시할 수 없으므로 공중이 얻는 이익은 전무하게 된다. 따라서 특허제도는 실시가능 요건이라는 제도를 운용하여 발명가가 자신의 발명에 대한 실질적 존속기간 연장을 시도하려는 행위를 원천적으로 방지한다.

나. 미국 연방항소법원의 Wands Factor

실시가능 요건에 대한 기준은 당업자가 자신의 통상적 지식을 합리적으로 이용하여 부당할 정도로 과도한 실험(undue experimentation) 없이 특허의 청구발명을 실시하기에 충분한 정보가 "발명의 설명"에 기재되었는지에 대한 여부이다. 따라서 실시가능 요건의 두 가지 축은 당업자의 "통상적 지식"과 당업자가 발명가의 청구발명을 실시하는 데 필요한 노력의 "합리성(reasonableness)"이라 할 수 있다.

미국 연방법원은 판례를 통하여 실시가능 요건의 만족 여부 판단에 Wands Factor라는 기준을 이용한다. "Wands Factor"란[38] 미국 연방항소법원이 1988년 제안한 기준으로서, 상기 factor의 예로는 ① 청구발명을 실시하기 위하여 필요한 실험의 회수, ② "발명의 설명"에서 상기 실험을 수행하는 데 필요한 사항에 대한 기재 여부 및 기재 정도, ③ "발명의 설명"에서 실제 실시예에 대한 기재 여부, ④ 청구발명의 본질, ⑤ 선행기술의 수준, ⑥ 당업자의 수준, ⑦ 관련 분야의 예측성, ⑧청구항의 범위 등이 있다.

따라서 청구발명을 실시하기 위하여 당업자가 수행해야할 실험의 횟수가 많으면 많을수록 당업자가 필요 이상의 실험을 해야 할 가능성이 높아지므로 실시가능 요건을 만

38) In re Wands, 858 F.2d 731 (Fed. Cir. 1988).

족하기 어려워지며, "발명의 설명"에 상기 실험을 수행하는 데 필요한 사항이 적게 기재될수록 실시가능 요건을 만족하기 어려워진다. 또한 실제 실시예, 즉 발명가가 실제로 수행한 실험결과가 적거나 청구발명의 본질이 어려울수록 실시가능 요건을 만족하기 어려워지며, 선행기술의 수준이나 당업자의 수준이 낮을수록 발명가는 "발명의 설명"에 청구발명에 대하여 더 상세히 기재해야만 실시가능 요건을 만족하고, 관련 분야의 예측성이 낮을수록 또는 청구항의 범위가 넓을수록 청구발명에 대해서 "발명의 설명"에 더 자세히 기재할 필요가 있다.

물론 Wands Factor는 모두 상대적이며, 이 중 특정 factor를 "발명의 설명"이 만족하지 못하였다고 해서 실시가능 요건을 만족하지 않는다거나, 다른 factor들은 모두 만족하지만 이 중 하나의 factor를 완전히 만족하지 못한다고 해서 실시가능 요건을 만족하지 못한다는 말은 절대 아니다. 결국 법원은 위의 Wands Factor를 전체적으로 분석한 후 실시가능 요건이 상대적으로 더 만족되는지 아니면 덜 만족되는지를 판단하게 된다.

앞서 설명한 바와 같이 실시가능 요건의 판단 기준은 당업자이다. 따라서 발명가는 "발명의 설명"에서 당업자가 인지하고 있는 모든 지식을 기재할 필요는 없다. 즉 물리학 법칙부터 시작하여 청구발명을 이해하고 실시하는 데 필요한 모든 지식을 설명할 필요는 없다.[39] 또한 "발명의 설명"은 제품을 생산하기 위한 설명서도 아니다. 따라서 실시가능 요건을 만족하기 위하여 제품을 생산하는 데 필요한 제조장치의 운전 방법 등의 상세한 정보, 대량생산을 위한 각종 장치, 부품의 크기, tolerance 등을 명시할 필요도 없다.

앞서 설명한 Wands factor 각각이 실시가능 요건에 영향을 미치지만 이 중 간과해서는 안 되는 factor가 ⑦번의 "관련 분야의 예측성"이다. 일반적으로 특허제도는 기술 분야를 예측가능 분야(predictable art)와 예측불가능 분야(unpredictable art)로 구분한다. 예측가능 분야의 예는 기계, 전자 등이며, 예측가능 분야의 특징은 당업자

39) 이 점에서 "발명의 설명"은 해당 분야의 기본 이론부터 시작하여 다른 연구자들의 업적을 소개하며 그 후 자신의 연구에 대하여 설명하는 일반 학술논문과는 상이하다.

가 물리 등의 기본 원리를 이용하여 대체 실시예를 구성할 수 있음은 물론 이들의 작동 여부도 쉽게 예상이 가능하다는 점이다.[40] 이에 반하여 예측불가능 분야의 예는 화학, 생물, 의학, biotechnology 등이며, 예측불가능 분야의 특징은 실시예의 극히 일부분만을 변경하더라도 완전히 다른 결과를 도출할 수 있다는 점이다. 일예로 청구발명이 화합물인 경우, 상기 화합물의 일부 원소만을 같은 족의 다른 원소로 치환하더라도 청구발명이 지닌 화학적 활성을 잃을 수 있으며, 청구발명이 미생물일 경우 같은 종에 속하는 다른 미생물이 청구발명의 미생물과 완전히 동일할 수는 없다. 따라서 청구발명이 예측불가능 분야에 속하는 경우 법원은 실시가능 요건 판단에 더 엄격한 잣대를 사용한다. 일예로 광활한 권리범위를 지닌 청구항이 실시가능 요건을 만족하기 위해서는 몇 개의 실시예만으로는 부족할 수도 있다. 따라서 발명가는 권리범위 전반에 걸쳐서 합리적인 정도로 정확히(reasonable specificity) 어떻게 발명을 실시하는 지를 개시할 필요가 있다.

(1) 의학 발명 - In re Fisher (CCPA 1970)

In re Fisher는[41] 미국 연방항소법원의 전신인 CCPA의 1970년 판례이다. Fisher case가 의학 분야 발명의 실시가능 요건에 대한 case이기는 하지만 Fisher case는 청구발명의 권리범위(range)의 상한선, 하한선에 대한 기본 판례이기도 하다.

통상적으로 관절염 치료에는 adrenocorticotrophic hormones(ACTH)을 함유한 약물이 사용되었다. 하지만 기존의 ACTH 약물은 1mg 당 0.5 IU(International Unit)에 불과한 낮은 함량으로 인하여 치료율이 낮은 동시에 oxytocin이나 vasopressin 등과 같이 인체에 해로운 불순물의 함량이 높아 여러 가지 부작용을 일으킨다는 단점이 있었다.

---

40) 그 결과 예측가능 분야의 발명에 대한 특허의 권리범위는 발명가가 청구항과 "발명의 설명"에 기재한 내용보다 확충되도록 해석되는 경향이 있다.

41) In re Fisher, 427 F.2d 833 (CCPA 1970).

표 9-10. Fisher의 ACTH 함유 약물에 대한 특허 및 대표 청구항

4. An adrenocorticotrophic hormone preparation containing
at least 1 International Unit of ACTH per milligram and no more than 0.08 units of vasopressin and no more than 0.05 units of oxytocin per International Unit of ACTH, and being further characterized as containing as the active component of polypeptide of at least 24 amino acids having the following sequence from ...
5. An adrenocorticotrophic hormone preparation containing
at least 1 International Unit of ACTH per milligram and no more than 0.08 units of vasopressin and no more than 0.05 units of oxytocin per International Unit of ACTH, and being further characterized by its solubility in glacial acetic acid and phenol; by its relative insolubility in other organic solvents ...

이에 Joseph D. Fisher는 다년간의 연구를 통하여 1mg 당 1.11~2.3 IU의 ACTH를 함유하는 동시에 oxytocin 및 vasopressin과 같은 불순물 함량도 매우 낮은 ACTH 약물을 발명하였다. Fisher는 상기 약물 및 제조 방법에 대한 표 9-10의 청구항을 포함한 특허를 출원하였다.

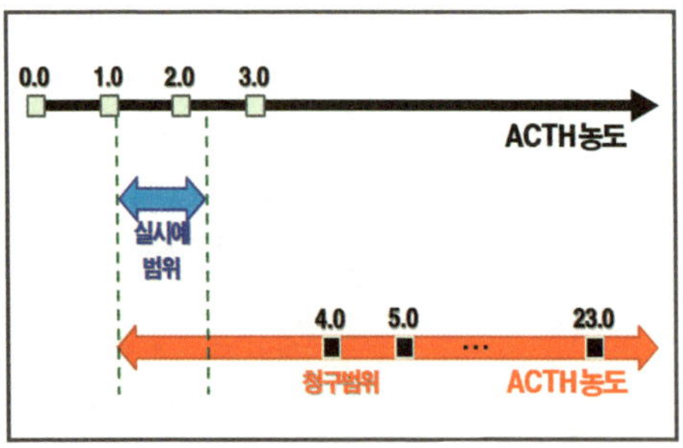

그림 9-26. Fisher의 청구범위 vs. "발명의 설명"에서 설명한 기재범위

그림 9-26에서와 같이 Fisher 특허의 청구항에는 두 가지 특징이 있다. 첫 번째는 Fisher가 "발명의 설명"에 기재한 실시예의 범위(그림의 청색 화살표)는 1mg 당 1.11~2.3 IU의 ACTH약물인 반면 청구항에서 청구한 범위(그림의 적색 화살표)는 1mg 당 1.0 IU 이상의 ACTH 약물이라는 점이다. 특히 Fisher는 2.3 IU 이상의 ACTH를 함유하는 약물의 제조 방법은 개시하지 않았으므로, Fisher의 청구범위는 "발명의 설명"에서 자신이 기재한 실시예의 범위를 월등히 초과하였다. 두 번째는 Fisher의 청구범위가 무한하다는 점이다. 즉 Fisher는 청구항에서 자신이 청구하는 약물의 ACTH 함량의 하한선은 명시하였으나 상한선은 명시하지 않았다.

미국특허청 심사관은 Fisher가 자신이 발명한 이상을 청구하였으므로[42] 실시가능 요건을 위배한다고 판단하여 Fisher의 청구항을 모조리 거절하였다. 이를 검토한 특허심판원 역시 심사관의 거절을 인용하였으며, CCPA 역시 심판원의 판결을 인용하였다.[43]

특히 CCPA는 Fisher의 청구범위가 하한선은 명시하지만 상한선은 명시하지 않는 점을 우려하였다. 즉 CCPA는 Fisher가 상한선이 없는 권리범위를 획득할 경우, 그림 9-27과 같이 향후 후발명가가 Fisher의 발명보다 더 우수한 고함량의 ACTH 약물을 제조하더라도 Fisher가 상한성이 없는 범위를 선매(preempt)하게 되므로, Fisher의 발명은 후발명가의 발명의 신규성을 부정하는 선행기술이 될 것이며, 또한 후발명가가 고함량 ACTH 약물을 제조, 판매할 경우 Fisher의 권리범위를 침해하는 문제를 우려하였다.

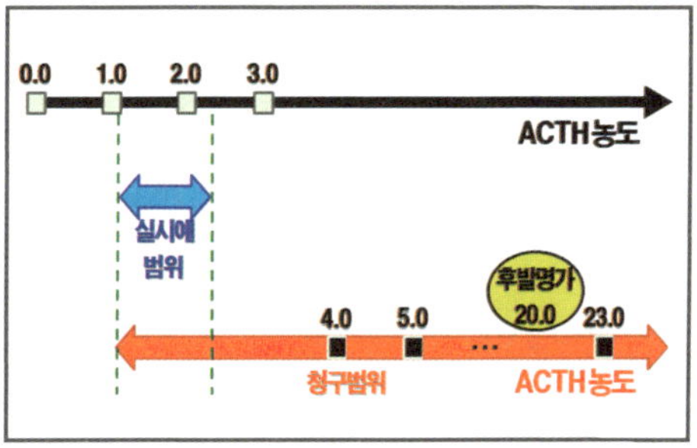

그림 9-27. Fisher의 청구범위 vs. "발명의 설명"에서 설명한 기재범위

CCPA는 Fisher가 "발명의 설명"에서 고함량 ACTH 약물을 개시하지 않았더라도 후발명가의 고함량 ACTH 약물이 Fisher의 발명에 근거할 경우, Fisher가 어느 정도의 기여를 인정받아야 함은 자명하다고 설명하였다. 하지만 그렇다고 1.0 IU의 함량을 발명한 발명가에게 1.0 IU를 초과하는 함량에 대한 특허권을 부여할 수는 없다고 CCPA는 판시하며, 동일한 이유로 Fisher 역시 자신이 충분히 개시하지 않은 2.3 IU 이상의 ACTH를 함유하는 고함량 약물에 대한 금지권을 획득할 수는 없다고 설명하며 Fisher의 청구항을 거절하였다.

42) 미국특허청은 이를 "Fisher claimed much more than he invented" 또는 "Fisher claimed more than he was willing to explain to the public"이라고 표현하였다.

43) 미국특허청, 심판원 및 CCPA는 Fisher의 청구항이 명확성 요건도 만족하지 못한다고 판단하였으나, 상기 요건 관련 내용은 생략한다.

결국 CCPA는 Fisher가 청구항과 "발명의 설명"에서 당업자가 자신의 통상적 지식을 합리적으로 이용하여 부당할 정도로 과도한 실험 없이 2.3 IU 이상의 ACTH를 함유하는 고함량 약물을 제조하기에 충분한 정보를 개시하지 않았으므로 실시가능 요건을 만족하지 못하였다고 판결하였다. 또한 CCPA는 발명가가 청구범위를 설정할 때 항상 상한선과 하한선을 설정함으로써 선발명가가 후발명가의 발명을 미리 선매하지 못하도록 금지해야한다고 판시하였다.

하지만 여전히 한 가지 의문점이 남는다. 즉 표 9-10의 청구항 4 및 5의 vasopressin과 oxytocin의 경우, 상한선은 각각 ACTH 1 IU 당 0.08 unit과 0.05 unit 이하라고 명시되어 있는 반면 하한선에 의한 기재 사항은 없는 바, 이는 실시가능 요건을 위배할까?

이에 대한 정답은 "일반적으로 암묵적 하한선이 '0.0'이므로 문제는 없다"이다.

그렇다면 암묵적 하한선은 모든 경우에 항상 '0.0'이므로 모든 범위는 상한선만 기재하면 충분할까? 일예로 청구항 4의 vasopressin의 경우 상한선이 0.08 unit으로 범위가 좁기 때문에 문제가 없을까?

정답은 "반드시 그렇지만은 않다"이다. 일예로 vasopressin 함량의 상한선이 0.08 unit이므로 범위가 좁아 보이지만, 0.08 unit은 사실 80 milli-unit이나 80,000 μ-unit에 해당하며 80,000,000 nano unit에 해당한다. 따라서 약물의 타성분의 함량이 2~3 unit일 경우에는 "0.08 unit 이하"는 적은 범위이므로 위와 같은 상한선이 실시가능 요건으로 충분하지만, 타성분 함량이 수 nano-unit일 경우 "0.08 unit 이하"는 상대적으로 광활한 범위이므로 위의 상한선은 실시가능 요건을 만족할 수 없을 수도 있다.

(2) 전기전자 발명 - NRT vs. Magnetic Separation (Fed. Cir. 1999)

National Recovery Technologies v. Magnetic Separation Systems는[44] 전기전

44) National Recovery Technologies v. Magnetic Separation Systems, 166 F.3d 1190 (Fed. Cir. 1999).

자 분야 발명의 실시가능 요건에 대한 1999년 미국 연방항소법원 판례이다.

20세기 후반 환경오염이 사회적 문제로 부각됨에 따라 이를 방지하기 위한 여러 방법이 제안되었으며, 이 중 하나가 plastic 용기의 재활용이었다. 하지만 plastic 용기는 물성이 상이한 물질들로 제작되며, 그 중 물성은 상이하지만 육안으로는 식별이 어려운 PVC(polyvinyl chloride) 용기와 PET(polyethylene terephthalate) 용기를 분류하기 위한 각종 기술이 개발되었다.

업계는 PVC의 높은 전자파 흡수도와 PET의 높은 전자파 투과도를 이용하는 PVC와 PET 용기 분류 기술을 개발하였다. 하지만 기존 장치를 이용할 경우 용기를 하나씩 순서대로 전자파 감지기를 통과시켜야하므로 막대한 시간이 소요되었으며, 전자파 감지기가 용기의 목 부분과 같이 두꺼운 비정상 부분과 용기의 몸통과 같이 두께가 얇은 정상 부분을 구별하지 못하여 오분류가 자주 발생한다는 단점이 있었다.

National Recovery Technologies('NRT'로 약칭)는 다수의 용기를 동시에 scan하여 분리할 수 있도록 다수의 X-ray tube 전자파 감지기를 배열한 detector array를 장착한 분리 장치를 개발하였다. NRT의 분리 장치는 용기가 PVC인지 PET인지 구별한 후 air valve로 공기를 주입하여 용기를 선택적으로 다른 conveyor belt로 이동시켜 수거하였다. 특히 NRT의 장치는 detector array가 scan하는 부분의 모양 및 용기의 크기에 따르는 두께 차이 등에 의한 오분류를 최소화하기 위하여 detector array로 각 용기의 여러 부분을 scan한 후 microprocessor를 이용하여 정상 모양을 갖는 몸통 부분을 확인한 후 그 부분의 측정치를 기준으로 용기를 구분하였다.

NRT는 이를 특허출원하여 U.S. Pat. No. 5,260,576로[45] 등록하였다. 표 9-11은 '576 특허의 대표 청구항이며, 그림 9-28은 '576 특허의 대표 도면으로서, 11은 X-ray tube, 22는 radiation zone, 20은 detector array, 19는 air valve, 25와 26은 conveyor이다.

45) U.S. Pat. No. 5,260,576 entitled "Method and apparatus for the separation of materials using penetrating electromagnetic radiation," filed by Edward J. Sommer, Jr. on October 29, 1990, issued on November 9, 1993, and assigned to National Recovery Technologies, Inc.

표 9-11. NRT의 '576 특허의 대표 청구항

1. A method of distinguishing and separating material items having different levels of absorption of penetrating electromagnetic radiation, comprising steps of:
(a) conveying a plurality of said material items in a random manner ... ; (b) establishing a transverse region across said feed path ... ; (c) irradiating said plurality of material items in said transverse region ... ; (d) simultaneously measuring the amount of penetrating electromagnetic radiation passing through each material item in said transverse region at any instant of time as said items are continuously conveyed longitudinally through said transverse region, to generate process signals; wherein more than one process signal is generated for each of said material items, each process signal being commensurate with the amount of penetrating electromagnetic radiation passing through a portion of each material item which is different from any other portion of said material item, and selecting for processing those of said process signals which do not pass through irregularities in the bodies of said material items; and (e) simultaneously analyzing said process signals ...

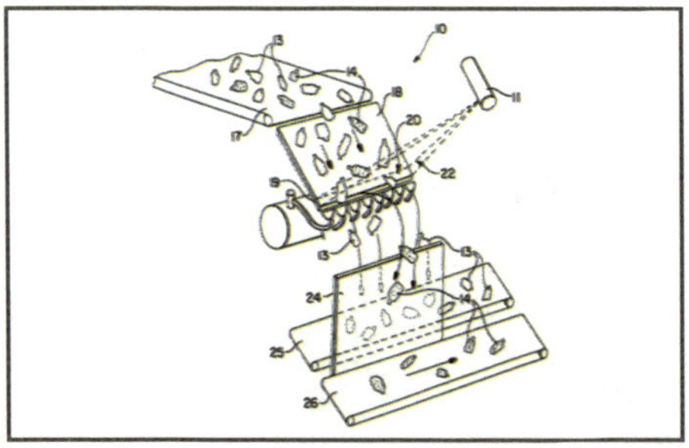

그림 9-28. NRT의 Plastic 용기 분류 장치

NRT는 경쟁자인 Magnetic Separation Systems ('Magnetic'으로 약칭)이 '576 특허를 침해하였다고 미국 연방지방법원에 제소하였다. 이에 Magnetic은 '576 특허의 청구항이 표 9-11에서 적색으로 표시한 부분과 같이 plastic 용기를 투과한 다수의 signal 중 용기의 정상 부분을 통과한 signal을 사용하도록 명시하였으나, 당업자가 자신의 통상적 지식을 합리적으로 이용하더라도 부당할 정도로 과도한 실험 없이 정상 부분을 통과한 signal을 선정하는 방법을 청구항이나 "발명의 설명"에 기재하지 않았으므로 실시가능 요건을 만족하지 않는다고 주장하였다. 연방지방법원은

Magnetic의 주장을 받아들여 NRT의 청구항이 실시가능 요건을 만족하지 않으므로 무효라고 판결하였다.

NRT의 항소를 받은 미국 연방항소법원 역시 동일한 이유로 연방지방법원의 판결을 인용하였다. 연방항소법원은 실시가능 요건의 목적은 공공영역의 지식을 청구범위와 비례하여 확충하기 위함이라고 설명하며, 실시가능한 범위는 발명가가 "발명의 설명"에 기재한 내용 및 이로부터 당업자가 과도한 실험 없이 알 수 있는 범위에 해당하므로, 청구범위는 실시가능한 범위보다 적거나 동일해야 하되 이를 초과할 수는 없다고 판시하였다.

연방항소법원은 실시가능 요건의 만족 여부는 당업자의 지식 및 청구항과 "발명의 설명"의 기재 사항에 의하여 판단한다고 설명한 후, 본안의 경우 NRT는 plastic 용기 구별 시 비정상 부분을 통과하는 signal을 사용함에 의한 오류를 지적하였으며, 이에 대한 해결책으로 청구항 1과 같이 비정상 부분을 통과하는 signal을 사용하지 말도록 명시하였다고 해석하였다. 하지만 NRT는 당업자에게 정상 부분을 통과하는 signal을 사용하라고만 개시하였을 뿐 무엇이 정상 부분을 통과한 signal인지 아니면 비정상 부분을 통과한 signal인지를 구분하는 기준을 기재하지 않았으므로, 당업자는 이를 구분하기 위하여 과도한 실험을 수행할 수밖에 없다고 설명하였다.

특히 연방항소법원은 NRT가 "발명의 설명"에서 어떤 signal이 정상 부분을 통과한 signal인지 아니면 비정상 부분을 통과한 signal인지를 구분하려면 고가의 장비가 필요하다고 개시한 점도 지적하였다. 그 결과 NRT는 청구항에서 자신이 해결했다고 주장한 문제를 "발명의 설명"에서는 상기 문제의 해결이 몹시 어렵거나 실행 불가능하다고 자인한 결과와 같다고 판시하며, NRT의 특허를 실시가능 요건 불만족으로 무효라고 판결하였다.

앞서 제7장의 2-나절의 제3항 "고백과 뼈아픈 후회"에서 발명가가 "발명의 설명"을 작성할 때에는 절대로 자신에게 불리하게 해석될 수 있는 사항을 기재하지 않도록 언급한 바 있다. NRT case도 마찬가지이다. NRT는 자신이 얼마나 난해한 문제를 해결하였는지를 자랑하며 자신의 발명의 우월성을 강조하려 했지만, 기대와는 상반된 결과를 초래하고 말았다. 결국 앞서 설명한 바와 같이 발명가는 "발명의 설명"을 작성할 때 절대 흥분하지 말고 차분하게 작성해야만 한다.

다. 권리범위 전체에 대한 실시가능 요건

실시가능 요건이란 발명가가 자신의 청구발명을 당업자가 실시할 수 있을 만큼 기재하였는지에 대한 요건이다. 따라서 당업자가 발명가의 "발명의 설명"과 청구항을 읽고 청구발명을 실시할 수 있는 경우, 상기 특허는 실시가능 요건을 만족한다. 그렇다고 발명가가 자신의 청구발명을 실시하기 위한 제조장치 작동에 대한 설명이라든가 청구발명에 대한 모든 변형을 기재할 필요는 없다. 왜냐하면 "발명의 설명"은 장치에 대한 작동 설명서가 아니므로 당업자가 "발명의 설명"과 청구항을 읽고 청구발명을 이해하여 실시할 수 있으면 충분하기 때문이다.

하지만 여기에도 조건이 있다. 즉 발명가는 자신의 청구발명의 신규 사항에 대해서만은 당업자가 실시할 수 있도록 충분히 기재해야한다는 점이다. 그 이유는 당업자는 해당 분야의 통상적 지식만을 보유하므로 발명가의 청구발명의 신규 사항에 대해서는 알 길이 없기 때문이다.[46] 이러한 요건을 "권리범위 전체에 대한 실시가능 요건"이라고 지칭하며 영어로는 "full scope enablement"라고 부른다. 아래에서는 권리범위 전체에 대한 실시가능 요건에 대한 미국 연방항소법원의 두 가지 판례를 소개한다.

(1) 기계 발명 - Automotive Tech. Int'l vs. BMW (Fed. Cir. 2007)

Automotive Technologies International v. BMW는[47] "full scope enablement"에 대한 2007년 미국 연방항소법원 판례이다. Automobile Tech. Int'l (ATI) case는 특히 청구범위 확장 후 이에 대한 기재를 게을리하는 발명가나 대리인에게 경종을 울리는 대표적 case이다.

46) 만일 당업자가 청구발명의 신규 사항을 이미 인지하고 있다면 이는 청구발명의 신규성을 부정하는 선행기술이 존재하는 경우이고, 당업자가 자신의 통상적 지식만을 이용하여 청구발명을 인지할 수 있다면 이는 청구발명의 진보성을 부정하는 선행기술이 존재하는 경우이다.

47) Automotive Technologies International, Inc. v. BMW of North America, Inc., et al., 501 F.3d 1274 (Fed. Cir. 2007).

기존의 자동차는 차량 전면에 velocity-type sensor를 장착하였으며, 상기 sensor가 차량의 충돌을 감지하면 운전자 및 옆 좌석의 air bag을 작동시켰다. 하지만 차량의 측면에 side air bag을 장착하고 이를 구동시키기 위하여 velocity-type sensor를 차량 측면에 장착할 경우, 차량 충돌 후 air bag이 작동할 때까지 상당한 시간이 소요되어 운전자나 승객 보호에 적합하지 않았다. 따라서 차량 측면에 장착한 side air bag을 작동하기 위하여 velocity-type sensor 대신 crush sensor를 차량 측면에 장착하면 측면 충돌에 의하여 crush sensor가 변형되며 신호를 발생하지만, 상기 crush sensor는 측면이 직접 파손되지 않는 사고의 경우에는 side air bag이 작동하지 않는 단점이 있었다.

표 9-12. ATI의 '253 특허의 유일한 독립항

1. A side impact crash sensor for a vehicle having front and rear wheels, said sensor comprising:
(a) a housing; (b) a mass within said housing movable relative to said housing in response to accelerations of said housing; (c) means responsive to the motion of said mass upon acceleration of said housing in excess of a predetermined threshold value, for initiating an occupant protection apparatus; and (d) means for mounting said housing onto at least one of a side door of the vehicle and a side of the vehicle between the centers of the front and rear wheels, in such a position and a direction as to sense an impact into the side of said vehicle.

이에 ATI는 기존의 velocity-type sensor를 변형하여 차량 측면에 장착할 수 있도록 개조하는 발명을 착상하고 표 9-12의 청구항을 특허 출원하여 U.S. Pat. No. 5,231,253으로 등록하였다.[48] 즉 ATI는 그림 9-29(a)와 같이 차량이 측면으로 충돌할 경우 sensor의 flapper(11)가 B 방향으로 움직이며 1st contact(17)을 2nd

48) U.S. Pat. No. 5,231,253 entitled "Side impact sensors," filed by David. S. Breed et al., filed on June 2, 1992, and issued on July 27, 1993.

contact(18)과 접촉시켜 측면 충돌 신호를 발생함으로써, 측면이 직접 파손되지 않는 사고의 경우에도 side air bag이 작동하도록 구성하였다.

그림 9-29. ATI의 충돌 감지 Sensor에 대한 다양한 도면

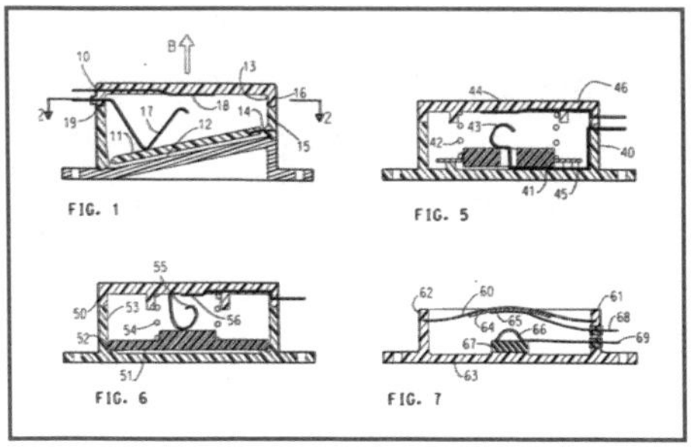

그림 9-29(a)

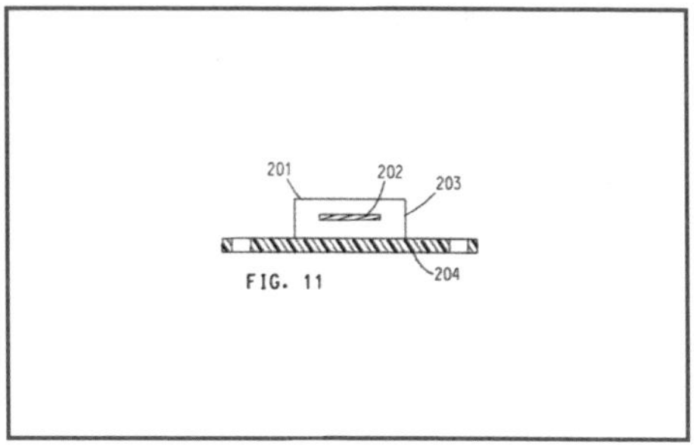

그림 9-29(b)

흥미로운 점은 ATI가 side impact crush sensor에 대한 기계식 실시예에 대해서는 다수의 도면을 이용하며 그림 9-29(a)와 같이 다양한 구조에 대하여 자세히 설명하였지만, side impact crush sensor에 대한 전자식 실시예는 그림 9-29(b)의 단일의 도면만으로 간단히 개시하였다는 점이다. 즉 ATI는 당업자가 '253 특허를 읽고 기계식 crush sensor를 실시하기에는 충분한 정보를 개시하였으나, 이에 비하여 전자식 crush sensor에 대해서는 위의 그림 및 "electric sensor는 housing(203) 내에서의 sensing mass(202)의 운동을 측정한다"는 한 문단에 불과한 정보만을 개시하였다. 특히 ATI는 상기 sensor의 sensing mass의 움직임을 여러 가지의 방법, 예를 들면 광학적 방법, 전기저항 변화, 축전용량 변화, 자기 capacitance change 또는 자기저항 변화 등으로 측정한다고는 개시하였으나, 각각의 방법에 대한 구체적 설명이나 실시예를 개시하지 않았다.

ATI는 BMW가 '253 침해를 침해하였다고 미국 연방지방법원에 제소하였지만, BMW는 자신이 차량에 장착한 side impact sensor는 전자식 sensor이므로 '253 특허를 침해하지 않았다고 주장하였다. 이에 ATI는 '253 특허의 청구항 1의(표 9-12 참고) 권리범위에 기계식 sensor는 물론 전자식 sensor도 포함되기 때문에 BMW가 '253 특허를 침해하였다고 주장하였다. 이에 BMW는 '253 특허의 청구항이 전자식

sensor도 포함할 경우에는 실시가능 요건을 만족하지 못하므로 상기 특허는 무효라고 주장하였다.

미국 연방지방법원은 BMW의 청구항 해석을 채택하며 ATI의 청구항 1~44가 모두 무효라고 판결하였다. 특히 연방지방법원은 그림 9-29(b)는 기껏해야 전자식 sensor를 모호할 정도밖에 개시하지 않으며, 당업자가 전자식 sensor를 실시할 수 있을 만큼의 자세한 기재 사항이 없다고 설명하였다. 또한 연방항소법원은 Wands factor를 고려하더라도 ATI는 당업자가 전자식 sensor를 실시하기 위한 guidance도 개시하지 않고 실제 실시예도 없으므로 당업자가 전자식 sensor를 실시하려면 부당할 정도의 과도한 실험을 할 수밖에 없다고 설명하였다.

ATI의 항소를 맡은 미국 연방항소법원 역시 연방지방법원의 무효 판결을 인용하였다. 연방항소법원은 ATI가 “발명의 설명”에서 기계식 sensor를 설명하기 위하여 2개의 column 및 5개의 도면을 활용했으나, 전자식 sensor를 설명하는 데에는 단일의 문단 및 단일 도면만을 사용하였다고 지적하며, 전자식 sensor에 대한 ATI의 도면인 그림 9-29(b) 역시 개념도에 불과하다고 설명하였다. 또한 연방항소법원은 ATI가 ’253 특허 청구항 1~44의 신규 사항은 side impact를 velocity-type sensor로 감지하는 것이라고 명시하였고, side impact 측정 기술은 ‘new field’라고 개시하였으며, side impact를 측정할 수 있는 유일한 sensor가 crush sensor라고 주장하였다고 지적하였다. 따라서 당업자는 ‘new field’에 해당하는 side impact 측정 기술에 대하여 “발명의 설명”이 기재하지 않은 기술적 gap을 메울 수 없기 때문에 발명가는 청구발명의 신규 사항에 대한 기본적 실시예를 반드시 기재할 필요가 있다고 판시하였다. 이에 따라 연방항소법원은 ATI가 자신의 청구발명의 핵심인 전자식 sensor의 side impact 측정 기술에 대한 실시가능 요건을 만족하지 못하였으므로 ATI의 청구항은 모두 무효라고 판결하였다.

위에서 설명한 바와 같이 ATI는 자신의 권리범위를 최대한 확장하며 동시에 공터 형성을 방지하기 위하여 노력하였다. 하지만 ATI case는 발명가가 자신의 권리범위를 확장하기 위하여 상상 가능한 각종 실시예의 제목 정도를 기재한 후 이에 대한 최소한의 설명을 게을리 할 경우, 이러한 청구항은 모두 무효로 될 수 있음을 반증한다.

그렇다면 ATI의 실수는 무엇일까? 우선 전자식 sensor에 대한 설명을 등한시하였다는 점이다. 하지만 ATI가 기계식 sensor 제작회사이고 ATI의 연구원이 모두 기계공학자이므로 전기전자에 대한 지식이 부족하였을 수도 있다. 따라서 이 점은 이해할 수 있다.

그렇다면 ATI의 차선책은 무엇이었을까? 자신이 익숙하지 않은 전자식 sensor를 개시하지도 말고 청구하지도 말았어야 했을까?

정답은 "전혀 아니다"이다. 왜냐하면 ATI가 전자식 sensor를 언급하지 않고 청구범위에 포함하지 않는 순간 ATI의 권리범위 주변에는 전자식 sensor라는 광활한 공터가 형성되기 때문이다. 따라서 ATI는 당연히 "발명의 설명"에 전자식 sensor를 설명하고 청구항에도 전자식 sensor를 포함시켜야 한다.

사후재구성을 이용하여 ATI의 실수에 대하여 굳이 따지자면, ATI는 대략 아래와 같은 세 가지 실수를 저지른 것으로 생각된다.

우선 ATI는 제2장의 3절 "청구항과 수비전략"에서 설명한 청구항 전략을 제대로 활용하지 못하는 실수를 저질렀다. ATI는 표 9-12와 같이 기계식 sensor와 전자식 sensor를 포괄하는 독립항을 작성한 후 (즉 대형지뢰), 기계식 sensor만을 청구하는 종속항(즉 중형지뢰 1)과 전자식 sensor만을 청구하는 종속항(즉 중형지뢰 2)을 작성했어야 한다. 그렇다면 대형지뢰와 중형지뢰 2는 실시가능 요건을 만족하지 못하여 무효가 되더라도 중형지뢰 1까지 무효가 되지는 않았을 것이다. 하지만 본안에서는 이러한 청구항 전략이 ATI에게 크게 도움이 되지는 못하였을 것이다. 그 이유는 바로 BMW가 기계식 sensor가 아닌 전자식 sensor를 사용하였기 때문이다. 결국 BMW는 ATI의 "발명의 설명"과 청구항을 읽고, ATI가 상대적으로 충분히 개시하지 않은 전자식 sensor에 매진하여 성공적으로 ATI의 권리범위를 우회·회피하였다고 간주할 수 있다.

ATI의 두 번째 실수는 전자식 sensor에 대한 기재를 게을리 한 점이다. 즉 ATI가 기계식 sensor와 전자식 sensor를 착상하고 설명한 것까지는 특허 공격전략의 정석이라고 할 수 있지만, 각각에 대한 끝내기가 충분치 못하였다.

그렇다면 끝내기는 누구의 몫인가? ATI의 몫인가 아니면 ATI를 대리한 출원전문 특허변호사 또는 변리사의 몫인가? 당연히 ATI의 몫이다. 하지만 ATI가 기계는 물론 전기전자에 대해서도 해박한 지식을 지닌 특허변호사나 변리사를 선임하였다면 어쩌면 대리인은 "super-inventor"로서[49] 기계적 sensor는 물론 전자식 sensor에 대해서도 조금이라도 더 자세한 내용을 기재할 수 있었을지 모른다.

ATI의 세 번째 실수이자 위의 첫 번째나 두 번째 실수보다 더 중요한 실수는 바로 '자랑'이다. 우선 그림 9-30을 참고하여 ATI의 전자식 sensor가 실시가능 요건을 만족할 수 있는 도면의 수와 기재사항의 양을 가늠해보자. 확실한 점은 그림의 적색 점선 같이 연방항소법원은 단일 도면과 한 문단(즉 '0' page)으로는 전자식 sensor에 대한 실시가능 요건을 만족할 수 없다고 판시하였다. 그렇다면 ATI는 최소 2개의 도면으로 최소 두 page에 걸쳐 전자식 sensor를 설명해야 했을까? 아니면 ATI는 최소 5개의 도면을 사용하고 최소 5 page에 걸쳐 전자식 sensor를 설명해야 했을까?

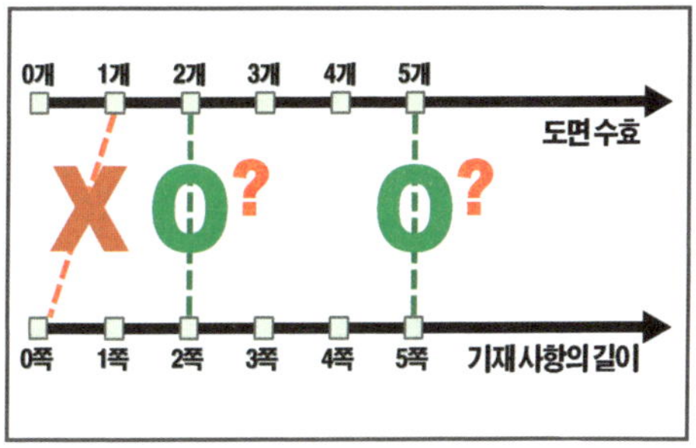

그림 9-30. 실시가능 요건을 만족하기 위한 ATI의 기재사항

이에 대한 해답이 그림 9-31이다. 앞서 설명한 바와 같이 연방항소법원은 ATI가 '253 특허의 "발명의 설명"에서 side impact 측정 기술은 "new field"라고 개시하였으며, side impact를 측정할 수 있는 유일한 sensor가 crush sensor라고 주장하였다고 지적하였다.

49) 이렇게 변리사, 출원전문 특허변호사가 발명가의 발명에 富를 첨가하는 경우를 "super-invent"라고 지칭한다. 물론 이 경우 대리인도 발명을 착상하였으므로 당연히 공동발명가로 기재되어야겠지만, 미국의 경우 (예외도 존재하지만) 특허변호사는 의뢰인을 위하여 자신의 이름을 생략하거나 또는 자신을 공동발명가로 기재한 후 자신의 지분을 발명가에게 모두 양도하기도 한다.그렇다면 발명가는 어떻게 super-inventor 대리인을 찾을 수 있을까? Trial-and-error가 유일한 방법이다. 즉 발명가가 특허변호사나 변리사와 심도 있는 면담을 하지 않는 한 누가 super-inventor인지를 확인할 길은 없다. 또한 잊지 말아야 할 점은 super-inventor 특허변호사나 변리사에 대한 정당한 대우이다. 아무리 훌륭한 super-inventor 특허변호사나 변리사라도 정당한 수임료를 받지 않고 이와 같은 service를 제공할 이유가 없기 때문이다.

그림 9-31. 당업자의 수준과 실시가능 요건을 만족하기 위한 ATI의 기재사항

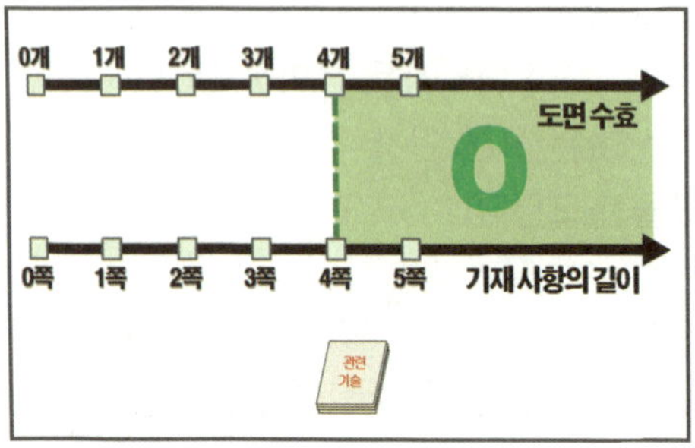

그림 9-31(a)

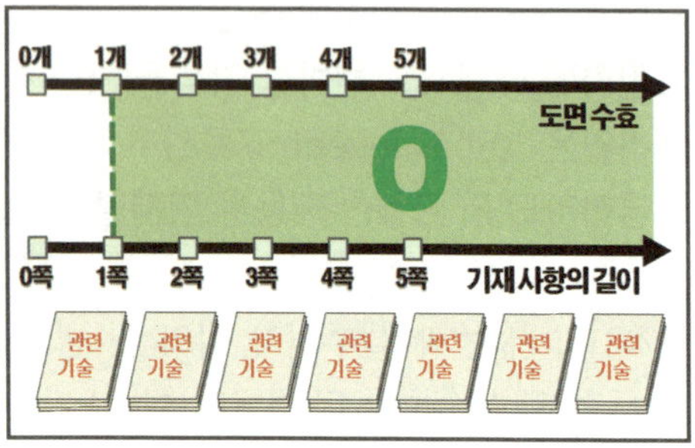

그림 9-31(b)

이는 무엇을 의미할까? 바로 그림 9-31(a)와 같이 자신의 청구발명이 신규할 뿐만 아니라 우수하다는 ATI의 자랑이자, 자신의 청구발명인 전자식 sensor에 대한 선행기술 또는 관련기술은 거의 전무하다는 ATI의 고백이다. 바꾸어 말하면 당업자는 자신의 "발명의 설명" 외에는 side impact 측정 기술에 대해서 정보를 얻을 수 없다는 주장이 바로 ATI의 주장이며, 이에 따라 연방항소법원은 ATI가 전자식 sensor에 대한 실시가능 요건을 만족하려면 다수의 도면을 이용하여 수 page에 걸쳐 자세히 설명해야 한다고 판시하게 되었다.

만일 ATI가 그림 9-31(b)와 같이 자신의 청구발명이 신규한 점은 사실이지만, 기존의 전자식 sensor에 대한 관련 기술이 풍부하다며 여러 개의 reference를 기재하였으면 결과는 달라질까?

정답은 "당연히 달라졌을 것이다"이다. 우선 이러한 언급에 의하여 전자식 sensor 분야의 당업자가 보유한 지식의 양은 그림 9-31(a)의 당업자의 지식에 비하여 몇 배로 늘어날 수 있다. 따라서 ATI는 전자식 sensor 분야의 당업자가 '253 특허의 단일 도면과 한 문단만 참고하더라도 당업자가 보유한 지식을 이용하여 자신의 전자식 sensor를 실시할 수 있다고 주장하기가 훨씬 용이해졌을 것이다. 결국 연방항소법원이 지적한 바와 같이 발명가는 "발명의 설명"을 작성하며 겸손할 필요가 있다. 겸손을 넘어선 발명가의 모든 언행은 '고백'이며, 모든 '고백'의 결말은 '후회'이다.

(2) 전기전자 발명 - Sitrick vs. Dreamworks (Fed. Cir. 2008)

Sitrick v. Dreamworks는[50] "full scope enablement"에 대한 2008년 미국 연방항소법원 판례이다. Sitrick case 역시 청구범위 확장 후 이에 대한 기재를 게을리하는 발명가나 대리인에게 경종을 울리는 case이다.

표 9-13. Sitrick의 특허 및 대표 청구항

U.S. Pat. No. 5,553,864 1. A method of integrating a user voice image into a presentation output, the method comprising the steps of:
sampling a user's voice; analyzing the sampled user's voice to provide user voice parameter data ... ; storing the user voice parameter data; and synthesizing and interjecting the user's voice into the presentation output ...
U.S. Pat. No. 6,425,825 1. A system comprising:
a source of a first video image signal representative of a plurality of background images ... ; a source of a user image signal representative of a user image; means for selecting one predetermined character functions ... ; means for mapping the user image ... ; and apparatus for providing an integrated video output wherein the user image appears integrated into the respective background images ...

미국 특허변호사이자 발명가인 David Sitrick은 사용자가 영상신호나 visual image를 기존의 video game이나 movie에 통합시킬 수 있는 장치와 방법에 대한 특허를

50) David H. Sitrick v. Dreamworks, LLC et al., 516 F.3d 993 (Fed. Cir. 2008).

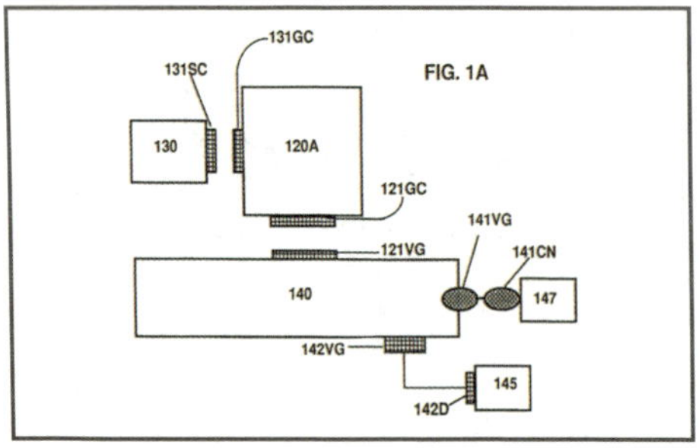

그림 9-32. Sitrick의 음성과 Image 통합장치의 대표 도면

출원하여 U.S. Pat. No. 5,553,864('864 특허)와[51] 6,425,825('825 특허)를[52] 등록하였다. 표 9-13은 '864 특허와 '825 특허의 독립항이며 그림 9-32는 Sitrick의 음성 image 통합장치에 대한 대표 도면이다.

Dreamworks는 사용자가 자신의 음성을 기존의 DVD에 보관된 image에 통합시키는 장치인 ReVoice Studio를 제작·판매하였다. 특히 ReVoice Studio는 DVD에 저장된 movie에 사용자의 음성을 덮어씌우는 용도로 사용되었다. Sitrick은 Dreamworks에게 자신의 특허를 licensing하도록 요구하였으나 Dreamworks는 이를 거절하였다. 이에 Sitrick는 미국 연방지방법원에 Dreamworks를 특허침해로 제소하였다.

Dreamworks는 상기 특허의 권리범위는 video game에 국한될 뿐 movie는 포함하지 않는다고 주장하였다. 또한 Dreamworks는 Sitrick 특허의 권리범위에 movie가 포함된다면 상기 특허는 실시가능 요건 위반으로 무효라고 주장하였다. 이에 Sitrick은 자신의 권리범위는 video game은 물론 movie도 포함하며, '864 특허의 청구항에 기재한 user image는 audio information으로도 구성될 수 있으므로[53] Dreamworks는 자신의 특허를 침해하였다고 주장하였다.

51) U.S. Pat. No. 5,553,864 entitled "User image integration into audiovisual presentation system and methodology," filed by David Sitrick on May 22, 1992, and issued on Sep. 10, 1996.

52) U.S. Pat. No. 6,425,825 entitled "User image integration and tracking for an audiovisual presentation system and methodology," filed by David Sitrick filed on Nov. 2, 1988, and issued on July 30, 2002.

53) '864 특허, Column 6, Lines 1~9.

미국 연방지방법원은 Dreamworks의 주장을 받아들여 Sitrick의 특허 청구항이 실시가능 요건을 만족하지 못하므로 모두 무효라고 판결하였다. 우선 연방지방법원은 Sitrick이 "발명의 설명"에서 video game을 제외한 movie 등의 용도에서의 발명의 작동에 대한 개시가 부족하다고 지적하였으며, Dreamworks의 expert가 주장한 바와 같이 video game에 사용되는 여러 가지 기술이 movie에서는 작동하기 어렵다고 판단하였다.[54] 따라서 Sitrick 특허의 청구항들은 movie에 대한 실시가능 요건을 만족하지 못하므로 무효라고 판단하였다.

미국 연방항소법원 역시 연방지방법원의 판결을 인용하였다. 우선 연방항소법원은 Sitrick의 권리범위에는 video game과 movie가 포함되므로 Sitrick은 video game 및 movie에 대한 full scope 실시가 가능한 만큼은 기재해야 하지만, Sitrick의 "발명의 설명"만으로는 과도한 실험을 수행하지 않고는 당업자가 user image를 기존의 video game에 통합시키는 방법을 이용하여 user image를 movie에 통합시킬 수 없으므로 Sitrick의 특허는 실시가능 요건을 만족하지 못하며, 그 결과 Sitrick 특허의 청구항은 무효라고 판결하였다.

앞서 설명한 ATI case 및 위의 Sitrick case는 그림 9-33(a)와 같이 발명가가 경쟁자의 우회·회피 제품(F_3)을 포획하기 위하여 청구항 재해석을 통한 권리범위 확대(그림의 해칭 부분)에는 성공하였지만, 그림 9-33(b)와 같이 확대된 청구항의 권리범위에 대한 근거를 제공하는 "발명의 설명"의 기재사항이 부족하여 특허가 무효가 된 예시이다. 반대로 경쟁자의 입장에서 보면 Sitrick case는 청구항의 권리범위 해석에서는 발명가에게 참패하였지만, 발명가의 "발명의 설명"이 부실하여 실시가능 요건을 만족하지 못하는 바람에 특허가 무효가 되어 침해를 벗어난 塞翁之馬의 예시라 할 수 있다.

---

54) Dreamworks의 expert는 video game에서는 character function을 분리하기가 용이한 반면 movie에서는 이를 분리하기가 용이하지 않다고 증언하였고, Sitrick의 "발명의 설명"은 IAIS가 어떻게 user image로 대체될 character function을 선정하는지 또는 이러한 대체를 위하여 어떤 signal을 어떻게 대체하는지에 대해 설명하지 않았다고 증언하였다. 또한 상기 expert는 video game의 경우에는 상이한 address signal을 사용하여 character function을 분리할 수 있지만 movie의 character image는 다른 image들과 분리하기가 불가능하다고 증언하였다.

그림 9-33. 권리범위의 무리한 확대에 의한 실시가능 요건 불만족

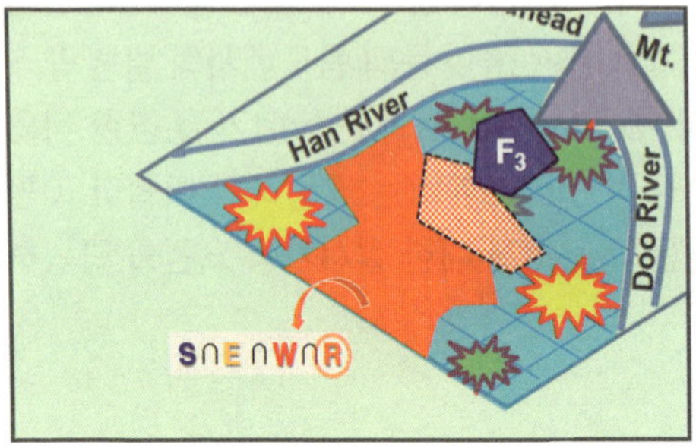

그림 9-33(a)

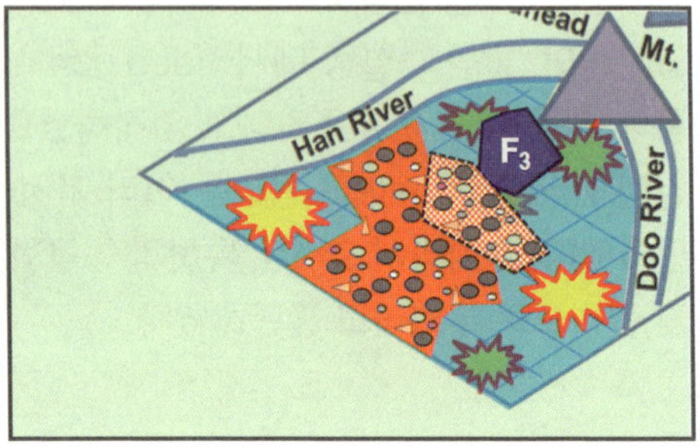

그림 9-33(b)

라. 실시예 ≡ 실제 실시예 + 가상 실시예

실시가능 요건의 만족 여부에 대하여 발명가나 대리인이 각별히, 특별히 주의해야 할 부분이 바로 Wands Factor에도 포함되어 있는 '실시예'이다. 실시예란 일반적으로 'example'을 의미하며, 실시예는 발명가가 청구항에 기재한 청구발명을 현실에서 구현(embodiment)하는 방법, 절차 등을 의미한다. 앞서 실시예에는 최선의 실시예, 차선의 실시예, 열등한 실시예 등이 있다고 설명한 바 있으나, 이는 발명가의 입장에서 본 실시예의 종류라고 할 수 있다. 이에 반하여 실시예는 발명가가 실제로 실험을 수행해 본 적이 있는 지에 따라 "실제 실시예" 및 "가상 실시예"로 구분할 수 있다.

실제 실시예는 "working example"로서 일반적으로 발명가가 실제로 구현한 결과를 의미한다. 따라서 발명가가 발명을 실제로 구현한 실시예, 시제품, computer simulation 등이 모두 실제 실시예에 해당한다. 하지만 실시예가 반드시 발명가가 실제로 구현한 결과에만 국한되지는 않으며, 실시예에는 상기 결과로부터 유추할 수 있는 결과도 포함될 수 있다. 미국 특허업계는 일반적으로 "발명의 설명"에 실제 실시예를 기재할 때에는 과거(past tense) 형태로 기재하는 경향이 있다. 국내에서는 실시예 자체를 실제 실시예로 국한하는 경향이 있지만 미국에서는 당연히 가상 실시예도 실시예에 포함된다.

가상 실시예란 “prophetic example” 또는 “paper example”이라고 지칭하며, 발명가가 직접 구현해보지 않은 결과를 의미한다. 따라서 가상 실시예는 발명가가 자연법칙으로부터 추론한 실시예, simulation, 법칙에 의한 근거는 없더라도 발명가 자신의 순수한 상상에 의한 실시예를 모두 포함한다. 미국 특허청의 MPEP[55] § 608.01(p)는 발명가가 “발명의 설명”에 simulation 결과, 예상에 의한 결과 및 가상 실시예를 기재할 수 있다고 규정하되, 발명가는 가상 실시예를 실제 실시예라고 기재할 수 없다고 규정한다. 그럼에도 불구하고 발명가가 가상 실시예를 실제 실시예라고 기재할 경우, 최악의 상황에서는 특허가 무효가 될 수 있다. 참고로 미국의 경우 “발명의 설명”에 가상 실시예를 기재할 때에는 과거(past tense) 형태가 아닌 형태로 표기하는 것이 원칙이다.

결국 가상 실시예란 말 그대로 실험에 의한 확인 없이 발명가의 추정 또는 상상에 근거한 실시예이다. 발명가는 실시가능 요건을 만족하기 위하여 또는 선행기술에 의한 거절을 극복하기 위하여 가상 실시예를 사용한다. 물론 발명가가 과학적 원칙에 엄밀히 근거하여 추론한 결과일수록 실제 실험을 통하여 구현될 가능성이 높아지겠지만, 가상 실시예는 옳을 수도 있고 그를 수도 있다. 따라서 많은 연구자들이 인지하듯 논문 투고 시 가상 실시예를 실제 실시예인 것처럼 논문에 기재하였다가 발각될 경우 연구자는 학계에서 제명당하며, 연구자가 자신의 예상이라고 명시하며 가상 실시예를 제시할 경우 타연구자들은 연구자의 가상 실시예가 옳지 않을 수도 있으므로 그 중요성을 인정하지 않는 경우가 대부분이다.

하지만 특허는 다르다. 왜냐하면 특허는 수익 창출을 목적으로 하며, 수익 창출을 위해서는 넓은 권리범위가 핵심이고, 넓은 권리범위를 확보하는 방법 중 하나가 바로 가상 실시예이기 때문이다. 물론 논문을 투고할 때 가상 실시예를 실제 실시예라고 오기하면 학계에서 매장되듯이, 특허에서도 가상 실시예를 실제 실시예라고 하면 추후 특허가 무효가 될 수도 있다. 하지만 논문을 투고할 때 가상 실시예라고 명시하면 아무도 이를 인정해주지 않지만, 특허에서는 가상 실시예라고 명시하더라도 권리범위로 인정

55) MPEP란 미국특허청이 출원특허는 물론 특허 재심사 등 특허와 관련된 업무에 준용하는 “Manual of Patent Examining Procedure”의 약칭이다. 미국특허청은 특허와 관련된 미국 연방의회의 법령 개정에 따라 또는 미국 연방법원의 주요 판례에 따라 수시로 MPEP를 개정한다.

될 수 있다. 이러한 이유로 가상 실시예를 전향적으로 활용하는 발명가는 광대한 권리범위를 확보할 수도 있지만, 이와는 반대로 가상 실시예를 제대로 활용하지 않는 발명가는 자신이 확보할 수도 있는 권리범위를 송두리째 잃을 수도 있다.

물론 미국 법원이라고 모든 가상 실시예를 동등하게 대우하지는 않는다. 일예로 수저 끝에 이쑤시개를 부가한 경우, 이쑤시개의 용도는 쉽게 추론할 수 있다. 하지만 복잡한 화합물 끝에 'OH'기를 부가할 경우 상기 화합물의 물성 및 활성에 어떤 변화가 생길지 예측하기 어려우며, DNA 끝에서 염기 하나를 제거할 경우에도 상기 DNA의 물성 및 활성에 어떤 변화가 생길지 예측하기 어렵기 때문이다. 즉 가상 실시예의 가치는 발명가가 청구항에 기재한 청구발명의 분야의 예측성(즉 예측가능 분야 및 예측불가능 분야 등)에 따라 좌우된다.

(1) 청구발명의 분야 및 가상 실시예

가상 실시예(prophetic example 또는 paper example)는 발명가가 직접 구현하지는 않았으나, 발명가가 자연법칙으로부터 추론한 실시예, simulation에 의한 실시예, 자연법칙에 의한 근거는 없더라도 발명가 자신의 순수한 상상에 의한 실시예 등을 통칭한다. 앞서 설명한 바와 같이 미국특허청은 MPEP에서 "발명의 설명"에 simulation 결과, 예상에 의한 결과 및 가상 실시예를 기재할 수 있다고 규정한다. 단 발명가는 가상 실시예를 실제 실시예라고 기재할 수 없으며, 발명가가 가상 실시예를 실제 실시예라고 기재할 경우, 최악의 상황에서는 특허가 무효가 될 수 있다. 이러한 사고를 방지하기 위하여 미국 특허변호사는 가상 실시예를 기재할 때에는 과거(past tense) 형태가 아닌 형태(일예로 would, might 등)로 표기함이 원칙이다.

특허법에서는 예측성에 따라 발명의 분야를 예측가능 분야(predictable art)와 예측불가능 분야(unpredictable art)로 구분한다. 따라서 가상 실시예의 사용 여부도 청구발명이 어떤 분야에 속하는지에 따라 천차만별로 달라질 수 있다.

예측가능 분야의 예로는 기계, 전자, 물리 등이 있으며, 상기 분야의 특징은 물리, 기계, 전기의 기본 원칙을 이용하면 발명의 작동 여부 및 결과를 상당한 정확도로 예측할 수 있다는 점이다. 일예로 복잡한 전기 회로에 op amp 1개를 추가하더라도 운이 좋으면 전기회로를 분석하여 발명의 결과를 수식으로도 예측할 수 있다. 이는 기계나 물리도 마찬가지이다. 따라서 상대적으로 실험 결과에 의존하지 않은 가상 실시예도 구현 가능한 경우가 많으며, 그 결과 "발명의 설명"에서 실제 실시예이건 가상 실시예이건 구체성에 대한 요구 정도가 낮다. 바꾸어 말하자면 이와 같이 예측가능 분야에서는 상대적으로 실제 실시예가 많이 필요하지 않을 수도 있으며, 그 결과 가상 실시예 역시 활용하기 용이하다는 말이다. 따라서 가상 실시예를 전향적으로 활용할 경우 발명가는 자신의 실험에 근거한 권리범위보다 훨씬 광활한 권리범위를 획득할 수도 있다.

이에 비하여 bio, 제약, 화학, 재료 등의 분야는 대표적인 예측불가능 분야이다. 상기 분야의 특징은 생물이나 화학의 기본 원칙을 이용하더라도 발명의 일부분을 변경하였을 때 예측과는 완전히 상이한 결과를 얻을 수 있을 만큼 예측이 불가능하다는 점이다. 일예로 화합물의 한 가지 원소를 주기율표 상 같은 족 원소라 바꾸었을 경우 상기 화합물이 원하는 특성과 활성을 유지하리라는 보장이 없으며, 같은 종에 속하더라도 어떤 박테리아가 특정 항생제에 대한 내성이 없다고 해서 다른 박테리아도 내성이 없다고는 보장할 수 없다. 따라서 예측불가능 분야의 발명일 경우 최소한의 실제 실시예 기재는 거의 필수이며, "발명의 설명"에 상기 실시예를 수행하는 데 필요한 사항을 상대적으로 더 자세히 기재해야만 한다.

또한 청구범위가 넓어질수록 발명가는 "발명의 설명"에 몇 개 이상의, 더 많은 수의 실제 실시예 및 이의 구현에 필요한 사항을 기재하여 추후 당업자가 과도한 실험을 수행하지 않고도 청구발명을 구현할 수 있어야 한다. 물론 발명가는 예측불가능 분야에서도 실제 실시예 외에 가상 실시예를 기재할 수는 있지만, 가상 실시예의 수행에 대한 필요한 사항을 기재하기 어렵고, 실제 작동 여부 역시 불확실하므로 상대적으로 가상 실시예를 활용하기 어려워진다.

그렇다고 예측불가능 분야라고 해서 가상 실시예 사용 자체를 자제할 필요는 없다. 아래의 제4항에서 예시한 Atlas Powder case의 경우 미국 연방항소법원은 화학이라는 예측불가능 분야의 발명에 대하여 실제 실시예에 근거한 가상 실시예를 인정한 바 있기 때문이다. 물론 가상 실시예의 작성 및 활용에도 한계는 존재하는 바, 특히 예측불가능 분야의 가상 실시예 작성 및 활용에는 항상 주의할 필요가 있다.

(2) 미국 가상 실시예의 한계

앞서 설명한 바와 같이 미국에서도 발명가가 가상 실시예를 실제 실시예라고 오기할 경우 또는 오도할 경우, 추후 특허 무효 사유가 될 수 있다. 특히 발명가가 실제 실시예라고 오기하였거나 오도한 가상 실시예에 의하여 청구발명의 신규성이나 진보성이 결정될 경우, 상기 청구항의 무효 가능성은 더 높아진다. 따라서 발명가는 "발명의 설명"에서 실제 실시예와 가상 실시예를 구분하면 도움이 될 수 있다.

따라서 많은 미국 대리인들은 발명가가 실제로 수행한 실제 실시예는 과거 시제로 기재하기도 한다. 일예로 "the reactor was kept at 150°C" 또는 "the op-amp was electrically coupled to the power supply" 등이 실제 실시예를 기재할 때 사용되는 표현이다. 한편 발명가가 실제로 실험을 수행하지 않은 가상 실시예는 과거 시제로 표현하지 않고 일반적으로 'would' 또는 'could' 등을 사용하여 표기한다. 일예로 "the reactor could be kept at 180°C" 또는 "the op-amp would be coupled to the second power supply" 등이 가상 실시예 기재 시 사용되는 표현이다.

물론 일부 전향적 특허출원 전문변호사는 실제 실시예는 물론 가상 실시예도 모두 과거 시제로 기재하거나, 실제 실시예와 가상 실시예를 모두 'would' 또는 'could' 등을 이용하여 기재하기도 한다. 즉 실제 실시예와 가상 실시예를 동일한 표현으로 기재함으로써 경쟁자가 무엇이 무엇인지 판단하기 어렵도록하기 위한 전략이다. 물론 이때에도 가상 실시예를 실제 실시예라고 오기하면 특허가 무효 처리될 수도 있다.

정리하면 미국특허청 및 미국 연방법원은 "발명의 설명"에서 가상 실시예를 기재하도록 허용한다. 따라서 수익 창출을 목표로 하며 권리범위에 목마른 발명가는 당연히 미국특허 출원 시 가상 실시예 제도를 적극적으로 활용할 필요가 있다.

(3) 대한민국 가상 실시예의 한계

미국에 비하여 우리나라 특허청, 특허법원은 가상 실시예를 허용하지 않는 경우가 대부분이다. 따라서 우리나라 변리사 역시 가상 실시예를 활용하지 않는 경향이 높다.

또한 대학교수나 연구소의 연구원 발명가는 가상 실시예의 사용을 마치 학술논문 작성 시의 허위사실 기재와 동일하게 죄악시하는 경향도 보인다. 따라서 특허 출원 시 가상 실시예를 활용하도록 권유하면 신경질적 반응을 보이는 대학교수나 연구원도 흔하다.

물론 특허법은 속지법이고, 각국의 특허청은 자신의 생태계에 적합한 특허 등록 기준을 결정한다. “하면 된다”는 신념으로 제조업을 부흥하여 선진국 반열에 도달한 우리나라는 그 동안 fast follower인 국내 제조업체를 선진국 제조업체로부터 보호하기 위하여 특허보호의 강도를 낮추었던 경험이 있으며, 가상 실시예의 불인정도 이러한 도구 중의 하나였지 않았나 추정된다. 이러한 정책에 따라 국내 제조업체가 분명히 득을 본 점이 있겠지만, 이로 인하여 국내 변리업계 역시 “발명의 설명” 작성 시 가상 실시예 기재를 꺼리게 되었다.

그 결과 국내특허의 “발명의 설명”에 기재된 실시예의 거의 대부분은 실제 실시예에 해당한다. 따라서 이러한 국내특허가 추후 국내특허 출원일의 우선권을 주장하며 미국에 특허출원하게 되면 국내특허의 “발명의 설명”을 그대로 번역해야만 하는 만큼, 국내 발명가나 국내기업의 특허는 미국 발명가의 특허와 비교하였을 때 그만큼 특허의 핵심인 범위를 놓치고 있다. 앞서 그림 9-1 및 그림 9-2에서 청구항이 군인이라면 “발명의 설명”은 무기고라고 비유한 바 있다. 이를 가상 실시예의 관점에서 해석해보면, 국내 발명가와 국내기업은 실제 실시예 밖에 활용하지 않는 국내특허 “발명의 설명”을 번역한 미국 특허명세서의 “발명의 설명”에 기재한 K2 소총이나 들고 미국 본토로 출정하는 반면 미국 발명가나 미국기업은 실제 실시예는 물론 레이저 gun, tachyon 폭탄과 같은 가상 실시예를 활용하며 육해공의 다양한 무기를 활용할 수 있다.

그렇다면 국내 발명가가 가상 실시예 활용을 통하여 더 넓은 권리범위를 획득하고, 이를 이용하여 미국과 같은 전략적 주요국에서 효과적 금지권을 확보하려면 특허법 개정이나 특허청의 특허 심사 요령을 변경해야 할까?

정답은 “반드시 그럴 필요까지는 없다”이다. 또한 “반드시 특허법 개정이나 특허청의 특허 심사 요령 변경을 기다릴 필요도 없다”이다. 왜냐하면 특허법 개정을 위하여 막대한 시간과 노력을 투입하며 특허에 대해서는 문외한이며 대부분 관심도 없는 국회의 여당과 야당의 도움을 요청할 필요 없이, 아직도 국내파와 국제파가 공존하는 특허청을 설득하지 않고도, 국내 특허제도에 따라 국내 발명가와 국내기업이 가상 실시예를 사용하지 못함으로써 해외에서 잃는 이익을 해결할 수 있는 현실적 해결책은 존재하기 때문이다.

즉 발명가와 변리사가 합심하여 국내특허 출원 시 “발명의 설명”에 최선의 실시예, 차선의 실시예, 열등한 실시예는 물론 전향적으로 가상 실시예를 기재하는 전략이다. 이를 통하여 우리도 “발명의 설명”에 육·해·공군이 자유로이 활용할 수 있는 갖가지 신무기를 보유할 수 있게 된다.

물론 국내 특허청이나 특허법원이 가상 실시예에 근거한 청구항과 권리범위를 거부할 수 있다. 하지만 이러한 문제는 쉽게 극복할 수 있다. “무덤덤 전략”을 사용하면 되기 때문이다. 즉 국내에서 특허명세서를 작성할 때 “발명의 설명”에 실제 실시예는 물론 전향적으로 가상 실시예를 기재한 후, 국내특허 출원 시에만 청구범위를 실제 실시예로 국한하면 그만이다. 대신 추후 국내특허의 우선권을 주장하며 미국특허를 출원할 경우에는 이미 “발명의 설명”에 기재한 실제 실시예와 가상 실시예를 적극적으로 활용하여 청구범위를 확대하는 전략을 사용하면 된다.

물론 이에는 발명가와 변리사의 전향적 brain-storming session도 필요하다. 그리고 이를 위해서는 유능한 변리사의 선정과 이에 합당한 대우가 필수이다.

(4) 화학 발명 - Atlas Powder vs. E.I. Du Pont (Fed. Cir. 1984)

Atlas Powder v. Du Pont은[56] 실제 실시예와 가상 실시예에 대한 1984년 미국 연방항소법원 판례이다. Atlas Powder case는 발명가가 실제 실시예와 더불어 가상 실시예를 유효적절하게 이용하여 확대된 권리범위를 인정받은 전형적인 예이다.

폭약 제조회사들은 여러 종류의 폭약을 제조·판매하지만, 대부분은 폭약의 폭발력

56) Atlas Powder Co. v. E.I. du Pont De Nemours & Co., 750 F.2d 1569 (Fed. Cir. 1984).

을 강화하는 sensitizer로 질산을 사용하였다. 하지만 질산은 폭약에서 잘 스며 나오기 때문에 사용자의 피부나 옷을 상하게 하는 단점이 있었다.

Atlas는 폭약 제조회사로서 여타 경쟁업체와 마찬가지로 질산을 sensitizer로 사용하여 왔다. 하지만 Atlas는 질산이나 다른 gelling agent를 사용하지 않는 대신 공기를 sensitizer로 사용하는 water-in-oil mixture를 개발하여 스며 나오는 질산의 단점을 원천적으로 제거하였다. Atlas는 이를 특허출원하여 U.S. Pat. No. 3,447,978('978 특허)을[57] 등록하였고, 이를 'Aquanite'라는 이름으로 제조·판매하였다.

표 9-14. Atlas Powder의 '978 특허의 유일한 독립항

1. An emulsion blasting agent consisting essentially of:
an aqueous solution of ammonium nitrate forming a discontinuous emulsion phase; a carbonaceous fuel forming a continuous emulsion phase; an occluded gas dispersed within said emulsion and comprising at least 4% by volume, thereof at 70°F. and atmospheric pressure; and a water-in-oil type emulsifying, said carbonaceous fuel having a consistency such that said occluded gas is held in said emulsion at a temperature of 70°F.

표 9-14는 '978 특허의 유일한 독립항이다. 또한 Atlas는 "발명의 설명"에서 총 14개의 실제 실시예를 설명하였으며, 그림 9-34는 상기 실제 실시예들을 기재한 "발명의 설명"이다. 특히 Atlas는 "발명의 설명"에서 상기 14개의 실제 실시예들은 독립적으로 또는 조합하여 사용할 수도 있다고 설명하였으며,[58] 이에 따라 Atlas가 예시한 실시예는 실제 실시예 및 조합 실시예를 포함할 경우 수천 개에 달하였다.

57) U.S. Pat. No. 3,447,978 entitled "Ammonium nitrate emulsion blasting agent and method of preparing same," filed by Harold F. Bluhm et al. on Aug. 3, 1967, and issued on June 3, 1969.

58) 사실 대부분의 국내특허는 물론 모든 미국특허에서는 제한된 개수의 실시예를 기재한 후, 상기 실시예들은 독립적으로 또는 조합하여 사용할 수 있다는 상투적 표현을 사용한다.

그림 9-34. Atlas Powder의 "발명의 설명"의 실제 실시예 예시

그림 9-34(a)

그림 9-34(b)

Du Pont은 1976년 "water-in-oil blasting agent"를 개발하여 1979년부터 판매하기 시작하였다. Atlas는 Du Pont을 특허침해로 미국 연방지방법원에 제소하였고, 이에 Du Pont은 Atlas가 "발명의 설명"에 자신이 실제로 수행한 300개의 실험 외에 실제로 수행하지 않은 실험 결과도 다수 포함함에 따라 Atlas가 예시한 수많은 종류의 salt, fuel, emulsifier 중 어떤 조합은 폭약으로서의 성질을 지니지 않는 경우도 있다고 주장하였다. 또한 Du Pont은 가상 실시예를 포함한 Atlas의 실시예의 무려 40%가 폭발하지도 않는 비폭약 화합물에 대한 실시예이기 때문에 '978 특허는 실시가능 요건을 만족하지 못하여 무효라고 주장하였다. 하지만 연방지방법원은 Du Pont의 주장을 기각하며 '978 특허가 유효라고 판결하였다.

Du Pont의 항소심을 맡은 미국 연방항소법원은 연방지방법원의 판결을 인용하였다. 우선 연방항소법원은 청구항의 권리범위에 가상 실시예가 포함되었다고 해서 청구항이 항상 무효는 아니라고 설명하였다. 오히려 등록특허의 무효를 입증하려는 Du Pont이 Atlas의 가상 실시예, "발명의 설명" 등이 실시가능 요건을 만족하지 않음을 명백하고 신뢰할만한 증거(clear and convincing evidence)로 입증할 책임이 있다고 설명하였다. 하지만 Du Pont은 이를 입증하는 데 실패하였고, 오히려 Atlas는 실제 실험을 수행한 후 이를 약간 수정하여 발명가가 최적이라고 생각하는 가상 실시예로 개시하였으므로, 이러한 가상 실시예는 당업자가 청구발명을 실시하는 데 오히려 지침(guidance)이 된다고 설명하였다.

또한 연방항소법원은 발명가가 "발명의 설명"에서 수많은 가상 실시예를 사용할 경우, 이는 상기 청구발명이 실시 가능할 정도로 충분히 개발되지 않음을 암시한다고 설명하였다. 하지만 청구항의 기능 상 작동하지 않는 실시예 (inoperative embodiments)를 명확히 제외할 필요는 없기 때문에, 청구항 권리범위에 작동하지 않는 실시예가 포함되더라도 상기 청구항이 항상 무효는 아니라고도 설명하였다.

연방항소법원은 발명가가 기재한 실시예 중 작동하지 않는 실시예가 상당히 많은 경우에는 당업자 역시 청구발명을 실시하기 위하여 부당할 정도로 과다한 실험을 해야 하므로, 이러한 청구항은 무효라고 판시하였다. 하지만 본안의 경우 실제 실시예와 가상 실시예 중 60% 이상이 폭약으로서의 성질을 지니므로 '978 특허는 실시가능 요건을 만족한다고 설명하였다.

마지막으로 연방항소법원은 특허를 받기 위하여 항상 최적성(optimality)이 필요하지는 않으므로, 실시가능 요건을 만족하기 위하여 최적 실시예를 반드시 명시할 필요는 없다고 설명하였다. 하지만 당업자가 작동하지 않는 실시예를 분석하여 실시할 수 있도록 고치려면 발명가는 청구발명이 작동할 수 있을 만큼 충분한 설명을 제공해야 한다고 판시하였다. 하지만 본안의 경우 Atlas가 기재한 실시예가 대부분(60%) 작동하였으므로 상기 청구항은 실시가능 요건을 만족한다고 판결하였다. 물론 연방항소법원의 판결에는 '978 특허의 가상 실시예가 Atlas가 실제로 수행한 실험에 근거하였다는 점도 영향을 미쳤다.

(5) 의학 발명 - Novo Nordisk vs. BT General (Fed. Cir. 2005)

Novo Nordisk v. BT General은[59] 가상 실시예를 실제 실시예라고 오도하는 불공정 행위에[60] 의하여 특허가 무효가 된 2005년 미국 연방항소법원의 판례이다.

59) Novo Nordisk Pharmaceuticals, Inc. and Novo Nordisk A/S v. Bio-Technology General Corp. and Teva Pharmaceuticals USA, Inc., 424 F.3d 1347 (Fed. Cir. 2005).

60) 제5장의 4-나절 제5항 "불공정 행위 (Inequitable Conduct) 금지 원칙" 참고.

Novo Nordisk('Novo'로 약칭)는 recombinant DNA 기법을 이용하여 미생물에서 hGH(human growth hormone)를 생산하는 방법을 발명하고, 1983년 bio-synthetic hGH에 대하여 PCT 특허(PCT 1)를 출원하였다. Novo는 PCT 1의 "발명의 설명"에 기재한 가상 실시예인 "Example 1"에서 leucine aminipeptidase(LAP)를 절단효소(cleavage enzyme)로 사용하였다고 기재하였지만, 이를 과거 시제(past tense)로 기재하였다.

Novo는 PCT 1을 출원한 후에야 Example 1의 LAP가 절단효소로 작동하지 않음을 확인하였으며, 효과적 절단효소는 LAP가 아닌 DAP I(dipeptidyl aminopeptidase I)임을 확인하였다. 이에 Novo는 DAP I을 절단효소로 이용하는 방법에 대한 특허를 출원하였다. 미국특허청 심사관이 Novo의 청구항을 진보성 결여로 거절하자, Novo는 PCT 1의 우선권을 주장하는 동시에 PCT 1의 Example 1이 hGH의 실시 가능성에 대한 실제 실시예라고 주장하며 선행기술을 극복하였다. 결국 Novo의 특허는 U.S. Pat. No. 5,633,352로[61] 등록되었다.

Novo는 BT General이 '352 특허를 침해하였다고 미국 연방지방법원에 제소하였다. 이에 BT General은 Novo가 Example 1의 실시가능 여부에 따라 특허청 심사관이 '352 특허의 특허성을 결정할 것이라는 중요성(materiality)을 인지하였음에도 불구하고 작동하지 않는 Example 1의 LAP가 마치 실제로 작동하는 것처럼 심사관을 오도(misrepresentation)한 행위는 의도적 기만(intent to deceive)이므로, Novo의 특허는 불공정 행위로 인하여 금지권을 상실하고(unenforceable), Novo는 특허침해소송을 제기할 자격이 없다고 주장하였다. 연방지방법원은 BT General의 주장을 받아들였으며, Novo의 항소를 담당한 미국 연방항소법원 역시 연방지방법원의 판결을 인용하였다.

61) U.S. Pat. No. 5,633,352 entitled "Biosynthetic human growth hormone," filed by Henrik Dalbege, John Pederson, Thorkild Christensen, Jorli Ringsted, Torben E. Jessen on March 10, 1995 and issued on May 27, 1997.

Novo case는 발명가가 가상 실시예를 실제 실시예인 것처럼 특허청 심사관을 기만하여 특허를 받을 경우의 비극적 결말을 여실히 보여준다. 그렇다면 Novo가 가상 실시예에 의존하지 않으면서도 특허를 받을 수 있는 다른 방법이 있었을까? 만일 가상 실시예를 실제 실시예라고 주장해야만 특허를 받을 수 있었다면 어떻게 해야 했을까? 당연히 대리인은 발명가에게 특허청 심사관을 기만하지 않도록 권고할 의무가 있다. 그렇다면 발명가는 어떤 결정을 내려야 할까? 가상 실시예가 실제 실시예라고 대리인마저 기만하여야 할까? 이러한 부작용을 방지하기 위하여 "발명의 설명"에 가상 실시예를 사용하지 않도록 금지시켜야 할까?

5. 최적 실시예 기재요건 (Best Mode Requirement)

최적 실시예 기재요건(best mode requirement)은 특허제도가 발명가에게 부여한 의무이다. 즉 발명가는 특허라는 금지권을 부여받는 대신 자신의 특허가 소멸한 후 공중이 발명가가 최상이라고 간주하는 실시예를 이용하여 발명가와 동등하게 경쟁할 수 있도록 보장해야 한다는 의무이다.

표 9-15. 최적 실시예 기재요건에 대한 35 U.S.C. §§ 112 및 282

35 U.S.C. § 112 Specification.
(a) IN GENERAL.-The specification shall contain a written description of the invention, and of the manner and process of making and using it, in such full, clear, concise, and exact terms as to enable any person skilled in the art to which it pertains, or with which it is most nearly connected, to make and use the same, and shall set forth the best mode contemplated by the inventor or joint inventor of carrying out the invention. (b) CONCLUSION.-The specification shall conclude with one or more claims particularly pointing out and distinctly claiming the subject matter which the inventor or a joint inventor regards as the invention.

35 U.S.C. § 282 Presumption of validity: defenses.

(b) DEFENSES.--The following shall be defenses in any action involving the validity or infringement of a patent and shall be pleaded:

(1) Noninfringement, absence of liability for infringement, or unenforceability.

(2) Invalidity of the patent or any claim in suit on any ground specified in part II of this title as a condition for patentability.

(3) Invalidity of the patent or any claim in suit for failure to comply with-

(A) any requirement of section 112, except that the failure to disclose the best mode shall not be a basis on which any claim of a patent may be canceled or held invalid or otherwise unenforceable; or

(B) any requirement of section 251.

하지만 2011년 미국 개정 특허법인 America Invents Act('AIA'로 약칭)가 발효된 이후 최적 실시예 기재요건을 이용하여 특허의 무효성을 주장할 수 없게 되었다. 따라서 최적 실시예 기재요건은 거의 사문화된 것으로 간주되므로, 이에 대한 자세한 설명은 생략한다.

6. "기재요건"의 요약

국내에서는 특허를 받기 위한 조건으로 신규성과 진보성만을 거론하는 경향이 있으며, 상대적으로 기재불비에 대해서는 많은 토론이 없는 실정이다. 물론 국내 법원이 판결문에서 기재요건에 대한 자세한 분석과 상세한 판시를 하지 않는다는 사실도 주요 원인 중 하나로 추정된다. 그 결과 시중에서 판매되는 특허관련 서적을 보더라도 신규성과 진보성에 대한 부분은 자세히 설명되어 있지만, 기재불비에 대한 내용은 풍부하지 못한 실정이다. 하지만 무효확인소송을 통하여 국내 등록특허의 약 80%가 무효화되는 현실에서, 많은 등록특허가 신규성 또는 진보성보다는 기재불비로 무효로 처리된다고 알려진다. 그만큼 기재불비는 간과할 수 없는, 중요한 사항이다.

앞서 설명한 바와 같이 국내특허보다 훨씬 중요한 미국특허도 청구항의 명확성 요건, “발명의 설명”의 서면기재 요건이나 실시가능 요건 등의 기재불비로 무효화되는 경우가 많다. 따라서 권리범위가 핵심인 특허에서 다양한 종류의 실시예를 통하여 가능한 한 넓은 권리범위를 확보함은 당연하지만, 이를 위해서는 “발명의 설명”에 각종 실시예를 서면기재 요건이나 실시가능 요건을 만족하도록 작성해야만 한다.

따라서 앞서 설명한 Wands factor는 물론 청구발명의 분야에 따라 예측 가능성을 감안한 후 적절한 “발명의 설명”의 작성 및 이에 따른 청구항 전략의 활용은 넓은 권리범위를 가진 특허를 창출하기 위한 필수 조건이다. 또한 이와 같이 넓은 권리범위를 확보하는 데에는 최선의 실시예, 차선의 실시예, 열등한 실시예는 물론 전향적으로 가상의 실시예를 활용해야만 한다. 이를 통하여 발명가에게 신이 내리는 축복인 발명을 인간이 현명하게 강력한 특허로 제조할 수 있다. 단 이를 위해서는 발명가와 유능한 변리사와의 전향적 발명 상담은 필수이며, 여기에는 유능한 변리사에 대한 합당한 보수가 수반되어야 함은 아무리 강조해도 지나치지 않다.

제10장 소유권, 직무발명 및 IP 관리

"수익 창출"을 위하여 발명을 착상하고 특허를 출원하는 발명가는 공사다망하다. 작업실을 마련하고, 발명에 필요한 재료와 실험기기를 구입하거나 빌리고, 발명품의 성능이나 재질도 검증해야 하는 등 모든 일을 자신이 해결해야만 한다. 물론 자신의 재력이 충분한 경우 이러한 사항들은 전혀 문제가 되지 않는다. 하지만 발명가가 자신의 발명을 완성하려다보면 또는 자신이 착상한 발명을 전략적 주요 국가에서 특허로 출원·등록하려다보면 대부분의 발명가는 투자자가 필요하게 된다. 이러한 과정을 거치며 발명가는 아직 자신의 발명을 완성하기 전, 시제품을 제작하기 전, 또는 시제품의 성능을 검증하기 전, 타인과 모종의 계약을 체결해야만 한다. 즉 많은 발명가들은 발명의 성공 여부는 물론 발명의 가치도 확실치 않은 상태에서 타인과 계약을 체결하는 경우에 직면한다.

그렇다면 투자자는 왜 발명가에게 투자할까? 이에 대한 정답은 "수익 창출"을 위해서이다. 즉 발명가와 마찬가지로 투자자 역시 수익 창출이 목적이다. 그렇다면 발명가로부터 자신의 발명·특허에 투자하도록 제의를 받은 투자자의 입장은 어떨까? 아직 구현되지도 않은 발명가의 idea만 믿고, 또는 구현은 되었으나 시장성이 충분히 검증되지 않은 발명가의 시제품만 믿고 현금을 투자해야하는 입장에서, 수익 창출이 목적인 투자자는 발명가에게 확실한 보상이나 대가를 요구하지 않을 수 없다. 물론 발명가가 재력가라면 애당초 투자자를 찾아갈 이유가 없다. 하지만 대부분의 발명가는 비재력가이기에 투자자를 찾으며, 따라서 투자자는 발명가에게 재산을 담보로 요구할 가능성이 높다. 그 결과 투자자는 발명가에게 투자대상과 가장 밀접하게 관련 있는 발명·특허에 대한 담보 또는 지분을 요구하는 경우가 자주 발생하게 된다.

따라서 발명가와 투자자 사이의 협상의 핵심은 발명·특허로 추후 창출할 수익의 배분, 즉 수익 배분이다. 즉 투자자에게는 자신이 투자한 금액에 대한 원금 상환과 자신이 거둬갈 수 있는 추가 이윤이 가장 중요하다. 그리고 투자자에 대한 이러한 보상은 수익 창출 후 현금을 배분하는 형태일 수도 있고, 이와는 달리 발명가가 보유한 발명·특허에 대한 지분일 수도 있다. 따라서 발명가가 아직 완성되지 않은 자신의 발명에 투자할 투자자를 찾기는 어렵지만, 일단 투자자를 확보하면 그 후의 계약 체결은 상대적으로 단순한 편이다. 하지만 발명가와 투자자가 맺은 계약의 대상이 무형자산, 지식재산인 발명·특허이기 때문에 발명가와 투자자 사이에는 분쟁이 자주 발생하며, 특히 당사자 사이의 예상과 기대가 불일치하여 송사로 번지는 경우도 흔하다.

이와 같이 발명가가 단독으로 발명을 착상하는 경우에도 투자자 등과 같은 제3자와 법적 분쟁이 생길 소지는 많다. 하지만 이보다 더 복잡한 경우는 발명가가 자신의 지식만으로 발명을 완성할 수 없어서 전문 지식을 보유한 동업자, 즉 공동발명가를 찾아 발명을 완성하는 경우이다.

그렇다면 공동발명가는 왜 발명가와 공동으로 발명을 착상할까? 이에 대한 정답은 "수익 창출"을 위해서이다. 즉 발명가와 마찬가지로 공동발명가도 수익 창출을 목적으로 발명가와의 공동연구에 참여한다. 그렇다면 발명가로부터 동업, 즉 공동연구를 제의받은 공동발명가의 입장은 어떨까? 투자자와는 달리 공동발명가는 자신의 무형재산인 창의성이나 knowhow와 시간만 투자하면 되기 때문에 부담이 적으리라고 추측할 수 있다. 비록 실패하더라도 본전이니까?

이에 대한 정답은 "하지만 대부분의 경우 그렇지 않다"이다. 오히려 투자자보다 공동발명가가 더 망설일 수도 있다. 왜냐하면 투자자는 자신이 투자하는 금액이 유한하므로 원금 및 이에 상응하는 이윤을 회수하면 그만이지만, 공동발명가가 투자하는 무형자산은 현금으로 환산하기 불가능한 창의적 노력이기 때문이다. 일예로 발명가가 공동발명가에게 공동으로 착상하고자 제안한 발명은 사실 공동발명가가 발명가의 도움 없이 혼자 착상할 수 있는 발명일 수도 있다. 특히 발명가가 공동발명가에게 공동연구를 제안한 이유는 발명가의 발명이 공동발명가의 전공분야이기 때문이므로, 공동발명가의 입장에서는 지금은 자신이 무엇인지 모르지만 자신도 다음 날 자기 전 침대에서 동일한 발명을 혼자 충분히 착상할 수도 있다고 생각할 수도 있다. 또한 실제로 발명가와 공동발명가가 공동으로 발명을 착상하더라도 발명가의 기여도는 1% 미만인 반면 공동발명가의 기여도가 99% 이상일 수도 있다. 그럼에도 불구하고 공동발명가는 굳이 발명가와 공동으로 발명을 착상함은 물론 발명가에게 대부분의 지분을 양보할 필요가 있을까라는 생각을 가질 수도 있다. 특히 발명가는 당해 분야의 전문가도 아닌데 말이다. 이러한 이유로 발명가와 공동발명가 사이의 협상은 발명가와 투자자 사이의 협상보다 어려울 수도 있다.

이뿐만이 아니다. 이들이 죽마고우라면 또 몰라도, 그렇지 않은 경우 발명가와 공동발명가는 상대방이 추후 얼마나 헌신적으로 공동연구에 매진할지 확신할 수도 없다. 일예로 발명가는 자신이 무려 20%나 지분을 나눠준 공동발명가가 아무런 기여도 하지 않아서 자신이 혼자 발명을 완성하게 되지 않을까 의심하는 반면, 공동발명가는 고작 20%의 지분만 보유한 자신이 발명을 도맡아 완성하면 80%나 지분을 가진 발명가가 불노소득을 얻게 되지 않을까 의심할 수밖에 없기 때문이다.

그렇다면 발명가와 공동발명가 사이에 실타래처럼 얽혀있는 이와 같은 문제를 확실히 해결할 수 있는 방법이 있을까?

정답은 "이론적으로는 없다"이다. 왜냐하면 미래에 창출될 발명에 대한 가치 평가가 현재 시점에서는 현실적으로 불가능하기 때문이다.[1] 또한 상기 발명에 대한 발명가의 기여도와 공동발명가의 기여도 역시 평가하기가 몹시 어렵기 때문이다. 하지만 차선의 해답은 있다. 즉 "계약을 통한 쌍방의 기대치에 대한 합의"이다.[2] 일예로 발명가와 공동발명가는 추후 자신들이 협력할 분야에 대한 road-map을 작성하고, 각자의 역할을 명시할 수 있다. 또한 자신들의 협업이 성공할 경우 이에 대한 이익 분배를 미리 결정할 뿐만 아니라 협업이 실패할 경우를 가정하여 각자의 책임을 설정할 수도 있다.

그렇다면 현실은 어떨까? 많은 경우 발명가와 공동발명가는 서면 계약을 체결하지 않는 경우가 대부분이며, 이에 대한 이유는 위에서 설명한 바와 같다. 다행히도(?) 발명가와 공동발명가의 협업의 대부분은 수익 창출에 실패하며, 그 결과 별다른 분쟁도 발생하지 않는다. 기껏해야 동업자 또는 친구로서의 의(義)만 상하는 정도이다. 하지만 발명가와 공동발명가의 협업이 성공하는 소수의 경우에는 대부분 분쟁이 발생하며 송사로 번지기도 한다. 왜냐하면 둘 사이에는 책임과 의무는 물론 수익 분배에 대한 계약이 없기 때문이다. 설령 수익 분배에 대한 계약이 있더라도 무 자르듯 자를 수 없는 무형자산, 지식재산인 발명·특허 및 이에 대한 기여도와 관련된 복잡다단한 분쟁은 쉽게 해결할 수 없기 때문이다.

---

1) 미래에 창출될 발명에 대한 가치 평가가 현재 시점에서는 현실적으로 불가능하다고 해서, 미래에 착상할 발명에 대한 가치 평가가 미래에는 현실적으로 가능하리라는 말은 절대 아니다.

2) 계약이 모든 문제를 해결할 수는 절대로 없다. 그렇다고 계약보다 확실한 방법이 있는 것도 아니다. 그래서 최선이 아닌 차선의 해결책이다.

아래에서는 발명·특허와 관련하여 자주 발생하는 법적 쟁점의 근본인 소유권에 대하여 살펴본다. 특히 발명·특허의 소유권의 불확실성을 강조하기 위하여 앞서 설명한 다수의 발명가가 공동으로 발명하게 되는 경우 발생할 수 있는 문제 및 이에 대한 사전 해결책을 우선 설명하고, 그 후 소유권과 관련된 법적 이론 및 미국 판례를 소개한다. 이를 위하여 제10장의 1절에서는 발명가로 인정받기 위한 최소 요건인 발명가 요건을 소개하고, 제10장의 2절에서는 특허 소유권을 설명하며, 특히 단독소유권, 공동소유권 및 공동소유권의 지분에 대하여 설명한다. 제10장의 3절에서는 우리나라와 미국의 직무발명 제도 및 직무발명 보상제도를 설명하고, 제10장의 4절에서는 발명·특허 관리의 어려움을 설명한 후 "소유권, 직무발명 및 IP 관리"를 요약한다.

1. 발명가 요건

발명가 요건이란 누가 발명가로서의 자격을 지녔는지에 대한 요건이다. 상대적으로 간단하리라고 생각되는 발명가 요건과 이에 근거한 발명가 판단은 실제로는 전혀 용이한 작업이 아니다. 또한 발명가 판단에 실수할 경우 그 파급 효과는 엄청날 수 있다. 미리 요약하자면 발명가 요건은 "발명의 착상"이라는 행위에 의하여 결정된다. 따라서 특허의 소유권을 보유한 발명가[3] 역시 발명을 착상한 자여야 한다.

그렇다면 다수의 발명가들이 발명을 착상하고, 상기 발명이 특허로 출원되어 등록되면 누가 발명가인지 그리고 누가 특허권자(특허의 소유권자)인지 자동적으로 결정될까?

정답은 "반드시 그렇지는 않다"이다. 왜냐하면 제4장 "발명은 신(神)내림 vs. 특허는

3) 국내 특허법에서는 특허 소유권자를 '특허권자' 또는 '출원인'이라고 지칭하는 반면 미국의 특허 소유권자는 'patentee' 또는 'assignee'라고 지칭한다. 특별한 계약이나 법령이 없는 한, 발명을 착상한 발명가는 자신이 출원·등록한 특허를 소유한다. 하지만 발명가는 계약을 통하여 자신이 소유한 특허권의 일부 또는 전부를 제3자에게 허여 또는 양도할 수 있으며, 법령에 의하여 자신이 소유한 특허권의 일부나 전부를 제3자에게 허여 또는 양도해야만 할 수도 있다. 본문에서는 혼동을 피하기 위하여 발명가를 자신이 출원·등록한 특허의 소유권자라고 가정한다. 따라서 특별한 언급이 없는 한 본문의 '발명가'는 '특허권자' 또는 '출원인'을 의미한다.

인간이 제조"에서와 같이 발명과 특허는 별개이기 때문이다. 즉 발명가 A가 발명의 A 부분을, 발명가 B가 발명의 B 부분을, 발명가 C가 발명의 C 부분을 각각 착상한 후, 이를 조합한 (A + B + C)라는 발명에 대한 특허를 출원·등록하였더라도, 발명가 A, B, C가 상기 특허의 공동소유권자라는 보장은 없다. 어떤 경우에는 발명가 C만이 합법적인 단독소유자권가 될 수도 있다. 왜 그럴까?

그 이유는 특허의 금지권은 청구항에 기재한 청구발명에 의하여 결정되기 때문이다. 따라서 아무리 발명가 A, B, C가 공동발명을 착상하기 위하여 상이한 부분을 착상하고 이를 조합하여 특허를 출원·등록하였더라도, 상기 특허의 청구항에 발명의 C 부분만을 기재할 경우, 상기 특허는 발명가 C의 단독 소유가 될 수 있다. 왜냐하면 특허의 소유권이란 "발명의 설명"에 기재한 발명과는 관계없이 청구항에 기재한 청구발명에 의하여 결정되기 때문이다. 따라서 특허명세서의 "발명의 설명"이 동일하더라도 청구항에 기재한 청구발명에 따라 상기 특허의 소유권자는 A일수도 있고, B일수도 있고, C일수도 있으며, 상기 특허는 A와 B 또는 B와 C만이 공동소유할 수도 있고, A, B, C가 함께 공동소유할 수도 있다. 물론 A, B, C는 계약을 통하여 문제를 해결할 수도 있다.

아래의 제10장의 1-가절에서는 발명가 요건이 중요한 이유를 소개하고, 제10장의 1-나절 및 1-다절에서는 발명의 요소인 착상과 구체화를 설명하며, 제10장의 1-라절에서는 발명가 기재 오류에 대한 대가를 소개한다. 제10장의 1-마절에서는 단독발명 및 공동발명의 소유권에 대해서 설명한 후, 제10장의 1-바절에서는 알면서도 빼앗기는 발명 또는 입장을 바꾸어 말하자면 뻔히 알고 있더라도 빼앗아오는 발명에 대한 미국 연방항소법원의 판례를 소개한다.

가. 발명가 요건이 중요한 이유

아래에서는 발명가 요건의 중요성을 설명하기 위하여 미국 연방항소법원의 1998년 판례인 Ethicon v. US Surgical case를[4]소개한다. 흥미롭게도 상기 case에 등장하는

4) Ethicon v. US Surgical, 135 F.3d 1456 (Fed. Cir. 1998).

Dr. 윤과 Mr. 최는 모두 대한민국 태생의 미국 교포들이다.

(1) 잘못된 만남 - Dr. 윤과 Mr. 최

Dr. 윤인배("Dr. 윤"으로 약칭)은 미국 Maryland주 Phoenics시 Highland Ridge Avenue 2102번지에 거주하는 외과 의사였다. Dr. 윤은 외과수술 시 필요한 도구를 다수 발명하고 이에 대한 특허를 등록한 바 있는 발명가이기도 하였다.

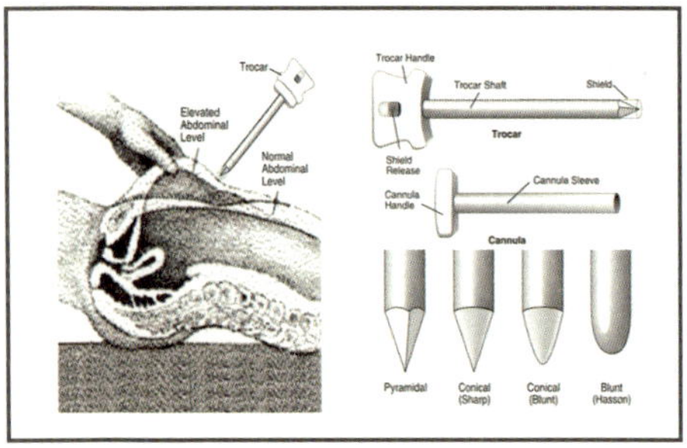

그림 10-1. 외과용 의료기구인 Trocar의 구조

외과에서는 환자의 복강에 고인 액체나 기체를 체외로 제거하거나 복강에 내시경을 삽입해야 하는 경우가 자주 발생한다. 이러한 목적으로 사용되는 외과용 의료 기구가 trocar이다. 그림 10-1의 우측 panel과 같이 끝이 뾰족하게 구성된 trocar는 cannula라는 관 내부에 삽입되며, 의사는 그림 10-1의 좌측 panel과 같이 환자의 복부 피부를 cannula에 장착한 trocar의 날카로운 끝으로 관통하여 복강 내부로 삽입한다. 일단 cannula가 복강 내부로 삽입되면 의사는 trocar를 cannula로부터 제거한다. 그 결과 의사는 cannula를 통한 복강 내부로의 통로를 확보하며, 상기 통로를 통하여 복강에 고인 gas나 피고름 등을 제거할 수 있으며, cannula 내부를 통하여 내시경이나 마이크로 수술기구를 복강에 삽입할 수도 있다.

하지만 기존의 trocar에도 문제점이 있었다. 즉 복부를 관통하여 trocar를 복강 내부로 삽입하기 위해서는 외과 의사가 trocar에 상당한 힘을 가해야 하는 데, 환자에 따라 복부 표피의 성질이 상이하기 때문에 의사는 trocar가 복부 표피를 관통하는 순간을 정확히 예측하기 어려웠다. 따라서 trocar가 복부 피부를 관통하는 순간 의사가 이를 미리 인지하지 못하고 trocar에 계속 힘을 가하게 되면, trocar의 날카로운 끝부분이 복강에 과도하게 삽입되며, 그 결과 trocar는 복강 내부에서 삽입 부위 주변의 내장을 파손하곤 하는 의료사고가 종종 발생하였다.

1970년대 후반 Dr. 윤은 trocar가 표피를 관통하는 순간을 전기적으로 감지하여 의사에게 알림으로써 의료사고를 방지할 수 있는 안전 trocar를 착안하였다. 하지만 Dr. 윤은 외과 전공의일 뿐 전자공학에 대한 지식이 부족하였다. 따라서 Dr. 윤은 자기 혼자 독자적으로 trocar가 표피를 관통하는 순간을 전기적으로 감지할 수 있는 전기 sensor를 개발할 수 없었으며, 상기 sensor를 이용하는 안전 trocar도 개발할 수 없었다.

미국 교포인 Mr. 최영재("Mr. 최"로 약칭)는 대학 중퇴자였다. 하지만 Mr. 최는 대학을 다니며 전기공학, 물리학 등을 공부하였기에 웬만한 전기 기구를 독자적으로 수리하거나 개발할 수 있는 능력을 지니게 되었다. 실제로 Mr. 최는 각종 전자기구 개발에 참여한 경력도 있었다.

1980년 우연한 기회에, 그것도 미국에서 Dr. 윤과 Mr. 최는 조우하게 되었다. Dr. 윤을 만난 Mr. 최는 전자공학 분야의 자신의 능력을 확인시키고자 자신이 개발한 각종 전기기구를 Dr. 윤에게 보여주었다. 이에 흡족해진 Dr. 윤은 Mr. 최에게 자신이 착안한 전기식 안전 trocar는 물론 기타 다수 project를 자신과 공동으로 추진하자고 제안하였고, Mr. 최는 이를 흔쾌히 수락하였다. 이에 따라 Dr. 윤은 공동연구 진행에 필요한 장비와 물품 등을 Mr. 최에게 제공하기로 하고, 그 중에서도 안전 trocar를 우선적으로 개발하기로 합의하였다. 하지만 Dr. 윤과 Mr. 최는 공동발명에 대한 어떤 계약도 체결하지 않았다.[5)]

(2) 잘못된 발명가 요건 - Dr. 윤

Mr. 최가 Dr. 윤과 공동연구를 시작함에 따라 Dr. 윤은 Mr. 최에게 실험 및 연구에 필요한 각종 부품 및 기자재를 공급하였다. 하지만 Dr. 윤은 Mr. 최에게 아무런 보수도

5) Dr. 윤과 Mr. 최는 왜 공동연구를 시작하기 전은 물론 시작한 직후에도 어떤 계약도 체결하지 않았을까? Dr. 윤이 Mr. 최를 믿지 못했기 때문일까? 아니면 Mr. 최가 Dr. 윤을 믿지 못했기 때문일까? 계약을 체결하지 않음으로써 더 손해를 볼 사람은 누구일까, Dr. 윤일까 아니면 Mr. 최일까? Dr. 윤과 Mr. 최가 공동연구에 합의했던 시점에 공동연구가 성공하였다면, 계약서 부재로 인하여 Dr. 윤과 Mr. 최 중 누가 더 손해를 보았을까? 누가 더 손해를 볼 지 알 수는 있었을까?

지급하지 않았으며, Mr. 최 역시 Dr. 윤에게 어떤 대가도 요구하지 않았다.[6] 공동연구가 시작되어 약 18개월이 경과한 1982년, Mr. 최는 자신의 업무 수행을 Dr. 윤이 탐탁히 여기지 않는다고 느끼게 되었고,[7] 또한 Dr. 윤의 idea 정도로는 사업화하여 수익을 창출할만한 제품을 개발하기도 어려울 것으로 판단하였다. 이에 따라 Mr. 최는 Dr. 윤에게 결별을 고하며 Dr. 윤과의 공동연구를 마무리하였다.

표 10-1. Dr. 윤의 '833 특허의 독립항 34 및 50

34. A method for providing communication through an anatomical organ structure, comprising the steps of:
biasing an axial reciprocating member having a distal end bearing surface to assume a rest position with said bearing surface extending beyond the distal end of an elongate member encircling and receiving said bearing surface; inserting an elongate implement having a sharp distal end axially into said elongate member and said reciprocating member until said sharp distal end is positioned inside said bearing surface and inside said elongate member distal end; placing said reciprocating member against the cavity wall ... ; pushing said reciprocating member against the cavity wall ... ; forcing said sharp distal end through said cavity wall ... ; and permitting said reciprocating member to assume said rest position ...
50. A surgical instrument for providing communication through an anatomical organ structure, comprising:

6) Dr. 윤과 Mr. 최는 실제로 어떤 계약도 체결하지 않았을까? Dr. 윤과 Mr. 최는 최소한 구두로라도 일종의 계약을 체결하지 않았을까? 그렇지 않았다면 둘 사이의 공동연구가 가능하였을까? 그렇다면 Mr. 최는 왜 Dr. 윤에게 서면 계약을 요구하지 않았을까? Dr. 윤이 저녁을 충분히 대접하였기 때문일까?

7) Dr. 윤은 실제로 Mr. 최의 연구 결과를 탐탁지 않게 여겼을까? 아니면 Dr. 윤은 Mr. 최를 포기시키기 위하여 일부러 Mr. 최를 탐탁히 여기지 않는 듯 연막작전을 폈을까? 아니면 Mr. 최는 실제로 Dr. 윤의 idea가 수익을 창출할 수 없으리라고 굳게 믿었을까? Dr.윤과 Mr.최는 도무지 무슨 생각을 하고 있었을까?

means having a shaft terminating in a sharp distal end for puncturing an anatomical structure when subjected to force along the longitudinal axis of said shaft;

means having a length less than a length of said puncturing means, including a first sleeve defining a first lumen for accommodating longitudinal interior passage of said puncturing means through said first lumen;

shielding means including a second sleeve defining a second lumen permitting longitudinal interior passage of said shaft inside said second lumen, having a bearing surface at its distal end protrusible beyond the distal end of said first lumen, said bearing surface tapering radially inward to form a close fit around said shaft, for reciprocating longitudinally within said first lumen between said accommodating means and said shaft; and

means contacting said shielding means for biasing a section of the distal end of said shielding means to protrude beyond the distal end of said first lumen and permitting said section of said shielding means to recede towards the proximal end of said accommodating means when said bearing surface is subjected to force along its longitudinal axis.

Mr. 최는 Dr. 윤과 결별하며 자신이 그 동안 작성한 각종 서류, 도면 등을 Dr. 윤에게 넘겼고, Dr. 윤은 Mr. 최가 공동연구를 포기하고 떠난 지 얼마 되지 않아 자신의 idea와 Mr. 최의 연구 결과를 정리하여 청구항이 55개에 달하는 특허를 출원하였다. Dr. 윤의 특허는 출원 후 3년 후인 1985년 U.S. Pat. No. 4,535,773('773 특허)로[8] 등록되었다. 그림 10-2는 Dr. 윤의 '773 특허의 도면들을 나타내며, 표 10-1은 상기 특허의 독립항인 청구항 34 및 청구항 50이다.

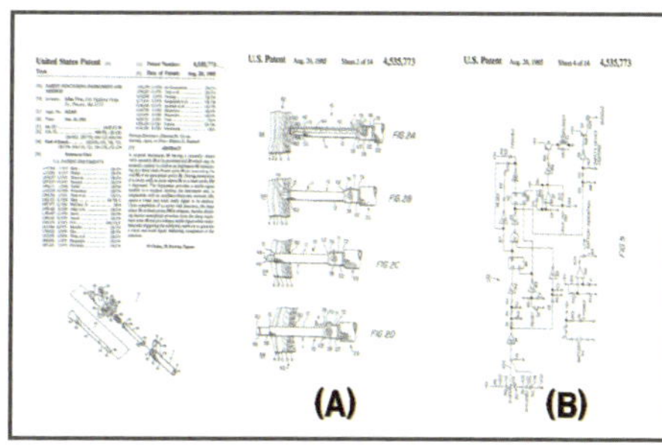

그림 10-2. Dr. 윤의 U.S. Pat. No. 4,535,773의 도면

물론 Dr. 윤은 '773 특허에 자신을 단독발명가로 기재하였으며, Mr. 최에게는 '773

8) U.S. Pat. No. 4,535,773 entitled "Safety puncturing instrument and method," filed by InBae Yoon on Mar. 26, 1982, and issued on Aug. 20, 1985.

특허의 출원·등록을 아예 통보하지 않았다. Dr. 윤은 여세를 몰아 의료기기 업체인 Ethicon과 자신의 '773 특허에 대한 license 계약을 체결하였으며, Ethicon으로부터 royalty도 수령하였다. 물론 Dr. 윤은 Mr. 최에게 Ethicon과의 license 계약은 물론 자신이 혼자 받은 royalty에 대해서도 통고하지 않았다.

한편 Ethicon보다 규모가 월등히 큰 의료기 업체인 US Surgical 역시 전기 sensor를 이용한 안전 trocar를 제작·판매하였다. US Surgical의 제품으로 인하여 시장 점유율이 하락한 Ethicon은 US Surgical에게 경고장을 발송하였으나, US Surgical은 이를 무시한 채 제품의 제조·판매를 계속하였다. 이에 Ethicon은 1989년 US Surgical이 '773 특허의 청구항 34와 50을 침해하였다고 미국 연방지방법원에서 특허침해소송을 제기하였다.

(3) 올바른 발명가 요건 - Dr. 윤과 Mr. 최

소송이 3년째에 접어들고 증거조사(discovery)가 마무리된 1992년, US Surgical은 Dr. 윤과 Ethicon이 제출한 증거, Dr. 윤에 대한 신문 등을 근거로 Mr. 최의 존재를 확인하게 되었다. US Surgical은 Mr. 최를 접촉하여 전기식 안전 trocar에 대한 '773 특허에 Mr. 최가 기여하였다는 사실에 대한 증거를 확보하였으며, 그 결과 Mr. 최가 '773 특허의 공동발명가일 가능성도 있다는 사실을 확인하였다. 이에 US Surgical은 Mr. 최와 '773 특허의 등록 시점부터 유효한 license 계약을 소급 체결하였으며, 상기 계약서에는 Mr. 최가 Ethicon과의 소송에서 US Surgical을 돕겠다는 조항도 포함되었다. 물론 US Surgical은 자신이 승소할 경우 Mr. 최에게 응분의 royalty를 추가 지급하겠다고 약속하였다.

US Surgical은 Ethicon이 제기한 특허침해소송과는 별도로 미국 연방지방법원에 '773 특허의 발명가 정정소송을 제기하였으며, Mr. 최가 '773 특허의 청구항 23번, 33번, 46번, 47번의 착상에 참여하였으므로 Mr. 최가 '773 특허의 공동발명가이자 공동소유권자라고 주장하였다. 연방지방법원은 장기간의 심리를 거쳐 Mr. 최가 '773 특허의 청구항 33과 47 (표 10-2 참고)의 공동발명가라고 판결하였다.

표 10-2. Dr. 윤의 '833 특허의 독립항 33 및 47

33. A surgical instrument for providing communication through an anatomical organ structure, comprising:
means having an abutment member and shaft longitudinally accommodatable within an outer sleeve ... ; means having a blunt distal bearing surface, slidably extending through said aperture, for reciprocating through said aperture ... ; means positionable between said puncturing means and reciprocating means for biasing a distal section of said reciprocating means ... ; and means connectible to the proximal end of said puncturing means for responding to longitudinal movement of said reciprocating means relative to said puncturing means and **creating a sensible signal** having one state upon recision of said distal section of said reciprocating means into said aperture and another state upon protrusion of said distal section of said reciprocating means from said aperture.
47. A surgical instrument for providing communication through an anatomical organ structure, comprising:
means having an elongate shaft exhibiting a longitudinal axis and terminating in a sharp, distal end ... ; means borne by said puncturing means distal end for **converting counterforce** exerted by said cavity wall against said distal end **into transmissible energy**; means connected to said converting means for conveying said transmissible energy toward the proximal end of said puncturing means; means having an interior bore ... ; means for biasing said puncturing means proximal end to withdraw into said interior bore; means interposed between said puncturing means proximal end and interior bore assuming a normally protruding position ...

이에 US Surgical은 자신이 Dr. 윤과 Mr. 최가 공동소유한 '773 특허의 합법적 licensee임은 물론 '773 특허의 공동소유권자인 Mr. 최가 US Surgical에 대한 소송에 동의하지 않음을 주장하며 Ethicon이 제기한 특허침해소송의 기각을 요청하였다. 이에 연방지방법원은 US Surgical의 주장을 인용하며 Ethicon의 소를 기각하였다. Ethicon은 이를 미국 연방지방법원에 항소하였으나, 연방항소법원 역시 연방지방법

원의 소 기각 결정을 인용하였다.[9)]

위에서 설명한 Ethicon case와 같이 발명가 요건은 특허침해소송을 “한 방”에 날릴 수 있는 만큼 막강한 힘을 발휘할 수 있다. 따라서 특허와 관련된 각종 license 계약에서 발명가 요건의 흠결은 licensor로부터 실시권을 허여받는 licensee의 권리 범위 또는 권리 자체에 막대한 영향을 미칠 수 있으며, 이에 근거한 특허침해소송의 결과 역시 송두리째 바꿀 수 있다.

참고로 Ethicon case와 같은 사건이 국내에서도 일어날 수 있을까?

정답은 “절대로 아니다”이다. 왜냐하면 사기 방지를 목적으로 하는 국내특허법에 의하면 공동소유권자인 Mr. 최는 공동소유권자 Dr. 윤의 동의가 없으면 US Surgical과 ’773 특허에 대한 license 계약을 체결할 수 없기 때문이다. 따라서 위에서 설명한 Ethicon case는 국내에서는 상상조차 어려운 경우이다. 하지만 공동발명가들 사이의 경쟁을 유도하여 특허가 더 싼 가격에 더 빨리 공중으로 전파되어 상업화되도록 유도하는 미국 특허법에 의하면 Mr.최는 Dr. 윤의 동의가 없더라도 US Surgical과 license 계약을 체결할 수 있다.[10)]

하지만 앞서 수차례 설명한 바와 같이 동일한 발명에 대한 미국특허의 가치가 ‘100’이면 유럽특허의 가치는 ‘10’ 정도이며, 국내특허의 가치는 ‘1’ 정도라는 것이 세계 특허업계의 견해이다. 이러한 현실을 감안하면, 국내 개인발명가나 국내 대학교·연구소, 국내기업이 미국 발명가나 미국기업과 공동으로 발명을 착상할 경우, 또는 국내 발명

9) 연방법원이 Ethicon의 소를 기각한 이유는 정확히는 두 가지이다. 우선 첫 번째 이유는 US Surgical과 Mr. 최가 체결한 license 계약에 따라 US Surgical은 ’773 특허의 합법적 licensee가 되었으므로 ’773 특허를 침해할 수 없기 때문이다. 두 번째 이유는 ’773 특허의 공동소유권자인 Mr. 최가 US Surgical을 상대로 한 특허침해소송에 동의하지 않았기 때문이다.

10) 제10장의 2-라절의 제2항 “국내의 경우 지분의 크기보다는 지분의 유무가 중요” 및 제4항 “미국의 경우에도 지분의 크기보다는 지분의 유무가 중요” 참고.

가나 국내기업이 해외 발명가나 해외기업과 특허를 공동소유하며 준거법을 미국 법으로 결정할 경우에는 위에서 설명한 미국의 공동발명가 규정을 깊이 기억할 필요가 있다.[11)]

Ethicon case를 곰곰 살펴보면 더 중요한 의문이 든다. Ethicon은 US Surgical이 '773 특허의 청구항 34와 50을 침해하였다고 연방지방법원에 제소한 반면 연방지방법원은 Mr. 최가 '773 특허의 청구항 33과 47의 공동발명가라고 확인하였다. 어떻게 US Surgical은 자신이 침해하였다는 청구항 34와 50과는 전혀 상관없는 청구항 33과 47의 공동발명가로부터 '773 특허에 대한 license를 허여 받을 수 있었으며, 또한 이를 근거로 '773 특허에 대한 침해 혐의를 원천적으로 면할 수 있었을까?

정답은 "특허의 공동소유권자는 특허 전체에 대한 분할되지 않은 권리(undivided rights)를 공유하기 때문이다"이다. 즉 Mr. 최가 자신이 기여한 정도와 관계없이 '773 특허의 청구항 55개에 대한 55개의 청구발명 중 하나에라도 기여했다면 Mr. 최는 '773 특허의 공동소유권자가 된다. 그리고 일단 공동소유권자가 된 Mr. 최는 기여도와는 관계없이 자신이 전혀 기여한 바 없는 '773 특허의 나머지 청구항 54개에 대해서도 US Surgical에게 license를 허여할 수 있는 권리를 획득하게 된다.

(4) Dr. 윤의 실수 및 해법?

그렇다면 Dr. 윤은 도대체 어떤 중대한 실수를 저질렀기에 미국 연방지방법원은 물론 연방항소법원마저 Mr. 최를 '733 특허의 청구항 33과 47에 기재한 청구발명의 공동발명가 겸 '733 특허의 공동소유권자로 인정했을까?

---

11) 따라서 국내 개인발명가, 국내 대학교·연구소 또는 국내기업이 미국 발명가나 미국 대학교·연구소 또는 미국기업과 특허 관련 계약을 체결할 경우 피해가 예상되면, 준거법을 국내법 또는 제3국의 법으로 교체할 필요가 있다. 물론 미국 측이 이에 동의할 이유는 없다. 이는 국내 발명가나 국내기업이 동남아시아 기업 또는 중동의 기업과 특허 관련 계약을 체결할 때와 동일하다. 상대 기업이 더 높은 royalty를 제공한다는 이유만으로 특허법 체계도 생소할 수 있고 특히 상대 국가의 특허 보호 정도도 모른 채, 준거법을 동남아시아 국가나 중동 국가의 자국 법으로 설정하는 데 동의할 국내 발명가나 국내기업이 있을까?

이에 대한 결정적 증거가 바로 '773 특허이다. Dr. 윤의 첫 번째 실수는 바로 '773 특허의 전기식 안전 trocar에 대한 도면이다. 일예로 앞의 그림 10-2는 Dr. 윤이 '773 특허 출원 시 첨부한 도면으로서 그림의 (A)는 안전 trocar에 대한 hardware와 관련된 도면인 반면 그림의 (B)는 전기 sensor의 회로에 대한 도면이다. 따라서 Dr. 윤이 안전 trocar의 전기 sensor에 대한 회로도를 작성할만한 전자공학 지식을 보유하였음을 입증하지 않는 한, 상기 도면은 Mr. 최가 작성하였다고 추정할 수밖에 없다.

Dr. 윤의 두 번째이자 치명적 실수는 바로 전기식 안전 trocar에 대한 청구항이다. 앞서 누누이 설명하였지만 특허의 권리범위는 특허의 청구항에 의하여 결정된다. 따라서 설령 Dr. 윤이 특허를 출원할 때 Mr. 최가 작성한 전기 sensor의 회로도를 상기 특허의 도면으로 수십 장 제출하고 이를 "발명의 설명"에서 자세히 설명하였더라도, Dr. 윤이 전기 sensor에 대한 내용을 청구항에 기재하지 않는 한, Mr. 최가 청구발명에 기여한 부분은 포함되지 않는다. 이에 따라 추후 Mr. 최가 Dr. 윤 특허의 청구항에 대한 공동발명가 요건을 만족할 수 없게 되며, 그 결과 Mr. 최가 '773 특허에 대한 공동소유권을 주장하기도 몹시 어려워질 수밖에 없다.

하지만 '773 특허의 청구항 33과 47을 분석하면, 상기 청구항에는 Mr. 최가 기여한 부분이 포함되었음을 쉽게 알 수 있다. 일예로 표 10-2와 같이 청구항 33에서는 마지막 요소인 "means connectable to the proximal end ..."에서 "sensible signal"을 생성한다고 기재하였으며, 청구항 47의 경우 두 번째 요소인 "means borne ..."에서 의료진이 가하는 힘을 "sensible signal"로 변환한다고 기재하였다. 이는 분명히 안전 trocar에 대한 전기 sensor의 기능을 나타내기 때문에 법원은 상기 청구항 33과 47에 대한 Mr. 최의 기여를 인정한 것이다.

만일 Dr. 윤이 그림 10-2의 (B)의 전기 회로에 대한 도면을 특허에 첨부하지 않았고, 전기 sensor에 대한 내용을 청구항 33번과 47번에도 기재하지 않았더라면 어떻게 되었을까? 아마도 법원의 판단 역시 달라졌을 것이다. 즉 Dr. 윤 특허의 모든 부분이 안전 trocar라는 의료기기 자체에 국한되고 청구항 역시 전자공학에 대한 지식이 요구되는 요소나 제한조건을 포함하지 않은 이상 Mr. 최가 상기 청구항에 자신이 착상한 부분이 포함되어 있다고 주장하기는 어려웠을 것이다. 따라서 Dr. 윤이 자신이 착상한 발명만 청구항에 포함시킴으로써 청구항 범위를 적절히 조절하였다면, 추후 Mr. 최가 공동발명가라고 주장할 소지를 거의 불식시킬 수도 있었을 것이다.

하지만 Dr. 윤이 이러한 내용을 청구항과 "발명의 설명"에 기재하지 않는 경우에는 안전 trocar의 핵심이라고 할 수 있는 전기식 자동 감지장치가 누락될 수밖에 없다. 따라서 Dr. 윤이 이러한 특허를 등록하였더라도, 전기식 자동 감지장치가 누락된 특허를 Ethicon에 licensing하기는 무척 어려워진다. 결국 그림 10-2의 (B)의 전기 회로와 관련 청구항을 필요로 하는 Dr. 윤은 남들이 Mr.최의 존재를 인지하지 못하길 기대하며 특허를 출원·등록한 후 Ethicon에 licensing하여 수익을 올리는 데까지는 성공하였으나, US Surgical의 변호사와 법원에 들켜 제대로 앙갚음을 당한 사례라 할 수 있다.

이와 같이 발명가 요건은 특허 소유권에 직접적인 영향을 미친다. 따라서 발명가 요건의 변동에 의하여 특허 소유권에 변동이 생길 경우, 상기 특허와 관련된 모든 license 계약, 특허침해소송 등도 예상치 못한 방향으로 전개될 수 있다. 그만큼 특허에서는 소유권이 중요하며, 이 소유권을 결정하는 핵심 요건이 바로 발명가 요건이다. 특히 발명에 다수의 발명가가 참여하는 경우 누가 진정한 공동발명가인지는 추후 등록되는 특허 소유권에 직접적인 영향을 미칠 수밖에 없다.[12] 따라서 아래에서는 발명의 정의, 이에 입각한 발명가 요건 및 공동발명가 요건 등에 대하여 설명한다.

나. 발명 ≡ 착상 + 구체화

그렇다면 발명이란 무엇일까? 국내 특허법, 시행령, 시행규칙에는 발명의 정의에 대한 구체적인 조항은 없다. 반면 미국 특허법 및 판례는 신규성 요건에 대한 35 U.S.C. § 102에서 발명은 착상과 구체화로 구성된다고 정의하였었다. 하지만 2011년 개정된

12) 이러한 이유로 미국에서는 특허 양도(또는 license) 계약에 앞서 양수인이 실사(due diligence)를 실시하며, 상기 실사 중 중요한 부분 중 하나가 바로 소유권 확인 절차이다. 물론 발명가는 이미 자신이 보유한 특허를 제3자에게 양도한 무권리자임에도 불구하고, 이를 다시 양수인에게 재양도할 수도 있으며, 그 결과 양수인은 금전적 피해를 볼 수 있다. 따라서 미국의 license 계약서에는 반드시 양도인인 발명가가 자신이 계약 대상 특허의 적법한 소유권자임을 보증하는 조항이 삽입된다. 따라서 추후 소유권 분쟁의 결과 양수인이 피해를 입을 경우, 양수인은 발명가를 상대로 손해배상 소송을 청구할 수 있다.

America Invents Act에서는 이를 삭제하였으며, 그 이유는 미국도 다른 국가들과 같이 선출원주의를 사용함에 따라 출원일이 발명일보다 중요해졌기 때문이다.

하지만 우리나라, 미국은 물론 대부분 국가의 판례를 보면 발명은 착상과 구체화라는 두 가지 요소로 이루어진다는 데에는 반론의 여지가 없다. 따라서 아래에서는 미국 판례를 기준으로 착상과 구체화에 대하여 설명하고, 이를 기초로 발명가 요건을 살펴본다.

(1) 발명의 착상

착상은 영어로 'conception'이며, 착상이란 발명가가 완전하고 작동 가능한 발명에 대한 명확하고 영속적인 아이디어를 마음속에 갖는 순간이라고 정의된다.[13] 따라서 발명의 착상 여부는 발명가가 자신의 마음속에[14] 가진 완전하고 작동 가능한 발명에 대한 명확하고 영속적인 아이디어를 당업자, 즉 해당 분야의 통상적 지식을 가진 자가 이해할 수 있는지 여부로 판단한다. 발명가는 자신의 착상을 입증하기 위하여 착상 당시의 서류, 시제품 또는 증언 등을 이용할 수 있다. 바꾸어 말하면 착상 여부야 말로 발명가 여부를 결정하는 시금석이다.

단 여기서 주의할 점은 앞서 Ethicon case에서 설명한 바와 같이 발명의 착상 여부에 대한 대상은 청구항에 기재한 청구발명에 국한된다는 점이다. 일예로 발명가가 자신이 착상한 100가지의 상이한 발명을 "발명의 설명"에 기재하였지만 이 중 한 가지만 청구항에 기재하여 심사를 청구하는 경우를 가정하자. 이 경우 발명가가 특허로 보호받고자 청구한 발명은 한 가지이며, 따라서 발명가의 착상 여부에 대한 판단 역시 상기 단일의 청구발명의 착상 여부에 국한된다. 마찬가지로 발명가 역시 상기 단일의 청구

13) Burroughs Welcome Co. v. Barr Labs., Inc., 40 F.3d 1223 (Fed. Cir. 1994), cert. denied, 516 U.S. 1070 (1996).

14) 이에 대한 원문은 "in the heart"이다. 대부분의 대한민국 국민은 보통 idea를 머리에 떠올린다. 그렇다면 미국 국민은 idea를 심장에 떠올리나?

발명에 대한 입증 책임이 있으며, 자신이 "발명의 설명"에 기재하였으나 청구항에 기재하지 않은 발명 99개에 대한 입증 책임은 없다.

참고로 발명가는 나머지 99개의 발명을 어떻게 처리해야 할까? 우선 발명가는 분할출원 제도를 이용하여 각각의 발명을 청구할 수 있다. 그 결과 발명가는 이론적으로는 "발명의 설명"에 기재한 100가지 각각에 대한 100개의 특허를 받을 수 있다. 하지만 100개의 특허를 출원·등록·유지하는 경비는 당연히 만만치 않다. 그렇다고 단일 특허에 다수의 발명을 청구할 수도 없으니, 이는 앞서 설명하였던 일(1)발명 일(1)특허 원칙에도 배치되기 때문이다.

물론 100가지의 발명 중 한 개는 속(屬)발명(즉 generic 발명)인 반면 나머지 99개가 상기 속(屬)에 속하는 종(種)발명(즉 species 발명)이라면 경우가 다르다. 왜냐하면 발명가는 한 개의 속발명을 독립항으로 청구하고, 나머지 99개의 종발명은 상기 독립항의 종속항으로 청구할 수 있기 때문이다.

또 한 가지 유의할 점은 "작동 가능한 발명"이라는 구절에서 '가능'이라는 단어다. 미국 판례에 의하면 발명가는 자신이 착상한 발명이 제대로 작동하여 기대한 결과를 얻을 수 있음을 인지할 필요까지는 없다. 대신 발명가는 청구항에 기재한 청구발명에 대한 완전한 모습을 입증하고 상기 모습을 당업자가 이해할 수 있을 정도만큼만 상세히 묘사해야 한다. 즉 착상이란 작동 가능한 발명에 대한 명확하고 영속적인 아이디어만 있으면 가능하며, 발명가가 착상한 발명이 확실히 작동할 필요까지는 없다는 말이다.

이를 바꾸어 말하자면 발명가가 착상한 발명이 제대로 작동하지 않거나 아예 작동하지 않아 기대한 결과를 얻지 못하더라도 이는 착상과는 무관하다는 결론이 도출된다. 즉 발명가가 착상한 발명의 작동 여부는 착상 자체와는 관계없으며, 이는 아래에서 설명할 구체화에 대한 문제라고 할 수 있다. 이러한 관점에서 보면 작동여부가 상관없는 착상이 반드시 어렵지만은 않을 수도 있다. 그렇다고 에너지 보존법칙에도 어긋나며 당연히 작동하지 않을 영구기관에 대한 발명을 발명가가 착상하였다고 우길 수 있다는 말은 절대 아니다. 왜냐하면 해당 분야의 통상적 지식을 가진 당업자는 당연히 영구기관 발명을 이해하지 못할 수밖에 없으며, 따라서 이러한 발명의 착상은 인정받지 못하기 때문이다.

(2) 발명의 구체화

구체화는 영어로 "reduction to practice"이며, 발명가가 청구발명의 모든 요소 및 제한조건을 포함한 물건 또는 방법을 구현하고, 이에 따라 발명가가 자신의 발명이 자신이 의도한 목적을 달성하는지 확인하는 절차로 정의된다. 물론 발명의 착상, 발명의 완성을 위하여 구체화가 반드시 필요하지만은 않다. 하지만 발명이 속한 분야가 예측불가능 분야라서 발명의 구체화를 통한 입증 없이 자신의 발명이 의도한 목적을 달성할 지에 대한 충분한 확실성이 없는 경우에는 구체화가 반드시 필요할 수도 있다.

구체화 정도는 앞서 제9장의 4-라절 "실시예 ≡ 실제 실시예 + 가상 실시예"에서 설명한 특정 분야의 예측성과도 관련이 있다. 일예로 기계, 전자, 물리 등과 같은 예측가능 분야에서는 기본 법칙만 이용하더라도 발명의 작동 여부 및 결과를 상당한 정확도로 예측할 수 있다. 따라서 예측가능 분야에서는 반드시 구체화가 필요하지 않은 경우가 대부분이다. 이에 비하여 의학, 제약, biotech, 화학, 재료 등과 같은 예측불가능 분야에서는 발명가의 발명이 의도한 목적을 달성할 지에 대한 불확실성이 확실히 상존할 수밖에 없다. 따라서 예측불가능 분야에서는 상대적으로 더 심도 있는 구체화가 필요하므로, 최소한의 구체화는 거의 필수라고 할 수 있다. 이러한 경우의 극단적인 예가 바로 biotech 및 유전자 관련 특허로서, 발명가가 이와 관련된 특허를 출원할 경우에는 청구발명에 대한 sample을 기탁해야 한다.[15)]

발명의 구체화는 실질적 구체화와 추정적 구체화의 두 가지로 구분된다. 실질적 구체화란 "actual reduction to practice"로서 발명가가 실제로 자신의 청구발명을 시제품으로 구현하는 등 실증적으로 구체화한 경우를 지칭한다. 물론 실질적 구체화에는 청구발명의 모든 요소와 제한조건이 포함되어야 하며, 구체화의 결과 당업자가 발명가가 의도한 결과를 도출할 수 있다고 인지한다면 실질적 구체화를 달성하였다고 간주한다. 즉 시제품 등이 발명가의 의도대로 작동하고 결과를 도출하면 최선이겠지만, 당업

15) 발명가가 자신의 청구발명에 대한 sample을 기탁해야 하는 이유는 추후 공중이 부당할 정도로 과도한 실험(undue experimentation) 없이 상기 biotech 또는 유전자 발명을 실시할 수 있도록 보장하기 위함이다. 이에 대한 자세한 내용은 제8장의 4절 "실시가능 요건" 참고.

자가 그럴 것이라고 인지하는 정도로도 충분하다.

그렇다면 시제품은 발명가의 청구발명을 완벽히 구현해야 하는가? 정답은 “반드시 그렇지는 않다”이며, 시제품에 결함이 있더라도 결함의 정도에 따라 구체화가 인정된다. 일예로 시제품이 견고하지 않아 세 번 작동 후 손잡이가 떨어지는 등의 결함이 있더라도 당업자가 발명가가 의도한 결과를 인지할 수 있다면 실질적 구체화로서 결격사유가 없다. 단 시제품을 시험하는 조건은 청구발명이 추후 사용될 실제 조건과 유사할 필요는 있다. 일예로 비포장도로에서 사용될 차량용 고정 장치에 대한 청구발명을 이물질이나 진동이 전혀 없는 실험실에서 구체화하여 실험할 경우 이는 실질적 구체화로 인정받지 못할 수 있다.

실질적 구체화를 중요시하던 미국특허청은 발명가가 특허를 출원할 때 자신의 발명을 구현하는 시제품 또는 자신의 발명에 대한 모형을 제출하도록 요구하였었다. 하지만 특허출원·등록 건수가 해마다 증가함에 따라 미국특허청은 시제품이나 모형을 보관할 공간이 부족해졌고, 결국 시제품이나 모형 제출을 요구하지 않게 되었다. 하지만 지금도 미국특허청에는 그림 10-3과 같이 수많은 시제품이나 모형이 남아 있다.

그림 10-3. 미국특허청이 보관 중인 청구발명의 시제품, 모형

실질적 구체화에 반하여 “constructive reduction to practice”라고 지칭되는 추정적 구체화는 실시예, 시제품 등과는 전혀 관계없이 특허출원 그 자체를 의미한다. 즉 발명가가 특허를 출원하는 순간 발명가는 자신의 발명을 구체화하였다고 추정한다. 발명가가 출원한 특허를 특허청 심사관이 심사한 후 특허로 등록시켰다면, 이는 발명가의 청구발명이 기재요건 중의 하나인 실시가능 요건(enablement requirement)도 만족하였을 터이므로, 발명가가 특허를 출원한 시점에 청구발명 역시 구체화되었다는 합리적 추정이다.

다. 발명가 요건 ≡ 착상

앞서 설명하였지만 미국은 2013년 3월 16일 이전까지는 제5장의 3-가절에서 설명한 바와 같이 선발명주의에 입각한 특허제도를 운용해 왔다. 선발명주의란 동일한 발명을 착상한 다수의 발명가 중 특허 출원 시점과는 관계없이 먼저 발명을 착상한 선착상 선발명가에게 특허를 부여하는 제도이다. 따라서 발명의 착상과 구체화는 동일한 발명을 한 다수의 발명가 중 선발명가를 결정하는 데 유일무이한 증거로 활용되었다. 그만큼 미국 특허법에서 착상과 구체화는 중요한 역할을 담당해 왔기에 착상과 구체화에 대한 법령은 물론 수많은 판례가 존재한다.

하지만 2013년 미국이 선출원주의의 특허체제를 운영함에 따라 발명의 구체화라는 개념은 그 중요성을 거의 상실하였다. 하지만 발명의 착상은 아직도 발명가 판단에 대한 유일무이한 기준이다. 왜냐하면 발명의 착상 여부 또는 발명 착상에의 참여 여부에 따라 발명가 또는 공동발명가로서의 자격이 결정되기 때문이다.

라. 발명가 기재 오류에 의한 무효화

과거 미국에서는 공동발명가가 아닌 자를 공동발명가로 기재한 특허는 발명가 오기에 따라 무효로 처리하였었다. 하지만 고의가 아닌 발명가 요건의 판단 착오에 의하여 특허 자체를 무효로 처리함은 발명가에게 너무 과도한 벌칙이라는 중론에 따라, 발명가 오기는 더 이상 특허 무효화의 근거는 아니다. 따라서 발명가 기재 오류는 발명가 보정을 통하여 정정할 수 있다.

하지만 국내에서는 발명가 오기가 특허 무효의 원인이 될 수 있다. 일예로 특허법 제133조 제1항은 이해관계인 또는 심사관은 특허를 받을 수 있는 권리가 없는 자가 소유한 특허에 대하여 무효심판을 청구할 수 있다고 규정한다. 따라서 특허 받을 권리가 없는 자가 특허를 소유한 사실이 밝혀질 경우, 상기 특허는 무효심판을 통하여 무효가 될 수 있는 만큼 발명가 요건에 입각한 적법한 발명가 및 공동발명가 선정은 특허권 행사에 직접적인 영향을 미친다.

마. 발명의 소유권

특허의 소유권자는 국내에서는 특허권자 또는 출원인이라고 지칭하는 한편, 미국에서는 특허 소유권자를 patentee 또는 assignee라고 지칭한다. 그렇다면 발명도 소유권자가 있을까? 발명을 소유한다는 것은 무엇을 의미하는가?

아래에서 설명하겠지만 발명은 착상으로 완성된다. 따라서 발명가가 발명을 착상하는 순간 그 이전까지는 세상에 존재하지 않던 무형재산이 창출된다. 따라서 발명가는 발명을 착상함으로써 발명을 소유하게 된다고 간주할 수 있다.[16] 아래에서는 비교적 간단한 단독발명의 소유권과, 이에 비하여 모든 상황이 상당히 복잡해지는 공동발명의 소유권에 대하여 설명한다.

(1) 단독발명의 착상 및 소유권

앞서 설명하였지만 발명의 핵심은 착상 여부이다. 따라서 연구자가 완전하고 작동가능한 발명에 대한 명확하고 영속적인 idea를 마음속에 갖는 순간 연구자는 발명의 착상을 완료한 '발명가'이다. 연구자가 발명을 착상하고 구체화도 한 경우, 연구자는 착상과 구체화를 모두 완료한 '발명가'이며, 발명을 착상하였지만 구체화를 하지 않은 경우 연구자는 발명을 착상하였지만 구체화는 하지 않은 '발명가'가 된다. 즉 구체화 여부는 발명의 착상 여부와는 완전히 독립적인 행위이다.

그렇다면 발명가가 착상한 발명의 소유권은 어떻게 판단할까? 대부분의 국가에서는 발명가가 발명의 착상을 완료하면 상기 발명가를 상기 발명의 소유권자로 인정한다. 즉 착상이라는 행위로 말미암아 발명이라는 무형재산, 지식재산이 창조되기 때문에,

16) 발명가는 발명을 착상한 자인 반면 특허의 출원인 또는 소유권자는 상기 발명에 대한 특허를 소유한 자를 말한다. 앞서 설명한 바와 같이 발명가는 계약이나 법령을 통하여 자신이 착상한 발명과 특허에 대한 권리의 일부를 타인에게 허여하거나 상기 권리의 전부를 타인에게 양도할 수 있다. 하지만 본문에서는 혼동을 피하기 위하여 발명가를 자신이 출원·등록한 특허의 소유권자라고 가정한다. 따라서 특별한 언급이 없는 한 본문의 '발명가'는 '특허권자' 또는 '출원인'을 의미한다.

상기 재산의 소유권자는 당연히 착상이라는 행위의 주체인 발명가이다.

발명에 있어서 착상은 왜 이다지도 중요할까? 그 이유 역시 간단하다. 왜냐하면 착상이 없으면 발명가도 존재할 수 없고 발명도 존재할 수 없기 때문이다. 착상이 있으나 구체화가 없는 경우라도 발명가와 발명은 존재하는 반면, 착상이 없으나 구체화가 있는 경우는 상상 불가능하다. 따라서 발명에서는 착상이 으뜸이다.

(2) 공동발명의 착상 및 소유권

공동발명이란 다수의 발명가가 함께 착상한 발명을 의미한다. 따라서 단독발명과 마찬가지로 공동발명의 소유권 판단 역시 상기 공동발명에 대한 착상 여부로 판단한다. 그 결과 공동발명의 경우에도 발명의 착상에 기여한 연구자는 모두 공동발명가로 인정되는 반면 착상에 기여하지 않은 연구자는 공동발명가가 아니다.

그렇다면 연구자가 공동발명가의 요건을 만족하기 위해서는 언제, 어떻게, 공동발명에 대한 착상의 어떤 부분에 얼마만큼 기여해야만 할까?

정답은 “여기에 대한 규정은 따로 없다”이다. 따라서 연구자가 공동발명에 대한 착상의 초기, 중기, 말기 중 어느 시점에 기여하더라도 공동발명가로서의 요건을 만족하는 데에는 문제가 없으며, 공동으로 착상한 공동발명에 대한 연구자의 기여도 역시 공동발명가 여부를 판단하는 데에는 문제가 되지 않는다.

물론 특별한 규정이나 근거로 삼을 수 있는 업계의 관행이야 있을 수도 있지만, 일반적으로 공동발명에 대한 기여도는 공동발명가들이 각각의 지분을 설정하는 경우 중요한 변수로 떠오른다. 하지만 공동발명가의 요건을 만족하였는지에 대한 판단 여부에 기여도 자체는 문제가 되지 않는다. 바꾸어 말하자면 공동발명에 대한 마지막 회의에 참석하여 회의 내내 딴 생각만 하며 note에 만화를 그리다가 회의가 끝난 후 회의장을 나오며 불현 듯 던진 한 마디가 공동발명의 착상의 극히 일부분에라도 기여하였을 경

우, 이 연구자는 공동발명가로서의 요건을 획득할 수 있다.[17)]

단 여기에도 아주 중요한 조건이 존재한다. 즉 연구자가 공동발명가가 되기 위해서는 연구자 자신이 착상한 발명이 특허의 청구항에 포함되어야 한다는 요건이다. 따라서 다수의 연구자가 특허를 출원하며 다수의 청구항에 다양한 청구발명을 기재할 경우, 각 청구항의 발명가는 상이해질 수도 있다. 일예로 발명가 A가 발명 1번~90번, 발명가 B가 발명 91번~99번, 발명가 C가 발명 100번을 착상하였을 때, 특허의 청구항이 발명 1번~100번을 모두 포함한다면 상기 특허의 공동발명가는 A, B, C 모두이다. 하지만 특허 청구항이 발명 97번만을 포함한다면 상기 특허의 발명가는 B뿐이다. 즉 공동발명가 역시 청구항에 기재한 발명에 의하여 결정된다.

착상과 반대로 구체화는 공동발명가 판단에 중요하지 않다. 왜냐하면 착상과 구체화는 별개이므로, 구체화를 하였다고 해서 착상에 참여할 자격이 주어지지는 않기 때문이다. 특히 관련 분야의 통상적 지식을 발휘한 정도의 구체화를 수행한 연구자는 절대로 공동발명가의 요건을 충족할 수 없다.

물론 biotech, 의학, 제약, 화학, 재료 등의 예측불가능 분야에서는 발명가의 발명이 의도한 목적을 달성할 지에 대한 충분한 확실성이 없으므로 실질적 구체화가 필요하다고 설명한 바 있다. 이에 따라 예측불가능 분야에서 발명가 요건을 만족하기 위해서는 최소한의 구체화가 필요하리라고 오해할 수도 있다. 하지만 미국 판례에 의하면 발명가가 착상 요건을 만족하기 위해서 자신이 착상한 발명이 제대로 작동하여 자신이 기대한 결과를 정확하게 도출하는 지까지 확인할 필요는 없다. 왜냐하면 착상이란 작동 가능한 발명에 대한 명확하고 영속적인 아이디어만 있으면 가능한 반면 이것이 확실히 작동할 필요는 없기 때문이다. 따라서 예측불가능 분야에서도 구체화는 공동발명가 판단에 결정적으로 중요한 변수는 아니다.

17) 따라서 발명의 착상이라는 관점에서만 보았을 때, brain-storming 회의 중 수다스러운 연구자는 공동발명가로 인정받을 수 있는 가능성이 높은 반면 과묵한 연구자는 자신이 별도의 자료를 제출하지 않는 한 공동발명가로 인정받기 어려울 수도 있다.

발명가 요건의 또 다른 중요한 점은 사실관계이다. 연구자는 순간적으로 신(神)내림을 받아 발명을 착상할 수도 있는 반면 수년간 꾸준히 가설을 제안하고 이를 입증하는 과정을 통하여 발명을 착상할 수도 있다. 특히 다수의 연구자가 공동으로 연구를 수행하였을 경우, 발명의 착상에 대한 각각의 기여 여부 및 공동발명가 여부에 대한 판단은 사실관계의 확인 없이는 불가능하다. 발명의 착상과 구체화에 근거한 공동발명가 판단을 보다 더 구체적으로 설명하기 위하여 아래의 경우들을 각각 살펴보자.

(ㄱ) 착상에만 참여한 공동연구자 ≡ 공동발명가

발명을 착상한 연구자는 무조건 발명가이다. 따라서 공동발명의 착상에 참여한 연구자 역시 무조건 공동발명가이다. 좀 더 정확히 표현하면, "청구항에 기재된 청구발명의 착상"에 공동으로 참여한 연구자는 무조건 공동발명가(소유권자)이다. 왜냐하면 상기 연구자는 이전에는 이 세상에 존재하지 않던 발명을 창조하는 착상에 참여하였기에 당연히 상기 발명을 공동으로 소유할 자격이 주어지기 때문이다. 단 앞서 설명한 바와 같이 발명의 착상에 대한 기여도는 착상 자체와는 별개의 문제이다. 따라서 발명의 착상에 대한 기여도가 극히 미미하더라도 "청구항에 기재된 청구발명의 착상"에 조금이라도 기여했다면 상기 연구자는 공동발명가(소유권자)로서의 요건을 만족한다.

그렇다면 연구의 주제를 설정한 연구자는 공동발명가 요건을 만족할까? 일예로 기존의 초전도체 F-23과 화합물 구조가 혁신적으로 상이한 S-23이라는 신물질은 상온에서의 저항이 F-23의 저항보다 1/1,000 이하로 낮으리라는 가설을 세운 S교수가 연구원들에게 S-23 합성을 위한 각종 실험을 지시하였을 경우, S교수는 단독발명가일까 아니면 S교수와 연구원들은 공동발명가일까? 아니면 S교수는 이도저도 아닐까?

여기에 대한 판단 기준은 S교수가 S-23이라는 신물질이 상온에서의 저항이 기존 물질인 F-23의 저항의 1/1,000 이하일 것이라는 완전하고 작동 가능한 발명에 대한 명확하고 영속적인 idea를 마음속에 가졌는지에 따라 판단된다. 과연 S교수가 S-23에 대한 가설만 세운 상태에서 발명가 요건을 만족하는지, 즉 발명을 착상하였는지는 논란의 여지가 많다. 또한 S교수의 발명이 예측불가능 분야이므로 이 정도의 가설만으로 발명을 착상하였다고 주장하기에는 문제가 있을 수도 있다.[18] 왜냐하면 해당 분야의 통상적 지식을 가진 자(즉 당업자)에게 S교수가 자신의 가설을 설명하더라도, 당업자가 가설에 불과한 S교수의 발명을 이해하지 못할 가능성이 높기 때문이다. 이 뿐만이 아니다. S교수가 상기 가설만으로 특허를 출원하였을 경우에는 특허청은 예측불가능 분야의 발명에 대한 실시가능 요건 위반으로 이를 특허로 등록시키지 않을 가능성이 매우 높기 때문이다.

만일 S교수가 S-23이라는 신물질을 합성한 장본인이라면 어떨까? 당연히 S교수는 S-23이라는 물질을 착상한 발명가이다. 그렇다면 S교수가 S-23의 창조자이기 때문에 추후 S교수 연구실에서 이루어지는 연구결과 중 S-23을 이용하거나 개량한 모든 결과에 대하여 S교수가 단독발명가 또는 공동발명가라고 주장할 수 있을까? 관습적으로는 가능할지 몰라도 법적으로는 그렇지 않다. 왜냐하면 S-23을 발견 또는 합성한 장본인이 S교수이므로 S교수는 S-23 자체에 대한 발명가 요건은 만족하지만, 연구원이 동일한 S-23을 A교수가 사용한 방법과는 완전히 상이한 공정을 이용하여 합성하였을 경우, S교수는 새로운 공정에 대한 공동발명가 요건을 만족하지 못할 수도 있기 때문이다.

만일 S교수의 지시에 따라 실험을 수행하던 H연구원이 S-23에 특정 ligand를 부가한 결과 또 다른 신물질인 S-2323을 합성하였고, S-2323에는 전자가 통과할 수 있는 super channel이 생성되어 전기 저항이 획기적으로 감소한다는 사실을 확인하였다면, S교수와 H연구원은 S-2323의 공동발명가일까? 이 경우 역시 사실관계에 따라 정답이 달라질 수 있다. 만일 S교수 실험실 선반에는 각종 물질에 결합할 경우 전자가 쉽게 통과할 수 있는 super channel을 제공하는 예상 물질들이 즐비하게 널려있고 H연구원은 S-23에 각각의 예상 물질을 치환한 결과 S-2323을 합성하였다면, H연구원은 공동발명가 요건을 만족하지 못할 가능성이 있다. 하지만 H연구원이 S교수와 활발한 토론을 하며, 자신만의 창의성을 이용하여 S-23의 원재료의 전기 저항에 영향을 줄 수

18) S교수의 발명이 예측불가능 분야의 발명이 아니라 예측가능 분야인 전기 발명 또는 기계 발명일 경우라면, S교수는 이러한 가설만으로도 발명을 착상하였다고 인정받을 가능성이 높다.

있는 특정 물질을 선택하고 이에 적합한 공정을 고안하여 S-2323을 합성하였다면 H 연구원은 공동발명가 또는 심지어 단독발명가 요건을 좀 더 쉽게 만족할 수 있다.

이와 같이 발명의 착상 및 공동발명가 요건에 대한 판단은 용이한 작업이 아니다. 단 발명의 착상 및 공동발명가 요건 결정 시 명심하여야 할 점이 바로 특허의 청구항에 기재된 청구발명이다. 따라서 연구진이 방금 착상한 공동발명에 대한 공동발명가를 결정하려면 우선 특허 청구항에 기재할 청구발명을 결정함이 우선이다. 즉 특정 연구원이 아무리 많은 발명을 착상하고 이를 구체화하였더라도, 상기 발명이 특허 청구항에 기재되지 않는 이상 상기 연구원은 상기 청구발명에 대한 발명가 요건을 만족하지 못하기 때문이다.[19)]

(ㄴ) 착상 및 구체화에 모두 참여한 공동연구자 ≡ 공동발명가

앞서 발명의 착상에 참여한 연구자는 무조건 공동발명가라고 설명하였다. 따라서 발명의 착상에 참여한 연구자는 발명의 구체화에 대한 참여 여부와 관계없이 무조건 공동발명가이다. 왜냐하면 구체화의 참여 여부는 물론 구체화에의 기여도 역시 착상 여부와 관계없으므로 발명가 요건 및 공동발명가 요건과도 무관하기 때문이다. 또한 연구자가 구체화에 참여하지 않았다고 해서 착상에 참여한 연구자의 기여를 부정할 수 없기 때문이다.

(ㄷ) 착상에는 무관, 구체화에만 참여한 공동연구자 ≠ 공동발명가

발명의 구체화에 대한 참여 여부와 관계없이 발명의 착상에 참여하지 않은 연구자는 무조건 발명가 요건 및 공동발명가 요건을 만족하지 못한다. 따라서 아무리 발명의

19) 하지만 법적 결론은 법적 결론일 뿐이며, 이를 현실에 그대로 적용하기는 어려운 경우도 자주 발생하는 편이다. 우선 공동발명가들이 출원한 특허가 그대로 특허로 등록되는 일은 흔치 않다. 일예로 특허청 심사관이 신규성 결여나 진보성 결여 등으로 청구항을 거절할 경우, 이를 극복하기 위하여 청구항을 보정하다 보면 청구발명의 범위가 바뀌는 경우도 흔하며, 이에 따라 공동발명가도 바뀔 수 있다. 따라서 출원특허의 공동발명가는 청구항에 기재한 청구발명에 따라 변할 수도 있다는 점에 특히 주의를 기울여야 한다.

구체화에 헌신하였더라도 상기 발명의 착상에 참여하지 않은 연구자는 공동발명가가 아니다. 특히 구체화의 내용이 관련 분야의 통상 지식을 가진 당업자라면 충분히 할 수 있는 경우라면 더더욱 아니다.

(ㄹ) 착상에는 무관, 구체화+에 참여한 공동연구자 ≡ 공동발명가?

발명의 구체화 여부와 관계없이 발명의 착상에 참여하지 않은 연구자는 무조건 발명가도 아니고, 공동발명가도 아니다. 하지만 구체화의 내용에 따라 상황이 180° 변할 수도 있다. 즉 연구자가 구체화를 통하여 관련 분야의 통상 지식을 가진 당업자의 능력 이상을 보태었을 경우, 상기 연구자는 공동발명가 요건을 만족할 수도 있다.

이를 좀 더 자세히 설명하기 위하여 S교수가 Y연구원에게 회로도를 주고, Y연구원은 회로도에 따라 장치를 제작하였으나 장치가 제대로 작동하지 않는 경우를 가정하자. Y연구원이 S교수가 작성한 회로도를 살펴본 결과 오작동의 원인은 S교수가 전원의 양극과 음극을 혼동하여 회로도에 오기하였기 때문이며, 이에 따라 Y연구원이 양극과 음극을 바꾸어 본 결과 장치가 작동하였다면, Y연구원은 공동발명가의 요건을 만족하였다고 보기는 어렵다. 왜냐하면 Y연구원이 아닌 P, Q, R 연구원은 물론 당업자도 그 정도의 오류는 쉽게 파악하여 수정하였을 가능성이 높기 때문이다.

이와는 달리 S교수가 그려준 회로도에 따라 DKAJ연구원이 장치를 제작하였으나 제대로 작동하지 않았고, DKAJ연구원이 상기 회로도를 며칠 동안 심층 분석한 결과 S교수가 가정한 이론과 추론한 model이 상기 장치에는 적용될 수 없다는 사실을 확인하였다고 가정하자. 이에 DKAJ연구원은 상기 장치에 알맞도록 이론 및 model을 수정하고, 이에 따라 회로도를 재작성하여 장치를 제작하였더니 장치가 작동하였다면, DKAJ연구원은 공동발명가의 요건을 만족하였다고 볼 수도 있다. 왜냐하면 DKAJ연구원의 기여는 통상 지식을 가진 당업자의 수준을 넘어섰을 수도 있고, DKAJ연구원이 아닌 다른 연구원이었다면 그 정도의 오류를 수정할 수 없었을 수도 있기 때문이다. 결국 DKAJ연구원의 공동발명가 적합 여부는 DKAJ연구원이 창의적으로 수정한 내용이 당업자의 경지를 초월했는지 (즉 **구체화+**), 그리고 더욱 중요한 사항으로서 상기 수정 내용이 특허 청구항에 반영되었는지에 의하여 결정된다.

(ㅁ) 착상·구체화에 무관하지만 23억 원을 출자한 투자자 ≠ 공동발명가

앞서 발명의 구체화 여부와 관계없이 발명의 착상에 참여하지 않은 연구자는 무조건 발명가도, 공동발명가도 아니라고 설명한 바 있다. 이러한 원칙에 따라서 투자자는 어떤 수단과 어떤 방법을 쓰더라도 당연히 공동발명가가 될 수 없다.

물론 투자자가 발명에 투자하지 않았더라면 발명가 역시 상기 발명을 착상할 수 없었을 수도 있다. 또한 상기 투자자를 제외한 이 세상 모든 투자자들은 상기 발명가에게 투자하지 않았을 수도 있다. 그럼에도 불구하고 투자자의 투자 여부 및 투자 금액은 공동발명가 요건과는 전혀 상관없다.

고위험을 감수하면서도 재원을 투자한 투자자는 절대로 공동발명가가 될 수는 없지만, 투자자는 자신의 투자에 대한 보상을 다른 형태로 확보할 수 있다. 우선 투자자는 발명가와의 계약을 통하여 발명 활동에 투자한 자신의 노력에 대한 대가로 상기 발명의 공동소유권자가 될 수 있다. 즉 자신이 투자한 결과로 창출되는 발명에 대한 일정 지분을 확보하는 방법이다.

이와는 달리 투자자는 발명가와의 계약을 통하여 상기 발명의 소유권과는 관계없이 상기 발명이나 특허로 창출되는 수익의 일정 지분을 확보할 수도 있다. 하지만 그 어떤 상황에서도 투자자는 절대로 돈만으로 공동발명가 요건을 만족할 수는 없다.

(ㅂ) 10년간 자료 수집, 라면 조리, 설거지, 뒷바라지한 공동연구자 ≠ 공동발명가

발명의 착상과 구체화에는 기여하지 않았지만, 동료 연구자들이 공동으로 발명을 착상하고 구체화하는 동안 동료들을 위하여 열심히 자료를 수집하거나, 헌신적으로 음료수를 제공하거나, 몸과 마음을 바쳐 뒷바라지만 한 연구원 역시 당연히 발명가 요건을 만족하지 않는다. 따라서 이러한 연구원이 아무리 오랜 기간 동안 헌신적으로 힘든 일을 하였더라도 그(녀)는 공동발명가가 될 수 없다.

물론 공동발명가들은 이러한 헌신적 동료를 공동소유권자로 인정해줄 수 있다. 또한 공동발명가들은 발명의 소유권과는 관계없이, 추후 자신들이 특허로 거둬들인 수익의 일부를 헌신적 동료에게 보상해줄 수는 있다. 하지만 그 누구도 육체적 헌신만으로 공동발명가 요건을 만족할 수는 없다.

(ㅅ) 발명에 대한 Idea 제공 후 무관심한 공동연구자 ≡ 공동발명가?

연구자가 동료 연구자들에게 발명에 대한 idea를 제공한 후 무관심하였으나 동료 연구자들이 발명을 착상하였을 경우, 무관심했던 연구자는 공동발명가 요건을 만족할 수 있을까? 이에 대한 정답 역시 “무심한 연구자가 제공한 idea의 성격에 따라 결정된다”이다.[20]

만일 발명을 탐구하는 동료 연구자들을 위하여 연구자 X가 폭풍우를 무릅쓰고 도서관을 다녀오며 빌려온 두꺼운 기술관련 서적 5권을 주며 “이 책들을 10번 이상 정독하고, 그 속에 있는 모든 연습문제를 20번 풀어보면, 그 속에서 길을 발견할 것이다”라는 정도의 idea를 제공하였다면, 연구자 X는 공동발명가로서의 요건을 만족하지 못한다. 그 이유는 연구자 X의 기여는 공지의 정보 제공에 불과하기 때문이다. 물론 연구자 X가 동료들에게 기술 서적을 제공함은 물론 발명의 착상에도 참여했다면, 연구자 X는 기술 서적을 제공하였기 때문은 아니지만 공동발명가 요건을 만족한다.

그렇다면 연구자 X가 두꺼운 기술관련 서적 5권 중 동료 연구자들이 착상하고자 하는 발명과 관련된 주요 부분에 post-it을 붙이고 동료들에게 주요 부분들의 중요성을 순서대로 알려 주었다면, 연구자 X는 공동발명가로서의 자격 조건을 충족하였을까? 대부분의 경우 연구자 X의 기여 역시 공지의 정보 제공에 불과하므로 공동발명가 요건을 만족하지 못한다. 하지만 연구자 X가 post-it을 붙인 부분을 동료들이 어떤 방식으로 적용하도록 알려 주었는지에 따라 연구자 X가 공동발명가 요건을 만족하는 경우도 완전히 배제할 수는 없다. 왜냐하면 발명 자체가 추상적인 개념이므로 공동발명가 요건 판단은 각각의 경우에 대한 사실관계를 파악하고 발명을 전체

20) 물론 이는 무관심했던 연구자가 제공한 idea가 동료 연구원들이 출원하는 특허의 청구항에 반영되었을 경우에 해당한다.

적으로 보았을 때 연구자 X가 기여한 부분이 당업자의 수준을 뛰어 넘었는지 등을 판단할 수밖에 없기 때문이다.

(ㅇ) 발명을 창출한 연구의 기관 관리자 ≠ 공동발명가

만일 정부기관 또는 개인 기업의 관리자가 연구자들이 제출한 연구보고서의 결과를 정리하고, 이에 근거하여 세부 연구과제를 선정하여 대학교·연구소에 세부 연구과제를 발주하였을 경우, 상기 관리자는 발명가 요건을 만족하였을까? 거의 대부분의 경우 관리자는 발명가 요건을 만족하지 못한다. 하지만 이 경우 역시 사실 관계가 중요하다.

일예로 관리자가 "국내에서 재배되는 쑥의 약의학적 효능 연구"라는 연구과제를 발주하고, 대학교·연구소의 연구자가 이를 수주하여 연구한 후 쑥이 면역 활성을 조절하는 기능이 있다는 결과를 얻었을 경우, 관리자는 쑥의 면역 활성 조절이라는 발명의 착상에 기여하지도 않았으며, 아래 (3)항에서 설명할 "집단적 노력"에도 참여하지 않았으므로, 관리자는 당연히 공동발명가가 될 수 없다. 만일 관리자가 동일한 연구과제를 발주하고, 이를 수주한 연구자가 쑥 추출물 중에서도 특히 YS-23이라는 물질이 면역 활성을 조절하는 기능이 뛰어나다는 결과를 얻었을 경우에도, 관리자는 YS-23에 대한 발명의 착상에 기여하지 않았으므로 당연히 공동발명가가 될 수 없다.

만일 관리자가 "국내에서 재배되는 쑥 추출물 YS-03, YS-13, YS-23, YS-33, YS-43, YS-53의 면역 활성 조절"이라는 연구과제를 발주하고, 대학교·연구소의 연구자가 이를 수주하여 연구한 결과 상기 추출물 중 YS-23만이 면역 활성을 조절하는 기능이 있다는 결과를 얻었을 경우에는 결과가 달라질까?

물론 관리자는 자신도 YS-23의 면역 활성 조절에 대한 발명의 착상에 기여하였다고 우겨볼 수는 있다. 하지만 YS-03, YS-13, YS-23, YS-33, YS-43, YS-53의 면역 활성 조절에 대한 연구를 자신이 직접 수행하는 대신 연구자들에게 발주하였고, 자신은 연구자들이 수행한 결과를 종합, 분석한 후 이에 대한 세부과제를 발주하였을 뿐이므로, 자신이 착상에 참여하였다고 주장할 근거는 전무하다.

특히 연구자들이 착상한 발명이 예측가능 분야가 아니라 bio, 재료, 약학, 의학 등의 예측불가능 분야에 속할 경우에는 관리자가 공동발명가라고 인정될 가능성은 더욱 희박하다. 왜냐하면 상기 관리자가 자신의 추정을 당업자에게 설명하더라도 당업자가 이를 발명의 착상으로 이해할 가능성은 매우 낮기 때문이다. 또한 설령 관리자가 연구자들의 연구결과와는 독립적으로 자신의 추정만을 근거로 특허를 출원하였더라도, 관리자는 당연히 특허를 받을 수도 없다. 왜냐하면 상기 관리자의 추정은 실시가능 요건을 만족하지 않기 때문이다.

따라서 정부기관 또는 개인 기업의 연구 관리자가 연구자가 착상한 발명에 대한 공동발명가 요건을 만족하기는 바늘구멍을 들어가려는 낙타보다 100배는 어렵다. 미국 판례에서도 관리자가 공동발명가로 인정받은 선례는 없으며, 관리자가 자신도 공동발명가라고 주장하며 소를 제기한 적도 없다. 이는 국내 판례에서도 마찬가지이다.[21)]

이처럼 발명가 요건의 판단은 발명의 착상과 관련된 다수의 연구자들 사이의 사실관계에 전적으로 기초하여 결정하게 된다. 따라서 특허를 받음으로써 획득하는 금지권에 대한 소유권 여부가 결정되는 발명가 요건이 중요한 만큼, 발명가와 연구자는 연구일지를 상세히 기입함으로써 추후 발생할 수 있는 공동발명가 분쟁에서 유리한 고지를 선점할 수 있도록 노력할 필요가 있다.[22)]

(3) 독립적 공동발명가는 불가능

아래에서는 미국 특허법 및 판례에 의한 기타 공동발명가 요건을 소개한다. 물론 이

---

21) 자세한 내용은 대법원 2011. 7. 28. 선고 2009다75178 판결 및 서울고등법원 2007. 5. 8. 선고 2006나62159 판결 등 참고.

22) 미국 특허제도가 선발명주의이던 시절, 연구자의 연구일지는 선발명일(earlier date of invention) 확립에 결정적 영향을 미치는 중요한 증거로서 각광받았다. 하지만 2013년 3월 16일을 기하여 미국 특허제도도 선출원주의로 전환함에 따라 발명일(date of invention) 확립을 위한 연구일지 작성의 중요성이 반감된 것이 사실이다. 하지만 연구일지는 아직도 발명가 요건 및 공동발명가 요건 판단에 필수불가결한 증거로서의 가치는 보유한다.

들 중 일부는 일반 상식과는 상이하다고도 생각될 수도 있다. 따라서 이에 대한 발명가의 주의가 필요한 부분이다.

우선 미국 특허법 상의 공동발명가 요건은 “시공간의 초월”을 인정한다. 바꾸어 말하면 다수의 연구자들이 공동발명가 요건을 만족하기 위하여 반드시 항상 동일한 실험실 또는 동일한 장소에서 동일한 기간에 함께 연구하며 공동발명을 착상할 필요는 없다는 말이다. 따라서 연구자들이 서로 상이한 장소에서 상이한 시점에 공동발명을 순차적으로 착상하였더라도, 각각의 연구자는 공동발명가 요건을 만족할 수 있다. 이를 뒷받침하는 조문인 미국 특허법 35 U.S.C. § 116은 공동발명가라고 해서 동일한 장소나 동일한 시간에 같이 일할 필요가 없으며, 청구항에 기재한 청구발명에 동일한 종류 또는 동일한 기여를 할 필요도 없으며, 특허의 모든 청구항의 청구발명에 모두 기여할 필요도 없다고 규정한다.

단 미국 연방법원은 판례를 통하여 위에서 설명한 “시공간의 초월”에도 “집단적 노력”이 반드시 필요하다고 판시하여 왔다. 즉 각각의 공동발명가는 다른 공동발명가들과의 “집단적 노력”을 통하여 공동발명의 착상에 기여해야 한다는 말이다. 미국 판례 상의 “집단적 노력”이란 공동발명가들 사이의 최소한의 공동 행동을 의미하며, 이와 같은 “집단적 노력”의 예로는 공동의 목표를 위한 상호간의 협력을 들 수 있다. 따라서 다수의 연구자들이 비록 동일한 연구실에서 동일한 기간에 근무하였더라도, 각각의 연구자가 서로 독립적으로 청구발명의 전부 또는 일부를 착상하였을 경우, “집단적 노력”의 결여로 인하여 이들은 공동발명가 여건을 만족하지 못한다. 또한 다수의 연구자들이 같은 연구실에서 근무하더라도 서로 상대방의 발명을 오랜 기간 동안 인지하지 못할 경우, 이 또한 “집단적 노력”의 부재를 반증하기 때문에 이들 역시 공동발명가 요건을 만족하지 못한다.

(4) 공동발명가 조절의 유일한 방법은 청구항 조절

발명가가 발명을 착상하면 상기 발명에 대한 특허를 출원할 수 있는 권리를 소유한다. 따라서 발명가가 자신이 착상한 발명에 대한 특허를 출원·등록하면 발명가는 단독으로 특허를 소유하게 된다. 공동발명가의 경우도 마찬가지이다. 다수의 공동발명가들이 공동발명을 착상하면 이들은 상기 공동발명에 대한 특허를 출원할 수 있는 권리를 공동으로 소유하게 되며, 공동발명가들이 상기 공동발명에 대한 특허를 등록하면 이들은 특허를 공동소유하게 된다. 물론 단독발명가 또는 공동발명가는 법률 또는 계약에 의하여 특허를 받을 수 있는 권리 또는 특허 소유권의 전부나 일부를 제3자에게 양도하거나 허여할 수 있다. 하지만 이러한 법률이나 계약이 존재하지 않는 한 발명과 특허의 소유권자는 단독발명일 경우에는 발명가, 공동발명일 경우에는 공동발명가들이다. 이와 같이 발명의 소유권은 특허의 소유권과 직결될 수밖에 없으며, 따라서 다수의 연구자들이 참여하게 되는 공동발명의 경우, 공동발명가 요건은 공동소유권과 직결되기 때문에 각별히 주의할 필요가 있다.

그렇다면 발명가 A는 자신이 발명을 착상하였으며 공동연구를 진행한 발명가 B는 착상에 참여하지 않았다고 생각하거나, 발명가 A가 발명가 B를 공동발명가로 기재함으로써 상기 발명을 발명가 B와 공동소유하기를 원하지 않을 경우, 발명가 A가 취할 수 있는 방법은 무엇일까?

가장 쉽다고 생각될지 몰라도 가장 위험한 방법이 바로 특허 출원시 발명가 B를 공동발명가로 기재하지 않는 방법이다. 왜냐하면 이러한 경우 추후 발명가 B가 상기 특허의 청구발명의 일부에 대해서라도 자신의 착상을 입증할 경우, 국내 특허법 제34조나 제35조에 의하여 무권리자인 발명가 A의 특허는 무효가 되고 상기 특허를 공동발명가 B가 단독으로 소유할 수 있게 되기 때문이며, 미국의 경우에는 발명가 B가 발명가 A와 공동으로 특허를 소유하게 되기 때문이다. 따라서 발명가 A가 공동발명의 착상에 기여했을 수도 있는 또는 실제로 기여한 발명가 B를 무턱대고 공동발명가 명단에서 제외함은 무척 위험한 방법이다.

결국 발명가 A가 취할 수 있는 유일한 전략은 특허의 청구범위에 발명가 B의 착상이 포함되지 않도록 청구항을 조절하는 방법이다. 그 결과 발명가 A의 특허 청구항은 발명가 A가 착상한 발명만을 포함하게 되는 반면 발명가 B가 착상한 발명은 포함하지 않게 된다. 그 결과 발명가 B는 자신의 착상이 포함되지 않은 상기 특허의 청구발명에 대하여 공동발명가 요건을 자동적으로 만족하지 못하게 된다.

말로는 무척 쉬워 보일지 몰라도, 이러한 전략 역시 현실적 대안이 될 수 없는 경우도 자주 발생한다. 우선 발명가 A의 착상 A와 발명가 B의 착상 B를 구별하고 판단하기가 용이하지 않은 경우이다. 물론 발명가 A는 전자공학 전공자이고 발명가 B는 생화학 전공자라면 발명가 A와 발명가 B가 기여한 부분을 칼로 수박 자르듯 쉽게 구분할 수도 있다. 하지만 공동발명가들의 전공분야가 동일하거나 유사한 경우, 발명의 착상에 대한 각 발명가의 기여 여부 자체를 판단하기 어려운 경우가 대부분이므로, 착상에만 근거하여 청구항 범위를 조절하기 어려운 경우가 자주 발생한다. 또 다른 문제는 청구범위에서 착상 B를 제거할 경우 발명가 B를 공동발명가로 기재할 당위성은 사라지지만, 착상 B를 청구범위에서 제거한 후 남는 청구범위가 신규성 또는 진보성을 상실하는 경우이거나 상업적 가치가 현격히 감소하는 경우이다. 즉 청구발명의 신규성이나 진보성을 인정받기 위하여 또는 청구발명을 이용하여 수익을 창출하기 위해서는 발명가 A의 착상 A는 물론 발명가 B의 착상 B가 꼭 필요한 경우이다.

결국 이러한 불상사 또는 분쟁의 소지를 방지하기 위해서는 공동연구 초기부터 전략을 수립하여 공동연구자들을 세심하게 선정하고, 추후 공동연구자가 공동발명가가 되더라도 발명·특허의 소유권, 특허의 기술이전·실시 등에 장애물이 발생하지 않도록 만전을 기해야 한다. 또한 연구 진행 과정을 소상히 기록하여 추후 발생할 수 있는 분쟁을 미연에 방지할 수 있도록 노력해야 할 것이다.

바. 알면서도 빼앗기는 (알더라도 빼앗아오는) 발명

아래의 제10장의 3절 "직무발명"에서 자세히 설명하겠지만, 종업원 발명가가 자신의 업무 범위에서 착상한 발명이 법적 요건을 만족하는 경우, 이를 '직무발명'이라고 지칭한다. 또한 직무발명을 착상한 종업원 발명가는 상기 직무발명의 소유권을 사용자에게 양도할 의무가 있다.

만일 같은 기관에 속한 다수의 연구자들이 공동발명을 착상하고 상기 공동발명이 직무발명인 경우, 상기 공동발명의 소유권자는 궁극적으로 상기 기관이므로 큰 문제가 발생하지 않는다. 문제는 상이한 기관에 속한 연구자들이 유사한 발명을 착상하는 경우이다. 특히 기관 A가 타기관으로부터 받는 연구비에 의존하여 연구를 진행하는 반면 기관 B는 기관 A에 연구비를 제공하는 경우에는 복잡다단한 문제가 발생할 가능성이 높아진다.

(1) 제약 발명 - Vanderbilt University v. ICOS (Fed. Cir. 2010)

Vanderbilt University v. ICOS Corp.은[23] 복잡한 R&D 과정을 통한 공동발명가 요건에 대한 2010년 미국 연방항소법원 판례이다. Vanderbilt case는 산학협력의 전형적 예로서 비영리단체인 대학교와 영리단체인 기업이 유사한 연구를 수행하는 경우 발생할 수 있는 문제와 갈등의 전형적 예라 할 수 있다.

Cyclic GMP(cGMP)는 protein kinase와 결합한 후 상기 kinase를 활성화시켜 평활근(smooth muscle cell)을 이완·팽창시킴으로써 남성의 발기를 유도한다. 1980년대 말 평활근 속의 phosphodiesterase 5 enzyme(PDE5 enzyme)은 cGMP와 결합하여 상기 enzyme을 가수분해하는 것으로 밝혀졌다. 이에 따라 1980년대 말 PDE5와 결합함으로써 cGMP의 가수분해를 막는 PDE5 억제제가 남성 발기부전증 치료제로 개발되기 시작하였다.

그림 10-4. Vanderbilt University와 Glaxo의 Logo

Vanderbilt University('Vandy'로 약칭)의 연구자인 Dr. Corbin과 Dr. Francis는 1970년대에 PDE5의 기전을 확인하였다. 이들은 PDE5에 대한 연구를 계속 수행하였으며, 1980년대 말에는 cGMP 유사체(analog)를 이용한 PDE5 연구를 진행하고 있었다. 1988년 12월경 Dr. Corbin은 cGMP에 의존하는 protein kinase를 활성화시킬 수도 있는 cGMP 유사체의 목록을 제시한 "cGMP 유사체에 대한 연구제안서"를 Glaxo에 제출하였다. 1989년 6월 Glaxo는 Dr. Corbin과 cGMP 유사체에 대한 연구계약을 체결하였으며, 연구계약의 특허 귀속 조항에 의하면 상기 연구를 통하여 창출되는 결과물에 대한 특허는 Vandy가 소유하지만, Glaxo는 Vandy로부터

23) Vanderbilt University vs. ICOS Corp., 601 F.3d 1297 (Fed. Cir. 2010).

이에 대한 license를 허여 받을 수 있었다. 1989년부터 1991년까지 Vandy 연구진은 연구를 수행하며 여러 차례에 걸쳐 Glaxo에 보고서를 제출하였고 직접 연구결과를 발표하기도 하였다.

1990년 11월 Vandy 연구진은 cGMP 유사체의 효능을 증진하기 위한 연구를 진행중이었다. Vandy 연구진은 cGMP 유사체의 8-position에 phenyl ring을 부가할 경우 효능이 증가한다는 연구결과 초록을 Glaxo UK에 발송하기도 했다. 하지만 1991년 5월 Glaxo는 cGMP 유사체에 대한 Vandy의 연구에 대한 흥미를 잃기 시작하였다. Glaxo는 cGMP 유사체가 경구복용 약물보다 효능이 떨어진다는 사실에 우려를 나타냈으며, Glaxo는 향후 PDE5 억제제를 연구하도록 Vandy 연구진에게 조언하였다.

1991년 11월 Vandy 연구진은 Glaxo와는 관계없는 별도 연구를 통하여 8-position에서 치환이 용이한 3-isobutyl-1-methylxanthine ("IBMX") 화합물을 응용하여 신규 PDE5 억제제를 합성하였다. 상기 IBMX 화합물은 효능도 우수하며 가격도 저렴하다는 장점이 있었다. Vandy 연구진은 이 결과를 확장하여 IBMX 화합물 8-position에서 phenyl ring을 치환하였고, phenyl ring의 4-position에는 전자 공여성 물질인 hydroxyl group을 치환하였다. 그 결과 Vandy 연구진은 IBMX 화합물보다 효능이 160배에 달하는 PDE5 inhibitor를 합성할 수 있었다. Vandy 연구진의 Dr. Corbin은 남성 발기부전증을 치료할 수 있는 신규 IBMX 유사체의 효능에 대한 편지를 Vandy의 특허 담당 변호사에게 발송하였다.[24)]

1991년 12월 Vandy의 Dr. Corbin은 Glaxo UK의 Dr. Ross에게 PDE5 억제제에 대하여 언급했다. 또한 1992년 1월 Dr. Corbin은 Glaxo UK에 연구계획서를 제

24) Vanderbilt University의 변호사는 Dr. Corbin의 편지에도 불구하고 Dr. Corbin의 연구결과를 특허 출원하지 않았다. 그 이유는 간단하다. Vandy의 수많은 연구자들이 하루에도 몇 번씩 상기 변호사에게 전화하여 자신이 지금 막 착상한 발명의 효과는 가히 세상을 뒤엎을만하므로 20개국에 특허를 출원해주도록 요청하기 때문이다. 따라서 이전에 이러한 요청에 여러 수십 번 속았다고 느꼈온 Vandy 변호사는 Dr. Corbin의 주장 역시 '뻥'이라 여기며 이를 무시하고 특허를 출원하지 않았다. 물론 저자의 추측이다.

출하며 cGMP 유사체에 대해 수행한 연구결과를 자세히 기록하였으며, 특히 Vandy의 IBMX 유사체는 IBMX 화합물보다 160배의 효능을 나타냈으며, PDE5 억제제를 cGMP 분자의 모양과 유사하게 개조할수록 PDE5 억제제의 효능 역시 향상될 것이라고 제안하였다. 또한 Vandy 연구진은 상기 유사체는 평활근의 이완 외에도 다른 질병과 관련하여 중요한 기능을 담당한다고 제안하며 남성 발기부전증을 이의 응용 분야 중 하나로 지적하기도 하였다. 참고로 Glaxo는 당시 남성 발기부전증 치료 연구는 수행하지 않고 있었다.

1992년 2월 Vandy 연구진의 Dr. Corbin은 Glaxo UK의 Dr. Ross에게 연구계획서를 제출하였다. Vandy의 연구계획서에는 Dr. Corbin 자신이 합성한 IBMX 유사체에 대한 자세한 구조는 물론 Vandy 연구진이 추후 연구를 수행하고자 하는 zaprinast(당시 가장 고효능의 PDE5 억제제) 및 IBMX 유사체에 대한 table("Structural Features"로 지칭)도 기재하였다.

1992년 3월 Glaxo France는 GR35273x를 포함하는 26가지의 PDE5 억제제에 대한 실험을 수행하였다. 또한 1992년 4월 Glaxo UK의 Dr. Ross는 Vandy 연구진이 1992년 2월 제출한 연구계획서를 Glaxo France의 Dr. Labaudiniere(이후 "Dr. L"로 약칭)를 포함한 6명의 Glaxo 연구진에게 배포하였다. 1992년 4월 Glaxo France는 GR30040x라고 명명한 beta-carboline 화합물을 포함, 총 29개의 PDE5 억제제에 대한 실험을 수행하였고, 그 결과 Glaxo는 Dr. L이 GR30040x라고 명명한 화합물을 PDE5 억제제에 대한 주화합물(lead compound)로 선정하였다.

주화합물 선정 후 Glaxo France의 Dr. L은 GR30040x에 대한 후속연구를 Dr. Daugan에게 일임하였으며, Dr. Daugan은 1992년 6월부터 1년 반 동안 연구를 수행한 결과 남성 발기부전증을 치료할 수 있는 tadalafil을 개발하였다. Glaxo는 이에 대한 특허를 출원하여 U.S. Pat. No.

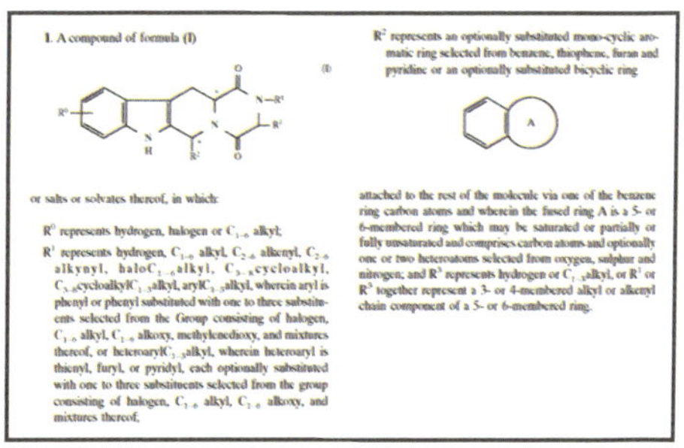

1. A compound of formula (I)

or salts or solvates thereof, in which:

R^0 represents hydrogen, halogen or C_{1-6} alkyl;

R^1 represents hydrogen, C_{1-6} alkyl, C_{2-6} alkenyl, C_{2-6} alkynyl, haloC_{1-6}alkyl, C_{3-8}cycloalkyl, C_{3-8}cycloalkylC_{1-3}alkyl, arylC_{1-3}alkyl, wherein aryl is phenyl or phenyl substituted with one to three substituents selected from the Group consisting of halogen, C_{1-6} alkyl, C_{1-6} alkoxy, methylenedioxy, and mixtures thereof, or heteroarylC_{1-3}alkyl, wherein heteroaryl is thienyl, furyl, or pyridyl, each optionally substituted with one to three substituents selected from the group consisting of halogen, C_{1-6} alkyl, C_{1-6} alkoxy, and mixtures thereof,

R^2 represents an optionally substituted mono-cyclic aromatic ring selected from benzene, thiophene, furan and pyridine or an optionally substituted bicyclic ring

attached to the rest of the molecule via one of the benzene ring carbon atoms and wherein the fused ring A is a 5- or 6-membered ring which may be saturated or partially or fully unsaturated and comprises carbon atoms and optionally one or two heteroatoms selected from oxygen, sulphur and nitrogen; and R^3 represents hydrogen or C_{1-3}alkyl, or R^1 or R^3 together represent a 3- or 4-membered alkyl or alkenyl chain component of a 5- or 6-membered ring.

그림 10-5. Glaxo의 U.S. Pat. No. 5,859,006('006 특허)의 청구항 1

5,859,006('006 특허)[25] 및 6,140,329('329 특허)[26]를 등록하였고, 1991년 Glaxo는 상기 특허들을 ICOS에 양도하였다. 참고로 그림 10-5는 '006 특허의 독립항이다.

Vandy는 1992년 4월 Glaxo France가 실험한 총 29개의 PDE5 억제제 전부가 자신의 연구진이 제안한 "Structural Features"(당시 가장 효능이 높았던 PDE5 억제제 zaprinast 및 IBMX 유사체에 대한 table)를 활용하였으며, 특히 이 중 11개의 화합물이 "Structural Features"에 거의 모두 포함되기 때문에 Vandy가 Glaxo 특허의 공동 소유권자라고 주장하였다. 하지만 Glaxo와 ICOS는 불응하였고, 이에 따라 Vandy는 2005년 미국 연방지방법원에 35 U.S.C. § 256에 따라 ICOS를 상대로 '006 특허와 '329 특허의 발명가 정정 소송을 제기하였다.

우선 Vandy는 자신의 "Structural Features"와 Glaxo의 GR30040x가 동일한 분자 골격을 가진다는 사실에 근거하여 Glaxo France의 Dr. L은 자신의 "Structural Features"를 이용하여 GR30040x를 개발하였다고 주장하였다. 또한 Vandy는 Glaxo France의 Dr. Daugan 역시 GR30040x의 phenyl ring에 전자 공여성 물질을 부가함으로써 tadalafil을 개발할 때에도 자신의 "Structural Features"에 기초하였다고 주장하였다. 또한 Vandy는 Glaxo UK와 Glaxo France의 Dr. L은 GR30040x를 PDE5 억제제의 주화합물로 선정하기로 합의하였기 때문에, 상기 발명가 보정 소송의 주안점은 Vandy와 Glaxo UK의 접촉이 Dr. L이 GR30040x을 개발하는 데에 Vandy의 "Structural Features"를 사용하였음을 입증하는 충분한 증거인지에 대한 판단이라고 주장하였다.

Glaxo로부터 '006 특허와 '329 특허를 양도받은 ICOS는 상기 특허의 발명이야말

25) U.S. Pat. No. 5,859,006 entitled "Tetracyclic derivatives: process of preparation and use," filed by Alain Claude-marie Daugan on July 16, 1996, issued on Jan. 12, 1999, and assigned to ICOS Corp.

26) U.S. Pat. No. 6,140,329 entitled "Use of cGMP-phosphodiesterase inhibitors in methods and compositions to treat impotence," filed by Alain Claude-marie Daugan on Mar. 10, 1998, issued on Oct. 31, 2000, and assigned to ICOS Corp.

로 Glaxo 내부에서 독립적으로 착상한 발명이라고 주장하였다. ICOS는 우선 Dr. L이 1983년 출판된 Koe article로부터[27)] beta-carboline의 혈관이완효과에 대하여 인지하였고, 1992년 PDE5 억제제로서 β-CEE 및 GR35273x와 같은 두 가지의 beta-carboline 화합물을 발견하였으며, 1992년 4월에는 Glaxo 내부 database를 이용하여 beta-carboline 화합물의 핵심 구조를 확인하였고, Dr. L은 이러한 정보를 이용하여 GR30040x를 개발하였다고 주장하였다. 또한 ICOS는 Glaxo가 1992년 5월 Elgoyhen article로부터[28)] beta-carboline의 혈관이완효과를 재확인하였으므로, Glaxo France의 Dr. L은 beta-carboline과 혈관이완효과에 대한 지식을 이용하여 PDE5 억제제로 사용할 수 있는 화합물을 독립적으로 개발하였다고 주장하였다. 또한 ICOS는 Glaxo의 내부 문서인 "PDE5 억제제"에 대한 연구보고서도[29)] 위의 주장을 뒷받침한다고 주장하였다.

Vandy는 Glaxo의 기록을 증거로 제시하며 Glaxo가 최초로 GR30040x을 실험한 시점이 1992년 4월 23일인 반면 Elgoyhen article이 공개된 시점은 1992년 5월 8일임을 입증하였다. 이에 따라 Vandy는 Dr. L이 Elgoyhen article의 개시 내용을 이용하여 GR30040x를 개발할 수는 없었다고 주장하였다.

이에 ICOS는 Elgoyhen article을 언급하였던 주장을 번복하며, Dr. L은 Elgoyhen article 대신 Koe article 및 1993년 3월 PDE5 억제제에 대하여 Glaxo가 수행한 program으로부터 GR35273x을 인지하게 되었다고 주장하였다. 특히 ICOS는 1992년 3월 및 7월 Glaxo가 실험한 수많은 종류의 tetrahydro beta-carboline 화합물을 제시하며 새로운 주장에 대한 근거도 제시하였다.

---

27) Koe가 주저자이며, beta-carboline의 vasorelaxation 효과에 대한 1983년 European J. Pharmacology의 연구논문.

28) Elgoyhen이 주저자이며, beta-carboline의 vasorelaxation 효과에 대한 1992년 J. Pharmacology and Exp.의 연구논문.

29) Glaxo의 "PDE V Inhibitors Project Annual Report for the Year Ending 30/4/93" 보고서.

또한 ICOS는 1992년 4월 열린 Glaxo의 CV 연구관리위원회 회의록을 제시하며 그 당시 Glaxo의 타부처에서 GR35273x를 이미 연구한 바 있다고 주장하였다. ICOS는 Glaxo의 동일한 위원회의 1992년 6월 회의록을 제시하며 GR35273x가 현저한 PDE5 억제 활성을 나타내므로 이의 유사체를 실험하였으며, GR30040x가 신규 PDE5 억제제로 지목되었다고 주장하였다.

ICOS는 Dr. L이 1993년 6월까지 Vandy의 연구결과에 대해서 인지하지 못했으며, PDE5 억제제를 합성하기 위한 원료로 IBMX를 고려한 적도 없으며, Glaxo France 연구원 중 그 누구도 IBMX 유사체에 대한 결과를 활용하였거나 cGMP를 닮은 PDE5 억제제를 개발하려고 노력한 적이 없다고 증언하였다. Dr. Daugan 역시 Dr. L의 증언을 확인하였으며, 자신과 Dr. L이 협력하여 GR30040x와 같은 PDE5 억제제를 개발할 때 Vandy의 연구결과를 인지하지 않았기 때문에 Glaxo 연구진의 연구는 Vandy 연구진과의 공동연구가 아니라고 주장하였다.

이에 Vandy는 Glaxo가 GR30040x를 GR35273x의 유사체로 지목하였다는 증거를 제시하지 못했으며, GR35273x의 beta-carboline 구조가 중요하다고 지적한 1992년 10월 이전의 내부 문서도 존재하지 않으므로 Glaxo는 GR35273x의 구조로부터 GR30040x을 개발하였음을 입증하지 못하였다고 주장하였다. 또한 β-CEE로부터 GR30040x를 확인하였다고 주장하였다가 Vandy의 반박에 의하여 사실관계를 번복한 사실을 상기시키며 Glaxo의 주장은 신빙성이 떨어진다고 주장하였다.

요약하면 Vandy는 자신이 Glaxo에 제공한 “Structural Features” 없이는 Glaxo France의 Dr. L이 GR30040x를 주화합물로 선정할 수 없었을 것이며, GR30040x의 후속연구를 수행한 Dr. Daugan 역시 tadalafil을 개발할 수 없을 것이라고 주장하였다. 이를 근거로 Vandy는 자신의 연구진이 Glaxo의 ’006 특허와 ’329 특허의 공동발명가로 기재되어야한다고 주장하였다.

미국 연방지방법원은 여러 가지 사건의 시점을 감안하였을 때 Glaxo가 Vandy의 IBMX 유사체를 인지한 후, 이를 이용하여 beta-carboline을 연구하였다는 Vandy의 주장이 설득력은 있다고 해석하였다. 하지만 연방지방법원은 Glaxo가 Vandy의 IBMX의 세부 구조를 이용하여 tadalafil을 개발하였다는 증거가 없다는 점이 Vandy 주장의 약점인 반면 Glaxo의 주장 역시 IBMX의 세부 구조를 이용하지 않고서도 tadalafil을 개발할 수 있었다는 증거가 없다는 점이 약점이라고 판시하였다. 연방지방법원은 GR30040x에 대한 양 당사자의 주장의 신빙성이 거의 동일하다고 판시하며, 이에 따라 ICOS의 주장을 인용하는 한편 Vandy의 발명가 정정 요청은 기각하였다.

Vandy의 항소를 담당한 미국 연방항소법원은 표 10-3의 35 U.S.C. § 116을 인용하며, 공동발명가 요건을 만족하기 위해서 각각의 공동발명가는 물리적으로 동일한 장소에서 동일한 시간에 일할 필요는 없고, 동일한 형태 또는 동일한 정도의 기여를 할 필요도 없으며, 특허의 모든 청구항의 청구발명에 기여할 필요도 없다고 확인하였다. 또한 연방항소법원은 공동발명가 여부에 대한 주안점은 항상 공동발명가 사이의 협력 및 공동행동(즉 “집단적 노력”)이라고 강조한 후, 각 공동발명가는 청구발명의 착상에 기여해야 하며, 청구발명에 대한 명확하며 영속적인 idea에 공동으로 도달해야하되 발명의 공동착상에 공동발명가들이 서로 참여해야한다고 판시하였다.

표 10-3. 미국의 공동발명가 요건에 대한 35 U.S.C. § 116 (1988)[30)]

35 U.S.C. § 116 (1988)
When an invention is made by two or more persons jointly, they shall apply for patent jointly and each make the required oath, except as otherwise provided in this title. Inventors may apply for a patent jointly even though (1) they **did not physically work together or at the same time**, (2)each did **not make the same type or amount of contribution**, or (3) each did **not make a contribution to the subject matter of every claim** of the patent.

연방항소법원은 등록특허에 기재된 발명가는 정확하다고 추정되므로 등록특허의 발명가 정정을 위해서는 이를 원하는 당사자가 상기 특허에 기재된 발명가가 오류임을 명백하고 신뢰할 수 있는 정도로(clear and convincing) 입증해야한다고 판시하였다. 참고로 명백하고 신뢰할 수 있는 증거란 약 70:30 정도 또는 그 이상의 신빙성으로

30) 위의 35 U.S.C. § 116은 미국 개정특허법 America Invents Act에서도 내용상의 개정은 없었다.

주장을 입증함을 지칭한다. 연방항소법원은 Glaxo의 GR30040x 합성에 대한 유일한 증거는 당사자의 증언이며, Dr. Daugan은 pyridinyl moiety의 대체는 일반적 방법이라고 증언하였으며, Dr. L은 이러한 대체를 통한 tadalafil의 합성은 시행착오를 거치는 자명한 과정이라고 증언한 점 등을 지적하였다.

연방항소법원은 Vandy가 Glaxo France의 Dr. L이 Vandy 연구진의 연구결과를 유용하였음을 명백하고 신뢰할 수 있는 정도로 입증하지 못하였고, Vandy 연구진인 Dr. Corbin, Dr. Francis는 물론 Dr. Konjeti 역시 Glaxo France의 Dr. Daugan과 GR30040x 등의 PDE 5 억제제에 대해서는 직접적으로 교신한 적이 없다고 판시하였다. 또한 Dr. L이 Dr. Daugan에게 Vandy의 "Structural Features"를 전달하였다는 증거가 없고, Dr. Daugan이 GR30040x을 합성하기 위하여 Vandy 연구진의 연구결과를 사용하였음을 명백하고 신뢰할 수 있는 정도로 입증하지 못하였다고 결론지으며, 이에 따라 연방항소법원 역시 연방지방법원의 발명가 정정 요청 기각을 인용하였다.[31)]

요약하면 Vandy는 Glaxo가 개발한 PDE5 억제제가 자신의 "Structural Features"를 활용하였음을 50:50정도에 해당하는 증명의 우월(preponderance of evidence)까지 입증하는 데에는 성공하였지만, 등록특허의 발명가가 정확하다는 추정을 극복하기 위해 반드시 만족해야 할 70:30 정도에 해당하는 "명백하고 신뢰할만한(clear and convincing) 증거"로 입증하는 데에는 실패함에 따라 발명가 보정에 실패하고 말았다. 이와 같이 Vanderbilt case는 알면서도 빼앗길 수 있는 산학협력의 속성은 물론 선출원의 중요성을 반영한다.

(2) 빼앗기지 않으려 해도 빼앗기(기) 쉬운 산학협력

위에서 설명한 Vanderbilt case는 대학교·연구소가 타대학교·연구소와 공동연구를

31) Vanderbilt case를 담당하였던 미국 연방항소법원 판사는 Michel 판사장, Clevenger 판사, Dyk 판사였다. 이 중 Dyk 판사는 Vandy의 연구진이 Glaxo의 연구진과 함께 GR30040x의 착상에 기여했으므로 공동발명가 요건을 만족하였다고 주장하는 소수의견을 제시하였다.

수행하며 발생할 수도 있다. 하지만 Vanderbilt case는 대학교·연구소가 제조업체와 産學협력 시 더 자주 발생할 수 있는 사건이다. 즉 "publish or perish"라는 slogan 하에 우주의 진리를 규명하는 연구논문을 유수 학술잡지에 꾸준히 게재해야만 생존할 수 있는 대학교·연구소의 교수나 연구원은, 연구를 수행하기 위한 재원을 확보하기 위해서 관련 제조업체에 자신의 연구결과 및 향후 연구계획을 발표하고 세부 연구에 대한 연구계획서를 제출하다보니 이러한 불상사가 종종 발생하게 된다.

그렇다면 대학교·연구소의 교수나 연구원(추후 '學'으로 지칭)이 자신이 착상한 발명 또는 발명을 착상하기 직전의 상태인 idea를 관련 제조업체(추후 '産'으로 지칭)에 공개하지 않은 채 연구비를 지원받으면 될 일이 왜 이렇게 복잡해지는 것일까? 이에 대한 정답은 "學이 자신의 idea를 공개하지 않은 채 産에 연구비를 요청할 경우, 대부분의 産은 정체를 알 수 없는 學의 제안을 거절하기 때문"이다. 따라서 學은 産으로부터 연구비를 지원받기 위하여 産에게 자신의 발명 또는 idea를 공개할 수밖에 없다.

이에 대한 産의 반응은 어떨까? 어떤 경우에는 産이 學에게 절대적으로 의존할 수밖에 없는 경우도 있다. 일예로 産의 연구 능력이 學에 비해 뒤처지므로 産이 學의 idea나 발명을 구현할만한 능력이 없거나, 또는 産이 學만큼 유능한 연구진을 보유하지 않았을 경우이다. 이 경우 學은 상대적으로 편한 마음으로 産에게 자신의 idea나 발명을 공개할 수 있다. 왜냐하면 産이 學의 발명이나 idea를 활용하여 자신만의 명의로 특허를 출원하거나 자신만의 idea로 발명을 착상할 가능성이 몹시 낮기 때문이다.

하지만 産과 學의 연구 능력이 대동소이하거나, 産의 능력이 뛰어나거나, 産이 보유한 연구비나 연구원 수가 學에 비하여 월등한 경우는 어떨까? 물론 學은 産이 學의 idea나 발명을 學의 소유로 인정해주기를 바란다. 하지만 현실적으로 學의 희망이 현실화되지 않는 경우도 많다.

우선 學이 자신의 idea나 발명을 産에게 공개하였을 경우 産은 이를 자신의 소유물로 간주할 수 있다. 어떤 경우에는 産의 책임자가 學의 발명을 탐낸 결과 이러한 결과가 발생할 수도 있으며, 이 경우 産은 조직적으로 學의 발명을 사유화할 수도 있다. 또한 이러한 문제는 産의 책임자의 의사와 관계없이 産의 연구진 등이 學의 발명을 탐내어 발생할 수도 있다. 즉 産의 연구진이 學의 발명을 자신의 업적인양 포장하여 bonus

를 받거나 자신의 승진을 위한 도구로 사용하려는 경우이다.

이와는 달리 學이 자신의 idea나 발명을 産에 제공하였을 당시 이미 産의 연구진이 學의 idea나 발명과 동일한 또는 유사한 idea나 발명을 독립적으로 착상한 경우도 있다. 이러한 경우 상기 idea나 발명의 소유권은 더욱 모호해질 수 있으며, 이에 따라 발생하는 결과에 대한 시시비비나 책임을 따지기도 더욱 어려워진다.

물론 이러한 분쟁을 미연에 방지하기 위해서 産과 學이 각각 자신의 연구결과 등을 자세히 기록하면 추후 분쟁 해결에서 유리한 고지를 점할 수 있을 것으로 생각할 수 있다. 일예로 學이 자신의 연구결과를 자세히 기록함은 물론 자신의 idea나 발명을 産에게 공개할 때 비공개합의서(non-disclosure agreement, NDA)를 체결하여 産과의 분쟁을 미연에 방지할 수 있다는 생각이다.

하지만 이는 學의 희망사항일 뿐 産의 입장에서는 현실적으로 받아들이기가 매우 어려운 조건이다. 왜냐하면 産이 수많은 學의 idea나 발명을 알아보기 위하여 NDA를 체결하는 순간, NDA를 서명한 産의 담당자는 물론 産의 모든 연구원 역시 學의 idea나 발명을 인지하는 것으로 전가되기 때문이다. 따라서 추후 특허침해소송이 제기될 경우 産은 學의 발명을 고의적으로 침해하였다고 패소할 수 있으며, 이러한 경우 미국에서는 정상적 손해배상금의 3배(up to 3 times)에 달하는 징벌적 손해배상금을 물어야만 한다.

또한 産에게는 위에서 설명한 문제에 대한 손쉬운 현실적 해결책이 있다. 産은 學과 힘든 연구계약을 체결하고 비싼 연구비는 물론 royalty까지 지급하는 대신 學의 해당 교수 실험실에서 갓 졸업한 박사학위 또는 석사학위 소지자를 고용함으로써 연구비, royalty와 관련된 모든 문제를 저절로 해결할 수도 있다. 결국 이와 같은 産의 해결책은 學이 영원히 극복할 수 없는, 學의 최대의 약점이다.

혹자는 學 역시 자신이 착상한 idea나 발명에 대한 특허를 출원한 후 産을 접촉할 경우 이러한 불상사를 방지할 수 있다고 항변할지도 모른다. 하지만 이 역시 현실적인 대안은 아니다. 우선 學이 idea를 보유한 후 발명 착상을 위하여 실험을 하려면 産의 연구비가 필요하지만, 이 상태의 발명은 특허를 받을 수는 없는 상태가 대부분이다. 또한

學이 발명을 착상하고 産에게 발명을 공개하기 전 특허를 출원하려 해도, 學의 특허관리기관인 TLO가 이를 모두 지원할 수 없는 경우가 대부분이기 때문이다.[32)]

한편 각종 통계지표를 보더라도 국내에 비하여 미국에서는 産學협력이 활발하다. 그 이유는 무엇일까? 미국의 경우 産은 産대로, 學은 學대로 자신의 방어에 충실히 대비하며, 분쟁이 발생하면 소송을 통하여 분쟁을 해결하기 때문이다.

그렇다면 국내 사정은 어떨까? 국내 대학교·연구소가 국내기업을 상대로 소송을 제기할 수 있을까? 특히 국내 대학교·연구소가 자신에게 상당한 연구비를 지급하는 국내 대기업을 상대로 소송을 제기할 수 있을까? 언론은 이를 어떤 시각으로 보도할 것이며, 국민은 이를 어떻게 받아드릴까? 그래서인지 국내의 産學협력은 대부분 일방향성이기에 유명무실한지도 모른다.

2. 특허 소유권

앞서 설명한 바와 같이 발명가가 착상함으로써 창조되는 발명이라는 무형재산에 대한 소유권은 1차적으로 발명가가 소유한다. 따라서 발명가가 특허를 출원·등록하게 되면 상기 특허 역시 발명가가 소유하게 된다. 즉 특별한 법령·규정 또는 발명가와 제3자와의 계약이 존재하지 않는 한, 발명을 착상한 발명가가 특허를 출원·등록하면 발명가가 특허를 소유하며, 타인의 실시를 금지할 수 있는 금지권 역시 발명가가 보유한다.

하지만 앞서 설명한 바와 같이 연구자가 착상에만 참여한 경우, 연구자가 착상 및 구체화에 모두 참여한 경우, 착상에는 무관한 연구자가 구체화에만 참여하였을 경우, 연구자가 구체화에만 참여하였으나 당업자 수준 이상으로 기여한 경우, 연구자가 발명에

32) 學의 특허관리기관인 TLO(Technology Licensing Office)에 대해서는 제11장의 4-다절 "국내 대학교·연구소의 특허관리·활용 조직인 TLO의 한계" 참고.

대한 아이디어 제공 후 무관심한 경우, 발명을 창출하는 연구의 관리자의 경우, 상기 연구자나 관리자는 계약이나 법령에 따라 특허를 단독으로 또는 공동으로 소유할 수도 있고 소유하지 못할 수도 있다. 또한 착상이나 구체화와 모두 무관하지만 23억 원을 출자한 투자자 또는 10년간 자료만 수집하고 라면을 조리하고 설거지한 연구자 역시 법령·규정 또는 발명가와의 계약에 따라 특허를 단독으로 또는 공동으로 소유할 수도 있고 소유하지 못할 수도 있다.

즉 연구자가 발명가인지 또는 공동발명가인지는 법이 정한 요건에 따라 판단하지만, 특정인이 특허의 소유권자인지 아닌지는 관련 법령은 물론 특정인이 체결한 계약에 따라 결정된다. 따라서 대부분의 경우 발명가가 발명 전후 또는 특허 출원 전후 제3자와 체결한 모든 계약을 파악하지 않는 한, 발명가가 자신이 착상한 발명 및 특허의 합법적 소유권자인지를 정확히 판단할 실질적 방법은 없다. 이러한 이유로 기술이전 계약서, 특허양도 계약서 등에는 특허를 이전하는 또는 양도하는 주체가 상대방에게 "자신이 계약 특허의 적법한 소유자"임을 보증하는 조항이 통상적으로 포함된다.

아래에서는 단일의 단독소유권자가 특허를 단독으로 소유하는 경우 및 다수의 공동소유권자들이 공동으로 특허를 소유하는 경우에 대하여 살펴본다. 또한 특허의 공동소유권의 특성을 설명하고, 국내 특허법과 미국 특허법 상의 공동소유권의 의미를 비교한 후, 공동소유권에 대한 지분의 의미 및 지분보다 더 중요한 요소를 살펴본다.

가. 특허의 단독소유권

앞서 발명을 착상한 발명가가 따로 체결한 계약이 없고 관련 법령이 적용되지 않을 경우 상기 발명·특허의 소유권자는 발명가라고 설명하였다. 이와는 달리 발명가는 계약을 통하여 자신이 보유한 발명 또는 특허의 소유권의 전부 또는 일부를 제3자에게 양도·허여할 수 있다. 또한 발명가는 발명 착상, 특허 출원 및 등록 전후에도 상기 계약을 체결할 수 있다. 물론 계약 체결 시점이 발명의 착상 및 특허 출원 이후일수록 계약의 대상물 역시 명확해지므로 분쟁 역시 줄어든다.

특허 소유권과 관련된 또 다른 특이 사항은 발명·특허의 소유권자와 발명가의 수효는 항상 1:1로 대응되지는 않는다는 점이다. 즉 소유권자는 단독으로 발명·특허를 소유하더라도 발명가는 다수일 수 있으며, 일예로 이는 다수의 공동발명가가 발명을 착상하여 특허를 출원하며 특정 발명가에게 모든 권리를 양도함으로써 상기 특허를 특정 발명가가 단독으로 소유하는 경우에 해당한다. 이와는 달리 단독발명가가 단일의 제3자에게 특허에 대한 모든 권리를 양도할 수도 있고, 단독발명가가 자신의 발명·특허를 다수의 공동소유권자들에게 양도·허여할 수 있으며, 다수의 공동발명가들이 공동발명 및 특허를 다수의 공동소유권자들에게 양도·허여할 수도 있다.

일반적으로 특허를 단일의 소유권자가 소유할 경우에는 권리 관계가 명확하여 소유권 분쟁이 발생하지 않을 뿐만 아니라, 제3자에 대한 특허의 양도나 licensing 역시 용이하다. 따라서 다수의 발명가가 공동으로 발명을 착상하고 특허를 출원·등록하였을 경우에도 주발명가는 동료 발명가들을 모두 공동발명가로 기재는 하되, 동료 발명가들이 자신에게 각자의 소유권을 양도함으로써, 소유권은 자신이 단독으로 보유하고 타발명가들에게는 수익 창출 시 수익을 지분에 따라 배분하는 등 상기 특허의 소유권을 단순명료하게 정리하는 방법도 심각히 고려할 필요가 있다.

나. 특허의 공동소유권과 독자 실시

앞서 설명한 바와 같이 발명을 착상한 발명가가 단일이건 다수이건 상관없이 발명에 대한 특허 역시 단일의 소유권자가 단독으로 또는 다수의 소유권자들이 공동으로 소유할 수 있다. 일반적으로 특허를 다수의 소유권자(특허권자 또는 출원인)들이 공동소유할 경우, 각 소유권자의 성격이나 목적에 따라 특허를 통한 수익 창출(즉 특허의 양도 또는 실시권 허여, 자가실시 등)과 관련된 복잡한 문제가 발생할 수 있다.

우선 특허를 다수의 공동소유권자들이 공동소유할 경우, 각 공동소유권자는 상대방의 동의 없이 상기 특허의 청구항에 기재한 청구발명을 독립적으로 실시(즉 제조, 사용, 판매 제안, 판매 및 수입)할 수 있다. 따라서 특허를 개인발명가인 공동소유권자 A와 제조업체인 공동소유권자 B가 공동으로 소유할 경우, 일방은 상대방으로부터 별도의 허락을 받지 않고도 청구항의 청구발명을 구현하는 제품을 자유로이 제조·판매할 수 있다. 따라서 제조업체인 공동소유권자 B는 제품을 제조·판매하여 수익을 창출할 수 있는 반면 개인발명가인 공동소유권자 A는 자신이 직접 제조 능력을 갖추지 않는 한 수익을 창출할 수 없는 경우가 발생한다.

또한 다수의 공동소유권자들이 공동소유 특허의 청구발명을 각각 실시한 결과 창출한 수익은 상대방과 분배할 필요가 없다. 따라서 공동소유권자 A와 B가 각각 청구발명을 실시한 결과, A는 1,000억 원의 적자를 보고 B는 1,000억 원의 수익을 창출하였을 경우, B는 A에게 자신의 이익의 일부를 지급해야할 의무가 없다. 즉 특허의 공동소유권자들이 특허를 각각 독립적으로 실시할 경우에는 엄격한 독립채산제가 적용된다. 이는 국내법이나 미국법이나 모두 동일하다.

그렇다면 특허의 공동소유권자의 자격 조건은 무엇일까? 간단하다. 상기 특허에 대하여 음수 또는 '0'이 아닌 지분을 보유한 모든 이가 상기 특허의 공동소유권자이다. 즉 자신의 지분이 무려 99.9999%인 A도 공동소유권자인 반면 지분이 겨우 0.0001%에 불과한 B도 합법적인 공동소유권자이다.

앞서 설명한 바와 같이 특허의 공동소유권자는 각각 독립적으로 특허를 실시할 수 있는 권리를 가지므로, 지분이 99.9999%인 공동소유권자 A나 0.0001%인 공동소유권자 B 모두 상대방의 승인 없이, 자신의 지분의 크기에 상관없이, 각각 독립적으로 특허제품을 제조·판매할 수 있다. 따라서 특허의 공동소유권자가 상기 특허의 청구발명을 독자 실시하려면 지분의 크기는 전혀 중요하지 않다는 사실이 바로 공동소유권자 관련 법령의 특징이다.

다. 금지권 발동을 위한 공동소유권자의 사전 동의

앞서 설명한 바와 같이 특허의 공동소유권자는 각각 상대방의 사전 동의 없이 청구발명을 독자적으로 실시할 수 있다. 또한 상기 특허의 청구발명을 실시하여 수익을 창출한 공동소유권자는 자신이 창출한 이익을 타공동소유권자와 공유할 의무도 없다. 즉 각각의 공동소유권자는 공동으로 소유한 특허의 청구발명을 독자적으로 실시할 수 있음은 물론, 이를 통하여 창출한 이익도 혼자 소유하며, 이를 통하여 적자를 보더라도 혼자 손해를 본다.

하지만 한 공동소유권자가 경쟁자를 상대로 자신의 지분에 근거한 금지권을 행사하려면 타공동소유권자의 사전 동의가 필요하다. 일예로 국내 특허법이건 미국 특허법이건 공동소유권자가 침해의심 제조업체를 상대로 특허침해소송을 제기하려면 타공동소유권자의 사전 동의를 필요로 한다. 일예로 위의 제10장의 1-가절의 Ethicon case에서 설명한 바와 같이, Ethicon이 제기한 특허침해소송 자체가 기각된 이유 중의 하나도 Ethicon이 보유한 특허의 공동소유권자인 Mr. 최가 US Surgical을 상대로 Ethicon이 제기한 특허침해소송에 동의하지 않았기 때문이다.

라. 특허의 공동소유권과 지분 양도

이와 같이 특허를 단독으로 소유하였을 경우와 다수의 공동소유권자가 소유하였을 경우에는 상식적으로는 예상치 못한 결과가 초래될 수도 있다. 아래에서는 국내 특허법과 미국 특허법 상의 공동소유권의 의미를 비교한 후, 공동소유권에 대한 지분의 의미를 재정의한다.

(1) 공동소유권자의 성격, 목적 및 결과

공동소유한 특허를 이용한 수익 창출 방법은 공동소유권자의 성격과 목적에 따라 상이해진다. 우선 제조수단을 갖춘 실시기업(즉 제조업체)은 공동소유한 특허의 청구발명을 제조·판매하여 수익을 창출할 수 있다. 반면 대학교·연구소·개인발명가 등은 제조수단을 갖추지 못하였으므로 공동소유한 특허의 청구발명을 제조·판매하여 수익을 창출할 수 없다. 따라서 공동소유권자의 성격과 목적이 동일하면 심각한 문제가 발생하지 않지만, 이들의 성격과 목적이 상이할 경우에는 심각한 문제가 발생할 수 있다.

우선 공동소유권자의 성격과 목적이 동일한 경우를 살펴보자. 일예로 S대학교와 K연구소가 공동으로 특허를 소유한 경우, S대학교와 K연구소는 모두 제조수단을 보유하지 않았으므로 특허의 청구발명을 구현하는 제품을 제조·판매할 수 없는 경우가 대부분이다. 이에 따라 특허를 통한 수익 창출에 관한한 S대학교나 K연구소의 목적은 상충되지 않고 자연적으로 합치된다. 즉 두 기관 모두 특허를 licensing하여 수익을 창출하기 위하여 협조한다. 또한 침해의심 제조업체가 상기 특허를 침해하였다고 판단할 경우, S대학교와 K연구소는 상호 적극적으로 협조하며 침해의심 제조업체에 대한 소송을 제기하고 진행하게 된다. 즉 성격과 목적이 동일한 공동소유권자들은 자연스럽게 상기 특허의 기술이전은 물론 침해의심 제조업체에 대한 소송 등에 협업할 수 있다.

공동소유권자가 모두 제조업체인 경우도 마찬가지이다. 일예로 S기업과 K기업이 공동으로 특허를 소유할 경우에도, S기업과 K기업은 각자의 제조수단을 이용하여 특허의 청구발명을 구현하는 제품을 제조·판매하여 수익을 창출한다. 물론 S기업과 K기업은 시장에서 서로 경쟁할 수밖에 없다. 하지만 이 경우는 위에서 설명한 S대학교나 K연구소의 경우와 크게 다르지는 않다.

하지만 공동소유권자의 성격과 목적이 상이하면 희비가 엇갈릴 수 있으며, 이의 대표적인 예가 바로 제조업체인 실시기업과 비제조업체인 대학교·연구소가 특허를 공동으로 소유하는 경우이다. 우선 제조업체는 기보유하고 있는 제조수단을 이용하여 특허의 청구발명을 실시하지만 대학교·연구소는 보유한 제조수단이 없으므로 특허의 청구발명을 실시할 수 없는 경우가 대부분이다. 또한 대학교·연구소가 자본을 투자하여 제조수단을 구축하더라도 가격, 마케팅 등 사업 관련 측면에서 제조업체의 경쟁 상대가 될 수 없는 경우가 대부분이다. 따라서 대학교·연구소의 현실적 대안은 자신이 공동으로 소유한 특허의 지분을 타제조업체에 양도하거나 license 계약을 통하여 실시권을 허여하는 방법이 거의 유일하다. 하지만 국가에 따라 상이한 공동소유권자 사이의 권리·의무에 따라 대학교·연구소의 희비 역시 엇갈리게 된다.

(2) 국내의 경우 지분의 크기보다는 지분의 유무가 중요

다수의 공동소유권자들이 특허를 공동소유할 경우 공동소유권자 일방이 자신의 지분을 타공동소유권자의 동의 없이 제3자에게 양도하거나 상기 특허에 대한 license를 허여할 경우, 타공동소유권자는 피해를 입을 수 있다. 일예로 제조업체 A와 특허를 공동으로 소유한 개인발명가 B가 제조업체 A의 동의 없이 자신의 지분을 제조업체 A의 경쟁 제조업체 C에게 양도한다면, 제조업체 A는 경쟁업체 C와 시장에서 치열하게 경쟁할 수밖에 없게 된다. 특히 제조업체 A가 경쟁업체 C보다 규모가 영세할 경우, 제조업체 A는 시장을 잠식당하고, 심한 경우 폐업을 감수해야하는 경우도 발생할 수 있다.

표 10-4. 국내 특허법상의 공동소유권자의 지분 양도 조건[33)]

특허법 제 99조 (특허권의 이전 및 공유 등)
① 특허권은 이전할 수 있다. ② 특허권이 공유인 경우에는 각 공유자는 다른 공유자 모두의 동의를 받아야만 그 지분을 양도하거나 그 지분을 목적으로 하는 질권을 설정할 수 있다. ③ 특허권이 공유인 경우에는 각 공유자는 계약으로 특별히 약정한 경우를 제외하고는 다른 공유자의 동의를 받지 아니하고 그 특허발명을 자신이 실시할 수 있다. ④ 특허권이 공유인 경우에는 각 공유자는 다른 공유자 모두의 동의를 받아야만 그 특허권에 대하여 전용실시권을 설정하거나 통상실시권을 허락할 수 있다.

이러한 불공정 행위를 막기 위하여 국내 특허법은 공동소유권자 일방이 타공동소유권자의 동의 없이는 자신의 지분을 제3자에게 양도하거나 license하지 못하도록 규정한다. 표 10-4는 이에 대한 국내 규정인 특허법 제99조이다. 즉 제99조 제2항 및 제4항과 같이 공동소유권자 일방이 자신이 보유한 지분의 전부 또는 일부를 타인에게 양도하거나 실시권을 허여하려면 타공동소유권자 모두의 사전 동의가 필요하다. 따라서 특허를 공동으로 소유하였으나 공동소유권자의 성격이 상이할 경우, 공동소유권자 일방이 자신이 직접 청구발명을 실시하지 않고 자신의 지분을 제3자에게 양도하거나 실시권을 허여하여 수익을 창출하려해도 타공동소유권자의 동의를 얻지 못하여 좌절하는 경우가 자주 발생하게 된다.

특히 제조업체와 대학교·연구소와 같은 비제조업체가 특허를 공동소유하는 경우, 제조 능력이 없거나 취약한 대학교·연구소가 자신이 보유한 지분을 타제조업체에 양도하거나 기술이전하려해도 제조업체가 반대하면 대학교·연구소가 상기 특허로 수익을 창출할 수 있는 방법은 전무하다. 따라서 제조업체와 대학교·연구소가 공동으로 소유한 특허는, 대학교·연구소의 입장에서 보면 제조업체가 단독으로 소유하는 경우와 아

33) 2014년 6월 11일 개정, 2015년 1월 1일부터 시행.

무런 차이가 없는 경우가 대부분이다.[34)]

이러한 측면에서 보면 국내특허에 대한 공동소유권자의 지분에 있어서 가장 중요한 사항은 "지분의 크기"라기보다는 "지분의 유무"이다. 즉 발명가는 가능하면 공동소유권자의 수를 줄이고, 가능하면 공동소유권자의 성격(실시업체 또는 비실시업체)도 동일하게 유지함이 추후 수익 창출 시 발생할 수 있는 장애물을 사전에 제거하는 최선의 대비책이다. 물론 이러한 방법은 대학교·연구소의 입장일 뿐, 이를 제조업체의 입장에서는 정반대로 표현할 수도 있다. 즉 가능하면 특정 특허의 공동소유권을 확보하는 전략이 추후 상기 특허를 실시할 때 타공동소유권자의 반대에 대한 막강한 장애물을 사전에 설치하는 최선의 대비책이라는 말이다.

(3) 국내 산학협력과 공동소유권

그렇다면 국내 대학교·연구소에게 연구비를 지급하고 R&D 과제를 위탁하며 상기 과제로부터 도출되는 특허를 공동으로 소유하려는 국내 제조업체는 비양심적인 제조업체일까? 아니면 이러한 제조업체는 자신의 우월한 자금력 또는 협상력을 이용하여 국내 대학교·연구소를 압박하는, 상거래 질서를 어지럽히는 동시에 산학협력 정신을 훼손하는 악덕 제조업체일까?

이에 대한 정답은 "절대로 그렇지 않다"이다. "누울 자리 봐가며 다리를 뻗는다"는 우리 속담이 있듯이, 국내 대학교·연구소와 국내 제조업체 사이의 연구계약도 마찬가지인 경우가 대부분이다. 해외 유수대학 교수에 비하여 국내 S대학교의 S교수의 연구능력이 탁월하고, 국내 제조업체도 S교수와 공동으로 연구하기를 학수고대하는 경우를 가정하자. S교수가 연구계약서를 웬만큼 이해할 경우, 제조업체는 S교수가 체결하지 않고는 못 배길 만큼 매력적인 조건을 S교수에게 제안할 수밖에 없다. 왜냐하

34) 물론 제조업체와 대학교·연구소가 특허의 공동소유에 대한 계약을 체결할 때, 추후 제조업체가 상기 특허를 실시하여 수익을 창출할 경우 이의 일부를 대학교·연구소에게 royalty로 지급한다는 조항이 상기 계약서에 포함되는 경우는 예외에 해당할 수 있다.

면 국내 제조업체가 S교수에게 불공정한 계약조건을 제시하고, 이에 격분한 S교수가 경쟁자 제조업체와 동일한 주제에 대한 연구계약을 체결할 경우, 제조업체는 난감해질 수밖에 없기 때문이다. 결국 국내 제조업체가 자신에게 일방적으로 유리한 계약조건을 국내 대학교·연구소에 강요하는 경우의 대부분은 국내 대학교·연구소의 교수나 연구원이 국내 제조업체와의 협상에서 leverage를 보유하지 못하는 현실을 반영한다고 간주할 수 있다.

그렇다면 국내 S대학교의 S교수가 국내외 유수대학의 타교수들에 비하여 월등한 연구능력을 지니지 못한 경우를 가정하자. 특별한 leverage를 보유하지 않은 S교수가 국내 제조업체의 특허 공동소유 전략에 대비하는 최선의 방법은 무엇일까?

이에 대한 정답은 "계약을 충실히 이행한다"이다. 즉 S교수는 국내 제조업체와 연구계약을 체결할 때 계약에 따라 자신이 수행해야할 연구의 범위를 신중히 선정하는 전략이다. 그리고 S교수는 연구 결과물에 대한 정의를 확실히 함으로써, 자신이 국내 제조업체로부터 받은 연구비만큼만 결과를 제공하면 된다. 이에 따라 연구능력이 그저 그런 S교수도 연구를 수행하며 얻은 idea 중 자신이 국내 제조업체에 제공하기로 한 idea를 제외한 나머지 idea를 추후 자신이 보유할 수 있게 된다.[35)]

(4) 미국의 경우에도 지분의 크기보다는 지분의 유무가 중요

앞서 국내 특허법 제99조는 다수의 공동소유권자들 사이의 불공정 행위 또는 사기를 방지하기 위하여 특허의 공동소유권자 일방이 상대방 모두의 동의 없이는 자신의 지분을 제3자에게 양도하거나 상기 특허에 대한 license를 허여하지 못하도록 규정한다고 설명하였다. 하지만 이러한 사기 방지 조항에는 단점도 있다.

일예로 개인발명가와 특허를 공동으로 소유한 국내 제조업체 A가 청구발명을 구

35) 별도의 계약이 존재하지 않는 한 국내 S대학교의 S교수가 착상한 발명이 직무발명일 경우, 상기 발명의 소유권자는 S대학교 또는 S대학교의 산학협력단이다. 이에 대한 자세한 내용은 제10장의 3절 "직무발명" 참고.

현한 제품을 제조·판매하여 수익을 창출하는 반면 개인발명가는 제조수단이 없으므로 아무런 수익을 창출하지 못하는 경우를 가정하자. 개인발명가는 상기 특허로 수익을 창출하기 위하여 자신의 지분을 제조업체 A의 경쟁업체인 제조업체 B에게 양도하려 하지만 제조업체 A가 이에 동의할 가능성은 몹시 낮다. 따라서 상기 특허의 공동소유권자임에도 불구하고 개인발명가는 수익을 창출할 수 없게 된다. 그렇다고 항상 개인발명가만이 피해를 보는 것도 아니다. 공동소유권자인 제조업체 A가 자신의 지분을 50억 원에 타제조업체에 양도하려할 때, 개인발명가는 다른 제조업체에게 자신의 지분을 양도하기 위하여 제조업체 A가 추진하는 license 계약을 제지할 수도 있다. 이러한 경우 타제조업체는 할 수 없이 적절한 가격에 특허를 구입할 수 없게 되며, 그 결과 공중 역시 더 비싼 비용을 치르며 상기 특허의 청구발명이 구현된 제품을 구입하게 된다.

미국 특허법은 이와 같은 문제로부터 발명가를 보호하는 동시에 공중이 특허를 구현한 제품을 더 저렴한 가격에 더 빨리 사용할 수 있도록 공동소유권자 일방은 타공동소유권자의 동의 없이도 자신의 지분을 제3자에게 양도하거나 자신의 지분에 대한 license를 허여하도록 허용한다. 즉 미국 특허법은 공동소유권자들 사이의 경쟁을 통하여 특허가 더 싼 가격에 더 빨리 시장에 공급되도록 유도하여 사회적 효율이 높아질 수 있도록 유도함을 목표로 한다.

표 10-5. 미국 특허법상의 공동소유권자의 지분 양도 조건

35 U.S.C. § 262 Joint Owners
In the absence of any agreement to the contrary, each of the joint owners of a patent may make, use, offer to sell, or sell the patented invention within the United States, or import the patented invention into the United States, without the consent of and without accounting to the other owners.

표 10-5는 미국 특허법상 타공동소유권자의 동의 없이 공동소유권자 일방이 자신의 지분을 양도할 수 있는 근거인 35 U.S.C. § 262이다. 표 10-5를 말 그대로 해석할 경우 지분의 양도(assign)나 licensing에 대한 규정은 없다. 하지만 미국 연방법원은

다수의 판례를[36] 통하여 상반되는 계약이 존재하지 않는 한 공동소유권자는 § 262에 따라 타공동소유권자의 동의 없이 자신의 지분을 양도 또는 licensing할 수 있는 권리를 가진다고 해석하였다.

그 결과 특허를 공동으로 소유할 경우 심각한 문제가 발생할 수도 있는 현실은 미국에서도 마찬가지이만, 미국에서는 공동소유권자의 성격이나 목적이 동일하건 상이하건 큰 차이가 없다. 왜냐하면 미국 특허법상 비제조업체 공동소유권자는 제조업체 공동소유권자의 동의 없이 상기 제조업체의 경쟁 제조업체에게도 자신이 보유한 지분의 전부 또는 일부를 양도하거나 실시권을 허여할 수 있기 때문이다.

그렇다면 미국 개인발명가, 대학교·연구소와 같은 비제조업체 공동소유권자와 특허를 공동소유한 미국 제조업체 공동소유권자의 대응책은 무엇일까? 즉 미국 제조업체는 어떤 전략을 사용하여 추후 미국 개인발명가나 대학·연구소가 공동소유 특허의 지분을 자신의 경쟁 제조업체에 양도하거나 licensing하지 못하도록 할 수 있을까?

이에 대한 해답은 "계약과 보상"이다. 즉 미국 제조업체가 전망하건대 미국 개인발명가, 대학교수, 연구소의 연구원이 추후 상업적으로 유망한 특허를 창출할 것으로 예상한다면 발명가에 대한 보상은 물론 추후 자신의 사전 동의 없이는 발명가가 지분을 제3자에게 양도, licensing하지 못한다는 조항을 포함한 계약을 체결하는 방법이다. 물론 발명가에 대한 보상으로는 제조업체가 특허를 매입하거나 전용실시권을 허여 받으며 지급하는 선급기술료(upfront royalty), 제조업체가 청구발명을 구현한 제품을 판매하여 얻은 매출액 또는 제조업체가 창출하는 수익의 일부에 해당하는 경상기술료(running royalty) 등이 있다. 하지만 선급기술료나 경상기술료의 적정액에 대한 기준은 없으며, 업계의 표준 선급기술료나 경상기술료에 대한 자료 역시 풍부하지는 않다는 어려움은 존재한다.

36) Talbot vs. Quaker-State Oil Refining Co., 104 F.2d 967 (3rd Cir. 1939); Willingham vs. Star Cutter Co., 555 F.2d 1340 (6th Cir. 1977) 등.

(5) 0.0001% 지분과 99.9999% 지분의 차이?

앞서 설명한 바와 같이 국내특허이건 미국특허이건 공동소유권자는 막강한 권리를 보유한다. 이뿐만이 아니다. 특허법 상 공동소유권자의 지분은 특허 전체에 대한 일정 지분으로 규정된다. 따라서 특허 청구항이 100개일 경우, 0.0001%(즉 백만분의 1)의 지분을 보유한 공동소유권자 B의 권리는 청구항 백만분의 1개에 대한 지분이 아니라 특허 전체, 청구항 100개 전체의 백만분의 1에 해당하는 지분이다.

그렇다고 99.9999%의 지분을 소유한 공동소유권자 A에 비하여 공동소유권자 B가 백만분의 1에 해당하는 제품만 제조·판매할 수 있는 것도 아니다. 오히려 공동소유권자 B는 백만분의 1의 지분에도 불구하고 특허를 실시하는 데 전혀 제약을 받지 않는다. 게다가 국내특허의 경우 공동소유권자 B는 백만분의 1의 지분을 이용하여 공동소유권자 A가 자신이 보유한 99.9999% 지분을 양도하거나 그 중 일부를 licensing하지 못하도록 저지할 수 있는 veto power도 보유한다. 반면 미국특허의 경우 공동소유권자 B는 백만분의 1에 불과한 지분을 이용하여 제3자나 공동소유권자 A의 경쟁자에게 특허 전체에 대한 자신의 지분을 양도하거나 licensing할 수도 있다.

앞서 제10장의 1-가절 “발명가 요건이 중요한 이유”에서 예시한 Ethicon case도 특허 공동소유권에 대한 입장에 따른 장단점을 적나라하게 드러낸다. 일예로 Dr. 윤으로부터 ’773 특허를 licensing한 Ethicon은 US Surgical이 ’773 특허의 청구항 34번과 50번을 침해하였다고 제소하였다. 반면 미국 법원은 Mr. 최가 Dr. 윤 특허의 청구항 33번과 47번의 착상에만 참여하였다고 판결하였다. 즉 Ethicon이 US Surgical에 의하여 침해되었다고 주장하는 ’773 특허의 청구항 34번과 50번은 Mr. 최가 착상에 참여하였다고 확정된 청구항 33번과 47번과는 상이하다.

하지만 Mr. 최가 ’773 특허의 최소 하나 이상의 청구항의 착상에 기여하였다고 확정되는 순간 Mr. 최는 ’773 특허의 공동소유권자가 되며, 그 순간 Mr. 최는 자신이 착상에 전혀 기여하지 않은 청구항 33번과 47번에 대해서도 양도 또는 licensing을 허여할 수 있는 자격을 획득하게 되었다. 이것이 바로 공동소유 특허에 있어서 “지분의 크기”보다는 “지분의 유무”가 중요한 이유이다.

(6) 특허 소유권의 지분과 의의

그렇다면 공동소유권자에게 특허의 지분은 무슨 의의가 있을까? 과연 특허의 지분은 중요하기나 할까?

우선 특허 지분이 중요해지는 경우는 공동소유권자들이 특허를 공동으로 타인에게 양도하거나 licensing하여 수익을 창출한 후 이를 지분에 따라 분배할 경우이다. 물론 이 경우에도 계약서에서 수익을 지분과는 별도로 분배한다는 조항이 있으면 지분의 의의는 다시 사라진다. 특허 지분이 중요해지는 또 다른 경우는 공동소유권자들이 특허 처리에 대하여 투표를 할 경우이다. 물론 이 경우도 공동소유권자들의 지분에 의한 다수결에 따라 특허를 처리한다는 계약 등이 존재할 경우에 한할 것이며, 이와는 반대로 공동소유권자가 일종의 veto power를 가지는 경우에는 지분의 크기보다는 지분의 유무가 더 중요해진다. 이 외의 경우에도 공동소유 특허의 지분이 중요해지는 경우가 있을 것이다. 하지만 다시 한 번 강조하는바, 공동소유 특허의 지분과 관련하여 중요한 점은 대부분의 경우에는 "지분의 크기"가 아니라 "지분의 유무"란 점이다.

3. 직무발명

국내기업에 신입사원 S가 입사하여 교육도 받고, 연수과정도 거치며, 회사의 기기를 이용하여 실험하다가 기술성은 물론 경제성도 뛰어난 발명을 착상한 경우를 가정하자. 신입사원 S는 매일 같은 실험만 반복하는 모자란 선배 A나 동료 B, 회식 장소 섭외나 회식 후 여흥에나 신경 쓰는 동료 신입사원 C는 자신이 착상한 발명과 같은 뛰어난 발명을 착상할 능력도, 의욕도 없음을 안다. 더 나아가 신입사원 S는 분명히 자신이 아니었다면 그 누구도 이러한 발명을 착상할 수 없음을 확신한다. 그렇다면 이 발명은 신입사원 S의 개인발명일까, 아니면 상기 국내기업의 발명일까?

반대로 신입사원을 선발하여 교육도 제공하고, 연수도 시키고, 연구실 기기를 이용하여 실험도 해보도록 하며, 업무를 위하여 자신의 영업비밀도 전수한 국내기업의 대표를 가정하자. 방금 입사한 신입사원을 대상으로 한 교육이 끝나자마자 그 동안 연구소장도 해결할 수 없었던 문제를 신입사원 S가 신출귀몰한 발명을 착상하여 해결하였다. 물론 신입사원 S가 다른 신입사원 C나 담당 과장 A, 부장 T, 연구소장 Z보다 똑똑한 만큼은 사실이다. 하지만 상기 기업의 대표는 자신이 신입사원 S를 교육시키지도 않고, 회사의 영업비밀을 신입사원 S에게 알려 주지도 않고, 회사의 실험 기기를 제공해 주지 않았더라면, 제 아무리 똑똑한 신입사원 S라도 이러한 신출귀몰한 발명을 착상하였을 리가 없었으리라고 주장한다. 그렇다면 신입사원 S의 발명은 상기 기업의 발명일까, 아니면 신입사원 S 개인의 발명일까?

가. 직무발명의 정의 및 요건

이러한 문제를 해결하기 위한 제도가 바로 “직무발명 제도”이다. 직무발명 제도는 종업원 발명가의 권리와 의무, 사용자의 권리와 의무를 규정하되, 종업원 발명가의 불공정 행위는 물론 사용자가 자신의 우월한 지위를 이용하여 종업원 발명가에게 불리한 고용계약을 체결하도록 강요하는 행위를 방지하기 위한 목적도 가진다.

표 10-6. 발명진흥법상의 직무발명 정의 및 요건

발명진흥법 제2조(정의)
2. “직무발명”이란 종업원, 법인의 임원 또는 공무원(이하 “종업원등”이라 한다)이 그 직무에 관하여 발명한 것이 성질상 사용자·법인 또는 국가나 지방자치단체(이하 “사용자등”이라 한다)의 업무 범위에 속하고 그 발명을 하게 된 행위가 종업원등의 현재 또는 과거의 직무에 속하는 발명을 말한다. 3. “개인발명가”란 직무발명 외의 발명을 한 자를 말한다.

표 10-6과 같이 발명진흥법 제2조 제2항은 (가) 종업원의 직무에 관한 발명이 (나) 성질상 사용자의 업무 범위에 속하고, (다) 발명을 하게 된 행위가 종업원의 현재·과거의 직무에 속하는 경우, 이를 직무발명이라고 규정한다. 즉 직무발명은 아래의 식 [10-1]과 같이 위의 세 가지 요건인 (가), (나), (다)를 모두 만족하는 교집합에 해당한다.

국내 직무발명 = (가) ∩ (나) ∩ (다)　　　[10-1]

한편 발명진흥법 제2조 제3항은 직무발명이 아닌 종업원의 발명을 개인발명이라고 규정한다. 바꾸어 말하자면 종업원의 발명은 직무발명 아니면 개인발명, 둘 중 하나이다. 그렇다면 직무발명이 아닌 개인발명은 어떻게 정의할 수 있을까? 발명진흥법 제2조 제2항에 의하면 (가c) 종업원의 발명이 직무에 관한 발명이 아닐 경우, 또는 (나c) 종업원의 발명이 성질상 사용자의 업무 범위에 속하지 않을 경우, 또는 (다c) 종업원이 발명을 하게 된 행위가 종업원의 현재·과거의 직무에 속하지 않는 경우를 지칭한다. 즉 개인발명은 식 [10-2a]와 같이 직무발명의 여집합에 해당한다.

국내 개인발명 = (가c) ∪ (나c) ∪ (다c) [10-2a]

하지만 직무발명 요건을 뜯어보면 (가)와 (다)는 중복된다고 간주할 수 있다. 따라서 위의 식 [10-2a]의 개인발명은 실질적으로는 [10-2b]와 같이 단순화할 수 있다.

국내 개인발명 = (나c) ∪ (다c) [10-2b]

따라서 위의 식 [10-1]과 식 [10-2b]의 정의만으로 보면 직무발명의 범위는 상당히 협소한 반면 개인발명의 범위는 상당히 넓다고 간주할 수도 있다. 즉 종업원이 발명을 착상하더라도 대부분은 종업원 자신이 소유한 개인발명인 반면 사용자에게 양도해야만 하는 직무발명은 많지 않을 것으로 생각할 수 있다.

하지만 현실이 반드시 그렇지는 않으며, 오히려 현실은 정반대이다. 왜냐하면 종업원의 현재·과거의 직무에 대한 해석이 상당히 포괄적일 수 있기 때문이다. 일예로 반도체 제조업체 부설 연구소의 "신제품 개발부"의 "20nm 반도체 공정 개발팀"을 관장하는 S팀장을 가정하자. S팀장의 경우 현재·과거의 직무가 20nm 반도체 공정인지, 신공정 개발인지, 신제품 개발인지, 아니면 일반 연구인지에 따라 S팀장의 직무의 범위는 고무줄처럼 줄어들었다 늘어났다할 수 있다. 또한 사용자의 업무 범위 또한 자의적 해석이 가능하다. 일예로 사용자의 업무 범위가 기업의 정관에 기재한 사업 내용에만 제한되는지 아닌지도 불분명하며, 정관에 기재된 사업 내용이라 하더라도 사용된 단어나 문구에 따라 범위는 고무줄처럼 줄어들었다 늘어났다할 수 있기 때문이다.

또한 비록 S팀장의 발명이 자신의 현재·과거의 직무에 해당하지 않는 경우에도 사용자는 '영업비밀'이라는 비밀병기를 활용하여 S팀장의 발명을 직무발명이라 주장할 수도 있다. 즉 S팀장의 직무에 smart-phone의 GUI 개발은 포함되지 않지만, S팀장은 자신의 사내 절친인 동시에 smart-phone GUI 개발팀장인 H팀장과의 대화를 통하여 상기 제조업체의 영업비밀을 취득한 후 이를 응용하여 발명을 착상하였다고 주장할 근거는 존재하기 때문이다.

표 10-7. 미국 California주 Labor Code(노동법)상의 직무발명 정의 및 요건

CA Labor Code § 2870
Any provision in an employment agreement providing that an employee shall assign or offer to assign any of his/her rights in an invention to his/her employer shall not apply to an invention for which **no equipment, supplies, facility or trade secret** information of the employer was used and which was developed entirely on the employee's **own time**, **AND** (a) which does not relate (1) to the business of the employer or (2) to the employer's actual or demonstrably anticipated R&D, **OR** (b) which does not result from any work performed by the employee for the employer.

미국의 경우는 어떨까? 우선 미국에서는 직무발명을 "employee invention"이라고 지칭하며, 여러 가지 법령을 통하여 직무발명의 한계를 규정한다. 단 미국의 경우 직무발명을 연방법으로 규정하는 대신 주법에서 규정하며, California주를 포함한 많은 주에서 직무발명 관련 규정은 소비자 보호법에 포함된다. 일예로 표 10-7은 미국 직무발명 법령의 예시로서 California주 노동법 § 2870이다.

표 10-6의 국내 발명진흥법과는 반대로 표 10-7의 California주 노동법은 개인발명을 규정한다. 표에 의하면 직무발명에 해당하지 않는 개인발명이란 (라) 종업원이 발명을 착상하기 위하여 사용자의 기기, 물품, 시설 및 영업비밀을 사용하지 않고, (마) 종업원이 자신의 비근무 시간, 즉 여가시간을 활용하여 발명을 착상하였으며, (바) 상기 발명이 사용자의 사업이나 실제 또는 입증 가능한 장래의 R&D와 관련이 없거나, (사) 상기 발명이 종업원이 사용자를 위하여 수행한 직무(work)로부터 기인하지 않는 경우에는 상기 발명은 직무발명이 아니라 개인발명이라고 규정한다. 이에 따라 미국 California주가 인정하는 종업원의 개인발명은 식 [10-3]으로 표현할 수 있다.

California주 개인발명 = (라) ∩ (마) ∩ [(바) ∪ (사)]

= (라) ∩ (마) ∩ (바) + (라) ∩ (마) ∩ (사) [10-3]

직무발명 관련 미국 법령의 특징은 요건 (라)이다. 종업원이 사용자의 영업비밀을 사용하여 발명을 착상하는 경우 또는 상기 발명에 사용자의 영업비밀이 포함된 경우, 사용자는 당연히 상기 발명에 대한 소유권을 주장할 수 있다. 하지만 종업원의 발명이 아무리 사용자의 사업과 무관하고 사용자의 영업비밀과 무관하더라도, 종업원이 사용자의 기기, 물품, 시설을 사용하게 되면, 종업원이 이렇게 착상한 발명의 소유권자는 사용자라는 규정이다. 따라서 종업원이 자신의 발명을 개인발명으로 유지하려면 사용자의 실험기기는 물론 사용자가 종업원에게 무료로 배포하는 연구 note, 사용자의 사무실에 비치된 각종 기기는 물론 computer나 printer도 사용하지 않음이 최선이다. 물론 사용자의 printer 옆에 놓여진 백지는 물론 그 옆의 이면지도 탐하지 말아야 한다.

나. 종업원, 사용자의 의무 및 권리

앞서 설명한 바와 같이 직무발명 규정은 사용자의 시설, 인건비 투자 등에 대한 사용자의 최소한의 권리를 규정하는 반면 사용자가 자신의 우월한 지위를 이용하여 종업원에게 부당한 계약을 요구하지 못하도록 종업원의 권리를 보호하는 두 가지 목적을 동시에 달성하도록 운용된다. 따라서 대부분의 직무발명 관련 규정은 종업원과 사용자의 권리와 의무를 부과하며, 그 결과 일반적으로 직무발명과 관련된 사용자의 권리는 직무발명과 관련된 종업원의 의무에 해당하며, 이와는 반대로 직무발명과 관련된 사용자의 의무는 직무발명과 관련된 종업원의 권리에 해당한다.

(1) 종업원의 의무 = 사용자의 권리

종업원이 직무발명을 착상하더라도 종업원이 이를 사용자에게 통고하지 않는 한 사용자가 이에 대하여 확인할 수 있는 현실적 방법은 없다. 따라서 사용자는 자신이 투자하여 마련한 시설, R&D에 대한 최소한의 대가도 회수할 수 없게 된다. 이러한 종업원의 도덕적 해이 및 불공정 행위를 방지하기 위하여 직무발명 제도는 종업원이 직무발명을 착상하는 즉시 이를 사용자에게 통지할 의무를 부과한다.

표 10-8. 종업원의 직무발명 완성 통지 의무

발명진흥법 제12조(직무발명 완성사실의 통지)
종업원등이 직무발명을 완성한 경우에는 지체 없이 그 사실을 사용자등에게 문서로 알려야 한다. 2명 이상의 종업원등이 공동으로 직무발명을 완성한 경우에는 공동으로 알려야 한다.
발명진흥법 제10조(직무발명)
① 직무발명에 대하여 종업원등이 특허, 실용신안등록, 디자인등록(이하 "특허등")을 받았거나 특허등을 받을 수 있는 권리를 승계한 자가 특허등을 받으면 사용자등은 그 특허권, 실용신안권, 디자인권(이하 "특허권등"이라 한다)에 대하여 통상실시권을 가진다. 다만, 사용자등이 「중소기업기본법」 제2조에 따른 중소기업이 아닌 기업인 경우 종업원등과의 협의를 거쳐 미리 다음 각 호의 어느 하나에 해당하는 계약 또는 근무규정을 체결 또는 작성하지 아니한 경우에는 그러하지 아니하다. 1. 종업원등의 직무발명에 대하여 사용자등에게 특허등을 받을 수 있는 권리나 특허권등을 승계시키는 계약 또는 근무규정 2. 종업원등의 직무발명에 대하여 사용자등을 위하여 전용실시권을 설정하도록 하는 계약 또는 근무규정

따라서 표 10-8과 같이 발명진흥법 제12조는 종업원이 직무발명을 완성하면 이를 지체 없이 사용자에게 문서로 통지하도록 규정한다. 또한 발명진흥법 제10조 제1항은 종업원이 직무발명과 관련하여 사용자와 아무런 계약을 체결하지 않았을 경우, 종업원의 발명은 당연히 종업원의 개인발명으로 간주된다고 규정한다. 단 이에 대한 예외 조항으로서, 사용자가 중소기업일 경우에 한하여 종업원의 개인발명에 대한 사용자의 기여를 감안하여 사용자는 종업원의 개인발명에 대한 통상실시권을 가진다고 규정한다. 즉 법률전문가를 고용하기 어려운 중소기업에 한하여 종업원의 발명에 대한 사용자의 최소한의 권리를 인정해 주되, 법률 전문가를 고용할 여력이 있지만 직무발명 관련 규정을 의무화하지 않은 대기업에 대해서는 이러한 권리를 박탈하는 규정이다.

(2) 종업원의 권리 = 사용자의 의무

종업원의 발명을 통지받은 사용자는 여러 가지 선택을 할 수 있다. 우선 사용자는 종업원에게 상기 발명을 승계 받지 않겠다고 통보할 수 있다. 이에 따라 상기 발명은 종업원의 개인발명이 될 수 있다.

하지만 이러한 경우는 자주 발생하지 않는다. 그 이유는 종업원이 상기 발명을 이용하여 수천억 원의 수익을 창출할 경우 사용자가 이를 후회할 수 있기 때문이다. 따라서 종업원이 통지한 발명의 승계 여부에 대한 결정권자가 기업의 실질적 책임자인 경우를 제외하면, 기업의 발명·특허 관리자가 종업원이 통지한 발명을 승계 받지 않겠다고 결정하기는 쉬운 일이 아니다. 따라서 대부분의 경우 사용자는 종업원이 통보한 발명을 직무발명으로 간주하고 이를 승계하게 된다.

간혹 종업원의 발명을 통지받은 사용자는 승계 여부에 대하여 아무런 조치를 취하지 않을 수도 있다. 일예로 사용자가 상기 발명을 승계할 경우 종업원에게 이에 대한 보상을 해야 함은 물론 상기 발명을 특허로 출원해야만할 수도 있기 때문이다. 하지만 사용자가 종업원이 통지한 발명을 어차피 승계하지 않기로 결정하였지만 사용자가 이에 대한 승계 여부를 밝히지 않는다면 종업원은 상기 발명을 이용한 수익 창출 작업에 착수할 수도 없게 된다. 또한 최악의 경우 종업원은 자신의 개인발명을 자가실시함으로써 사업할 수 있는 기회를 상실할 수 있다.

따라서 발명진흥법은 제13조 제1항에서 종업원의 발명을 통지 받은 사용자는 4개월 이내에 종업원에게 상기 발명의 승계여부를 알리도록 규정함으로써 사용자가 종업원 발명의 승계 여부를 결정하지 않고 시간을 끌지 못하도록 방지한다. 따라서 종업원이 신고한 발명을 사용자가 직무발명으로 승계하겠다고 종업원에게 통고하면 제13조 제2항에 따라 직무발명의 승계가 자동적으로 이루어진다. 반면 제13조 제3항에서와 같이 종업원이 사용자에게 직무발명을 신고한 후 4개월이 지나도록 사용자가 종업원에게 승계여부를 알리지 않을 경우, 상기 발명은 종업원의 개인발명이 되며, 이 때 사용자는 중소기업 여부를 차치하고 상기 발명에 대한 통상실시권도 보유할 수 없다고 규정한다.

표 10-9. 사용자의 직무발명 승계 여부 통지 의무

발명진흥법 제13조(승계여부의 통지)
① 제12조에 따라 통지를 받은 사용자등(국가나 지방자치단체는 제외한다)은 대통령령으로 정하는 기간에 그 발명에 대한 권리의 승계 여부를 종업원등에게 문서로 알려야 한다. 다만, 미리 사용자등에게 특허등을 받을 수 있는 권리나 특허권등을 승계시키거나 사용자등을 위하여 전용실시권을 설정하도록 하는 계약이나 근무규정이 없는 경우에는 사용자등이 종업원등의 의사와 다르게 그 발명에 대한 권리의 승계를 주장할 수 없다. ② 제1항에 따른 기간에 사용자등이 그 발명에 대한 권리의 승계 의사를 알린 때에는 그때부터 그 발명에 대한 권리는 사용자등에게 승계된 것으로 본다. ③ 사용자등이 제1항에 따른 기간에 승계 여부를 알리지 아니한 경우에는 사용자등은 그 발명에 대한 권리의 승계를 포기한 것으로 본다. 이 경우 사용자등은 제10조제1항에도 불구하고 그 발명을 한 종업원등의 동의를 받지 아니하고는 통상실시권을 가질 수 없다.

물론 종업원이 자신의 발명은 개인 발명이기를 바라는만큼 사용자 역시 종업원이 자신의 회사에서 근무하며 착상한 발명을 탐낼 수 있다. 따라서 사용자는 직무발명의 예외 조항을 통한 개인 발명의 가능성을 원천봉쇄하기 위하여 종업원과 고용계약 체결 시 종업원이 재직 중 착상하는 모든 발명은 직무발명 여부에 관계없이 사용자에게 양도하라는 등의 조건을 삽입할 수 있다. 물론 이러한 조항은 사용자가 자신의 우월한 지위를 이용하여 자신에게 유리하도록 고용계약서를 체결하려는 불평등 조항이다.

표 10-10. 사용자의 권리남용 방지 조항

(A) 발명진흥법 제10조(직무발명)
③ 직무발명 외의 종업원등의 발명에 대하여 미리 사용자등에게 특허등을 받을 수 있는 권리나 특허권등을 승계시키거나 사용자등을 위하여 전용실시권을 설정하도록 하는 계약이나 근무규정의 조항은 무효로 한다.
(B) CA Labor Code § 2870
Any provision that purports to apply to such an invention is to that extent against public policy of this state and is to that extent void and unenforceable.

이를 방지하기 위하여 표 10-10의 (A)와 같이 발명진흥법은 제10조 제3항에서 직무발명 외의 종업원의 발명에 대하여 사용자가 미리 특허를 받을 수 있는 권리, 특허권 승계 권리 또는 전용실시권을 설정할 수 있는 계약 또는 근무규정은 무효라고 규정한다. 즉 사용자가 자신의 우월한 지위를 이용하여 종업원에게 불리한 고용계약을 체결하더라도 이를 원천 무효화함으로써 종업원의 권리를 보호한다.

이는 미국의 경우도 마찬가지이다. 일예로 California주의 경우 표 10-10의 (B)와 같이 종업원과 사용자의 고용계약 중 California주의 공공정책에 위배되는 모든 조항은 원천적으로 무효이며 법적 집행력이 없다고 규정한다.

다. Fortune Favors the Prepared Mind

종업원의 발명이 직무발명인지 개인발명인지에 대한 국내 판례는 흔치 않지만(?) 미국에는 이에 대한 판례가 상대적으로 풍부한 편이다. 특히 미국 판례는 발명가가 착상에 이르는 과정을 상세히 분석하며 직무발명 여부를 판단하는 각종 판단 요건에 대한 설명도 곁들인다. 아래에서는 직무발명 판단에 대한 미국 연방항소법원의 최신 판례를 분석하고, 이에 대한 교훈을 살펴본다.

(1) 의학 발명 - Applera v. Illumina (Fed. Cir. 2010)

Applera v. Illumina는[37] 직무발명 판단에 대한 미국 연방항소법원의 2010년 판례이다. 상기 case는 준비된 종업원이 치밀한 사전계획에 따라 자신의 발명을 개인발명으로 지키는 과정과 전략을 보여주는 좋은 예이다. 물론 사용자에게는 정반대의 판례로서, 종업원의 치밀한 전략에 의하여 자신이 직무발명이라고 우겨서 빼앗을 수도 있었던 발명을 못 빼앗아오는 과정을 보여주는 뼈아픈 예이다.

37) Applera Corp. vs. Illumina, Inc., 375 Fed. Appx. 12 (Fed. Cir. 2010).

Dr. Stephen Macevicz(이후 "Dr. M"으로 약칭)는 biophysics 박사학위를 소지한 미국 특허변호사이다. 또한 Dr. M은 발명가로서 혼합 oligonucleotide 탐침자를 이용한 DNA 염기서열 확인 방법에 대한 U.S. Pat. No. 5,002,867을 보유하였다. Dr. M은 1991년까지 DNAX Research Institute에서 사내 특허변호사로 근무하였다.

Dr. M은 1992년 DNAX를 사직한 후 Applera의 사내 특허변호사로 취직하였다. Applera는 총 5,000여명의 종업원, 15억 달러의 매출액을 기록한 California주 소재 대기업이었다. Dr. M은 Applera와 고용계약(EIA, 즉 Employment Invention Agreement)을 체결하였으며, 상기 고용계약서의 직무발명 관련 조항은 표 10-7의 California주 Labor Code와 동일한 직무발명에 대한 정의 및 요건을 포함하였다. Dr. M은 Applera와 고용계약을 체결하며 Applera에게 자신이 보유한 '867 특허의 매입을 타진하였지만, Applera는 Dr. M의 '867 특허를 매입하지 않기로 결정하였다.

Dr. M이 Applera와 체결한 고용계약서의 특징 중 하나는 Dr. M이 Applera에 재직하는 동안에도 특허변호사로서 외부 의뢰인을 위한 특허출원 업무를 병행할 수 있다는 조건이었다.[38] 이에 따라 Dr. M은 1993년 oligonucleotide 탐침자를 반복적으로 결찰(ligation) 및 분할(cleavage)하여 DNA 염기 서열을 확인하는 방법에 대한 Dr. Sydney Brenner의 특허출원 업무를 대리하였다. 물론 Dr. M은 상기 업무를 자신의 여가시간을 활용하여 대리하였으며, Dr. Brenner의 출원특허는 추후 U.S. Pat. No. 5,552,278로 등록되었다. 참고로 Dr. Brenner는 추후 2002년 Nobel 의학상을 수상

38) 왜 Applera는 Dr. M에게 외부 의뢰인을 대리할 수 있도록 허락하였을까? Dr. M의 실력이 출중하지 못하였으므로 큰 기대를 하지 않았기 때문일까? 아니면 Dr. M의 실력은 출중하지만 Applera 자체 연구진이 출중하지 못하여 발명·특허 관련 업무가 적기 때문에 Dr. M으로 하여금 외부 의뢰인을 대리하며 자신의 실력이 녹슬지 않도록 배려했기 때문일까? 아니면 Applera가 Dr. M에게 지불하는 연봉이 낮아 Dr. M으로 하여금 외부 의뢰인을 대리하며 부족한 연봉을 벌충하기 위한 배려였을까? 아마도 후자였을 것으로 저자는 짐작한다. 그렇다면 Applera의 사내 특허변호사로 재직하며 외부 의뢰인을 계속 대리하겠다는 발상은 Applera의 발상이었을까 아니면 Dr. M의 특별 요구사항이었을까? 그렇다면 Applera는 Dr. M하고만 이러한 고용계약을 체결하였을까 아니면 다른 특허변호사들과도 체결하였을까? Applera는 이러한 계약을 통하여 인건비를 얼마나 절약할 수 있었을까? Applera의 살림살이는 좀 나아졌을까?

하게 되는, 생명과학 분야의 저명한 연구자였다.

Applera의 사내 특허변호사로 근무하던 1994년, Dr. M은 불현듯 자신이 이전에 대리하였던 Dr. Brenner의 발명과 유사한 발명으로서 oligonucleotide 탐침자를 반복적으로 결찰 및 분할하여 DNA 염기 서열을 확인하는 방법에 대한 신규 발명을 착상하였다. Dr. M은 이를 특허출원하여 추후 그림 10-6과 같이 U.S. Pat. No. 5,750,341('341 특허)[39] 및 이의 분할출원에 해당하는 U.S. Pat. No. 5,969,119('119 특허)를[40] 등록하였다.

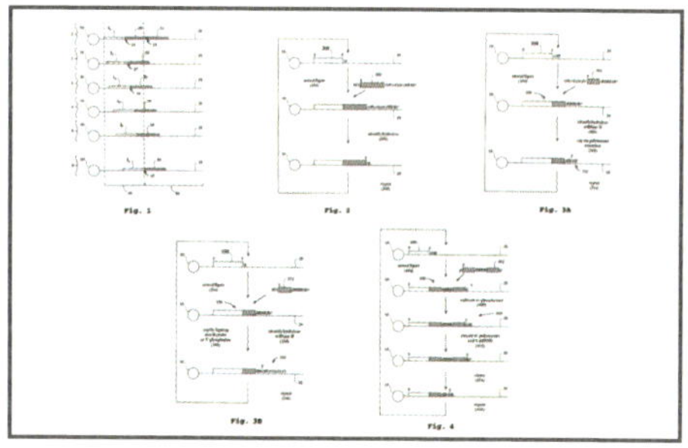

그림 10-6. Dr. Macevicz의 U.S. Pat. No. 5,750,341의 도면

하지만 Dr. M은 상기 발명을 착상한 사실을 Applera에 통지하지 않았음은 물론 '341 특허 및 '119 특허에 대해서도 Applera에 통지하지 않았다. 단 Dr. M은 상기 발명을 착상하며 Applera의 기기나 시설을 사용하지 않았고, 상기 발명에 대한 착상 과정을 Applera가 제공하는 발명가 note 대신 자신이 문방구에서 직접 구입한 note에 기재하였으며, 상기 발명에 대한 특허출원서 역시 Applera의 사무실 computer를 사용하는 대신 자신의 집에서 자신의 computer를 사용하여 준비하였다.

한편 의료용 진단기기 제조업체인 Solexa는 Dr. Brenner의 '278 특허의 사업화에 대한 흥미를 가지게 되었다. Dr. M이 Dr. Brenner의 '278 특허의 출원 업무를 담당한 사실을 알게 된 Solexa는 Dr. M을 접촉하였고, Dr. M은 1995년 Applera를 퇴직하고

39) U.S. Pat. No. 5,750,341 entitled "DNA sequencing by parallel oligonucleotide extensions," filed by Stephen C. Macevicz on April 7, 1995, and issued on May 12, 1998.

40) U.S. Pat. No. 5,750,341 entitled "DNA sequencing by parallel oligonucleotide extensions," filed by Stephen C. Macevicz on June 10, 1997, and issued on Oct. 19, 1999.

Solexa의 특허담당 부사장으로 취임하였다. 또한 Solexa는[41] Dr. Brenner의 특허는 물론 Dr. M의 특허도 모두 매입하였다.

Dr. Brenner 및 Dr. M의 특허를 모두 매입한 Solexa는 1970년대에 개발된 기술에 기초한 DNA 염기 서열 분석기기를 제조·판매하고 있었던 Applera를 접촉하였고, 자신이 보유한 Dr. Brenner의 특허에 대한 license 계약을 체결하자고 제안하였다. 하지만 Applera는 Dr. Brenner의 기술이 복잡하여 현실적으로 타당성이 매우 낮음은 물론 상기 특허의 가격이 과다하게 책정되었다는 이유로 Solexa의 제안을 거절하였다. 대신 Applera는 차세대 결찰·분할 기술을 개발한 Agencourt라는 회사를 2006년 인수하고, 이 기술을 상용화한 'SOLID'라는 DNA 염기 서열 분석기기를 제조·판매하게 되었다.

하지만 Solexa가 보유한 Dr. Brenner와 Dr. M의 특허에 위협을 느낀 Applera는 2008년 California주 미국 연방지방법원에 Dr. M과 Solexa 및 Illumina를 상대로 Dr. M의 '341 특허 및 '119 특허의 소유권 변경 요청, 선행기술에 의한 Dr. M의 '341 특허 및 '119 특허의 무효 및 Dr. M의 특허에 대한 비침해 확인을 요청하는 소송을 제기하였다. 연방지방법원은 Applera의 특허 소유권 변경 요청을 기각하였고, Dr. M의 '341 특허 및 '119 특허가 모두 유효하다고 판결하였지만, Applera는 Dr. M의 특허를 침해하지 않았다고 판결하였다. Applera의 항소를 맡은 미국 연방항소법원은 연방지방법원의 판결을 인용하였다.[42] 연방항소법원은 Dr. M의 '341 특허 및 '119 특허의 소유권을 판단하기 위하여 아래의 세 가지 요건을 집중 분석하였다.

① Dr. M은 자신의 여가시간을 이용하여 상기 특허의 발명을 착상하였는가?

② Dr. M이 상기 특허의 발명을 착상하기 위하여 Applera의 기기, 물품, 시설 및 영업비밀을 사용하였는가?

(③a) Dr. M의 상기 발명이 Applera의 사업이나 실제 또는 입증 가능한 장래

41) 추후 Solexa는 Illumina에 의하여 합병되었으며, 그 결과 Illumina는 본 사건의 피항소인이기도 하다.

42) 아래에서는 미국 연방항소법원의 판결 중 특허 소유권 변경 요청에 대한 부분만을 발췌하였다.

의 R&D와 관련이 없거나 또는

(③b) Dr. M의 상기 발명이 Dr. M이 Applera를 위하여 수행한 직무(work)로부터 기인하지 않았는가?

연방항소법원은 우선 Dr. M은 자신이 여가시간을 이용하여 상기 발명을 착상하였다고 증언한 반면 Applera는 이에 대한 반박을 제기하지 않았다고 지적하였다. 따라서 연방항소법원은 Dr. M은 여가시간에 상기 발명을 착상하였으며, 이에 따라 Dr. M은 개인발명에 대한 ①의 요건을 만족하였다고 판결하였다.

또한 연방항소법원은 Dr. M이 Applera가 제공한 lab note 대신 자신이 자비로 직접 구입한 note를 사용하였으며, Dr. M은 특허를 출원하며 실험을 수행하지 않았으므로 Applera의 기기, 물품, 시설 등을 사용하지 않았음을 확인하였다. 따라서 연방항소법원은 본안에서의 상기 요건 ②에 대한 핵심 쟁점은 Dr. M이 상기 발명을 착상하기 위하여 Applera의 영업비밀을 사용하였는지에 대한 여부라고 판시하였다.

Applera는 자신의 연구원인 Dr. Fung이 oligonucleotide 탐침자의 반복적 결찰(ligation)을 이용한 DNA 염기 서열 분석을 연구하였다고 주장하였다. 또한 Applera는 Applera의 사내 특허변호사인 Dr. M이 Dr. Fung의 연구에 대하여 인지하고 있었으며, 실제로 Dr. M은 자신의 note에 Dr. Fung의 결찰 반응에 대하여 언급한 적도 있다고 주장하였다. 이에 따라 Applera는 Dr. M의 발명은 Dr. Fung의 연구결과를 도용한 것으로서, 이는 Applera의 영업비밀 도용에 해당하므로 Dr. M의 발명은 직무발명이며, 그 결과 Dr. M이 출원·등록한 모든 특허의 적법한 소유권자는 Dr. M이 아니라 자신이라고 주장하였다.

Applera의 주장에 대하여 Dr. M은 Dr. Fung의 연구는 자신의 발명을 구현하는 다양한 방법 중의 한 가지에 불과하며, 자신의 발명의 특징은 순환반응(cyclic reaction)이라고 주장하였다. 또한 Dr. M은 자신이 착상한 발명은 Dr. Brenner의 발명을 특허출원하며 얻은 결과에 기인한다며 Applera의 주장을 반박하였다.

연방항소법원은 Dr. M의 특허는 Dr. Brenner의 특허를 출원하며 얻은 결과에 근거하였다는 Dr. M의 주장을 받아들였다. 그 결과 연방항소법원은 Dr. M이 자신의 발명을 착상하기 위하여 Applera의 기기, 물품, 시설은 물론 Applera의 영업비밀도 사용하지 않았다고 판결하였다. 이에 따라 연방항소법원은 Dr. M의 발명은 ②에 대한 직무발명 요건을 만족하지 않는 반면 개인발명 요건을 만족하므로 Dr. M의 발명은 ②의 요건도 만족한다고 판결하였다.

마지막으로 연방항소법원은 Dr. M의 발명이 (③a) Applera의 사업이나 실제 또는 입증 가능한 장래의 R&D와 관련이 없는지 또는 (③b) Dr. M이 Applera를 위하여 수행한 직무로부터 기인하지 않는지를 심리하였다. 흥미롭게도 Applera는 California주 노동법 제2870조의 오류를 주장하며 표 10-11의 (A)의 'OR'는 오기이므로 이는 표 10-11의 (B)와 같이 'AND'로 해석해야한다고 주장하였다. 이에 따라 Applera는 Dr. M이 상기 발명이 자신의 개인발명임을 입증하기 위해서는 Dr. M의 발명이 (③a) Applera의 사업이나 실제 또는 입증 가능한 장래의 R&D와 관련이 없으며 그리고 (③b) Dr. M이 Applera를 위하여 수행한 직무로부터 기인하지 않아야한다고 주장하였다.

표 10-11. 미국 California주 Labor Code(노동법)의 아전인수격 해석

(A) CA Labor Code § 2870
Any provision in ... employee's own time, AND (a) which does not relate (1) to the business of the employer or (2) to the employer's actual or demonstrably anticipated R&D, **OR** (b) which does not result from any work performed by the employee for the employer.
(B) CA Labor Code § 2870에 대한 Applera의 해석
Any provision in ... employee's own time, AND (a) which does not relate (1) to the business of the employer or (2) to the employer's actual or demonstrably anticipated R&D, ~~OR~~ **AND** (b) which does not result from any work performed by the employee for the employer.

Applera는 California주 노동법 제2870조의 'OR'을 문언 해석하면 종업원 발명의 직무발명 여부를 판단할 때 종업원이 (③b)를 만족할 경우에는, (③a)의 사용자의 사업, 실제 또는 입증 가능한 장래의 R&D는 직무발명 판단에 무관해지므로 이는 올바른

해석이 아니라고 주장하였다. Applera는 이의 근거로 California 주 노동법 제2870조의 'OR'을 'AND'로 해석한 1986년 California주 항소법원 판례인 Cubic Corp. vs. Marty를[43] 인용하였다.

하지만 연방항소법원은 Applera의 상기 주장을 기각하였다. 우선 연방항소법원은 California주의 노동법은 사용자인 Applera에게 권리를 부여하기 위한 법이 아니라 종업원의 권리를 보호하기 위한 법이므로, 상기 조항의 'OR'의 엄연한 의미를 사용자를 위하여 반대의 의미로 해석할 수 없다고 설명하였다. 따라서 만일 Cubic Corp. case가 California주 대법원에 상고되었다면, California주 대법원 역시 항소심의 판결을 파기, 환송하였을 것이라고 판시하였다. 또한 연방항소법원은 계약서 해석 시 불분명한 용어의 해석은 계약서를 작성한 측에게 불리하게 해석한다는[44] 판례를 인용하며, Dr. M이 서명한 고용계약서를 작성한 Applera가 불분명한 계약서 문구에 대한 책임을 져야한다고 판시하였다. 그 결과 Applera는 상기 제2879조의 문언 해석을 극복할 수 있는 증거 제시에 실패하였으므로, Dr. M의 발명이 Applera의 사업이나 실제 또는 입증가능한 장래의 R&D와 관련이 있다손 치더라도 Dr. M의 발명은 자신이 Applera를 위하여 수행한 직무로부터 기인하지 않았으므로 Dr. M의 발명은 개인발명이며, '341 특허 및 '119 특허의 소유권자는 Dr. M이라고 판결하였다.

(2) Applera case의 교훈

Applera case의 교훈은 다양하다. 우선 직무발명 제도는 사용자의 투자에 대한 대가를 보장하는 동시에 종업원 발명가의 권리도 보호하는 제도라는 점이다. 이를 바꾸어 말하자면 직무발명 제도를 운용하는 국가의 정서·문화에 따라 직무발명 제도는 종업원 발명가의 혁신을 장려할 수도 있는 반면 이러한 혁신을 억제할 수도 있다는 점이다. 이러한 측면에서 보면 각 국가의 직무발명 제도의 운용 실태는 종업원 발명가가 발

43) Cubic Corp. v. Marty, 185 Cal. App. 3d 438 (1986).

44) 이는 계약서 해석 원칙(contra proferentem) 중 "작성자 불이익의 원칙 (interpretation against the drafter)"에 해당한다.

명을 창출하려는 의욕에 직접적인 영향을 미치게 되며, 그 결과 당해 국가의 혁신성과도 밀접한 관련이 있으리라 생각된다.

Applera case의 또 다른 교훈은 "Fortune favors the prepared mind," 즉 "준비된 자만이 기회를 잡는다"는 속담이다. Dr. M은 과학자이자 특허변호사로서, 발명을 착상하는 방법은 물론 이를 법적으로 보호하는 방법을 모두 숙지한 특허전문가였다. Dr. M이 자신의 발명을 특허출원하며 Applera의 기자재를 사용하지 않았음은 충분히 이해할 수 있다. 하지만 Dr. M이 Applera에서 무료로 제공하는 lab note를 사용하지 않고, 대신 자신이 직접 문구점에서 구입한 note에 자신의 idea와 발명을 정리하였다는 사실은 Dr. M의 주도면밀함을 반영한다.

그렇다면 Dr. M이 자신이 Office Depot에서 구입한 note가 아니라 'Applera'라는 logo가 선명한 note에 자신의 발명을 기재하였다면, 법원은 상기 발명을 Applera의 소유물이라고 판결하였을까? 또는 Dr. M이 'Applera'라는 logo가 선명한 note를 사용은 하였으나, 이에 대한 대가로 $5.00을 'Applera'에 지불하였다면, 법원은 상기 발명이 Dr. M의 소유물이라는 판결을 내리게 될까?

정답은 "반드시 그렇지는 않을 것이다"이다. 위에서 설명한 Applera case의 사실관계를 자세히 살펴보면 Dr. M이 자신의 발명을 Applera가 지급한 lab note에 기재하였다고해서 연방항소법원이 상기 발명을 Applera가 소유해야하는 직무발명이라고 판결하지는 않았을 것이다. 그렇다면 Dr. M이 laser printer의 toner 값을 아끼기 위하여 자택에 설치한 laser printer 대신 Applera의 color laser printer를 사용하였다면 판결이 뒤집혔을까? 그렇지도 않았을 것이다. 하지만 이러한 조그만 사실들이 쌓이고 쌓이다보면 언젠가는 법원도 Dr. M의 발명은 Applera가 소유해야하는 직무발명이라고 판결할 수도 있게 된다. 이와 같이 사실관계에 대한 법원의 판결을 예측하기는 어렵다는 사실을 인지하고 있는 Dr. M은 note라는 사소한 물건을 사용할 때에도 법률과 판례를 고려하였다.

그렇다면 Applera case처럼 미국에서는 종업원 발명가가 자신이 재직 중에 착상한 발명을 쉽게 자신의 개인발명으로 인정받을 수 있을까?

정답은 "그렇지 않다"이다. Applera를 상대로 Dr. M이 승리할 수 있었던 가장 큰 원인은 바로 Dr. M이 자신이 착상한 발명을 Applera로부터 격리시킬 수 있는 훌륭한 무기를 보유하였다는 사실이며, 이 무기는 바로 Dr. M이 Applera에 재직하며 특허출원 업무를 대리하였던 Dr. Brenner의 발명이다. 즉 Dr. M은 Dr. Brenner의 발명과 자신의 발명의 유사점을 백분 활용하여 Applera의 영업비밀 침해 주장 등을 쉽게 극복할 수 있었으리라 추정된다. 그리고 Dr. M이 Applera에게 승리할 수 있었던 두 번째 원인은 바로 Dr. M이 Applera의 연구자가 아니라 사내 특허변호사로 고용되었다는 점이다. 따라서 Dr. M의 직무는 R&D 및 발명이 아니기 때문에 직무발명 요건을 쉽게 회피할 수 있었던 것으로 생각된다.

이에 반하여 연구원으로 재직하는 종업원은 사용자의 연구소에 근무하거나 R&D를 수행하고 발명을 착상하도록 고용된 경우가 대부분이다. 따라서 이러한 연구원 종업원이 직무와 관련된 분야의 발명을 착상하고서도 상기 발명의 착상이 자신의 직무가 아니라고 주장하기는 법적으로도, 현실적으로도 몹시 어려울 수밖에 없다.

또한 일반 연구원 종업원은 자신의 직무인 연구를 수행하며 자신이 기수행한 연구 결과는 물론 동료 종업원 연구원들이 기수행한 연구 결과를 사용하는 경우가 빈번하다. 또한 연구원 종업원이 동료 연구원들과 공동 연구를 수행하다보면 동료 연구원들의 idea가 공동 연구에 포함될 수밖에 없다. 하지만 자신의 연구 결과이건, 동료 연구원의 연구 결과이건, 공동 연구 결과의 결과이건, 상기 연구는 사용자의 지시에 의하여 또는 사용자의 업무 범위에 속하는 경우가 대부분일 뿐만 아니라 이들의 대부분은 사용자의 영업비밀을 포함하는 경우가 많다. 따라서 일반 연구원은 Dr. M이 활용한 Dr. Brenner의 특허와 같이 사용자의 영업비밀을 사용하지 않았다는 면피용 방패막도 없는 경우가 대부분이다.

그렇다고 해서 종업원이 자신이 사용자 업체에 재직 중 착상하는 모든 발명을 직무발명으로 신고해야만 할 필요는 없다. 오히려 종업원이 자신의 발명의 착상 등에 대한 기록을 자세히 남기고, 자신의 발명이 직무발명 요건을 가능한 한 최소로 만족하도록 또는 최대로 우회·회피하도록 유지·관리한다면 실제로 사용자의 업무나 자신의 직무와 관련 없는 발명을 성공적으로 개인발명으로 지킬 수도 있지 않을까 생

각한다.[45)]

라. 직무발명 보상제도

앞서 직무발명 제도는 사용자의 투자에 대한 보상은 물론 발명을 착상한 종업원의 권리를 보호하는 상반된 목적을 추구하는 제도이며, 이에 따라 직무발명 제도는 사용자와 종업원 모두에게 당근과 채찍을 제공하는 제도라고 설명하였다. 국가에 따라 상이하기는 하지만 직무발명 제도 중 종업원 발명가에 대한 당근인 동시에 사용자에 대한 채찍 중 하나가 직무발명 보상제도이다.

(1) 국내 직무발명 보상제도

발명진흥법 제11조는 정부로 하여금 종업원 발명가의 직무발명을 장려하기 위하여 사용자에 의한 직무발명 보상제도의 실시에 관한 지원시책을 수립·시행하여야 한다고 규정한다. 같은 맥락으로 동법 제15조는 종업원이 직무발명에 대한 특허를 받을 수 있는 권리나 특허권을 계약이나 근무규정에 따라 사용자에게 승계하거나 전용실시권을 설정한 경우에는 정당한 보상을 받을 권리가 있다고 규정한다. 또한 동법 제17조는 이를 위한 직무발명 심의기구를 설치하도록, 동법 제18조는 직무발명 관련 분쟁의 조정에 대해서도 규정한다.

이에 따라 국내 법원 역시 직무발명 보상에 대한 사건을 처리해 왔다. 국내의 경우 출원되는 특허 중 약 80%가 직무발명으로 집계되며, 직무발명 보상에 대한 소송 통계

45) 사용자로부터 월급과 상여금을 받는 종업원이 과연 이러한 생각을 품는 사실 자체가 부도덕할까? 아니면 종업원은 자신이 착상한 발명 중 월급, 상여금과 관련 없는 발명은 당연히 자신의 개인발명이라고 주장할 수 있을까? 이러한 논란 역시 특허제도의 목적을 상기함으로써 용이하게 종식시킬 수 있다. 앞서 특허제도의 최종 수혜자는 공중이라고 설명하였다. 그렇다면 종업원 발명가가 착상하는 모든 발명을 직무발명으로 간주하는 정책이 공중에게 더 큰 혜택을 줄까, 아니면 직무발명 요건을 만족하지 않는 종업원 발명가의 발명을 개인발명으로 인정하는 정책이 공공에게 더 큰 혜택을 줄까? 물론 후자이다. 왜냐하면 전자의 경우 그만큼 종업원 발명가가 발명을 착상하려는 incentive가 줄어들 가능성이 매우 높기 때문이다.

를 살펴보면 2012년 9월 기준 법원의 판결이 선고된 사건은 총 53건으로서, 이 중 26건에서 직무발명에 대한 보상 판결이 나왔다. 또한 발명가가 청구한 보상금의 평균은 8억8천만 원인 반면, 법원은 평균 17%의 발명가 기여율을 인정하여 평균 1억3백만 원, 중앙값은 7,050만 원의 직무발명 보상금을 선고하였다.[46)]

그림 10-7. 직무발명 보상금 vs. 특허침해 손해배상금

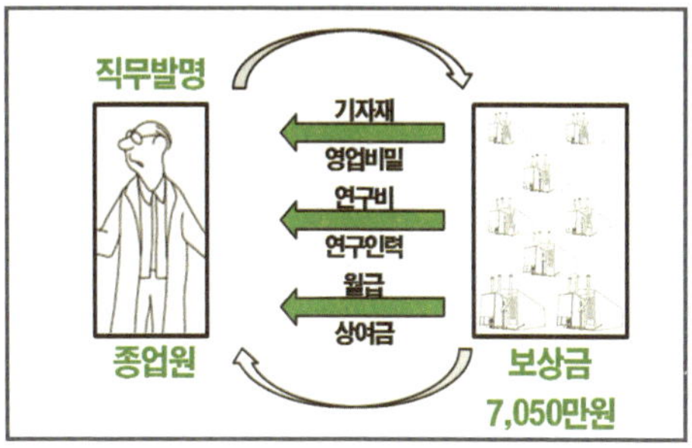

그림 10-7(a)

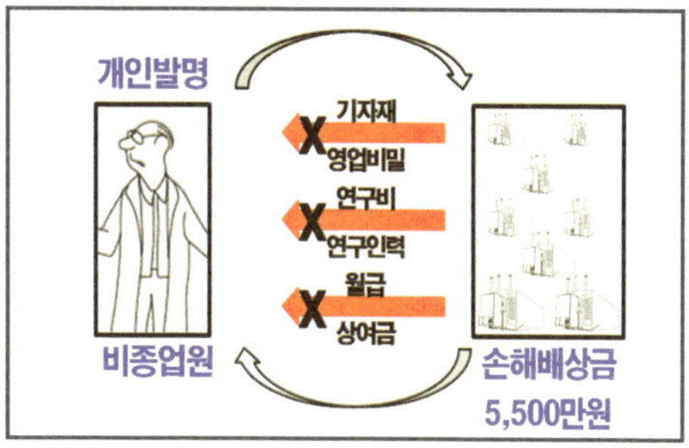

그림 10-7(b)

앞서 제1장의 4-다절 "국내특허의 후천적 한계 2"에서 국내 법원이 2009~2011년 특허침해 제조업체에 물린 손해배상금의 중앙값은 5,500만 원이라고 설명하였다. 그렇다면 손해배상금의 중앙값인 5,500만 원보다 많은 직무발명 보상금의 중앙값 7,050만원은 어떻게 합리적으로 해석할 수 있을까?

그림 10-7은 직무발명 보상금과 특허침해에 대한 손해배상금의 차이점에 대한 요약이다. 우선 그림 10-7(a)와 같이 직무발명 보상의 대상이 되는 발명은 전·현직 발명가가 사용자를 위하여 근무하며 착상한 발명이다. 이 때 전·현직 종업원 발명가는 사용자가 제공한 기자재와 영업비밀을 사용할 수 있으며, 연구비는 물론 보조 연구 인력도 제공받을 수 있다. 또한 종업원 발명가는 사용자로부터 월급과 상여금도 지급받았다. 이에 비하여 그림 10-7(b)와 같이 손해배상금의 대상이 되는 발명은 비종업원 발명가

46) 이두형, "직무발명 보상에 대한 우리나라의 판례 분석," 직무발명 국제 심포지움, 특허청 주관 (2011.11.26).

가 사용자와는 무관하게 착상한 발명이다. 이러한 비종업원 발명가는 사용자의 기자재와 영업비밀을 사용하지도 않았으며, 연구비는 물론 보조 연구 인력도 제공받지 않았다. 또한 비종업원 발명가는 사용자로부터 월급이나 상여금도 지급받지 않았다.

그렇다면 제조업체가 직무발명을 착상한 전·현직 종업원 발명가와 자신이 침해한 특허의 발명을 착상한 제3자 발명가 중 누구에게 더 많은 비용을 지급해야할까? 당연히 제3자 발명가이다. 왜냐하면 제조업체는 제3자 발명가가 개인발명을 착상하는 데 전적으로 아무런 기여도 하지 않은 반면 직무발명을 착상한 전·현직 종업원 발명가에게는 월급, 상여금은 물론 발명을 착상하는 데 다양한 방법으로 기여했기 때문이다. 게다가 전·현직 종업원 발명가는 재직 중 직무발명을 착상한 경우 사용자에게 이를 통지할 의무마저 지닌 반면 제3자 발명가는 제조업체에 대한 이러한 의무가 전무하다.

그렇다면 국내 법원은 왜 제3자 발명가의 특허를 침해한 대가로 치르는 손해배상금보다 많은 액수의 직무발명 보상금을 전·현종업원 발명가에게 지급했을까? 즉 국내 법원이 제조업체로 하여금 전·현직 종업원에게 지급하도록 하는 직무발명 보상금이 비종업원 발명가에게 지급하도록 하는 특허침해에 대한 손해보상금보다 왜 28% 정도 높을까? 바꾸어 말하면 왜 국내 제조업체는 비종업원 발명가의 특허를 침해하여 물어야만 하는 손해배상액에 비하여 28% 이상 높은 보상금을 자신의 전·현직 종업원에게 지불해야할까?

비록 아직까지 손해배상금과 직무발명 보상금에 대하여 비교·분석한 연구결과는 없지만, 저자는 특허침해에 대한 손해배상금보다 직무발명 보상금이 높은 이유는 바로 증거조사제도 때문이라고 추측한다. 우선 국내 특허관련 소송에서는 증거조사에 대한 강제성이 없다. 따라서 발명가와 법원이 침해의심 제조업체에게 아무리 증거를 제출하도록 요청하더라도 침해의심 제조업체는 이를 쉽게 무시할 수 있다. 따라서 발명가는 제조업체의 매출액 등에 대해서 정보를 얻기 힘들게 되며, 그 결과 법원 역시 현실성 있는 손해배상금 산정이 어렵다고 추측된다.

그렇다면 제조업체는 직무발명 보상금 관련 소송에서 전·현직 종업원의 요청에는 합당한 증거를 제출해야할 의무가 있는가? 정답은 “물론 그렇지는 않다”이다. 하지만 전·현직 종업원은 사용자를 위하여 근무한 경험이 있으므로 제3자 발명가보다 다양한 정보를 보유한다. 일예로 사용자에게 자신의 발명을 직무발명으로 양도한 종업원은 최소한 자신의 발명이 사용자가 제조하는 다양한 제품 중 어떤 제품 또는 어떤 model에 적용되었는지를 가늠할 수 있다. 또한 제3자 발명가가 절대로 알 수 없는 사용자의 매출액, 순이익 등도 전·현직 종업원은 최소한 어렴풋이 인지할 수도 있다. 이와 같이 전·현직 종업원은 제3자 발명가에 비하여 증거 수집 상 유리하기 때문에 직무발명 보상금이 특허 침해에 대한 손해배상금보다 높아진 것으로 추측해본다.[47)]

(2) 미국 직무발명 보상제도

사용자가 자신의 우월한 위치를 이용하여 일방적 고용계약을 체결함으로써 종업원이 피해보지 않도록 도모하는 동시에 종업원의 권리를 보호하기 위하여 종업원의 직무발명에 대하여 사용자가 보상하도록 하는 국내 직무발명 제도와는 달리, 미국 법제도는 직무발명 보상제도 자체를 인정하지 않는다. 즉 계약 자유 원칙에 기초한 미국 법제도는 종업원과 사용자가 체결하는 고용계약서 상의 종업원의 봉급 등에 직무발명에 대한 보상이 모두 포함되어 있다고 간주한다. 따라서 대부분의 미국 고용계약서에는 종업원은 자신의 직무발명을 사용자에게 통보하고 사용자는 이를 선택적으로 양도받을 수 있는 조항이 항상 포함된다.

단 미국 계약법은 청약(offer)과 승낙(acceptance) 및 대가(consideration)가 존재해야만 계약의 성립을 인정한다. 따라서 미국의 사용자는 종업원 고용 시 종업원으로부터 직무발명을 양도받기 위한 별도의 청약, 승낙 및 대가에 대한 조항을 계약서에 포함시켜야야만 한다. 왜냐하면 미국 사용자가 종업원과의 고용계약서에서 종업원의 직무를 개시하고 이에 대한 연봉은 모두 정확히 기재하더라도, 아무런 대가 없이 종업원이 추후 자신의 직무발명을 사용자에게 무상으로 양도하도록 명시하였을 경우, 추후 대가를 명기하지 않은 직무발명 양도에 대한 상기 조항 자체가 성립하지 않을 수도 있기 때문이다.

47) 이러한 저자의 추정이 옳을 경우 국내 특허침해소송에서 증거조사 제도를 강화하게 되면 국내특허의 침해에 대한 손해배상금의 현실화에 크게 기여할 것으로 사료된다.

표 10-12. 미국 고용계약서의 직무발명 조항 예시

직무발명 양도에 대한 청약, 승락 및 이에 대한 대가의 예시
Now therefore, for the sum of U.S. 1 DOLLAR and other good and valuable consideration, the receipt and sufficiency of which is acknowledged hereby, employed inventor confirms that he has **sold, assigned and transferred** and does hereby **sell, assign and transfer** to employer, its successors and assigns, his whole right title and interest for all countries and planets, in and to the invention as fully set forth and described in said patents, and in and to any other Letters of Patent of any country or planet that may be obtained therefor.

따라서 미국 고용계약서에서는 종업원이 사용자에게 자신의 직무발명을 양도한다는 계약을 확실히 하기 위하여 반드시 포함되는 조항이 있다. 즉 표 10-12와 같이 "종업원은 직무를 수행하는 동안 금 $1.00을 받는 대가로 자신의 모든 직무발명을 사용자에게 양도"한다는 조항이다.

물론 미국 기업도 종업원 발명가의 사기 진작을 위하여 직무발명 보상금이 아닌 다른 여러 가지 명목으로 발명가에게 보상을 한다. 일예로 사용자는 우수 발명을 착상한 종업원 발명가에게 bonus를 지급하거나, 전 종업원이 참석한 가운데 우수 종업원 발명가에게 상장이나 상패를 수여하거나, 발명가를 위한 성대한 만찬을 베풀거나, 종업원 발명가에 한하여 선명한 회사 logo 밑에 발명에 대한 공로를 새긴 T-shirt 등을 지급하기도 한다.[48] 단 미국에서는 대부분의 경우 종업원의 직무발명을 이용한 사용자가 아무리 막대한 수익을 올리더라도 발명가 종업원에게 상기 수익의 일부를 지급해야할 법적 의무는 전혀 없다.

물론 미국에도 이에 대한 예외는 존재하며, 상기 예외의 대표적인 경우가 바로 대학교와 연구소이다. 일예로 대부분의 미국 대학교나 연구소는 종업원 교수나 연구원이

48) 미국 기업의 종업원들은 자신의 직무발명에 대한 공로를 인정하는 T-shirt를 애지중지한다. 이러한 점을 백분 활용하기 위하여 어떤 미국 기업은 초보 종업원 발명가에게는 흰색 T-shirt를, 직무발명으로 5개 이상의 특허를 등록한 종업원 발명가에게는 황색 T-shirt를, 10개 이상의 특허를 등록한 종업원 발명가에게는 청색 T-shirt를 지급하는 등의 방법으로 직무발명을 장려하기도 한다.

착상한 직무발명으로 수익을 창출할 경우, 경비를 제외한 순수익의 1/5 내지 1/3 정도를 발명가에게 지급하며, 나머지의 절반은 대학교나 연구소가, 나머지는 상기 대학교나 연구소의 특허관리 및 기술이전 조직이 가진다. 물론 위의 분배율은 대학교, 연구소마다 상이하다. 일예로 미국 Duke 대학교는 발명 의욕을 고취하기 위하여 경비를 제외한 순수익의 45% 정도를 종업원 교수나 연구원에게 지급한다고 알려져 있다.

직무발명 보상금으로 유명한 일화가 있는 바, 이는 Nichia의 연구원으로서 세계 최초로 상용화가 가능한 청색 GaN LED를 발명한 Shuji Nakamura(中村 修二) 박사이다. Nichia는 Nakamura 박사의 발명을 상용화하여 1993년부터 청색 LED를 제조·판매하여 막대한 수익을 올렸다. 이에 Nichia는 Nakamura 박사에게 상기 직무발명에 대한 bonus로 일금 180 달러를 지급하였다.

Nakamura 박사는 1999년 Nichia를 사직하고 University of California, Santa Barbara의 교수로 취직하였고, 2001년에는 일본에서 Nichia를 상대로 직무발명 보상금에 대한 소송을 제기하였다. 1심 재판부는 Nichia가 Nakamura 박사에게 1억9천만 달러를 지불하도록 판결하였다. 항소심을 기다리던 중 Nichia는 Nakamura 박사와 합의를 하였고, Nichia는 Nakamura 박사에게 9백만 달러를 지급하였다고 알려진다.

Nakamura 박사가 1999년 Nichia를 사직하고 미국으로 떠나며 한 말은 유명하다. “종업원의 발명을 제대로 보상해주지 않는 일본을 떠나 미국으로 간다.” Nakamura 박사가 미국의 직무발명 제도 및 거의 전무한 직무발명 보상을 미리 알았더라면, 과연 그는 Nichia를 사직하고 미국으로 떠났을까?[49)]

49) 통상적으로 미국 대학교는 대학교수나 연구원이 착상한 직무발명을 이용하여 수익을 창출할 경우 대략 20%~33% 정도를 발명가에게 지급한다. Nakamura 박사가 재직하는 University of California, Santa Barbara 역시 다른 미국 대학교와 같이 직무발명에 대한 보상금을 지급할 것이다. 따라서 Nakamura 박사가 미국 대학교가 아닌 미국 제조업체에 취직했다면, 아마도 땅을 치며 크게 후회했을지도 모른다.

마. 직무발명 제도의 효과

직무발명 제도는 종업원 발명가 개개인의 수익 창출은 물론 사용자 제조업체의 수익 창출에도 막대한 영향을 미친다. 일예로 종업원이 자신의 발명에 대하여 사용자가 충분한 보상을 해준다는 신뢰를 가질 경우, 종업원은 자신이 가진 모든 idea 및 발명을 사용자에게 기꺼이 직무발명으로 신고하고 양도할 수 있다. 그 결과 사용자는 전향적이며 우호적인 종업원 발명가의 발명을 이용하여 효율적으로 혁신을 달성함으로써 시장에서 경쟁자를 축출하고 시장 점유율을 높일 수도 있다. 반대로 종업원이 자신의 발명에 대하여 사용자가 충분한 보상을 해주지 않는다고 확신할 경우, 종업원은 자신의 idea나 발명을 사용자에게 신고하지 않고 숨기려할 수 있다. 그 결과 사용자는 자신이 필요한 기술을 외부에서 비싼 값을 치르고라도 사올 수밖에 없다.

그렇다면 사용자 제조업체는 종업원 발명가의 직무발명에 대해 도무지 어느 정도의 보상을 해야만 종업원 발명가의 맹목적 신뢰를 얻을 수 있을까? 하지만 이 질문보다 선행되어야 할 질문이 있다. 과연 사용자는 종업원의 직무발명에 대하여 보상해야할 의무가 있을까? 또한 직무발명 보상제도는 그만한 가치가 있는 제도인가?

(1) 종업원 발명가 vs. 사용자 제조업체

과연 사용자 제조업체는 직무발명에 대하여 어느 정도의 대가를 종업원 발명가에게 지불해야 종업원의 신뢰를 얻을 수 있을까? 이것이 바로 특허관리의 첫 번째 관문이다. 왜냐하면 종업원 발명가는 일반 개인발명가와 같이 자신의 발명에 대한 과도한 신념을 가지는 반면 사용자 제조업체는 종업원의 발명을 상용화하기 전 상기 발명을 현실적으로, 객관적으로 평가할 방법이 전무하기 때문이다.

종업원은 항상 자신의 발명을 과대평가하기 마련이다. 따라서 종업원 발명가는 자신의 직무발명에 대하여 사용자가 지불하는 보상금이 충분하다고 느낄 리가 없다. 설령 사용자가 영민한 종업원이 착상한 우량 직무발명에 감복하여 이에 대한 보상금으로 기꺼이 10억 원을 지불하겠다고 제안하는 순간을 가정하자. 바로 같은 순간 종업원은 자신의 직무발명의 가치를 과대평가하게 된다. 즉 종업원 발명가의 머리에는 사용자가 자신이 착상한 직무발명을 최소한 1,000억 원 또는 1조 원 이상의 가치는 충분히 있다고 평가했기 때문에 기꺼이 자신에게 10억 원을 지불한다고 상상할 수 있다. 따라서 대부분의 종업원 발명가에게는 사용자가 10억 원의 보상금을 지불하건 100억 원을 지불하건 자신의 귀한 발명에 대한 충분한 보상이라고 생각하지 않을 가능성이 높다.

한편 종업원에게는 나름대로의 고민이 있다. 즉 해고에 대한 공포이다. 따라서 종업원은 자신이 내일이라도 해고당할 경우 자신의 생을 영위하기 위해서 사업 item이라도 가지고 있어야 하는 바, 종업원은 자신의 머리에 있는 모든 idea를 사용자에게 알릴 이유가 없다. 그렇다고 종업원 발명가만 욕할 수는 없다. 영업부서의 직원 역시 고객 list는 자신만의 재산이며, 설령 자신이 해고당하여 경쟁사에 취업할 경우 전 사용자의 고객 list는 자신은 물론 경쟁사의 엄청난 재산이 될 수 있기 때문이다.[50] 이와 같이 종업원의 머릿속에 간직한 무형자산에 대한 갈등은 종업원 발명가는 물론 모든 종업원에게 해당되는 문제이다.

특허관리의 두 번째 관문 역시 동일한 문제에 대한 상이한 현실이다. 즉 사용자가 종업원에게 충분한 대가를 치르고 직무발명을 양도받더라도 그 발명이 시장에서도 성공할 수 있는 발명일 가능성은 무척 낮다는 점이다. 정확한 통계 자료는 없지만, 미국 특허업계에서는 통상 100개의 특허 중 실제로 시장에서 돈이 될 수 있는 특허는 기껏해야 2~3개 정도에 불과하다고 추정한다. 그러다보니 특허보다 더 초기 상태인 발명이 추후 돈이 될 가능성은 1,000개 중 2~3개 정도나 될까? 따라서 사용자가 이와 같이 장래가 불투명한 발명을 모두 막대한 보상금을 지불하고 구입한다면, 사용자 역시 사업 상 큰 risk를 안게 된다.

그만큼 발명·특허 관리는 이론만으로는 해결할 수 없는 문제이다. 즉 종업원 발명가가 발명을 착상하는 자체가 수익 창출을 목적으로 하듯, 사용자 제조업체가 종업원의 발명을 직무발명으로 양도받고자 하는 자체도 수익 창출이 목적이기 때문이다. 결국 지식기반시대의 사용자는 어떤 방법을 이용하여 종업원과의 이익을 합치시킴으로

50) 물론 영업부서 직원의 이러한 행위는 사용자의 영업비밀 불법 유출에 해당하며, 사용자의 영업비밀에 대한 명백한 침해이기도 하다.

써 종업원이 자발적으로 자신의 우량 발명을 사용자에게 기부할 지에 대하여 고민할 수밖에 없다.

(2) 직무발명 제도 vs. 종업원 이직

얼핏 생각하기에는 전혀 상관없어 보이지만, 현실적으로 직무발명 제도와 종업원 이직의 자유는 상당히 관련이 깊다. 왜냐하면 직무발명 제도를 과도하게 엄격히 적용하면 종업원은 이직에 어려움을 겪을 수밖에 없기 때문이다. 여기에 민사는 물론 형사상의 책임도 져야하는 영업비밀 불법 유출 및 영업비밀 침해 문제까지 합쳐지면, 해고된 종업원이더라도 경쟁업체로 이직하기조차 불가능해진다. 일예로 2012년 국내 굴지의 IT 업체들 간의 소송 역시 종업원 이직에 영업비밀이 얽힌 사례라 할 수 있다.

해직 또는 퇴직 종업원이 창업할 경우에도 종종 직무발명 및 영업비밀 유출이 문제가 된다. 어쩌면 국내에서 기술력도 지니고 global market에 대한 지식도 지닌 40~50대 퇴직자들이 창업을 못하고 어려움을 겪는 이유도 국내의 경직된 직무발명, 영업비밀 관련 법규와도 밀접한 관계가 있지 않을까 추정해 본다.

미국의 사정은 어떨까? 국내 사정과는 판이하게 다르다. 일예로 오늘 Google에서 일하고 있는 종업원 3명이 Google 사내 cafe에 모여 창업을 논의하고, 내일 Google에 사직서를 제출하자마자 새로운 기업을 창업한다. 그렇다고 미국 법원이 직무발명이나 영업비밀 유출 및 침해에 대하여 관대하다는 말은 절대 아니다. 하지만 미국에서는 직무발명 문제는 상기 발명의 착상 시점으로 판단한다는 명확한 기준이 있기 때문에, 사용자가 전종업원이 퇴직 전 발명을 착상하였다는 근거를 입증하지 못하는 한 전종업원의 발명을 사용자 자신의 직무발명이라고 주장할 수는 없다. 물론 미국에서도 퇴직 또는 해직 종업원에 대한 영업비밀 관련 분쟁이 자주 발생한다. 하지만 미국의 경우 사용자가 퇴직 또는 해직 종업원이 사용자의 영업비밀에 접근하고 이를 고의적으로 유출했음을 입증해야 하므로 국내에 비해서는 사용자의 입증 부담이 큰 편이다.

어떻게 보면 큰 차이가 없는 것 같고 이에 대한 체계적인 연구도 수행되지는 않았지만 직무발명과 영업비밀에 대하여 과도한 규제를 하는 듯 보이는 국내 법체계 및 법원으로 인하여 국내 제조업체는 이익을 보는 반면 전문가의 창업은 상당히 어려울 지도 모른다. 즉 국내 법체계는 현존하는 제조업체의 이익을 이제 만들어지는 창업기업의 이익보다 우선시한다는 인상이 든다. 이에 반하여 미국은 직무발명이나 영업비밀 유출상의 문제만 없으면 전문가의 창업을 우대하는 편이다. 어쩌면 California주가 창업가들의 천국이 된 이유도 다른 주에 비하여 종업원에게 유리한 직무발명과 영업비밀 관련 법제도가 큰 역할을 담당하고 있지 않을까?

저자는 외국인, 특히 미국인들로부터 자주 동일한 질문을 받는다. 미국은 1990년대부터만 따져보더라도 AOL(America On Line),[51] NetScape, Yahoo,[52] Google, Facebook 등 수 많은 창업기업들이 세계 굴지의 기업으로 성장하는 흥망성쇠의 cycle을 여실히 보여주는 데 왜 대한민국에서는 1960년대나 1970년대에 설립된 기업들이 지금도 전성기를 누리는 반면 세계 굴지의 기업으로 성장한 창업기업은 없느냐는 질문이다. 어쩌면 우리가 당연히 받아들이는 현행 법체계 때문에 우리나라에는 California주 Silicon Valley에서와는 달리 전문가, 혁신가, 창업가들이 유동적으로 움직일 수 없고, 그 결과 우리의 창업기업들은 절대로 세계 굴지의 기업으로 성장하지 못하는 것은 아닐까?

4. "소유권, 직무발명 및 IP 관리"의 요약

특허의 목적은 수익 창출이다. 수익 창출의 첫 번째 단계는 발명의 착상이다. 따라서 발명가가 발명의 착상 시 엉뚱한 계약을 체결하게 되면 발명가의 발명에 대한 소유권 문제가 발생할 수밖에 없다. 특히 공동발명의 경우 공동발명가들 사이의 문제는 향후

51) 본문을 읽는 독자 중 'AOL'이라는 회사를 기억하지 못하는 대학생이나 대학원생도 많을 것이다. 하지만 AOL은 어쩌면 세계 최초의 internet provider라 할 수 있는 혁신 기업이었다.

52) Yahoo도 한 때는 세계 제일의 혁신 기업이었다. 일예로 Michael J. Fox가 "Marty McFly" 역을 맡았고 Christopher Lloyd가 "Dr. Emmett Brown" 역을 맡았던 Hollywood blockbuster "Back to the Future"에서 과거로 돌아간 Marty는 과거의 자신에게 충고한다. "앞으로 'Yahoo'라는 이상한 이름의 회사의 주식을 꼭 사거라." 만일 동일한 영화가 2000년대에 만들어졌다면 Marty의 대사도 바뀌었을 것이다. "앞으로 'Apple'은 먹지만 말고 주식도 사고, 'Google'이라는 이상한 이름의 회사의 주식도 꼭 사거라."

사업을 운영하는 데 결정적 악영향을 미칠 수 있다. 또한 추후 특허를 사업화하는 과정에서도 특허의 소유권 문제는 간단해 보이지만, 하나의 결함이라도 있는 경우 사업 전체에 악영향을 미칠 수 있다. 결국 공동발명의 경우 특허 "지분의 크기"보다는 "지분의 유무"가 가장 중요하다는 점을 명심할 필요가 있다.

발명 및 특허 소유권과 관련하여 직무발명 제도의 정확한 이해 역시 중요하다. 이는 종업원 발명가는 물론이고 사용자 제조업체의 입장에서도 매우 중요한 문제이다. 국내의 경우 직무발명에 대한 보상이 법적으로 의무화되어 있지만 직무발명의 보상 기준이 명확하지도 않다. 또한 법원이 선고한 직무발명 보상금이 특허침해에 대한 손해보상금보다 높은 현실도 손해보상금 산정에 상존하는 문제점을 반영한다고도 볼 수 있다. 한편 미국에서는 직무발명의 보상에 대한 법적 의무가 원천적으로 존재하지 않으며, 직무발명의 고리 역시 발명의 착상 시점에 근거하여 확연히 구분한다. 우리나라가 지식기반시대를 맞이하여 창조경제를 이룩하려면 국내의 경직된 직무발명 제도와 영업비밀 유출 관련 법령 및 판단 기준도 시대에 맞게 정비되어야 할 필요가 있다고 생각된다.

제11장
특허입국(特許立國) 전략
≡ 특허와 제조의 융합

자유시장경제 하에서 경제 활동의 자유를 보장받는 참여자는 경제 활동에 매진하며, 그 결과 공중은 참여자의 노력에 수반되는 갖가지 혜택을 향유할 수 있다. 물론 이를 위한 필요충분조건은 바로 '경쟁'이다. 경쟁이 온전히 작동하는 자유시장경제는 발전하는 반면 그렇지 않은 자유시장경제는 나태해진다. 심하면 썩고 퇴보한다. 물론 경쟁에 처한 당사자들은 승리하기 위하여 처절한 삶을 영위할 수밖에 없다.[1] 하지만 이러한 경쟁에서 승리한 승자에게는 보상이 주어진다. 그 맛에 우리는 기꺼이 경쟁한다.

수익 창출을 위한 특허의 필요충분조건 역시 '경쟁'이다. 특허제도에 따라 어느 정도의 금지권을 보장받는 '발명가'는 창의력을 발휘하여 발명을 착상하고 특허를 등록하여 제품을 제조·판매하는 반면, '경쟁자'는 '발명가'가 보유한 특허의 권리범위를 우회·회피하는 제품을 제조·판매한다. 그 결과 공중은 시장에서 더 좋은 상품과 서비스를 제공받을 수 있게 되며, 특허제도는 그 목적을 달성한다.

따라서 경쟁이 온전히 작동하는 특허생태계는 번창하며 수익 창출을 통한 선순환에 의하여 혁신의 재창출이 가능한 반면, 경쟁이 온전히 작동하지 않는 특허생태계는 나태해진다. 심하면 썩고 퇴보한다. 물론 경쟁에 처한 발명가와 경쟁자는 승리하기 위하여 처절한 삶을 영위할 수밖에 없다. 하지만 발명가이건 경쟁자이건 이러한 경쟁에서 승리한 승자에게는 어느 정도의 보상이 주어진다. 그 맛에 발명가는 발명을 착상하고 특허를 등록하여 자신만의 사유재산인 권리범위를 확보하는 반면 (발명가의 action), 경쟁자는 발명가의 권리범위를 현명하게 우회·회피하거나 창의력을 발휘하여 발명가의 특허를 무효시키며, 이익이 비용을 초과하는 경우에는 (비용편익분석, cost-benefit analysis) 대놓고 발명가의 권리범위를 침해하기도 한다 (경쟁자의 counter-action).

물론 경쟁자라고 해서 발명가의 특허를 무조건 우회·회피하지만은 않는다. 경쟁자

1) 경쟁을 혐오하거나 억제하려는 개인은 어느 집단에나 항상 존재하기 마련이다. 물론 이러한 개인으로부터 혁신과 발명을 기대하기는 불가능하다. 왜냐하면 경쟁을 혐오하거나 억제하려는 개인이 발명을 통하여 혁신할 리 없으며, 설령 한다하더라도 그 속도는 경쟁에 몰두하는 개인의 발명과 혁신에 비하여 당연히 천분의 1, 만분의 1에도 미치지 못하기 때문이다.

역시 발명가의 권리범위를 참고하여 새로운 원천 발명을 착상하거나 발명가 특허의 권리범위를 우회·회피하며 새로운 우회 발명을 착상하기도 하며, 경쟁자 역시 자신의 발명을 특허로 출원하여 권리범위를 확보하기도 한다 (경쟁자의 counter-action). 이에 대응하여 발명가는 경쟁자 특허의 권리범위를 현명하게 우회·회피하거나, 창의력을 발휘하여 경쟁자의 특허를 무효시키거나, 비용편익분석을 통하여 경쟁자의 권리범위를 침해하기도 한다 (발명가의 reaction). 즉 발명가 A와 발명가 B(즉 발명가 A의 경쟁자) 사이의 선의의 경쟁이야말로 혁신과 발명을 재창출하는 선순환적 특허생태계의 필수 조건이다.[2)]

앞서 제1장의 4-마절 "총체적 난국의 원인"에서 설명하였듯이 우리나라에는 아직 선순환적 특허생태계가 구축되어 있지 않다. 비록 우리가 특허를 제대로 인지한 기간이 오래지 않아 혼선을 빚는 것도 그 원인 중 하나이겠지만, 우리 사회에 존재하는 특허에 대한 여러 가지 오해도 이에 대한 주요 원인이다. 그러다보니 우리 사회에는 발명가의 지적창작에 의한 산물인 '특허'를 인간의 '기본권'과 동일시하며, "특허 침해"를 인륜에 반하는 중범죄로 간주하는 경향마저 있다. 그 결과 상대방 특허의 권리범위를 현명하게 우회·회피하는 business 행위나, 비용편익분석을 통하여 이익이 비용을 초과하는 경우 상대방의 권리범위를 침해하는 business 행위를 형사상의 인권침해와 동일시하는 경향마저 있다.

그렇다고 우리나라 국민이 인륜에 반하는 중범죄로 흔히 오인하는 "특허 침해"를 행한 자를 우리나라 법체계 및 사법부가 엄벌에 처하는 것도 아니다. 오히려 여러 가지 법제도 상의 한계로 말미암아 솜방망이 수준의 손해배상금으로 해결한다. 앞서 제1장의 4절 "국내 특허 현황"에서 설명했지만, 이러한 이율배반적 결과는 특정 개인의 책임이라기보다는 특허에 대한 인식의 문제 및 우리나라 특허생태계의 총체적, 구조

2) 단 발명가 사이의 경쟁은 선순환적 특허생태계를 구축하기 위한 필요조건에 불과하다. 진정한 선순환적 특허생태계를 구축하기 위한 충분조건은 경쟁에서 이긴 승자에 대한 충분한 보상이다. 왜냐하면 혁신을 창출한 승자(발명가 또는 경쟁자)에게 충분한 보상이 이루어지지 않을 경우, 발명가이건 경쟁자이건 더 이상의 혁신을 추구하지 않게 되기 때문이다. 불행히도 국내 특허생태계는 아직 선순환적으로 작동하지 않으며, 이에 대한 원인은 제1장의 4절 "국내 특허 현황"에서 설명한 바 있다.

적 문제이다.

하지만 특허에 대한 국민적 인식이 서서히 변하고 특허생태계의 구조 역시 자발적으로 개선되기를 기대하기에는 우리가 처한 상황은 너무나 다급하다. 몇 개 group의 매출에 국내 총생산의 34% 이상을 기대는 심각한 쏠림 현상,[3)] 매년 줄어드는 기술 격차로 말미암아 2~3년 이내에 거의 모든 분야에서 중국에 추월당할 현실을 감안한다면,[4)] 우리는 혁신을 통한 새로운 먹을거리 창출, 이를 global market으로 끌고 나갈 신세대 혁신가 및 이들이 이끄는 혁신기업의 출현을 학수고대할 수밖에 없다.

제11장에서는 21세기 지식기반시대, 창조경제시대에 대한민국이 선순환적 특허생태계를 구축함으로써 명실상부하게 선진국 대열에 안착하기 위한 저자의 생각을 정리한다.

이를 위하여 제11장의 1절 "특허생태계 (Patent Ecosystem)"에서는 발명의 창출로 집약되는 특허생태계 상류(上流), 발명의 권리화(발명의 재창출에 해당하는 특허의 창출)로 요약되는 특허생태계 중류(中流) 및 수익 창출을 위한 특허 활용으로 정의되는 특허생태계 하류(下流)의 속성과 특징 및 각 단계의 major player들을 소개한다.

이에 근거하여 제11장의 2절 "경쟁으로 구축하는 선순환적 특허생태계"에서는 business 원칙인 비용편익분석(cost-benefit analysis)에 철저히 근거하여 작동하는 특허생태계를 구축하기 위한 경쟁의 필요성과, global market에서 다국적 big player들과 상대하기 위한 국내 실전의 중요성을 설명한다.

---

3) 이에 대한 자세한 자료는 아래의 URL 참고 (2015.02.28 최종 확인):http://news.naver.com/main/read.nhn?mode=LSD&mid=sec&sid1=101&oid=001&aid=0006696969

4) 국가전략기술 120개를 대상으로 한 2012년도 기술수준평가의 결과로서, 2010년 한국이 2.5년 앞선 바 있는 한·중 기술격차는 2012년 1.9년으로 단축되었으며, 앞으로도 더 빠른 속도로 단축되어 궁극적으로 상당히 많은 분야에서 중국에 추월당할 수 있을 것으로 예측된다. 이에 대한 자세한 자료는 아래의 URL 참고 (2015.02.28 최종 확인):http://biz.newdaily.co.kr/news/article.html?no=10034964

제11장의 3절 “발명가의 전략”에서는 특허생태계 상류(上流)의 주역인 발명가의 측면에서 특허명세서의 중요성, 즉 청구항과 “발명의 설명”의 중요성을 다시 한 번 강조한다. 또한 전략적 청구항과 전략적 “발명의 설명”을 작성하기 위한 필요충분조건인 유능한 변리사 확보의 중요성은 물론 전략적 주요 국가인 미국·유럽(오히려 중국?)에 특허를 출원해야만 하는 이유를 다시 한 번 강조한다.

또한 제11장의 4절 “국내 대학교 교수 및 국내 연구소 연구원의 전략”에서는 특허생태계 상류(上流)의 주역인 대학교수와 정부출연 연구소 연구원들의 특허창출 전략 및 “선택과 집중”의 당위성을 강조한다. 특히 ‘시장’이나 ‘경쟁’과는 상이한 paradigm에 근거한 교육부가 입안한 「산업교육진흥 및 산학연협력촉진에 관한 법률」에 의하여 설립된 대학교·출연연의 특허관리 조직인 TLO(Technology Licensing Office)의 문제점을 지적하고, “파괴적 혁신”에 근거한 해결책을 제시한다.

제11장의 5절 “유능한 국내 대리인의 전략”에서는 특허창출을 목적으로 하는 특허생태계 중류(中流)의 주역인 국내 변리사와 출원전문 특허변호사의 측면에서 특허생태계 상류(上流)의 주역인 발명가에 대한 전략 교육의 중요성과, 국내 변리사·특허변호사의 차별화 및 국제화를 통한 국내 특허업계의 발전을 제안한다.

제11장의 6절 “국내 제조업체의 전략”에서는 우리나라 특허생태계 하류(下流)의 주역이며 국내 특허생태계의 선순환적 경쟁을 책임지는 동시에 이를 지휘해야할 막중한 역할을 담당한 국내 제조업체의 특허전략을 제안한다.

제11장의 7절 “국가적 전략”에서는 진정한 global 강국으로의 도약을 위한 필수 전략으로서 20세기의 고도성장의 밑거름이었던 수출입국 정책과 21세기에 필요한 특허입국 정책의 창조적 융합인 “특허수출입국(入國)”을 제안한다. 또한 이를 위한 필수 전략인 “10만 발명가 양성” 및 “1천 교관 양성”을 제안하며, 선순환적 특허생태계의 주역인 발명가를 위한 “R&D·IP 연계의 확산”을 강조한다.

제11장의 8절 “정부의 전략”에서는 "침해+ 제조업체" 대신 "발명+ 제조업체"의 육성 및 ‘특허수출입국’을 위한 특허청, 산업통산자원부 및 기타 정부부처의 역할을 제안한 후, 제11장의 9절 ‘결론’에서는 이를 요약하는 동시에, 이미 오래 전 대한민국을 추

월하여 저 앞에서 달리고 있기에 이제는 추월하기도 어려워 보이는 중국정부의 친특허 정책 및 대한민국 발명가 의병의 선도적 역할을 제안한다.

1. 특허생태계 (Patent Ecosystem)

특허는 어느 날 하늘에서 뚝 떨어지는 재산이 아니다. 왜냐하면 하나의 사유재산, 무형자산, 지식재산인 특허가 창출되기 위해서는 발명가, 특허출원 전문가, 특허활용 전문가 등과 같이 상이한 전문성을 지닌 다수의 참여자들이 참여하는 일련의 과정을 거쳐야만하기 때문이다. 이러한 일련의 과정에 착안한 개념이 바로 동식물의 생태계 이론을 응용한 특허생태계 이론이다.

가. 특허생태계 이론

동식물 생태계와 같이 특허생태계도 다수의 단계로 구성된다. 따라서 특허생태계 이론을 통하여 상기 생태계에 참여하는 다수의 참여자와 상기 생태계의 다수의 순차적 과정의 특징 및 상호관계를 파악할 수 있으며, 이를 통하여 대한민국에 선순환적 특허생태계를 구축할 수 있는 전략을 수립할 수 있다.

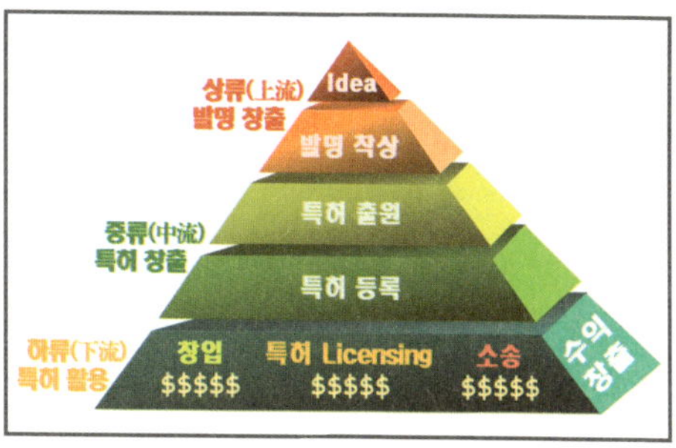

그림 11-1. 특허생태계 (Patent Ecosystem)

그림 11-1에서 예시한 바와 같이 특허생태계는 크게 세 개의 단계로 구성된다. 특허생태계의 첫 번째 단계는 발명가가 "신(神)내림"을 받아 idea를 구상한 후 이를 승화시켜 발명을 착상하는 상류 (上流), 두 번째 단계는 특허출원 전문가인 변리사 또는 출원전문 특허변호사가 발명가의 발명을 권리화하여 특허를 창출하는 중류 (中流), 그리고 마지막 세 번째 단계는 창출된 특허를 활용하여 수익을 창출하는 하류 (下流)이다. 아래에서는 특허생태계 각 단계의 특성을 살펴본다.

(1) 특허생태계 상류 (上流) ≡ 발명가의 발명 창출

발명가의 발명 창출로 집약되는 특허생태계 상류는 그림 11-1의 pyramid의 맨 위의 적색 및 주황색 단계에 해당한다. 즉 제4장 "발명은 신(神)내림 vs. 특허는 인간이 제조"에서 "신(神)내림"에 해당하는 부분이 바로 특허생태계 상류이다. 따라서 특허생태계 상류의 주역은 당연히 발명가이며, 특허생태계 상류의 과정은 발명가가 idea를 구상하는 단계와 발명가가 idea를 발명의 착상으로 승화시키는 단계로 이루어진다.

그림 11-1과 같이 특허생태계는 상류에서 중류로, 그리고 중류에서 하류로 순차적으로 작동하기 때문에 특허생태계의 각 단계는 전체 생태계 작동에 지대한 영향을 미친다. 하지만 특허생태계 상류는 생태계에서 가장 중요한 단계이다. 왜냐하면 특허생태계 상류는 "첫 단추"에 해당하며, 첫 단추야말로 가장 잘 꿰어야하는 단추이기 때문이다.

그림 11-2(a). 부실한 특허생태계 상류에 의한 특허생태계 전체의 오작동

"첫 단추를 잘 꿰어야한다"는 속담은 첫 단추를 잘못 꿸 경우에는 추후 모든 단추를 다시 풀어서 새로 꿰어야하므로, 시작부터 이러한 불상사를 방지해야한다는 말로 생각된다. 하지만 특허생태계의 첫 단추를 잘못 꿸 경우의 말로는 위의 속담으로 유추할 수 있는 경우에 비하여 더욱 비참하다. 왜냐하면 옷을 입다가 첫 단추를 잘못 꿰게 되면, 잘못 꿴 단추를 풀어 새로 꿰면 그만이지만, 그림 11-2(a)와 같이 특허생태계 상류에서 착상된 발명이 권리성 측면에서 취약할 경우 이러한 발명을 특허로 권리화한들 권리범위는 협소하거나 취약할 수밖에 없기 때문이다. 또한 특허생태계 상류에서 착상된 발명의 기술성이나 시장성이 취약할 경우, 추후 상기 특허기술을 구현한 제품이나 service를 발명가가 시장에 출시하더라도 이는 경쟁제품이나 경쟁 service를 능가할 수 없으며, 그 결과 수익 창출에 성공할 수도 없기 때문이다.

따라서 특허생태계 전체의 원활한 작동을 위해서는 특허생태계 상류부터 원활히 작동되어야 한다. 즉 특허생태계 상류의 주역인 발명가가 착상한 발명의 기술성, 시장성은 물론 권리성(특허성)이 매우 중요하다.[5] 이러한 측면에서 보면 발명가가 착상한 발명을 철저히 분석한 후, "선택과 집중" 전략에 따라 우량 발명만을 선정하여 아래에서 설명할 중류로 배출하는 전략의 중요성은 아무리 강조해도 지나치지 않다.

(2) 특허생태계 중류 (中流) ≡ 대리인의 특허 창출 (발명의 재창출, 즉 권리화)

발명의 권리화 또는 "특허의 창출"로 요약되는 특허생태계 중류는 그림 11-1의 pyramid 중간의 황색 및 녹색 단계에 해당한다. 즉 제4장 "발명은 신(神)내림 vs. 특허는 인간이 제조" 중 "인간이 제조"에 해당하는 부분이 바로 특허생태계의 중류이다. 물론 특허생태계 중류의 주역은 대리인, 즉 변리사나 출원전문 특허변호사 등과 같은 특허출원 전문가이다.

그림 11-1과 같이 특허생태계 중류의 과정은 발명가가 착상한 발명을 특허출원 전문가가 "발명의 설명"과 청구항을 포함하는 특허명세서라는 문서로 변환하여 해당 국가의 특허청에 출원하는 특허출원 단계와, 특허출원 전문가가 특허청 심사관과의 경쟁·협상을 통하여 이를 특허로 등록하는 단계로 이루어진다. 이러한 과정을 통하여 특허생태계 중류에서는 상기 생태계 상류에서 창출된 발명이 등록특허로 재창출된다.

앞서 특허생태계 상류에서 "첫 단추를 잘 꿰어야한다"는 속담을 설명하였지만, 이는 생태계 중류에도 해당된다. 왜냐하면 특허생태계 상류에서 착상된 발명이 아무리 뛰어나더라도 제7장의 3-가절 "출원 후 보정 불가의 발명의 설명 (Specification)"에서 설명한 바와 같이 일단 특허를 출원하게 되면 추후 "발명의 설명"의 흠결은 치유할 방법이 없기 때문이다. 따라서 그림 11-2(b)와 같이 아무리 발명가가 착상한 발명의 기술성, 시장성 및 권리성이 우수하더라도 이러한 발명이 특허생태계 중류에서 제대로 작

5) 발명가가 착상한 발명의 기술성이 떨어지더라도 완벽한 세공, 마무리를 통해 어느 정도 이를 보강할 수 있고, 상기 발명의 시장성이 뒤쳐지더라도 뛰어난 marketing을 통하여 어느 정도 이를 보완할 수 있다. 또한 상기 발명의 권리성이 열악하더라도 영민한 변리사나 출원전문 특허변호사가 어느 정도 이를 확충할 수도 있다. 하지만 기왕이면 발명가의 발명이 현저한 기술성, 시장성 및 권리성을 지닌다면 특허를 통한 수익 창출 역시 더 용이해지며, 이를 통하여 창출할 수 있는 수익 역시 극대화될 수 있다.

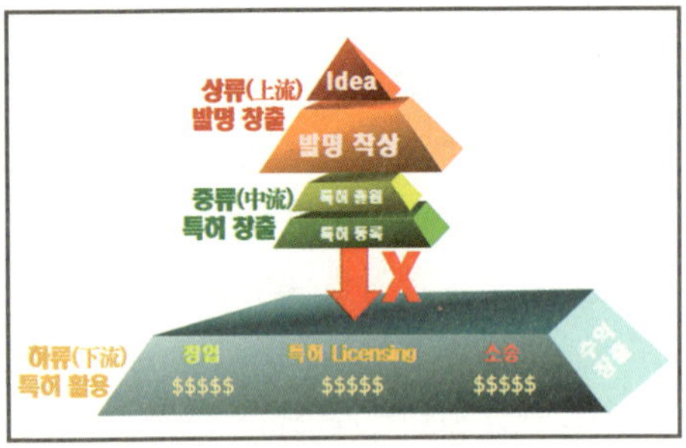

그림 11-2(b). 부실한 특허생태계 중류에 의한 특허생태계 전체의 오작동

성된 특허명세서를 통하여 권리화되지 않을 경우, 경쟁자는 발명가가 작성한 "발명의 설명"을 지도로 삼아 발명가의 권리범위 주변에 널려있는 공터를 맘껏 활용할 수 있게 된다.

그렇다면 특허생태계 중류가 특허생태계 상류만큼 중요한 이유는 무엇일까?

정답은 상류나 중류 모두 '창출'이 이루어지는 단계이기 때문이다. 즉 특허생태계 상류가 "발명의 창출"로 집약되는 반면 상기 생태계 중류는 "특허의 창출"로 집약되기 때문이다. 발명가가 자신의 발명·특허를 이용하여 수익을 창출하려면 발명의 기술성, 시장성 못지않게 특허 청구항의 권리범위 및 이에 수반되는 금지권이 중요함은 앞서 수차례 강조한 바 있다. 특히 발명가가 경쟁자에 비하여 규모가 열세인 창업기업인 경우 양질의 특허를 창출하고 광활한 권리범위를 확보함은 더욱 중요할 수밖에 없다. 따라서 우량 발명이 막강 특허로 (재)창출되는 특허생태계 중류 역시 상류만큼 중요하다.

결국 특허생태계 전체의 원활한 작동을 위해서는 특허생태계 중류도 원활히 작동되어야 한다. 따라서 특허출원 전문가가 담당하는 발명의 권리화를 통한 "특허의 창출" 단계는 그 중요성을 아무리 강조해도 지나치지 않다. 단 특허생태계 중류의 특허출원 전문가가 아무리 뛰어나더라도 상기 생태계 상류로부터 넘어오는 발명이 부실하거나 상기 전문가에게 합당한 보수를 지불하지 않을 경우에는 광활하면서도 다양한 권리범위를 지닌 특허창출에는 한계가 존재하며, 이에 따라 특허생태계가 원활히 작동하는 데에도 한계가 존재한다는 점은 각별히 유의할 필요가 있다.

(3) 특허생태계 하류 (下流) ≡ 다양한 혁신가·전문가의 특허 활용

특허 활용을 통한 수익 창출로 집약되는 특허생태계 하류는 그림 11-1의 pyramid 맨 아래의 청색 단계에 해당한다. 즉 제4장 "발명은 신(神)내림 vs. 특허는 인간이 제조"가 특허생태계의 상류와 중류에 각각 해당하는 반면 이를 이용한 수익 창출 단계가 바로 특허생태계의 하류이다.

특허생태계 하류에서의 특허 활용은 크게 세 가지 방법으로 구분할 수 있다. 우선 발명가가 특허를 직접 실시하는 자가실시(自家實施)에 해당하는 창업이 그 첫 번째 business model이며, 창업 없이 발명가가 자신의 특허권 전부를 타인에게 양도하거나 특허권 일부만을 타인에게 허여하는 licensing이 특허 활용의 두 번째 business model이다. 또한 발명가에 대한 합당한 보상 없이 발명가의 특허를 무단 실시하는 침해의심 제조업체를 상대로 제기하는 특허침해소송이 특허 활용의 마지막 business model이다. 따라서 특허생태계 하류의 주역은 당연히 창업가, 특허 broker, 특허소송 전문가 등의 혁신가나 전문가를 포함한다.

특허생태계 하류의 첫 번째 business model인 '창업'은 말 그대로 발명가(또는 특허 소유권자)가 특허기술에 기반을 둔 창업기업(start-up)을 설립하여 사업화를 직접 도모함으로써 수익을 창출하는 자가실시에 해당한다. 따라서 특허기술을 자가실시하는 창업가 발명가는 특허기술을 구현한 제품, service를 시장에 판매하는 바, 발명가는 상기 제품이나 service에 대하여 소비자가 지불한 금액의 일부를 자신의 수익으로 취하게 된다.

특허생태계 하류의 두 번째 business model인 특허 licensing은 발명가가 특허를 자가실시하는 대신 특허권 자체를 제조업체에 양도하거나 licensing으로 특허권의 일부를 허여함으로써 수익을 창출하는 방법이다. 일반적으로 발명가란 발명의 착상에는 일가견이 있지만 business에는 문외한인 경우가 대부분이다. 또한 발명가는 발명의 세계에서는 목숨을 기꺼이 내놓을 만큼 모험을 선호하지만 (invention-risk prone), 현실 business 세계에서는 모험을 꺼리는 (business-risk averse) 경우가 대부분이다. 따라서 대부분의 발명가는 특허 licensing을 선호한다. 즉 연구실에서 연구를 수행하여 발명을 착상하는 발명가는 자신의 발명을 광활한 권리범위를 보유한 특허로 창출해주는 유능한 특허출원 전문가 및 자신의 특허를 제조업체에 licensing해 줄 수 있는 유능한 중개인을 학수고대한다.

물론 발명가가 선호하는 특허 licensing은 실현 가능성이 상당히 낮다. 왜냐하면 제4장의 2절 "강한 특허로도 수익을 창출하기 어려운 이유"에서 설명하였듯이 권리성 측면, 비용편익 측면, 책임회피 측면 등에서 발명가는 제조업체에 비하여 상대적으로 불리하기 때문이다. 따라서 발명가는 여러 가지 측면에서 자신이 선호하는 방법은 아니지만 특허생태계 하류의 세 번째 business model인 특허침해소송에 의존할 수밖에 없는 경우가 흔히 발생한다.

발명가가 특허침해소송을 기피하는 이유는 여러 가지가 있는바, 그 주된 이유는 특허의 무효 가능성, 소송에 연루될 경우의 막대한 법률 비용, 소송에 수반되는 정신적 stress 등이다. 하지만 발명가가 무효 가능성과 비용 상의 문제를 웬만큼 극복할 수만 있다면 특허침해소송이야말로 침해의심 제조업체가 시장에서 거둬들인 수익의 일부분을 발명가가 공유할 수 있는 최적의 방법이기도 하다. 왜냐하면 침해의심 제조업체가 시장에서 거둬들인 수익 중 발명가가 차지할 수 있는 몫에 해당하는 손해배상금은 아직 입증이 되지 않은 미래의 신기술에 대한 특허를 licensing하여 얻을 수 있는 수익을 월등히 초과하는 경우가 대부분이기 때문이다.[6)]

특허생태계 상류의 발명이 아무리 기술성, 시장성 및 권리성이 우수하고, 특허생태계 중류의 특허출원 전문가가 이를 아무리 광활한 권리범위를 갖는 특허로 재창출하였다하더라도, 그림 11-2(c)와 같이 발명가가 특허 청구항의 권리범위 및 이에 수반되는 금지권을 활용하여 수익을 창출할 수 없다면 특허생태계는 제대로 작동할 수 없다. 일

6) 미국 특허업계는 우호적 license 계약을 10~20건 정도 체결하여 얻을 수 있는 수익을 특허침해소송 1건을 승소하여 얻을 수 있는 수익과 거의 동일하다고 추정한다. 왜냐하면 우선 아직 구현되지 않은 기술을 licensing하는 우호적 license 계약에는 양산 공정의 실패, 시장에서의 실패 등과 같은 태생적 risk가 항상 수반되기 마련이므로 제조업체가 발명가에게 지불하는 royalty는 상대적으로 낮을 수밖에 없기 때문이다. 이에 반하여 이미 제조업체가 구현하여 실시하고 있는 기술에 대한 특허침해소송에서 발명가가 승소하면, 발명가는 침해 제조업체가 창출한 수익의 일부를 일실이익이나 합리적 실시료로 받게 되며, 이는 우호적 licensing의 royalty에 비하여 그 금액이 큰 경우가 대부분이다. 이러한 이유로 미국 법원은 침해 제조업체가 발명가에게 지불하는 손해배상금의 최저 금액을 합리적 실시료로 규정하기도 한다. 따라서 자신이 승소할 가능성이 높고 특허침해소송 비용도 감당할 수 있는 발명가는 당연히 특허침해소송을 선호할 수밖에 없다. 따라서 많은 발명가들은 자신의 특허를 licensing하지 않겠다고 거절한 제조업체가 추후 자신의 특허기술을 실시하기를 기다렸다가 상기 제조업체를 상대로 특허침해소송을 제기하여 더 큰 수익 창출을 도모하기도 한다. 이러한 측면에서 보면 개인 발명가, 대학교수나 연구소의 연구원 등의 비실시 발명가에게 제조업체의 침해는 수익 창출을 위한 '축복'으로 간주될 수도 있다.

예로 창업가 발명가가 창업을 통하여 특허 기술을 구현한 우수 제품을 생산하거나 우수 service를 제공하더라도 시장에서 경쟁자의 침해를 저지할 수 없다면 수익 창출이 어려울 것이다. 특히 경쟁기업의 규모가 창업기업의 규모를 월등히 능가할 경우 발명가는 도산의 위기를 맞을 수도 있다. 또한 시장에서 특허가 제대로 보호되지 않음에 따라 제조업체가 특허를 licensing하는 비용에 비하여 특허를 침해하고 추후 특허침해소송에서 패소하여 지불해야하는 손해배상금이 더 싸게 칠 경우, 제조업체는 특허를 licensing할 incentive를 상실하게 된다. 따라서 특허생태계 하류의 특허 활용이 가능하려면 사법부에 의한 특허 보호가 전제조건이라 할 수 있다.

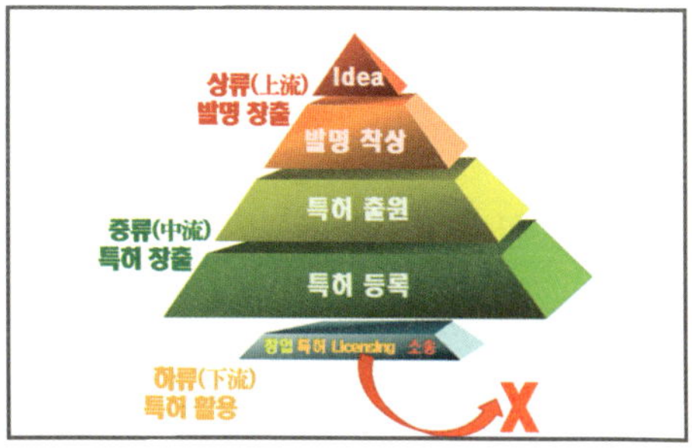

그림 11-2(c). 부실한 특허생태계 하류에 의한 특허생태계 전체의 오작동

이와 같이 특허생태계 전체의 원활한 작동을 위해서는 생태계 하류도 원활히 작동되어야만 한다. 단 특허생태계 하류의 창업가와 전문가가 아무리 business에 뛰어나더라도 생태계 상류에서 창출되는 발명이 부실할 경우 또는 특허생태계 중류에서 창출되는 특허가 부실할 경우, 특허생태계가 원활히 작동하는 데에는 확실히 한계가 존재한다는 점을 유의할 필요가 있다.

(4) 특허생태계 요약

위의 제1항~제3항에서 설명한 바와 같이 발명가가 기술성, 시장성, 권리성을 보유한 우량 발명을 창출하는 특허생태계의 상류, 상기 발명에 근거하여 광활한 권리범위를 지닌 특허를 창출하는 상기 생태계의 중류 및 이를 활용하여 실제로 수익을 창출하는 상기 생태계의 하류 중 어느 하나 간과할 수 있는 단계는 없다. 그 이유는 특허생태계의 상류, 중류, 하류는 순차적으로, 직렬로 연결되어 있기 때문에 상류, 중류, 하류 중 어느 하나라도 제대로 작동하지 않을 경우 전체 생태계가 오작동하기 때문이다.

이러한 이유로 특허생태계 상류의 발명가는 자신이 창출하는 발명이야말로 특허생태계 번영의 초석이므로 자신이 특허생태계의 주연배우(主演俳優)라고 신봉한다. 반면 생태계 중류의 특허출원 전문가는 자신이 창출하는 특허의 권리범위야말로 특허생태계 작동의 필수 요건이므로 자신이 주연배우라고 주장한다. 물론 특허생태계 하류의 특허활용 전문가도 특허 활용 및 수익 창출을 전담하는 자신이야말로 특허생태계의 꽃이라고 강변한다.

발명가, 특허출원 전문가, 특허활용 전문가 사이의 논쟁은 "닭이 먼저냐 달걀이 먼저냐"의 문제로 생각할 수 있지만, 특허생태계의 문제는 닭과 달걀의 세계와는 다르다고 생각된다. 왜냐하면 닭이 달걀을 낳지 않으면 달걀이 존재할 수 없고, 달걀이 없으면 닭이 존재할 수 없는 문제와는 달리, 특허생태계에는 수없이 많은 가난한 발명가가 존재하기 때문이다. 즉 손꼽을 수 있는 특허생태계 하류의 특허활용 전문가에 비하여 특허생태계 상류에는 수많은 가난한 발명가가 존재한다는 사실을 감안한다면, 아무래도 특허생태계는 상류로부터 시작된다는 주장이 더 설득력이 있어 보인다.

특허생태계에서의 발명가, 특허출원 전문가, 특허활용 전문가의 역할은 봉이 김선달과 대동강을 예를 들어 설명할 수도 있다. 아무리 기발하고 배짱도 두둑하고 언변이 능란한 김선달이라도 대동강 물이 썩었거나 오물 투성이었다면 이를 일금 4,000냥에 한양의 허풍선에게 팔지는 못했을 것이다. 저자는 특허도 마찬가지라고 생각한다. 아무리 능수능란하고 국제 경쟁력을 지닌 특허활용 전문가라도 국내에만 등록되고 해외에는 출원조차 되지 않은 국내특허를 해외에서 판매할 수는 없을 것이며, 국내특허 우선권을 주장하며 미국에 출원·등록되었더라도, dumping 수준의 수임료를 지불하여 작성한, 권리범위가 협소한 특허를 미국 시장에서 고가에 판매할 수는 없을 것이다.

결국 특허생태계 상류에서 발명 창출을 담당하는 발명가와 중류에서 특허를 창출하는 특허출원 전문가의 역할은 지대하다. 또한 위의 제2항에서 설명한 바와 같이 특허생태계 상류에서 창출되는 발명은 중류에서 창출되는 특허의 모태이므로 우량 발명 창출의 중요성은 아무리 강조해도 지나치지 않다. 따라서 특허생태계 상류의 발명가가 상기 생태계 중류의 특허출원 전문가와 하류의 특허활용 전문가와 원활한 feedback을 주고받을 수만 있다면 상류의 발명가가 우량 발명을 창출할 가능성은 더욱 높아질 수밖에 없다.

특허기술을 실시하여 제품을 생산하거나 특허를 licensing할 경우의 순이익(net

profit 또는 profit margin)을 고려하더라도 특허생태계 상류의 발명 창출은 생태계 중류의 특허의 창출이나 하류의 특허 활용에 비하여 훨씬 중요함을 인지할 수 있다. 일예로 특허생태계 상류에서 우량 발명이 창출되지 않을 경우, 생태계 하류의 특허활용 전문가는 타인의 우량특허를 매입하여 수익 창출을 도모할 수밖에 없다. 하지만 우량특허를 매입하기 위해서는 당연히 이에 상응하는 대가를 치러야하므로 타인의 특허를 활용하여 수익을 창출하더라도 매입가격을 제한 순이익은 줄어들 수밖에 없다. 특히 국내 특허생태계에서 우량 발명과 우량특허가 창출되지 않을 경우, 국내 특허활용 전문가는 해외에서 고가에 특허를 매입해야하기 때문에 순이익은 더욱 줄어들 수밖에 없다.

반면 특허생태계 상류에서 창출된 우량 발명을 동일한 생태계 중류에서 우량특허로 변환하고, 이를 동일한 생태계 하류의 특허활용 전문가가 활용하여 global market에서 수익을 창출한다면 순이익의 극대화도 가능해진다. 결국 특허생태계 하류에서의 특허 활용 및 수익 창출이 생태계의 꽃에 해당하고, 특허생태계 중류에서 창출되는 특허의 권리범위야말로 생태계 작동의 필수 요건이라 하더라도, 특허생태계 상류의 우량 발명 창출이야말로 생태계 작동의 "첫 단추"인 만큼은 불변의 사실이다.

나. 특허생태계 종류

앞서 제1장의 5절 "개인·기업·국가 차원의 목표"에서 21세기 지식기반시대에는 우량특허의 보유량에 따라 개인·기업·국가의 경쟁력이 결정된다고 설명하였다. 하지만 특허는 신제품에 특허기술이 적용할 때마다 사용되어 소진되므로 지식기반시대의 성패의 관건은 우량특허의 보유량은 물론 유효특허의 창출 능력이다.

그렇다면 우량 발명과 우량특허가 양산되는 특허생태계의 특징은 무엇일까? 이를 위하여 아래에서는 우량 발명과 우량특허가 선순환적으로 양산되어 혁신의 재창출이 가능한 "선순환적 특허생태계"와 이와 반대되는 "악순환적 특허생태계"를 설명한다.

(1) 선순환적 특허생태계 (Virtuous Patent Ecosystem)

경제학에서 사용하는 "선순환적 (virtuous) 생태계"란 다수의 순차적 단계들로 이루어진 system에서 각 단계가 feedback loop를 통하여 타단계를 강화하는 system을 의미한다. 이를 특허에 적용할 경우, "선순환적 특허생태계"란 발명가가 우량 발명을 착상하고, 특허출원 전문가가 이를 광활한 권리범위와 다양한 종류의 권리범위를 지닌 우량특허로 창출하고, 다양한 특허활용 전문가들이 이를 전향적으로 활용하여 수익을 창출하는 과정이 feedback loop를 통하여 되풀이되며 강화되는 system을 지칭한다. 그렇다면 특허생태계의 선순환적 작동을 위한 필수조건은 무엇일까?

그림 11-3. 선순환적 (Virtuous) 특허생태계

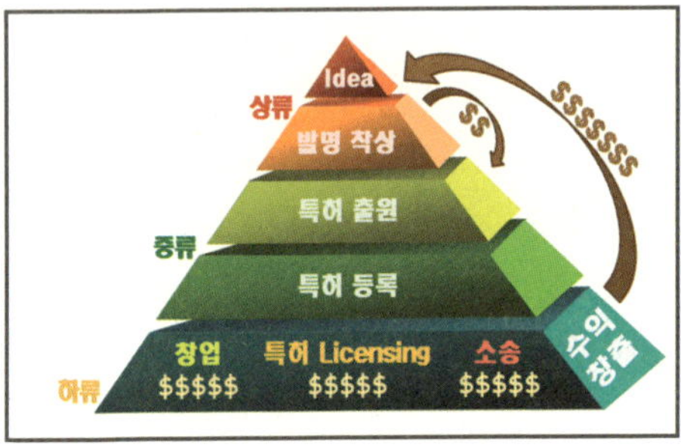

그림 11-3(a)

그림 11-3(b)

그림 11-3은 선순환적 특허생태계를 도시한다. 그림과 같이 특허생태계가 선순환적으로 작동하기 위한 첫 번째 조건은 특허 활용을 통한 수익 창출이며 (생태계 하류의 정상적 작동), 두 번째 조건은 그림 11-3(a)와 같이 특허 활용을 통하여 창출된 수익 중 합당한 부분이 생태계 상류의 발명가에게 분배되어야 함을 알 수 있다. 그 결과 자신의 기여에 정당한, 합당한 수익을 배분받은 발명가는 더욱 고무되어 그림 11-3(b)와 같이 더 많은 우량 발명을 착상하고, 이러한 발명가를 목도한 타발명가 역시 우량 발명 착상에 더욱 매진하게 된다. 또한 선순환적 특허생태계 중류의 특허출원 전문가는 발명가가 착상한 우량 발명을 다시 우량 유효특허로 창출하며, 선순환적 특허생태계 하류의 특허활용 전문가는 이를 활용하여 더 큰 수익을 창출하게 된다. 그 결과 선순환적 특허생태계가 작동하는 기업, 사회, 국가는 더 많은 우량 발명과 우량특허를 활용하여 지속적으로 혁신을 달성할 수 있게 되며, 선순환적 특허생태계에 속한 발명가, 특허출원 전문가, 특허활용 전문가 역시 혁신을 재창출하며 더 많은 수익을 창출하기

위하여 매진하게 된다.

단 우량 발명을 착상한 발명가에 대한 수익 배분만으로 선순환적 특허생태계가 구축되지는 않는다. 왜냐하면 발명가가 착상한 우량 발명을 우량 유효특허로 변환하는 특허출원 전문가가 정당한 수익을 창출할 수 없다면 특허생태계 중류가 제대로 작동할 리 없으며, 이에 따라 우량 발명이 우량 유효특허로 변환될 리 없기 때문이다. 또한 아무리 우량 발명과 우량특허가 쏟아져 나오더라도 이를 활용하여 수익을 창출하는 특허활용 전문가가 자신의 노력에 합당한 수익을 창출할 수 없다면 특허생태계 하류도 제대로 작동할 리 없기 때문이다.

결국 특허와 관련된 모든 활동은 철저히 수익 창출을 목적으로 하는 business이다. 따라서 선순환적 특허생태계는 우량 발명을 우량 유효특허로 변환하고 이를 활용하여 충분한 수익을 창출한 후 이에 대한 정당한 몫을 특허생태계 상류, 중류, 하류의 참여자 모두에게 분배함으로써만 구축될 수 있다.

(2) 악순환적 특허생태계 (Vicious Patent Ecosystem)

"악순환적 (vicious) 생태계"도 역시 경제학 용어로서, 다수의 순차적 단계들로 구성된 system에서 단계들 사이의 feedback loop가 제대로 작동하지 않아 타단계를 강화하지 못하는 system을 의미한다. 이를 특허에 적용할 경우 "악순환적 특허생태계"란 발명가가 발명을 착상하고, 특허출원 전문가가 이를 출원하여 특허로 등록하고, 특허활용 전문가가 이를 활용하려해도 수익이 창출되지 않거나, 수익이 창출되더라도 이의 정당한 배분이 이루어지지 않아 생태계 전체가 침체되는 system을 지칭한다.

그림 11-4는 악순환적 특허생태계를 도시한다. 그림에서와 같이 악순환적 특허생태계의 특징은 생태계 각 단계 사이에 존재해야할 feedback loop의 작동 오류임을 알 수 있다.

그렇다면 특허생태계가 악순환적으로 전락하는 이유는 무엇일까? 물론 여기에도 여러 가지 이유가 존재한다. 하지만 그림 11-4와 같이 악순환적 특허생태계가 고착화되는 가장 중요한 이유는 특허 보호의 부재 및 정당한 수익 분배의 부재라 할 수 있다.

그림 11-4. 악순환적 (Vicious) 특허생태계

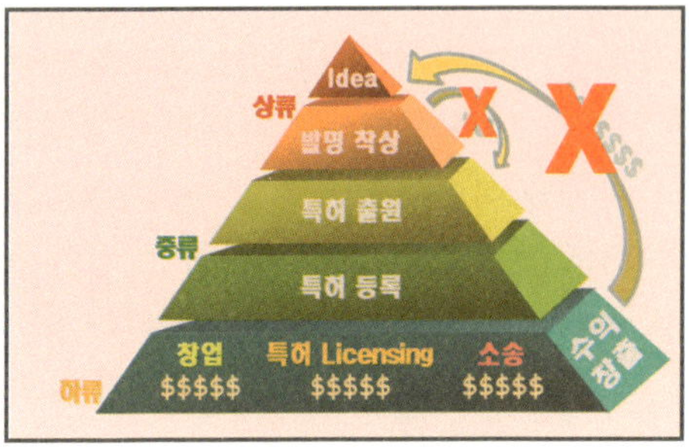

그림 11-4(a)

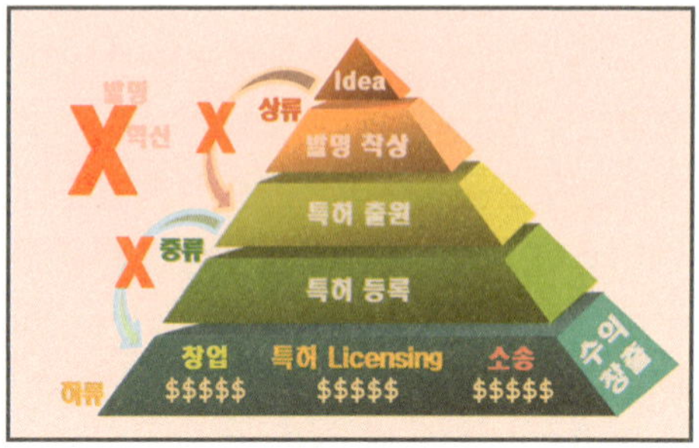

그림 11-4(b)

우선 그림 11-4(a)는 특허가 제대로 보호되지 않아 특허 활용을 통하여 수익을 창출할 수 없는 생태계 하류의 작동 오류를 도시하며, 그림 11-4(b)는 특허 활용을 통하여 수익을 창출하더라도 이의 정당한 부분이 발명가나 특허출원 전문가에게 분배되지 않는 생태계 infra의 작동 오류를 도시한다. 이러한 경우 수익을 창출하지 못한 발명가는 더 이상 발명에 매진하지 않게 되며, 이러한 발명가를 목도한 타발명가 역시 발명 활동을 중지하게 된다. 또한 발명 활동을 계속하는 발명가마저 특허출원 전문가에게 정당한 수임료를 지급하지 않으므로 대리인이 기껏 권리화하는 특허 역시 협소한 권리범위밖에 확보하지 못하는 불량특허로 전락하게 되며, 이에 따라 불량특허를 활용하려는 특허활용 전문가 역시 수익 창출에 실패할 수밖에 없다.

특허와 관련된 모든 활동은 철저히 수익 창출을 목적으로 하는 business이다. 따라서 악순환적 특허생태계가 작동하는 기업, 사회, 국가는 우량 발명과 우량특허를 확보하지 못하는 대신 불량 발명과 불량특허로 넘치게 된다. 또한 이러한 생태계에서 활동하는 특허활용 전문가 역시 수익 창출을 위하여 활용할 우량특허를 확보하지 못하므로, 상기 생태계는 총체적인 답보와 침체를 면치 못함은 당연하다.

앞서 제1장의 4-나절 및 4-다절의 "국내특허의 후천적 한계"에서는 국내 등록특허의 높은 무효율과 특허침해소송 승소 시의 낮은 손해배상금에 대하여 설명하였다. 즉 국내 특허생태계야말로 특허가 제대로 보호되지 않아 특허 활용을 통하여 수익을 창출할 수 없으며, 그 결과 생태계 하류가 제대로 작동하지 않는 악순환적 특허생태계임을 알 수 있다. 하지만 정량적 통계자료에 의하면 우리나라는 세계 4위의 특허출원 강국이다. 그렇다면 이러한 통계자료야말로 국내 특허생태계에 불량 발명과 불량특허가 넘쳐난다는 사실의 확증이라고도 간주할 수 있다.

다. 선순환적 특허생태계를 위한 법률 외적 Infra 구축의 당위성

앞서 제1장의 4-나절, 4-다절의 "국내특허의 후천적 한계"에서는 국내의 악순환적 특허생태계의 주된 원인으로 등록특허의 높은 무효율 및 특허침해에 대한 낮은 손해배상금을 지적하였다. 또한 제1장의 4-마절 "총체적 난국의 원인"에서는 국내에 악순환적 특허생태계가 고착화된 원인을 분석하였고, 이의 극복을 위한 의견을 제시하였다.

그렇다면 극히 실현 가능성이 낮은 가정이기는 하지만, 대한민국 국회가 특허의 중요성을 실감하고 이에 따라 특허 보호 강도를 강화하기 위하여 특허법을 개정하기만 하면 국내 특허생태계가 악순환적 특허생태계에서 선순환적 특허생태계로 전환될 수 있을까? 아니면 국회의 특허법 개정에 비하여 훨씬 가능성도 높을뿐더러 현실적인 대안으로서 대한민국 사법부가 전향적 판결을 통하여 특허 보호 강도를 강화하기만 하면 국내 특허생태계가 악순환적 생태계로부터 선순환적 생태계로 자동적으로 전환될 수 있을까?

이에 대한 저자의 정답은 "어느 정도는 가능하겠지만 확실하지는 않다"이다. 우선 제1장의 4-마절 제2항 "불량특허를 유인하는 dumping 수준의 국내 변리사 수임료"에서 설명했지만 특허생태계 각 단계의 질적 향상 없이 사법부가 등록특허의 무효율만 인위적으로 감소시키더라도, 침해 제조업체가 특허권자에게 지불해야할 손해배상금이 증가되지 않는 한 발명가는 여전히 특허를 활용하여 수익을 창출할 수 없게 되며, 그 결과 등록특허 무효율의 인위적 감소가 특허생태계에 미치는 효과는 미미할 수밖에 없다. 오히려 사법부가 마땅히 무효로 처리해야 할 등록특허를 인위적으로 유효하다고 인정함에 따라 국내 특허시장은 zombie 특허의 안식처로 전락할 수도 있다.

설령 사법부가 등록특허의 무효율을 감소시키는 동시에 손해배상금을 증액시키더라도 특허생태계 각 단계의 질적 향상이 수반되지 않을 경우, 이 역시 특허생태계에 미치는 효과는 극히 미미하리라고 사료된다. 왜냐하면 등록특허의 무효율을 인위적으로 감소시키고 손해배상금을 인위적으로 증액하여 국내특허가 국내에서는 그런대로 대우를 받게 될지는 몰라도, 이러한 국내특허를 영어로 번역한 미국특허나 유럽특허는 세계 굴지의 major player들과 경쟁을 벌이더라도 대부분 그 효력을 발휘하지 못할 가능성이 매우 높기 때문이다. 또한 국내기업이 이러한 미국특허나 유럽특허를 아무리 많이 보유하더라도 미국이나 유럽(또는 중국?)의 경쟁자를 미국이나 유럽(또는 중국?)에서 압박하는 무기로는 사용할 수 없음은 자명하다.

어차피 영토도 좁고 인구도 적은 대한민국이 먹고 살 길은 해외진출이 유일하다. 따라서 특허 역시 국제화를 염두에 두고 창출해야 한다. 또한 이와 같이 미국·유럽(오히려 중국?) 등의 전략적 주요 국가에서도 금지권을 발휘할 수 있는 양질의 우량특허를 양산할 수 있는 선순환적 특허생태계야말로 대한민국이 21세기 지식기반시대에 구축해야할 system이자 대한민국 특허산업 참여자의 숙원사업이다.[7)]

2. 경쟁으로 구축하는 선순환적 특허생태계

대한민국에 국제 경쟁력을 지닌 선순환적 특허생태계를 구축하기 위한 현실적 방안은 무엇일까? 연구비 10억 원 당 출원된 국내 특허 건수를 발표하며 특허 생산성이 세계 제1위라며 자랑스러워하는 정부의 권유에 따라 더 열심히 국내특허를 출원해야 할

---

7) 저자가 원고를 탈고하던 2015년 2월 13일, 정갑윤 국회부의장(새누리당)과 원혜영 의원(새정치민주연합)은 특허 허브국가 추진법인 「민사소송법 법원조직법 특허법 개정안」을 공동으로 발의하였다. 개정안은 특허소송 판결의 전문성, 일관성, 효율성 제고를 위하여, 5개 고등법원 소재지의 지방법원이 현재 전국 58개의 지방법원 및 지원에서 관할하고 있는 특허침해소송을 전속관할로 하도록 하였다. 또한 개정안은 특허침해에 대한 손해배상청구권의 근거 규정 신설과 함께 고의나 중과실로 특허권을 침해하는 경우 손해배상금의 3배까지 책임을 인정할 수 있도록 하였다. 아울러 증거제출명령의 거부 사유를 판단하기 위한 비밀심리절차제도를 도입하고 영업비밀을 이유로 자료제출을 거부하더라도 법원은 반드시 필요한 경우 자료제출을 강제하며, 제출명령에 불응하면 요증사실을 진실로 인정할 수 있도록 하였다. 저자는 두 의원이 공동 발의한 개정안에 적극 찬성하는 바이며, 상기 법안을 준비한 국내 지식재산 전문가 여러분들께도 깊은 감사를 표하는 바이다. 그리고 상기 개정안이 가능한 한 빨리 본 회의 의결을 거쳐 시행되는 날을 학수고대한다.

까? 아니면 사법부에 선순환적 특허생태계를 파괴하는 개인·기업을 엄벌에 처해달라고 요청할까? 아니면 국회에 "특허생태계 구축 특별법"을 제정해달라고 건의할까?

정답은 "절대 그것만으로는 충분치 않다"이다. 축구와 마찬가지이다. 대한민국 국가대표팀이 국내 프로축구리그 우승팀을 상대로 100 goal을 넣었다고 해서, 국내 프로축구 관객이 1,000만 명을 돌파했다고 해서 국가대표팀이 World Cup에서 우승한다는 보장이 없는 것과 동일한 이치이다. 또한 축구심판협회가 불법 tackle에 대한 벌칙을 강화하거나 대한축구협회가 축구개발 5개년 계획을 추진한다고 해서 우리 국가대표팀이 World Cup에서 우승한다는 보장이 없는 것과도 같은 이치이다. 우리 국가대표팀이 World Cup에서 우승하려면 우량 선수들을 선발하고, 우량 감독과 우량 코치는 국내의 우량 선수들을 국제 경쟁력을 지닌 최우량 선수들로 양성해야한다. 왜냐하면 전 세계의 내로라하는 축구선수들이 경쟁하는 World Cup은 동네 아이들 장난이 절대 아니기 때문이다.

특허도 마찬가지이다. 연구비 10억 원 당 출원된 특허 건수가 해마다 증가하건 말건, 국내 특허출원 건수가 세계 몇 위이건, 사법부가 선순환적 특허생태계를 파괴하는 개인이나 기업을 엄벌에 처하건 말건, 국회가 특허생태계 구축 특별법을 제정하건 말건, 국내에 선순환적 특허생태계가 구축된다는 보장은 없다. 왜냐하면 수익 창출을 위하여 한 사람은 특허를 출원하고 다른 사람은 이를 우회·회피하는 특허 business는 동네 아이들 장난이 절대 아니기 때문이다. 그렇다면 대한민국에 선순환적 특허생태계를 구축하기 위한 필요충분조건은 무엇일까? 저자는 이에 대한 정답이야말로 "만인에 대한 만인의 경쟁"을 통한 "국제 경쟁력 향상"이라고 확신한다. 아래에서는 이에 대한 이유 및 이를 달성하기 위한 방안을 나름대로 제시해 본다.

가. 선순환적 특허생태계 구축을 위한 경쟁의 당위성

발명가가 신대륙을 발견하고, 신대륙 동쪽에서 경관이 수려한 해변과 모래사장을 발견하였다고 가정하자. 발명가는 자신이 발견한 신대륙의 모래사장을 이용하여 수익을 창출하겠다는 원대한 포부를 품게 된다.

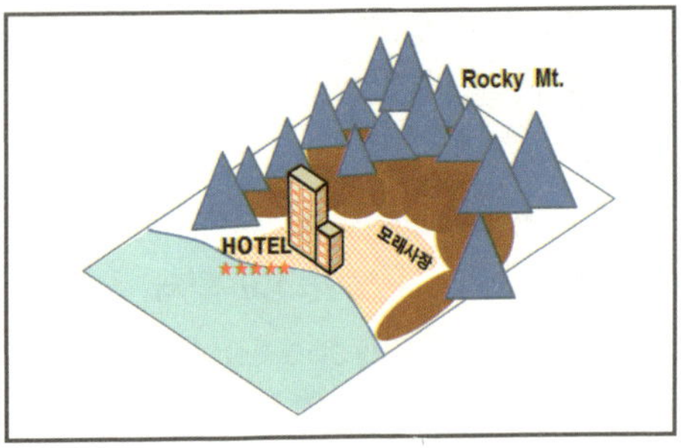

그림 11-5. 오성(★☆★☆★)급 Hotel을 이용한 발명가의 수익 창출 Model

발명가는 신대륙 모래사장에 "신대륙 동쪽의 모든 모래사장이 자신의 영토"라는 말뚝을 박고, 등기소로부터 '등기필증'을 교부받음으로써 상기 영토를 사유화한다. 그리고 발명가는 그림 11-5와 같이 자신의 모래사장에 오성급 hotel을 짓고, 해변을 찾아오는 관광객들에게 입장료도 받고 이들을 자신의 hotel에 투숙시켜 수익을 창출한다.

(1) 경쟁자 A - 발명가 영토의 알짜배기 땅을 침해

경관이 수려한 신대륙 모래사장에 오성급 hotel을 짓고 막대한 수익을 창출하는 발명가를 목도한 경쟁자 A는 자신도 같은 모래사장에 motel을 지어 수익을 창출하기를 원한다. 하지만 상기 모래사장은 이미 모두 발명가의 사유지로 등기된 지 오래이다.

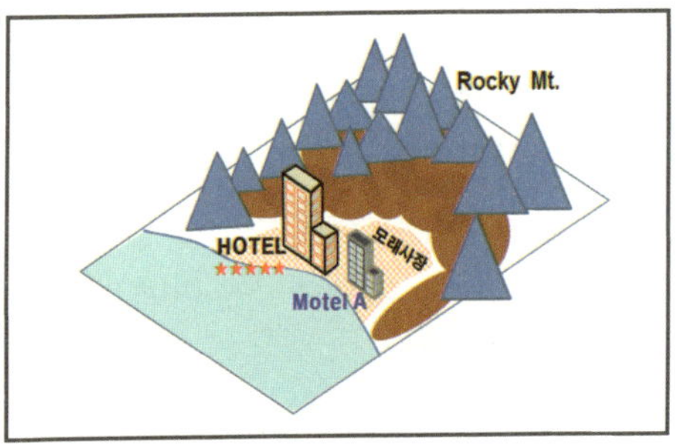

그림 11-6(a). 경쟁자 A의 Motel

그래도 경쟁자 A는 그림 11-6(a)와 같이 발명가가 소유한 모래사장의 정중앙에 당당하게 motel을 지어 관광객을 투숙시키며 수익을 창출한다. 물론 경쟁자 A는 발명가로부터 모래사장을 사용하거나 그 정중앙에 motel을 짓도록 허락 받은 적이 없다. 이에 격분한 발명가는 경쟁자 A를 상대로 재산권 침해소송을 제기하여 승소한다. 그렇다면 발명가가 경쟁자 A에 대하여 법원에 요청할 수 있는 벌칙은 무엇일까? 우선 발명가는 법원이 경쟁자 A를 자신의 모래사장으로부터 퇴거시키도록 법원에 요청할 수 있다. 그리고 발명가는 경쟁자 A가 발명가의 모래사장에서 허락 없이 motel을 운영한 데 대한 정당한 임대료를 요구할 수 있다. 또한 발명가는 자신의 모래사장에 경쟁자 A가 불법으로 지은 motel을 강제로 철거하도록 요청할 수도 있다.

특허도 마찬가지이다. 경쟁자 A가 발명가의 허락 없이 발명가의 권리범위를 침해하였을 경우, 발명가는 법원에 경쟁자 A의 침해중지를 요청할 수 있다. 그리고 발명가는 자신의 허락 없이 자신의 특허를 무단 실시한 경쟁자 A에 대한 손해배상금으로서 일실이익 또는 합리적 실시료를 요구할 수 있다.[8] 또한 발명가는 경쟁자 A로 하여금 추후 발명가의 권리범위를 더 이상 침해하지 못하도록 금지처분을 요청할 수도 있다.

만일 경쟁자 A가 발명가의 영토에서 발명가보다 먼저 거주해온 선거주자를 발굴하여 발명가의 등기필증이 무효임을 입증하거나, 발명가의 불공정 행위를 입증하여 발명가의 소유권을 제한하거나 부정한다면 어떻게 될까? 경쟁자 A의 이러한 행위는 불법일까? 아니면 합법적이기는 하지만 삼척동자가 보기에도 치사한 business 전략에 불과할까?

정답은 "둘 다 아니다"이다. 왜냐하면 발명가의 영토에 공유지가 포함되어 있다면 이를 발명가의 사유재산이라고 기재한 등기필증 자체가 무효이기 때문이다. 또한 발명가의 영토에 타인의 사유지가 포함되어 있다면 발명가는 적법한 소유자가 아니므로 경쟁자 A를 배척할 자격이 없기 때문이다. 또한 발명가가 사기·기망을 통하여 상기 영토를 사취하였다면 이는 불공정 권리 취득에 해당하므로 이 경우 역시 발명가는 적법한 소유자가 아니므로 경쟁자 A를 배척할 자격이 없다.

특허도 마찬가지이다. 발명가 청구항의 권리범위에 공지기술 또는 타인이 소유한 특허의 권리범위 등과 같은 선행기술이 포함될 경우, 상기 청구항은 신규성 요건이나 진보성 요건을 만족하지 못하므로 무효이다. 또한 발명가가 특허를 등록하기 위하여 불공정 행위를[9] 저질렀을 경우 상기 특허는 금지권을 상실하여 실질적으로 무효 특허와 동일하게 된다. 즉 발명가가 특허를 통하여 확보한 권리범위가 적법하지 않으므로 경쟁자 A는 발명가 특허의 권리범위를 배척할 수 있는 법적 정당성을 보유한다.

8) 제5장의 4-다절의 제1항 "일실이익 (Lost Profit)" 및 제2항 "합리적 실시료 (Reasonable Royalty)" 참고.

9) 제5장의 4-나절 제5항 "불공정 행위 (Inequitable Conduct) 금지 원칙" 참고.

(2) 경쟁자 B - 발명가 영토의 변두리만 침해

경관이 수려한 신대륙 모래사장에 오성급 hotel을 짓고 막대한 수익을 창출하는 발명가를 목도한 경쟁자 B 역시 자신도 모래사장에 motel을 지어 수익을 창출하기를 원한다. 하지만 상기 모래사장은 이미 모두 발명가가 사유지로 등기를 마쳤으며, 경쟁자 B는 무모하게 발명가가 소유한 모래사장의 알짜배기 땅에 무단으로 motel을 지었던 경쟁자 A의 말로를 목도한 바 있다.

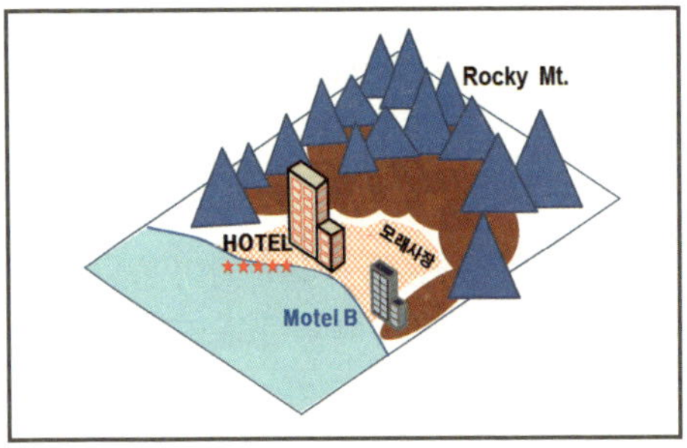

그림 11-6(b). 경쟁자 B의 Motel

이에 경쟁자 B는 그림 11-6(b)와 같이 발명가 모래사장의 변두리에 발명가의 허락 없이 motel을 지어 관광객을 투숙시키며 수익을 창출한다. 물론 경쟁자 B 역시 발명가로부터 모래사장을 사용하거나 그 변두리에 모텔을 짓도록 허락을 받은 적이 없으므로, 발명가는 경쟁자 B를 상대로 재산권 침해소송을 제기하여 승소할 수 있다. 이 경우 발명가가 경쟁자 B에 대하여 법원에 요청할 수 있는 벌칙은 무엇일까? 우선 발명가는 법원에 경쟁자 B를 자신의 모래사장으로부터 퇴거시키도록 요청할 수 있다. 그리고 발명가는 경쟁자 B가 허락 없이 motel을 운영한 데 대한 정당한 임대료를 요구할 수 있다. 또한 발명가는 자신의 모래사장에 경쟁자 B가 불법으로 지은 motel을 철거하도록 요청할 수 있다.

단 무모하게 발명가 모래사장의 정중앙에 motel을 지은 경쟁자 A와는 달리 경쟁자 B가 지은 motel의 대부분은 발명가의 영토 바깥의 변두리에 위치하며, 상기 motel의 극히 일부분만이 발명가 소유의 모래사장을 침해한다. 따라서 경쟁자 B는 자신의 motel을 모조리 철거하거나 발명가에게 막대한 임대료를 지불할 필요는 없다. 대신 경쟁자 B는 자신이 지은 motel 중 발명가의 모래사장을 침입한 부분만을 철거하거나, 발명가에게 상기 부분에 대한 사용료만 지불하면 된다.

특허도 마찬가지이다. 경쟁자 B가 발명가의 허락 없이 특허를 침해하였다면, 발명가는 법원에 경쟁자 B의 침해중지를 요청할 수 있다. 그리고 발명가는 자신의 허락 없이 자신의 특허를 실시한 경쟁자 B에게 일실이익, 합리적 실시료와 같은 손해배상금을 요구할 수 있다. 또한 발명가는 경쟁자 B로 하여금 추후 발명가의 권리범위를 더 이상 침해하지 못하도록 금지처분을 요청할 수 있다. 단 경쟁자 A의 말로를 목도한 경쟁자 B는 발명가 권리범위의 극히 일부분만을 침해하도록 자신의 제품을 설계하였으므로 자신이 제조·판매한 제품의 가치 중 권리범위를 침해한 부분에 상응(apportionment)하는 일실이익 또는 합리적 실시료만 발명가에게 지불하면 된다.

만일 경쟁자 B가 발명가의 영토에서 발명가보다 먼저 거주해온 선거주자를 발굴하여 발명가의 등기필증이 무효임을 입증하거나, 발명가의 불공정 행위를 입증하여 발명가의 소유권을 제한하거나 부정한다면 어떻게 될까? 경쟁자 B의 이러한 행위는 불법일까? 아니면 합법적이기는 하지만 치사한 business 전략일까? 물론 앞서 발명가 A의 예에서와 같이 이에 대한 정답은 “둘 다 아니다”이다.

특허 역시 마찬가지이다. 왜냐하면 신규성 요건이나 진보성 요건을 만족하지 못하는 청구항은 무효이기 때문이다. 또한 발명가가 불공정 행위를 저질렀을 경우 상기 특허는 금지권을 상실하기 때문이다. 따라서 경쟁자 B는 발명가 특허의 권리범위를 배척할 수 있는 법적 정당성을 보유한다.

(3) 경쟁자 C - 발명가 영토의 우회·회피

경관이 수려한 신대륙 모래사장에 오성급 hotel을 짓고 막대한 수익을 창출하는 발명가를 목도한 경쟁자 C 역시 자신도 모래사장에 motel을 지어 수익을 창출하기를 원한다. 하지만 상기 모래사장은 이미 모두 발명가의 사유지이며, 경쟁자 C는 무모하게 발명가 모래사장의 정중앙에 motel을 지은 경쟁자 A의 말로는 물론 발명가 모래사장에 살짝 걸쳐 motel을 지은 경쟁자 B의 말로도 똑똑히 목도한 바 있다.

따라서 경쟁자 C는 신대륙의 동쪽 모래사장 바깥쪽의 동쪽 언덕에 motel C_1을 짓거나, 신대륙 동쪽 모래사장 앞쪽 바다의 수심이 얕은 부분을 간척하여 motel C_2를 짓고 관광객을 투숙시키며 수익을 창출한다. 즉 경쟁자 C의 motel C_1이나 C_2는 발명가 모래사장의 중앙도 아니고 변두리도 아닌, 발명가가 소유한 모래사장의 바깥쪽에 위치한

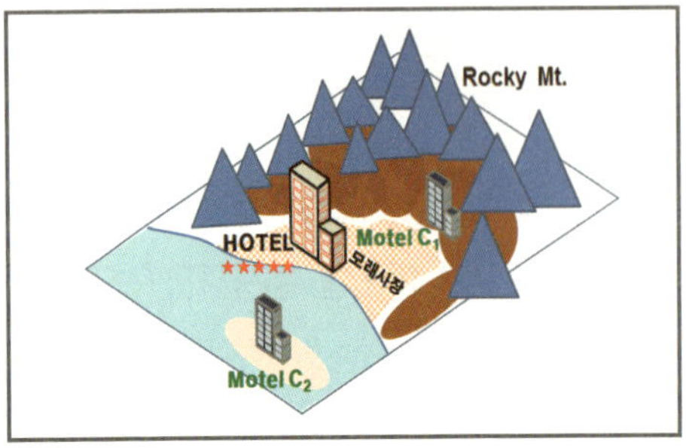

그림 11-6(c). 경쟁자 C의 Motel

다. 이 경우 발명가는 경쟁자 C를 상대로 재산권 침해소송을 제기할 수 있을까?

정답은 “당연히 아니다”이며, 그 이유는 경쟁자 C가 motel C_1을 지은 모래사장 바깥쪽의 동쪽 언덕이나 motel C_2를 지은 간척지는 발명가가 소유한 모래사장이 아니기 때문이다. 즉 경쟁자 C는 성공적으로 발명가가 소유한 영토를 우회·회피하였으므로 발명가는 경쟁자 C를 상대로 재산권 침해소송을 제기할 근거가 없다.

하지만 신대륙 발견은 물론 동쪽 모래사장의 경관이 수려하다는 사실을 처음으로 인지한 자는 발명가이기에, 발명가는 혁신가라 불리어 마땅하다. 이에 반하여 경쟁자 C는 발명가가 모래사장에 지은 오성급 hotel을 모방하여 모래사장의 동쪽 언덕이나 앞쪽 간척지에 motel을 지은 모방자(copycat)에 불과하다. 따라서 일종의 무임승차자에 불과한 경쟁자 C를 상대로 발명가는 자신의 knowhow나 선견지명에 대한 보상을 요구할 수 있을까?

정답은 “당연히 아니다”이다. 왜냐하면 발명가도 신대륙 모래사장의 동쪽 언덕에 hotel을 짓거나, 모래사장 앞쪽 바다의 수심이 얕은 부분을 간척하여 hotel을 짓기를 원하였다면 상기 언덕과 간척지를 자신의 영토라고 청구했어야하기 때문이다. 하지만 발명가는 이를 미처 인지하지 못하고 간과하였기에, 경쟁자 C에게 이에 대한 보상을 요구할 수 없다.

특허도 마찬가지이다. 발명가가 보유한 특허 청구항의 권리범위를 현명하게 우회·회피한 경쟁자 C는 발명가의 권리범위를 침해하지 않고도 유사 제품을 제조·판매하며 시장에서 발명가와 자유로이 경쟁할 수 있다. 그렇다고 발명가가 경쟁자 C에게 자신의 knowhow에 대한 대가를 요구할 수 있는 것도 아니다. 왜냐하면 발명가가 경쟁자 C의 우회·회피 기술을 소유하기를 원하였다면 특허를 출원할 때 이 또한 선견지명으로 청구범위에 포함시킴으로써 이에 대한 권리범위를 획득했어야하지만, 이와는 달리 발명가는 자신의 권리범위를 피할 수 있는 공터를 경쟁자 C를 위하여 남겨두었기 때문이다.

(4) 발명가와 경쟁자 사이의 경쟁의 결과

발명가는 발명을 착상하고 특허를 출원·등록하며 권리범위를 확보하여 수익을 창출하려고 시도하는 반면 경쟁자는 발명가 특허의 권리범위를 우회·회피하며 수익을 창출하려고 시도한다. 이는 수익 창출을 위한 발명가와 경쟁자 사이의 무한경쟁으로서, 앞서 제4장의 1절 "역사의 반복: 발명가 (특허권자) vs. 경쟁자"에서 설명한 바와 같이 발명가는 권리범위를 확보하는 반면 경쟁자는 상기 권리범위를 우회·회피하거나 특허를 무효화시키려 노력하고, 발명가는 경쟁자의 우회·회피 또는 무효화 시도를 분쇄하려 노력하며, 다시 경쟁자는 발명가의 분쇄 노력에 대한 대응책을 마련하는 과정의 반복이다.

앞서 제5장의 2-라절 "미국 FTC(연방통상위원회)와 특허"에서는 특허제도의 목적 중 하나가 발명가와 경쟁자 사이의 무한경쟁의 장려이며, 혁신을 통하여 공중의 이익을 증대시키기 위한 이러한 무한경쟁에 적용되는 각종 규칙이 바로 특허법이라고 설명하였다. 그 결과 공중은 시장에서 양질의 새로운 제품과 service를 사용할 수 있게 된다. 결국 특허제도 역시 경쟁 없이는 소기의 목적을 달성할 수 없음은 자명하다.

나. 유일한 해답은 실전을 통한 "경쟁력 제고"

앞서 제4장의 1절 "역사의 반복: 발명가 (특허권자) vs. 경쟁자"에서 설명한 발명가의 권리범위 확보, 경쟁자의 권리범위 우회·회피 또는 무효화 시도, 경쟁자의 우회·회피 또는 무효화 시도를 분쇄하려는 발명가의 전략 및 발명가의 전략을 극복하려는 경쟁자의 되풀이되는 노력은 동네 아이들 장난이 아니다. 왜냐하면 특허 business에는 막대한 '돈'이 걸려 있기 때문이다.

그렇다면 발명가는 어떤 방법을 통하여 경쟁자의 우회·회피를 방지할 수 있는 전략을 습득할 수 있을까? 이에 대응하여 경쟁자는 어떤 방법을 통하여 발명가의 권리범위를 무효화시키거나 우회·회피할 수 있는 전략을 습득할 수 있을까? 이를 우선 대한민국 축구 국가대표팀의 예를 들어 설명한 다음, 동일한 원리를 특허에 응용해 본다.

(1) 국내 실전 경험의 중요성

대한민국 축구 국가대표팀이 Russia World Cup에서 우승하기 위해서 우량 선수들을 선발하였다고 가정하자. 또한 대한민국 축구 국가대표팀이 우량 감독과 우량 코치도 선임하여 우량 선수들을 국제 경쟁력을 지닌 최우량 선수로 양성하고 있다고 가정하자.

하지만 훈련에는 항상 부상에 대한 위험이 상존하기 마련이다. 특히 중요한 position을 담당한 선수가 부상하여 World Cup에 참가하지 못하면 국가대표팀의 전력에 큰 손실을 끼치게 된다. 만일 대한민국 축구 국가대표팀 감독과 코치가 이러한 부상을 방지하기 위하여[10] 선수들에게 약간의 훈련만 시키고 다른 team과의 실전 연습경기도 허락하지 않는다면 어떤 결과를 초래할까?

정답은 "아무리 우량 선수들이라도 실전 경험을 쌓을 수 없으므로 World Cup 우승과는 멀어질 수밖에 없다"이다. 왜냐하면 상대 team의 실질적 압박 없이 우리 선수들끼리 화기애애한 분위기에서 갈고 닦은 전략이나 teamwork은 실제 game에 임하여 상대 team의 실질적 압박에 부딪히는 순간 대부분 무용지물로 전락하기 때문이다. 전력을 다하는 상대 team과의 실전 경험 없이 자신들만의 연습만으로는 한계가 존재할 수밖에 없다.

그렇다면 국가대표팀이 실전 경험을 통해 다양한 전략과 유기적 teamwork을 갈고 닦기 위해 국내 pro team과 연습경기를 치른다고 가정하자. 하지만 부상을 피하려는 국가대표팀은 상대 team에게 가벼운 경기를 요청하고, 더 나아가 대표팀의 사기 진작을 위해 상대 team에게 일부러라도 져주도록 요청하며, 상대 team이 이 요청을 들

10) 혹자는 상대 team의 tackle의 우회·회피 및 이에 따른 부상의 우회·회피도 어느 정도는 실력이라고 한다. 축구 실력이 미약한 저자로서는 이의 사실 여부를 확인할 길이 없다.

어주지 않을 경우 문화체육관광부가 적극적으로 개입하여 이를 관철한다면 어떤 결과를 초래할까?

정답은 "아무리 많은 연습경기를 승리하더라도 실전과는 상이한 조건에서 치러진 경기에서 향상시킬 수 있는 전략이나 teamwork에는 한계가 존재한다"이다. 왜냐하면 최선의 경쟁 없이 연습경기를 아무리 많이 치르더라도, 국가대표팀의 국제 경쟁력 제고에는 한계가 존재하기 때문이다. 특히 국가대표팀이 미리 짠 각본에 의한 경기에서 획득한 승리를 실전의 승리로 착각하고 추후 World Cup에서 동일한 마음가짐과 전략으로 임했다가는 남의 웃음거리로 전락할 수도 있다.

그렇다면 국가대표팀이 실전 경험을 쌓는 동시에 다양한 전략과 유기적 teamwork을 갈고 닦기 위하여 축구종주국 pro team과 연습경기를 치르면 어떨까? 단 국가대표팀의 사기 진작을 위하여 국내 심판들로만 심판진을 구성하고 이들에게 편파적 판정이라도 요청하여 우리 국가대표팀이 항상 승리한다면 어떤 결과를 초래할까?

정답은 "이러한 편파적 경기를 아무리 많이 치르더라도 전략이나 teamwork의 향상에는 한계가 있다"이다. 왜냐하면 이러한 승리를 아무리 많이 따내더라도 편파적 경기 운영에 따르는 승리는 국가대표팀의 국제 경쟁력 제고에 큰 도움이 되지 못하기 때문이다. 특히 이를 미리 인지하며 경기에 임할 경우 정신적 해이를 초래함은 물론 이를 실제 승리로 착각하고 추후 World Cup에서 동일한 마음가짐과 전략으로 임하였다가는 연전연패를 피할 수 없게 된다.

특허도 마찬가지이다. 국내 발명가가 우량 발명을 착상하려 하고, 국내 대리인이 이를 강력한 권리범위를 동반하는 우량특허로 등록시키려 하며, 국내 경쟁자가 현명한 전략으로 발명가의 권리범위에 대응하려 하고, 발명가는 이에 합리적으로 대응하려 하더라도, 국내에서 이에 대한 실전 경험을 갈고 닦을 수 없을 경우 이들은 모두 국제 경쟁력을 계발할 기회를 원천적으로 상실할 수밖에 없다. 따라서 국내 발명가나 국내기업은 특허를 활용하는 국제경쟁력을 향상시키기 위해서라도 우선 국내에서 실전 경험을 쌓아야만 한다.

하지만 국내 발명가가 국내기업을 상대로 또는 국내기업들끼리 특허침해소송이라도 벌이면 정부·언론은 앞장서서 같은 배달민족끼리는 가능하면 소송을 피하라고 만류하거나,[11] 정부가 나서서 이를 적극적으로 만류한다.[12] 이는 국내기업들이 보유한 국내특허를 지킨다는, 일견 국가적 이익과도 부합한다고 생각할 수 있다. 하지만 거시적, 장기적 관점에서 분석하면, 이는 국내 발명가나 국내기업을 "우물 안 개구리"로 전락시키고, 그 결과 이들이 미국·유럽(심지어 중국?) 등의 전략적 주요 국가에서 특허침해소송이라는 실전에 임하는 순간 경험 부족으로 패하도록 장려하는 근시안적 전략에 불과하다.[13]

이뿐만이 아니다. 정부·언론은 국내 발명가나 국내기업의 특허 경쟁력 제고를 위해서 이들 사이의 국내 특허침해소송을 막지는 않되, 배달민족끼리 서로 싸우다 부상을 입는 불상사를 방지하기 위하여 국제 규범과는 상이한 rule을 이용하여 승패를 판결하는 전략이 국가 이익과 부합한다고 생각하는 경향도 있다. 더 나아가 국내기업과 해외기업이 국내에서 특허침해소송을 진행할 경우 "우리가 남이가" 정신에 입각하여 알게 모르게 국내기업에 유리한 판결을 내려야만 국가 이익과도 부합한다고 간주하는 경향도 있다.

하지만 이러한 편파적 판결을 거시적, 장기적 관점에서 살펴보면 국내 발명가, 국내기업으로 하여금 특허분쟁을 대수롭지 않게 여기도록 유도하거나, 특허침해소송에서도 법률적 쟁점 이외의 사안으로 소송의 승패를 가를 수 있다는 오판을 하도록 유도하게 된다. 따라서 이들이 미국·유럽 등의 전략적 주요 국가에서 해외 특허권자와 특허침

---

11) 이에 대한 자세한 자료는 아래의 URL 참고 (2015.02.28 최종 확인):http://biz.newdaily.co.kr/news/article.html?no=24347

12) 이에 대한 자세한 자료는 아래의 URL 참고 (2015.02.28 최종 확인):http://news.naver.com/main/read.nhn?mode=LSD&mid=sec&sid1=105&oid=001&aid=0006089143, http://www.etnews.com/201301170325, http://www.asiae.co.kr/news/view.htm?idxno=2013032211041864671

13) 서울대학교 법과대학이 운영하는 최고지식재산경영자 과정 ("Chief IP Officer Academy" 또는 "CIPO 과정"으로 약칭) 제3기 교육 과정 중 이정환 LG전자 부사장(현 LG 전자 고문)의 강의 후 Q&A에서 발췌 (2013년 6월 20일 제2교시).

해소송이라는 실전에 임하는 순간 이들은 국내에서 받던 대우와는 상반된 대우를 받게 되며, 그 결과 실전 경험 부족, 정신 무장 해이 등으로 참혹한 패배를 맛볼 수도 있다.

따라서 국내 발명가나 국내기업이 원고(특허권자)이건 피고(침해의심 제조업체)이건 전략적 주요 국가에서의 특허침해소송에서 승리하기 위해서는 국내 특허침해소송에서부터 실전 경험을 획득하는 과정이 매우 중요하다. 즉 국내 개인발명가이건, 국내 대학교·연구소이건, 국내기업이건 국내 특허침해소송을 국제 특허침해소송에 대한 전초전으로 전향적으로 활용할 필요가 있다. 그 결과 특허침해소송을 담당하는 국내기업의 IP 담당자들은 경쟁력을 기르게 되며, 국내기업의 경영자 역시 특허침해소송의 승패에 따르는 준엄한 결과를 인지하게 될 것이다. 이는 발명가와 제조업체에만 해당하는 것도 아니다. 국내 변리사, 변호사들은 물론 대한민국 법원의 판사들도 국내 특허침해소송에서 치열한 법률 싸움과 논리 싸움을 거쳐야만 전문성을 기를 수 있음은 당연하다.

속담도 있지 않은가? “Spare the rod, spoil the child!” 국내 개인발명가, 대학교·연구소, 국내기업이 더 효율적으로 global market에서 자신의 권리범위를 지키며 자신의 금지권을 활용하며 해외 경쟁기업의 권리범위를 현명하게 우회·회피하거나 더 나아가 수익을 창출하기를 원하는 만큼, 이들에게 국내 특허침해소송이라는 실전 경험을 통하여 국제 경쟁력을 배양할 기회를 부여해야만 한다. 또한 전략적 주요 국가의 특허침해소송에서 국내 개인발명가나 대학교·연구소, 국내기업에 자문을 제공함은 물론 이들이 사용할 수 있는 가공할 위력을 지닌 특허창출을 담당하는 국내 특허출원 전문가들 역시 국내 실전을 통해서만 국제 경쟁력을 함양할 수 있음을 명심해야 한다.

(2) 세부 실전 전략의 중요성

대한민국 축구 국가대표팀이 World Cup 우승을 위해 우량 선수들을 선발했고, 우량 감독과 우량 코치도 선임하였으며, 축구 종주국 국가대표팀과 공정한 연습경기를 치르며 국제 경쟁력을 함양하고 있다고 가정하다. 그렇다면 대한민국 국가대표팀은 어떤 공수전략을 사용해야 다가오는 2018년 Russia World Cup에서 강팀들을 상대로 승리하고 우승컵을[14] 안을 수 있을까?

물론 수많은 자칭 축구 전문가들이 대한민국 축구 국가대표팀이 World Cup에서 우승할 수 있는 회심의 공수전략을 제안할 것이다. 일예로 공격전략의 핵심은 pass, heading, shooting으로 구성되는 바, pass의 경우 각 선수는 자신의 pass를 받을 동료의 위치, 진로, 속도를 고려하여 동료 발 앞에 딱 떨어지도록 공을 pass해야 하며, 동료로부터 pass를 받는 선수 역시 동료가 공을 pass할 위치로 먼저 뛰어가라고 말할 것이다. 또한 heading에 대해서는 각 선수는 무조건 공이 자신의 머리에 맞도록 뛰어오르며, 만일 공 근처에 상대편 선수가 있으면 상대보다 더 높이 뛰어 오르며, 자신의 머리의 위치를 감안하여 공이 항상 상대편 골 안으로 향하도록 공을 heading하라고 제안할 것이다.

Shooting의 경우도 마찬가지이다. 각 선수는 공을 맞추는 발의 위치를 감안하여 항상 공이 상대방 골 안으로 향하도록 차며, 상대편 수비수가 있으면 수비수를 피해 공을 차고, 상대편 골키퍼가 있으면 그를 피하도록 공을 차며, 상대편 골키퍼를 피하지 못하면 그의 손발 움직임보다 더 빠르게 공을 차도록 제안할 것이다. 즉 수단과 방법을 가리지 말고 무조건 공을 상대편 골 안에 많이 넣으라는 것이다.

그뿐만이 아니다. 이러한 전문가는 위의 공격전략과는 정반대인 수비전략도 제안한다. 일예로 수비전략 역시 pass, heading, shooting으로 구성되는 바, pass의 경우 각 선수는 상대편 선수의 위치, 진로, 속도를 고려하여 상대의 pass를 저지하거나 가로채라고 제안할 것이다. 또는 각 선수는 상대편이 공을 pass할 위치로 질주하여 상대 pass를 저지하고, 상대의 pass 경로에 자리 잡아 상대 pass를 막으라고 제안할 것이다. 또한 heading의 경우, 각 선수는 무조건 공이 자기 머리에 맞도록 뛰어오르며, 공 근처에 상대편 선수가 있으면 상대보다 더 높이 떠오르며, 자신의 머리 위치를 감안하여 공이 자기 편 골대 쪽이 아닌 다른 방향으로 날아가도록 heading하라고 제안할 것이다.

14) World Cup 본선 진출 후 8강이나 4강 진출이 더 현실적 목표일 것이다?

물론 위에서 설명한 공수전략은 절대로 성공할 수 없다. 왜냐하면 이러한 자칭 전문가의 대부분은 실전 경험이 부족하므로 세부 실전 전략 및 이를 단계별로 달성하는 구체적 방법을 제시하지 못하기 때문이다. 따라서 이러한 전략은 이론적으로는 완벽해 보일지는 몰라도, detail이 결여된, 전형적인 탁상공론(卓上空論) 전략에 불과하다.[15)]

상기 탁상공론 전략이 절대 성공할 수 없는 또 다른 이유는 치열한 경쟁에서 승리하기 위한 전략임에도 불구하고 상대를 전혀 고려하지 않는다는 점이다. 세부 실전 전략이란 자신의 능력은 물론 상대의 능력도 고려한 전략으로서, 일찍이 손자가 간파한 "지피지기(知彼知己) 백전불태(百戰不殆)"에 해당한다. 따라서 상대의 특성과 전략을 고려하지 않은 채 나 자신만의 입장을 부르짖는 자신만의 전략은, 바둑을 두며 "나 홀로" 수를 읽는 미련함과 동일한 바, 필패의 전략에 불과하다.

결국 국내 발명가, 국내 대학교·연구소, 국내기업은 물론 국내 변리사·변호사가 더 효율적으로 global market에서 해외 경쟁기업의 권리범위를 우회·회피하거나 금지권을 활용하여 수익을 창출하기를 원하는 만큼 반드시 세부 실전 경험이 있는 전문가를 엄선한 후, 이들이 국내 발명가, 국내 대학교·연구소의 교수와 연구원, 국내기업의 발명가는 물론 국내 변리사·변호사에게 세부 실전 전략을 교육시켜야만 한다. 즉 국내에서 치열한 경쟁을 통하여 이들이 세부 실전 전략을 머리로, 몸으로 익힐 수 있는 기회를 제공해야만 한다. 그래야만 추후 이들이 미국·유럽 등의 전략적 주요 국가에서 global player들과 특허침해소송으로 맞설 때 국내에서 갈고 닦은 실전 경험을 발휘하며 국제 경쟁력을 발휘할 수 있다. 왜냐하면 세부 방법론이 결여된 일반론으로는 국제 무대에서 global player들을 상대로 이길 방법이 전무하기 때문이다.

15) 일예로 응급상황에 대비하기 위한 "위기 대응 Manual"을 작성하며 그 표지에 "수단과 방법을 가리지 않고 최선을 다하여 인명을 구조하여 인명 피해를 최소화한다"는 최종 목표를 명확히 표시할 수 있다. 또한 상기 목표의 달성을 위하여 이를 큼직한 글씨로 출력하여 사무실 및 책상 곳곳에 붙이고 이를 숙지할 수도 있다. 하지만 상기 Manual이 각각의 응급상황에 따르는 세부 방법론을 제시하지 않는 한, 이는 탁상공론 전략에 불과하다. 따라서 이와 같이 세부 방법론이 결여된 전략으로는 상기 목표를 절대로 달성될 수 없음은 자명하다.

3. 발명가의 전략

발명을 착상한 발명가가 미국·유럽 등의 전략적 주요 국가에 특허를 출원·등록·유지하는 목적은 수익 창출이다. 그 이상도, 이하도 아니다.[16] 따라서 발명가가 자신의 발명을 특허 출원할 경우에는 항상 수익 창출이 가능한 광활하면서도 다양한 권리범위 확보에 초점을 맞춰야만 한다. 경쟁자도 마찬가지이다. 왜냐하면 경쟁자가 발명가의 특허에 관심을 가지는 이유 역시 수익 창출이 목적이기 때문이다. 따라서 경쟁자는 발명가 특허의 청구항이나 "발명의 설명"의 흠결을 확인하고 이를 집요하게 공략하여 특허를 무효시킴으로써 특허를 공짜로 활용하는 전략을 수립하거나, 청구항의 권리범위를 면밀히 분석한 후 이를 우회·회피하는 수비전략을 수립해야만 한다.

가. 청구항의 범위, 또 범위, 그리고 범위

앞서 제2장의 1절 "범위의 중요성"에서 수익 창출을 목적으로 하는 특허는 범위가 가장 중요하다고 강조하였다. 또한 제3장의 4절 "'오로지 특허 쓰듯 쓴 특허'의 요약"에서는 공격뿐인 특허 공수전략을 설명하며 다양한 종류의 넓은 범위를 지닌 청구항의 당위성을 설명하였다. 아래에서는 청구항의 범위와 종류야말로 특허를 통한 수익 창출의 관건임을 다시 한 번 강조한다.

(1) 공격전략과 청구항의 범위, 또 범위, 그리고 범위

발명가가 천신만고 끝에 등록한 특허의 금지권을 경쟁자가 쉽게 우회·회피하며 발명가의 특허기술과 유사한 제품을 제조·판매할 수 있다면 발명가 특허의 권리범위 및 이에 근거한 금지권은 무용지물로 전락한다. 그 결과 시간과 노력, 자본을 투자한 발명

16) 발명가가 자신이 착상한 발명을 이용하여 수익을 창출하는 대신 이를 인류에게 헌납하고자 할 경우, 발명가는 굳이 자신의 발명을 특허로 출원할 필요도 없다. 왜냐하면 발명가가 자신의 발명을 학술논문을 통하여 또는 개인 blog에 올려 공중에게 공지하기만 하면 타인의 특허 등록을 방지하는 동시에 공중이 상기 발명을 자유로이 사용할 수 있기 때문이다.

가는 발명·특허를 이용한 수익 창출이라는 자신의 목적을 달성할 수 없게 되며, 오히려 발명을 착상하기 위한 R&D 비용은 물론 특허 관련 비용마저 보상받을 수 없게 된다.

그림 11-7. '범위'에 입각한 발명가의 공격전략

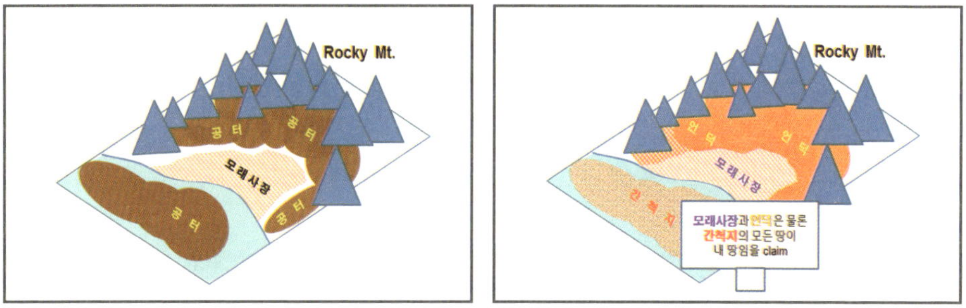

그림 11-7(a)　　　　그림 11-7(b)

따라서 발명가는 청구항 작성 시 경쟁자의 대응을 미리 고려할 수밖에 없다. 바꾸어 설명하자면 그림 11-7(a)와 같이 발명가가 경쟁자의 우회·회피 전략을 고려하지 않고 공터를 남겨둔 채 청구항과 "발명의 설명"을 작성하면, 경쟁자는 상기 공터를 이용하여 발명가 특허의 권리범위를 우회·회피하며, 발명가는 공터를 이용하는 경쟁자를 원천적으로 방지할 수 없게 된다. 그 결과 발명가가 수익을 창출하기는 굉장히 어려워진다.

결국 발명가가 특허로 수익을 창출하려면 그림 11-7(b)와 같이 자신의 알짜배기 땅에 해당하는 모래사장("최선의 실시예"에 해당)은 물론 바깥쪽의 동쪽 언덕이나 모래사장 앞쪽 바다의 간척지("차선의 실시예" 또는 "열등한 실시예"에 해당)까지 모두 포함하는 광활한 권리범위의 청구항을 작성해야 한다. 또한 자신이 직접 답사하지는 않은 언덕 위편의 산, 현존 기술로 간척하기에는 수심이 깊은 바다("가상 실시예"에 해당)까지 "발명의 설명"에 기재하고 이를 청구항에 기재한다면 금상첨화이다.

그 후 발명가는 수단과 방법을 다하여 상기 청구항을 특허로 등록시켜야만 한다. 물론 심사관은 예기치 못한 선행기술을 인용하여 발명가 특허의 독립항을 거절할 수 있으며, 발명가는 이를 극복하기 위하여 독립항의 범위를 축소할 수도 있다. 하지만 이 경우에도 발명가는 주어진 여건 하에서 가장 광활한 범위를 확보하도록 청구항을 보정함으로써 경쟁자가 자신의 권리범위를 쉽게 우회·회피하지 못하도록 도모해야만 한다. 이것이 바로 특허 공격전략의 핵심이 범위, 또 범위, 그리고 범위인 이유이다.

(2) 수비전략과 청구항의 범위, 또 범위, 그리고 범위

발명가라고 무작정 금지권을 확충할 수만은 없다. 왜냐하면 발명가가 고의나 실수로 자신의 권리범위에 공지기술이나 경쟁자의 특허의 권리범위를 포함할 경우, 상기 청구항은 신규성 요건이나 진보성 요건을 만족하지 못하기 때문이다.

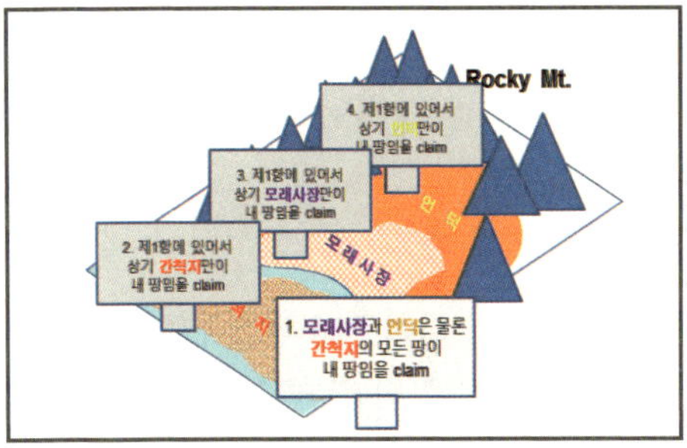

그림 11-8. 종속항을 이용한 발명가의 수비전략

이러한 최악의 사태에 대비하는 발명가의 전략이 바로 그림 11-8과 같이 독립항과 종속항을 순차적으로 이용하는 청구항 전략이다.[17] 즉 다수의 상이한 권리범위를 지닌 청구항을 순차적으로 사용함으로써 넓은 범위의 청구항인 독립항이 무효가 되더라도 차선의 권리범위를 지닌 청구항인 종속항을 이용하여 부족하나마 경쟁자를 상대로 금지권을 행사할 수 있도록 도모하는 바, 이것이 바로 특허 수비전략의 핵심이다.

그렇다고 청구항 전략으로 요약되는 수비전략을 위해서 발명가가 자신의 권리범위를 포기해도 무방하다는 말은 절대 아니다. 왜냐하면 특허의 핵심은 공격이건 수비이건 항상 범위, 또 범위, 그리고 범위이기 때문이다. 일예로 제4장의 1-다절 제5항 "경쟁자의 침해에만 대비한다는 '방어용 특허'의 모순"에서 설명한 바와 같이 최소한의 방어를 위해서라도 발명가는 항상 주어진 환경 하에서 최대한의 권리범위를 확보해야만

17) 자세한 내용은 제2장의 3절 "청구항과 수비전략" 참고.

한다. 따라서 발명가가 특허로 수익을 창출하기를 열망한다면 이에 상응하는 만큼 더 광활한 범위, 또 범위, 그리고 범위에 "all-in"할 수밖에 없다.

그림 11-9. 선행기술과 청구항의 범위

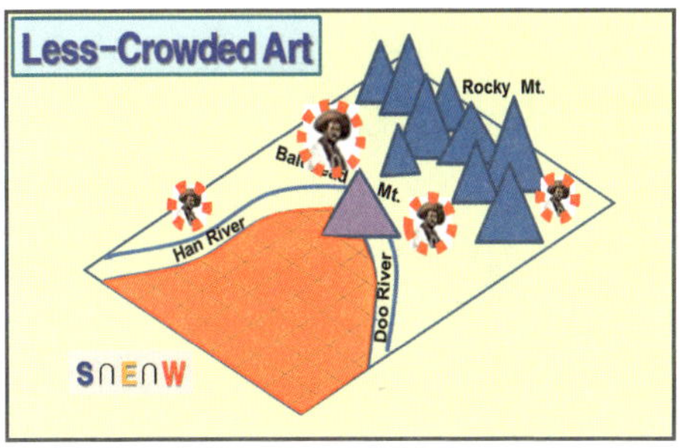

그림 11-9(a)

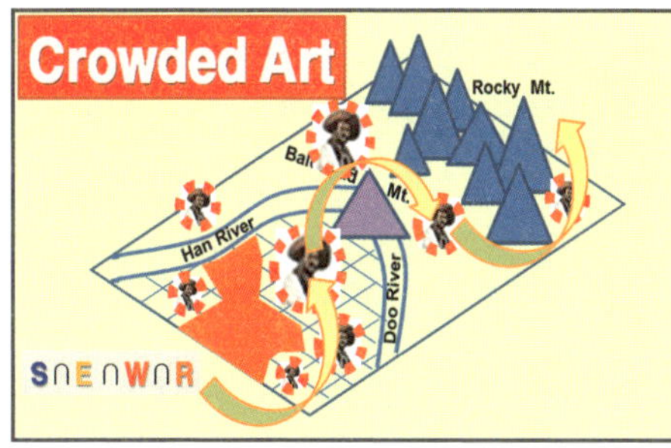

그림 11-9(b)

또한 선행기술이 많건 적건 발명가는 권리범위를 쉽게 포기할 수 없다. 왜냐하면 특허의 핵심은 공격이건 수비이건 항상 범위, 또 범위, 그리고 범위이기 때문이다. 일예로 그림 11-9(a)는 청구발명과 관련된 선행기술이 적은 경우[앞의 그림 2-24(b)]로서, 발명가는 당연히 자신의 권리범위를 최대화해야 한다. 반면 그림 11-9(b)는 청구발명과 관련된 선행기술이 많은 경우[앞의 그림 2-25(b)]로서, 이 경우에도 발명가는 주어진 여건 하에서 자신의 권리범위를 최대화해야 한다. 왜냐하면 청구발명과 관련된 선행기술이 많다고 해서 발명가가 자신이 확보할 수 있는 범위보다 적은 권리범위만을 확보할 경우, 이는 경쟁자가 우회·회피할 수 있는 공터에 비단을 깔아주는 격에 해당하기 때문이다.

따라서 청구발명과 관련된 선행기술의 개수에 관계없이, 선행기술의 개시 범위에 관계없이, 특허를 활용하여 수익을 창출하려는 발명가는 청구항의 범위, 또 범위, 그리고 범위에 "all-in"할 수밖에 없다. 왜냐하면 선행기술의 개수에 관계없이, 선행기술의 개시 범위에 관계없이, 발명가가 자신이 확보할 수 있는 최대한의 범위를 확보하지 않고 주위에 공터를 남기는 순간 경쟁자는 당연히 공터를 활용하여 발명가의 권리범위를 우회·회피하며, 이에 따라 발명가는 특허를 이용하여 수익을 창출하기 어려워지기 때문이다.

나. "발명의 설명 (Specification)"의 중요성

앞의 제3장의 3절 "논문 쓰듯 쓴 특허 vs. 특허 쓰듯 쓴 논문"에서는 우주의 진리를 규명하기 위하여 '범위'보다 '깊이'를 중시하는 연구·논문의 paradigm과 '깊이'보다 '범위'가 필수인 발명·특허의 paradigm의 차이를 설명하였다. 그리고 제3장의 4절 "'오로지 특허 쓰듯 쓴 특허'의 요약"에서는 공격뿐인 특허의 공수전략 및 넓은 범위의 청구항의 당위성 및 다양한 종류의 청구항의 당위성에 대하여 설명하였다.

하지만 청구항만 잘 작성한다고 해서 상기 청구항의 권리범위가 자동적으로 보장되지는 않는다. 왜냐하면 제9장 '기재요건'에서 설명하였듯이 발명가가 청구항에 기재한 권리범위를 인정받으려면 신규성과 진보성은 물론 청구항과 "발명의 설명"이 제9장의 2절의 명확성 요건, 3절의 서면기재 요건, 4절의 실시가능 요건을 모두 만족해야하기 때문이다. 따라서 광활한 권리범위를 지닌 청구항을 등록하려면 청구항 요소 및 제한조건에 대한 근거(support)를 제공하는 "발명의 설명"에 다양한 실시예를 기재해야 한다.

그림 11-10. "최선의 실시예"만 기재한 특허의 협소한 권리범위

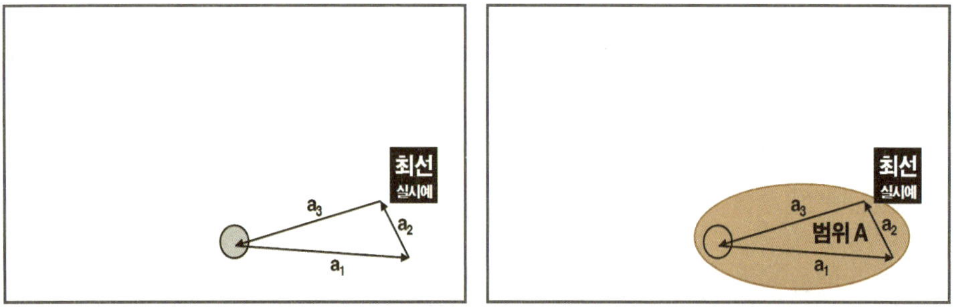

그림 11-10(a)　　　　그림 11-10(b)

또한 제2장의 2-다절 제4항 "'전향적 과장전략'과 특허의 범위 및 실시예"에서 설명한 바와 같이 "발명의 설명"에 포함된 풍부하면서도 다양한 실시예의 중요성은 아무리 강조해도 지나치지 않다. 아래에서는 대한민국이 굉장히 궁핍하던 1960~70년대에 저자를 포함한 대한민국의 어린이들 사이에서 인기를 끌었던 소일거리인 "땅따먹

기 놀이"를[18] 응용하여 "발명의 설명"에 기재된 실시예의 중요성을 재차 강조한다.

그림 11-10은 땅따먹기 놀이를 하는 발명가가 "발명의 설명"에 최선의 실시예만 기재하는 경우의 권리범위를 나타낸다. 발명가는 그림 11-10(a)와 같은 궤적을 따라 돌을 튕겨서 a_1, a_2, a_3의 세 변을 가진 삼각형 모양의 땅을 자신의 영토라고 주장한다. 하지만 그림 11-10의 드넓은 game domain을 고려하면, a_1-a_2-a_3의 세 변을 가진 삼각형은 신대륙의 알짜배기 땅 (그림 11-5 참고) 또는 발명가의 "최선의 실시예"에 해당한다. 즉 발명가는 자신이 수행한 무수히 많은 연구 결과 중 가장 효과가 우수한 "최선의 실시예"만 자신의 영토라고 주장하는 경우이다. 그 결과 발명가는 그림 11-10(b)와 같이 자신이 청구항에 기재한 청구발명에 해당하는 삼각형의 영토와, 상기 청구발명의 균등부품이나 균등단계에 해당하는 영토를 포함하는 갈색 타원형의 권리범위 정도를 확보할 수 있다.

발명가가 "최선의 실시예"만을 청구할 경우의 폐해는 제4장의 3절 "특허 실패 사례"에서 설명한 바 있다. 그림 11-11은 이를 다시 강조하는 그림으로서, 발명가가 "발명의 설명"에 "최선의 실시예"만 기재하고 청구항에서도 "최선의 실시예"만을 권리범위로 청구·확보함으로써 그 주변에 무수히 많은 공터를 남겨둔 경우이다.

그 결과 경쟁자는 발명가의 청구항을 지도로 삼아 신대륙에 도착하고 "발명의 설명"

---

18) 땅따먹기 놀이는 딱히 놀 장난감이 없던, 대한민국이 거국적으로 궁핍하였던 1960~70년대에 대한민국 어린이들이 운동장이나 놀이터와 같이 분필이나 돌 등으로 표시가 가능한 땅에서 놀 수 있었던 자연친화적 game이다. 놀이에 참여한 어린이들은 우선 땅에 game domain에 해당하는 큰 원이나 큰 사각형을 그린다. 그 다음 각 player들은 상기 원이나 사각형 구석에 자기 손가락의 뼘을 재어 원 모양의 자기 영토를 그린다 (따라서 손가락이 긴 친구들이 항상 유리하다). 각 player들은 가위-바위-보로 순서를 정한다. 첫 번째 player는 자기 영토에서 시작하여 돌(또는 지우개 등)을 세 번 튕길 수 있되, 세 번째 돌이 다시 자기 영토에 돌아오도록 튕겨야 한다. 첫 번째 player의 돌이 자기 영토로 돌아올 경우, 상기 돌이 지나간 궤적(따라서 삼각형의 모양) 내부의 땅은 자신의 영토가 된다. 반대로 세 번째로 돌을 튕겼을 때 돌이 자기 영토에 돌아오지 못하면 무효가 되어 첫 번째 player는 위의 궤적의 땅을 자신의 영토로 차지할 수 없으며, 다음 player가 돌을 튕기게 된다. 땅따먹기 놀이는 game domain에서 player들이 더 이상 차지할 영토가 없어질 때까지 계속하거나, 주어진 시간 동안 (일예로 어머니께서 저녁 밥 먹으라고 호통 치실 때까지) 실시한다. 땅따먹기 놀이의 최종 승자는 물론 game 종료 시점에 가장 넓은 땅을 차지한 player이다.

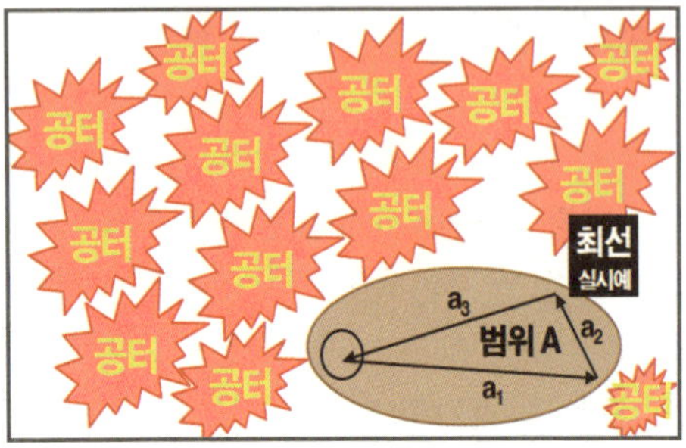

그림 11-11. 협소한 권리범위를 가진 특허의 현실적 한계

을 숙지한 후 발명가의 알짜배기 땅에 해당하는 "최선의 실시예" 주변에 형성된 공터를 이용하여 발명가의 권리범위를 용이하게 우회·회피한다. 따라서 발명가가 자신의 특허기술을 자가실시할 경우에는 경쟁자의 유사 제품으로 인하여 수익 창출이 몹시 어려워지게 되며, 발명가가 자신의 특허를 양도 또는 licensing하려 해도 경쟁자가 이에 응할 이유가 없다. 결국 협소한 권리범위의 청구항을 지닌 특허로 발명가가 수익을 창출하기는 몹시 어려울 수밖에 없다.

물론 발명가는 경쟁자의 우회·회피를 저지하기 위하여 그림 11-12(a)의 game domain 전체가 자기 영토라고 주장할 수는 있다. 하지만 발명가는 "발명의 설명"은 물론 청구항에 "최선의 실시예"에 해당하는 범위 A에 대해서만 기재하였을 뿐, "차선의 실시예"에 해당하는 범위 B, "열등한 실시예"에 해당하는 범위 C 및 "가상 실시예"에 해당하는 범위 D에 대해서는 아무런 언급도 하지 않았다.

그림 11-12. 협소한 권리범위를 가진 특허의 법적 한계

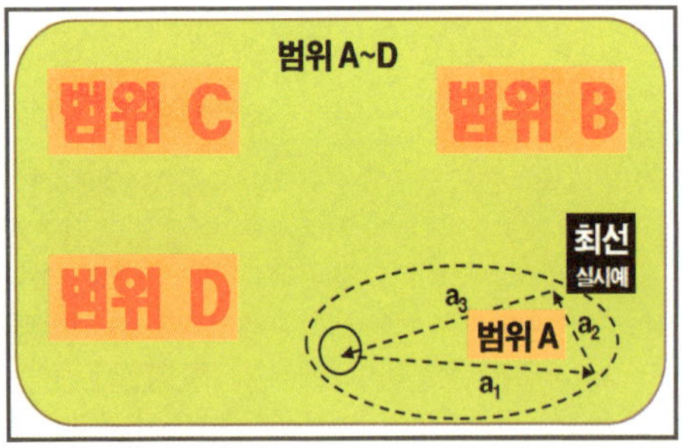

그림 11-12(a)

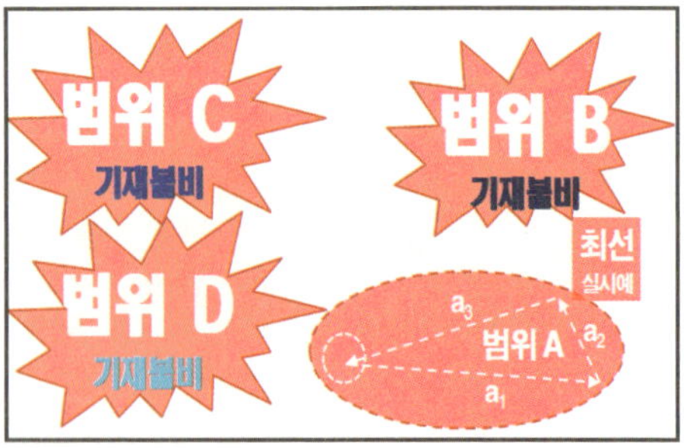

그림 11-12(b)

따라서 발명가가 범위 B, C, D를 자신의 권리범위라고 주장하는 순간, "발명의 설

명"에 기재하지 않은 범위 B, C, D는 제9장의 3절에서 설명한 서면기재 요건을 위반할 가능성이 매우 높아짐은 물론 제9장의 4절의 실시가능 요건도 위배할 가능성이 높아진다. 또한 "발명의 설명"에 기재하지 않은 범위 B, C, D를 청구범위에 포함함에 따라 청구항 역시 제9장의 2절의 명확성 요건을 위배할 가능성이 높아진다. 그 결과 그림 11-12(b)와 같이 발명가는 범위 B, C, D를 포획할 수 없음은 물론 청구항 자체가 무효가 되므로 자신이 가장 아끼는 동시에 애써 확보하였던 범위 A마저 상실하게 된다.

결국 발명가가 특허로 수익을 창출하는 방법은 game domain의 가능한 넓은 영토를 자신의 권리범위로 확보함으로써 주변의 공터를 제거하는 방법이 유일하다. 이를 위해서 발명가는 그림 11-13(a)와 같이 열심히 돌을 퉁겨서 a_1-a_2-a_3의 세 변을 가진 범위 A는 물론 b_1-b_2-b_3의 세 변을 가진 범위 B와, c_1-c_2-c_3의 세 변을 가진 범위 C 및 d_1-d_2-d_3의 세 변을 가진 범위 D 모두를 자신의 영토로 확보하여야 한다. 이를 특허에 응용한다면 발명가는 "발명의 설명"에 자신이 가장 아끼는 알짜배기 발명인 "최선의 실시예"만을 기재해서는 절대 불가함을 알 수 있다. 즉 제9장의 4-라절 "실시예 ≡ 실제 실시예 + 가상 실시예"에서 설명한 바와 같이 발명가는 "발명의 설명"에 "차선의 실시예"와 "열등한 실시예"는 물론 "가상 실시예"까지 반드시 기재할 필요가 있다.

그림 11-13. 다양한 실시예를 이용한 권리범위의 확충

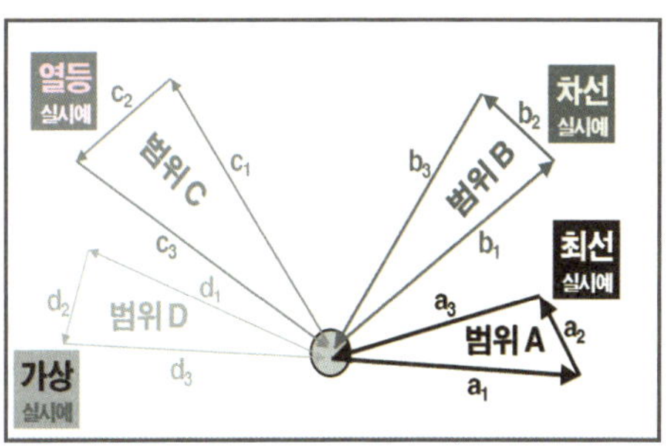

그림 11-13(a)

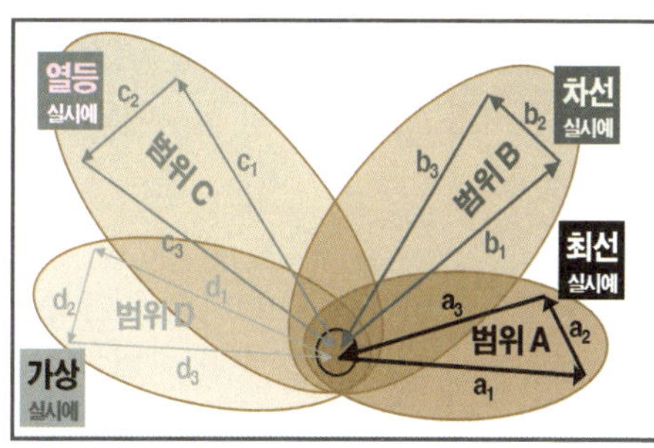

그림 11-13(b)

발명가가 "발명의 설명"에 실제 실시예("최선의 실시예" + "차선의 실시예" + "열등한 실시예") 및 "가상 실시예"를 모두 기재할 경우의 이점을 나타낸 도면이 그림 11-

13(b)이다. 즉 발명가는 청구항에 기재한 청구발명에 해당하는 삼각형 네 개는 물론 상기 청구발명의 균등부품이나 균등단계에 해당하는 영토를 포함하는 네 개의 갈색 타원형의 권리범위를 확보할 수 있게 된다.

그림 11-14. 확충된 권리범위에도 불구하고 상존하는 공터

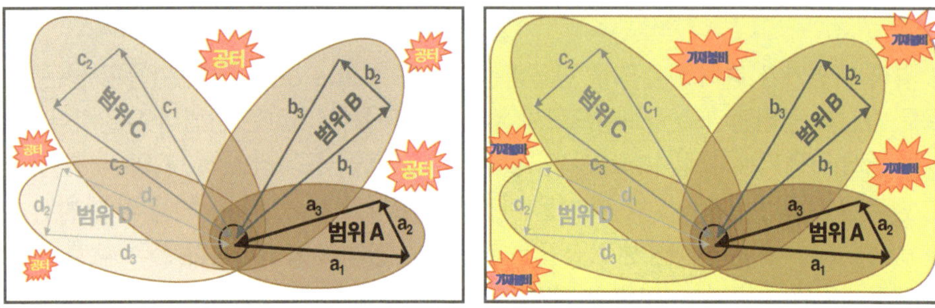

그림 11-14(a) 그림 11-14(b)

발명가가 "발명의 설명"에 실제 실시예와 "가상 실시예"를 근면하게 기재하였다고 모든 문제가 해결되지는 않는다. 왜냐하면 그럼에도 불구하고 그림 11-14(a)와 같이 발명가가 확보한 권리범위가 game domain 전체를 cover하지 않는 경우가 대부분이기 때문이다. 따라서 경쟁자는 여전히 발명가의 특허를 지도로 삼아 신대륙에 도착하고 발명가가 기재한 실제 실시예와 "가상 실시예"를 분석한 후 주변의 공터를 활용할 수 있다.

발명가는 경쟁자의 우회·회피를 저지하기 위하여 그림 11-14(b)에서 황색으로 표시한 사각형과 같은 광활한 땅 전체가 자기 영토라고 주장할 수 있다. 그림 11-14(b)의 발명가의 권리범위는 그림 11-12(a)에 비하여 광활하므로 서면기재 요건, 실시가능 요건 및 명확성 요건을 위배할 가능성은 낮을 수도 있다. 하지만 경쟁자 역시 영민한 대리인을 앞세워 발명가 특허의 청구항이나 "발명의 설명"의 약점을 끈질기게 찾아내려 노력할 것이다. 따라서 발명가가 제7장 "청구항 해석" 또는 제9항 '기재요건'에서 상세히 설명한 각종 실수 중 하나라도 무심코 저지른 경우, 경쟁자는 법원으로부터 자신에게 유리한 청구항 해석을 도출할 수 있으며, 그 결과 경쟁자는 발명가의 권

리범위를 성공적으로 우회·회피하거나 발명가의 청구항을 무효로 만들 수도 있다. 물론 청구항이 무효로 확정되면 발명가는 “차선의 실시예,” “열등한 실시예,” “가상 실시예”는 물론 자신이 가장 아끼는 동시에 애써 확보한 “최선의 실시예”에 대한 권리를 모두 상실한다.

이러한 불상사를 방지하는 유일한 방법은 자신에게 주어진 game domain의 가능한 넓은 영토를 자신의 권리범위로 확보하여 주변의 공터를 더 확실히 제거하는 방법이다. 즉 그림 11-15와 같이 구석구석 상존할 수 있는 공터를 최선을 다하여 방지하는 것이며, 이를 위한 방법론 역시 그림과 같이 상상 가능한 만큼 “발명의 설명” 곳곳에 부가적 실시예를 성실하게 추가하는 전략이다. 물론 이러한 부가적 실시예는 발명가가 전혀 자랑스러워하지 않는 “열등한 실시예”일 수 있고, 발명가가 자신의 머리를 짜낸 결과인 “가상 실시예”일 수도 있으며, 공지 기술을 자신의 발명에 응용한 결과일 수도 있다.

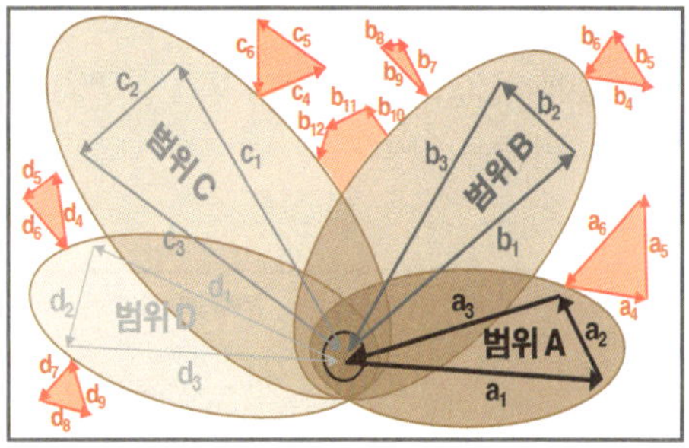

그림 11-15. 추가 실시예를 통한 권리범위 확충

그림 11-16. 상존하는 공터의 위협

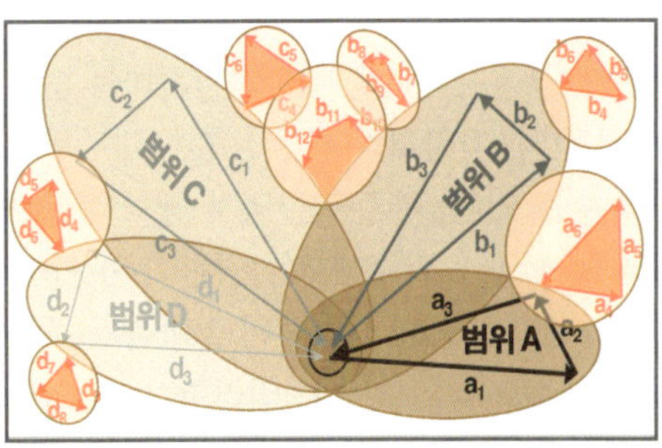

그림 11-16(a)

그림 11-16(b)

그림 11-16(a)는 발명가가 "발명의 설명"에 그림 11-15의 추가 실시예를 기재할 경우의 이점을 나타낸다. 즉 그림에서와 같이 발명가는 자신의 영토에 추가 실시예의 균등부품이나 균등단계에 해당하는 땅까지 포함하게 되어 그림 11-16(b)의 갈색 부분에 해당하는 권리범위를 확보할 수 있다. 그렇다고 경쟁자가 발명가의 권리범위를 원천적으로 우회·회피할 가능성은 남아 있으며, 그 이유는 아직도 game domain에는 적으나마 공터가 남아있기 때문이다. 하지만 발명가가 "발명의 설명"에 더 많은 실시예를 기재함에 따라 그만큼 경쟁자가 발명가의 권리범위를 우회·회피할 수 있는 공터가 줄어드는 만큼은 자명하다.

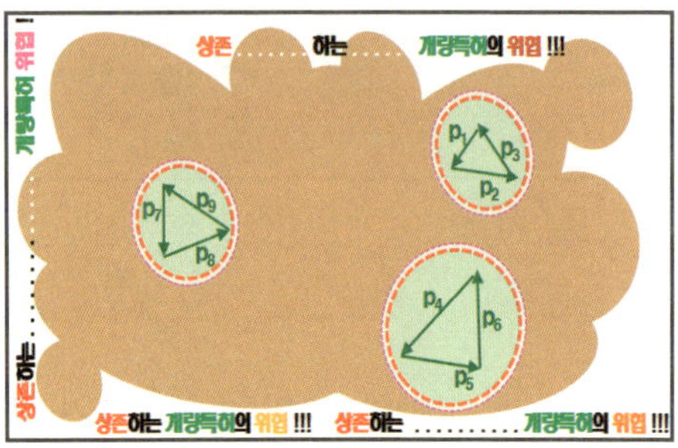

그림 11-17. 상존하는 경쟁자의 개량 발명의 위협

또한 발명가가 "발명의 설명"에 아무리 많은 실시예를 기재해도 상기 권리범위가 항상 자신만의 범위로 지켜진다는 보장 역시 없다. 그 이유는 제3장의 2-가절 "원천특허를 항상 침해하는 개량특허"에서 설명하였듯이 경쟁자가 발명가가 착상한 원천 발명의 신규 용도에 대한 개량 발명을 착상하거나 발명가가 예상치 못한 뛰어난 효과를 지닌 개량 발명을 착상할 경우, 경쟁자는 개량 발명에 대한 신규성 및 진보성을 인정받아 그림 11-17과 같이 발명가의 권리범위 이내에 자신만의 영토를 확보할 수 있기 때문이다.

물론 개량특허는 항상 원천특허를 침해하는 바, 경쟁자가 개량특허를 실시하는 순간 경쟁자는 필연적으로 발명가의 특허를 침해하게 된다. 따라서 이러한 상황은 대부분의 경우 경쟁자에 비하여 발명가가 유리하다고 할 수는 있다. 하지만 발명가 역시 경쟁자의 개량특허를 무단 실시할 수는 없기 때문에 제3장의 2-가절에서 설명한 "blocking patent" 상황이 발생한다. 또한 경쟁자가 확보한 개량특허의 상업성이 발명가가 소유한 원천특허의 상업성을 월등히 상회할 경우도 발생할 수 있으므로, 이러한 "blocking patent" 상황이 발명가에게 항상 유리하다고만은 할 수 없다.

발명가가 이러한 불상사를 최소화하기 위해서는 그림 11-18과 같이 "발명의 설명"

에 실시예를 가능한 촘촘히 기재하여 경쟁자가 추후 개량특허를 획득할 가능성을 최소화하는 수밖에 없다. 즉 각각의 실시예에 대해 다양한 변형을 설명함으로써 추후 경쟁자가 개량 발명에 대한 특허를 출원하더라도 신규성 요건 또는 진보성 요건을 만족하지 못하도록 하는 전략이다. 물론 발명가가 이러한 상황을 완벽히 방지할 수는 없다. 왜냐하면 특허 출원 시점에 발명가가 자신의 발명의 모든 응용 가능성을 파악할 수는 없으며, 설령 막대한 재원을 투자하며 충분한 시간에 걸쳐 이를 달성하더라도 그 사이 경쟁자가 동일한 발명에 대한 특허를 출원하면 제5장의 3-나절 '선출원주의'에서 설명한 바와 같이 경쟁자에게 선출원권을 빼앗기기 때문이다. 그럼에도 불구하고 발명가는 최선을 다하여 경쟁자의 개량 발명을 최대한 억제하도록 노력할 필요는 있다.

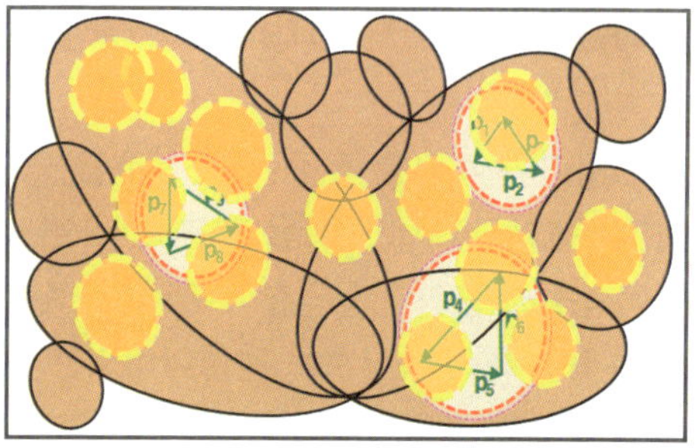

그림 11-18. 촘촘한 실시예 기재를 통한 경쟁자의 개량 발명의 방지

다. 유능한 대리인 확보를 통한 R&D-IP 연계 및 선결조건

앞서 발명가가 특허로 수익을 창출하려면 다양하며 광활한 권리범위가 필수요건이며, 이는 제대로 "특허 쓰듯" 작성한 청구항과 "발명의 설명"에 의하여 확보할 수 있다고 강조하였다. 이를 위하여 제4장의 5-가절 "유능한 변리사 요건"에서는 발명가는 반드시 유능한 대리인을 확보한 후 이들에게 특허 청구항 작성을 일임해야한다고 설명하였다.

또한 제4장의 5-나절 "발명 상담의 중요성"에서는 발명가는 유능한 대리인과의 전향적 발명 상담을 통하여 R&D-IP 연계 전략을 추구함으로써 광활하면서도 다양한 종류의 권리범위를 가진 청구항을 뒷받침할 수 있는 "발명의 설명"을 작성해야한다고 설명하였다. 물론 "발명의 설명"의 작성 역시 유능한 대리인이 주도적으로 작성해야 한다.

(1) 광활하면서도 다양한 권리범위를 창출하는 유능한 대리인

그렇다면 특허를 통한 수익 창출을 염원하는 발명가에게 유능한 대리인은 누구일까? 국내외 특허법 조항을 꿰고 있는 변리사일까? "발명의 설명"을 읽는 특허청 심사관이 눈물을 흘리며 공감할 수 있는 수려한 문장력을 갖춘 변리사일까? 소송만 하면 남의 특허를 모조리 무효로 만들어버리는 특허변호사일까? 아니면 발명가가 처한 상황에 따라 전문 분야가 상이한 대리인(즉 변리사나 특허변호사)일까?

앞서 특허생태계 이론에서 설명한 바와 같이 상류의 우량 발명의 창출만큼 중요한 사안이 바로 중류의 우량특허 창출이다. 따라서 발명가에게 필요한 유능한 대리인의 첫 번째 조건은 가능한 한 넓은 '범위'를 확보하는 능력이다. 일예로 제4장의 3절 "특허 실패 사례"에서는 대리인이 발명가의 "최선의 실시예"만 기재한 특허를 출원·등록하며 광활한 공터를 방치함에 따라 발명가가 곤욕을 치른 여러 사건들을 살펴보았다. 따라서 유능한 대리인이란 이를 원천적으로 방지하도록, "최선의 실시예," "차선의 실시예," "열등한 실시예"는 물론 발명 상담을 통하여 발명가로부터 "가상 실시예"까지 뽑아내는 전향적 과장전략을 활용하는 능력을 지닌 대리인이라 할 수 있다.

물론 전향적 과장전략은 대리인이 발명가의 발명을 과학적, 기술적으로 이해하지 못할 경우에는 불가능한 경우가 대부분이다. 하지만 대리인이 발명이 속하는 기술 분야에 대한 기본 지식을 보유하였을 경우, 전향적 과장전략을 통한 특허의 권리범위 확충은 체계적, 반복적 훈련을 통하여 습득할 수 있다. 이러한 이유로 이공계를 전공한 대부분의 변리사들은 훈련을 거쳐 종-속-과-목-강-문-계의 순서로 연계되는 권리범위 확충 기법을 충분히 익힐 수도 있고 활용할 수도 있다.

하지만 이보다 더 중요한 유능한 대리인의 두 번째 덕목은 다양한 종류의 범위를 가진 청구항을 작성함은 물론 이에 대한 다수의 특허로 구성된 특허 portfolio를 구축할 수 있는 능력이다. 즉 제4장의 6-가절 "청구항 범위 확충과 다양성 확보의 중요성"에서와 같이 유능한 대리인은 각종 지뢰에 해당하는 권리범위를 지닌 청구항, 각종 claymore에 해당하는 청구항은 물론 각종 지대공 missile에 해당하는 청구항을 작성하여 발명가에게 다양하며 확충된 권리범위를 보장해주어야 한다.[19] 이에 따라 발명가는 자신의 발명을 다양한 종류의 청구항으로 지킬 수 있는 특허 portfolio를 구축하게 되며, 이에 따라 경쟁자는 상기 portfolio에 속한 모든 청구항을 무효화시키거나 우회·회피할 수 있어야만 침해를 면하게 된다. 즉 발명가가 보유한 특허 portfolio에 속한 우량특허의 수에 비례하여 경쟁자는 더 심한 법적, 심리적 압박을 느낄 수밖에 없으며, 이에 따라 경쟁자는 발명가와 license 계약을 체결하기를 원하거나, 경쟁자는 발명가의 특허 portfolio를 침해하겠다는 생각을 원천적으로 버리거나, 경쟁자는 발명가와 경쟁하겠다는 의지 자체를 상실하게 된다.

다소 기계적인 전향적 과장전략을 통한 범위 확충에 비하여 다양한 종류의 청구항 확보 전략은 상당한 창의력을 요구한다. 즉 많은 대리인들이 발명가의 "최선의 실시예"를 시작으로 "차선의 실시예," "열등한 실시예" 및 "가상 실시예" 등을 포함하는 범위 확충은 체계적, 반복적 훈련을 통하여 습득할 수 있지만, 발명가의 다양한 실시예를 검토하고 소화한 후 이로부터 발명가에게 다양한 종류의 범위를 가진 청구항을 선사할 수 있는 유능한 대리인은 그리 많지 않기 때문이다. 따라서 발명가는 이러한 창조적 능력을 지닌 대리인을 발굴하기 위해서라도 발명 상담에 전향적으로 참여해야만 한다.

(2) 발명가가 유능한 대리인에게 반드시 지불해야할 합당한 보수

앞서 설명하였듯이 특허 산업은 법률 service 산업이다. 즉 발명가는 특허출원 전문가에게 일정한 대가를 지불하며 service를 요구하고, 전문가는 자신이 받은 대가에 상응하는 만큼의 service를 제공하는 산업이 바로 특허 산업이다. 이러한 측면에서

19) 미국에서는 발명가가 상상치 못한 권리범위를 대리인(출원전문 특허변호사 또는 변리사)이 발명가에게 선사할 경우 'super-invention'이라는 단어를 사용한다. 물론 이와 같은 'super-invention'은 발명가가 착상한 발명의 개량 발명인 경우가 대부분이므로 대리인은 이러한 'super-invention'을 발명가에게 무상으로 양도한다. 물론 이는 미국 대리인이 client로부터 충분한 보수를 받기 때문이다. 하지만 미국 대리인이 발명가가 상상치도 못한 또는 발명가가 착상한 발명과 상당히 상이하거나 전혀 다른 발명을 착상하면 이야기가 틀려진다. 대리인은 client와 공동발명가로서 특허를 출원하거나 대리인 자신이 단독발명가로 특허출원하기도 한다. 이에 대한 자세한 내용은 제10장의 1절 "발명가 요건," 제10장의 2절 "특허 소유권" 및 제9장의 4-다절 "권리범위 전체에 대한 실시가능 요건"의 주 참고.

shocking한 사실은 국내 특허업계의 특허출원 수임료가 대부분 100~200만 원 정도(또는 그 이하)에 불과하다는 점이다. 더욱 아찔한 사실은 수임료로 일금 35~50만 원을 지불하는 대학교·연구소·기업도 존재한다는 사실이다. 또한 그나마 특허에 신경을 쓰기에 이에 합당한 투자를 한다는 기업의 특허 출원 수임료도 200~300만 원 정도가 고작이다. 따라서 특허 산업이 service 산업임을 감안한다면, 국내에서 양산되는 특허의 품질은 당연히 낮을 수밖에 없으며, 이를 영어·일어·독일어로 번역한 해외특허의 품질 역시 당연히 낮을 수밖에 없다. 그러다 보니 제조기술에서는 세계를 주름잡는 국내 우량기업도 특허침해소송에서는 경쟁자를 압박할 수 있는 변변한 특허를 보유하지 못한 경우가 대부분이다.

저자는 이에 대한 근본적 원인은 발명가는 물론 대학교·연구소·기업의 특허관리자가 대리인이 제공하는 특허 법률 service의 질을 제대로 평가하지 못하기 때문이라고 단언하며, 바로 이러한 발명가와 관리자의 무관심·무지야말로 국내 특허산업 전체를 왜곡하는 근본적 원인이라고 확신한다. 즉 발명가와 관리자가 고품질의 service를 통하여 창출된 우량특허와 저품질의 service를 통하여 창출된 불량특허를 구별하지 못하고 모든 특허를 동일시하기 때문에, 국내에서 특허란 정량적 지표, 즉 출원 건수나 등록 건수로만 평가되고 만다. 악화는 필연적으로 양화를 구축하기 마련이다. 불행하게도 국내에서는 이미 과거 10~20년간 특허출원 수임료에 대한 dumping 문화가 확산되어 고착화되었고, 이제는 유능한 대리인마저도 자신의 능력을 전향적으로 충분히 발휘할 incentive 자체를 상실하였으며, 그 결과 국내에는 악순환적 특허생태계가 고착화되지 않았나 우려된다.

결국 이러한 고질적인 병폐를 극복하는 유일한 방법이 바로 발명가가 특허의 핵심인 광활하며 다양한 범위의 청구항의 정체를 인지하고, 발명가에게 이를 제공하는 유능한 대리인을 선정한 후, 이들에게 service의 양과 질에 상응하는 정당한 수임료를 지불하는 방법이다. 왜냐하면 특허 산업은 service 산업이기에 발명가가 창조적 능력을 지닌 유능한 대리인을 찾았다고 해서 모든 문제가 해결되지는 않으며, 발명가가 유능한 대리인으로부터 창의적 service를 받기 위해서는 합당한 대우가 선결조건이기 때문이다.

그렇다면 발명가가 자신이 확보한 유능한 대리인에게 반드시 제공해야할 합당한 보수는 과연 어느 정도일까?

옛날 무학대사가 태조 이성계에게 한 말로 "豕眼見惟豕 佛眼見惟佛矣"란 고사성어가 있다. 간단하게 풀이하자면 "아는 만큼 보인다"는 말이다. 즉 유능하며 창조적인 대리인에 대한 합당한 보수는 대리인이 발명가에게 선사한 선물의 가치의 양과 질을 이해할 수 있는 능력을 지닌 발명가만이 판단할 수 있다는 말이다.

굳이 유능한 대리인에게 반드시 제공해야할 합당한 보수의 상한선을 따진다면 전 세계에서 가장 특허를 적극적으로 보호하는 미국의 보수 체계를 참고할 수 있다. 일예로 미국 특허 law firm은 다른 일반 law firm과 마찬가지로 시간 당 수임료를 계상한다. 특히 유수 특허 law firm의 경우 partner 변호사의 시간당 수임료는 높게는 1,000 달러에 이르기도 하며, 방금 law school을 졸업한 후 갓 채용된 초임 특허변호사의 시간당 수임료도 무려 350~400 달러 정도이다. 따라서 미국 유수 특허 law firm을 통하여 특허를 출원하려면 대부분의 경우 출원 비용만 최소 8,000~10,000 달러 정도는 소요되며, 발명이 복잡한 경우 또는 화학 분야나 biotech 분야의 발명의 경우 출원 비용만 50,000 달러를 상회하기도 한다.[20)]

물론 위에서 예시한 수임료는 특허출원에만 소요되는 비용이다. 따라서 발명가가 출원한 특허 청구항을 특허청 심사관이 거절하였을 경우 이에 대응하는 비용은 별도로 계상되며, 일반적인 경우 특허청의 거절에 1~2회 정도 간단히 대응하여 특허가 등록되는 경우를 가정하였을 때 이 비용 역시 대부분의 경우 수천 달러 정도에 이른다.

물론 이보다 저렴한 비용으로 미국 특허를 출원할 수도 있다. 왜냐하면 미국에서도 중소형 특허 law firm 변호사의 시간당 수임료는 유수 대형 특허 law firm 변호사의 수임료보다 저렴하며, 특히 solo practice를 하는 특허변호사나 변리사 대부분의 수임료는 law firm 특허변호사의 수임료보다 저렴하기 때문이다. 일예로 표 11-1(a)는 12명의 특허변호사로 구성된 중소형 특허 law firm의 특허출원 수임료, 표 11-1(b)는 2

20) 상기 비용은 미국 law firm을 이용하여 발명 상담부터 특허출원까지의 모든 절차를 진행한 경우에 해당하며, 국내에서 출원한 특허를 영어로 번역하여 미국특허청에 출원하는 경우에는 해당되지 않는다.

명의 특허변호사로 구성된 소형 특허 law firm의 특허출원 수임료이다.[21] 표에서 알 수 있듯이 중소형 미국 특허 law firm의 수임료는 실제로 대형 유수 특허 law firm의 수임료보다 상당히 저렴함을 알 수 있다.

표 11-1(a). 미국 중소형 Law Firm의 특허출원 비용

Invention Types	Examples	Attorneys Fees
Extremely Simple	electric switch, coat hanger, paper clips, diapers, earmuffs, ice cube tray	\$5,000~\$7,000
Relatively Simple	board game, umbrella, retractable dog leash, cell phone belt clip, toothbrush, flashlight	\$7,000~\$9,000
Minimally Complex	power hand tool, lawn mower, camera, cell phone, microwave oven	\$9,000~\$10,000
Moderately Complex	ride on lawn mower, simple RFID device, basic solar concentrator	\$10,000~\$12,000
Relatively Complex	shock absorbing prosthetic devices, basic~moderate software systems, business methods	\$12,000~\$15,000
Highly Complex	MRI scanner, PCR, telecom networking systems, complex software systems, satellite technologies	\$15,000 ~

표 11-1(b). 미국 소형 Law Firm의 특허출원 비용

Invention Types	Attorneys Fees
Basic Mechanical	\$7,000~\$10,000
Complex Mechanical	\$9,000~\$13,000
Basic Electrical and Software	\$8,000~\$12,000
Complex Electrical and Software	\$10,000~\$15,000

21) 저자가 표11-1(a) 및 표11-1(b)의 law firm들의 특허출원 비용을 예시한 유일한 이유는 Google search로 상기 자료를 검색할 수 있었기 때문이다. 저자는 상기 law firm들을 이용한 적이 없으며, 따라서 상기 law firm들이 제공하는 service 및 이들이 대리한 특허의 quality에 대한 지식도 전무함을 밝힌다. 상기 표 11-1(a)에 대한 자세한 자료는 아래의 URL 참고 (2015.02.28 최종 확인): http://www.neustel.com/Patent-Costs-Fees/How-Much-Does-A-Patent-Cost.aspx; 상기 표 11-1(b)에 대한 자세한 자료는 아래의 URL 참고 (2015.02.28 최종 확인):http://www.ipwatchdog.com/2011/01/28/the-cost-of-obtaining-patent/id=14668/

그렇다면 특허 선진국인 미국의 특허출원 수임료에 근거한 국내 특허출원 수임료는 어느 정도가 적정할까? 우리나라와 미국의 물가 수준을 고려한다면 분명 국내 특허출원 수임료는 미국보다는 저렴해야할 것으로 생각된다. 하지만 지금의 국내 관행과 같이 성공보수를 포함하여 100만~200만 원, 높아야 300만 원 이내에 불과한 국내 특허업계의 특허출원 수임료는 낮아도 너무 낮으며, 이러한 저가의 수임료를 받는 대리인이 할 수없이 적당히 작성하는 특허명세서로 발명가가 자신의 권리범위를 효과적으로 확보하기는 불가능하다고 단언할 수 있다.

결국 “아는 만큼 보일 뿐”이다. 언젠가는 국내 발명가와 특허관리자도 자신을 위하여 광활하면서도 다양한 종류의 권리범위를 가진 청구항을 다수 지닌 특허를 확보해주는 유능한 대리인에게 표 11-1(a) 또는 표 11-1(b)에서 예시한 수임료의 최소한 2/3 정도를 특허출원 수임료로 지불하는 날이 오기를 학수고대한다. 그 순간, 즉 유능한 국내 대리인에 대한 수임료가 합당한 수준으로 현실화되는 순간, 저자는 국내 변리업계 역시 국제 경쟁력을 갖추고 이에 대한 know-how를 전수하며, 국내 발명가에게 국제 경쟁력을 지닌 양질의 우량특허를 선사하게 되리라고 확신한다.

이러한 측면에서 저자는 권리범위에 입각한 특허의 가치를 인지할 수 있는 발명가의 능력이야말로 작금의 악순환적 국내 특허생태계를 선순환적 특허생태계로 전환할 수 있는 가장 효과적이며 현실적인 방법이라고 확신한다. 따라서 이를 위해서는 국내 발명가를 대상으로 광활한 권리범위와 다양한 종류의 권리범위의 중요성 및 이를 구현할 수 있는 특허 전략의 교육이 반드시 선행되어야 한다고 제안한다.

라. 전략적 출원 ≡ 미국, Then Europe (and/or China)?

앞서 제1장의 4-가절 “국내특허의 선천적 한계”에서는 특허법은 속지법이므로 국내에만 특허로 출원·등록된 기술은 대한민국을 제외한 5대양 6대주에서 공중이 무료로 실시할 수 있는 기술로 전락한다고 설명하였다. 이러한 맥락에서 정부 지원 연구비로 R&D를 수행한 국내 연구자가 자신의 발명을 국내에만 특허로 출원·등록하는 행위는 거국적, 합법적 기술유출에 해당한다고도 설명하였다.

또한 제1장의 4-나절 "국내특허의 후천적 한계 1 [높은 무효율]" 및 제1장의 4-다절 "국내특허의 후천적 한계 2 [낮은 손해보상금]"에서는 무효심판이 청구된 국내 등록특허의 2/3 이상이 특허법원에서 무효로 처리되며, 승소하더라도 발명가(즉 특허권자)가 받는 손해배상금의 중앙값은 5,500만원에 불과하다고 설명하였다. 즉 현재의 국내 특허생태계에서 국내특허를 보유한 발명가가 침해의심 제조업체를 상대로 특허침해소송을 제기하고 승소하여 받는 손해배상금으로 수익을 창출할 수 있는 확률은 몹시 낮을 수밖에 없다.

또한 제5장의 4-다절 "특허권의 제도적 제한"에서는 침해의심 제조업체를 상대로 특허침해소송을 제기한 발명가가 승소하여 받는 손해배상금은 일실이익이나 합리적 실시료에 해당하므로, 모든 조건이 동일할 경우 각국의 손해배상금은 대략적으로 각국의 GDP에 비례할 수 있다고 설명하였다. 따라서 설령 우리나라 사법부가 국내특허를 미국 수준으로 보호한다하더라도, 국토도 좁고 인구도 적은 우리나라의 적정 손해배상금은 미국 손해배상금의 1/14~1/15 정도에 불과할 수밖에 없다. 따라서 국내 발명가가 자신이 착상한 발명을 국내에서만 특허로 출원·등록할 경우 창출할 수 있는 수익은 적을 수밖에 없다.

국가적 관점에서 보았을 때에도 국내 발명가가 자신이 착상한 발명을 국내특허로만 보호하는 전략은 무지하고 미련한 동시에 굉장히 비효율적인 전략이다. 왜냐하면 제조능력이 평준화된 21세기 지식기반시대에 국토도 좁고 인구도 적은 대한민국이 지속적 성장을 달성하려면 제조업에 특허산업을 전향적으로 융합함으로써[22] global market에서의 수익 창출을 극대화해야만하기 때문이다. 따라서 발명가가 착상한 발명이 우량 발명일수록 전략적으로도 중요한 미국과 유럽(또는 중국?)에서는 반드시 특허를 출원·등록할 필요가 있다.

22) Global market에서의 특허 활용이란 (1) 국내 제조업체가 금지권을 활용하며 특허기술을 구현한 제품을 global market에서 제조·판매하는 방법, (2) 국내 창업가가 특허기술을 구현한 제품을 생산하는 startup을 창업하고 global market을 개척하는 방법, (3) 특허기술을 구현한 제품을 직접 제조·판매하는 대신 global 제조업체에게 특허 자체를 양도하거나 licensing하여 수익을 창출하는 방법은 물론 (4) 특허를 침해한 global 경쟁 제조업체를 상대로 특허침해소송을 제기하여 수익을 창출하는 방법 등을 모두 포함한다. 즉 global market에서의 특허 활용이란 제11장의 1-가절 제3항의 "특허생태계 하류"에서 설명한 특허 활용에 대한 business model 전부에 해당한다.

마. 국내특허의 역할 ≡ 중요한 징검다리

하지만 국내 발명가가 전략적 주요 국가인 미국, 유럽의 특허 전문 law firm을 통하여 직접 특허를 출원하려면 언어 장벽은 물론 막대한 비용 장벽에 부딪히게 된다. 따라서 제1장의 4-바절 "국내특허의 현실적 의미"에서 설명한 바와 같이 국내 발명가에게 국내특허의 의미는 '징검다리'라 할 수 있다. 즉 국내 발명가에게 국내특허란 전 세계에서 특허 가치가 제일 높은 미국특허와 그 다음으로 높은 유럽특허(또는 중국특허?)를 확보하기 위한 "아주 중요한 징검다리"라는 말이다.

바꾸어 말하자면 발명가가 국내특허를 출원한 후 이를 영어로 번역하여 미국·유럽 등과 같은 전략적 주요 국가에 출원함으로써 비용을 최소화하는 전략이다. 단 여기에는 커다란 함정이 존재하는 바, 징검다리가 부실하면 물에 빠져 죽는다는 사실이다. 즉 국내에서 특허명세서, 특히 "발명의 설명"을 제대로 작성해야만 이를 번역하여 출원한 해외특허도 의의가 있는 반면 국내 특허명세서의 "발명의 설명"이 부실하면 아예 해외특허출원은 생각도 하지 않는 편이 현명하다.

따라서 발명가는 반드시 유능하며 창의적인 변리사를 선임하여 제대로 "특허 쓰듯" 작성한 국내특허를 출원한 후, 이의 우선권을 주장하며 미국·유럽 등의 전략적 주요 국가에 특허를 출원·등록할 수밖에 없다. 즉 제1장의 4-바절의 그림 1-23과 같이 제대로 작성되지 않은 국내 특허명세서의 "발명의 설명"과 청구항을 "썩은 사과"라 하면 이를 추후 어떤 언어로 번역하더라도 "썩은 사과"의 운명을 면할 수 없기 때문이다.

요약하면 국내 발명가는 우량 발명일수록 전략적 주요 국가인 미국·유럽(또는 중국?)에 특허를 출원해야만 한다. 하지만 미국·유럽특허를 미국·유럽 law firm을 통하여 직접 출원하면 너무 많은 비용이 소모되므로 '국내특허'라는 징검다리를 전향적으로 활용해야 한다. 즉 상대적으로 가격이 저렴한 국내특허를 '제대로' 출원한 후, 이를 '제대로' 영어로 번역하여 미국·유럽(또는 중국?)특허를 출원하는 전략이다. 다시 한 번 강조하지만 여기에도 유의할 점이 있는 바, 징검다리가 부실하면 물에 빠져 익사한다는 사실이다. 따라서 유능하며 창의적인 변리사를 선임하여 제대로 "특허 쓰듯" 국내특허를 제대로 작성해야만 징검다리를 이용하는 필요충분조건을 만족할 수 있다.

바. 국내 발명가의 중추적 역할

앞서 제11장의 1-나절 “특허생태계 종류”에서 설명하였듯이 대한민국에는 악순환적 특허생태계가 고착화되고 있으며, 이에 대한 근본적 원인은 제도적, 구조적 문제이다. 그렇다고 제도와 구조가 선진화되기를 기다리기에는 대한민국이 처한 현실은 너무 급박하며, 일단 구축된 악순환적 특허생태계가 자생적으로 정화될 리도 만무하다. 결국 이러한 변화를 전향적으로 앞당겨 구현할 수 있는 주체가 바로 국내 발명가이다.

대한민국의 특허생태계 현황은 여러 가지 방법으로 묘사할 수 있겠지만 저자는 아래와 같은 예로 우리의 현황을 묘사하곤 한다. 일예로 저자가 사재를 털어 Italy 음식점을 개장하고 Italy풍을 살리기 위하여 Renaissance 시대의 유명 화가의 원화를 구입하여 음식점의 벽을 장식함은 물론 세계 제일의 food stylist를 고용하여 음식의 맛과 시각적 효과를 극대화하였다고 가정하자. 하지만 저자의 음식점을 찾는 고객이 모두 장님이라면 저자가 비치한 유명 화가의 원화와 예술 작품처럼 치장한 food stylist의 작품은 그 빛이 바랠 수밖에 없다. 또한 저자가 아무리 유명한 교향악단을 초청하여 세계 제일의 연주회를 가진다하더라도 관객이 모두 귀머거리라면 이 또한 연주회의 의의를 찾기 어려워질 수밖에 없다.

특허도 마찬가지이다. 대한민국 특허생태계 상류의 주역인 국내 개인발명가와 국내 대학교·연구소의 발명가 및 국내기업의 발명가가 수익 창출이라는 특허의 목적을 재차 확인하고 이를 위하여 유능한 대리인에게 합당한 수임료를 지불하고 강력한 권리범위를 가진 특허를 창출하지 못하는 한 국내 발명가들이 특허를 이용하여 global market에서 수익을 창출하기는 몹시 어려울 수밖에 없음은 자명하다.

또한 국내 발명가들이 특허 청구항의 범위, 또 범위, 그리고 범위의 가치를 이해하지 못할 경우, 생태계 중류의 변리사나 출원전문 특허변호사 역시 우량특허 창출에 대한 합당한 보수를 받지 못하게 되어 이들이 창출하는 특허의 권리범위는 점점 더 빈약해 질 수밖에 없다. 그 결과 생태계 하류의 특허활용 전문가가 국내 발명에 근거한 미국·유럽특허를 이용하여 수익을 창출하려고 노력해본들 부실한 “발명의 설명”에 근거한 청구항의 협소한 권리범위로 인하여 해외 주요 국가의 특허들과의 경쟁에서 백전백패할 것이며, 어떤 수익도 창출할 수 없음은 자명하다.

저자는 이와 같이 복잡하게 얽혀있는 악순환적 실타래를 풀 수 있는 선구자가 바로 대한민국의 우량 발명가들이라고 단언한다. 그리고 국내 발명가들이 실타래를 푸는 방법이 바로 수익 창출을 위한 특허 공수전략의 이해이며, 이에 근거한 창조적이며 유능한 대리인의 선정 및 이들에 대한 합당한 보수 지불이다. 대한민국 발명가들도 언젠가는 제4장의 5절 "유능한 변리사"에서 설명한 전략을 활용하여 창조적이며 유능한 대리인을 선정하고 이들에게 합당한 보수를 지급할 것이다. 그래야만 대한민국 특허생태계 역시 선순환적으로 전환될 수 있으리라고 저자는 확신한다. 또한 이에 따라 특허생태계의 중류, 하류의 활성화에 의한 수익 창출로 생태계 상류의 발명가들이 더욱 우량 발명 창출에 매진하게 됨으로써 국내 발명가, 변리업계, 제조업체의 국제 특허경쟁력이 강화되고, 이에 따라 대한민국도 명실 공히 지식기반시대의 강자로 자리매김하게 되리라고 저자는 확신한다.

4. 국내 대학교 교수 및 국내 연구소 연구원의 전략

국내 유수기업들의 global market 점유율이 증가함에 따라 국내기업들의 R&D 투자도 가파르게 증가하고 있다. 일예로 국내기업의 R&D 투자액은 2010년에는 35조 원, 2011년에는 40.9조 원, 2012년에는 46.4조 원으로서 매년 약 15%씩 증가하고 있으며, 이는 국내기업의 매출액 대비 2.5%, 2.7% 및 2.7%에 해당한다.[23)]

비록 국내기업의 R&D 투자액에는 못 미치지만 대한민국 정부 역시 R&D 투자를 늘려가고 있다. 일예로 표 11-2와 같이 2012년 국가 R&D 사업 투자액은 총 15.9조원에 달하며, 특히 국공립·정부출연 연구소에 대한 2012년도 R&D 투자액은 총 7.2조원으로서, 이는 국가 R&D 사업 총투자액의 45.3%에 해당한다. 국내 대학교에 대한 정부 R&D 투자액도 2012년 총 3.7조원으로서 이는 전체 정부 R&D 투자액의 23.4%에 해당한다. 따라서 국내 대학교·연구소에 대한 국가 R&D 사업 투자액은 총 10.9조

23) 국내기업의 R&D 투자액은 2013년 52.8조원, 2014년 59.5조원(계획)이며, 이는 매출액 대비 2.9% 및 3.0%(계획)에 해당한다. 이에 대한 자세한 내용은 아래 URL 참고 (2015.02.28 최종 확인):http://www.hankyung.com/news/app/newsview.php?aid=2014021939211

원에 달한다.[24)]

표 11-2. 연구수행 주체별 국가 R&D 사업 투자액 (단위: 억 원)[25)]

구분	2008	2009	2010	2011	2012
연구소	51,751	56,401	62,204	64,418	71,987
국공립	6,225	6,683	7,090	7,319	7,701
출연	45,526	49,718	55,113	57,099	64,286
대학교	26,555	30,120	33,956	37,672	37,214
산업체	21,414	28,185	28,684	32,330	35,353
대기업	9,627	13,183	12,330	13,861	14,397
중소기업	11,787	15,002	16,353	18,469	20,956
정부부처	2,603	1,007	3,024	3,744	4,280
기타	7,613	8,433	8,960	10,363	10,230
계	109,936	124,145	136,827	148,528	159,064

금액만으로 따진다면 국내기업의 R&D 투자액의 약 1/3에 불과한 국내 대학교·연구소에 대한 국가 R&D 사업 투자액은 썩 중요하지 않다고 간주할 수도 있다. 하지만 국내 대학교·연구소에 대한 국가 R&D 사업은 국가적으로 매우 중요한 바, 그 주된 이유는 매분기 또는 매년 신제품 개발을 위하여 대부분 실용적 단기 과제에 치중할 수밖에 없는 기업의 R&D 성향에 비하여 대학교·연구소는 장기적 관점에서 지속적으로 차세대 먹을거리를 개발할 수 있기 때문이다. 국내 대학교·연구소에 대한 국가 R&D 사업이 중요한 또 다른 이유는 이들이 창출하는 우량특허를 국내기업이 licensing 할 수 있기 때문이며, 이에 수반되는 royalty 역시 국내기업이 R&D를 직접 수행하여 개발하는 경

24) 국내 국공립·정부출연연구소에 대한 정부 지원은 2013년에도 16.9조 원으로 증가하였다. 이에 대한 자세한 내용은 아래 URL 참고 (2015.02.28 최종 확인):http://www.korea.kr/policy/pressReleaseView.do?newsId=155981539

25) 과학기술통계서비스(NTIS) 자료로서 자세한 내용은 아래 URL 참고 (2015.02.28 최종 확인):http://sts.ntis.go.kr/lo13/retrieve.jsp?icode=LO_TBL0029

우보다 대부분 저렴하기 때문이다.[26] 따라서 국내기업은 국내 대학교·연구소가 개발한 기술을 licensing하여 기술 경쟁력을 향상시키고 지속적인 혁신을 추구할 수 있으며, 이에 따라 global market에서 해외 유수 경쟁 제조업체에 대한 억제력을 확보함은 물론 이들과의 무한경쟁에 돌입할 수 있는 기틀을 마련할 수도 있다.

하지만 국내 대학교·연구소가 아무리 기발한 기술을 개발하더라도 이를 우량특허로 창출하지 못할 경우, 상기 특허기술은 해외 경쟁기업들이 쉽게 우회·회피하며 자유로이 실시할 수 있는 기술로 전락한다. 그 결과 국내기업이 국내 대학교·연구소로부터 상기 특허를 licensing하더라도 부실한 특허로는 global market에서 해외 경쟁기업들을 상대로 경쟁우위를 확보할 수 없다. 따라서 정부가 국내 대학교·연구소에 투자하는 R&D 사업이 중요한 만큼 국내 대학교·연구소의 특허관리 부서(즉 Technology Licensing Office 또는 TLO)가 대학교수·연구원이 착상한 우량 발명을 우량특허로 변환하는 작업도 중요하다.

국내 대학교·연구소의 교수·연구원이 우량 발명을 착상하고 이를 우량특허로 재창출하는 작업은 국내에 선순환적 특허생태계를 구축하는 데에도 무척 중요하다. 우선 국내기업의 발명가들이 착상하는 발명은 대부분 제10장의 3절에서 설명한 직무발명에 해당하므로 사용자인 국내기업이 실시하는 데 그친다. 하지만 국내 대학교·연구소에서 창출된 발명·특허를 이용하여 혁신가는 startup을 창업할 수 있으며 국내기업은 이를 licensing할 수도 있다.[27] 따라서 우량특허를 활용하여 창출한 수익의 정당한 부분이 국내 대학교·연구소의 교수·연구원 발명가에게 분배될 경우, 발명가는 더 많은 수익을 창출하기 위하여 우량 발명 창출에 더욱 매진하게 되어 특허생태계 상류가 튼튼해지며, 이는 특허생태계 중류 및 하류에도 긍정적 영향을 미치게 된다.

26) 특허 기업은 대학교·연구소가 수행한 국가 R&D 사업 중 성공한 사업의 결과물만 licensing하면 되기 때문에 실패 확률도 낮다.

27) 국내 대학교수·연구원이 착상한 직무발명 역시 국내 대학교·연구소의 소유물이다. 하지만 대학교·연구소는 자신이 보유한 특허의 기술이전이나 사업화를 통하여 수익 창출을 도모하므로, 대학교·연구소가 보유한 특허의 유동성은 기업이 보유한 특허의 유동성보다 높을 수밖에 없다.

하지만 국내 대학교·연구소에서 우량 발명이 창출되더라도 현 상황에서는 상기 발명이 우량특허로 전환될 가능성은 매우 희박하다. 오히려 국내 대학교·연구소는 이러한 우량 발명을 국내에서만 특허출원하여 다국적 경쟁기업들이 이를 공짜로 사용할 수 있도록 방치하는 경우가 자주 발생하며, 어쩌다 해외에 특허를 출원하더라도 이는 국내에서 거의 헐값에 작성되어 권리범위도 매우 협소한 국내특허의 번역본이기 때문에 해외 경쟁기업에 대한 억제력을 보유하지 못하는 경우가 대부분이다.

아래에서는 국내 대학교·연구소에서 우량특허가 창출되기 어려운 원인을 진단하고, 이를 극복하는 제도적·구조적 개선 방안을 제안한다. 또한 다소 파격적이기는 하지만 이러한 목적을 단기간에 달성할 수 있는 국내 대학교수, 연구소 연구원의 전략도 제안한다.

가. 특허 관련 정량적 평가지표의 부작용

대한민국 정부는 국내 대학교·연구소가 수행한 국가 R&D 사업의 성과 평가 시 SCI 논문 게재 건수, Impact Factor 등을 주요 정량 지표로 활용하여 왔다. 또한 수년전부터 산학협력과 기술이전의 중요성이 부각됨에 따라 대한민국 정부는 제1장 4-마절 제1항 "발명가를 불량化하는 국가 연구과제 평가제도"에서 설명한 바와 같이 R&D 사업 결과에 대한 출원특허·등록특허 건수를 상기 정량적 평가지표에 추가하였다. 이에 따라 대학교수·연구원들은 국가 R&D 사업의 성과 평가에서 높은 점수를 얻기 위하여 수익 창출과는 전혀 무관한 발명이더라도 일단 특허로 출원하여 출원특허·등록특허의 건수를 늘리는 전략을 구사하게 되었다. 또한 정부 정책에 부응한 일부 대학교·연구소는 교수·연구원의 실적 평가, 승진 심사에도 출원특허·등록특허 건수를 정량적 평가지표로 사용하고 있다.

(1) "특허 건수"라는 정량적 평가지표의 허상

특히 일부 정부부처가 국내외 출원특허·등록특허 건수를 SCI급 논문 게재 건수와 동일시함에 따라 국내 대학교의 교수와 연구소의 연구원은 가능한 한 많은 건수의 특허를 출원함이 유리하다는 확실한 incentive를 가지게 되었다. 따라서 앞서 제3장의 2-가절에서와 같이 실시 즉시 원천특허를 침해하는 개량특허의 단점에도 불구하고 대학교수·

연구원은 경제성이 취약한 수많은 개량 발명이더라도 국내특허로 출원하게 되었으며, 그 결과 수익 창출이라는 특허의 목적과도 배치되는 문제를 야기하였다.

또한 출원특허·등록특허 건수에 목을 맬 수밖에 없는 국내 대학교수·연구원은 발명의 질과는 상관없이 매년 더 많은 수의 직무발명을 신고하게 되었고, 대학교·연구소의 특허관리 조직(즉 TLO)은 발명가의 요구에 못 이겨 자신이 접수하는 거의 모든 발명을 특허로 출원하게 되었다. 한편 한정된 예산으로 특허를 관리할 수밖에 없는 대학교·연구소의 TLO는 늘어나는 출원특허·등록특허 건수를 감당하지 못하게 되어 건당 특허출원 수임료를 더욱 낮출 수밖에 없게 되었으며, 이에 따라 가뜩이나 dumping 수준인 변리사 수임료는 더욱 낮게 책정되는 부작용마저 초래하였다. 그 결과 가뜩이나 편협한 권리범위로 고전을 면치 못하던 국내 대학교·연구소 보유 특허의 권리범위는 더욱 부실화되고 있는 것으로 생각된다.

그림 11-19. 주요 국가의 특허 생산성 비교

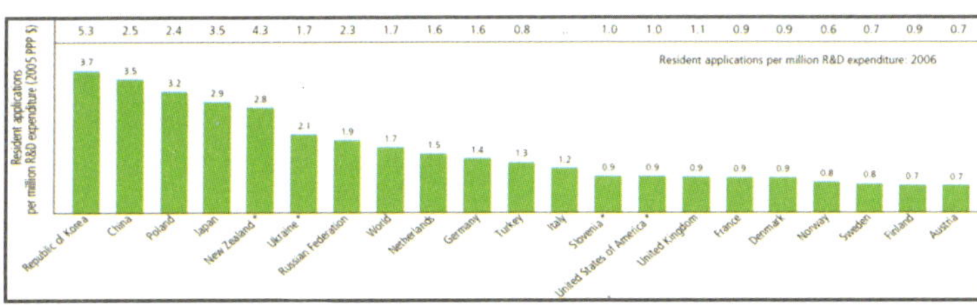

그림 11-19(a) 연구비 U.S. $1 Million 대비 특허 생산성[28)]

28) World Intellectual Property Indicators 2012 (WIPO Economics & Statistics Series, Fig. A.8.4). 이에 대한 자세한 내용은 아래 URL 참고 (2014.08.31 최종 확인):http://www.wipo.int/export/sites/www/freepublications/en/intproperty/941/wipo_pub_941_2012.pdf

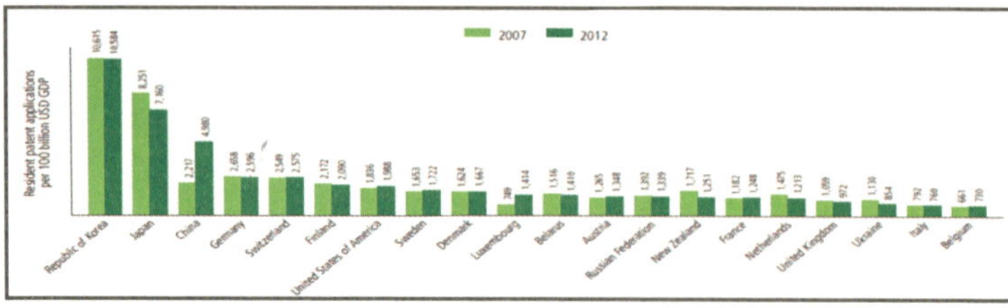

그림 11-19(b) GDP 대비 특허 생산성[29)]

이러한 현실적 문제점을 아는지 모르는지 국내 대학교·연구소의 발명가들은 매년 더 많은 특허를 출원·등록하고 있으며, 그 결과 우리나라는 그림 11-19(b)와 같이 "GDP 당 창출되는 특허 건수" 및 그림 11-19(a)와 같이 "연구비 10억 원 당 창출되는 특허 건수"라는 특허 생산성 지표에서 전 세계 1위를 고수하고 있다. 물론 특허 생산성에서 상위에 속하는 경우가 하위에 속하는 편보다 고무적이라는 데에는 이견이 없으리라 생각된다. 하지만 문제는 국내의 악순환적 특허생태계에서 창출되는 이러한 특허 대부분이 이 세상에 태어나지 말았어야 할, 아무 쓸모없는 특허라는 점이다. 또한 이들 특허의 대부분은 국내에만 출원·등록된 특허이므로 수익 창출과는 대부분 무관하며, 이러한 국내특허는 기껏 국내 연구진이 개발한 연구결과를 전 세계에 무료로 공지함으로써 해외 경쟁기업들도 이를 공짜로 쓸 수 있도록 방치한다는 문제점을 안고 있다.

물론 정부도 해외특허의 중요성을 인지하고 이 역시 주요 정량적 평가지표로 사용함에 따라 국내 대학교·연구소도 해외 출원 건수를 늘리고는 있다. 하지만 앞서 설명한 바와 같이 부실한 권리범위의 국내특허를 영어로 번역하여 해외에 특허 출원해보았자 이러한 특허로는 global player들을 상대로 절대로 금지권을 행사할 수 없다. 이러한 문제점으로 인하여 국내 대학교·연구소가 해외에 출원하는 특허의 많은 부분 또는 대부분은 외화유출에 불과하다는 주장도 개진되고 있다.

앞서 제3장의 3절 "논문 쓰듯 쓴 특허 vs. 특허 쓰듯 쓴 논문"에서와 같이 논문처럼

29) World Intellectual Property Indicators 2013 (WIPO Economics & Statistics Series, Fig. A.7.2). 이에 대한 자세한 내용은 아래 URL 참고 (2014.08.31 최종 확인):http://www.wipo.int/export/sites/www/freepublications/en/intproperty/941/wipo_pub_941_2013.pdf

작성한 특허는 빈약한 권리범위로 인하여 해외 경쟁자가 국내 대학교수·연구원의 발명을 공짜로 사용할 수 있도록 인도해주는 역할밖에 하지 못한다. 결론적으로 정부가 애용하는 R&D 과제의 정량적 평가지표인 국내외 출원특허·등록특허 건수는 실질적으로 '得'은 전혀 없는 반면 각종 '失'만 초래하는 제도이다. 따라서 국내외 출원특허·등록특허 건수를 국가 R&D 사업의 정량적 평가지표로 사용하는 현행 제도는 조속히 철폐되어야 한다.[30]

(2) "특허 건당 Royalty"라는 정량적 평가지표의 문제점

그 동안 많은 국내 특허전문가들이 기회 있을 때마다 다양한 경로를 통하여 정부부처에 국내외 출원특허·등록특허 건수를 국가 R&D 사업의 정량적 평가지표로 사용하지 않도록 건의해 왔다. 그 결과 2015년 상반기부터 일부 정부부처가 앞장서 더 이상 국내외 출원특허·등록특허 건수를 정량적 평가지표로 사용하지 않기로 결정하였다고 한다. 이러한 변화는 분명 국내 대학교·연구소의 왜곡된 특허출원 전략을 바로 잡는 데 일조할 것이다. 또한 몇몇 정부부처는 전향적으로 국내 대학교·연구소가 수행한 국가 R&D 사업 결과의 평가 시 사용되어 오던 기술이전 건수 및 기술이전 금액에 대한 지표의 반영 비율을 높인다고 한다. 누차 강조하였지만 특허의 목적이 수익 창출이라는 점을 감안하면 이러한 평가 전략의 변화야말로 분명 바람직한 변화임에 틀림없다.

30) 저자는 정부부처가 2015년부터는 출원특허·등록특허 건수를 국가 R&D 과제 평가지표로 더 이상 사용하지 않기로 했다는 소문을 접하고 있다. 매우 고무적인 일이다. 하지만 이와 동시에 앞으로는 "특허 등록률"을 새로운 평가지표로 사용할 것이라는 당혹스러운 소식도 들려온다. 즉 출원특허·등록특허 건수 대신 등록특허·출원특허의 비율을 평가지표로 사용하겠다는 말이다. 앞서 누차 설명하였지만 특허 등록률이란 매우 인위적인 동시에 조작이 가능한 지수이다. 또한 "특허 등록률"이란 특허를 통한 수익 창출과는 정반대 개념의 지표일 수도 있다. 왜냐하면 "특허 등록률"이 높은 경우의 대부분은 해당 특허의 권리범위가 몹시 협소하기에 쉽게 특허로 등록되는 경우이기 때문이다. 따라서 저자는 차제에 국가 R&D 과제 종료 직전 또는 직후 과제 결과를 평가한다는 발상 자체를 대폭적으로 배척하고, 이에 따라 평가지표도 전향적으로 개선하도록 제안한다. 왜냐하면 국가 R&D 과제 종료 직전 또는 직후의 상기 과제 성공 여부는 대부분 평가가 불가능하기 때문이다. 참고로 미국의 경우 대부분 정부 R&D 과제가 종료할 때 우리나라처럼 수백 쪽에 달하는 최종결과보고서를 작성할 필요가 없으며, 이에 대한 특별한 평가 절차도 없다. 대신 상기 과제를 수행한 연구자가 추후 미국 정부에 추가 R&D 자금을 요청할 경우, 심사 위원들은 상기 연구자가 과거에 수행한 정부 과제의 성공 여부 및 파급 효과를 평가하여 추가 R&D 자금의 지급 여부를 평가한다. 분명 time-lag은 존재하지만 우리나라보다는 더 객관적이고 실용적인 평가 제도임이 분명하다.

하지만 이와 더불어 몇몇 정부부처는 기술이전 금액이라는 절대적 금액을 평가지표로 사용하는 대신 특허 당 기술이전 금액이라는 상대적 금액을 평가지표로 사용한다고 한다. 즉 총 기술이전 금액을 이전된 특허의 수로 나눈 수치를 평가지표로 사용하겠다는 계획이다.

일견 특허 건수로 'normalize'된 상대적 기술이전 금액이 절대적 기술이전 금액에 비하여 더 합리적 평가지표라고 생각할 수도 있다. 하지만 국내 대학교·연구소가 상기 상대적 평가치표를 극대화하기 위하여 고의적으로 발명 당 1건의 특허만을 출원·등록한다면, 추후 상기 특허가 무효가 될 경우 수익 창출에는 처참하게 실패할 수밖에 없다. 또한 제4장의 5절 "유능한 변리사"에서 설명하였지만 경쟁자를 압박하기 위해서는 단일의 발명에 대해서도 다양한 종류의 청구항을 지닌 특허 portfolio를 구축하는 방법이 효율적이다. 이러한 측면에서 보면 "특허 건수로 나눈 기술이전 금액"이라는 상대적 평가지표는 특허 활용을 통한 수익 창출과는 직접적인 관계가 없는 평가지표로서, 오히려 발명가가 열심히 개발한 연구결과를 단일의 특허로만 보호하도록 유도하는, 또 하나의 왜곡된 특허출원 전략을 유도하는 비실용적 평가지표라고 생각된다.

특허 건수로 'normalize'된 상대적 기술이전 금액이 특허의 기본 목적인 수익 창출을 왜곡한다는 사실은 아래의 예에서도 단적으로 드러난다. 일예로 단일의 특허 A_1을 기술이전하여 10억 원을 royalty로 지급받는 경우와 10개의 관련 특허 B_1~B_{10} 등으로 구성된 특허 portfolio 전체를 기술이전하여 50억 원을 royalty로 받는 경우를 비교하자. 특허 각각의 가치를 비교한다면 당연히 특허 한 개에 무려 10억 원이라는 가격을 지닌 특허 A_1이 특허 한 개 당 5억 원이라는 가격을 지닌 특허 B_1~B_{10} 각각에 비하여 더 높은 가치를 지녔음이 틀림없다. 즉 특허 건수로 나눈 기술이전 금액이라는 상대적 지표는 개개의 특허 가치를 산정하는 데에는 당연히 도움이 된다는 말이다. 그렇다고 위의 예에서와 같이 가치가 낮은 특허를 열 개(B_1~B_{10}) 씩이나 출원·등록한 후 이를 이전하여 50억 원을 버는 대신 더 가치 있는 단일의 특허 A_1만을 출원·등록하고 이를 이전하여 10억 원만을 벌겠다는 발명가는 이 세상에 없을 것이다.

국가 R&D 과제의 성과 평가도 마찬가지이다. 왜냐하면 R&D 과제에서 도출된 기술과 발명을 권리화한 특허가 한 개이건 수십 개이건 관계없이, 대학교수·연구원 및 대학교·연구소에게도, 그리고 국가적으로도 중요한 지표는 특허 각각의 상대적 가치라

기보다는 기술이전을 통한 총 수익이기 때문이다. 따라서 국가 R&D 사업의 성과에 대한 평가지표로는 기술이전 금액이라는 절대적 금액만큼 효율적인 지표는 없는 것으로 생각된다.

나. "선택과 집중"의 당위성

앞서 제2장의 4-나절 "Not Every Invention is Equal!"에서 설명하였듯이 모든 발명은 절대로 동일하지 않으며, 특허업계에서 회자되듯이 미국 등록특허라도 실제로 발명가에게 수익을 창출해주는 특허는 100개 중 2~3개에 불과하다. 또한 제3장의 2-나절 제1항 "선발명가의 원천특허와 발명가의 개량특허"에서와 같이 하나의 원천기술은 수백~수천 개의 개량 기술을 낳는다는 속설을 감안하면, 전 세계 등록특허 중 원천특허와 개량특허의 비율은 대충 1:100~1:1,000 정도일 것이다. 바꾸어 말하면 이 세상 대부분의 발명은 기술성·시장성이 빈약하여 수익 창출이 어려운 발명이거나, 원천 발명에 종속되는 개량 발명이며, 따라서 이 세상 대부분의 특허 역시 기술성·시장성이 빈약하여 수익을 창출할 수 없는 특허이거나, 원천특허 때문에 수익 창출이 어려운 개량특허로 간주할 수 있다.

물론 자신의 창의성에 심취한 발명가는 "선택과 집중" 전략을 도외시한 채 자신이 착상한 모든 발명을 국내외에 특허로 출원·등록한다. 물론 극히 예외적이기는 하지만 이러한 전략으로 막대한 부를 창출한 Jerome Lemelson과 같은 발명가도 존재하기는 한다. 하지만 대부분의 발명가는 방만한 특허 경영에 의한 엄청난 비용으로 정작 집중해야 할 발명을 착상하고는 자금난에 시달린다. 그 결과 많은 국내 발명가들은 여러 건의 발명을 국내특허로 출원하고 이에 대한 각각의 PCT를 출원한 후 막상 개별국가에 진입해야할 때에는 자금 부족으로 해외 출원을 포기하는 경우도 발생한다.

결국 특허로 수익을 창출하려면 발명가는 시작부터 "선택과 집중" 전략을 활용해야 한다. 물론 발명가의 팔은 저절로 안으로 굽으므로 발명가는 자신의 발명을 필히 친자식처럼 아낀다. 하지만 이럴 때일수록 발명가는 더 객관적이고 냉철하게 자신이 착상한 발명의 기술성, 시장성, 권리성을 평가할 필요가 있다. 만일 발명가가 일생에 딱 한 번만 발명을 착상할 사주로 태어났다면 자신의 무남독녀 발명에 "all-in"할 필요도 있을 수 있다. 하지만 세상만사가 그렇듯 발명도 하면 할수록 실력이 늘기 마련이다. 즉 발명가는 오늘 착상한 발명보다 더 양질의 발명을 내일도, 모레도 상습적으로 착상하기 마련이다. 따라서 발명가는 항상 냉철하면서도 절제된 평가를 통하여 자신의 발명 중 우량 발명만을 선택하여 양질의 국내특허를 출원한 후, 이를 번역하여 미국특허 및 유럽특허(혹은 중국특허?)를 출원해야 한다.

다. 국내 대학교·연구소의 특허관리·활용 조직인 TLO의 한계

다음 분기에 출시할 신제품 개발을 위하여 단기적 관점에서 R&D를 수행할 수밖에 없는 국내기업에 비하여, 국내 대학교·연구소는 국가 R&D 과제를 지속적으로 수행하며 차세대 먹을거리 개발에 집중할 수 있다. 즉 국내 제조업체에 비하여 국내 대학교·연구소는 시장에서의 경쟁으로부터 비교적 자유롭게 차세대 유망 기술을 개발하고 이를 권리화할 수 있는 유리한 위치에 있다. 또한 국내 대학교·연구소는 자신이 보유한 우량 미국특허나 유럽특허를 국내기업에 licensing하거나 (기술이전) 이를 혁신가에게 양도하여 start-up을 창업하도록 유도하여 (기술사업화) 국가경제 혁신 및 창조경제 실행을 담당할 수 있다.

물론 국내 대학교의 교수, 국내 연구소의 연구원이 아무리 많은 우량 직무발명을 착상하더라도, 상기 직무발명을 보유한 대학교·연구소가 이를 우량특허로 변환하지 못하면 상기 발명은 해외 경쟁기업이 공짜로 우회·회피하며 실시할 수 있는 기술로 전락하게 된다. 그만큼 국내 대학교·연구소의 교수·연구원 발명가가 착상한 우량 발명을 우량특허로 변환하는 작업은 대학교·연구소는 물론 국가적으로도 중요한 의미를 가진다.

하지만 대부분 국내 대학교·연구소의 특허관리·활용 조직인 Technology Licensing Office(즉 TLO)는 교수·연구원이 착상한 발명을 우량특허로 변환시키지 못하며, 심지어 일부 TLO는 이들이 착상한 우량 발명마저 불량특허로 변환하는 악순환적 구조로 고전하고 있다. 이에 대한 근본적 원인은 교육 제도·행정이 전문인 반면 특허관리·활용에는 순수한 amateur인 교육부가 입안한 법령에 의하여 대학교·연구소의 TLO라는 조직이 구성되고 운영되기 때문이다. 이에 따라 시간이 지날수록 더 많은 대학교·연구소의 TLO가 수익 창출을 목적으로 하는 영업조직으로 발전하기는커녕, 관료화된 관리조직으로 변질되고 있다.

아래에서는 특허관리·활용에서는 순수한 amateur인 교육부가 무리하게 국내 대학교에 설립한 TLO의 설립 배경을 살펴보고, TLO의 열악한 현황을 분석한다. 특히 대부분의 국내 대학교에서 "예산 관리, 집행 및 이를 위한 시설 관리" 등의 중추적 역할을 담당하여온 (구)연구처를 무리하게 '산학협력단'이라는 조직으로 개명하고, 이러한 '산학협력단'이라는 관리조직의 하부 조직으로 TLO를 설치하도록 규정한 교육부의 「산업교육진흥 및 산학연협력촉진에 관한 법률」의 비효율성 및 이에 따른 (구)연구처/(현)산학협력단의 특허 관리 효율 저하는 물론 TLO의 열악한 현황을 분석한다.

이를 근거로 국내 대학교·연구소 TLO의 개선 방안으로서 '경쟁'이라는 개념을 도입하여 개방을 유도하는 "파괴적 혁신"의 다양한 방법론을 설명한다. 또한 궁극적으로 국내 대학교·연구소의 TLO를 현재의 관리조직이 아닌, 수익 창출을 추구하는 영업조직으로 개편하도록 제안하며, 이를 위하여 대학교수·연구원이 담당해야만 하는 역할도 제안한다.

(1) 서울대학교 공과대학 홍국선 교수와 "재단법인 서울대학교 산학협력재단"

2003년 4월 17일 윤진식 산업자원부 장관과 정운찬 서울대학교 총장이 참석한 가운데 서울대학교는 "재단법인 서울대학교 산학협력재단"의 개소식을 가졌다.[31] 서울대학교 산학협력재단("Seoul National University Industrial Foundation," 이후 '산학협력재단'으로 약칭)의 목적은 서울대학교 교직원이 착상한 직무발명의 양도와 관리, 상기 발명에 대한 특허관리 및 이의 산업체 기술이전을 통한 수익 창출이었다.

그림 11-20. 국내 산학협력의 거두이자 저자의 40년 지기인 (故) 홍국선 교수[32]

수익 창출을 목적으로 하는 국내 최초의 TLO, 국내 최초의 대학교 기술이전조직이었던 "재단법인 서울대학교 산학협력재단"의 초대 단장은 지금은 고인이 된 서울대학교 공과대학

31) 이에 대한 자세한 내용은 아래 URL 참고 (2015.02.28 최종 확인):http://news.naver.com/main/read.nhn?mode=LSD&mid=sec&sid1=101&oid=020&aid=0000183263

재료공학부의 홍국선 교수[32](그림 11-20 참고)였다. 홍국선 교수라는 1인의 선각자가 행정부·입법부를 설득하여 관련 법령의 제정을 선도하였고, 이에 따라 서울대학교에 국내 최초의 TLO인 '산학협력재단'을 설립하였다는 사실은 산학협력에 몸담은 이들은 모두 잘 아는 사실이다.

국내에 산학협력이라는 개념조차 생소하였던 1990년대 말부터 홍국선 교수는 산학협력의 당위성을 인지하였다. 이후 홍국선 교수는 해외 학술회의에 참석할 때마다 바쁜 일정을 쪼개어 해외 유수 대학교·연구소의 기술이전 제도와 기술이전 조직을 연구하였다. 그 결과 홍국선 교수는 2002년 드디어 교육부에 '산학협력단'이라는 대학교 기술이전조직을 설립하도록 제안하게 되었다.

하지만 교육부는 초·중·고등학교 교육 정상화, global 경쟁력을 갖춘 대학교 양성, 미래 인재 양성 및 최고의 교육행정 서비스를 제공하여 행복교육 및 창의인재 양성을 목표로 하는 부처이다.[33] 특히 global 경쟁력을 지닌 대학교를 양성하기 위하여 교육부는 대학교의 학과 당 교수 수, 개설 과목 수, 학생 정원까지 미세하게 조절하는 막중한 임무도 수행한다. 하지만 교육 제도·학사 관리를 주요 업무로 하는 교육부는 각 대

32) 저자와 (고)홍국선 교수의 인연은 40여 년 전인 1973년으로 거슬러 올라간다. 홍국선 교수는 저자의 경기고등학교 동기동창(제72회)이며, 서울대학교 공과대학 동기동창(제34회)일 뿐만 아니라 한국과학원(구 KAIS, 현 KAIST) 동기동창(제8회)이다. 또한 한국과학원 졸업 후 저자는 홍국선 교수와 함께 3년 반 동안 KIST에서 각각 화학공학부, 재료공학부의 연구원으로 근무하였다. 홍국선 교수는 서울대학교 재료공학부 교수로 재직하며 서울대학교 기술지주회사 대표로 재임하던 2014년 3월 14일(금) 오전 지병으로 타계하였다. 서울대학교는 물론 대한민국이 큰 인재를 잃은 셈이다.

33) 교육부는 대한민국의 교육 system 전체를 관리하는 정부부처이다. 특히 기준을 만족하지 않는 교직원이나 부실 초·중·고등학교 및 대학교에 대한 관리·감독은 교육부 고유의 업무일 뿐만 아니라, 국가적으로도 매우 중요한 의미를 가진다. 이러한 측면에서 저자는 교육부라는 정부 부처의 중요성은 물론 교육부가 담당해야만 하는 관리 업무의 다양성 및 부담에 대해서 전적으로 공감한다. 하지만 저자는 그 이상의 영역에 대한 교육부의 관리·감독은 효율 측면에서 바람직하지 않으며, 특히 특허와 같은 지식재산은 교육부의 관리·감독 영역을 완전히 벗어난다고 확신한다. 또한 특허, 지식재산과는 완전히 별개의 사안이지만 다른 국가에서는 문·이과 복수전공제를 통하여 융합형 인재를 강제로라도 양성하는 사이, 대한민국에서는 미적분 문제도 풀지 못하는 고등학생이 대학교 이공계 학과에 진학하거나 삼각함수의 기본 개념도 없는 고등학생이 경제학과에 진학할 수 있게 된 대한민국의 현 교육 정책은 국가적으로 중차대한 문제라고 확신한다.

학교에 ‘산학협력단’이라는 조직을 설치하자는 홍국선 교수의 제안을 거절하였다.

이에 홍국선 교수는 “혁신을 통한 수익 창출”이라는 개념에 익숙한 동시에 “산학협력의 필요성”을 절감해온 정부부처인 산업자원부를 설득하고, 그 후 산업자원부와 함께 몇몇 국회의원들도 설득하였다. 그리고 홍국선 교수는 산업자원부가 발의하고 국회가 입법화한 법령에 근거하여 서울대학교에 “(재)서울대학교 산학협력단”이라는 기술이전조직을 설립하기로 합의하고, 교육부에 ‘산학협력단’ 개설 인가를 신청하였다.

하지만 교육부는 홍국선 교수의 신청을 이런저런 이유로 번번이 거절하며, 상기 조직의 명칭을 “(재)서울대학교 산학협력단”이 아닌 “(재)서울대학교 산학협력재단”이라고 변경하면 승인해주겠다고 통고하였다. ‘재단’이면 어떻고 ‘단’이면 어떠랴? 이에 홍국선 교수는 산업자원부 법령에 근거하여 국내 최초의 기술이전조직인 “(재)서울대학교 산학협력재단”을 서울대학교에 설립하고 이를 교육부에 등록하였다.

홍국선 교수는 특유의 열정을 발휘하여 서울대학교 이공계의 거의 모든 교수들을 개별적으로 접촉하며, 당시 이들이 개인적으로 소유하고 관리해온 국내외 특허의 대부분을 ‘산학협력재단’에 양도하도록 설득하였다. 물론 이에는 발명가 보상이 필요한 바, 홍국선 교수는 정운찬 총장이 지원한 운영비 10억 원을 교수들에게 보상금으로 지급하였고, 많지 않은 금액의 산업자원부 지원금으로 열정적으로 ‘산학협력재단’을 운영하였다. 그리고 재단 설립 2년 후인 2005년, 홍국선 교수는 후진적 제도의 표본이라 할 수 있는 순환보직제도에 따라 자신이 애지중지하던 ‘산학협력재단’을 떠났다.

저자도 22년의 외국 생활을 마감하고 2006년 10월 영구 귀국한 후, 홍국선 교수의 권유로 2007년 2월부터 ‘산학협력재단’의 본부장으로 근무하였다. 하지만 서울대학교는 산업자원부 법령에 의하여 설립된 서울대학교 ‘산학협력재단’을 교육부 법령에 의하여 추후 설립된 서울대학교 ‘산학협력단’에 편입시키기로 결정하였다. 저자와 홍국선 교수는 ‘산학협력재단’

그림 11-21. 저자와 암 투병 중의 (故)홍국선 교수 (2013년 7월)

의 편입에 반대하였으나, 관련 교수들의 독주를 저지하기에는 역부족이었다.[34)]

(2) 교육부의 「산업교육진흥 및 산학연협력촉진에 관한 법률」 및 산학협력단

서울대학교 '산학협력재단'의 설립과 성공적 운영을 목도한 교육부는 비록 "혁신을 통한 수익 창출"이라는 개념에 생소하고 "산학협력의 필요성"을 절감하지 않았음에도 불구하고 국내 대학교에 서울대학교 '산학협력재단'과 동일한 기술이전조직을 설립하기를 원했다. 이에 따라 교육부는 서울대학교가 '산학협력재단' 개소식을 가진 한 달 후인 2003년 5월 「산업교육진흥 및 산학연협력촉진에 관한 법률」(이후 '산학연협력촉진법'으로 약칭)을 제정하고, 이에 근거하여 전국 각 대학에 '산학협력단'을 설립하도록 지시하였다.

앞서 설명한 바와 같이 교육부는 2002년 국내 대학교에 산학협력단이라는 명칭의 기술이전조직을 설립하자는 홍국선 교수의 제안을 거절한 바 있다. 하지만 홍국선 교수가 이에 좌절하지 않고 산업자원부와 국회를 설득하여 산업자원부령으로 서울대학교에 기술이전조직을 설립하자, 교육부는 홍국선 교수에게는 산학협력단이라는 명칭 대신 산학협력재단이라는 명칭을 사용하도록 강요한 후, 자신이 제정한 '산학연협력촉진법'에는 홍국선 교수가 작명하였던 산학협력단이라는 명칭을 사용하였다고 생각된다. '산학연협력촉진법'이 국회를 통과하자마자 교육부는 국내 모든 대학교에 산학협력단을 설립하도록 종용하였다. 그 결과 시점에는 차이가 있지만 전국 모든 대학교는 앞서거니 뒤서거니 산학협력단을 개설하게 되었다.

그렇다면 기술이전·사업화와는 거리가 먼 교육부가 입안한 '산학연협력촉진법'에 따

34) 서울대학교가 '산학협력재단'을 '산학협력단'에 편입시키기로 확정함에 따라 저자는 2008년 4월 14개월 동안 근무하였던 '산학협력재단'의 본부장직을 사직한 후, 보유 자금, 보유 특허 수에서 세계 최대를 자랑하는 Intellectual Ventures('IV'로 약칭)의 한국지사인 IV Korea 대표로 이직하였다. 물론 서울대학교 '산학협력재단'이 '산학협력단'에 편입되지 않았다고 해서 저자가 '산학협력재단'에서 10년 이상 근속하였을 것이라는 말은 아니다. 하지만 서울대학교 '산학협력재단'이 '산학협력단'에 편입되지 않고 독자적으로 기술이전·사업화에 전념할 수 있었더라면, 어쩌면 서울대학교 '산학협력재단'은 지금쯤 정량적·정성적 측면에서 미국 유수대학교의 TLO만큼 성장할 수 있지 않았을까 하는 아쉬움은 남는다.

라 각 대학교에 설립된 산학협력단의 정체는 무엇일까? 설마 각 대학교의 산학협력단은 "無에서 有"로 창조되었을까? 이렇게 설립된 산학협력단의 목적은 무엇이었을까? 한편 서울대학교도 2004년 5월 산학협력단을 설립하였다. 그 결과 서울대학교에는 산업자원부 법령에 의하여 2003년 4월 설립된 '산학협력재단'과 교육부 법령인 '산학연협력촉진법'에 의하여 2004년 5월 설립된 '산학협력단'이 공존하게 되었다.

(3) 국내 대학교의 (전)연구처 ≡ 국내 대학교의 (현)산학협력단

사실 국내 대학교 기술이전조직인 TLO가 '산학협력재단'이건 '산학협력단'이건 소기의 설립 목적을 충실히 수행하는 한 그 명칭은 절대로 중요하지 않다. 또한 두 조직의 명칭도 한 음절만 차이가 날 뿐이다. 하지만 국내 대학교 TLO의 명칭이 '산학협력재단'인지 아니면 '산학협력단'인지가 중요한 이유는 바로 detail에 있다.

표 11-3. 국내 대학교 산학협력단의 설립 근거인 교육부 '산학연협력촉진법' 관련 조항

「산업교육진흥 및 산학연협력촉진에 관한 법률」 제25조
제25조(산학협력단의 설립·운영) ① 대학은 학교규칙으로 정하는 바에 따라 대학에 산학연협력에 관한 업무를 관장하는 조직(이하 "산학협력단"이라 한다)을 둘 수 있다. ② 산학협력단은 법인으로 한다 ...
「산업교육진흥 및 산학연협력촉진에 관한 법률」 제27조
제27조(산학협력단의 업무) ① 산학협력단은 다음 각 호의 업무를 수행한다. 1. 산학연협력계약의 체결 및 이행 2. 산학연협력사업과 관련한 회계의 관리 3. 지식재산권의 취득 및 관리에 관한 업무 4. 대학의 시설 및 운영의 지원 5. 기술의 이전과 사업화 촉진에 관한 업무 6. 직무발명과 관련된 기술을 제공하는 자 및 이와 관련된 연구를 수행하는 자에 대한 보상 7. 산업교육기관의 교원과 학생의 창업지원 및 기업가정신 함양 촉진 등에 관한 업무 8. 그 밖에 산학연협력과 관련한 사항으로서 대통령령으로 정하는 사항 ② 국·공립대학은 제1항제5호의 업무를 전담하는 조직을 「기술의 이전 및 사업화 촉진에 관한 법률」 제11조제1항 및 제2항에도 불구하고 제29조에 따라 산학협력단의 하부조직으로 둘 수 있다 ... [시행일: 2014.7.1]

교육부 법령인 '산학연협력촉진법'은 표 11-3과 같이 제25조에서 각 대학교는 학칙에 따라 산학협력단을 설립할 수 있다고 규정한다. 하지만 상기 제25조만으로는 산학협력단의 정체를 정확히 파악할 수 없으며, 어떤 인력으로 무엇을 위하여 설립되었는지도 알 수 없다. 교육부가 '산학연협력촉진법'에서 구상하였던 산학협력단의 정체는 동법 제27조 제1항으로부터 가늠할 수 있다. 즉 산학협력단은 '산학연협력촉진법' 제27조 제1항에 따라 타대학교, 연구소, 기업체를 상대로 산학연협력계약을 체결·이행하고 (제1목), 상기 산학연협력사업의 회계를 관리하며 (제2목), 대학교의 시설 및 운영을 지원하는 동시에 (제4목) 및 기타 산학연협력 사업을 수행하는 (제8목) 조직이다.

하지만 곰곰이 살펴보면 상기 업무들은 모두 다 '산학연협력촉진법'이 제정되던 2003년 이전부터 모든 국내 대학교들의 '연구처'라는 조직에서 수행해오던 업무와 동일하다. 즉 국내 대학교에 설치되었던 기존의 '연구처'라는 조직이 이미 수행해오던 연구계약 체결, 연구비 회계 관리, 대학교의 시설·운영 지원 등의 업무를 산학협력단의 주요 업무로 규정한 법이 바로 교육부가 제정한 '산학연협력촉진법'이다.

이러한 사실만 보더라도 대부분 국내 대학교의 (현)산학협력단은 (구)연구처가 명칭과 무늬만 바꾸어 설치한 전형적 연구관리 조직임을 알 수 있다. 실제로 국내 대학교에 산학협력단이 설립된 지 이미 10여년 이상이 경과하였지만, 지금도 대다수 국내 대학교의 산학협력단은 "xx대학교 연구처·산학협력단"이라거나 "yy대학교 산학협력단·연구처"라는 명칭을 사용하고 있다. 이에 대한 이유는 간단하다. 대부분 국내 대학교의 산학협력단은 아직도 (구)연구처의 직원들로 구성되었으며,[35] 연구 관리, 연구비 정산

35) 저자가 인지하는 한 국내 교육기관 중 기존의 연구처와는 별도로 '산학협력단'을 설립한 곳은 KAIST가 유일한바, 지금도 KAIST에서는 연구처와 '산학협력단'이 각각 고유의 업무를 수행하고 있다. 그렇다면 KAIST는 어떻게 별도의 '산학협력단'을 설립할 수 있었을까? 정답은 바로 KAIST의 '근거법'은 교육부 법령이 아니라 (구)과기부 법령이기 때문이다. 그 결과 KAIST는 박정희 대통령 시절이던 1970년 KAIS라는 이름으로 설립될 당시부터, 전두환 대통령 시절 KIST와 통합되며 KAIST로 개명하면서도, KAIST는 교육기관임에도 불구하고 교육부의 직접적 인허가 통제로부터 꽤 벗어날 수 있는 천운을 타고난 기관이다. 이러한 측면에서 저자는 KAIST야말로 장래 대한민국의 교육·과학·기술 분야에 진정한 혁신을 불러올 수 있는 가장 높은 가능성을 지닌 기관이라고 확신한다. 저자의 모교이기도 한 KAIST는 그래서라도 비약적으로, 일취월장하여, 세계는 물론 은하계에서 독보적인 고등교육기관 및 연구기관으로 발전해야만 한다.

이라는 (구)연구처 본연의 업무를 산학협력단의 주요 업무라고 간주하기 때문이다.

물론 교육부의 '산학연협력촉진법'에 따라 (구)연구처는 연구관리라는 자신의 고유 업무 외에 동법 제27조 제1항 제3목의 지식재산권 취득·관리, 제5목의 기술이전·사업화, 제6목의 직무발명 관리, 제7목의 창업·기업가 정신 함양 등의 업무를 부가하며 명칭을 '산학협력단'으로 바꾸었다. 하지만 산학협력단 자체가 바로 '산학연협력촉진법'에 의하여 명칭만 바꾼 (구)연구처이기 때문에, 국내 각 대학교에 설립된 산학협력단의 임직원 역시 (구)연구처의 임직원과 동일할 수밖에 없다.

또한 거의 모든 국내 대학교의 산학협력단은 '산학연협력촉진법' 제27조 제2항에 따라 기술이전과 사업화 촉진을 위한 하부조직을 설치하였으며, 상기 하부조직이 바로 특허관리·특허활용을 주요 업무로 하는 TLO(즉 Technology Licensing Office)에 해당한다. 하지만 산학협력단 임직원이 (구)연구처 임직원이므로, 산학협력단이 상기 TLO에 파견한 정규직원 역시 (구)연구처에 근무하던 직원임은 당연한 귀결이다. 이에 따라 산학연협력계약의 체결·이행과, 산학연협력사업의 회계 관리 및 대학교의 시설 및 운영 지원에 전문성을 지닌 (구)연구처 직원들이 산학협력단의 하부조직인 TLO에 배치됨에 따라 특허관리는 물론 기술이전을 주요 업무로 떠맡게 되고 말았다.

이것이 바로 극소수를 제외한 국내 대학교 산학협력단의 하부조직에 불과한 TLO의 근본적 문제점이다. 물론 (구)연구처에 근무하였었고 '산학연협력촉진법'에 따라 산학협력단에서 근무하게 되어버린 임직원은 정부과제 관리, 연구비 정산, 회계 관리, 대학교의 시설 및 운영에 있어서는 일가견을 지닌 전문가들이다. 하지만 이들의 대부분은 비이공계 출신, 비법대 출신으로서 기술 이해, 특허관리는 물론 기술이전에는 절대적 문외한일 수밖에 없다. 따라서 교육부의 '산학연협력촉진법'에 의하여 산학협력단의 하부조직으로 무리하게 설립된 국내 대학교 TLO의 거의 대부분은 특허관리·활용에는 순수한 amateur들로 구성되었기에 전문성이 부족할 수밖에 없다.

국내 대학교 TLO의 더욱 심각한 문제점은 산학협력단의 하부조직에 불과한 TLO는 절대로 상기 문제점을 자발적으로 극복할 수 없다는 사실이다. 국내 대학교의 TLO는 교육부가 입안한 '산학연협력촉진법'에 따라 산학협력단으로 개명한 (구)연구처의 하부조직인 동시에 상기 TLO의 임직원 역시 자신의 상부조직인 산학협력단 임직원이다. 따라서 국내 대학교 TLO의 문제점이 아무리 심각하더라도 TLO 자신이 상부조직인 산학협력단의 허락 없이 문제를 개선하기는 불가능하다. 특히 국내 대학교 TLO의 문제점 대부분이 자신의 상부조직이자 전형적 관료조직인 (구)연구처/(현)산학협력단의 성격에 기인하며, 이마저 교육부가 입안한 '산학연협력촉진법'에 따라 운용된다면 더욱 그럴 수밖에 없다.

대부분의 예산을 학생들이 납입하는 등록금과 외부 연구비에 의존하는 국내 대학교에서 (구)연구처가 수행해온 연구과제 체결, 연구비 정산 및 회계 관리는 대부분 대학교의 "중추적 행정 업무"이다. 이뿐만이 아니다. 대학교의 시설 및 운영 역시 대학교가 교육·연구를 정상적으로 수행하기 위한 "필수 업무"라 할 수 있다. 따라서 각 대학교는 오랜 기간 동안 상기 업무를 효율적으로 수행하기 위한 연구 관리 인력을 양성하였으며, 이들을 (구)연구처라는 조직에 배치하여 대학교를 운영하여 왔다.

하지만 "혁신을 통한 수익 창출"이라는 개념에 생소하며 "산학협력의 필요성"을 절감하지 않는 교육부가 '산학연협력촉진법'이라는 amateur 법령을 입안하고, 이에 근거하여 (구)연구처를 명칭만 '산학협력단'이라고 바꾸며, 그 하부조직으로 TLO를 만들어 특허관리·기술이전 업무를 맡도록 하는 동시에, 상기 TLO에는 특허관리·기술이전의 문외한인 (구)연구처 직원을 파견하였다는 점들이 바로 국내 대학교 TLO의 근본적, 핵심 문제점들이다. 바꾸어 말하자면 엄격한 연구관리 규정 이행과 회계사고 방지를 목표로 하는 관리조직인 (구)연구처의 직원으로 하여금, 제도라는 주어진 틀 속에서 수단과 방법을 가리지 않는 동시에 기술 지식, 법률 지식 및 business mind를 활용하여 기술이전·사업화를 수행하며 수익을 창출해야만 하는 영업 직원들의 업무를 수행하도록 짜 맞춘 조직이 바로 대부분 국내 대학교의 TLO이다. 이것이 바로 대부분 국내 대학교의 TLO가 특허관리, 기술이전 및 기술사업화를 제대로 수행하지 못할 수밖에 없는 근본적 이유이다.

(4) 국내 대학교 '산학협력단'의 하부조직인 TLO(기술이전 조직)의 현황

사실 국내 대학교의 특허관리·기술이전 조직인 TLO가 특허관리, 기술이전·사업화 등과 같은 설립 목적만 충실히 수행하며 수익을 창출한다면 TLO가 대학교의 어느 부서 소속인지는 절대 중요하지 않다. 하지만 국내 대학교의 (현)산학협력단이 (구)연구처이고, 연구 수행, 연구비 정산 및 회계를 사고 없이 관리하도록 훈련 받고 이에 대한 전문성을 지닌 (구)연구처 직원들을 자신의 하부조직인 TLO에 정규직원으로 파견하며, 이들에게 자신의 전문성·경력과는 무관한 업무를 우격다짐으로 배정하였기에 거의 대부분 국내 대학교의 TLO는 설립 목적을 달성하지 못하고 있다. (구)연구처/(현)산학협력단의 하부조직 TLO의 현황을 좀 더 자세히 살펴보자.

(ㄱ) TLO 정규직원의 전문성 결여

우선 국내 대학교 TLO가 특허관리·기술이전을 제대로 수행하지 못하는 첫 번째 이유는 바로 특허관리·기술이전 분야의 비전문가인 (구)연구처 소속 직원이 TLO 정규직원으로 근무함에 따르는 전문성 부족이다.

특허를 제대로 관리하려면 특허법에 대한 기본 지식이 필요함은 상식이며, 기왕이면 기술도 이해할 수 있는 이공계 전공자가 비이공계 전공자보다 유리함도 기정 사실이다. 기술이전·사업화 역시 마찬가지이다. 왜냐하면 특허 licensing에 대한 기본적 법률 지식 없이 효율적으로 licensing을 추진하여 계약을 체결하며 수익을 창출하기란 몹시 힘들 뿐만 아니라, licensing 상대인 제조업체의 선정 및 원활한 소통을 위해서는 기술을 어느 정도 이해할 필요가 있기 때문이다. 따라서 특허활용 역시 이공계 전공자가 비이공계 전공자보다 유리할 수밖에 없다.

물론 일부 국내 대학교의 TLO에서 목도할 수 있는 바와 같이 극히 예외적으로 (구)연구처 직원이 놀라울 정도로 효율적인 TLO 직원으로 변신하는 경우도 존재하기는 한다. 하지만 이러한 경우는 매우 드물다. 왜냐하면 (구)연구처에 근무하며 연구·회계를 관리하던 직원들은 법률 지식이 부족하고, 비이공계 출신이 대부분이기 때문이다. 또한 특허와 licensing 관련 법률에 대한 사후교육과 실전 경험을 통하여 이들도 특허관리·기술이전에 대한 knowhow를 익힐 수는 있다. 하지만 특허와 license의 대상은 바로 살아있는 기술이므로 이공계 지식 없이 기술이전·사업화를 효율적으로 수행하기는 몹시 어렵다. 또한 비이공계 출신의 TLO 직원에게 이공계 교육을 시킬 수는 있겠지만 이에는 상당한 기간이 소요될 수밖에 없다. 따라서 (구)연구처에 근무하며 연구·회계를 효율적으로 잘 관리해오던 직원을 어느 날 갑자기 TLO로 순환 배치하는 국내 대학교 산학협력단의 관행으로 말미암아 국내 대학교 TLO 직원의 전문성은 선천적으로 빈약할 수밖에 없고, 사후 교육을 통한 특허관리·기술이전 관련 지식 함양에도 한계가 존재할 수밖에 없다.[36)]

물론 (구)연구처에서 연구·회계 관리를 전공하던 직원이 기회균등의 원칙에 입각한 동시에 모든 직원이 모든 업무를 담당할 수 있다는 잘못된 상식에 기초한 순환보직제도에[37)] 따라 TLO에 배치된 후, 효율적 업무 수행을 위해서 특허와 licensing 관련 법을 익히고, 야간대학이나 internet 강의를 통하여 이공계의 기초 지식을 연마할 수도 있다. 하지만 이는 가장 희망적인 경우를 가정한, 비현실적 scenario일 뿐이다. 왜냐하면 연구·회계를 관리하던 (구)연구처/(현)산학협력단 직원이 TLO에 배치되더라도 자신 역시 순환보직제도에 따라 2~3년이 지나면 다시 산학협력단의 타부서로 재배치되리라는 점을 인지하기 때문이다. 따라서 앞으로 2~3년만 근무하면 떠나게 될 TLO에서 특허관리·기술이전 관련 업무를 제대로 파악하고 효율적으로 수행하기 위하여 업무 후 특허와 licensing을 공부하며 이공계 기초 지식을 연마하는 일은 여간한 직업의식을 지닌 직원이 아니면 상상조차 어려운 일이다.

(ㄴ) TLO 정규직원의 “Business Mind” 결여

대부분 국내 대학교의 TLO가 특허관리·기술이전을 제대로 수행하지 못하는 또 다

36) 실제로 정부부처는 TLO 임직원의 전문성 함양 교육을 주기적으로 실시하며 이를 지원하기도 하지만, 애초 전문성이 부족한 임직원을 TLO에 배치한 후 이들의 전문성을 제고하는 데에는 한계가 존재할 수밖에 없다. 최선의 전략은 애초 전문성을 지닌 인력을 채용하여 TLO에 배치하는 방법이다.

37) 사후 교육을 통하여 전문성을 배양할 수 있다는 ‘순환보직제도’의 근본적 가정은 바로 “전문성의 부정”이다. 따라서 누구라도 교육을 통하여 모든 업무를 수행할 수 있다는 순환보직제도의 결말은 피상적 업무 처리로 귀결된다. 즉 전문성을 무시하는 순환보직제도야말로 amateurism의 극치라 할 수 있고, 순환보직제도를 실시하는 기관은 professionalism과는 거리가 먼, amateur들로 이루어진, amateur들만을 위한, amateur들의 조직이라 할 수 있다. 또한 순환보직제도 하의 전문가 역시 피상적 지식으로만 무장한, 깊이 없는 전문가일 가능성이 크다. 앞서 제11장의 2-나절 “유일한 해답은 실전을 통한 ‘경쟁력 제고’”에서 소개한 바와 같이 순환보직제도야야말로 이론적 근거 없이, 실전 경험 없이, detail 없이, 무조건 공만 차라는 자칭 축구 전문가를 양산하는 전근대적 제도이다. 저자는 순환보직제도야말로 21세기 지식기반시대의 대한민국을 운용하고 있는 행정부가 우선적으로 청산해야 할 대상이라고 확신한다.

른 이유는 (구)연구처의 "관리 mind"와 TLO의 "business mind"가 틀려도 너무 틀리기 때문이다. 우선 (구)연구처라는 관료조직은 대학교수가 정부 규정에 따라 연구를 수행하고 연구비를 지출하도록 관리하여 연구·회계 관련 사고를 미연에 방지함을 주목적으로 하는 "관리 mind"에 기초한다. 즉 (구)연구처의 연구 관리란 연구 발주기관이 대학교에 제 때 연구비를 지급하는 지, 그리고 연구를 수행하는 대학교수가 연구 계약에 따라 연구를 수행하며 연구비 관리 규정에 따라 연구비를 지출하는 지를 확인하고, 이에 대한 적법한 기록이 존재하는 지에 대한 관리이다. 또한 연구처의 회계 관리란 상기 연구를 수행한 결과 연구비 수입과 지출이 딱 맞아 떨어져 그 합이 '0'이 되도록 하는 연구비 정산에 대한 관리이기도 하다. 따라서 (구)연구처의 연구 관리 인력이 연구 관리를 제대로 수행하려면 기본적인 회계 업무를 수행할 능력은 물론 매년 변하면서도 까다로운 각 정부부처의 연구 관리 규정을 숙지해야한다. 물론 이러한 (구)연구처/(현)산학협력단의 업무는 대부분 국민의 세금으로 조달되는 국가 R&D 사업비의 효율적 사용과 이를 통한 국제 경쟁력 있는 원천기술 개발에 필수적인 업무임에는 이견의 여지조차 없다.

반면 TLO라는 business 조직은 우량 발명을 선정하고 "선택과 집중" 전략으로 우량 특허를 창출한 후 특허관리·활용을 통하여 market에서 수익을 창출하려는 "business mind"에 근거한 사업조직이다. 즉 기술이전·사업화는 현행 법체계를 위반하지 않는 범위 내에서 정확한 가치 산정도 어렵고 확실히 예측할 수 없는 시장을 가늠하며 수단과 방법을 가리지 않고 가능한 한 많은 수익을 창출함을 목적으로 한다.

따라서 (구)연구처에서 연구·회계 관련 관리 업무를 오래 수행하면 할수록 몸에 익는 관리 mind는, 특허관리, 기술이전·사업화를 통하여 수익을 창출하려는 business mind와는 정확히 배치된다. 그럼에도 불구하고 "관리 mind"에 전문성을 지닌 (구)연구처/(현)산학협력단 직원을 TLO에 순환배치한 후 이들로 하여금 "business mind"에 근거한 특허관리·활용을 수행하도록 하기에, 대부분 국내 대학교의 TLO에서는 기술이전·기술사업화가 제대로 이루어질 수가 없다.

(ㄷ) 국내 대학교의 악순환적 특허생태계

대부분 국내 대학교의 TLO가 특허관리·기술이전을 제대로 수행하지 못하는 또 다른 이유는 위에서 지적한 이유들로 말미암아 대학교 자체의 특허생태계가 악순환적으로 운영되기 때문이다. 즉 대부분 국내 대학교의 특허생태계 상류에서 양질의 발명이 창출되건 말건, 상기 생태계 중류에서는 양질의 특허가 창출되지 않으며, 이에 따라 상기 생태계 하류에서는 특허활용을 통한 수익 창출이 몹시 어려워진다.

우선 대부분의 TLO 직원들은 비이공계 출신들이므로 대학교수가 제출한 발명신고서에 기재된 발명을 이해할 수 없다. 설령 TLO 직원이 이공계 출신이라 하더라도 대학교수가 자신의 전공분야에서 수년간의 R&D를 통하여 착상한 발명을 대학교수와 대등한 정도로 이해하기는 불가능하기도 하다. 따라서 대학교수가 자신의 연구 성과를 특허로 출원하고자 할 경우, TLO 직원이 상기 발명의 기술성, 시장성 또는 권리성을 운운하며 특허 출원을 거절하기는 거의 불가능하다.

또한 제1장의 4-마절 제1항 "발명가를 불량化하는 국가 연구과제 평가제도"에서 설명한 바와 같이 출원특허·등록특허 건수로 연구과제 실적을 평가받는 대학교수에게는 질보다 양으로 특허를 출원해야 할 명백한 incentive가 있다. 따라서 대부분 국내 대학교의 TLO는 대학교수가 제출하는 발명을 거의 모두 특허출원하므로 해마다 더 많은 특허를 출원할 수밖에 없다.

하지만 대부분 국내 대학교의 TLO는 자신의 상급조직인 (구)연구처/(현)산학협력단이 배당하는 예산으로 특허를 관리한다. 반면 대학교수들은 정부과제 평가 시 더 좋은 점수를 받기 위하여 매년 더 많은 수의 특허를 출원하자고 요구한다. 그 결과 TLO는 항상 예산 부족으로 허덕이게 되며, 궁여지책으로 특허출원 건당 변리사에게 지불하는 척박한 수준의 수임료를 더욱 낮추기도 한다.

또한 한정된 예산에도 불구하고 국내특허 출원 건수가 증가함에 따라 TLO가 어찌어찌하여 수많은 직무발명 중 우량 발명을 확인하더라도 이를 전략적 주요국에 특허출원하기도 어려워진다. 따라서 대부분 국내 대학교의 TLO는 수익 창출이 가능한 양질의 발명과 업적용에 불과한 불량 발명이 뒤섞여있는 대학교수의 발명들을 거의 모두 국내에서만 특허출원하며, 해외특허는 예산부족으로 극소수만 출원하게 된다. 또한 그나마 낮은 변리사 수임료가 더 낮아져 양질의 특허를 창출하기는 점점 더 불가능해진다.

결국 대학교수가 어쩌다 창출한 우량 발명이라도 대부분의 경우 대학교 산학협력단의 하부조직인 TLO를 거치게 되면 불량특허로 전환되는 경우가 흔히 발생한다. 따라서 이러한 불량특허를 영어로 번역하여 미국·유럽에 특허출원하더라도 국내특허 자체의 질이 떨어지므로 이러한 특허를 활용하여 수익을 창출하기는 몹시 어려워질 수밖에 없다.[38)]

(ㄹ) 악순환을 심화하는 특허관리전략

TLO가 자신의 상급조직인 (구)연구처/(현)산학협력단이 배당하는 부족한 예산만으로 특허를 관리하려면, 보유 등록특허의 유지비 납부도 상당히 큰 부담이 된다. 따라서 TLO로서는 미활용 특허, 특히 미활용 장기보유 국내특허를 포기하여 유지비를 줄여야 하며, 이렇게 절약한 예산은 유망 우량특허 창출에 전용함이 상식적으로나, 합리적으로나 바람직한 전략이다. 왜냐하면 거의 모든 미활용 장기보유 국내특허는 영원히 미활용 상태를 유지하다가 결국 소멸될 수밖에 없는 사주를 타고 났기 때문이다.

하지만 많은 TLO들은 이러한 전략을 활용하기를 꺼리는 경향이 있다. 왜냐하면 혹시라도 TLO가 잘못된 선택을 할 경우 (과장하자면) “Killing Field”를 능가하는 결과가 초래될 가능성도 존재하기 때문이다. 저자가 풍부한 상상력을 발휘해 본다!

일예로 S대학교의 A교수가 18 nm급 반도체 제조 공정에 대한 국내특허를 12년 전 특허 출원하고 10년 전 등록하였지만 아직 미활용 상태이며, 이에 따라 S대학교 TLO는 A교수의 국내특허에 대한 유지비를 납부하지 않음으로서 상기 특허를 포기하였다

38) 그렇다고 저자가 이러한 업무를 쉽게, 효율적으로 수행할 수 있는 능력이 있다는 말은 절대 아니다. 왜냐하면 저자 역시 서울대학교의 특허관리 조직이었던 (재)산학협력재단에서 14개월, 현 산학협력단의 TLO에서 2년 6개월 근무한 적이 있지만, 현 상황에서 서울대학교 연구진이 착상하는 발명을 제대로 관리하기에는 역부족이었기 때문이다. 우선 매년 800여 건의 발명신고서가 접수되는 서울대학교 TLO에서 이를 담당하는 전문 인력은 4~6명에 불과하다. 따라서 전문가 당 매년 160건 정도의 발명신고서를 처리하며 전향적으로 발명 상담을 하고, 변리사와 의견을 조율하며 특허명세서를 검토하며, 동시에 출원특허에 대한 거절 사유 대응을 관리하는 동시에 국내외 등록특허의 기술이전·사업화에도 전념하기는 현실적으로 불가능하였다. 자세한 내용은 제11장의 4-바절 “단지 참고 사항일 뿐인 미국 유수 대학교의 독립 TLO” 참고.

고 가정하자. 공교롭게도 S대학교 TLO가 A교수의 국내특허를 포기한 지 정확히 23개월 후, Intel이 18.023 nm급 반도체 공정을 성공적으로 상용화하였다고 발표한다. 비록 국내특허에 불과하지만 A교수는 이제 Intel을 상대로 국내에서라도 특허침해소송을 제기할 수 있게 되었다고 판단한 후 TLO를 접촉한다. 하지만 TLO는 이미 23개월 전 자신의 국내특허를 포기하였음을 알게 되고, 이에 격분한 A교수는 S대학교 총장에게 항의하며, 그래도 화가 풀리지 않은 A교수는 이를 언론에도 공개하며, 이에 따라 S대학교 TLO에서는 "Killing Field"가 재현될 수 있다. 이는 물론 저자의 상상이다.

TLO 역시 이러한 위험성을 인지하고 있다. 따라서 TLO는 미활용 장기보유 국내특허를 포기할 때 극히 주의를 기울일 수밖에 없다. 하지만 앞서 수차례 설명하였듯이 발명·특허의 정확한 평가는 현실적으로 불가능하다. 특히 언제 어디서 어떤 제조업체가 어떤 기술을 개발하고 이를 상용화하여 제품을 제조·판매할 지는 업계의 영업비밀에 속한다. 따라서 대학교라는 연구·교육기관의 TLO 근무자가 이를 미리 예측할 수는 없다.

결국 TLO는 위와 같이 미활용 장기보유 국내특허를 포기하는 대신 차선책을 활용한다. 즉 TLO가 미활용 장기보유 국내특허를 포기하기 전 이를 발명가 교수에게 통고하는 전략이다. 만일 발명가 교수도 포기에 동의하면 상기 특허를 포기하는 반면 교수가 아직 자신의 국내특허에 미련을 가지고 있다면 상기 특허를 교수에게 양도하는 전략이다. 물론 TLO는 발명가 교수와 별도의 계약을 체결함으로써 교수가 추후 상기 특허를 활용하여 수익을 창출할 경우 TLO와 수익을 공유하도록 도모한다. 따라서 TLO의 이러한 차선책은 TLO 자신은 물론 발명가 교수에게도 상식적이며 합리적인 win-win 전략이라고 할 수 있다.

하지만 일부 TLO는 상기 차선책 역시 사용하기를 꺼리기도 한다. 왜냐하면 TLO가 잘못된 선택을 할 경우 초래되는 참혹한 결과는 거의 "Another Killing Field" 수준에 도달할 가능성도 상존하기 때문이다. 저자가 계속 상상력을 발휘해 본다!

일예로 S대학교의 TLO가 A교수가 발명가로 기재된 미활용 장기보유 국내특허를 포기하기 위하여 A교수에게 통고하였고, 상기 특허를 자신의 친자식처럼 여겨온 A교수는 자신이 유지비를 부담하기로 결정하였으며, 또한 상기 특허를 이용하여 수익을 창출할 경우 A교수는 수익의 20%를 TLO에 배분하기로 약정했다고 가정하자. 공교롭게도 A교수는 상기 국내특허를 양도받은 후 정확히 23개월 후 이를 수원의 중소 IT기업에 성공적으로 기술이전하며 7,000만 원의 royalty를 받은 후, 이중 80%에 해당하는 5,600만 원은 자신이 취하고 나머지 20%에 해당하는 1,400만 원을 S대학교 TLO에 납부한다. 수원의 중소기업은 필요한 특허를 보유하게 되어 기쁘고, A교수는 죽을 뻔했던 특허를 살려 5,600만 원을 벌게 되어 즐거우며, TLO 역시 힘들이지 않고 1,400만 원을 수익으로 계상할 수 있게 되어 뿌듯함을 느낀다.

하지만 위의 가정에서 수치를 조금만 바꿔보자. 일예로 A교수가 상기 국내특허를 양도받은 후 정확히 23개월 후 이를 Intel에 성공적으로 기술이전하며 7,000만 달러의 royalty를 받은 후, 이중 80%에 해당하는 5,600만 달러는 자신이 취하고 나머지 20%인 1,400만 달러를 S대학교 TLO에 납부한다면 어떤 일이 벌어질까?

무려 560억 원의 royalty 수익을 창출한 A교수는 마냥 즐거울 것이다. 그렇다면 140억 원의 royalty 수익을 거저 창출한 S대학교 TLO 역시 마냥 즐거울까? 그렇지만은 않을 가능성이 매우 높다. 왜냐하면 우선 S대학교 본부는 물론 S대학교의 모든 교수들은 TLO의 무능을 질타할 가능성이 매우 높기 때문이다. 왜냐하면 TLO는 무려 12년 동안 유지비만 납부하며 활용하지 못한 특허를 A교수는 23개월 만에, 그것도 700억 원의 royalty를 받으며 해외 유수기업에 기술이전하였기 때문이다. 따라서 S대학교의 TLO는 과연 필요한 조직인지에 대한 근본적 의문이 제기될 것이며, TLO의 장은 경질되는 한편 TLO 직원 역시 얼굴을 들고 다니지 못하게 될 가능성이 농후하다.[39] 이뿐만이 아니다. S대학교의 모든 교수들은 TLO가 장기보유해온 나머지 800개의 특허들도 자신들이 기술이전하겠다고 아우성칠 가능성이 매우 높다. 왜냐하면 이들은 TLO가 자신의 특허를 포함한 800개 특허들 역시 활용하지 못하리라고 확신하기 때문이다.

결국 S대학교 TLO는 한정된 특허 예산을 합리적으로 활용하려다가 그만 Pandora의 상자를 연 Lulu 꼴이 되고 만다. 그렇다고 발명·특허에 대한 정확한 평가가 현실적으로 용이한 작업도 아니며, 포기할 등록특허를 선정하는 작업은 Silicon Valley의 특

39) 사실 이에 대한 책임은 TLO만이 질 일은 아니다. 왜냐하면 아래에서 설명하겠지만 국내 대학교수가 제출하는 발명신고 건수에 비하여 TLO의 전문인력 수는 턱도 없이 적기 때문이다.

허 broker들에게도 용이한 작업이 아니다. 따라서 TLO가 더 세심한 주의를 기울인다고 해서 포기할 특허 선정이 더 정확해질 리도 없다.

만일 S대학교 TLO가 미활용 장기보유 국내특허가 100건이건 1,000건이건 아무 생각 없이 유지비를 꼬박꼬박 납부하였다면 어떤 일이 발생할까?

이에 대한 정답은 "서부전선 이상 없다"일 가능성이 매우 높다. 즉 TLO에는 아무 일도 일어나지 않을 것이다. 단 미활용 장기보유 국내특허의 유지비를 꼬박꼬박 납부하는 바람에 TLO는 예산 부족으로 신규 특허출원 비용이 부족해진다. 하지만 이는 문제도 아니다. 왜냐하면 TLO가 건 당 특허출원 비용을 120만 원에서 100만 원으로, 100만 원에서 80만 원으로, 다시 50만 원으로 깎아 내리더라도, 깎은 비용에라도 기꺼이 특허출원 업무를 수임하려는 특허사무소는 항상 있기 마련이기 때문이다.

그 결과 S대학교 교수들이 착상하는 발명은 우량 발명이건 불량 발명이건 모두 수십만 원의 dumping 수준의 수임료를 받는 대리인에 의하여 특허로 출원되므로, 이러한 특허는 거의 대부분 불량특허로 등록될 가능성이 매우 높다. 또한 어쩌다가 이러한 특허가 미국이나 유럽에 출원·등록되더라도 이는 빈약한 "발명의 설명"에 근거한 불량 국내특허를 영어로 번역하여 작성한 불량 미국특허나 불량 유럽특허에 불과하다. 따라서 S대학교 교수나 TLO나 특허를 이용한 수익 창출은 불가능해지지만, 이에 비례하여 S대학교 TLO가 유지해야할 불량특허의 수는 매년 늘어만 간다. 그 결과 S대학교의 특허생태계는 악순환이 심화될 가능성이 매우 높다.

(ㅁ) TLO의 자기방어적 특허전문가 영입전략

대부분 국내 대학교의 TLO가 충분한 수익을 창출하지 못하는 또 다른 이유는 바로 자기방어적 특허전문가 영입전략 때문이다. 즉 (구)연구처에서 연구·회계 관련 관리 업무를 수행하다가 TLO에 배치된 직원들이 특허전문가를 영입하기는 하지만, 대부분 TLO는 전문가에게 정당한 보수도 지급하지 않고 합당한 권한도 부여하지 않는다는 말이다.

앞서 설명한 바와 같이 특허관리, 기술이전·사업화에는 법적 지식은 물론 이공계 지식이 필요하다. 특히 특허관리라는 측면에서 보면 대학교 TLO가 필요로 하는 전문가로서 '변리사'는 법적 지식과 기술적 지식을 지닌 적격자라 할 수 있다.[40] 그 결과 많은 국내 대학교의 TLO는 1~2명 정도의 변리사를 고용하기도 한다.

하지만 문제는 변리사에 대한 대우이다. 우선 변리사 고용 여부를 결정하는 직원들은 대부분의 경우 (구)연구처/(현)산학협력단의 정규직원이지만, 이들은 변리사를 계약직으로 채용하는 경우가 대부분이다. 이뿐만이 아니다. 국내 대학교의 임금은 자체 급여 규정에 따르기 때문에 TLO가 변리사에게 지불하는 급여는 특허사무소나 law firm에서 받는 급여보다 턱없이 적다. 그렇다고 TLO에서 근무하는 변리사가 전문성을 인정받아 승진가도를 달릴 일도 없다. 오히려 이들 변리사의 대부분은 계약직 전문가이므로 함께 근무하는 (구)연구처/(현)산학협력단의 동료 정규직원들에 비하면 승진의 기회도 적거나 아예 없는 경우도 많다. 이에 더하여 TLO에서 근무하는 계약직 변리사는 TLO 직원에 대한 임면권도 없다. 따라서 변리사가 전향적으로 수행할 수 있는 업무는 극히 제한적인 경우가 대부분이다.

그렇다면 특허전문가인 변리사는 왜 보수도 높은 특허사무소나 특허 law firm을 마다하고 대학교 TLO에서 근무할까? 국내 대학교 산학협력단의 하부조직인 TLO에서 근무하는 변리사들은 모교에 봉사한다는 마음으로 또는 기술이전·사업화에 매력을 느껴 근무를 시작하는 경우가 대부분이다.[41] 하지만 시간이 흐르며 박봉과 무관심에 지친 변리사들은 하나 둘 자포자기하고, 행정부서의 관료주의와 "관리 mind"에 좌절하며 TLO를 떠난다. 실제로 국내 대학교 TLO에서 근무하는 변리사의 이직률은 상당히 높은 편이며, 저자가 알기로 전국 대학교를 통틀어 5년 이상 근속하고 있는 변리사의 수는 수 명 이하에 불과하다. 또한 극히 소수이기는 하지만 모교에 대한 봉사나 기술이전·사업

40) 특허관리에는 특허법 지식이 필수인 반면 기술이전·사업화에는 특허법 지식이 도움이 되지만 필수 요소는 아닐 수도 있다. 왜냐하면 후자에는 business mind가 더 중요할 수도 있기 때문이다. 물론 특허법 지식을 지닌 변리사가 기술이전·사업화에 필요한 business mind마저 갖추었다면 금상첨화이다.

41) 저자 역시 죽마고우인 (고)홍국선 교수의 요청에 따라 모교에 봉사한다는 마음으로 서울대학교 산학협력재단의 본부장으로 14개월, 서울대학교 기술지주회사의 부사장으로 2년 6개월 근무한 경험이 있다.

화에 대한 열정 없이 business 목적으로 대학교 TLO에서 근무를 시작하는 변리사도 있다. 이들은 주로 2~3년간 TLO에서 근무하며 대학교수들과 친분을 쌓은 후 미련 없이 TLO를 떠나 개인 특허사무소를 차린다. 이를 종합하면 다음과 같은 결론에 도달한다. 이유야 어떻든 국내 대학교 산학협력단의 하부조직인 TLO에서 근무하는 변리사들은 자의반 타의반으로 이직이 잦다.

변리사들이 TLO에서 장기 근무하게 되면 업무 파악이나 효율 측면에서 대학교에 유리하지 않을까? 그렇다면 어차피 특허전문가가 필요한 대부분 국내 대학교의 산학협력단은 왜 자신의 하부조직인 TLO에서 근무하는 변리사들에 대한 처우를 개선하여 이들이 장기 근무할 수 있는 여건을 조성하지 않을까?

저자는 이에 대한 이유로 변리사들의 장기 근무는 교수와 대학교에는 유리할지 몰라도, 산학협력단 임직원이나 그 하부조직인 TLO 임직원에게는 불리할 수 있기 때문이라고 추측한다.[42] TLO의 목적은 특허관리, 기술이전·사업화이기에 TLO에서 변리사는 (구)연구처 출신 직원에 비하여 상대적으로 유능할 수밖에 없다. 그러다보니 TLO에 특허출원·관리를 의뢰하고 기술이전·사업화를 통한 수익 창출을 기대하는 TLO의 주 고객인 대학교수는 변리사에게 점점 더 의존하는 반면 산학협력단과 TLO 자체에 대한 의존도는 낮아진다. 아마 이러한 이유로 대부분 국내 대학교의 산학협력단과 그 하부조직인 TLO는 정규직 변리사를 채용하는 대신 이들을 한시적 계약직으로 채용한다고 추정해볼 수 있다.

(5) 청담동 유치원 ≪ 공립 유치원 ≪ 고아원?

대부분 국내 대학교에는 (구)연구처가 개명한 (현)산학협력단이 조직되어 있고, 산학협력단은 하부조직인 TLO를 총괄한다. 국내 대학교의 산학협력단 자체가 교육부 법령인 '산학연협력촉진법'에 의하여 설립되었으므로, 그 하부조직인 TLO 역시 '산학

42) 저자는 이러한 추측이 극소수의 국내 대학교 TLO에만 국한되거나, 저자의 추측이 아예 틀려도 너무 틀렸기만을 바랄 뿐이다.

연협력촉진법'의 영향은 물론 교육부의 직·간접적 관리로부터 자유로울 수 없다. 따라서 사학 관리에는 전문성이 있지만 "혁신을 통한 수익 창출"이라는 개념에 생소하며 "business mind"가 부족한 교육부와 교육부 법령인 '산학연협력촉진법'에 의하여 설립된 산학협력단, 그 중에서도 산학협력단의 하부조직인 TLO의 현황 역시 간단명료하게 요약할 수 있다.

우선 대부분 국내 대학교의 TLO는 대학교수가 수행하는 연구의 연구비 관리 규정과 연구비 정산 회계 관리에 전문성이 있는 "관리 mind"의 (구)연구처/(현)산학협력단 직원을 특허관리, 기술이전·사업화가 주요 업무인 정규직원으로 순환 배치한 조직이다. 따라서 대부분 TLO는 정규직원 역시 특허관리, 기술이전·사업화에 대한 전문성이 부족하며 수익 창출을 위한 business mind도 부족하기 때문에 특허 활용이라는 제 기능을 달성하지 못하고 있음은 당연하다. 대부분 국내 대학교 TLO의 이러한 현황과 문제점을 더 이해하기 쉽고 머리에도 쏙 들어오는 예를 들어 설명해 본다.

일반적으로 발명가는 자신이 착상한 발명을 자신의 친자식처럼 애지중지하는 경향이 있다. 따라서 발명가의 입장에서 보면, 자신이 착상한 직무발명을 특허로 출원·관리하며 상기 특허의 기술이전·사업화를 통한 수익 창출을 꾀하는 자신이 속한 대학교의 TLO는, 자신의 자식을 양육하며 출세할 수 있도록[43] 기초 교육을 담당하는 유치원으로 간주할 수 있다.

그렇다면 국내 대학교의 (구)연구처/(현)산학협력단 직원이 정규직원으로 근무하는 반면 전문성을 지닌 변리사는 대부분 전문직 계약직원으로 근무하는 국내 대학교 산학협력단의 하부조직 TLO는 과연 어떤 유치원일까?

① 많은 부모들이 막대한 비용을 지불하고서라도 자신의 자녀를 입학시키고자할 만큼 부모의 roman으로 자리 잡은 서울특별시 강남구에 위치한, 최고급 시설과 최고급 교사를 보유한 청담동의 사립유치원일까?

43) 자식 양육과 교육의 목적은 "절대로 사회에서의 출세가 아니라 인격체의 형성"이라고 확신하는 독자는 본 제5항을 더 이상 읽을 필요 없이 아래의 제6항부터 읽기 시작하도록 강권한다.

② 아니면 지방자치단체에서 운영하며 부모들은 최소한의 비용만 지불하면 충분한 국공립유치원일까?

③ 아니면 부모의 소원과는 무관하게 운영되는 고아원일까?[44)]

그래도 판단이 어렵다면 상이한 표현으로 동일한 문제를 접근해보자. 국내 대학교의 교수가 착상한 직무발명과 이에 대한 국내외 특허를 관리하고 기술이전·사업화를 담당하는 국내 대학교의 (구)연구처/(현)산학협력단의 하부조직인 TLO의 직원은 앞서 설명한 다양한 시설의 교사로 간주할 수 있다. 그렇다면 국내 대학교의 (구)연구처/(현)산학협력단의 하부조직인 TLO라는 다양한 시설에서 근무하는 교사들은 과연 어떤 교사들일까?

① 육아 관련 공인 자격증을 보유한 교사일까? 그렇다면 TLO라는 시설의 교사들 중 교육 관련 공인 자격증을 보유한 교사는 몇 명이나 될까?

② 유치원생에게 제공되는 급식의 맛과 영양분을 판단할 줄 아는 교사이거나 급식에 사용되는 재료의 품질을 판단할 줄 아는 교사일까?

③ 과연 유치원생에게 제공되는 급식의 맛이나 영양분, 재료의 품질 등에 관심은 있는 교사일까?[45)]

---

44) 저자가 제대로 인지하지 못하고 있지만, 청담동 사립유치원 중에서도 학부모가 지불하는 비용이나 학부모의 기대에 턱없이 미치지 못하는 열악한 유치원이 존재할 것이고, 국공립유치원 중에서도 청담동의 사립유치원만큼 또는 이보다 더 월등한 시설 및 열성이 넘치는 교사진을 보유한 유치원도 있을 것이며, 고아원 중에서도 뜻있는 원장과 헌신적인 교사진의 노력은 물론 독지가의 성원에 힘입어 국공립유치원은 물론 청담동의 사립유치원을 능가하는 곳도 적지 않을 것이다. 따라서 저자가 본문에서 예시한 국공립유치원이나 고아원에는 이와 같이 우수한 고아원이나 국공립유치원은 포함되지 않음을 밝힌다. 다시 한 번 저자는 뜻있는 교사와 운영진이 운영하는 대한민국 고아원과 국공립유치원의 너그러운 양해를 구한다.

45) 저자가 제대로 인지하지 못하고 있지만, 유치원 취직 당시에는 육아·교육 관련 자격증이 없었고 이 분야에 대한 지식도 전무하였지만, 무한한 책임감과 부단한 노력으로 수 년 이내에 자격증을 획득하고, 그 후 기존 자격증 보유자들보다 더 훌륭하게 성장한 교사들도 적지 않을 것이다. 따라서 저자가 본문에서 예시한 유치원 교사에는 이와 같이 존경 받아 마땅한 교사는 당연히 포함되지 않음을 밝힌다. 다시 한 번 저자는 무한한 책임감으로 부단히 노력하는 대한민국 유치원 교사들의 너그럽고도 크나큰 양해를 구해본다.

이뿐만이 아니다. TLO라는 시설의 교사들 중 원생의 이름을 아는 교사는 몇 명이나 될까? TLO 교사들 중 원생의 장래 포부가 무엇인지 아는 교사는 몇 명이나 될까? TLO 교사들 중 원생들이 장래에 자신의 포부를 이룰 지에 관심이 있는 교사는 몇 명이나 될까? TLO 교사들 중 어떤 유치원생이 어떤 장기를 가지고 있기 때문에 추후 어떤 분야에서 성공할 수 있는 지 관심 있는 교사는 몇 명이나 될까?[46)]

따라서 다시 한 번 곱씹어본다. 대부분 국내 대학교의 TLO는 수많은 부모들이 막대한 비용을 지불하고서라도 자신의 자녀들을 반드시 보내고자할 만큼 부모들의 roman으로 자리 잡은 서울특별시 강남구 청담동의 사설 유치원일까? 아니면 지방자치단체에서 운영하며 부모들은 최소한의 비용만을 지불하면 충분한 공립 유치원일까? 아니면 부모의 소원과는 무관한 고아원일까?[47)]

(6) If 범법행위 ≡ 애국행위, Then 문제 ≡ 범법자? or 문제 ≡ 법?

국내 대학교 TLO 중 국내특허 출원 시 변리사에게 지급하는 수임료는 서울대학교가 약 120~150만 원으로 가장 높은 것으로 알고 있다.[48)] 이에 비하여 많은 국내 사립대학교는 국내특허 출원 시 100만 원 이하의 수임료를 지급하는 경우도 허다하며, 심지어 어떤 국공립대학교는 국내특허 출원 시 기본 50만 원에 청구항 수에 따

46) 저자 역시 서울대학교의 특허관리 조직이었던 (재)산학협력재단에서 14개월, 현 산학협력단의 TLO에서 2년 6개월 근무한 적이 있다. 비록 본문에서 다양한 비유를 사용하였지만 저자 역시 자신의 업무 성과를 돌이켜보면 부끄럽기만 하다. 즉 공인 자격증은 보유하였던 저자였건만 수천 명의 유치원생들 중 저자가 관심을 기울일 수 있었던 유치원생은 많아야 20~30명 정도였던 것으로 기억하며, 이 외의 시간은 기타 업무를 수행하기에도 모자랐던 것으로 기억한다. 주어진 업무량에 비하여 국내 대학교 TLO에서 근무하는 전문인력의 수효는 적어도 너무 적은 현실을 탓한다면, 이는 저자의 책임 회피일까?

47) 강조하지만 저자가 본문에서 예시한 국공립유치원, 고아원에는 앞의 (주)에서 설명한 바 있는 우수 고아원, 국공립유치원은 포함되지 않는다. 다시 한 번 저자는 뜻있는 교사와 운영진이 운영하는 대한민국 고아원과 국공립유치원의 너그러운 양해를 구한다.

48) 특허출원비용을 선급금과 성공보수로 분할하여 지급하는 일반 국내기업과는 달리 국내 대학교는 거의 대부분 특허출원비용을 일시금으로 지급하는 바, 본문에서 설명한 비용은 이러한 일시금에 해당한다.

라 20~30만 원이 추가되는 수임료를 지불하기도 한다. 따라서 대학교수가 아무리 우량 발명을 착상하더라도 이와 같이 100만 원 이하의 dumping 수준의 저렴한 변리사 수임료를 지불한다면, 상기 우량 발명은 대부분의 경우 저급, 불량특허로 변환될 수밖에 없다.

(ㄱ) Z대학교 A교수의 적법 행위

일예로 Z대학교의 A교수가 일금 10억 원의 국가 R&D 과제를 수행하며 기술성과 시장성이 뛰어난 우량 발명을 착상하였고, A교수가 착상한 우량 발명이 성질상 Z대학교의 업무 범위에 속하고, A교수가 발명을 하게 된 행위가 자신의 현재 또는 과거의 직무에 속한다고 가정하자. 제10장의 3절 '직무발명'에서 설명한 바와 같이 A교수는 발명진흥법 제12조에 따라 자신이 착상한 직무발명을 사용자인 Z대학교에 문서로 알려야 한다. 따라서 연구에는 일가견이 있지만 특허의 기술이전·사업화에는 문외한인 A교수는 자신의 직무발명을 Z대학교 산학협력단의 하부조직인 TLO에 신고한다.

하지만 Z대학교의 TLO 역시 대부분 국내 대학교 TLO와 마찬가지로 거의 모든 직무발명을 "선택과 집중" 전략 없이 국내특허로만 출원·등록한다. 따라서 Z대학교의 TLO를 통하여 권리화된 A교수의 우량 발명에 대한 특허는 대한민국을 제외한 5대양 6대주에서 무료로 실시할 수 있는 기술로 전락하게 된다.

설령 Z대학교의 TLO가 A교수의 국내특허를 우선권을 주장하며 해외에 특허출원한다하더라도 상기 TLO 역시 예산 부족으로 기껏해야 미국에나 특허를 출원한다. 또한 Z대학교의 TLO가 A교수의 발명을 큰 마음을 먹고 미국이나 유럽에 특허출원하였다고 하더라도 이러한 해외 특허는 대부분의 경우 값싼 수임료로 대충 작성하여 권리범위가 몹시 협소한 국내특허를 번역한 특허에 불과하기 때문에 이러한 특허의 기술이전·사업화를 통한 수익 창출은 몹시 어려울 수밖에 없다.

(ㄴ) Z대학교 V교수의 범법 행위

A교수와는 반대로 연구는 그럭저럭 수행하지만 연구 결과의 권리화, 특허의 기술이전·사업화에 어느 정도 경험이 있는 Z대학교의 V교수가 일금 10억 원의 국가 R&D 과

제를 수행하며 직무발명을 착상하였다고 가정하자. 하지만 V교수는 Z대학교와 체결한 임용계약서 상의 의무를 완전히 무시하고, 자신의 직무발명을 Z대학교 산학협력단의 하부조직인 TLO에 알리는 대신 가족 명의로 특허를 출원하였다고 가정하자. 또한 V교수는 자신의 우량 발명과 이를 권리화한 우량특허를 통한 수익 창출을 위하여 유능한 변리사를 선정함은 물론 총 1억 원의 사재를 투입하며 유능한 변리사의 도움으로 광활한 범위의 청구항을 작성함은 물론 "발명의 설명"에 최선의 실시예, 차선의 실시예, 열등한 실시예 및 가상 실시예를 충실히 기재한 국내특허를 출원하고, 추후 국내특허의 우선권을 주장하며 미국·유럽·중국특허를 출원·등록하였다고 가정하자.

더 나아가 V교수는 venture capital의 투자를 받아 상기 특허기술을 구현하는 창업기업을 설립한다. 물론 V교수는 자신이 창업하였다는 사실을 Z대학교에 알리지 않는다. 또한 V교수는 자신의 친자식과 같은 창업기업에 혼신의 노력을 기울인다. 그 결과 V교수의 창업기업은 설립 3년 만에 종업원 150명, 매출액 500억 원과 순이익 200억 원을 달성하는 알짜기업으로 성장하였고, 내년부터는 미주·유럽에도 제품을 수출할 수 있게 되어 외화획득에도 기여하게 된다고 가정하자.

그렇다면 Z대학교 V교수의 이러한 행위는 국가에 공헌하는 적법 행위일까? 아니면 발명진흥법의 직무발명 규정을 위반하는 불법행위일까? 정답은 "현행법 상 V교수는 분명히 범법자"이다. 왜냐하면 V교수는 '산학연협력촉진법' 제27조에 의하여 설립된 산학협력단에 자신의 직무발명을 의도적으로 양도하지 않음으로써, 현행법인 발명진흥법' 제12조의 직무발명 규정을 위반하였기 때문이다.

하지만 사후재구성으로 분석할 경우, V교수가 자신이 착상한 직무발명을 Z대학교의 산학협력단에 신고하였다면 어떤 결과가 도출되었을까? 대부분의 경우 산학협력단의 하부조직인 TLO는 100만 원 이하의 수임료로 국내특허를 출원하였을 것이며, V교수가 해외출원을 강력히 요구함에 따라 기껏해야 미국특허나 출원하였을 것이다. 또한 그나마 출원된 미국특허 역시 저가의 수임료로 작성한 국내특허의 번역본에 불과하므로 광활한 범위의 청구항과 다양한 실시예를 기재한 "발명의 설명"을 기대할 수 없음은 자명하다. 그 결과 해외 경쟁자는 손쉽게 V교수의 권리범위를 우회·회피하고, V교수는 수익 창출에 실패하였을 가능성이 매우 높다.

표 11-4. 대학별 기술이전·사업화 실적 현황 (단위: 건, 백만 원)[49]

순위		기술이전 건수		기술이전 기술료		기술이전 계약 건당 기술료	
		대학명	건수	대학명	건수	대학명	건수
1		서울대학교	79	서울대학교	4,589	울산과학기술대학교	1,105
2		한국과학기술원	71	한국과학기술원	4,159	호서대학교	100
3		연세대학교	63	연세대학교	2,982	숙명여자대학교	96
4		성균관대학교	61	고려대학교	2,572	한양대학교	62
5		고려대학교	50	한양대학교	2,249	아주대학교	62
6		건국대학교	50	울산과학기술대학교	2,209	한서대학교	60
7		충북대학교	49	성균관대학교	2,090	한국과학기술원	59
7		경희대학교	49	인하대학교	1,733	서울대학교	58
7		숭실대학교	49	포항공과대학교	1,567	인하대학교	58
7		전북대학교	49	광주과학기술원	1,348	광주과학기술원	56
7		경북대학교	45	건국대학교	1,327	국민대학교	54
12		순천대학교	44	아주대학교	1,173	연세대학교	47
12		서강대학교	42	경북대학교	1,149	가톨릭대학교	47
14		전남대학교	42	경희대학교	1,039	가천대학교	45
15		강원대학교	41	전북대학교	1.018	한림대학교	45
16		부산대학교	40	전남대학교	959	고려대학교	42
17		포항공과대학교	40	강원대학교	921	포항공과대학교	39
18		목포대학교	36	서강대학교	905	제주대학교	34
19		한양대학교	36	국민대학교	856	성균관대학교	34
20		동의대학교	33	동국대학교	846	서울시립대학교	32
30	전체대학	A 대학	21	A 대학	346	A 대학	20
	4년제대학		21		346		20
50	전체대학	B 대학	11	B 대학	87	B 대학	7
	4년제대학		11		87		7
100	전체대학	-	-	-	-	-	-
	4년제대학	-	-	-	-	-	-
평균 (전체)	전체대학	-	4	-	111	-	7
	4년제대학	-	6	-	163	-	10
평균 (~150)	전체대학	-	12	-	319	-	20
	4년제대학	-	12	-	317	-	19

49) 한국연구재단, 「산학협력활동 조사보고서 (2011년 기준)」, 2013년 발간. 서울대학교의 경우 매년 기술이전 수익은 대략 40~50억 원, 건수는 약 80건 정도로서, 건당 기술이전 수익은 5,000~6,000만 원 정도이다. 이러한 기술이전 수익, 건수 및 건당 수익은 국내 대학교 중 1~2위권에 속한다. 하지만 이를 서울대학교의 연간 R&D 지출액인 5,000억 원(인문·사회계열 포함)에 비하면, 상기 기술이전 수익률은 거의 1% 정도로 미미한 편이다. 이와 같은 서울대학교의 연구비 대비 기술이전 수익률은 미국 유수 대학교의 연간 R&D 지출액 대비 기술이전 수익률인 5%에 비하면 약 1/5 정도에 해당한다.

따라서 국가 재원의 효율적 활용 측면에서 보았을 때, 비록 V교수는 현행법을 위반하고 자신의 직무발명을 고아원에 입양하는 대신 자신의 친자식으로 입양하였지만, V교수는 입양한 자식을 친자식 이상으로 양육함으로써 국가 R&D 과제 성과물을 성공적으로 활용하여 수익을 창출한 경우라고 할 수 있다. 이뿐만이 아니다. V교수의 창업기업은 국내에서 150명의 일자리를 창출하였으며, 내년부터는 수출을 통하여 외화를 획득하게 되어 국가경제 발전에 혁혁히 기여하였다고도 간주할 수 있다.

그렇다면 현행법을 어기며 V교수가 저지른 범법 행위의 핵심은 무엇일까?

V교수의 첫 번째 범법 행위는 '산학연협력촉진법'에 의하여 설립된 (구)연구처/(현)산학협력단에 의한 평준화된 특허관리와 기술이전·사업화를 회피하기 위하여 자신이 창출한 직무발명을 발명진흥법 제12조를 위반하면서 자신의 사용자인 Z대학교의 산학협력단에 신고하지 않은 행위이다. 그리고 V교수가 저지른 두 번째 범법 행위는 자신의 직무발명을 권리화한 특허를 활용하여 창출한 수익을 Z대학교와 공유하지 않고 자신이 혼자 독차지한 행위이다. 사실 V교수가 아무리 영민하고 창의력을 발휘하며 성실하게 R&D를 수행했다하더라도, 현실적으로 자신은 연구실, 기자재 등과 같은 Z대학교의 시설을 이용하였음은 물론 전기, 수도도 사용하였다. 이뿐만이 아니다. V교수는 Z대학교를 선망하여 입학한 대학원생 및 학부생도 활용하여 R&D를 수행하였다. 따라서 V교수는 자신이 창출한 이익의 정당한 부분을 Z대학교에 지불하였어야만 했다.

그렇다면 V교수가 자신의 직무발명을 자신의 가족 명의로 특허 출원하고 사업화하여 창출한 수익의 20%, 30% 또는 50%를 자발적으로 Z대학교에 납부한다면 자신의 범법 행위가 정당화될 수 있을까?

정답은 "당연히 아니다"이다. 비록 V교수가 자신이 창출한 수익의 합당한 부분을 추후 Z대학교에 자발적으로 납부함으로써 위의 두 번째 범법 행위는 피하더라도, 자신의 직무발명을 Z대학교 산학협력단에 신고하지 않은 첫 번째 행위는 여전히 범법 행위로 남기 때문이다. 결국 V교수가 하향 평준화된 산학협력단의 하부조직인 TLO를 회피하고, 더 많은 수익을 창출한 후 이의 정당한 부분을 Z대학교에 반납함으로써 Z대학교가 더 많은 수익을 창출하였더라도, V교수의 첫 번째 범법 행위는 현행법 상 정당화될 수 없다.

(ㄷ) 교육부 규정에만 부합하는 적법 행위 vs. 국가 이익에 부합하는 범법 행위

국내 대학교 TLO가 특허관리, 기술이전·사업화 업무를 충실히 이행하여 합당한 수익을 창출한다면, TLO의 명칭이 산학협력재단이건 산학협력단이건, TLO가 (구)연구처/(현)산학협력단의 하부조직이건 아니건 전혀 문제없다. 하지만 앞서 설명한 바와 같이 "혁신을 통한 수익 창출"이라는 개념에 생소하며 "산학협력의 필요성"을 절감하지 않는 교육부는 자신이 과욕으로 입안한 '산학연협력촉진법'에 근거하여 무리하게 (구)연구처를 (현)산학협력단으로 개편하였으며, 관리에는 탁월한 전문성을 지닌 (구)연구처 직원을 TLO에 순환 배치하며 특허관리, 기술이전·사업화를 책임지도록 하였다. 그 결과 대부분의 국내 대학교 TLO는 선천적·후천적 한계로 허덕이게 되었다.

다시 위의 Z대학교의 A교수와 V교수의 예를 살펴보자. A교수는 자신의 직무발명을 자신의 사용자인 Z대학교 산학협력단의 하부조직인 TLO에 양도하였지만, TLO는 대부분 한정된 예산으로 허덕이는 관리조직에 불과하기 때문에 TLO를 통하여 창출된 특허를 활용하여 얻을 수 있는 수익은 제한적일 가능성이 매우 높다. 반면 자신의 직무발명을 Z대학교의 TLO에 양도하지 않고 사유화하며, 자신의 사재를 투입하여 이를 우량특허로 변환한 후, 자신의 특허기술을 직접 실시하는 창업기업을 설립한 V교수는 A교수보다 월등히 높은 수익을 창출할 수도 있다.[50)]

국가적 관점에서 A교수와 V교수를 비교하더라도 동일한 결론을 도출할 수 있다. 즉 A교수에 비하여 V교수는 자신이 창업한 기업에 150명의 종업원을 고용하며 일자리 창출에도 기여하였다. 이에 따라 150명의 종업원은 물론 300여명 이상에 달하는 이

50) Z대학교 V교수가 수익을 창출하려면, 기술성, 시장성, 권리성을 갖춘 우량 발명을 착상해야하고, 유능한 변리사에게 합당한 수임료를 지불하여 우량특허를 창출해야하며, 효율적 제조시설을 갖추어 우수한 제품을 생산해야하고, 창의적인 marketing 전략을 활용하여 소비자를 확보하며 시장점유율을 확충해야만 한다. 이러한 과정 중 하나라도 차질이 생기면 V교수의 창업기업은 파산할 가능성이 크다. 하지만 대부분의 국내 대학교 TLO의 천편일률적, 하향 평준화된 관리로 말미암아 기껏해야 수천만 원, 극히 드문 경우에 한하여 수억 원 정도의 수익을 올릴 수 있는 A교수에 비하여, (물론 드물기는 하겠지만) V교수는 수백억~수천억 원의 수익을 올릴 수 있는 가능성을 보유함은 물론 자신이 열성을 다할수록 이러한 가능성이 현실로 실현될 가능성도 높아진다는 사실이 바로 A교수와 V교수의 근본적 차이점이다.

들의 부양가족들이 생계를 해결하고, 저축도 하며, 2세 교육에 매진함으로써 대한민국을 책임질 차세대 인력을 양성할 수도 있다. 운마저 따른다면 V교수가 창업한 기업은 국제 경쟁력을 지닌 강소·중견기업으로 성장함으로써 국가경제에 혁혁하게 이바지할 수도 있다.

그렇다면 국내 대학교수들은 전문성 부족과 전형적 "관리 mind"로 인하여 제대로 특허를 관리하지 못하고 기술이전·사업화에도 열정이 미치지 못하는 산학협력단 하부조직인 TLO에 직무발명을 양도하는 대신 자신이 열과 성을 다하여 자신의 특허기술을 실시하는 방법이 거시적 차원에서 보았을 때 국가적으로 더 이익이지 않을까?

정답은 "그럴 가능성이 매우 높다"이다. 왜냐하면 국가 R&D 과제의 성과물 활용에 있어서 교육부가 주무 부처인 '산학연협력촉진법' 하의 적법 행위보다 동법에 반하는 범법 행위가 국가 R&D 과제 성과물 활용을 통한 수익 창출 및 이를 통한 국가경쟁력 제고에 더 부합할 가능성이 높기 때문이다.

이는 1970년대 말 중국의 덩샤오핑(鄧小平)이 활용하였던 실용주의적 경제정책인 흑묘백묘론(黑猫白猫論)과도 유사하다. 즉 국민의 세금으로 조성된 국가 R&D 과제비를 이용하여 연구를 수행하는 대학교수가 교육부가 졸속 입안한 '산학연협력촉진법'을 준수하건 어기건 국가 R&D 과제 성과물의 기술이전·사업화만 잘 하여 수익을 창출하고, 이를 통하여 국내 대학교에 선순환적 특허생태계가 구축됨으로써 국가 경쟁력 제고에 기여할 수만 있다면 그것이 제일이라고 할 수도 있다.

(ㄹ) 범법 행위를 적법 행위로 전환하는 해결책

그렇다면 국가 이익에 더 부합하는 V교수의 사업화 전략의 범법성을 감소시키거나 아예 원천적으로 제거하는 방법은 없을까? 일예로 V교수가 자신의 직무발명을 자신이 직접 특허 출원·등록하고, 특허기술을 실시하여 막대한 수익을 창출할 경우, Z대학교에 수익의 20%, 30% 또는 50%를 추후 반드시 납부하겠다는 각서를 선(先)제출하면 어떨까? 그 후 V교수는 자신의 명의로 특허 출원하고, 기업을 창업하여 수익을 창출하고, 각서대로 수익의 일정 부분을 Z대학교에 납부한다면 자신의 범법 행위가 정당화될 수 있을까?

정답은 "역시 아니다"이다. 왜냐하면 현행 법제도에 의하면 V교수는 Z대학교 산학협력단의 선(先)동의 없이 일방적으로 직무발명을 자신이 직접 특허 출원·등록하고, 특허기술을 실시할 수 없기 때문이다. 하지만 V교수가 상기 각서에 따라 자신이 창출한 수익 중 '산학연협력촉진법' 및 대학교 내부 규정에 의한 일정 부분을 Z대학교의 산학협력단에 지불함에 따라 V교수의 사업화 전략의 범법성은 상당히 감소하게 된다.

그렇다면 국가 이익에 더 부합하는 방법으로서 V교수의 범법 행위를 아예 적법 행위로 전환시키는 방법은 없을까? 즉 흑묘백묘론(黑猫白猫論)이 아니라 흑묘(黑猫)이면 흑묘, 백묘(白猫)이면 백묘라고 미리 정함으로써 국가 이익에도 부합하는 V교수의 노력을 법적으로 정당화하여 추후 논란을 원천적으로 방지하는 방법은 없을까?[51)]

여기에는 당연히 여러 가지 방법이 있다. 물론 그 중 가장 확실한 정답은 교육부가 졸속 입안한 '산학연협력촉진법'의 폐지 또는 동법의 TLO 관련 조항의 개정이다. 일예로 대학교수가 직무발명을 착상하였을 경우 현행 제도와 같이 상기 발명의 소유권을 자신이 근무하는 대학교의 산학협력단에 양도하되, 대학교수 자신이 상기 발명의 특허 출원·등록은 물론 기술이전·사업화까지 모두 진행할지 아니면 이를 모두 산학협력단 하부조직인 TLO에게 의뢰할지를 선택할 수 있도록 어느 정도 보장하는 방법이다. 물론 전자의 경우에도 대학교수는 자신이 창출한 수익 중 '산학연협력촉진법' 또는 Z대학교의 내부 규정에 따르는 부분을 Z대학교의 산학협력단에 지불해야만 한다.[52)]

51) 덩샤오핑이 흑묘백묘론을 주장해야만 했던 중국의 시대 상황과 환경은 분명 국내 대학교 산학협력단 및 하부조직인 TLO가 처한 국내 환경과는 분명히 상이하다. 따라서 저자는 비유 자체를 목적으로 덩샤오핑의 흑묘백묘론(黑猫白猫論)을 인용하였음을 알린다.

52) 대학교수는 R&D를 수행하며 대학교가 소유한 각종 실험 관련 시설, 기자재를 사용하고, 대학교가 요금을 지불하는 전기, 수도, 하수도도 자유로이 사용한다. 또한 대학교수는 자신이 근무하는 대학교에 재학 중인 학부 및 대학원 학생을 연구원으로 활용하여 R&D를 수행한다. 물론 일부 학생들은 특정 교수의 명성을 듣고 상기 대학교에 진학했을 수도 있지만, 대부분의 경우 대학교수는 자신의 속한 대학교의 명성 때문에 진학한 학생 중 연구원을 선발한다. 따라서 대학교수가 정부 R&D 과제를 수주해온 주체임에는 틀림이 없지만, 대학교수가 자신이 수탁 받은 R&D 과제를 수행하기 위해서는 음양으로 대학교의 시설과 재학생을 활용하는 바, 대학교가 대학교수에게 이에 합당한 overhead를 요구함은 당연하다.

그렇다면 특허관리·기술이전 효율 제고와 같은 국가 이익을 위하여 현행 '산학연협력촉진법'을 개정한다면 누구인가는 이익을 보는 반면 누구는 손해를 보게 되지는 않을까?

우선 국내 대학교수는 손해 볼 일이 별로 없다. 오히려 위에서 설명한 목적을 위하여 현행 '산학연협력촉진법'을 개정할 경우, 대학교수는 지금보다 더 많은 수익을 창출할 수도 있다. 왜냐하면 대학교수는 자신의 전문성, 열정, 노력 등을 고려하여 자신에게 가장 유리한 특허관리, 기술이전·사업화 전략을 선택할 수 있기 때문이다. 즉 자신이 자식처럼 여기는 자신의 발명을 전문성을 지닌 교사진을 보유한 국공립 유치원이나 사립유치원에 맡길 수 있으므로, 자식이 양질의 교육을 받을 수 있을 확률이 훨씬 높아지기 때문이다.

따라서 특허관리·기술이전에 어느 정도 경험을 지녔거나 기술 사업화에 열정을 지닌 대학교수는 자신의 시간과 노력을 투자하여 유능한 변리사를 선정하여 합당한 보수를 지급하고, 이러한 과정을 통하여 자신의 우량 발명을 우량특허로 전환할 수 있게 된다. 그 후 대학교수는 광활한 권리범위를 지닌 우량특허를 국내기업에 기술이전하거나, 국내기업이 제시하는 royalty의 50배를 제안하는 해외기업에 기술이전할 수도 있게 된다.[53)]

이와는 달리 대학교수는 자신의 발명을 자가실시하는 start-up을 창업할 수도 있다. 즉 자신의 우량 발명을 자신의 자식처럼 여기는 대학교수는 모든 부모의 roman인 강

---

53) 참고로 정부·언론은 국내 대학교수가 개발한 기술을 해외기업에 양도하거나 기술이전하여 수익을 창출할 경우, 이를 기술유출로 간주하며 경원시하는 경향이 있다. 물론 국내 대학교수가 정부로부터 막대한 R&D 비용을 지원받았으며 상기 교수가 개발한 기술이 국가핵심기술인 경우, 이러한 논리가 성립할 가능성도 어느 정도는 있다. 하지만 국가핵심기술을 제외한다면 저자는 이러한 견해의 대부분은 옳지 않다고 강변한다. 일예로 대학교수가 지리산 협곡에서 발견한 금광을 해외기업에 매각한다면 그만큼 대한민국 국민이 보유한 지하자원은 줄어든다. 이것이 바로 매각한 만큼 사라지는 유형자산의 특징이다. 하지만 특허와 같은 무형자산의 경우는 다르다. 왜냐하면 자신이 착상한 우량 발명에 기초하여 창출한 우량특허를 해외기업에 매각한 대학교수는 다음 해에는 이전에 매각한 우량특허를 능가하는 초우량특허를 창출하여 더 큰 수익을 얻기 위하여 매진할 것이 확실하기 때문이다. 이러한 생태계가 바로 우리가 모두 힘을 합쳐 단기간에 조국에 구축해야만할 "선순환적 특허생태계"이기도 하다.

남구 청담동 사설유치원의 원장으로서 또는 유수 국공립유치원의 원장으로서 자신의 우량특허를 활용하여 수익을 창출하기 위하여 최선의 노력을 기울이게 된다.

반면 대부분의 국내 대학교수는 R&D를 통한 발명 창출에는 통달하였으나 특허관리, 기술이전·사업화에 철저히 문외한이다. 이러한 대학교수는 현행 제도에 따라 자신의 직무발명을 산학협력단에 신고하면 그만이다. 그러면 산학협력단의 하부조직인 TLO가 평소와 같이 직무발명에 대한 특허를 출원·관리할 것이며, 기회가 닿는 대로 기술이전·사업화 업무를 수행하며 수익을 창출하면 된다. 그 결과 대학교수는 전자의 전략을 택하건 후자의 전략을 따르건 주어진 상황에서 최선의 수익 창출 전략을 선택할 수 있게 된다.

국내 대학교 역시 크게 손해 볼 일이 없다. 오히려 '산학연협력촉진법'이 개정되면 대학교는 다양한 이익을 누릴 수 있다. 우선 국내 대학교가 현행 제도 하에서 올릴 수 있는 기술이전 수익은 표 11-4와 같이 매년 수억~수십억 원이 전부이다. 하지만 '산학연협력촉진법'이 개정되고, 능력이 출중한 대학교수가 자신의 비용으로 자신이 창출한 우량 발명을 우량특허로 변환하고 이를 기술이전하거나 창업을 통하여 수백억~수천억 원의 수익을 창출하면, 대학교 역시 월등히 커진 pie의 큰 조각을 차지할 수도 있기 때문이다. 또한 대학교의 입장에서는 대학교수가 자신의 특허를 직접 관리하고 사업화하므로 이와 관련된 인력 및 자금을 절약할 수도 있다.

하지만 국내 대학교의 산학협력단이야말로 '산학연협력촉진법'이 개정됨에 따라 이익보다는 손해를 볼 가능성이 매우 높다. 물론 그 주된 이유는 바로 경쟁자의 등장과 이에 의한 양적·질적 비교 때문이다. 일예로 Z대학교의 A교수는 현행 직무발명 제도에 따라 자신이 착상한 직무발명을 Z대학교 산학협력단의 하부조직인 TLO에 위임하였으며, TLO는 상기 발명에 대한 특허를 5,000만원에 양도하였고, TLO는 상기 수익의 50%인 2,500만원을 A교수에게 지급하였다고 가정하자. 이에 반하여 같은 Z대학교의 V교수는 자신이 착상한 직무발명을 TLO에 양도하는 대신 외부 투자를 받아 우량 변리사를 선임하여 양질의 국내특허를 출원한 후 이를 미국·유럽·중국에서 양질의 특허로 창출하였다고 가정하자. 또한 V교수는 외부 기술이전 전문가를 고용하여 특허 portfolio를 다국적 제조업체에 10억 원에 양도하였고, 이중 6억 원은 자신이 가지고, 2억 원은 상기 전문가에게, 나머지 2억 원은 Z대학교에 overhead로 납부하였다고 가정하자.

만일 10억 원에 양도한 Z대학교 V교수의 기술이 자타가 인정할 수밖에 없는 우량 기술인 반면 5,000만 원에 양도한 A교수의 기술은 그저 그런 기술이라면 별 문제가 야기되지는 않을 것이다. 하지만 타교수들이 생각하기에 10억 원에 양도한 V교수의 기술이나 5,000만 원에 양도한 A교수의 기술이나 큰 차이가 없을 경우, 이들은 V교수가 창출한 10억 원의 기술이전 수익과 A교수가 창출한 5,000만 원의 기술이전 수익의 차이는 바로 외부 전문가와 자신이 속한 Z대학교의 산학협력단의 특허관리·기술이전에 대한 전문성 및 실력의 차이 때문이라고 간주할 가능성이 매우 높다.

결국 설립 이래 그 누구와도 비교되지 않았으며 비교될 수도 없었기에 마음 놓고 특허관리 및 기술이전·사업화를 수행해오던 국내 대학교의 산학협력단과 TLO는 외부 민간 전문가들과의 무한 경쟁에 돌입한다. 물론 국내 대학교의 (구)연구처/(현)산학협력단의 하부조직인 TLO의 경쟁력은 대부분 외부 전문가의 전문성과 비교할 수 있는 수준은 아니다.[54] 따라서 '산학연협력촉진법'의 개정은 국내 대학교 산학협력단과 그 하부조직인 TLO에 격변을 불러올 가능성이 농후하다. 물론 이러한 격변은 관리 위주로 운영되어온 산학협력단과 TLO에게는 뼈아픈 고통이겠지만, 국내 대학교수, 대학교 및 국가 전체의 이익을 고려할 경우, 일어나더라도 벌써 일어났어야 할 긍정적 변화임에 틀림없다.

또한 이러한 격변은 그동안 기회만을 기다리던 전향적 TLO에게는 더없이 좋은 기회이다. 왜냐하면 이러한 격변이야말로 전향적 TLO가 전문인력을 보강하고, 증액된 예산을 확보하는 한편 관리 위주의 (구)연구처/(현)산학협력단으로부터 어느 정도의 독립성을 확보할 수 있는 절호의 기회이기 때문이다. 물론 TLO가 이러한 위상을 확보하려면 상위기관인 산학협력단의 동의가 있어야겠지만, 부분적이나마 하부조직의 독립을 원하는 상위기관은 없을 것이므로 이 역시 그리 용이한 일로는 생각되지는 않는다. 하지만 TLO에게는 우군이 있다. 즉 자신이 속한 대학교의 발명가 교수진이다. 따라서 교수진과 유기적으로 연계하며 전향적 특허관리 및 기술이전 전략을 수행해온 TLO에

54) 물론 예외가 존재할 수도 있다. 하지만 대부분의 경우 (구)연구처/(현)산학협력단에서 연구 관리나 회계 업무를 담당하다가 TLO로 순환배치된 TLO 인력의 경쟁력을 외부 변리사, 변호사, VC 등의 전문성과 비교하는 자체가 무리일 수 있다.

게는 이러한 변화야말로 교수진과 연합하여 TLO의 위상을 격상하는 한편 관리 위주의 조직문화를 탈피하고 "business mind"로 무장하여 수익 창출에 매진할 수 있는 절호의 기회임에 틀림없다.

앞서 설명하였듯이 교육부의 주요 업무는 학사 관리이다. 이에 못지않게 중요한 교육부의 또 다른 업무는 해마다 전국의 모든 수험생 학부모들로 하여금 가슴을 조이게 만드는 동시에 매년 사교육비 증가의 원인으로도 지목되는 대학입시제도의 시행·운영이다. 따라서 좋으나 싫으나 교육부의 업무는 본질적으로 인허가와 관리일 수밖에 없으며, 그 결과 교육부는 선천적·후천적으로 "혁신을 통한 수익 창출"이라는 개념에 생소하며 "산학협력의 필요성"과도 상당히 거리가 먼 부처이다.

따라서 저자는 특허관리 및 기술이전·사업화 분야에서 순수한 amateur인 교육부가 무리하게 입안한 후 시행하고 있는 '산학연협력촉진법'과, 상기 amateur 법령에 의하여 국내 대부분의 대학교에 설립된 (구)연구처/(현)산학협력단과 그 하부조직인 TLO 사이의 연결 고리야말로 국내 대학교의 효율적 특허관리·기술이전에 가장 큰 걸림돌이었다고 확신한다. 따라서 대학교수, 대학교는 물론 국가를 위해서도 교육부가 주무부처인 '산학연협력촉진법'은 어떤 형태로든 개정되어야만 하며, 그 동안 산학협력단의 하부조직으로서 관리 위주의 수동적 업무를 담당해온 TLO 역시 특허관리, 기술이전·사업화를 통한 수익 창출에 걸맞도록 변하고 거듭나야만 한다.

(7) 국내 대학교·연구소 TLO 개선 방향 ≡ 폐쇄성 극복을 통한 개방 및 경쟁 도입

설령 '산학연협력촉진법'이 교육부 또는 타부처에 의하여 개정된다하더라도 국내 대학교 산학협력단의 하부조직인 TLO가 원활히 운영되고, 특허관리와 기술이전·기술사업화가 효율적으로 진행된다는 보장은 없다. 왜냐하면 TLO는 각 대학교의 직무발명에 대한 특허관리, 기술이전·사업화 업무를 독점해 왔으므로, 유관 업무를 수행하는 타기관·타부서와 비교된 적도 없을 뿐만 아니라, 실질적 문제점조차 제대로 파악된 적이 없기 때문이다. 따라서 '산학연협력촉진법'이 개정되더라도 이의 운영 주체인 TLO가 환골탈태(換骨奪胎)하지 않는 한, TLO가 (구)연구처/(현)산학협력단의 하부조직으로서의 한계를 탈피하고 기술이전·사업화를 통한 수익 창출을 효율적으로 추구할 수 있는지는 미지수이다.

위에서 설명한 국내 대학교 산학협력단의 하부조직인 "대학교 TLO"의 문제점들은 불행하게도 많은 국내 국공립 연구소의 연구 관리조직의 하부조직인 "연구소 TLO"에도 대동소이하게 존재하리라 생각된다. 단 대부분 국공립 연구소의 기술이전 수익은 국내 대학교의 실적을 상회한다.[55] 특히 국공립 연구소의 대표주자인 'E' 연구소는 국내 최고의 기술이전 실적을 자랑하며, 이러한 실적은 해외 유수 연구소와 비교해도 손색이 없을 정도이다. 또 다른 국공립 연구소인 'K1' 및 'K2' 연구소의 경우 기술이전 실적은 'E' 연구소 수준에까지 미치지는 못하지만 탄탄한 조직력을 바탕으로 전문성을 강화하는 중인 것으로 생각된다.

하지만 이와 같은 국공립 연구소의 선도 TLO가 존재함에도 불구하고, 대부분의 국공립 연구소의 기술이전 실적은 국내 대학교의 기술이전 실적과 유사하다. 따라서 아래에서는 국내 대학교의 (구)연구소/(현)산학협력단은 물론 위에서 설명한 'E' 연구소 및 "K1, K2" 연구소를 제외한 국공립 연구소의 연구 관리조직을 모두 "관리조직"이라고 통칭하며, 현재의 문제점을 개선할 수 있는 방안을 제안한다. 미리 요약하면 저자는 국내 대학교·연구소의 관리조직을 개선하기 위해서는 '개방'을 통한 "경쟁 도입"이 필수이며, 이를 실천하는 방안으로는 "파괴적 혁신"이 최선이라고 제안한다.

(ㄱ) '개방'의 당위성

위에서 설명한 국내 대학교·연구소 관리조직의 문제점을 해결할 수 있는 가장 효과적 방안은 바로 '경쟁'의 도입이다. 또 이를 위한 선결 조건은 바로 TLO의 '개방'이다.

교육부가 초·중·고등학교는 물론 대학교·대학원의 학사 관리에 대한 독점권을 보유하듯, 교육부는 국내 대학교의 (구)연구처/(현)산학협력단의 관리 및 국내 국공립 연구소에서 근무하는 대학교수나 연구원이 착상한 발명에 관한 특허관리·활용에 대한 결정

---

55) 국내 국공립 연구소의 기술이전 실적이 유사한 규모의 국가 R&D 사업을 수행하는 국내 대학교보다 우수한 데에는 여러 가지 이유가 있겠지만 그 중 가장 핵심적인 이유는 국내 연구소가 국내 대학에 비하여 더 많은 정부 R&D 산학과제를 수행한다는 사실이다. 즉 국공립 연구소가 수행하는 과제 자체가 산업체가 필요로 하는 기술인 경우가 많은 반면 기초 연구의 비중이 적기 때문에, 연구소가 수행하는 국가 R&D 사업 결과물의 기술이전이 더 용이하지 않을까?

권도 가진다. 이러한 이유로 국내 대학교·연구소에서 창출되는 발명·특허에 관한한 상기 관리조직은 기관의 유일무이한 부처로서 막강한 영향력을 보유한다. 바꾸어 말하면 대부분의 경우 상기 관리조직을 통하지 않고는 그 어떤 대학교수나 연구원도 특허를 출원·등록할 수 없음은 물론 그 누구도 상기 관리조직의 동의 없이는 대학교·연구소가 보유한 특허를 활용할 수 없다.

또한 특허관리·활용을 통한 상기 관리조직의 수익이 10억 원일 경우, 이 금액이 훌륭한 업적인지 아닌지 확인하기도 몹시 어렵다. 즉 대학교·연구소가 보유한 특허의 가치 및 이에 대한 R&D 투자를 비교하였을 때, 10억 원이라는 수익이 훌륭한 업적인지, 최소한의 업적인지, 아니면 자신의 능력에 비하면 1/10 또는 1/100에 불과한 미미한 실적인지 평가하기도 어렵다는 말이다. 이뿐만이 아니다. 상기 관리조직 역시 자신이 본연의 임무인 특허관리·활용에 열중하건 안하건 타인이 이를 확인할 수 방법이 전무함을 인지한다. 따라서 상기 관리조직의 입장에서는 외부에 대한 노출을 최소화함과 동시에 타인이 확인하지 못하도록 폐쇄성을 강화하려는 incentive를 가질 수도 있다.

(ㄴ) 파괴적 혁신의 당위성

결론적으로 국내 대학교·연구소의 TLO가 개선되기 위해서는 상기 관리조직의 '폐쇄성'을 극복해야 하며, 저자는 이를 위한 선결 조건은 상기 관리조직으로부터의 TLO의 '개방'이라고 강력히 주장한다. 특히 표 11-2에서 설명한 바와 같이 정부가 국가 R&D 사업으로 매년 10조 원 이상을 투자하고 있는 현실에서 국내 대학교·연구소의 TLO가 자신의 설립 목적인 특허관리·활용을 효율적으로 수행하기 위해서는 혁신적 조치가 필요함은 자명하다. 따라서 저자는 국내 대학교·연구소의 TLO가 특허관리 및 기술이전·사업화에 관한한 전적으로 amateur인 교육부가 입안한 '산학연협력촉진법' 및 동법에 근거하여 대학교 산학협력단 또는 연구소 연구 관리조직의 수동적 하부조직이라는 현재의 입지를 탈피할 수 있는 "파괴적 혁신"이 필수라고 생각한다.[56]

56) 정상조, 심영택, "연구 성과 창출확산 시스템 선진화 추진방안에 대한 연구 (제3장 성과이전 활성화를 통한 시스템 선진화)," 교육과학기술부 (2010.07.13).

이러한 "파괴적 혁신"의 첫 번째 방안이 바로 제11장의 4-다절 제6항 (ㄹ) "범법 행위를 적법 행위로 전환하는 해결책"에서 제시한 바 있는 대학교·연구소의 TLO와 외부 민간 전문가 사이의 무한협업(또는 관점에 따라 무한경쟁)이다. 즉 TLO는 직무발명의 소유권, 특허관리 및 상기 특허의 기술이전·사업화에 의한 수익의 일정 부분은 보장받되, 대학교수·연구원이 자신의 직무발명을 활용할 주체를 소속 기관의 TLO 또는 외부 전문가 중에서 일정 기준에 따라 선택할 수 있도록 보장하는 방법이다. 이에 따라 유능한 외부 전문가는 합당한 보상을 보장받으며 적극적으로 대학교수·연구원이 창출한 우량 발명을 우량특허로 재창출한 후 수익 창출을 추구할 수 있다. 또한 TLO 역시 외부 전문가와 협업(또는 경쟁)하며 고객(즉 대학교수나 연구원)을 유치하기 위하여 전문성을 지닌 유능한 인력을 보강하고 더욱 전향적인 전략을 구사하는 방향으로 진화할 수 있다.

(8) 연구처의 중요성 vs. 국내 대학교·연구소 TLO 개선의 당위성

앞서 지적하였지만 재정의 대부분을 학생들이 납입하는 등록금과 외부 연구비로 충당하는 국내 대학교에 있어서 연구처는 대학 행정의 중추조직에 해당한다. 또한 연구처가 전적으로 담당해온 연구과제 체결, 연구비 정산 및 회계 관리는 대학교 행정의 '밥줄'이라 할 수 있으며, 연구처의 또 다른 주요 업무인 대학교의 시설 관리 및 운영 역시 대학교가 교육과 연구를 정상적으로 수행하기 위한 '필수' 업무이다. 따라서 국내 대학교는 오래 전부터 연구처를 설치하였으며, 상기 업무를 효율적으로 수행하기 위한 인력을 연구처에 배치하고, 이를 위한 infra를 구축해왔다.

이러한 연구처에 행정상의 문제를 야기한 주범이 바로 교육부가 2003년 5월 충분한 준비 없이 입법화한 「산업교육진흥 및 산학연협력촉진에 관한 법률」이다. 아무리 객관적으로 보더라도 "혁신을 통한 수익 창출"이라는 개념에 생소할 뿐만 아니라 부처의 업무 상 "산학협력의 필요성"을 절감할 수 없는 교육부와 "business mind"로 추진해야만 하는 특허관리, 기술이전·사업화는 서로 합치될 수 없다. 또한 교육부의 인력과 조직은 상기 분야에 대해서는 완전히 문외한이다. 더 나아가 "인허가 및 관리"라는 교육부 고유의 속성과 특허관리, 기술이전·사업화는 180° 상이한 분야이다.

그럼에도 불구하고 교육부는 (구)연구처를 '산학협력단'이라고 개명하고, '산학협력단'의 임무에 (구)연구처 고유의 임무는 물론 특허관리, 기술이전·사업화라는 막중한 임무도 끼워 넣으며, 이를 담당해야 할 조직인 TLO를 '산학협력단'에 하부조직으로 귀속시키고 말았다. 그 결과 발명·특허의 창출을 담당하며 business mind에 입각하여 수익을 창출해야 할 국내 대학교·연구소의 TLO는 대부분의 경우 우량 발명도 충분히 불량특허로 양산할 수 있는 관리조직으로 변질되고 말았다.

저자가 전망하건대 국내 대학교·연구소의 TLO를 교육부 법령인 '산학연협력촉진법'의 영역에 방치하는 한, 대부분의 국내 대학교·연구소에서 창출되는 발명의 대부분은 절대로 우량특허로 재창출될 수 없으며, 이를 통한 수익 창출은 저조한 수준을 벗어날 수가 없다. 이는 국내 대학교수나 연구원의 발명에 대한 열정과 의욕을 감소시켜 국내 대학교·연구소에도 피해를 줌은 물론 대한민국에 악순환적 특허생태계가 고착화되는 데 일조할 것으로 확신한다. 그 결과 21세기 지식기반시대의 대한민국이 보유한 우량특허의 양도 줄어들어 국가적 차원에서도 큰 피해를 유발할 것이 자명하다.

따라서 더욱 근본적인 질문을 던져본다. 위의 제6항에서 설명하였듯이 '산학연협력촉진법'에 의하면 범법인 행위가 현실적으로 애국행위가 될 수 있다면 이는 범법자가 문제일까, 아니면 법이 문제일까?

당연히 법이 문제이다. 국회는 국민의 복지를 증진하고 국가 이익에 부합하는 법률을 제정하는 동시에, '산학연협력촉진법'과 같이 국민의 복지 및 국가 이익에 부합되지 않는 법조항을 개정 또는 폐지하기 위하여 존재하는 기관이다. 그렇다면 대한민국 국회가 대부분의 국내 대학교 TLO가 특허관리, 기술이전·사업화를 제대로 수행하지 못하는 이유를 인지하고 이를 극복할 수 있는 전향적 대응 방안을 제시하는 데에 얼마나 시간이 필요할까? 과연 21세기 지식기반시대가 종료되기 전까지는 대한민국 국회가 전향적 대응 방안을 제시할 수 있을까?

라. 국내 대학교·연구소의 교수·연구원의 전략

앞서 설명한 바와 같이 국내 대학교·연구소의 TLO에는 태생적 한계가 존재한다. 즉 대부분 국내 TLO의 정규직원들은 연구 관리, 회계 및 연구비 정산에는 전문가이지만 특허관리·활용에는 문외한이라는 한계이다. 이에 따라 대부분 국내 대학교·연구소의 TLO는 관리 전문가의 관리 mind에 의하여 운영되며, 수익 창출을 최종 목적으로 하는 기술이전과 사업화에 필수적인 전문가의 영업 mind는 상대적으로 결여되고, 돈을 찾아 빛나야할 이들의 눈은 선하게 보일 뿐이다.

또한 국내 대학교·연구소의 TLO에는 구조적 한계도 존재한다. 즉 대부분의 TLO는 특허관리·활용과는 무관한 교육부가 입안한 '산학연협력촉진법'에 따라 설립된 대학교의 산학협력단 또는 연구소의 연구관리 조직의 하부조직에 불과하다는 한계이다. 또한 국내 대학교·연구소의 TLO 책임자 역시 순환보직 제도에 따라 대학총장이나 연구소장이 전임교수나 전임연구원 중에서 선발하며, 임기도 2년 정도에 불과하다. 따라서 극히 예외적인 경우를 제외하고는 대부분 특허관리·활용 분야의 전문성이 취약한 TLO 책임자에게 2년이라는 기간은 짧아도 너무 짧은 기간일 수밖에 없다.

국내 대학교·연구소의 TLO의 목적은 분명히 교육도 아니고 연구도 아니다. 오히려 TLO의 목적은 특허관리·활용을 통한 수익 창출이다. 이러한 관점에서 보면 현재와 같이 외부 전문가에게 폐쇄되어 있는 대부분의 TLO가 대학교수·연구원의 직무발명과 특허에 대한 효율적 특허관리, 기술이전·사업화를 효율적으로 수행하고 있다고는 생각되지 않으며, 가까운 장래에 이러한 TLO의 문제점이 해결되리라고 생각되지도 않는다.

그렇다면 근본적 의문을 던지지 않을 수 없다. 과연 현재와 같이 산학협력단의 하부조직 또는 연구비 관리조직의 하부조직으로 설립된 국내 대학교·연구소의 TLO는 과연 존재할 필요가 있는 조직인가?

왜냐하면 국가적 관점에서 보았을 때 교육부가 주무부처인 '산학연협력촉진법'에 따라 대학교 산학협력단의 하부조직으로 설립된 TLO가 특허관리·활용 분야의 전문성이나 효율성에서 민간 전문가보다 열등할 수밖에 없다면, 과연 이러한 TLO라는 조직이 존재해야만 하는지에 대해서도 재고할 필요가 있기 때문이다. 특히 제도적으로 국내 대학교·연구소가 자신이 보유한 특허의 기술이전·사업화를 외부 전문가에게 위임하고 외부 전문가가 창출하는 수익의 일정 부분을 보장받을 수만 있다면, 굳이 국내 대학교·연구소가 TLO라는 별도의 관료화된 관리 조직을 운영할 필요도 없다는 주장도 설득력을 얻을 수 있기 때문이다. 더 나아가 현실적으로 국내 대학교·연구소의 TLO가 오히려 민간 전문가에 의한 특허관리 및 기술이전·사업화에 장애를 초래하는 조직이라면, 국가적 관점에서도 교육부가 입안한 '산학연협력촉진법'에 따라 대학교의 산학협력단 또는 연구소의 연구비 관리조직의 하부조직으로 설립된 TLO의 존재 자체를 정당화하기도 어려울 수도 있다.

이에 대한 국내 대학교·연구소의 산학협력단과 TLO의 줄기찬 항변은 "교수와 연구원에 대한 보호"이다. 즉 세상 물정에 밝지 못한 국내 대학교·연구소의 교수나 연구원들이 민간 전문가와 기술이전·사업화를 협의하는 과정에서 편파적으로 불리한 조항들이 숨겨진 계약서에 서명하여 손해를 본다거나, 심한 경우 사기를 당할 수도 있다는 주장이다. 따라서 이러한 불상사를 방지하기 위해서라도 국내 대학교·연구소 내부에 TLO와 같은 조직을 설치하여 특허관리 및 기술이전·사업화를 전담토록 하는 동시에 대학교수와 연구원들을 보호하자는 주장이다.

물론 이는 현실적으로 합당한 항변이며, 실제로 이러한 피해를 입은 대학교수·연구원들도 많이 있다. 하지만 일부 비양심적인 민간 전문가로부터 대학교수·연구원들을 보호하기 위하여 만든 조직인 TLO가 양심적인 민간 전문기관보다 전문성, 효율성에서 뒤떨어진다면 이는 분명 큰 문제이다. 또한 이러한 TLO가 상부조직 때문에 수익 창출은 뒷전으로 미뤄놓고 관리 위주의 행정으로 편향 운영됨으로써 민간 전문가에 의한 특허관리 및 기술이전·사업화에 장애가 되는 조직이라면 이는 심각한 문제라 할 수 밖에 없다.

그렇다고 오늘 당장 '산학연협력촉진법'을 폐지하거나 개정할 수도 없는 일이며, 내일이 되면 저절로 국내 대학교·연구소 TLO의 경쟁력이 강화될 리도 만무하다. 그렇다고 TLO를 폐지하는 대신 교육과 R&D에만 매진하는 대학교수·연구원들 모두에게 기술이전 관련 계약법을 교육할 수도 없을 뿐만 아니라, 기술사업화를 위한 business mind를 심어줄 수는 없다. 이 모두 현실적으로도 불가능하다. 따라서 작금의 국내 대학교·연구소에는 어떤 형태로든 TLO가 필요하다. 단 앞서 설명한 바와 같이 "파괴적 혁신"을 통하여 개방을 유도함으로써 대학교·연구소의 TLO가 민간 전문가에 버금가는 경쟁력을 가질 수 있도록 유도해야만 한다. 왜냐하면 대학교·연구소 TLO의 폐쇄성을 극복할 수 없을 뿐만 아니라 "파괴적 혁신"을 통하여 대학교·연구소 TLO의 역량을 획기적으로 향상시킬 수 없다면, 어쩌면 대학교·연구소 TLO는 영원히 21세기 지식기반시대의 대한민국 대학교수·연구원, 대학교·연구소는 물론 국가의 선도적 조직으로 발돋움할 수 없기 때문이다.

그렇다면 국내 대학교·연구소의 TLO가 경쟁력을 갖추는 동안, 직무발명의 효율적 관리 및 기술이전·사업화를 통하여 수익을 창출하기를 원하는 국내 대학교·연구소의 대학교수·연구원이 할 수 있는 일은 없을까? 물론 있다. 대학교수·연구원은 직무발명과 직무특허에 대한 유동성을 증가시킴으로써 외부 전문가가 자신의 직무발명과 특허를 이용한 기술이전·사업화에 참여하도록 도모해야 한다. 이를 위해서 대학교수·연구원은 국회가 특허관리, 기술이전·사업화를 주요 업무로 하는 TLO를 (구)연구처/(현)산학협력단이나 연구관리 조직의 하부조직으로 규정한 '산학연협력촉진법'을 개정하도록 노력해야만 한다.

하지만 국내 대학교·연구소의 발명가들이 국회가 동법을 개정할 때까지 기다릴 수만은 없다. 왜냐하면 21세기 지식기반시대의 대한민국 국회에서 특허의 중요성을 이해하는 의원은 그리 많지 않기 때문이다. 또한 앞서 설명한 파괴적 혁신 방안들은 국내 대학교·연구소 내부 규정을 다듬는 정도만으로도 조속한 실현이 가능하기 때문이다. 따라서 저자는 국내 대학교수·연구원들에게 소통 전략 및 자신이 속한 기관의 TLO의 개방을 유도하는 동시에 직무발명의 유동성을 증진시킬 수 있는 "파괴적 혁신" 전략을 제안한다.

(1) 소통을 통한 전략

그렇다면 파괴적 혁신을 통하여 국내 대학교·연구소 TLO의 선천적 폐쇄성을 제거하는 동시에 TLO가 보유한 특허의 유동성을 증진시키기 위하여 국내 대학교의 교수 및 국공립 연구소의 연구원과 같은 발명가가 담당해야할 과업은 무엇일까?

우선 국내 대학교·연구소의 교수와 연구원의 대내적 노력이 필요하다. 즉 대학교수·연구원은 자신이 속한 대학교의 총장이나 연구소 소장과 부단한 대화를 가지며 이들에게 우량특허 창출의 중요성을 이해시켜야 하며, 특허의 기술이전·사업화를 통한 수익 창출을 위하여 TLO의 개방을 유도하는 동시에 보유 특허의 유동성을 증가시키도록 설득하여야 한다. 특히 대학교수는 대학본부의 (구)연구처/(현)산학협력단 및 그 하부조직인 TLO의 반대를 무릅쓰고서라도 외부 민간 전문가가 자신의 직무발명을 활용할 수 있는 현실적 통로를 구축해야만 한다. 하지만 상기 통로는 내부 결재가 우선적으로 이루어져야만 구축이 가능하기에, 대학교수·연구원은 최고경영자에게 이를 납득시킬 필요가 있다.

(2) 유동성 확보를 위한 "폭풍신고 (暴風申告) 전략"

물론 국내 대학교·연구소의 교수·연구원들이 총장·연구소장에게 우량특허 창출의 중요성에 대한 설득에 실패할 수도 있다. 또한 대학교수·연구원들이 TLO의 반대를 극복하지 못할 수도 있다. 그렇다고 대학교수·연구원들이 TLO의 개방을 요구하며 자신이 착상한 직무발명을 외부 전문가가 활용할 수 있도록 도모하는 대안이 아주 없는 것은 아니다. 이에 저자는 우리 TLO가 선진화되기 전까지 국내 대학교·연구소의 교수·연구원들에게 TLO가 감당할 수 없을 정도의 다량의 직무발명을 신고하는 전략을 제안한다. 즉 직무발명의 유동성을 획기적으로 제고하는 "폭풍신고 전략"이다.

어차피 대부분의 대학교·연구소 TLO는 (구)연구처/(현)산학협력단 또는 연구소의 연구 관리조직이 할당하는 제한된 특허출원 예산으로 특허를 관리할 수밖에 없다. 따라서 국내 대학교·연구소의 발명가들이 "폭풍신고 전략"을 활용할 경우, 이들이 신고한 직무발명 중 최소한 일부는 민간으로 유통될 수밖에 없으며, 이에 따라 직무발명·직무특허의 유동성이 획기적으로 증진될 수 있다.

그렇다면 보다 근본적인 질문이 생긴다. 과연 직무발명의 "폭풍신고 전략"이 통하기는 할까? 이를 위하여 "폭풍신고 전략"의 현실성을 살펴보기 위하여 국내 대학교·연구소의 교수·연구원들이 폭풍이 밀려오듯 수많은 직무발명을 자신이 속한 기관의 TLO에 신고하였다고 가정하자.

대부분 국내 대학교·연구소의 TLO는 현재의 예산으로는 이들을 모두 특허로 출원·등록할 수 없다. 그렇다면 "폭풍신고 전략"에 대한 TLO의 현실적 대응책은 무엇일까? 우선 TLO는 발명진흥법 제13조 제1항에 따라 발명가들이 신고한 직무발명을 모두 승계하리라 예상된다.[57] 하지만 지금까지도 제한된 예산으로 허덕여온 대부분의 TLO는 자신이 승계한 모든 직무발명을 특허로 출원할 수 없으므로, 자신이 승계한 직무발명 중 일부만을 특허출원하는 한편 나머지는 특허출원도 못한 채 발명신고서 상태로 보유할 수밖에 없다.

그렇다면 자신이 TLO에 폭풍신고한 직무발명이 국내특허로도 출원되지 않고, 실질적으로 폐기되는 상황을 목도하는 국내 대학교·연구소의 교수·연구원의 현실적 대응책은 무엇일까? 우선 국내 대학교수·연구원은 자신이 TLO에 신고하였으나 TLO가 특허출원하지 못한 직무발명에 대하여, 소유권은 TLO가 계속 보유하되 상기 발명을 이용한 수익 창출에 성공할 경우 수익의 일부를 TLO에게 지급한다는 조건 하에 상기 발명에 대한 특허관리·기술이전·사업화에 대한 권한을 발명가에게 허여하도록 요구할 수 있다. 이러한 요청을 받은 TLO가 이를 거절할 근거는 매우 빈약하다. 특히 발명가가 폭풍신고한 직무발명이 국가 R&D 과제의 결과물인 반면 TLO는 이를 국내특허도 출원하지 않고 발명신고서 상태로 보유한다면, 이는 국가 예산은 물론 국민의 세금을 사용하여 이룩한 성과물의 폐기와 마찬가지라는 비난을 받을 수도 있기 때문이다.

따라서 대학교·연구소의 발명가가 TLO가 거절할 수 없는 조건을 제시할 경우 TLO는 이를 수용할 수밖에 없으리라고 생각된다. 그 결과 국내 대학교·연구소의 교수·연구원들은 TLO의 개방을 유도함으로써 자신이 착상한 직무발명을 외부 전문가가 활용할 수 있는 유동성을 확보하게 된다.

(3) 국가 이익과도 합치하는 "유동성 확보"

앞서 설명한 "폭풍신고 전략"은 궁극적으로 국내 대학교·연구소의 발명가들은 물론 이들이 속한 대학교·연구소 TLO에게도 win-win 전략이 될 수 있다. 우선 TLO는 발명

57) 발명진흥법 제13조 제3항에 의하면 국내 대학교·연구소의 TLO가 종업원이 신고한 직무발명에 대하여 승계 여부를 통지를 받은 날부터 4개월 이내에 문서로 알리지 않을 경우 상기 직무발명은 개인발명이 되며, 이러한 경우 대학교·연구소는 상기 개인발명에 대한 통상실시권도 보유하지 못한다. 따라서 발명가가 아무리 많은 직무발명을 신고하더라도 TLO는 일단 모든 직무발명을 승계하겠다고 통고할 수밖에 없다.

가의 합리적 제안을 거절할 명분이 없다. 왜냐하면 상기 직무발명·직무특허에 대한 소유권은 여전히 TLO가 소유하며, 상기 발명의 활용에 대한 가장 큰 걸림돌인 특허 비용의 일부나 전부를 발명가 자신이 감당하기 때문이다. 이뿐만이 아니다. 발명가가 기술이전·사업화에 성공하면 발명가는 수익의 일부를 TLO에 지급하므로, TLO는 별도의 노력 없이 수익을 창출할 수 있다. 따라서 대부분의 TLO는 직무발명을 승계한다는 도장만 찍고도 운 좋을 경우 기술료 수익을 창출할 수 있는 발명가의 제안을 받아드리리라고 생각된다.

이러한 “폭풍신고 전략”을 실행하는 국내 대학교·연구소의 발명가 역시 특별히 손해볼 일은 없다. 우선 TLO가 특허출원하지 않은 발명이 불량 발명일 경우, 대학교·연구소의 발명가는 굳이 이를 개인 발명으로 양수하여 특허출원할 필요가 없다. 반면 TLO가 특허출원하지 않은 발명이 실질적인 우량 발명일 경우, 대학교수·연구원은 이를 양수한 후 유능한 변리사에게 정당한 수임료를 지급함으로써 상기 우량 발명을 우량 국내특허는 물론 전략적 주요국에서도 우량 해외특허로 출원·등록할 수 있다. 따라서 이러한 우량특허를 유능한 민간 활용 전문가가 global market을 대상으로 전향적, 전략적으로 기술이전·사업화를 추구할 경우 더 큰 수익을 창출할 가능성이 높아진다.

물론 대학교·연구소의 발명가가 자신이 착상한 불량 발명을 우량 발명으로 오판하고, 이를 전략적 주요 국가에서 특허출원하는 동시에 이를 사업화하기 위하여 투자를 받거나 은행대출을 받는 경우도 발생할 수 있다. 이 경우 발명가는 개인적으로 손해를 보게 되며, 이는 국가적으로도 큰 손해이다. 하지만 특허 활용은 “high risk business”인 동시에 성공할 경우 투입 금액의 수백~수만 배의 수익 창출도 가능한 “high return business”이기도 하다. 따라서 대학교수·연구원이 유능한 외부 전문가와 신중하면서도 전향적인 전략을 수립하고 수익 창출을 추구할 경우, 이는 국가적으로 이익이 될 수 있다. 저가의 수임료로 우량 발명도 불량특허로 만드는 경우에 비하면 이는 확실한 이익이다.

또한 이러한 “폭풍신고 전략”은 국내 특허활용 전문가들에게도 global market에 진출할 수 있는 경쟁력을 키우는 데 큰 도움이 된다. 아무리 국내기업이 우량특허를 다량 보유하고 있더라도 이러한 특허들은 국내 특허활용 전문가들에게는 대부분 “그림의 떡”이다. 왜냐하면 global market에서 통할 수 있는 우량특허는 대부분 국내기업이 현재 실시하고 있는 기술일 가능성이 높기 때문이다. 또한 국내 유수 대기업들이 다량의 외국특허를 보유하고 있지만, 이들은 사내 기술이전조직을 보유한 경우가 대부분이므로 국내 특허활용 전문가들과 국내 유수 대기업들 사이의 협업은 현실성이 높지 않은 상황이다. 하지만 국내 대학교·연구소의 경우는 다르다. 왜냐하면 대학교·연구소의 특허는 아직 구현되지 않은 미지의 기술이기는 하지만 활용 측면에서는 굉장히 유동적인 경우가 대부분이기 때문이다. 따라서 국내 특허활용 전문가들이 대학교·연구소의 우량특허를 직접 활용하거나 대학교수·연구원의 우량 발명을 우량특허로 재창출하여 활용할 경우 상당한 규모의 수익 창출은 물론 이러한 과정을 통하여 자신의 국제 경쟁력도 함양할 수 있게 된다.

이에 더하여 "폭풍신고 전략"은 국내기업에게도 win-win 전략이다. 왜냐하면 국내 대학교·연구소에서 창출된 우량 발명이 전략적 주요 국가에서 우량특허로 창출될 경우, 국내기업은 국내에서 우량특허를 매입할 수 있게 되며, 그 결과 국내기업이 직접 해외 특허시장에서 해외 기관이 소유한 우량특허를 달러를 지불하며 매입해야만 하는 수고를 덜 수도 있기 때문이다. 또한 국내기업이 해외에서 우량특허를 매입하는 경우에는 대부분 매입 대금을 현찰로 지불해야하지만, 국내기업이 국내 대학교·연구소로부터 우량특허를 매입할 경우에는 일정 부분을 연구비로 지급하거나, 대학교수 발명가가 지도한 졸업생을 직원으로 채용하는 등과 같이 매입 대금을 지불할 수 있는 방법도 다양하다.

더더욱 "폭풍신고 전략"은 국가적으로도 win-win 전략임에 틀림없다. 우선 정부는 매년 국민의 세금 중 10조원 이상을 국가 R&D 사업으로 국내 대학교·연구소에 지원하고 있다. 따라서 정부 입장에서도 국가 R&D 사업의 성과물이 전향적·전략적 기술이전·사업화를 통하여 더 큰 수익을 창출하는 만큼 중요한 성과는 없다. 또한 국내에서 창출된 우량 발명이 국내 특허출원 전문가에 의하여 전략적 주요 국가에서 우량특허로 등록되고, 국내 특허활용 전문가에 의하여 상기 우량특허를 수출하여 외화를 획득하거나 또는 상기 우량특허를 국내기업이 매입함에 따라 외화 유출을 방지하는 동시에 만성적 기술료 적자 현상을 탈피할 수 있다면 금상첨화이다.

사실 국가적 관점에서 보았을 때 더 많은 외화가 국내로 유입되어 수익이 창출될 수 있다면 또는 외화의 국외 유출을 줄이는 방법으로 수익이 창출될 수 있다면, 상기 수익의 분배에 대한 detail은 크게 중요하지 않을 수도 있다. 즉 국내 대학교·연구소가 상기 수익 중 더 많은 부분을 가져가건, 국내 대학교수·연구원이 더 많은 부분을 가져가건, 아니면 국내의 특허출원 전문가, 특허활용 전문가가 더 많은 부분을 가져가건 상관없이, 외화 획득의 증가 또는 외화 유출의 감소는 국가적 차원에서는 확실히 이익이기 때문이다.

따라서 국가적 차원에서도 특허관리 및 기술이전·사업화 분야의 amateur에 불과한 교육부가 주무 부처인 '산학연협력촉진법'은 국가 이익에 반하므로 당연히, 반드시 개정해야만 할 대상으로 분류되어야 한다. 특히 '산학연협력촉진법'에 의하여 명칭만 '산학협력단'으로 변경한 (구)연구처의 하부조직인 국내 대학교의 TLO 및 국공립 연구소 연구관리 부처의 하부조직인 TLO가 국가 R&D 사업 결과물의 특허관리나 기술이전·사업화에 장애가 된다면, 동법의 개정은 물론 국내 대학교·연구소의 TLO를 수익 창출을 목표로 하는 민간 영리조직으로 재구축해야만 할 원천적 당위성도 존재한다.

물론 위에서 설명한 "폭풍신고 전략"은 절대 완벽한 전략이 아니다. 오히려 나름대로의 단점이나 제한점도 있다. 왜냐하면 국내 대학교·연구소의 발명가들이 어느 날 갑자기 평소보다 세 배나 많은 분량의 직무발명을 착상할 수는 없기 때문이다. 따라서 상기 전략의 기본은 국내 대학교·연구소의 발명가들이 양질의 발명과 이의 변형 또는 경우에 따라서는 가치 없는 발명을 자신이 속한 기관의 TLO에 무차별적으로 신고할 수 있는 능력을 보유하였다는 가정에 기초한다.

사실 저자도 서울대학교 TLO에서 근무한 경험이 있고, 국내 대학교·연구소의 TLO에서 근무하며 열과 성을 다하는 특허관리 및 기술이전·사업화 전문가들과 개인적 친분은 물론 협조 관계를 유지하고 있다. 따라서 비효율적이며 무모할 정도로 과격한 "폭풍신고 전략"을 제안하는 저자의 마음 역시 절대로 편하지는 않다. 하지만 저자가 이러한 과격한 전략을 제안하는 이유는 바로 지나치게 관료주의적으로 치우친 대부분 국내 대학교·연구소의 산학협력단 및 연구 관리조직의 하위 조직인 대학교, 연구소의 TLO가 교육부가 주무 부처인 '산학연협력촉진법'의 한계를 자발적으로 벗어날 수 있는 '힘'이 없다고 생각하기 때문이다.

결국 국내 대학교·연구소 발명가의 우량 직무발명이 아무도 모르는 사이에 권리범위가 협소한 불량특허로, 그것도 5대양 6대주에서 공짜로 쓸 수 있는 국내에만 출원·등록된 특허로 전락하는 바람에, 상기 발명이 global market을 호령하는 원천특허로 전환될 수 있었던 기회를 놓친 경우가 그 동안 얼마나 많았을지는 아무도 모른다. 이러한 불행한 사태를 지금부터라도 조금이라도 방지하고, 우량 발명을 우량특허로 재창출하여 더 많은 수익을 창출하려면, 조속히 국내에 선순환적 특허생태계를 구축해야만 한다.

따라서 국내 대학교·연구소의 발명가들은 대한민국 국회가 '산학연협력촉진법'을 개정하거나 교육부가 동법을 다듬어주기를 기다릴 수만은 없다.[58] 과거의 경험으로 보았을 때 대한민국 국회가 자발적으로 국가 이익을 위하여 전향적 법안을 입법한 선례는 매우 드물기 때문이다. 따라서 저자 역시 위에서 자인한 바와 같이 비효율적일 수도 있고 과격하고 무모할 수도 있지만, 국내 대학교·연구소의 발명가들은 "폭풍신고 전략"을 내일부터라도 실행하도록 강력히 제안한다. 왜냐하면 국내 대학교·연구소의 발명가들의 행동이야말로 가장 빠를 뿐만 아니라 파급력도 가장 확실한 방법이기 때문이다.

마. 수익 창출을 추구하는 "독립 TLO"의 구축

궁극적으로 국내 대학교·연구소의 발명가들이 창출한 우량 발명을 우량특허로 변환하고 효율적으로 기술이전·사업화를 실행하여 수익을 창출하려면 TLO 직원들이 수익 창출에 눈이 벌게지도록 (즉 돈독이 오르도록) TLO를 수익 창출에 전념하는 조직으로 독립시켜야 한다. 따라서 특허관리, 기술이전·사업화에서는 완벽한 amateur이며, "특허·수익 창출"이라는 개념 자체와 거리가 먼 교육부로부터 국내 대학교·연구소의 TLO를 영원히 분리시키고 독립시켜야 한다.[59]

58) 박근혜 정부가 들어서면서 대학교 및 출연연구소의 TLO에 대한 관리 및 지원은 교육부로부터 미래창조과학부로 이관되었다. 하지만 아직도 대학교 및 출연연구소 TLO 및 지주회사의 설립 근거는 '산학연협력촉진법'이다.

59) 국내 대학교의 산학협력단의 하부조직인 TLO를 독립시키고 연구소의 연구관리 조직으로부터 TLO를 독립시킬 수 있는 다양한 방법 중 하나는 현재 서울대학교에서 진행되고 있는 바와 같이 대학교 TLO를 대학교 기술지주회사에 병합시키는 방법이다. 참고로 2014년 12월 현재 대학교 기술지주회사는 한양대, 서울대 등 전국 32개 대학교에 설립되어 있다. 이에 대한 자세한 내용은 아래 URL 참고 (2015.02.28 최종 확인):http://www.kath.or.kr/html/info_02.php?page=1

그리고 독립된 TLO에는 특허관리·활용 분야의 민간 전문가들을 영입하여 치열하게 수익 창출을 추구하도록 유도하여야 한다. 왜냐하면 정부가 국민의 세금을 투자한 국가 R&D 사업의 결과물을 기술이전·사업화를 통하여 수익을 창출하는 데 있어서 국내 대학교·연구소 TLO의 역량이 민간 전문가보다 현저히 떨어진다면, TLO의 존재 의의를 정당화할 수 없기 때문이다. 따라서 국내 대학교·연구소에 수익 창출이 목적인 TLO를 설립하였다면 당연히 최소한 민간 전문가에 필적할만한 역량을 보유한 조직으로 운영해야 한다.

그렇다면 교육부, 대학교의 산학협력단 및 국공립 연구소의 연구관리 조직으로부터 독립된 대학교·연구소의 TLO의 임직원들은 어떻게 선발할까? 당연히 특허관리·활용에 전문성을 보유한 민간 전문가들을 대학교·연구소의 TLO에 영입해야만 한다. 하지만 이러한 전문가들을 영입하려면 이에 합당한 상당한 보수를 지급해야만 한다.

그렇다면 국내 실정에서 대학교·연구소는 직무발명의 특허관리·활용을 통하여 막대한 수익을 창출할 수 있는 TLO의 유능한 전문 임직원에게 얼마만큼의 보수를 지불할 수 있을까? 과연 대학교·연구소는 직무발명을 활용하여 막대한 수익을 안겨줄 수도 있는 민간 전문가들에게 대학총장·연구소장보다 더 높은 연봉을 지급할 수 있을까? 이에 대한 정답은 "아직은 아니다"일 것이다. 즉 대한민국 정서상 거의 불가능하다.

그렇다면 국내 대학교·연구소 TLO에 특허관리, 기술이전·사업화 전문가를 유치하기 위한 선결조건인 합당한 보수 문제에 대한 해결책은 무엇일까? 저자는 이에 대한 정답으로 "철저히 성과에 비례하는 incentive 제도"를 제안한다. 즉 TLO 민간 전문가의 본봉은 대학총장·연구소장보다 적게 책정하더라도, 이들에게는 철저히 성과에 비례하는 동시에 민간에 비하여 인색하지 않은 incentive를 지급하는 방법이다. 그래야만 유능한 민간 전문가가 대학교·연구소 TLO를 기회의 장으로 삼아 자신의 역량을 전향적으로 발휘할 수 있게 된다.

그렇다면 국내 대학교·연구소 TLO에서 근무해온 비이공계 출신, 비법률 전문가인 기존 임직원은 어떻게 활용할까? 이에 대한 정답은 "선별적·적극적 활용"이라고 생각한다. 왜냐하면 저자가 전국 대학교·연구소 TLO와 교류한 결과, 많은 TLO에는 항상 1~2명 정도의 비전문가 임직원이 특허관리·활용 분야에서 상당한 경쟁력을 지니며 민간 수준에 도달했기 때문이다. 물론 상기 임직원들이 이공계 출신을 능가할 정도로 기술을 이해하고 응용하거나, 특허관리에 있어서 변리사를 능가하는 지식과 경험을 보유하거나, 기술이전·사업화에 있어서 민간 전문가를 능가할 정도의 지식과 네트워크를 보유하지는 않았을지 모른다. 하지만 이들은 대학교·연구소라는 특이한 조직의 생리를 꿰뚫고 있는 동시에 자신이 속한 조직의 유능한 발명가들을 인지하고 있다. 또한 이들은 민간 전문가들이 이해하기에 최소 1~2년은 걸리는 조직의 생리를 파악하고 있다. 따라서 민간 전문가들이 상기 기존 임직원들과 효율적 협업·분업을 수행한다면 단기간에 막강한 synergy를 창출할 수 있으리라고 생각한다.

앞서 특허의 목적은 수익 창출이라고 수차례에 걸쳐 설명하였다. 즉 발명을 착상하여 특허를 출원하는 발명가도 수익 창출을 목적으로 하며, 발명가의 특허를 우회·회피하려는 경쟁자 역시 수익 창출을 목적으로 한다. 마찬가지로 발명가의 발명을 기술이전·사업화하여 수익을 창출하는 기술이전·사업화 전문가 역시 상기 수익의 일부를 자신이 수익으로 취하기를 목적으로 한다. 따라서 대한민국 정부가 매년 10조원 이상을 투입하는 국가 R&D 사업의 결과물로 수익을 창출하려면, TLO에 근무하는 임직원에게도 민간 못지않은 대우가 필요하며, 이들과 민간전문가들과의 무한 경쟁도 필요하다. 따라서 TLO의 폐쇄성은 반드시 개선되어야 하며, 이를 위해 교육부가 주무 부처인 '산학연협력촉진법'을 개정하여 인허가·관리가 주요 업무인 정부 부처는 물론 연구·회계관리가 주요 업무인 대학교·연구소의 관리 조직으로부터 TLO를 독립시켜야만 한다.

다시 한 번 강조하지만 저자는 국내 대학교·연구소의 현존 발명가들이 은퇴하기 전까지 대한민국 국회나 행정부가 TLO의 문제점을 개선해 줄 가능성은 0.000001% 미만이라고 확신한다. 왜냐하면 대부분의 대한민국 국회의원들은 발명·특허의 중요성에 관심이 없으며, 현재 국내 대학교·연구소의 발명·특허 관리 업무 및 기술이전·사업화 업무를 관장하는 교육부 법령인 '산학연협력촉진법'을 앞장서서 개정할 행정부처도 없기 때문이다.

결국 대~한민국 대학교·연구소의 발명가들이 특허로 수익을 창출하려면 자신이 앞장서서 국내 대학교·연구소에 고착화된 악순환적 특허생태계를 개선하기 시작하는 수밖에 없다. 물론 이를 위해서는 국내 대학교·연구소의 발명가들은 자신이 속한 기관의 TLO의 전향적 개방을 유도하는 동시에 자신이 착상하는 직무발명·직무특허의 유동성

을 제고하는 데 앞장설 수밖에 없다.[60]

바. 단지 참고사항일 뿐인 미국 유수 대학교의 "독립 TLO"

그렇다면 전 세계에서 특허를 가장 전향적으로 활용하기로 소문난 미국 유수 대학교·연구소 TLO는 얼마나 많은 royalty 수익을 올릴까? 이들 TLO는 어떤 전문가들로 구성되며, 이들은 royalty 수익을 어떻게 배분할까?

(1) 미국 유수 대학교의 기술이전·사업화 현황

미국 유수 대학교의 royalty 수익을 대한민국 대학교·연구소의 기술료 실적과 비교하면 부러울 뿐이다. 표 11-5는 미국 유수 대학교의 2013년도 royalty 수익으로서,[61] 당해년도 1위 Northwestern University의 royalty 수익 총액은 약 2억6,000만 달러, 10위 MIT의 royalty 수익 총액은 7,000만 달러임을 알 수 있다.

표 11-5. 미국 유수대학교 Royalty 수익

미국 대학교		연구비	기술이전	창업	발명신고	특허출원	기술료	경상
		(Mil $)	(건수)	(개)	(건수)	(개)	(Mil $)	(Mil $)
01. Northwestern Univ.		668.1	44	11	213	118	**257.3**	NA
02. New York Univ.		469.3	40	8	172	76	**214.2**	211.9
03. Columbia Univ.		769.4	89	14	372	271	**146.3**	139.0
04. Princeton Univ.		199.1	12	1	107	150	**134.0**	133.7
05. U. of California Sys.		5,695.4	261	66	1,595	1,268	**104.8**	69.8
06. U. of Washington Fdn.		1,012.5	260	17	410	215	**99.5**	87.1
07. WARF (U. of Wis. Mad.)		1,123.5	63	7	386	167	**94.2**	94.2
18. Stanford Univ.		873.8	123	9	502	298	**87.0**	65.6
09. Univ. of Pennsylvania		903.7	130	26	391	136	**86.6**	58.4
10. MIT		1,606.0	103	14	672	449	**69.7**	46.1
ALL 1 ~ 10	Total	13,320.8	1,125	173	4,820	3,148	**1,293.6**	905.8
	Mean	1,332.08	112.5	17.3	482	314.8 (65.3%)	**129.4**	100.6 (77.8%)

60) 위의 제11장의 4-라절 제2항 "유동성 확보를 위한 '폭풍신고 (暴風申告) 전략'" 참고.

61) 김경환, 심영택, 조근태, 김영준, 김민호 등, "기술이전·창업 활성화 연구," 창업진흥원 (2014.11), 보고서 146쪽 표 139 요약 [출처: Highlights of AUTM's U.S. Licensing Activity Survey (FY 2013)].

그렇다면 이렇게 어마어마한 royalty 수익을 올린 미국 대학교가 R&D에는 얼마나 투입하였을까? 표에서와 같이 Northwestern University는 약 6,700억 원을 R&D에 투입하여 2,600억 원의 royalty 수익을, MIT는 약 1조6,000억 원을 투입하여 700억 원의 royalty 수익을 올렸다. 그렇다면 국내 유수 대학교의 기술료 실적은 어느 정도일까?

표 11-6. 국내 유수대학교 기술료 수익

명칭		연구비	기술이전	창업	특허출원 (개)		기술료	경상
		(백만원)	(건수)	(개)	국내[1]	해외	(백만원)	(억원)
01. 한양대		235,807	30	7	462	101	**4,299**	NA
02. 연세대		343,357	56	4	622	149	**3,715**	NA
03. 서울대		474,853	77	0	744	250	**3,644**	NA
04. 성균관대		200,773	72	1	452	96	**3,563**	NA
05. 경희대		124,293	37	0	386	71	**3,064**	NA
06. KAIST		243,686	48	14	1,139	242	**3,056**	NA
07. 고려대		232,744	106	0	613	119	**2,898**	NA
18. 광주과기원		44,272	22	0	155	111	**2,487**	NA
09. 포항공대		163,806	29	0	315	211	**1,699**	NA
10. 부산대		132,691	56	-	-	-	**1,452**	NA
ALL	Total	2,196,282	533	26	4,888	1,350	**29,877**	NA
	Mean	219,628	53.3	2.9	543	150	**2,988**	NA

표 11-6은 국내 유수 대학교의 2012년도 기술료 실적으로서,[62] 당해년도 1위를 차지한 한양대학교는 2,358억 원의 연구비를 투입하여 43억 원의 기술료 수익을 올린 반면, 10위인 부산대학교는 1,327억 원을 투입하여 14.5억 원의 기술료 수익을 올렸다.

표 11-5와 같이 미국 유수 대학교는 평균 1조4,000억 원을 R&D에 투자하여 1,290억 원의 royalty 수익을 올리며 R&D 투입 대비 9.7%의 수익률을 달성하였다. 한편 표 11-6과 같이 국내 유수 대학교는 평균 2,196억 원을 연구에 투입하여 30억 원의 기술료 수익을 올렸으니, 이는 투입 대비 1.4%의 수익률에 해당한다. 즉 국내 유수 대학교의 R&D 투입 대비 기술료 수익률은 미국 유수 대학교의 수익률의 1/7에 불과하다.

62) 김경환, 심영택, 조근태, 김영준, 김민호 등, "기술이전·창업 활성화 연구," 창업진흥원 (2014.11), 보고서 148쪽 표 140 요약 (2012년 기준).

물론 미국의 GDP는 대한민국의 14배이며, 특허침해에 대한 손해배상금에 근거한 특허 보호 강도도 대한민국의 수십 배에 달하기 때문에 미국 유수 대학교의 royalty 수익과 국내 유수 대학교의 기술료 수익을 직접 비교할 수만은 없다고 강변하는 이도 있을 것이다. 하지만 21세기 지식기반시대에 global market을 겨냥해야만 하는 국내 대학교들이 좁은 국내 시장을 탓할 수만은 없다.

(2) 미국 유수 대학교 TLO의 인적 구성

그렇다고 미국 유수 대학교가 어마어마한 royalty 수익을 거저 건진 것은 절대 아니다. 그들 역시 수익을 극대화하기 위하여 수많은 민간 전문가들을 채용하고 최선의 노력을 경주하고 있다.

표 11-7. 미국 Wisconsin 주립대학교의 TLO인 'WARF'의 인적 구성

표 11-7은 요즘 부쩍 주목을 받는 미국 Wisconsin 주립대학교의 TLO인 WARF의 인적 구성이다.[63] 표에 따르면 WARF에는 담당 분야별로 IP 12명, 기술이전 13명, 특허·시장평가 4명, 계약 4명, 투자 7명, 법률 4명, 인적 관리 4명, 프로그래밍 8명, 통신 관련 4명, 재무·회계 7명, 시설 관리 6명, IT 4명 등 총 77명이 근무하고 있다.

여기서 주목할 점은 국내 대학교 산학협력단과는 달리 WARF의 구성원 중 연구 관리, 연구비 정산 등을 담당하는 직원은 한 명도 없다는 사실이다. 즉 77명에 이르는

63) 미국 Wisconsin 주립대학교(University of Wisconsin, Madison)의 TLO인 WARF는 Wisconsin Alumni Research Foundation의 약자이다. 2008년 특허침해로 Intel을 제소한 WARF는 2009년 Intel과 기술이전에 합의하며 수천억 원 이상의 막대한 royalty 수익을 올린 바 있다. WARF는 2014년 Apple을 상대로도 특허침해소송을 제기하였다. WARF에 대한 자세한 내용은 아래 URL 참고 (2015.02.28 최종 확인):http://www.warf.org/about-us/employee-directory/employee-directory.cmsx

WARF 직원 중 44명은 IP, 기술이전, 특허·시장평가, 계약, 투자, 법률 등의 순수 기술이전·사업화에만 전념하는 반면, 나머지 33명이 이들을 보조하고 있다.

앞서 수차례에 걸쳐 특허 산업은 service 산업이라고 강조한 바 있다. 이러한 측면에서 표 11-7은 국내 대학교·연구소의 최고 경영진에게 여러 가지 시사점을 던진다. 국내 대학교·연구소의 TLO는 대학교수·연구원이 창출한 우량 발명을 우량특허로 창출한 후, 이의 기술이전·사업화에 전념할 수 있는 전문가를 과연 몇 명이나 보유하고 있을까? 설령 현재 TLO에 소수의 전문가가 근무하고 있다한들 그들이 양질의 service를 제공할 수 있는 여력은 있을까? 이들이 양질의 service를 제공할 incentive는 있기는 할까?

그렇다면 국내 대학교·연구소의 TLO도 본연의 업무인 기술이전·사업화를 효율적으로 수행하도록 WARF처럼 수십 명의 특허관리, 기술이전·사업화 전문가를 채용하자는 것이 저자의 주장일까? 이에 대한 정답은 "그렇기도 하지만 반드시 그렇지만은 않다"이다. 우선 국내 대학교·연구소의 TLO가 산학협력단이나 연구비 관리부서로부터 독립하더라도 충분한 수효의 전문가를 채용한다면 막대한 인건비 부담에 시달릴 수밖에 없다. 따라서 국내 대학교·연구소 TLO는 어느 정도의 전문가를 반드시 채용하되, 이들이 여력이 미치지 못하는 부분은 민간 기술이전·사업화 전문가들과의 협업을 통하여 해결하자는 말이며, 이를 통하여 국내 대학교·연구소에서 창출되는 발명의 유동성도 증진시키자는 말이다.

(3) 미국 유수 대학교 TLO의 "선택과 집중" 전략

앞서 Wisconsin 주립대학교의 TLO인 WARF에는 77명의 직원이 근무한다고 설명하였다. 그렇다면 Wisconsin 주립대학교 교수들이 미친 듯 매년 수천~수만 건의 직무발명을 신고하기에 WARF도 그 정도 인력이 필요한 것일까? 이에 대한 정답은 "절대로 그렇지 않다"이다. 표 11-5에서와 같이 Wisconsin 주립대학교 교수들이 1조1,200억 원에 달하는 연구비를 사용하고 신고한 직무발명은 달랑 386건 뿐이며, WARF 역시 이 중 절반에도 못 미치는 167건만을 달랑 특허로 출원하였다. 이 실적을 약 2,400억 원의 연구비를 투입하여 450건의 특허를 출원하는 한양대학교나 약 5,000억 원의 연구비에 750건의 특허를 출원하는 서울대학교와 비교한다면, Wisconsin 주립대학교 교수들은 연구비가 넘쳐나기에 R&D는 아예 제쳐 놓고 매일 호수 낚시나 즐기고 있지 않나 의구심이 들 정도이다.

하지만 이러한 의구심이야말로 대한민국 정부와 특허산업이 특허의 정성적 측면은 완전히 무시한 채 정량적 지표만 고집함으로써 자초한 참담한 결과이다. 즉 세계 1위의 특허생산성(GDP 10억 달러 당 특허출원 건수)을[64] 자랑해온 대한민국은 건설 현장의 "빨리빨리"에 해당하는 "많이많이"만을 외치며 질은 완전히 무시한 채 특허, 그것도 국내특허의 개수만을 중점적으로 엿가락처럼 늘려온 셈이다.

위의 제2장의 4-나절과 제11장의 4-나절의 "'선택과 집중'의 당위성"에서 설명하였듯 특허로 수익을 창출하려면 우량 발명만을 엄선한 후, 유능한 변리사를 통하여 이를 전략적 주요 국가에서 우량특허로 재창출해야만 한다. 따라서 국내 대학교·연구소 역시 특허로 수익을 창출하기 위해서는 더욱 전향적으로 "선택과 집중" 전략을 구사해야만 한다. 왜냐하면 학문에 왕도가 없듯, 특허에서도 우량특허 없는 기술이전·사업화는 불가능하며, 주어진 예산으로 기술이전·사업화를 추진하려면 결국 우량 발명과 우량특허에 "all-in"할 수밖에 없기 때문이다.

5. 유능한 국내 대리인의 전략

앞서 제1장의 4-마절 국내 특허생태계의 "총체적 난국의 원인"에서 자세히 설명하였듯 dumping 수준의 수임료로 인하여 국내 특허산업에는 우량특허 창출 여건이 전혀 조성되어 있지 않다. 즉 생태계 중류의 터무니없이 낮은 수임료로 인하여 유능한 변리사나 출원전문 특허변호사(이후 "출원전문 대리인" 또는 '대리인'으로 통칭)가 발명가가 어렵게 창출한 우량 발명마저 우량특허로 창출하지 못하고 있다. 만일 국내 특허출원업계가 선순환적 구조로 조속히 전환되지 못한다면, 대한민국은 우량특허 부족으

64) 자세한 내용은 아래의 URL 참고 (2015.02.28 최종 확인):http://www.etnews.com/news/nationland/2841267_1495.html

로 곤경에 처할 것이며, 대한민국은 21세기 지식기반시대에도 지식재산 후진국으로서 고난을 겪을 것이다.

그렇다면 국내 특허출원업계의 dumping 수준의 수임료에 대한 책임은 누구에게 있을까? 이에 대한 책임소재를 따지다보면 "닭이 먼저인가 달걀이 먼저인가"와 같은 순환논리의 함정에 빠질 수도 있다. 물론 이는 "우리 모두의 책임"일 수도 있지만, 한 가지만은 확실하다. 국내 특허출원업계의 dumping 수준의 수임료에 대하여 국내 대리인이 남의 탓만 할 수는 없으며, 특히 지금까지 이를 극복하지 못한 책임만큼은 국내 대리인의 몫이라는 점이다.

국내 특허출원업계의 난국이 해결된다면 대리인의 생활 역시 여유로워지고 삶의 질도 향상된다. 하지만 국내 특허출원업계가 처한 난국의 해결은 대리인 개개인의 생활 향상 이상으로 중요한 의미를 가진다. 왜냐하면 앞서 제11장의 1절 '특허생태계'에서 설명하였듯 생태계 상류의 주역인 발명가의 임무는 우량 발명 창출인 반면, 생태계 중류의 주역인 출원전문 대리인의 임무는 상기 우량 발명을 변환한 우량특허의 창출이기 때문이다.

우량특허를 발명가 자신이 직접 자가실시하건 타인에게 licensing하건, 특허활용을 통한 수익 창출의 필수조건은 공터 형성을 방지하는 광활한 권리범위에 있다. 따라서 특허생태계 상류에서 발명가가 착상한 우량 발명이 생태계 중류에서 우량특허로 재창출되면 생태계 하류에서는 이의 활용을 통한 수익 창출이 가능해진다. 하지만 특허생태계 중류가 제대로 작동하지 않으면, 생태계 상류의 발명가가 착상한 우량 발명이라도 우량특허로 재창출될 수 없으며, 이에 따라 생태계 하류에서의 특허활용 역시 극히 어려워진다. 따라서 대한민국에 선순환적 특허생태계를 구축함은 물론 상기 생태계 전체의 원활한 작동을 위해서라도 다수의 유능한 출원전문 대리인이 필요하다.

아래에서는 대한민국 특허생태계 중류를 담당하는 특허출원 대리인이 상기 생태계를 선순환적 구조로 변환시키기 위한 국제 경쟁력 확보의 당위성을 설명하고, 이에 대한 국내특허와 대한민국 특허청의 의의를 설정한다. 또한 국내 대리인의 수임료 현실화를 위하여 적극적 의뢰인 계몽을 제안하며, 특히 의뢰인에게 수익 창출의 선결조건인 권리범위 확보를 위한 특허 공수전략을 교육하도록 적극 제안한다. 그리고 국토도 좁고 인구도 적은 대한민국의 유능한 대리인들이 한반도라는 물리적 경계를 벗어나 global 특허출원시장에 진출해야할 당위성을 설명한다.

가. Global Market을 호령할 권리범위 창출 및 응용 능력 확보

특허의 목적은 수익 창출이다. 발명가는 수익 창출을 위하여 우량 발명을 착상하고, 이를 전략적 주요 국가에 특허로 출원·등록·유지한다. 경쟁자 역시 수익 창출을 위하여 발명가 특허의 권리범위를 우회·회피하며, 우회·회피 중 착상한 개량 발명을 전략적 주요 국가에 특허로 출원하기도 하며, 상기 권리범위의 우회·회피가 어려울 경우 이를 대놓고 침해하기도 한다. 대리인 역시 마찬가지이다. 왜냐하면 대리인도 수익 창출을 위하여 때로는 발명가 의뢰인, 때로는 경쟁자 의뢰인을 대리하기 때문이다.

(1) 범위, 또 범위, 그리고 범위뿐인 권리범위 창출 및 해석 능력

대리인이 발명가를 대리하건 경쟁자를 대리하건, 의뢰인의 요청은 대부분 동일하다. 즉 권리범위에 대한 해석과 응용이다. 물론 의뢰인은 내국인일 수도 있고 외국인일수도 있지만, 유능한 대리인은 발명가를 위하여 광활한 권리범위를 창출하거나, 반대로 경쟁자를 위하여 발명가 특허의 권리범위의 파괴 또는 우회·회피를 위한 service를 제공한다.

따라서 유능한 대리인은 권리범위의 대가이어야만 한다. 왜냐하면 발명가에게 가장 유능한 대리인이란 자신이 착상한 발명에 대하여 최대한의 권리범위를 확보해주는 대리인인 반면 경쟁자에게 가장 유능한 대리인이란 발명가의 권리범위 주변이나 내부에 숨어있던 공터를 찾아내거나, 없던 공터를 만들어주는 대리인이기 때문이다. 자신의 의뢰인이 발명가일지 경쟁자일지 예측할 수 없기에, 대리인은 의뢰인에 따라 때로는 모순(矛盾)의 모(矛)만을 또는 순(盾)만을 한 번에 하나씩 실현할 수 있는 능력을 지녀야 한다.

또한 유능한 대리인은 미국·유럽 등과 같은 전략적 주요 국가의 특허법에 부합하는 권리범위의 대가이어야만 한다. 왜냐하면 제1장의 4-가절 "국내특허의 선천적 한계"에서 설명하였듯 특허법은 속지법이기 때문이다. 대한민국과 같이 국토도 좁고 인구도 적은 국가의 특허는 미국·유럽(또는 중국?)의 특허에 비하여 경제성이 떨어지므로, 유능한 국내 대리인은 국내 의뢰인의 수익 창출을 극대화하기 위해서 미국·유럽(또는 중국?)의 특허법을 숙지해야 한다. 이것이 바로 대리인이 자신의 의뢰인에게 수임료에 합당한 법률 service를 제공하는 길이자 21세기 지식기반시대에 대한민국을 지식재산 강대국으로 자리매김하는 길이기도 하다.

(2) 국내특허와 대한민국 특허청의 의의

앞서 제1장의 4-바절 "국내특허의 현실적 의미"에서 국내특허의 역할은 전 세계 특허 중 가치가 제일 높은 미국특허와 그 다음으로 높은 유럽특허를 확보하기 위한 징검다리라고 설명한 바 있다. 즉 발명가가 미국·유럽 law firm을 고용하여 직접 특허를 출원하려면 고비용이 수반되므로, 이보다 가격이 저렴한 국내특허를 출원한 후 이를 번역하여 미국·유럽특허를 출원하는 전략이다. 단 국내 발명가가 미국·유럽에서 국내특허 출원일에 대한 우선권을 주장하려면 해외특허와 국내특허의 "발명의 설명"이 동일해야 하므로, 유능한 대리인은 제대로 "특허 쓰듯" 국내 특허를 작성해야한다고 설명하였다.

국내 대리인 역시 국내특허의 선천적 한계를 실감한지 오래이며, 의뢰인과 국가는 물론 자기 자신을 위해서도 미국·유럽 등 전략적 주요 국가에서의 특허 출원이 중요하다는 명제에는 동의한다. 하지만 아직도 많은 국내 대리인은 국내특허를 징검다리로 사용하자는 전략에 대해서 여러 가지의 문제점을 제기하기도 한다.

특히 국내 대리인은 권리범위 확충의 효율적 무기인 가상 실시예의 사용에 대하여 심리적·현실적 부담감을 강변한다. 왜냐하면 국내 대학교수·연구원은 물론 기업체의 발명가 역시 "발명의 설명"에 가상 실시예를 기재하는 행위 자체를 마치 연구 부정행위로 간주하는 경향이 있으며, 대한민국 특허청 역시 가상 실시예를 인정하지 않는다는 주장이다.

물론 국내 대리인들의 이러한 항변은 사실이지만, 저자는 이러한 항변의 또 다른 이유로 dumping 수준의 국내 특허출원업계의 수임료를 지적하고 싶다. 그리고 저자 역시 국내의 턱없이 낮은 수임료로는 대리인이 발명가와 의미 있는 발명 상담을 진행하며 가상 실시예까지 논의할 시간이 없다는 점에도 동의한다. 어쩌면 대리인 수임료의 현실화가 이루어진 후에나 국내 대리인이 발명가의 협조 하에 의미 있는 가상 실시예를 확보하고, 이를 “발명의 설명”에 기재하여 우량특허를 창출할 수 있게 될 지도 모른다.

하지만 아직 해결하지 못한 문제가 있다. 대한민국 특허청의 가상 실시예 불인정 관례는 어떻게 해결할까? 이에 대한 정답은 “무덤덤 전략, 즉 대한민국 특허청의 가상 실시예 불인정 관례를 잠시 불인정하자”이다. 왜냐하면 “발명의 설명”을 작성하며 가상 실시예를 포함시키지 않을 경우, 국내 발명가의 권리범위는 의도적으로 축소되기 때문이다. 그 결과 국내 발명가는 추후 미국·유럽에 특허를 출원·등록하더라도 “발명의 설명”에 기재한 최선의 실시예 정도에 해당하는 권리범위 정도나 겨우 확보하게 되는 반면, 해외 경쟁자는 국내 발명가의 권리범위 주변에 산재한 공터를 쉽게 발견하고 이를 적극 활용하여 상기 권리범위를 손쉽게 우회·회피할 수 있다.

다시 한 번 강조하지만 특허의 목적은 수익 창출이다. 하지만 대한민국 영토는 좁고 인구는 적기에 국내특허에는 선천적 한계가 존재한다. 따라서 저자는 국내 개인발명가, 대학교수·연구원, 국내기업 연구원 모두 국내특허를 이용한 수익 창출보다 미국·유럽(또는 중국?)에 출원·등록한 전략적 특허를 이용한 수익 창출에 역점을 두도록 제안한다. 따라서 저자는 대리인 역시 발명가에게 이러한 측면을 홍보하여 발명가의 수익 창출 극대화를 위하여 노력해야한다고 생각한다. 이것이 바로 국내 대리인이 국내 발명가의 유능한 대리인이 되는 길이며, 국내 대리인이 21세기 지식기반시대에 대한민국이 지식재산 강대국으로 자리매김하는 데 일조하는 길이라 생각된다.

나. 국내 의뢰인 계몽을 통한 국내 특허출원업계의 차별화

특허산업은 service업이므로 “what you pay ≡ what you get”이라는 공식이 성립한다. 따라서 국내 대리인이 국내는 물론 미국·유럽과 같은 전략적 주요 국가의 특허법에도 부합하는 권리범위를 창출하는 능력을 지녔더라도, 의뢰인이 정당한 보수를 지급하지 않는 한, 대리인이 의뢰인을 위하여 충분한 시간을 할애하며 자신의 실력을 발휘하지 않을 가능성이 높을 수밖에 없다. 왜냐하면 대리인에게는 반드시 그래야할 이유도, incentive도 없기 때문이다.

그렇다면 어떻게 의뢰인이 유능한 대리인에게 합당한 수임료를 지불하도록 유도할 수 있을까? 특히 dumping 관행에 따라 10~20년 동안 더 저렴한 수임료를 지불하며 더 많은 수의 특허를 출원해온 국내 대학교·연구소나 국내기업의 관행을 어떻게 바꿀 수 있을까?

(1) 수임료 현실화를 위한 국내 의뢰인 계몽

속된 말로 "고기도 먹어본 사람이 맛을 안다"고 한다. 즉 아무리 맛있는 고기더라도 먹어보지 못한 사람은 그 맛을 알 수 없다는 말이다. 따라서 고기를 먹어보지 못한 사람에게 고기 맛을 알려주려면, 고기를 준비하여 요리한 후 이를 먹여야 한다. 그것도 한 번, 두 번이 아니라 고기 맛을 외울 때까지 먹여야 한다.

특허도 마찬가지이다. 유능한 대리인이 자신의 지식과 경험을 활용하여 우량특허를 창출하며 이에 대한 정당한 보수를 원한다면, 대리인 역시 의뢰인을 위하여 고기를 준비하고 요리하여 먹여보아야만 한다. 따라서 유능한 대리인은 우량특허 창출을 바라는 발명가 의뢰인에게 (1) 모든 특허는 동일하지 않고, (2) 특허산업은 service업이며, (3) 따라서 정당한 수임료 없이는 우량특허 창출이 불가능함을 인지시켜야 한다. 그리고 의뢰인이 이해할 수 있도록 우량특허와 불량특허를 비교해주어야 한다. 즉 유능한 대리인은 의뢰인에게 고기와 야채의 차이점은 물론 좋은 고기와 나쁜 고기의 차이점도 알려야만 한다. 옛날 무학대사가 태조 이성계에게 한 "豕眼見惟豕 佛眼見惟佛矣"은 "아는 만큼 보인다"는 말이다. 결국 의뢰인에게 우량특허와 불량특허의 차이점을 쉽게 설명하고 의뢰인을 이해시키는 능력 역시 유능한 변리사의 요건일수도 있다.

하지만 유능한 대리인도 간과하기 쉬우므로 각별히 명심할 점이 있다. 즉 특허에 관한 한 발명가가 반드시 의뢰인은 아니라는 점, 따라서 발명가와 의뢰인의 이익이 합치하지 않을 수 있다는 점이다. 실제로 많은 경우 발명가와 의뢰인의 이익은 합치하지 않으며, "중간 관리자"가 존재하는 국내 대학교·연구소·기업에서는 이러한 상황이 더 자주 발생한다. 일예로 국내 대학교·연구소에서 발명가는 상기 기관에 근무하는 직원인 반면 대리인에게 수임료를 지불하는 "중간 관리자" 의뢰인은 산학협력단의 하부조직이거나 연구 관리조직의 하부 부서인 TLO이다. 물론 대학교수·연구원은 TLO가 자신의 우량 발명을 우량특허로 창출해주기를 원하기 마련이다. 또한 대학교수·연구원은 자신의 직무발명이 탁월하다고 주장하며 TLO에게 해외 10개국 특허출원 등의 특별대우를 요구하는 경우도 많다.

하지만 대부분의 TLO는 불특정 다수인 대학교수·연구원의 직무발명을 한정된 예산으로 관리할 수밖에 없는 관리 조직이다. 또한 제11장의 4-가절 "특허 관련 정량적 평가지표의 부작용"에서 설명한 바와 같이, 정부 R&D 사업결과에 대한 왜곡된 평가지표를 맞추기 위하여 대학교수·연구원은 TLO에게 자신의 발명을 최소한 국내특허만이라도 출원하도록 요구한다. 그 결과 TLO는 대리인에게 값싼 수임료를 지불하며 대학교수·연구원이 신고한 거의 모든 직무발명을 국내에 특허출원하는 하향평준화 전략을 사용하게 되며, 이에 따라 전략적 주요 국가에서의 특허출원은 극히 제한적일 수밖에 없다.

국내 대학교·연구소에 비하여 국내기업의 현황은 조금 더 나을 수도 있다. 왜냐하면 연구 관리나 연구비 정산 등의 "관리 mind"에 입각하여 사고 방지라는 수비적 목적으로 운영되는 TLO에 비하여, 수익 창출을 항상 염두에 두어야하는 국내기업의 특허관리 조직은 상대적으로 비관료주의적이기 때문이다. 하지만 이 또한 현실적으로는 몇몇 국내 유수기업에만 해당된다. 따라서 특허관리 전문가를 고용하지 않은 또는 고용할 능력이 없는 대부분의 국내 중소·중견기업 및 일부 국내 대기업의 특허관리부서에는 국내 대학교·연구소의 TLO와 유사한 문제점이 존재할 수밖에 없다.

이러한 현실을 감안한다면 유능한 대리인은 발명가에 대한 계몽 전략을 개발함은 물론 대학·연구소 TLO, 기업의 특허관리부서 등의 "중간 관리자"에 대한 상이한 전략을 개발해야 한다. 왜냐하면 발명가에게는 특허전략을 계몽하고, 불량특허로는 수익 창출이 불가능하므로 유능한 대리인에게 합당한 수임료를 지불해야만 하는 당위성을 계몽하면 충분하지만, 중간관리자는[65] 설령 이러한 진리를 인지하더라도 예산 부족이라는 현실적 한계로 말미암아 우량특허의 효율적 창출을 추구하지 못할 수도 있기 때문이다.

결국 발명가를 이해시켰다고 해서 유능한 대리인이 양질의 service에 대하여 합당

65) 국내 대학교·연구소 TLO에 대한 상황 및 현실적 한계점은 제11장의 4절 "국내 대학교 교수 및 국내 연구소 연구원의 전략"에서 설명한 바 있다. 이에 반하여 특성 상 천차만별일 수 있는 국내기업의 특허관리 부서의 상황에 대한 설명은 제11장의 6절 "국내 제조업체의 전략"으로 미룬다.

한 보수를 받게 된다는 보장은 없다. 왜냐하면 특허관리나 이에 소요되는 예산의 집행에 대한 일개 대학교수·연구원 발명가의 권한에는 한계가 있음은 물론 발명가의 이익과 중간관리자의 이익이 반드시 합치하지도 않기 때문이다. 따라서 자신이 창출한 우량특허에 대한 정당한 수임료를 받기 위해서라도 대리인은 발명가, 중간 관리자는 물론 최고경영자에 해당하는 대학총장, 연구소장, 기업의 CEO에 대한 계몽도 지속적으로 수행해야만 한다. 이러한 노력 없이 국내 대리인이 노력에 비례하는 정당한 수임료를 받기는 현실적으로 불가능하지 않을까 생각된다.

이러한 관점에서 보면 국내 변리업계도 dumping 수준의 수임료에 대한 일말의 책임은 져야한다. 즉 국내 변리사들이 국내 발명가들에게 고기 맛을 보여줌으로써 고기가 야채보다 맛있고, 고기도 모두 동일한 것이 아니라 최고 등급의 고기와 막고기가 있다는 점을 계몽시키지 않았으며, 이에 따라 dumping 수준의 수임료가 고착되었다는 책임이다. 따라서 국내 변리업계는 향우 대리인 개개인은 물론 대한변리사회 차원에서도 발명가, 중간 관리자는 물론 최고경영자 등에게 지속적 계몽 사업을 수행하도록 제안한다.

(2) 범위, 또 범위, 그리고 범위뿐인 국내 의뢰인 계몽

그렇다면 유능한 대리인은 발명가, 중간 관리자, 최고경영자 등의 의뢰인에게 무엇을 계몽해야할까? 과거와 같이 선행기술 조사 방법, 청구항 작성 방법 또는 명세서 작성 방법을 계몽해야할까? 아니면 국제 특허소송에 대한 국내기업의 대응 방안을 계몽해야할까?

물론 이들 모두 중요한 사안들이다. 하지만 저자가 생각하는 정답은 “이것들이 가장 중요한 사안들은 아니다”이다. 왜냐하면 유능한 대리인이 국내 대학교·연구소·기업의 발명가나 중간 관리자 등과 같은 의뢰인에게 계몽해야할 내용은 바로 공격뿐인 특허 공수전략, 권리범위의 중요성, 충실한 “발명의 설명” 작성에 따르는 광활하면서도 다양한 권리범위 확보 전략 등이기 때문이다. 그리고 유능한 대리인은 의뢰인에게 특허산업은 법률 service 산업임을 인지시킨 후, 유능한 대리인을 선정한 후에도 정당한 수임료를 지불하지 않는 한 대한민국 땅에서 우량특허 창출은 불가능하다는 내용을 숙지시켜야한다.

따라서 유능한 대리인은 다양한 기관의 다양한 의뢰인이 공격뿐인 특허 공수전략, 권리범위의 중요성, 광활하면서도 다양한 권리범위 확보 전략 등을 본능적으로 이해할 수 있는 계몽 자료를 준비해야 한다. 그리고 유능한 대리인은 상기 자료에 반드시 우량 발명이 불량특허로 변환됨에 따라 수익 창출에 실패한 풍부한 사례도 포함시켜야 한다.

유능한 대리인이 의뢰인에게 반드시 이해시켜야할 사안이 또 있다. 즉 수많은 대리인 중 누가 우량 발명을 우량특허로 창출할 수 있는 유능한 대리인인지를 분별할 수 있는 능력이다. 따라서 국내 의뢰인들도 가까운 장래에는 어떤 대리인이 발명의 '뼈'를 확인한 후 그 위에 풍부하며 다양한 '살'을 붙임으로써 광활한 권리범위를 가진 청구항, 다양한 종류의 권리범위를 가진 청구항 및 이를 뒷받침할 수 있는 "발명의 설명"을 작성해줄 수 있는 지 파악할 수 있어야 한다. 그래야만 언젠가 국내 의뢰인도 기꺼이 유능한 국내 대리인에게 현실화된 합당한 수임료를 지불하게 될 것이다.

(3) 유능한 국내 대리인 자신은 물론 국가 이익과도 합치되는 국내 의뢰인 계몽

16세기 영국의 재정가였던 Thomas Gresham은 "악화(惡貨)는 양화(良貨)를 구축한다"[66]는 법칙을 제안하였다. 즉 귀금속으로서의 가치가 상이한 다수의 화폐(일예로 '금'의 함량이 상이한 동전들)가 동일한 가치로 유통될 경우, 금의 함량이 높아 가치가 높은 화폐는 시장에서 사라지는 반면 금의 함량이 낮아 가치가 낮은 화폐만 유통된다는 의미이다.

Gresham의 법칙을 아전인수로 특허산업에 적용해보자. 즉 특허산업에는 우량특허 창출에 필요한 지식과 경험을 지닌 유능한 대리인과 불량특허 외에는 창출할 수 없을 정도로 지식과 경험이 모자란 유능하지 못한 대리인이 활동하고 있다고 가정하자. 물론 우량특허와 불량특허는 겉으로는 유사하게 보인다. 하지만 창출하는 데 각고의 노

66) Gresham의 법칙의 원문은 "Bad money drives out good"이다. Gresham의 법칙은 본질적으로 품질이 일정치 않은 주화가 통용되던 시대에 적용되던 법칙이므로, 각국의 중앙정부가 금본위제를 포기하고 화폐 발행권을 독점함은 물론 신용 화폐가 주를 이루는 21세기에는 적용되지 않을 가능성이 높다.

력이 필요한 우량특허는 일단 창출되면 광활하면서도 다양한 권리범위를 확보하였으므로 가치가 높은 반면, 불량특허는 대충 특허처럼 보이지만 권리범위가 빈약하여 그 가치는 우량특허보다 훨씬 낮을 수밖에 없다. 만일 우량특허와 불량특허가 시장에서 동일한 액면가로 거래된다면 의뢰인은 대리인이 유능하건 아니건 가장 싼 가격에 특허를 만들도록 요구할 것이며, 이에 따라 유능한 대리인 역시 보통 대리인처럼 불량특허만 대충 만들게 된다. 즉 의뢰인이 우량특허와 불량특허를 구별하지 못하고 특허의 품질에 상관하지 않기에, 유능한 대리인마저 손해를 보며 굳이 우량특허를 만들어야할 incentive를 상실할 수밖에 없다.

이러한 우울한 상황이 바로 국내 특허생태계의 현황이라고 생각된다. 하지만 거꾸로 생각하면 이야말로 역으로 유능한 대리인에게 국내에 구축된 악순환적 특허생태계를 타개할 수 있는 돌파구를 제시한다. 즉 의뢰인이 유능한 대리인에게 합당한 수임료를 지불하지 못한 경우의 처절한 선례를 인용함으로써 의뢰인을 납득시키는 전향적 계몽전략이다. 이러한 계몽이 지속되면 곧 국내에서도 악화(惡貨)가 양화(良貨)를 구축하는 악순환적 특허생태계 대신 양화(良貨)가 악화(惡貨)를 구축하는 선순환적 특허생태계가 구축될 수 있다. 하지만 유능한 국내 대리인이 이를 소홀히 하거나 포기할 경우, 이들 역시 선배들과 마찬가지로 dumping에 휘둘리는 굴욕적인 상황을 고스란히 감당해야만할 것이다.

만일 유능한 대리인이 공격뿐인 특허 공수전략, 권리범위의 중요성, 광활하면서도 다양한 권리범위 확보 전략 등을 의뢰인에게 성공적으로 계몽하고, 의뢰인이 특허산업은 법률 service 산업이므로 유능한 대리인을 선정한 후 이들에게 정당한 수임료를 지불하지 않는 한 우량특허 창출은 불가능하다는 사실을 숙지하게 되면 어떤 결과를 초래할까?

정답은 "국내 특허출원업계도 서열화(tier)된다"이다. 즉 유능한 대리인이란 자신의 우량 발명을 우량특허로 재창출할 수 있는 지식과 능력을 갖춘 변리사 또는 특허출원 전문변호사라는 사실을 의뢰인이 인식하는 순간, 의뢰인은 "선택과 집중" 전략에 따라 중요한 우량 발명일수록 합당한 수임료를 지불하며 유능한 대리인에게 맡기게 된다. 이에 따라 유능한 대리인이 수임하는 특허출원 건수는 줄어들겠지만 건당 충분한 수임료를 지급받으므로, 유능한 대리인은 의뢰인의 우량 발명을 우량특허로 재창출할 수 있게 된다.

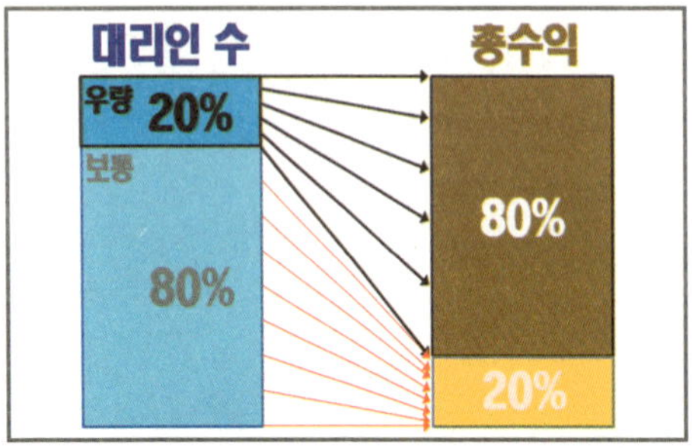

그림 11-22. 80/20 법칙에 의한 국내 특허 출원업계의 서열화 (예상)

이렇게 선순환적으로 작동하는 국내 특허생태계에 20세기 초 경제학자 Vilfredo Pareto가 주장한 80/20 법칙이[67] 적용된다고 가정한 결과가 그림 11-22이다. 그림과 같이 국내 우량 대리인은 국내에서 착상되는 발명 중 20% 정도에 해당하는 우량 발명만을 우량특허로 재창출하며 합당한 수임료를 지급받아 전체 시장 매출액의 80%를 차지하는 반면, 보통 대리인은 국내에서 착상되는 발명의 80% 정도에 해당하는 보통 발명을 특허로 출원하지만 낮은 수임료로 인하여 전체 시장 매출액의 20%만을 차지하게 된다. 즉 유능한 대리인이 의뢰인을 효율적으로 계몽한 결과, 국내 특허출원업계의 서열화(tier)가 이루어지게 된다. 이에 따라 상위 20%에 해당하는 유능한 대리인은 적은 수의 특허를 출원하지만 건당 수임료가 높아져 경제적으로 유리해지는 반면 하위 80%에 해당하는 보통 대리인은 지금과 같이 dumping 수준의 수임료로 고전을 면치 못할 수도 있다.

그렇다고 보통 대리인이 불평만 할 수는 없는바, 이것이 바로 시장 법칙이다. 즉 국내 특허출원시장에 경쟁이 도입된 결과이다. 따라서 유능한 대리인이라도 급변하는 지식기반시대에 대응하지 못하면 보통 대리인으로 추락하는 반면 각고의 노력으로 자신의 경쟁력을 향상시키는 보통 대리인은 유능한 대리인으로 승격하며, 이에 합당한 대우도 받게 된다. 따라서 의뢰인에 대한 계몽에 의하여 초래되는 국내 특허출원업계의 서열화는 대리인에게도 경쟁의 incentive를 제공하여 국내 특허생태계 중류를 강화시킨다.

국내 특허출원업계의 서열화는 국가 이익과도 부합된다. 국내기업은 매년 46조 원을 R&D에 투입하는 반면 정부 역시 국내 대학교·연구소의 R&D에 매년 11조 원을 출

67) Pareto의 80/20 법칙은 80%의 효과는 20%의 노력으로 이루어진다는 경험칙이다. 80/20 법칙에 대한 자세한 내용은 아래의 URL 참고 (2015.02.28 최종 확인): http://en.wikipedia.org/wiki/Pareto_principle

연하고 있다. 거의 60조 원에 가까운 R&D 투자에도 불구하고 국내 특허출원업계가 제대로 작동하지 않으면 국내에서 창출되는 우량 발명조차도 우량특허로 재창출되지 못하게 된다. 물론 국내기업, 국내 대학교·연구소가 직접 미국·유럽의 유수 law firm을 고용하여 자신의 우량 발명을 현지에서 직접 우량특허로 재창출할 수도 있다. 하지만 이는 고비용을 수반하기 마련이므로, 이는 국부(國富) 유출을 초래할 수도 있다.

국내 의뢰인에 대한 적극적·전향적 계몽으로 초래되는 국내 특허출원업계의 서열화는 국내기업, 국내 대학교·연구소들이 "선택과 집중" 전략에 의하여 국내에서 우량 발명을 우량특허로 재창출할 수 있는 기반을 제공한다는 이점도 있다. 또한 국내기업 역시 국내에서 창출된 우량 발명에 기반을 둔 우량 미국·유럽(또는 중국?)특허를 보유하게 되어 global market에서 효율적으로 금지권을 활용할 수 있게 되며, 국내 대학교·연구소 역시 global market에서 효율적으로 기술이전이나 사업화를 실시하여 더 많은 수익을 창출할 수 있다. 그 결과 국내 특허출원업계의 서열화는 국가 이익과도 부합될 가능성이 높다.

다. Global Patent Prosecution Market으로의 진출

특허청 통계에 따르면 2011년 국내 특허출원은 18만 건이며,[68] 이중 내국인 출원 특허를 85%정도로 가정하면 순수 국내 발명가들이 출원한 국내특허는 총 15만 건 정도이다. 한편 현재 활동 중인 변리사는 총 3,000명 정도로[69] 추산되며, 매년 200명의 신규 변리사가 변리사 시험을 통하여 배출된다. 이를 산술적으로 환산하면 국내 변리사 1명이 매년 50 건 정도의 개인발명가, 기업, 대학교·연구소의 발명을 출원하는 정도이다.

이는 국내 변리사가 생업을 유지하기에는 충분한 건수가 아니다. 왜냐하면 특허출

68) 자세한 내용은 아래의 URL 참고 (2015.02.28 최종 확인):http://www.etnews.com/news/economy/economy/2699747_1493.html

69) 자세한 내용은 아래의 URL 참고 (2015.02.28 최종 확인):http://www.seoul.co.kr/news/newsView.php?id=20120912006012

원 건당 100만~200만 원의 수임료를 받으면 변리사 당 1년 매출액은 5,000만~1억 원이며, 여기에서 사무실 비용, 직원 임금 등을 공제할 경우 변리사의 실질 수익은 미미해지기 때문이다.[70] 또한 국내 특허출원 건수는 이미 세계 4위이기에 국내 특허출원 건수를 획기적으로 증가시켜 매출액을 증가시킬 가능성도 낮다. 즉 국내 특허출원업계 역시 국토는 좁으며 인구는 적다는 대한민국의 특성이라 할 수 있는 "규모의 선천적 제한"으로 인한 제약을 받을 수밖에 없다.

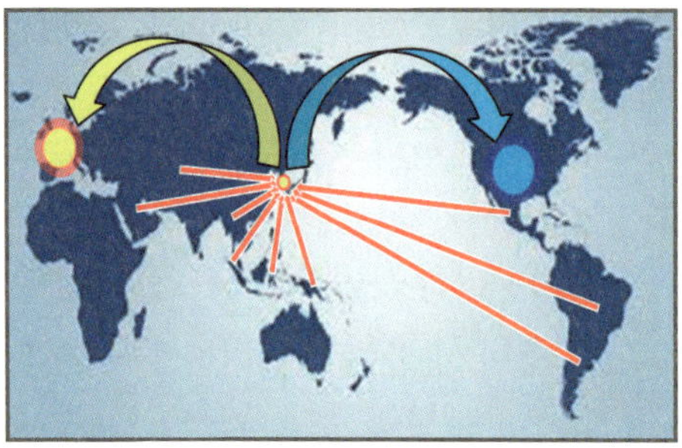

그림 11-23. 미국·유럽 특허의 출원 Hub로서의 국내 특허출원업계

저자는 국내 특허출원업계가 "규모의 선천적 제한"을 극복할 수 있는 유일한 방법은 바로 '수출'이라고 생각한다. 일예로 그림 11-23과 같이 영민하며 지적 능력도 뛰어난 변리사들로 이루어진 국내 변리업계가 미국·유럽 등과 같은 전략적 주요 국가의 특허출원시장에 진출함으로써, 국내 특허 출원에 비하여 수익성이 월등히 높은 사업 영역을 개척하고, 이에 따라 수익 창출도 배가할 수 있다. 이는 국내 특허출원업계를 미국·유럽 특허의 출원 Hub로 구축하는 전략에 해당한다.

물론 국내 변리사가 미국·유럽의 변리사·특허변호사 자격증 없이 상기 국가의 특허청에 특허를 출원하며 국내외 의뢰인을 대리할 수는 없다. 하지만 국내 변리사가 미국·유럽에서도 금지권을 발휘할 수 있는 청구항과 "발명의 설명"을 작성할 능력만 갖춘다면, 상기 국가에 출원할 특허명세서는 국내 변리사들이 작성하는 반면 출원할 때에만 해당 국가의 law firm을 사용함으로써 자격증 문제를 해결할 수 있다. 또한 이러한 business가 증가하면 국내 변리사들이 미국·유럽 현지 변리사·특허변호사를 고용하며 law firm을 직·간접적으로 설립·운영할 수도 있다.

70) 물론 위의 통계에는 현재 활동을 하지 않는 변리사도 포함되었을 수 있으며, 어떤 국내 변리사는 출원 업무는 하지 않고 소송 업무만 수임하는 경우도 있을 것이다. 하지만 그렇다고 통계에 근거한 저자의 추정이 현실과 크게 동떨어지지는 않았을 것으로 생각된다.

그렇다면 국내의 유능한 변리사들이 국내 특허출원업계를 미국·유럽 특허의 출원 hub로서 개발할 경우의 selling point는 무엇일까? 저자는 이에 대한 정답으로 "가격 대비 경쟁력"을 추천한다. 일예로 국내의 유능한 변리사가 미국·유럽 특허출원서를 작성하는 비용은 미국·유럽의 law firm을 사용할 경우의 절반에 해당하는 반면 이들이 작성한 특허명세서의 청구항 및 "발명의 설명"의 권리범위는 미국·유럽의 law firm을 사용할 경우의 약 75%~85% 정도라면, 중국, 인도는 물론 동남아시아 국가, 남미 국가 등도 국내의 유능한 변리사들을 이용함으로써 양질의 미국·유럽 특허를 출원할 수 있게 된다.

국내의 유능한 변리사들이 중국, 인도, 동남아시아, 남미에서 성공적으로 미국·유럽 특허 출원 대리인으로 인정받으며 국내 특허출원업계를 미국·유럽 특허 출원 Hub로 구축하게 되면, 그 다음 단계는 미국·유럽의 본토 진출이다. 즉 그림 11-24와 같이 미국·유럽의 의뢰인들을 설득하여 과거에는 미국·유럽의 특허 law firm에만 전적으로 맡겨오던 특허출원 업무의 일부를 국내 특허출원업계가 담당하는 전략이다.[71)]

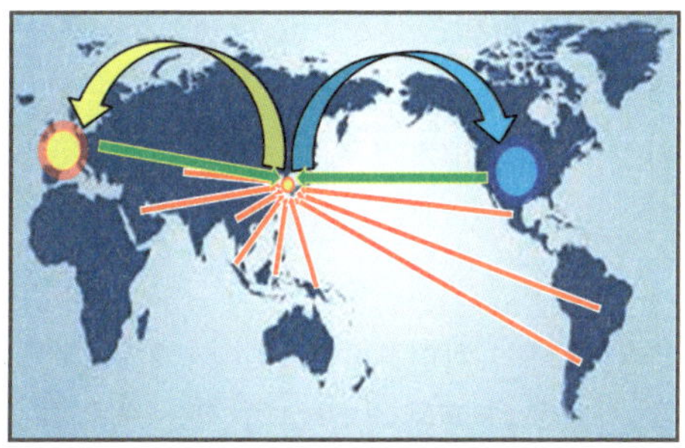

그림 11-24. 미국·유럽 특허의 출원 Hub로서 미국·유럽 의뢰인 확보

많은 국내 대리인들은 저자의 의견에 동의는 하지만 언어 장벽을 두려워하는 경향이 있다. 특히 국내 대리인들은 미국·유럽의 유수 law firm이 이미 상당수의 특허출원 업무를 outsourcing하는 인도 특허업계에 비하여 국내 변리업계의 영어 능력이 열등하다고 자조하기도 한다.

하지만 저자의 생각은 다르다. 발명가의 발명신고서를 그대로 번역하여 "발명의 설

71) 믿거나말거나 저자는 실제로 미국 의뢰인의 특허출원 업무를 시작하여 성공적으로 유지하는 대한민국 소재 대한민국 특허사무소를 알고 있다. 즉 이는 "하면 되는," 가능한 일이다.

명"을 작성한다면 분명 영어를 모국어처럼 구사하는 인도, 홍콩, 싱가폴, 필리핀 특허업계가 국내 특허업계에 비하여 월등히 유리하다. 하지만 해외 발명가와 함께 발명 상담을 통하여 다양한 실시예를 추출하고 이를 반영하여 "발명의 설명"을 작성하는 작업은 단순 번역과는 차원이 틀리다. 즉 특허라는 문서에서는 문학적 표현력보다 광활한 권리범위가 훨씬 중요하며, 상기 권리범위 및 이를 뒷받침하는 각종 실시예를 기재하는 데에는 문장력보다는 정확·간결한 기술적 표현이 중요하기 때문이다. 따라서 저자는 위에서 설명한 국내 대리인들의 우려는 기우라고 생각한다.

국내의 유능한 변리사들이 국내 특허출원업계를 미국·유럽 특허의 출원 Hub로서 개발하기 위한 또 다른 selling point도 있다. 즉 대한민국 특허산업은 최소한 정량적 지표면에서는 world-class이며,[72] 또한 대한민국에는 dynamic하며 막강한 제조업이 있다는 사실이다. 따라서 국내 변리사들은 최소한 중국, 인도, 동남아시아, 남미의 의뢰인들에게 국내 변리업계의 경쟁력을 자랑할 자격이 있다.

따라서 이러한 selling point를 강조할 경우 저자는 국내 변리사들이 영어를 국어로 사용하기 때문에 확실히 고급 영어를 구사하는 인도나 싱가폴의 대리인들과도 경쟁하여 승리할 수 있다고 확신한다. 일예로 2012년 인도의 특허출원 건수는 43,955건에 불과하며, 내국인의 출원 건수는 9,553건에 불과한 반면 나머지 34,403건은 외국인이 출원하였다. 같은 해 싱가폴의 특허출원 건수는 9,685건 뿐이며, 이 중 내국인의 출원 건수는 1,081건인 반면 나머지 8,604건은 외국인 출원 건수이다. 이에 반하여 2012년 대한민국의 특허출원 건수는 188,915건으로서, 내국인의 출원 건수는 148,136, 나머지 40,779건은 외국인 출원 건수이다.[73] 따라서 국내 변리사들은 대한

72) 제1장의 4절 "국내 특허 현황"에서 설명하였듯 악순환적 특허생태계가 고착화되고 있는 국내 특허산업의 실체는 그리 자랑할 수준은 아니다. 하지만 국내 특허출원 및 특허등록, 국내 발명가의 PCT 출원 건수 등과 같은 정량적 지표는 모두 전 세계 top 5에 속하는 만큼은 사실이다.

73) World Intellectual Property Indicators 2013 (WIPO Economics & Statistics Series, Table P1, Patent Application by Patent Office and Origin, 2012). 이에 대한 자세한 내용은 아래 URL 참고 (2015.02.28 최종 확인):http://www.wipo.int/edocs/pubdocs/en/intproperty/941/wipo_pub_941_2013.pdf

민국의 유수 제조업체의 특허를 출원하며 갈고 닦은 기술적 우월성과 경험을 강조함으로써 해외 의뢰인을 확보할 수 있다고 저자는 확신한다.

물론 국내 변리사가 작성한 미국·유럽 특허의 권리범위를 국제 특허업계에서 인정받으려면 상기 특허가 미국·유럽 현지 법원에서 제기되는 무효확인소송을 이겨내는 동시에 현지 법원에서 벌어지는 특허침해소송에서 승소하는 인증 절차를 거쳐야 한다. 물론 이에는 각고의 노력과 상당한 기간이 필요하다. 하지만 힘들고 어려운 길이라고 포기할 수만은 없다. 왜냐하면 대한민국은 너무 좁고 국내 변리사의 잠재력은 무한하기 때문이다. 그렇기에 저자는 "시련은 있어도 실패는 없다"고 확신한다![74]

영민한 국내 변리사들이여! 언제까지 dumping 수준의 수임료에 허덕이며 의뢰인의 눈치를 보며 이들의 비위를 맞추며 지낼 것인가? 언제까지 정부과제를 수행하며 반년 살이 인생, 1년 살이 인생으로 연명할 것인가? 저자는 확신한다. 이제 국내 변리사들도 global market으로 진출하여 blue ocean을 개척할 때가 왔음을!

6. 국내 제조업체의 전략

위의 제11장의 1-가절 "특허생태계 이론"에서 특허생태계는 상류, 중류, 하류로 구성된다고 설명하였다. 또한 특허생태계 상류에서는 신내림을 받은 발명가가 불현듯 떠오른 idea를 발전시킴으로써 이를 발명으로 창출하며, 생태계 중류에서는 변리사나 출원전문 특허변호사가 상기 발명을 특허청에 출원·등록하여 특허를 창출(즉 발명의 재창출)하며, 하류에서는 다양한 전문가들이 자가실시(창업 또는 자신의 공장에서 실시), 특허의 양도나 licensing, 특허침해업체를 상대로 한 특허침해소송 등의 다양한 방법으로 특허를 활용하여 수익을 창출한다고 설명하였다.

74) "시련은 있어도 실패는 없다"는 저자가 가장 존경하는 대한민국 기업가인 (고)정주영 현대그룹 창업자의 자서전 제목임을 밝힌다.

특허생태계 상류에서 창출되는 발명과 생태계 중류에서 창출되는 특허의 금지권을 활용하며 제품을 제조·판매하는 제조업체는 특허생태계 전체에서 독특한 위치를 차지한다. 그림 11-25는 특허생태계에서의 제조업체의 다양한 역할에 대한 도시로서, 그림 11-25(a)는 생태계에서 수동적 역할만을 담당하는 "**침해 제조업체**"를 도시하는 반면 그림 11-25(b)는 상기 생태계에서 발명을 창출하고 또 재창출(즉 특허 등록)하는 능동적 역할을 담당하는 "**발명 제조업체**"를 도시한다.

그림 11-25. 다양한 방법으로 특허생태계에 참여하는 제조업체

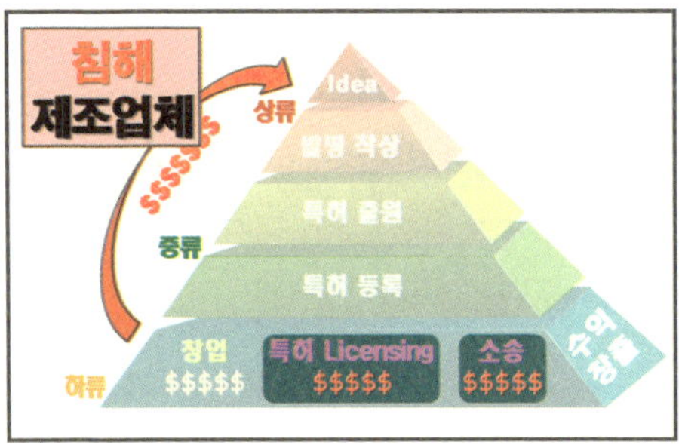

그림 11-25(a)

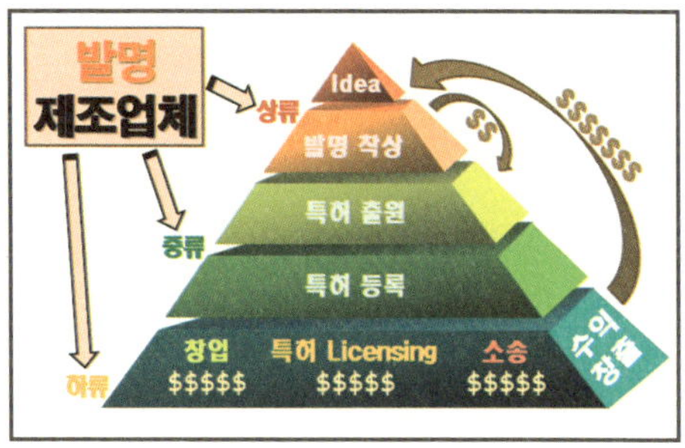

그림 11-25(b)

특허생태계 하류의 창업(자가실시)과 같이 소비자가 제품·service에 대한 대가를 직접 지불하는 경우를 제외하면, 그림 11-25(a)의 '침해' 제조업체는 생태계의 유일한 물주이다. 왜냐하면 상류에서 발명가가 창출한 발명이건 중류에서 특허출원 전문가가 창출한 특허이건, 생태계 하류에서 특허기술을 실질적으로 구현하는 주체가 제조업체이기 때문이다. 따라서 제조업체는 발명가에게 royalty를 지불하며 필요한 또는 침해 가능성이 높은 특허를 매입·licensing하거나, 특허 licensing을 거부한 후 특허침해소송에서 패소할 경우 법원이 정하는 손해배상금을 발명가에게 지불한다. 이러한 측면에서 보면, 그림 11-25(a)의 '침해' 제조업체는 자신의 침해에 따른 비용보다 더 많은 수익을 창출해야 함을 알 수 있다.

그렇다고 제조업체가 항상 타인의 특허를 침해하는 것만은 아니다. 왜냐하면 대부분 제조업체는 자체 R&D 부서에 상당한 재원을 투자하는 '발명' 제조업체이기 때문이다.

따라서 그림 11-25(b)와 같이 '발명' 제조업체는 발명의 창출을 통하여 생태계 상류에도 참여하며, 상기 발명을 권리화하여 특허를 창출함으로써 생태계 중류에도 참여한다.

이뿐만이 아니다. '발명' 제조업체는 그림 11-25(b)의 제일 아래에 도시한 바와 같이 다양한 형태로 특허생태계 하류에도 참여한다. 우선 '발명' 제조업체는 자신이 특허기술을 자가실시하여 제품을 제조·판매할 수 있으며, 이와는 달리 자회사 또는 제3자와의 joint venture를 통하여 창업기업을 설립하여 직접 특허기술을 실시할 수도 있다. 또한 '발명' 제조업체는 자신이 보유한 특허기술을 licensing하여 수익을 창출하기도 하며, 이를 거절하는 경쟁자를 제소하여 수익을 창출할 수도 있다.

결국 특허기술을 구현한 제품을 제조·판매하여 수익을 창출하는 제조업체는 그림 11-26에서와 같이 특허생태계의 dual player이다. 즉 자신이 보유한 특허가 미진하여 타인의 특허를 알게 모르게 실시하는 제조업체는 '침해' 제조업체로 전락하며 생태계의 물주로 추락한다. 이에 반하여 막강한 특허 portfolio를 보유한 제조업체는 '발명' 제조업체로서 특허생태계의 지존으로 부상할 수 있다. 이와 같이 막강한 특허를 보유한 '발명' 제조업체는 특허기술을 구현하는 제품을 자신이 직접 제조·판매하여 수익을 창출하는 동시에 타제조업체의 시장 진입을 미연에 방지할 수도 있을 뿐만 아니라, 자신의 특허를 침해하는 타제조업체를 상대로 licensing을 강요하거나 특허침해소송을 제기하여 수익을 창출할 수도 있다.

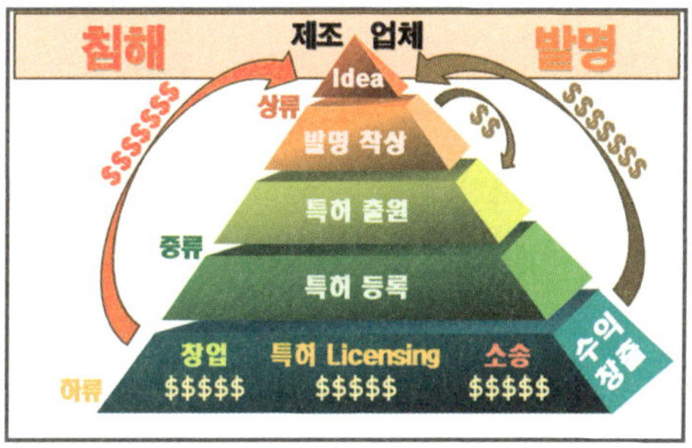

그림 11-26. 특허생태계의 Dual Player인 제조업체

하지만 제조업체는 타인의 특허를 자주 침해하는 편이다. 왜냐하면 급속한 기술 발전과 기술 심화에 따라 어떤 제조업체도 자신이 필요한 모든 특허를 자체 보유할 수 없으며, 특히 융합산업인 IT 분야에서는 이러한 현상이 더 심화되기 때문이다. 또한 제3장의 2-나절 "허구의 배타적 독점권 vs. 실질적 금지권"에서 설명한 바와 같이 특허란 '금지권'은 보장하지만 '사용권'은 보장하지 않는 미미한 권리를 지닌 사유재산이다.

따라서 수익 창출을 위하여 제품을 제조·판매하는 제조업체에게 특허의 출원·등록·유지는 수익 창출을 위한 합법적 도구이다. 즉 타인의 특허를 licensing하거나 특허침해로 타인에게 지불하는 손해배상금보다 더 많은 금액을 자신의 보유한 특허를 이용하여 버는 제조업체는 수익을 창출하지만, 반대의 경우에는 손해를 본다.[75] 따라서 제조업체는 가능한 한 많은 우량특허를 보유함이 장땡이다.

지식기반시대를 맞이한 국내 제조업체 역시 다양한 전략으로 우량특허를 직·간접적으로 활용할 필요가 있다. 이를 위하여 제11장의 6-가절에서는 업계에서 흔히 오해하고 있는 "방어용 특허"의 자가당착에 대하여 설명하고, 제11장의 6-나절에서는 같은 맥락으로 "동대문 특허"와 "남대문 특허"를 비교함으로써 후발 제조업체의 특허 전략을 설명한다. 제11장의 6-다절에서는 후발주자로서 특허침해소송의 단골 피고로 자리매김한 국내 제조업체가 공수 역전을 위하여 반드시 필요한 우량특허 창출의 중요성 및 어려움을 설명한다. 이를 위하여 국내 제조업체를 해외 경쟁 제조업체 또는 특허괴물이 제기한 특허침해소송으로부터 보호하는 중요한 임무를 수행하는 기업의 특허소송부서의 역할을 설명하고, 해외 경쟁 제조업체나 특허괴물과 licensing 협상을 통하여 상대방이 요구하는 과대한 royalty를 깎거나 원천봉쇄하는 중요한 임무를 수행하는 특허 licensing 부서의 역할을 설명한다. 또한 특허소송부서 및 licensing 부서보다 중요하지만 제대로 인정을 못 받고 있는 특허창출부서의 속성을 살펴본 후, 우량특허 창출이라는 막중한 임무를 수행하는 특허창출부서의 관리에 대하여 간략히 설명한다. 마지막으로 제11장의 6-라절에서는 21세기 지식기반시대의 국내 제조업체가 제조 능력과 특허를 융합해야할 당위성을 강조한 후, 이를 체계적으로 추진할 수 있는 조직 및 구조를 설명한다.

가. "방어용 특허"의 자가당착

국내 제조업체·특허업계에서 특허관리·특허소송과 관련하여 애용하는 용어 중 하나가 "방어용 특허 (defensive patent)"이다. 하지만 국내에서 사용되는 상기 용어의 의

75) 이는 아래의 제11장의 6-나절 제1항 "동대문 특허 vs. 남대문 특허"에서 설명할 전략과 일맥상통한다.

미는 최소한 두 가지 측면에서 국제관례와 상이하다. 사실 국내 제조업체·특허업계에서 "defensive patent"라는 외국 용어를 "방어용 특허"라고 번역하건 말건 무슨 상관이냐고 반문하는 독자도 있으리라 생각된다. 하지만 문제는 이 "방어용 특허"라는 용어에 대한 잘못된 정의 자체가 국내 제조업체의 특허출원 전략은 물론 국내 특허생태계에도 부정적인 영향을 미친다는 점이다.

(1) 메가톤급 권리범위가 필요한 "방어용 특허"

국내에서는 해외 경쟁업체의 선진 기술을 개량한 기술을 특허출원하며 이를 "방어용 특허"라 지칭하는 경향이 있다. 즉 자기 기술이 경쟁자 기술의 종속 기술이기는 하지만, 늦게나마 자신의 개량 기술을 특허로 보호함으로써 최소한 후발 경쟁업체가 자신의 기술을 모방하는 불상사만은 방지하려고 특허를 출원한다는 설명이다.

이에 반하여 국제적으로 통용되는 "방어용 특허"란 제조업체가 경쟁자로부터 특허침해로 제소되었을 경우, 피소된 업체가 자신을 제소한 경쟁자를 원천적으로 기선제압할 수 있는 특허를 의미한다.[76] 즉 대한민국을 제외한 전 세계 특허업계는 제조업체가 자신이 보유한 특허를 이용하여 경쟁자에게 맞소송을 제기하겠다고 위협하거나 실제로 맞소송을 제기함으로써 경쟁자와 신속히 합의하기 위한 목적으로 사용하는, 가공할 위력을 지닌 무시무시한 특허를 "방어용 특허"라 지칭한다.

이러한 측면에서 보면 "방어용 특허"란 자신을 제소한 경쟁자를 상대로 특허침해소송을 제기하여 승소할 수 있는 특허를 의미하며, 따라서 "방어용 특허"야말로 소송에서 승리할 수 있는 우량 원천특허이다. 하지만 국내 제조업체는 방어용 특허란 자연히 상대방의 원천특허에 귀속되는 개량특허이기에 권리범위가 협소하더라도 전혀 상관치 않

76) "A defensive patent is a patent that is used with the primary intention of defending a company against patent infringement lawsuits … A defensive patent can protect a patent holder by allowing it to countersue after a competitor sues for infringement - or even if the competitor sues for some other reason." 이에 대한 자세한 내용은 아래의 URL 참고 (2014.08.31 최종 확인):http://www.techopedia.com/definition/28565/defensive-patent

으며, 오히려 방어용 특허이므로 권리범위가 협소하다는 점을 당연하다고 치부한다.

앞서 제4장의 1-다절 제5항 “경쟁자의 침해에만 대비한다는 ‘방어용 특허’의 모순”에서 국내에서 통용되는 “방어용 특허”의 개념의 자가당착을 설명한 바 있다. 일예로 국내 제조업체가 신제품을 출시하며 경쟁자의 모방을 방지하기 위하여 방어용 특허를 출원·등록하였음에도 불구하고 경쟁자가 제조업체의 신제품을 침해하였다고 가정하자. 당연히 제조업체는 방어용 특허를 이용하여 자신의 신제품을 방어할 것이며, 이에 대한 방법은 특허침해소송이 유일하다. 하지만 국내 제조업체가 소송에서 경쟁자를 상대로 금지처분을 얻으려면 경쟁자가 자신의 방어용 특허를 침해하였음을 입증해야 하는데, 만일 제조업체의 자칭 “방어용 특허”의 청구항 권리범위가 협소하다면 경쟁자는 이를 쉽게 우회·회피하며 침해를 면할 수 있다. 따라서 권리범위가 협소한 자칭 방어용 특허는 방어가 불가능한 무용지물에 불과하며, 방어용 특허이므로 권리범위가 협소하더라도 무방하다는 논리는 특허에 대한 이해 부족, 특허 출원·등록의 목적에 대한 본말전도 또는 책임 회피에 불과하다. 결국 이러한 방어용 특허의 실체는 수익 창출은커녕 방어다운 방어조차 원천적으로 불가능한 취미용 특허에 불과하다.

(2) 방어를 위한 핵공격이 목적인 “방어용 특허”

이와 더불어 국내에서는 “방어용 특허”는 평화적 도구로서 전투용 무기의 반대 개념이라고 오인하기도 한다. 일예로 많은 국내 제조업체들은 자신의 특허는 업계의 평화와 기술 혁신을 도모하는 “방어용 특허”인 반면 경쟁자의 특허는 업계에 전쟁을 몰아오며 혁신을 저해하기 위한 “공격용 특허”라고 홍보하는 촌극을 벌이기도 한다.[77)]

이는 물론 특허의 핵심을 처절하게 빗겨난 nonsense에 불과하다. 왜냐하면 발명가가 특허로 공격을 개시하면 경쟁자는 방어를 개시하고, 경쟁자가 특허를 공격하면 발명가는 이를 방어할 수밖에 없기 때문이다. 따라서 심지어 “방어용 특허”의 경우에도 공격

77) 자세한 내용은 아래의 URL 참고 (2014.08.31 최종 확인):http://www.asiae.co.kr/news/view.htm?idxno=2013010309503329114, http://news.naver.com/main/read.nhn?mode=LSD&mid=sec&sid1=105&oid=001&aid=0005863923

이 방어이고 방어가 공격이므로, "공격용 특허"이건 "방어용 특허"이건 권리범위가 가장 중요하다. 따라서 특허 세계에서는 권리범위가 광활한 청구항이 제일일 수밖에 없다.

결론적으로 모든 특허는 "공격용 특허"인 동시에 "방어용 특허"이다. 즉 공격을 위해서도 방어가 필수이며, 방어를 위해서도 공격이 필수라는 말이다. 그렇기 때문에 모든 "방어용 특허"도 "공격용 특허"의 속성을 충분히 보유해야만 한다. 오히려 "방어용 특허"일수록 더 확실하게 광활한 권리범위를 확보한 "공격용 특허"이어야만, "방어용 특허"를 보유한 제조업체가 자신을 제소하는 경쟁자를 상대로 자신을 방어할 수 있는 능력을 보유하게 된다.

결국 권리범위를 고려하지 않고 대충 출원·등록한 자칭 "방어용 특허"는 특허도 아니며, "방어용 특허"는 더더욱 아니다. 이와 같이 공격을 염두에 두지 않은 특허는 비용을 지출하며 출원·등록·유지할 필요조차 없다는 점은 반드시 명심할 필요가 있다. 다시 한 번 강조하지만 국내 제조업체는 물론 특허업계도 더 이상 "방어용 특허"라는 용어를 자신의 발명이 개량 발명이라는 점을 옹호하기 위해서, 또는 자신이 출원·등록한 특허의 권리범위가 좁쌀만큼 좁아도 무방하다는 점을 정당화하기 위하여 사용하지 않기를 바란다.

나. 후발 제조업체의 전략

선진 제조업체(선진업체)는 선진 R&D를 통하여 경쟁자보다 앞서 원천 발명을 착상하고 이를 경쟁자보다 먼저 특허로 출원·등록하기 때문에, 선출원자로서의 금지권을 활용하여 시장에서 경쟁자를 압박하며 우위에 설 수 있다. 이에 반하여 후발 제조업체(후발업체)의 경우는 이와 정반대이다. 즉 선진업체가 이미 초대형 원천지뢰를 매설한 영토에 진입하는 후발업체는 기껏해야 중형 개량지뢰나 매설할 수 있다. 더욱 치명적인 약점은 후발업체가 확보한 개량지뢰란 실시 즉시 선진업체의 원천지뢰를 침해한다는 점이다.

그렇다면 선진업체의 원천특허에 대응하는 후발업체의 전략은 무엇일까? 선출원주의라는 특허제도 하에서 후발업체에게 희망은 있을까? 이에 대한 정답은 "후발업체는 선천적으로 후발주자이기 때문에 고생할 수밖에 없다"이다. 하지만 이에 대한 차선책은 존재하며, 이것이 바로 아래에서 설명할 "동대문 특허 vs. 남대문 특허" 전략이다.

(1) 동대문 특허 vs. 남대문 특허

옛 속담에 “동대문에서 뺨 맞고 남대문에서 화풀이한다”는 말이 있다. 이는 뺨 맞은 자(즉 “힘없는 자”)가 뺨 맞은 곳(동대문)에서는 뺨 때린 자(즉 “힘센 자”)에게 아무 말도 못하고, 대신 엉뚱한 다른 곳(남대문)에 가서 자기보다 약한 자(즉 남대문의 “힘없는 자”)의 뺨을 때리는 등 분풀이한다는 말이다.

뺨 때린 자(즉 선진업체)가 뺨 맞은 자(후발업체)보다 먼저 동대문(원천기술)을 발견하고 동대문에서 거주하였다고 (원천특허) 가정할 경우, 이만큼 특허에 잘 어울리는 속담도 없다고 생각된다. 일예로 선진업체가 동대문을 발견하고, 동대문의 요충지인 알짜배기 땅은 물론 그 주변의 공터까지 모두 포함하는 “동대문과 그 부근은 자신의 영토”라는 말뚝을 박았다고 가정하자. 이 경우 선진업체보다 나중에 동대문에 도착한 후발업체가 동대문을 사랑한 나머지 선진업체에게 부탁도 하고 협박도 했지만 선진업체가 후발업체와 licensing 계약을 체결하지 않는 한, 후발업체는 동대문 부근에서 거주할 수도 없고 동대문 안으로 출입할 수도 없다. 만일 후발업체가 선진업체의 허락 없이 동대문 부근에서 거주하였다가는 퇴거당함은 물론 경우에 따라 손해배상금도 물어야 한다. 따라서 선진업체가 차지한 동대문은 후발업체에게는 그림의 떡에 불과하다.

이에 분개한 후발업체가 동대문 부근의 동서남북의 땅을 모두 매입하였다고 가정하자. 운이 좋으면 후발업체는 선진업체가 동대문 부근을 왕래하기 위하여 필요한 동서남북의 모든 통로를 차단함으로서 선진업체를 압박할 수 있으며, 동대문 부근 북쪽의 모든 통로를 봉쇄함으로써 선진업체가 동대문 북쪽으로는 산책도 하지 못하고 북한산도 가지 못하도록 통제할 수도 있다. 하지만 선진업체가 허락하지 않는 한 후발업체가 동대문 부근을 소유하거나 사용할 수 없음은 여전히 엄연한 사실이다. 특히 동대문 부근의 가치 있는 땅이 모두 선진업체가 이미 소유한 영토라면, 후발업체가 동대문 부근 바깥의 땅을 아무리 많이 매입하더라도 그 효용 가치는 극히 낮을 수밖에 없다. 그리고 상식적으로 이러한 경제성 없는 투자에 따라 후발업체는 경제적으로 더 큰 손해를 입을 수밖에 없다.

특허 역시 마찬가지이다. 일단 선발명가가 원천 발명을 착상하고 이를 특허로 출원하여 원천특허를 등록하게 되면, 이러한 원천특허에 관하여 후발명가가 대응할 수 있는 뾰족한 수는 별로 없다. 왜냐하면 후발명가가 개량 발명을 착상하고 이를 특허로 출원·등록하더라도, 상기 개량특허는 실시하는 즉시 모두 선발명가의 원천특허를 침해하기 때문이다. 이와 같은 원천특허와 개량특허의 속성 및 이에 따른 선발명가와 후발명가의 상황 및 후발명가의 전략에 대한 글이 표 11-8이다.[78)]

표 11-8. 동대문 특허 vs. 남대문 특허

2011년 8월 Google은 특허 16,000개를 topping으로 얹은 Motorola Mobility를 125억 달러에 인수하였다. 이와 같은 Google의 통 큰 인수 뒤에는 쓰라린 실패가 도사리고 있다. 파산한 Canada 통신업체 Nortel의 특허 6,000개를 지지난달 9억 달러에 매입하려다 45억 달러를 제시한 Apple 연합군에게 눈앞에서 빼앗겼기 때문이다. 주인 바뀐 Motorola 특허 16,000개는 언젠가 우리 기업들을 압박하는 데 사용될 것이다. 이에 대한 대비책은 무엇일까? 동대문 회초리, 남대문 몽둥이 전략이다. 특허의 가장 중요한 요소는 특허출원 시점이다. 남보다 빨리 발명하여 출원한 기술이 특허로 등록되었을 때 우리는 이를 '원천특허'라 부른다. 남보다 먼저 발명하고 출원하였기에 원천특허를 무효시킬 선행기술은 없으며, 그래서 '원천특허'는 막강하다. 혹자는 우리도 열심히 특허를 모아 원천특허에 대항하자고 하나 이는 어불성설이다. 이제부터 모으는 특허는 출원 시점이 원천특허보다 훨씬 뒤진 개량특허이며, 모든 개량특허는 원천특허를 침해한다, 따라서 개량특허 수백 개를 모아도 원천특허에 대항할 방법은 없다. 운이 좋아 길목 개량특허라도 개발하면 원천특허소유자와 cross-license를 꾀할 수 있으나, 이 역시 확률이 매우 낮아 비효율적이다. 남의 원천특허를 도용하다 들켜 동대문에서 매 맞으면 어떡하나? 가장 쉬운 방법은 다시는 동대문에 가지 않는 것이다. 하지만 집도, 직장도 동대문에 있으니 대책이 없다. 따라서 동대문에서 남에게 회초리로 맞으면, 남대문에 가서 동대문에서 맞은 것 보다 더 많이 화풀이할 수밖에 없다. 효율적으로 화풀이하려면 도구가 필요한데 남의 원천특허인 회초리는 가져다 쓸 수 없다. 따라서 남대문에서는 몽둥이특허, 망치특허로 동대문에서 맞은 매의 열 배, 백배만큼 누군가를 흠씬 두들겨 패야 한다. 우리가 팰 사람은 우리를 매질한 회초리 주인일수도 있고, 옆집 아저씨일수도 있고, 바다 건너 아저씨일수도 있다.

78) 저자는 표 11-8의 원고를 "동대문 특허 vs. 남대문 특허"라는 제목으로 서울경제신문에 투고하였다. 하지만 동대문 주민이 본 원고를 불쾌하게 생각할 수도 있다는 편집부의 의견에 따라 저자는 제목을 "회초리 특허 vs. 몽둥이 특허"로 수정하였으며, 이는 일부 내용 수정 후 2011년 9월 5일 서울경제 A39면의 '시론'에 게재되었다. 자세한 내용은 아래의 URL 참고 (2014.08.31 최종 확인):http://economy.hankooki.com/lpage/opinion/201109/e2011090417300396930.htm

그렇다면 몽둥이, 망치는 어디서 구해오나? 간단하다. 시간이야 걸리겠지만 박달나무 몽둥이, Finex 강철망치는 물론 인공지능 쌍절곤, 무인비행 삼지창 등을 발명하는 발명가를 한 10만 명만 양성하면 충분하다.

혹자는 몽둥이건 망치건 외국에서 사오면 해결된다고 한다. 하지만 돈 내고 남이 만든 도구를 사다 쓰는 방법은 미봉책에 불과하다. 어느 날 상대편이 더 긴 몽둥이, 더 큰 망치를 들고 나타나면 어찌할 것인가? 철물점 주인이 갑자기 값을 올린다거나 더 이상 팔지 않겠다고 버티면 어찌할 것인가? "의존에 수반"되는 "필연적 굴욕"은 순간은 모면할지 몰라도 언젠가는 현실로 닥치기 마련이다.

외국에서 몽둥이, 망치를 사와서는 안 될 또 다른 이유는 정부지원 연구비는 해마다 증가하고, 정부가 양성한 기술사업화 전문인력도 수백 명에 달하며, 세계 유수 학술지에 일기 쓰듯 논문을 게재하는 국내 학자도 많아졌다는 사실이다. 단 이제야 제조업 위주로부터 지식기반경제로 전환하는 입법 및 행정 정책, 고질적 덤핑 수임료의 악순환을 탈피하지 못하는 변리업계, 특허전략 부재 및 질보다 양을 중시하는 정부의 평가제도에 따라 저질특허를 양산하는 발명가, 사법부의 수준 미달인 특허 보호 등으로 우리의 몽둥이, 망치는 엉성하기 그지없다. 하지만 측우기, 거북선, mp3, social network를 세계 최초로 발명한 우리 민족의 저력을 감안하면, 지금은 남의 몽둥이나 망치를 사오기보다 우리의 엉성한 구슬을 갈고 닦고 꿰어 보배로 만드는 데 전념해야 할 시점이다.

원천특허 없이 세계무대에 진출한 우리가 곳곳에서 당하는 수모는 전적으로 지식기반시대를 제대로 준비하지 못한 우리 책임이다. 하지만 우리는 동대문에서 비싼 수업료를 내고서라도 남대문, 명동은 물론 강남도 지켜내야만 한다. 단 내년에도, 내후년에도 수업료를 내서는 안 될 것이다. 이를 위해서는 박달나무 몽둥이, Finex 강철망치를 만들 줄 아는 발명가 양성이 시급하며, 이런 발명으로 창업하여 인공지능 쌍절곤, 무인비행 삼지창을 제조하는 세계적 선도 기업을 양성해야 한다. 그 동안 열심히 노력해온 우리가 가야 할 길도 그리 멀지만은 않다. 남대문, 명동이 바로 코앞이며, 강남도 멀지 않기 때문이다.

표 11-8과 같이 후발업체의 고민은 선진업체가 이미 원천특허를 등록한 영토에 진출해야만 한다는 사실이다. 따라서 후발업체의 전략은 거의 대부분의 경우 동일하다. 즉 동대문에서는 피해를 최소화하며 (damage control), 대신 신천지인 남대문을 남보다 빨리 발견하여 최소한 남대문에서는 선진업체가 되도록 노력하는 전략이다. 아래에서는 후발업체의 입장에서 동대문에서 자신이 입게 될 damage를 극소화하는 전략 및 신천지인 남대문에서는 남에게 극대의 damage를 입힐 수 있는 선진업체가 되는 전략에 대하여 설명한다.

(2) 동대문 특허 ≡ 동대문에서 남에게 당할 Damage 극소화

선발명가인 선진업체가 보유한 원천특허에 대하여 후발명가인 후발업체가 대응할 수 있는 전략은 극히 제한적일 수밖에 없다. 따라서 후발명가인 후발업체의 전략의 초점은 "damage control"로 집약될 수밖에 없다. 즉 선진업체가 동대문에 등록한 원천특허를 인정할 수밖에 없는 후발업체는 원천특허의 특성과 자신의 처지를 감안하여 자신이 입게 될 damage를 최소화하는 전략을 구사해야 한다.

물론 선진업체가 동대문에 원천특허를 등록하였더라도 후발업체가 동대문을 제외한 다른 곳에서 거주할 수 있다면 심각한 문제가 발생하지는 않는다. 하지만 시장이 동대문에 있기 때문에 후발업체 역시 반드시 동대문에 거주해야만할 경우에는 선진업체의 원천특허에 기인하는 어느 정도의 손해를 감수할 수밖에 없다.

하지만 많은 국내기업들은 자신이 후발업체임에도 불구하고 자신들도 동대문에서 열심히 특허를 출원·등록함으로써 선진업체에 대항할 수 있다고 생각한다. 하지만 이러한 전략은 대부분의 경우 nonsense이다. 왜냐하면 일단 선진업체가 동대문의 경제성 높은 땅을 모두 원천특허로 차지하였고 주변의 공터를 모조리 제거하였을 경우, 후발업체는 기껏해야 개량 기술을 개발하여 개량특허를 받을 수는 있지만, 자신의 개량특허는 실시하는 즉시 선진업체의 원천특허를 침해하기 때문이다.

물론 운이 좋을 경우에 한하여 후발업체는 선진업체가 미처 생각하지 못한 신규 용도를 개발하거나 선진업체의 특허기술을 더 효율적·경제적으로 실시하는 데 필수적인 길목 개량특허를 개발할 수도 있다. 이 경우 후발업체가 개척한 신규 시장의 경제성이나 규모 등이 선진업체가 이미 개척한 시장의 경제성과 규모를 상회할 경우, 선진업체는 후발업체가 개발한 신규 시장에 참여하기 위하여 후발업체에게 cross-licensing을 제의할 수도 있다. 하지만 이러한 경우는 극히 드물다.

또한 제5장의 4-다절 "특허권의 제도적 제한"의 제3항 "침해 제조업체의 이익도 보장하는 특허제도"에서 설명하였듯이 후발업체가 선진업체의 원천특허를 알게 모르게 침해하다가 제소되어 패소하더라도 금지처분이나 수입금지 조치를 당하지 않는 한 어느 정도의 이익을 보전할 수 있다. 또한 기술수명이 짧은 IT 분야의 경우에는 후발업체가 선진업체의 원천특허를 대놓고 침해하여 수익을 올린 후 빠지는 전략을 구사함으로써 금지처분이나 수입금지 조치를 무력화할 수도 있다. 하지만 이러한 경우에도 후발업체가 동대문에서 얻을 수 있는 profit margin은 낮을 수밖에 없으며, 제품을 판매하여 얻는 수익 역시 후발업체 자신이 원천특허를 소유하였을 경우의 이익에 비하면 적을 수밖에 없다.

결론적으로 선발명가인 선진업체가 동대문에서 원천특허를 출원·등록하며 실수로 공터를 남겨두지 않은 이상, 후발명가인 후발업체가 동대문에서 선진업체에 대응할 수 있는 전략은 극히 제한적이다. 또한 선진업체의 원천특허에도 불구하고 후발업체가 반드시 동대문에서 거주해야만할 경우, 후발업체는 미미한 profit margin을 감수해야만 하며, 선진업체로부터 원천특허를 침해한 혐의로 제소당할 각오도 할 수밖에 없다. 따라서 선진업체의 원천특허에 대응하는 후발업체의 전략은 "damage control"로 집약될 수밖에 없다.

(3) 남대문 특허 ≡ 남대문에서 남에게 가할 Damage 극대화

따라서 선진업체에 의하여 휘둘리기를 원치 않는 후발업체는 무조건 남대문으로 가야한다. 왜냐하면 신천지 남대문에는 아직 아무도 말뚝을 박지 않았기 때문이다. 또한 후발업체가 남대문을 먼저 발견하고, 먼저 원천 발명을 착상하여 먼저 특허를 출원·등록하면, 동대문 후발업체는 드디어 남대문 선진업체로 변신하기 때문이다. 그리고 동대문 후발업체도 남대문에서는 선진업체로서 떵떵거리며 원천특허의 금지권을 활용하여 경쟁자들을 압박하며 더 높은 수익도 창출할 수 있다.

단 동대문 선진업체라고 평생 동대문에서만 거주하겠다는 생각은 절대 하지 않는다. 즉 동대문 선진업체 역시 동대문 시장이 포화되거나 상권이 사양길로 접어들 경우를 대비하여 열심히 남대문을 찾으려 노력하기 때문이다. 게다가 고기도 먹어본 사람이 맛을 안다고, 선진업체는 이미 동대문을 발견한 바 있는, '발견' 분야의 유경험자이다. 따라서 객관적으로도 동대문 선진업체는 후발업체보다 남대문도 먼저 발견할 수 있는 능력도 지녔다. 따라서 동대문에서 선진업체와 피나는 경쟁을 벌이며 종종 선진업체의 원천특허에도 휘둘리는 후발업체가 여분의 자본으로 연구원을 확보하고 R&D에 투자하며 선진업체보다 먼저 남대문을 발견하기란 절대로 쉽지만은 않은 과업이다.

하지만 이런 저런 이유로 후발업체가 선진업체보다 노력을 게을리 할 경우의 귀결은 자명하다. 동대문 선진업체는 남대문에서도 선진업체의 지위를 유지할 수 있는 반면 동대문 후발업체는 남대문에서도 후발업체로 전락하게 된다. 따라서 후발업체는 동대문에서도, 남대문에서도, 선진업체의 동대문 원천특허와 남대문 원천특허에 휘둘리며 피나는 투쟁을 벌이는 수밖에 없다.

따라서 후발업체의 전략은 유일하다. 비록 지금은 동대문에서 선진업체의 원천특허에 휘둘리며 살지만, 남대문만큼은 선진업체보다 먼저 발견하여 말뚝을 박는 전략이다. 이것이 바로 후발 제조업체야말로 영민한 발명가를 고용하여 이들로 하여금 우량발명을 창출하도록 하고, 유능한 변리사를 선정하여 상기 우량 발명을 우량특허로 재창출한 후 이를 미국·유럽(오히려 중국?) 등의 전략적 주요 국가에서도 우량특허로 출원·등록하며, 여기서 창출하는 수익의 일부를 발명가에게 재분배하여 발명 의욕을 진작시킬 수 있는 선순환적 특허생태계를 사내에 구축해야하는 당위성이다.[79)]

다. 창출에 꽂혀야할 특허관리

국내 제조업체가 지속적으로 신기술을 개발하고 신제품을 출시하며 global market을 침투함에 따라 국내 제조업체의 global market 점유율 역시 확충되었다. 그러다보니 국내 유수 제조업체들은 해외 경쟁업체들의 유력 경쟁자로 부상한지 오래이며, 특허괴물 또는 특허관리기업(NPE 또는 Non-Practicing Entity)의 주요 target으로 자리매김하게 되었다.

해외 경쟁업체가 제기한 특허침해소송에서 국내 제조업체가 패소하면 막대한 손해배상금은 물론 운이 없으면 금지처분·수입금지 결정 등에 의하여 침해제품을 더 이상 판매할 수 없는 최악의 상황에 직면하게 된다. 따라서 이에 대응하는 국내 제조업체의 특허소송부서의 사내 위상은 급상승하게 되었다. 국내 제조업체는 내부 인력을 양성

79) 발명·특허의 창출·활용 모든 면에서 선진업체는 후발업체보다 유리하다. 따라서 후발업체가 선진업체와 동일한 속도로 발명·특허를 창출하며 선진업체를 앞지를 가능성은 거의 전무하다. 따라서 후발업체일수록 선진업체를 추월할 수 있는 전략을 개발하고, 이를 더 빠르게 실행에 옮길 수밖에 없다.

함은 물론 전문가를 영입하여 사내 특허소송부서를 확충하고 있으며, 특허소송부서는 자사를 제소한 해외 경쟁업체나 특허괴물로부터 자사를 지키는 막중한 임무를 담당하게 되었다.

특허소송부서와 마찬가지로 특허 Licensing 부서의 사내 위상 역시 급속도로 성장하였다. 왜냐하면 국내 제조업체가 해외 경쟁 제조업체와 체결하는 특허 license 계약을 전향적으로 활용할 경우, 특허침해소송에 따르는 risk를 미연에 방지할 수 있기 때문이다. 물론 해외 경쟁업체나 특허괴물은 특허 licensing의 대가로 막대한 royalty를 요구하기 마련이다. 따라서 국내 제조업체는 자체적으로 양성한 내부 인력과 외부로부터 영입한 전문가를 앞세워 해외 경쟁업체나 특허괴물이 제기하는 특허의 취약점을 분석, 공략하며 상대방이 요구하는 royalty를 수분의 1, 수십 분의 1로 깎는 막중한 임무를 담당하도록 하였다.

하지만 특허침해소송이건 특허 licensing이건 관건은 모두 '돈'이다. 즉 상대방이 제기한 특허침해소송에서 패소하여 상대방에게 물어야하는 손해배상금이건 특허침해소송을 위협하는 상대방과 특허 license 계약을 체결하며 상대방에게 지불하는 royalty이건 국내 제조업체의 입장에서는 모두 '지출'이기 때문이다. 이러한 측면에서 보면 특허침해소송이건 특허 licensing이건 이제는 '지출'이 아닌, '수입'을 고려해야하며, 이를 위해서는 국내 제조업체도 특허침해소송을 제기하는 원고 특허권자나 특허 licensing을 제안하는 licensor의 입장에서 cash를 벌어들일 수 있는 우량특허가 절실한 시점이다.

결국 국내 제조업체를 해외 경쟁업체나 특허괴물로부터 지키는 막중한 임무를 담당하는 특허소송부서이건 특허 licensing 부서이건, 수비에 임할 때는 경쟁자의 약점을 최대한 이용하여 지출을 줄이지만, 공격을 하려면 우량특허가 필요하다. 따라서 아래에서는 지금까지는 후발업체로서 수비전략에 치중할 수밖에 없었던 국내 제조업체가 향후 추구해야할 전향적 특허활용 전략에 대하여 설명하고, 이를 위한 우량특허 창출의 중요성을 다시 강조한다. 또한 우량특허 창출을 담당하는 막중한 임무를 수행해야할 특허창출부서가 그 동안 각광을 받지 못한 이유 및 이에 대한 대책을 설명한다.

(1) 특허침해소송 및 특허소송부서의 속성

21세기에 접어들며 국내 제조업체들과 관련된 해외 특허침해소송 기사가 줄을 잇게 되고, 소송의 승패는 당사자는 물론 전 국민의 관심사로 부상하였다. 특히 Apple과 삼성전자의 특허침해사건은 한 동안 국내 뉴스의 cover story, 신문의 1면을 장식하는 등 언론의 주요 관심사로 부상하였다. 그러다보니 국내 언론은 국내 제조업체가 해외 특허침해소송에서 승소할 때마다 이를 상당히 비중 있게 다루었다. 하지만 이러한 기사들을 곰곰 살펴보면 국내 제조업체의 해외 특허침해소송 승소는 크게 두 가지로 분류할 수 있다.

첫 번째는 말 그대로 "공격의 승리"이다. 이는 국내 제조업체가 해외 경쟁업체를 특허침해로 제소하여 승리한 경우로서, 국내 제조업체가 해외 경쟁업체로부터 손해배상금을 받거나 해외 경쟁업체를 상대로 금지처분 또는 수입금지 명령을 획득하는 경우이다. 축구로 치자면 대한민국 축구대표팀의 공격진이 goal을 넣고 수비진은 실점을 막아 1승을 챙긴 경우에 해당한다.

두 번째 경우는 "수비의 승리"이다. 이는 해외 경쟁업체가 국내 제조업체를 상대로 제기한 소송에서 국내 제조업체가 경쟁업체의 특허를 무효시키거나 비침해를 인정받은 경우로서, 국내 제조업체는 손해배상금을 지불할 필요도 없고, 성공적으로 금지처분이나 수입금지 명령도 피한 경우이다. 축구의 예를 들자면 상대 선수가 찬 회심의 penalty kick을 대한민국 축구대표팀의 goal keep가 몸을 날려 멋들어지게 막아낸 경우에 해당한다.

공격의 승리이건 수비의 승리이건 승리는 승리이다. 하지만 공격 승리와 수비 승리는 승점부터 다르다. 공격 승리는 우리에게 1승에 해당하는 승점 3점을 추가해주지만, 수비 승리는 우리에게 1패를 면하게 해주는 정도이다. 또한 수비의 승리만으로는 절대로 축구에서 승리할 수 없으며, 1승을 추가하기 위해서는 공격 승리는 반드시 필요하다.

지금까지의 국내 제조업체의 해외 특허침해소송 전적을 살펴보면 국내 언론이 보도한 승리의 대부분은 수비의 승리인 반면 명실상부한 공격의 승리는 극히 드문 편이다.[80] 이에 대한 첫 번째 이유는 국내업체의 기술과 제품이 global market에서 해외 경쟁업체를 제쳤기에 더 많은 소송에서 피고로 연루되기 때문이다. 또 다른 이유는 국내업체가 경쟁업체로부터 피소되는 건수에 비하여 국내 제조업체가 해외 경쟁업체를 특허침해로 제소하는 데 사용할 수 있는 만큼 변변한 특허를 충분히 보유하지 못한 때문이라고 추정된다. 그 결과 국내 제조업체와 해외 경쟁업체의 특허침해소송에서 국내업체는 대부분의 경우 피고로 연루되며, 따라서 국내업체가 승리한다하더라도 이는 대부분의 경우 1승을 추가하고 승점 3점을 챙기는 승리가 아니라 1패를 모면하는 승리이다.

물론 국내 제조업체는 1패를 기록하기 보다는 1패라도 면하는 편이 분명 이익이다. 하지만 기왕이면 1패보다는 1승이 더 귀중함은 불변의 사실이기에, 국내 제조업체는 지금부터라도 더 많은 우량 발명을 창출하고 이를 전략적 주요국에서 우량특허로 재창출하여 global market에서 해외 경쟁업체들을 상대로 연승을 기록할 전략을 수립해야할 때이다.

(ㄱ) 수비가 뚫린 특허소송부서

수비에 임하던 특허소송부서(주로 특허부서나 법무부서 또는 별도의 특허소송부서)가 수비에 실패하면 어떻게 될까? 즉 국내 제조업체 A사가 해외 경쟁 제조업체 P사가 제기한 해외 특허침해소송에서 패소하였을 경우, A사의 특허소송부서는 얼마나 큰 부담을 느낄까? 사내에서 얼굴이나 들고 다닐 수 있을까? 물론 case-by-case이겠지만, 정답은 "많은 경우 수비에서 패소한 A사 특허소송부서의 부담은 생각보다 심각하지 않다"이다. 왜냐하면 특허소송부서는 자사의 연구부서나 개발부서가 아무 생각 없이 제조한 제품이 워낙 심각할 정도로 P사 특허를 침해하였기 때문에, P사가 제기한 소송에서는 절대로 승소할 수 없었다는 운명론을 펼칠 수 있기 때문이다.[81]

80) 비밀유지계약 때문에 공개는 못하지만, 극소수 국내 제조업체들은 저자의 상상을 넘어서는 전향적 특허전략으로 해외 경쟁업체를 상대로 막대한 특허 royalty 수익을 올리기도 한다. 하지만 극소소이다!

81) 물론 이에 대응하여 A사의 연구부서나 개발부서는 어떻게 생긴 특허소송부서가 그 정도의 공격도 막지 못하냐고 나무랄 수는 있다.

심지어 A사의 특허소송부서는 법원 판결에서는 졌지만 경쟁업체 P사가 주장하였던 손해배상금을 대폭 삭감하였으므로 이는 실질적 승리라고도 주장할 수도 있다. 즉 P사가 소제기 전 A사에 요구했던 금액은 3조원이었지만, A사의 유능한 특허소송부서가 전향적으로 대응한 결과, 비록 판결에서는 졌지만 손해배상액을 원래 금액의 1/10인 3,000억 원으로 줄이는 데 성공하였다는 주장이다. 더 나아가 특허소송부서는 A사가 2조7,000억 원의 이익을 보았으므로 자신의 연말 bonus를 대폭 인상해야만 한다고 주장할 수도 있다.

물론 이러한 주장은 사실인 경우가 대부분이다. 즉 특허소송부서가 혼연일체가 되어 헌신적으로 노력한 결과 경쟁사 특허를 무효시키기도 하고, 비침해 판결을 받기도 하며, 때로는 경쟁자가 주장한 손해배상금을 몇 십분의 일로 깎기도 한다. 하지만 모든 특허침해소송의 원고는 겉으로는 자신이 실제 원하는 금액보다 상당히 부풀린 손해배상금을 요구함이 관행이다. 따라서 특허소송부서의 실질적 기여도는 외형적 기여도와는 상이할 수도 있다.

(ㄴ) 공격이 막힌 특허소송부서

위의 경우와는 반대로 공격에 임하던 특허소송부서가 공격에 실패하면 어떻게 될까? 즉 국내 제조업체 A사가 자신의 특허를 해외 경쟁 제조업체 P사가 침해하였다고 해외에서 특허침해소송을 제기하였다가 패소할 경우, 득점은 못했지만 그래도 실점은 하지 않았으므로 특허소송부서는 떳떳하게 얼굴을 들고 다닐 수 있지 않을까? 정답은 "공격에서 패소한 A사 특허소송부서의 부담은 생각보다 심각할 수도 있다"이다. 왜냐하면 A사의 특허소송부서가 P사를 제소하기 위하여 사용한 특허가 무효가 될 수도 있기 때문이다.

우선 법원이 A사의 특허는 유효이지만 P사가 상기 특허의 권리범위를 우회·회피하여 침해하지 않았다고 확인하는 경우를 가정하자. 이 경우 A사의 피해는 변호사 비용 정도이다. 따라서 특허소송부서는 괜히 소송을 제기하여 변호사 비용만큼 손해를 보았

다는 비난을 받게 된다. 하지만 그 이상의 부담은 덜 수 있는 경우가 대부분이다.[82)]

하지만 법원이 침해의심업체인 P사의 반박을 받아들여 A사의 특허가 무효임을 확인할 경우, A사의 특허소송부서는 상당한 비난을 받을 수도 있다. 특히 법원이 무효로 처리한 특허가 A사의 핵심기술에 대한 특허일 경우, 문제는 더 심각해진다. 왜냐하면 A사의 핵심특허가 무효로 처리됨에 따라 A사는 자신이 보유한 특허 1개를 상실함은 물론 시장의 모든 경쟁자들은 A사의 핵심기술을 무료로 사용할 수 있게 되기 때문이다. 따라서 경쟁사가 A사의 핵심기술을 구현한 경쟁제품을 제조·판매함에 따라 A사는 시장 점유율도 잃고 수익성도 상실할 수 있다. 이러한 이유로 공격에 임하던 특허소송부서가 공격에 실패하며 핵심특허까지 무효가 될 경우, 특허소송부서의 장이 경질되거나 해고당하는 경우도 종종 발생한다.[83)]

(ㄷ) 특허소송부서의 속성 및 전향적 관리

위에서 설명한 바와 같이 특허소송부서는 수비(즉 경쟁자가 제기한 특허침해소송의 피고)에 임할 때에는 상대적으로 마음이 가벼울 수 있다. 왜냐하면 특허소송부서는 자신이 수비에 실패하더라도 상대방 공격수가 너무 빨랐다거나 상대방 공격수의 ball control 기술이 세계 수준급이라거나, 또는 선발 수비수로 뛰었던 자신의 동료의 실력이 워낙 떨어졌기 때문이라는 등의 이유를 댈 수 있는 반면, 이러한 이유가 진짜 이유

82) 위에서 예시한 경우는 국내 제조업체 A사가 해외 경쟁 제조업체 P사가 특허를 침해했을 수도 있다는 가정 하에 P사를 global market에서 축출하기 위하여 또는 P사로부터 특허침해에 대한 손해배상금을 받기 위하여 특허침해소송을 제기하는 등의 가장 단순한 경우에 해당한다. 하지만 A사가 P사를 제소한 이유에 따라 패소에 대한 평가가 달라질 수도 있다. 일예로 A사는 자신을 특허침해로 제소한 P사를 상대로 합의를 도출하기 위하여 또는 cross-licensing을 요구하기 위하여 맞소송을 제기할 수도 있으며, 이와는 달리 자신이 패소할 가능성이 상당히 농후함에도 불구하고 A사 전체의 전략적 차원에서 승패에 관계없이 P사를 상대로 특허침해소송을 제기할 수도 있다. 따라서 특허침해소송에서 패소한 특허소송부서의 책임도 사안을 둘러싼 환경에 따라 달라진다.

83) 일예로 2010년 H사의 특허 책임자 B는 특허침해소송에서 자사 보유 특허 수건이 무효로 죽게 되어 해고된 바 있다. 다행히(?) B는 I사의 President 겸 COO로 영입되었다.

인지 아니면 핑계에 불과한 지 판단하기는 현실적으로 난해하기 때문이다. 이와는 반대로 특허소송부서는 공격에 임할 때에는 상대적으로 마음이 무겁기 마련이다. 왜냐하면 특허소송부서가 공격 중 ball을 빼앗기게 되면 상대방의 기습을 허용하여 실점을 허락할 수 있기 때문이다.

이와 같이 수비에 실패하더라도 기댈 언덕이 있는 대부분의 특허소송부서는 소극적 전략을 구사하는 경우가 많다. 그러다보니 특허소송부서는 A사가 보유하고 있는 특허가 수천 개, 수만 개가 되더라도 공격은 하지 않고 수비에만 치중함으로써 공격 실패에 따르는 risk를 회피하려는 성향을 보일 수 있다. 이는 국내기업의 경우도 마찬가지로서, 저자는 1~2개 정도를 제외한 대부분의 국내 제조업체들의 특허소송부서는 필요 이상으로 소극적으로 운용되고 있다고 생각한다.

그렇다면 특허소송부서를 전향적으로 운용할 수 있는 방법은 무엇일까? 즉 어떻게 하면 국내 제조업체의 특허소송부서가 웬만큼 risk를 감수하며 해외 경쟁 제조업체를 상대로 전향적인 공격도 퍼붓고, 이에 따라 국내 제조업체가 금지처분이나 수입금지 명령을 무기로 해외 경쟁업체를 압박할 수 있을까?

이에 대한 정답은 "국내 제조업체의 경영진이 자사의 특허소송부서에 부여한 권한만큼만 가능하다"이다. 왜냐하면 앞서 설명한 바와 같이 특허침해소송의 승패는 특허의 유무효 이상의 결과를 초래하기 때문에 특허소송부서는 연구부서나 marketing 부서는 물론 전략부서와의 공조 없이는 단독으로 특허를 이용한 공격전략을 수립할 수 없기 때문이다.

일반적으로 제조업체에게 있어서 특허란 연구는 물론 marketing, 전략 등의 다른 주요 업무와도 불가분 연계됨으로써 지식재산 이상의 가치를 지닌 전가(傳家)의 보도(寶刀)이다. 따라서 국내 제조업체가 보유한 특허를 특허소송부서가 전향적으로 활용하기 위한 필요충분조건은 특허소송부서의 장과 상기 업체의 최고 경영진과의 이익의 합치이며, 이를 위해서는 특허소송부서의 장에게 상기 업체의 연구, 영업, 전략 수립 및 운용에 참여 또는 이를 인지할 수 있는 최소한의 권한을 부여해야만 한다.

(2) 특허 Licensing 및 특허 Licensing 부서의 속성

특허권자가 제기하는 특허침해소송은 침해의심 경쟁업체에 대한 금지처분의 획득을 통한 시장에서의 경쟁업체 축출, 침해 경쟁업체로부터 침해에 대한 금전적 보상인 손해배상금 획득, 침해 경쟁업체에 대한 licensing 강요 등을 목적으로 한다. 특히 후자를 목표로 하는 특허권자의 경우 경쟁업체가 합당한 royalty를 제안하면 후회 없이 license 계약을 체결하는 경우가 대부분이다.

국내 제조업체들과 관련된 특허침해소송이 증가하는 만큼 국내 제조업체와 해외 특허권자 사이의 특허 license 계약 역시 증가하는 추세이다. 국내 언론 역시 국내 제조업체가 해외 특허권자와 특허 license 계약을 체결할 때마다 이를 상당히 비중 있게 다루고 있다. 하지만 이러한 기사들 역시 크게 두 가지로 분류할 수 있다.

첫 번째는 말 그대로 "공격적 licensing"으로서, 국내 제조업체가 해외 경쟁업체에게 소송을 위협하며 licensing 계약을 체결하여 royalty를 획득하는 경우이다. 물론 이를 위해서는 해외 경쟁업체가 위협을 느끼는 우량특허를 국내 제조업체가 보유해야 한다.

두 번째 경우는 "수비적 licensing"으로서, 해외 경쟁업체가 국내 제조업체에게 특허침해소송을 위협함에 따라 국내 제조업체가 royalty를 지불하는 경우이다. 간혹 국내 제조업체와 해외 경쟁업체가 특허 cross-license 계약을 체결하였다는 보도를 접하곤 한다. 이론적으로 cross-license은 두 업체가 서로 무료로 상대방이 보유한 특허를 교차 실시하는 경우이겠지만, 특허를 적게 보유한 업체나 핵심특허를 원하는 업체가 특허를 더 많이 보유하거나 핵심특허를 보유한 상대방에게 일정 royalty를 지불하는 경우가 대부분이다.

후발주자인 국내 제조업체들의 과거 특허 licensing 전적을 살펴보면 특허소송과 마찬가지로 대부분의 경우는 수비적 licensing인 반면 명실상부한 공격적 licensing은 극히 드문 편이다. 이에 대한 첫 번째 이유는 국내 제조업체들이 global market의 점유율을 높이는 사이 알게 모르게 경쟁업체들의 특허를 침해하였기 때문일 것으로 생각된다. 또 다른 이유는 국내 제조업체들이 해외 경쟁업체들에게 licensing을 강요할만한 변변한 특허를 충분히 보유하지 못한 때문이라고 추정해본다.

소모적 특허침해소송을 회피할 수 있는 licensing은 국내 제조업체 입장에서는 바람직한 분쟁 해결 방법임에 틀림없다. 특히 licensing에 수반되는 royalty가 소송에서 패소하여 지불하게 되는 손해배상금보다 적은 경우, licensing은 국내 제조업체에게는 일거양득의 전략임이 틀림없다. 하지만 국내 제조업체들이 그 동안 축적해온 미국·유럽특허의 절대량을 고려한다면 이제는 국내 제조업체들도 수비적 licensing보다는 더 적극적으로 공격적 licensing을 추구할 시기이다. 물론 이를 위해서는 국내 제조업체들이 더 많은 우량 발명을 창출하고 이를 다시 전략적 주요국에서 우량특허로 재창출하여 global market에서 해외 경쟁업체들을 압박하며 특허침해소송과 licensing 전략을 병행함이 바람직하다.

그렇다면 특허를 다량 보유한 국내 제조업체가 사내에 특허 licensing 부서만 설립하면 전향적, 공격적 licensing을 시작할 수 있을까? 정답은 "절대 그렇지 않다"이다. 왜냐하면 앞서 설명한 바 있는 특허소송부서와 마찬가지로 특허 licensing을 담당하는 특허 licensing 부서 역시 공격과 수비에 임하는 부담이 상이하기 때문이다.

우선 특허 licensing 부서도 해외 경쟁업체가 강요하는 licensing 계약을 체결할 때에는 상대적으로 부담이 덜 할 수 있다. 왜냐하면 licensing을 압박하는 해외 특허권자는 자신이 실제로 원하는 royalty보다 더 많은 금액을 요구하며 협상을 시작하므로, 당사자들이 합의하는 royalty는 거의 항상 해외 특허권자가 애당초 요구하던 금액보다는 적기 때문이다. 따라서 국내 제조업체의 특허 licensing 부서는 거의 항상 해외 특허권자와 licensing 계약을 체결할 때마다 자사의 손실을 줄였다고 자랑할 수 있다.

하지만 국내 제조업체가 해외 경쟁업체에게 licensing을 강요할 경우에는 사정이 달라진다. 왜냐하면 특허라는 무형자산의 가치를 정확히 산정하는 방법이 없기 때문이다. 따라서 국내 제조업체의 특허 licensing 부서가 해외 경쟁업체와 특허 license 계약을 체결하며 royalty를 받더라도 상기 royalty가 적정한 지 판단할 수 있는 방법은 거의 없다. 따라서 기껏 해외 경쟁업체로부터 royalty를 받아온 특허 licensing 부서는 사내 다른 부서로부터 너무 싸게 핵심특허를 licensing했다는 비난을 들을 수도 있다.

따라서 특허 licensing 부서 역시 연구부서나 marketing 부서는 물론 전략부서와의 공조 없이는 단독으로 특허를 이용한 공격적 licensing을 구사하기는 몹시 어렵다. 왜냐하면 제조업체에게 있어서 특허는 지식재산 이상의 가치를 지니기 때문이다. 따라서 제조업체가 보유한 특허를 특허 licensing 부서가 전향적으로 활용하기 위한 필요충분조건은 특허 licensing 부서의 장과 최고 경영진과의 이익의 합치이며, 이를 위해서는 특허 licensing 부서의 장에게 상기 업체의 연구, 영업, 전략 수립 및 운용 등에 참여 또는 이를 인지할 수 있는 최소한의 권한이 주어져야만 한다.

(3) 특허 창출 및 특허창출부서의 속성

앞서 설명했지만 국내 제조업체의 특허소송부서와 특허 licensing 부서가 해외 경쟁업체를 상대로 효율적인 공격을 구사하기 위한 선결조건이 바로 미국·유럽 등과 같은 전략적 주요 국가에 출원·등록한 우량특허이다. 이러한 측면에서 보면 특허창출부서야말로 우량 발명을 선별할 줄 아는 전문가들이 모여 사기충천하여 우량특허를 양산하는 조직이리라고 상상할 수 있다. 하지만 국내 유수 제조업체는 물론이고 대부분 국내기업에서 우량특허를 창출해야 하는 특허창출부서는 비인기 부서에 속한다.

(ㄱ) 항상 적자인 특허창출부서

특허의 창출 과정은 "돈 먹는 하마"로 압축된다. 왜냐하면 종업원 발명가의 직무발명을 특허로 출원·등록하는 과정 자체가 금전의 지출로 점철되기 때문이다. 또한 많은 경우 특허창출부서는 특허의 창출이 주요 업무일 뿐, 경쟁업체의 특허침해소송에 대응하는 특허소송부서나 특허를 이용한 royalty 창출과 관련된 특허 licensing 부서와는 별개의 조직이다. 따라서 최고 경영진의 입장에서 보면 특허창출부서의 활동은 항상 "돈 먹는 하마"라는 비용(cost)에 해당하며, 이러한 부서의 대차대조표는 항상 적자이다.

또한 아무리 특허창출부서가 혼신의 힘을 다하여 우량특허를 창출하였더라도, 창출 후 수 년이 경과한 후 이를 이용하여 특허침해소송을 제기하여 경쟁업체를 응징하거나 상기 특허를 licensing하여 royalty 수익을 올림으로써 공로를 인정받는 부서 역시 특허소송부서이거나 특허 licensing 부서이다. 물론 특허소송부서나 특허 licensing 부서 및 회사 전체에서도 특허창출부서의 공로를 어느 정도는 인정할 것이다. 하지만 특허침해소송 자체가 복잡한 동시에 예측성이 떨어지기 때문에 해외 경쟁업체를 압박하는 공격적 특허침해소송이나 공격적 licensing의 성공에 필수인 우량특허를 창출한 주무 부서인 특허창출부서의 공로는 상대적으로 무시되는 편이다.

(ㄴ) 자주 비난받는 특허창출부서

반면 일이 어긋날 때마다 비난을 당하는 부서가 특허창출부서이다. 일예로 특허소송부서가 해외 경쟁업체를 상대로 소송을 제기하였다가 특허가 무효가 되는 경우, 이에 대한 1차적 책임은 특허창출부서로 돌아갈 확률이 높다. 왜냐하면 특허 출원 시 특허창출부서가 청구항, “발명의 설명”을 꼼꼼히 작성하지 않았거나 선행기술 조사를 철저히 하지 않는 등 업무를 소홀히 하였기에, 추후 중요한 소송에서 특허가 무효가 되어 낭패를 보았다고 지적받기 때문이다. 또한 특허가 유효로 인정은 되었지만 해외 경쟁업체가 상기 특허의 권리범위를 우회·회피하여 비침해 판결을 얻은 경우에도, 이에 대한 1차적 책임은 특허창출부서로 돌아갈 확률이 매우 높다. 왜냐하면 특허 출원 시 “발명의 설명”이나 청구항을 제대로 작성하지 않아 권리범위가 협소해졌거나, 특허청 심사관의 거절에 전향적으로 대응하지 않아 권리범위가 협소해졌기 때문에 경쟁업체가 자사 보유 특허의 권리범위를 유유히 우회·회피할 수 있었다고 지적받을 수 있기 때문이다.

또한 국내 제조업체의 특허소송부서가 해외 경쟁업체가 제기한 특허침해소송에 대응하기 위한 맞소송을 준비할 때 딱히 사용할만한 우량특허를 발견하지 못할 경우, 이에 대한 1차적 책임 역시 특허창출부서가 지게 될 가능성이 높다. 특허 licensing 부서도 마찬가지이다. 해외 경쟁업체의 소송 협박에 특허 licensing 부서가 cross-licensing이라도 제안하려면 상대방이 침해하고 있거나 침해하였을 가능성이 높은 특허를 발굴해야하는 데, 이에 필요한 특허를 찾지 못하게 되면 이에 대한 책임 중 일부는

반드시 특허창출부서가 지게 될 가능성이 높다.[84)]

물론 특허창출부서라고 할 말이 없는 것은 아니다. 아니, 할 말이 너무 많다. 우선 특허창출부서는 자사에서 근무하는 종업원의 발명 수준이 낮거나 상기 발명의 대부분이 개량 발명이므로 자사의 발명은 해외 경쟁업체의 발명에 선천적으로 종속될 수밖에 없는 개량 발명, 개량특허일 수밖에 없다고 주장할 수 있다.[85)] 또한 특허창출부서는 본사가 지급하는 예산과 인력이 부족하기 때문에, 자사의 종업원이 창출한 우량 발명도 우량특허로 재창출하기 어렵다고 주장할 수도 있다. 더 나아가 특허창출부서는 자신이 창출한 특허는 우량특허임이 틀림없음에도 불구하고 자사의 특허소송부서나 특허 licensing 부서가 미숙하여 이를 제대로 활용하지 못한다고 주장할 수 있다.

하지만 이러한 주장은 거의 받아들여지지 않는다. 왜냐하면 종업원의 발명 중 우량 발명만을 발굴하여 이를 우량특허로 창출하는 것이 특허창출부서의 주요 임무이기 때문이다.

또한 특허소송부서가 자사가 보유한 우량특허를 이용하여 해외 경쟁업체를 상대로 한 특허침해소송에서 승리하거나 특허 licensing 부서가 이러한 우량특허를 이용하여 해외 경쟁업체로부터 막대한 royalty 수익을 올리더라도 그 공의 일부라도 특허창출부서로 돌아올 가능성도 낮다. 특히 특허소송부서와 특허 licensing 부서는 이러한 승리를 자신이 전개한 창조적 소송 전략 또는 봉이 김선달 수준의 licensing 협상 능력 및 압박 전략에 의한 결과라고 치부할 수도 있다.

---

84) 특허창출부서는 소제기 전 소송에 사용할 특허를 면밀히 분석하여 권리범위를 확인함은 물론 선행기술 검색을 통한 신규성, 진보성 등을 확인할 1차적 책임은 특허소송부서에 있고, 특허 licensing을 도모하기 전 사용할 특허의 장단점을 확인할 1차적 책임은 특허 licensing 부서에 있다고 주장할 수 있다. 하지만 선행기술 검색 및 결과 예측의 확실성 부족, 청구항 해석의 어려움 및 비예측성 등을 감안한다면, 특허창출부서, licensing 부서 및 소송부서의 유기적 협력이야말로 특허소송과 licensing에서 승리하기 위한 필수 요건임을 알 수 있다.

85) 이러한 주장은 사실인 경우가 많다. 하지만 그렇다고 해서 손을 놓은 채 발명가가 착상한 개량 발명을 그대로 개량특허로 출원·등록함이 특허창출부서의 본연의 임무는 아니다.

(ㄷ) 여전히 비인기 부서인 특허창출부서

물론 국내 제조업체의 최고 경영진이 특허소송, 특허 licensing, 특허창출에 대한 각각의 속성을 이해하고, 이를 감안하여 인력을 배치하거나 incentive를 지급한다면 큰 문제는 발생하지 않는다. 하지만 대부분 제조업체의 최고 경영진은 특허와 관련된 다양한 부서의 속성을 이해하지 못한다.

따라서 대부분 제조업체의 최고 경영진에게 특허소송부서와 특허 licensing 부서는 자사를 위협하는 해외 경쟁업체에 대항하여 회사를 지키는 동시에 종종 막대한 손해배상금을 대폭적으로 깎거나 royalty 지급액을 엄청 삭감하는 등 회사의 손실을 최소화하며, 경우에 따라서는 licensing 수익도 올리는 '공'을 세우는 조직으로 인식하기 쉽다. 반면 이들에게 특허창출부서란 하찮은 특허나 만들고 유지하기 위하여 자사의 재원을 소진하는 조직으로 인식되기도 한다. 또한 업무상 특성에 따라 특허소송부서나 특허 licensing 부서장들은 최고 경영진을 자주 만나 급박한 현안 및 자사 전체적 차원의 전략을 토의하는 등 직접적 의사소통이 가능한 편이다. 하지만 언제 쓰일 지도 모르며 기약 없이 특허를 창출하는 특허창출부서의 장이 최고 경영진을 만나기란 상당히 어려울 수밖에 없다.

그 결과 국내 제조업체에서 특허 관련 업무를 담당하는 직원들은 당연히 특허창출부서보다는 특허소송부서나 특허 licensing 부서를 선호하는 바, 이는 위에서 설명한 각 부서의 특성을 감안한다면 필연적 결과라고 할 수 있다. 심지어 비상식적인 동시에 웃지도 못할 일들도 발생하곤 한다. 일예로 기술을 잘 아는 연구원이나 특허법을 전공한 특허전문가는 기술이나 특허는 잘 알지만 business 감각이 떨어진다는 이유로 자신의 희망에 상관없이 특허창출부서에 배치되기도 한다. 그렇다고 특허소송부서나 특허 licensing 부서가 기술적 상식 및 법적 지식을 필요로 하지 않는다는 말은 아니다. 오히려 이들 부서는 필요할 때마다 특허창출부서에 도움을 요청한다.

특허창출부서의 입장에서는 특허소송부서나 특허 licensing 부서와 협력을 하면 할수록 자신의 업무량은 증가한다. 하지만 타부서와의 협력의 결과에 대한 '공(功)'은 거의 돌아오지 않으며, 타부서가 추진하는 일이 실패할 경우 이에 대한 책임만 돌아오는 경우도 허다하다. 따라서 특허출원부서의 사기 역시 떨어질 수밖에 없다. 또한 특허창출부서의 이익은 특허소송부서나 특허 licensing 부서의 이익과 합치하지 않는 경우도 종종 발생하며, 이러한 이익의 불합치는 국내 제조업체에도 치명적 타격을 입힐 수도 있다.

(4) Time Lag을 감안한 특허창출부서 관리 ≡ 은근과 끈기

제대로 된 특허를 창출하기 위해서는 특허법에 대한 기본 지식도 필요하지만 발명에 대한 이해가 필수이다. 특히 종업원 발명가와의 발명 상담을 통하여 우량 발명을 창출하려면 발명과 직접적으로 관련된 기술은 물론 주변 기술 및 기술 발전 동향도 알아야지만 광활한 권리범위를 갖는 특허를 창출할 수 있다. 따라서 특허창출부서는 특허 engineer라고도 불리는 연구원 출신의 특허전문가, 변리사, 특허변호사 등이 주축을 이루게 되며, 그 결과 특허창출부서의 분위기 역시 기술과 발명으로 기울 수밖에 없다. 따라서 특허창출부서 및 직원은 자사의 business 및 marketing 전략, 기업 차원의 특허 전략 등에 대하여 무관심해지기 쉽다.

하지만 이에 대한 책임은 특허창출부서 직원들이 발명과 기술에만 관심이 있기 때문만은 아니다. 저자는 이에 대한 주된 책임은 바로 대부분의 국내 제조업체가 자사의 business 전략, 기업 차원의 특허 전략 등을 특허출원부서와 공유하지 않는 관례에 기인한다고 강변한다. 또한 국내 제조업체의 특허창출부서는 사내 법무부서에 소속되거나 연구부서에 소속되는 경우가 흔하며, 그 결과 특허창출부서의 장은 법무부서의 장 또는 연구부서의 장보다 직급이 낮은 경우가 대부분이다. 따라서 최고 경영진과 직접 소통할 기회가 적은 특허창출부서의 장 및 직원들이 특허 전략을 포함한 자사의 각종 business 전략을 인지할 수 있는 현실적 통로도, 방법도 없다.

물론 특허창출부서의 장 및 직원들이 자사의 business 전략, marketing 전략은 물론 기업 차원의 특허 전략 등을 모르더라도 양질의 발명을 선정하여 양질의 특허를 창출할 수 있다면 아무런 문제가 없다. 하지만 양질의 발명을 양질의 특허로 재창출하려면 특허창출 전략에 반드시 자사의 business 전략은 물론 global market의 동향을 감안한 중장기 R&D 전략 등이 감안되어야만 한다는 점이 바로 문제의 근원이다. 즉 특허출원부서가 자사의 business 전략이나 중장기 R&D 전략과는 무관하게 특허를 창출할 경우, 이러한 특허가 수 년 후 해외 경쟁업체의 목을 죄는 특허로 변신할 가능성은 극히 낮을 수밖에 없다.

(ㄱ) 특허창출부서 부진의 결과

이러한 비효율적 조직 체계로 인하여 국내 제조업체의 특허창출부서의 사기가 떨어지고, 이에 따라 국내 제조업체가 과거, 현재는 물론 가까운 장래에도 우량특허를 창출하기 어려워진다면 어떤 결과를 초래하게 될까?

이에 대한 정답은 당연히 "막대한 규모의 금전적 손실 및 국제 경쟁력 약화"이다. 우선 변변한 우량특허를 보유하지 못한 국내 제조업체는 해외 경쟁업체로부터 특허침해소송을 당하더라도 자신의 특허를 경쟁업체가 침해하였다는 맞소송을 제기할 수 없다. 따라서 국내업체는 소송에서 승소하더라도 본전일 뿐이며, 엄밀히 따진다면 변호사 비용만큼만 손해를 보게 된다. 반면 해외 경쟁업체가 제기한 소송에서 패소할 경우, 국내업체는 해외업체에게 막대한 손해배상금을 물어야 한다. 이는 특허 licensing의 경우에도 마찬가지이다. 국내업체가 해외업체에게 licensing을 강요할만한 변변한 우량특허가 없는 한, 국내업체는 해외업체에게 cross-licensing을 제안할 수도 없다.

물론 국내 제조업체는 외부의 우량특허를 매입하여 해외 경쟁업체를 상대로 맞소송을 제기하거나, 이들에게 cross-licensing을 강요할 수도 있다. 하지만 국내업체가 외부의 특허를 매입하려면 합당한 가격을 지불해야함은 상식이다. 하지만 자신의 특허를 침해하였다고 제소한 해외업체를 상대로 법원의 deadline에 맞춰 맞소송을 제기하려다보면 부득이 license 협상을 서둘러야만 하는 경우도 자주 발생하며, 이에 따라 특허권자가 바보가 아닌 이상 국내업체는 동일한 특허를 더 비싼 가격에 매입할 수밖에 없게 된다.

더 나아가 제11장의 6-나절 "후발 제조업체의 전략"에서 설명한 바와 같이 해외의 특허 소유권자가 국내 제조업체에게 자신의 특허를 양도하지 않거나 license 계약 체결을 거절한다면, 국내업체는 해외업체에 대한 leverage를 확보할 수 없게 된다. 따라서 해외업체가 제기한 소송에서 국내업체가 패소할 경우, 국내업체는 특허 침해에 대한 보상은 물론 최악의 경우 금지처분이나 수입금지 명령에 따라 침해제품을 더 이상 생산하거나 수출하지 못하게 되는 심각한 타격을 입게 된다. 특히 소송과 관련된 제품이 핵심제품일수록 국내업체는 그만큼 global market에서의 경쟁력을 상실하게 된다.

(ㄴ) "은근과 끈기"의 특허창출부서 관리 전략

결국 특허창출부서의 관리 전략은 바로 특허소송부서나 특허 licensing 부서의 실적 모두 특허창출부서의 실적에 종속될 수밖에 없다는 엄연한 사실에 근거해야만 한다. 따라서 특허창출부서를 특허소송부서나 특허 licensing 부서와 별도로 관리하면 절대로 synergy를 창출할 수 없으며, 특허와 관련된 모든 부서는 서로 유기적으로 연결되어야만 한다.

하지만 특허창출 관리의 가장 어려운 난제는 바로 평가이다. 왜냐하면 특허소송부서나 특허 licensing 부서는 상대적으로 단기성과에 근거하여 평가할 수 있는 반면 특허창출부서의 성과는 평가하는 데 하세월이 소요되기 때문이다. 즉 종업원 발명가가 창출한 발명을 우량특허로 재창출하고, 이를 활용하여 경쟁업체를 상대로 특허침해소송을 제기하여 시장 진입을 봉쇄하거나 상기 특허를 licensing하여 수익을 창출하는 데에는 짧게도 수 년, 길게는 10년 이상의 기간이 소요되는 경우가 비일비재하다. 또한 지금 특허창출부서가 창출한 특허의 가치는 절대로 지금 확인할 수 없는 바, 특허창출부서를 제대로 평가하려면 필연적으로 "time lag"이 존재할 수밖에 없다.

특허창출부서 직원의 입장에서 보면 이러한 "time lag"에 의한 영향을 더 확실히 이해할 수 있다. 일예로 종업원이 창출한 발명을 장래의 우량 발명이라고 판단하고, 혼신의 힘을 기울여 이를 우량특허로 재창출하려는 특허창출부서의 직원을 가정하자. 이 직원이 종업원과 brain-storming 발명 상담을 통하여 우량 발명을 창출하고 이를 전략적 주요 국가에서 특허로 등록하려면 최소 3~4년이 소요된다. 또한 이 특허가 등록되더라도 자사가 해외 경쟁업체를 상대로 특허침해소송을 제기하거나 licensing을 하려면 추후 몇 년이 더 소요된다. 따라서 우량특허를 창출하려고 청구항과 "발명의 설명"을 작성하는 특허창출부서의 직원이 자신의 업적을 제대로 평가받으려면 5~10년이 걸릴 수 있다. 하지만 상기 직원은 5년~10년 후에도 지금의 직장을 다니고 있을지, 혹 그 사이 자신이 해고당하지는 않을지 걱정하지 않을 수 없다. 또한 설령 10년 후 자신이 지금 재창출하는 특허를 이용하여 자사가 막대한 수익을 창출하였을 경우, 과연 자신에게 어떤 보상이라도 돌아오기는 할까? 이러한 의구심을 지닌 특허창출부서의 직원이 우량 발명 창출이나 우량특허 창출에 전력투구할 incentive가 있기는 할까?

결국 국내 제조업체가 추후 다수의 우량특허를 보유하려면 발명을 창조하는 종업원은 물론 이를 특허로 재창출하는 업무를 담당하는 특허출원부서의 직원에 대한 합리적 평가 제도를 확립함은 물론 발명가와 특허출원부서 직원에 대한 합당한 incentive를 보장할 필요가 있다. 그래야만 발명가는 우량 발명을 창출하기 위하여 최선을 기울이게 되며, 특허출원부서의 직원 역시 우량특허를 창출하기 위하여 전력을 투구할 것이다.

라. Chief IP Officer(CIPO)의 위상 및 의의

삼성전자, LG전자 등과 같은 global player들을 제외하면, 국내 제조업체 중 특허부서의 위상이 확실히 정착된 곳은 드물다. 특히 해외 수출이 차지하는 비중이 큰 국내 대기업의 경우에도 미국·유럽 등에서 자주 특허침해소송에 연루되지 않는 이상 특허부서의 중요성은 사내에서 부각되지 않은 경우가 대부분이다. 따라서 이러한 중소·중견기업, 대기업은 사내에 독립된 특허부서를 설치하지 않은 경우가 대부분이다.

하지만 국내 제조업체들의 global market 진출이 심화되며, 국내업체들이 하나 둘씩 중국 기업들에게 추월당함에 따라, 특허는 global market을 사수하기 위한 국내업체들의 주무기로 등장할 수밖에 없다. 이러한 맥락에서 아래에서는 기업 내에 중앙 집중화된 특허 부서를 설치해야할 필요성 및 이를 총괄하는 특허 최고경영자 또는 지식재산 최고경영자(Chief Intellectual Property Officer, 이후 'CIPO'로 약칭)의 중요성을 설명한다.

(1) 특허부서 vs. 법무부서?

어느 정도의 규모를 지닌 국내 제조업체에는 법무 관련 업무를 전담하는 법무부서가 설치되어 있다. 물론 쟁송이 자주 발생하는 대기업은 사내 변호사들을 고용하고, 이들로 하여금 쟁송을 직접 수행하도록 하는 경우도 있다. 하지만 대부분의 경우 국내기업의 사내 변호사들은 국내 변호사들로 구성되며, 이들은 국내에서 벌어지는 쟁송을 직접 수행하는 대신 이를 수행하는 외부 law firm을 선정하고 관리하는 임무를 담당한다.

기술 관련 국내 제조업체는 R&D를 통한 신기술 개발이 중요하므로 사내에 R&D 부서를 설치, 운영하며, R&D 결과물의 권리화를 위하여 특허부서도 설치·운영한다. 하지만 대부분 국내업체의 초기 특허부서는 R&D를 수행하던 연구원으로 충원되곤 한다. 즉 일선에서 R&D를 직접 수행하던 연구원 중 특허에 관심이 있는 직원들을 선정하고, 이들에게 외부 특허사무소를 관리하며 특허를 출원·등록·유지하는 업무를 부여한다. 그 후 자사의 특허 업무가 증가하고 특허 받고자 하는 기술이 고도화되거나 국내외에서 특허와 관련된 법적분쟁이 잦아지면, 국내 제조업체는 특허부서에 특허 전문가인 변리사 1~2명 정도를 추가로 충원한다.

그 결과 초래되는 문제가 바로 기존의 법무부서와 신흥 특허부서 사이의 심각한 갈등이다. 사실 법무부서이건 특허부서이건 모두 동일한 기업에 속한 사내 부서이므로 둘 사이의 이익은 자동적으로 합치되리라고 가정하는 경향이 있다. 하지만 특허 분쟁과 관련된 현실을 파악하고 보면 동일한 기업에 속한 법무부서와 특허부서의 이익이 불합치하는 경우도 자주 발생한다. 특히 특허침해소송이 발생할 경우, 법무부서와 특허부서의 이익은 정반대로 배치되는 경우도 발생하며, 이와 같은 이익의 불합치는 궁극적으로 기업의 이익에 반하는 의사 결정 과정을 거쳐 기업에 치명적 손실을 입히는 경우가 대부분이다.

(2) 부서 간 이익 불합치에 의한 국내 제조업체의 참사

이를 설명하기 위하여 국내 제조업체 A사가 국내 또는 해외 경쟁 제조업체 P사에 의하여 특허침해로 제소된 경우를 가정하자. A사가 제소됨에 따라 제일 먼저 비난의 표적이 되는 곳이 바로 A사의 특허부서이다. 일예로 5년 전 A사가 신제품을 출시하기 전, A사의 경영진은 신제품이 침해할 수 있는 경쟁업체의 특허가 존재하는 지, 이러한 선행특허가 존재한다면 이를 우회·회피할 수 있도록 신제품의 구조나 기능을 변경하거나 상기 특허를 매입하거나 licensing하도록 지시했다고 가정하자. 그럼에도 불구하고 이제 A사가 경쟁업체로부터 특허침해소송을 당했으니 그 이유는 5년 전 A사의 특허부서가 제대로 업무를 수행하지 않았기 때문이라고 질책하게 된다.

하지만 앞서 제2장의 3-나절 “선행기술 검색의 한계”에서 설명하였듯이 선행기술 검색은 제도적, 현실적 및 법적 한계로 말미암아 완벽할 수가 없다. 또한 설령 A사의 특허부서가 P사가 보유한 선행특허를 확인한 후 이를 우회·회피할 수 있다고 믿은 신제품의 구조나 기능에 대하여 추후 법원도 비침해라고 동의할 지는 아무도 예단할 수 없는 사안이다. 하지만 A사의 경영진이 이러한 사정을 이해해줄리 만무하다. 따라서 특허부서는 갖은 비난을 받으며 P사와의 소송에 임할 수밖에 없다.

우선 A사의 특허부서는 P사의 특허를 무효시키기 위하여 특허무효심판을 청구할 것이다. 국내의 경우 등록특허에 대한 무효확인심판은 특허심판원에서 진행되며,[86] 상기 심판의 주요 사안은 P사가 보유한 특허의 청구항들이 신규성이나 진보성이 결여되므로 또는 기재요건을 위반하므로 무효라는 주장이다. 이와 같이 특허무효심판의 사안은 특허의 유효성이며 상기 심판은 특허심판원에서 진행되므로 상기 심판은 당연히 A사의 특허부서가 담당하는 경우가 대부분이다. 물론 P사의 특허 자체가 허접하여 특허심판원에서 무효로 확인되는 경우, 또는 P사의 특허가 불량특허는 아니지만 A사의 특허부서가 유능한 대리인을 선임하고, 상기 대리인에게 합당한 보수를 지불하며 성실히 협조하여 P사의 특허가 특허심판원에서 무효로 확인되는 경우, A사의 특허부서는 일단 지금까지의 비난을 모면할 수 있으며, 오히려 어깨에 힘을 줄 수도 있다.

하지만 심각한 문제는 A사가 특허무효심판에서 패소할 경우이다. 심판에서 패소한 A사는 심판원 결정을 특허법원에 항소하게 되며,[87] 항소의 관할권은 행정기관인 특허심판원에서 사법기관인 특허법원으로 이송된다. 사건이 법원으로 이송됨에 따라 동일한 특허에 대한 침해 분쟁임에도 불구하고, 항소심은 A사의 특허부서로부터 법무부서로 이관되는 경우가 대부분이다.

이론적으로 특허심판원에서 패소한 A사의 특허부서와 항소심을 맡게 된 A사의 법무부서는 A사의 이익을 위하여 합심해야 한다. 하지만 결과는 정반대인 경우가 대부분이다. 왜냐하면 두 부서가 다 A사라는 동일한 업체 내부의 부서임에도 불구하고 특허부서와 법무부서의 이익은 완전히 180° 상충될 가능성이 크기 때문이다.

---

86) 등록특허의 무효확인에 대한 관할권 및 절차는 국가에 따라 상이하다. 일예로 미국의 경우 무효확인심판은 미국특허청의 Patent Trial & Appeal Board(PTAB)에서 진행된다.

87) 미국의 경우 특허의 유무효에 대한 PTAB의 결정은 연방항소법원(Federal Circuit)에 항소할 수 있다.

일예로 항소심에서 A사가 승소한다면 어떻게 될까? A사의 법무부서는 경영진의 총애를 받으며 승소를 한껏 자랑할 수 있을 것이다. 하지만 이와는 반대로 경영진은 특허부서야말로 1심인 특허무효소송에서 이길 수 있었던 사건을 패소한, 무능한 부서라고 낙인찍을 것이다. 이러한 상황에 처한 A사 특허부서의 심리 상태는 어떨까? 한 마디로 공황 상태이다. 따라서 A사의 특허부서는 법무부서도 항소심에서 패소하기를 학수고대할 수밖에 없다. 하지만 특허부서는 이러한 소망을 밖으로 표시할 수는 없기에, 특허부서는 겉으로는 법무부서와 협조하는 듯 행동하겠지만, 실질적으로 특허부서는 겉으로 들어나지 않는 한도 내에서 A사의 법무부서도 항소심에서도 패소하기를 소망하게 된다. 그 결과 A사 경영진은 P사와의 분쟁은 어차피 질 수밖에 없는 소송이었다고 결론짓게 되며, 이에 따라 1심에서 패소한 특허부서나 항소심에서 패소한 법무부서나 모두 경영진과 A사 전제 직원들로부터 면죄부를 받을 가능성이 높아진다.

물론 많은 이들은 저자가 위에서 설정한 scenario는 극단적 경우를 가정한, 현실성이 결여된 예라고 치부할지 모른다. 설령 법무부서와 특허부서 사이의 갈등이 존재하더라도 이는 법무부서장과 특허부서장의 성향이나 성격 차이 때문인 정도로 간주하기 때문이다. 하지만 저자는 이미 이러한 참사를 여러 번 목도한 바 있다. 또한 저자는 동일한 조직의 법무부서와 특허부서 사이에 갈등이 존재하더라도, 이러한 갈등의 핵심은 절대로 표면에 노출되지 않는다는 사실을 경험한 바 있다. 따라서 경영진은 대부분의 경우 이러한 갈등이 존재한다는 사실 자체를 인지하지 못하는 경우가 대부분이다.

물론 이러한 갈등은 법무부서와 특허부서가 공존하는 모든 기업에 상존할 수밖에 없다. 따라서 법무부서와 특허부서간의 갈등에 따라 A사가 기껏 선정한 유능한 law firm도 어느 부처 장단에 춤춰야할지 난감해지는 경우도 자주 발생한다. 그렇다고 유능한 law firm의 유능한 변호사가 비협조적인 특허부서의 비행을 법무부서에 고자질할 수도 없고, 이를 A사의 최고 경영진에 알릴 수도 없다. 왜냐하면 law firm의 변호사가 비협조적인 특허부서를 최고 경영진에게 고자질하고 이에 따라 최고 경영진의 문책을 받은 특허부서가 필요한 정보를 법무부서에 전달하며, 그 결과 A사가 P사와의 소송에서 승리하더라도, 자신이 얻는 것은 상처뿐인 영광이 될 가능성이 높기 때문이다.

법무부서와 특허부서 사이의 갈등에 의한 손해는 궁극적으로 법무부서나 특허부서가 아닌 A기업이 지게 된다. 또한 이러한 갈등 때문에 A기업은 이길 수도 있었던 특허침해소송에서 패소하여 수십억~수백억 원의 손해배상금을 경쟁자에게 헌납할 수도 있다.

(3) 독립된 특허부서 [O] vs. 총괄 법무부서 [X]

특허 업무는 특허법은 물론 기술에 대한 최소한의 이해를 필요로 하므로 일반 법무와는 상당히 상이하다. 또한 특허법은 법과대학이나 법학전문대학원의 필수과목도 아니며, 사법고시나 변호사시험의 필수과목은 더더욱 아니다. 따라서 일반 법무를 다루는 대부분의 변호사는 특허에 대해서만은 문외한일 수밖에 없다.

그렇기 때문에 위의 제2항 "부서 간 이익 불합치에 의한 국내 제조업체의 참사"에서 예를 들었던 국내 제조업체 A사는 별개의 법무부서와 특허부서를 설치하였다. 하지만 위에서 예시한 바와 같이 가장 긴밀하게 협력해야만 할 두 부서가 막상 특허 관련 분쟁이 벌어지면 이익이 상충되고, 이에 따라 A사는 심각한 타격을 입게 된 것이다.

그렇다면 A사는 법무부서와 특허부서간의 갈등을 미연에 방지하기 위하여 통합된 법무부서를 설치하고, 특허부서는 법무부서에 부속된 팀 정도로 운영하는 것이 바람직할까? 물론 이에 대한 정답은 없지만, 저자는 "전혀 그렇지 않다"고 생각한다. 왜냐하면 법무부서가 일반 법무와 특허 업무를 총괄할 경우 오히려 위에서 설명한 부서간의 갈등이 부서 내의 법무팀과 특허팀의 갈등으로 변질되어 존속될 가능성이 매우 높기 때문이다.

우선 통합된 A사 법무부서의 일반 법무 인력 대부분은 특허에 대한 지식이 충분치 않으며, 동시에 R&D를 직접 수행해본 경험도 없는 비이공계 출신일 것이다. 따라서 일반 법무 인력은 경쟁사가 특허침해소송을 제기하였을 경우 경쟁사가 제시한 특허 및 특허기술에 근거한 법적 쟁점을 도출하는 대신 법적 절차를 중심으로 특허 소송을 진행하기를 원할 가능성이 높다. 왜냐하면 특허와 특허기술에 대해서는 문외한인 법무팀도 약간의 공부만 하면 특허침해소송 절차는 어렴풋이 꿰찰 수 있기 때문이다. 또한 일반 법무 인력은 기술 관련 법적 쟁점을 독자적으로 도출할 수 없으므로 이러한 사안은 외부 law firm에 전적으로 의존할 수밖에 없을 가능성도 크다. 하지만 A사가 선임한 외부 law firm이 기술적 능력이 부족하거나 A사가 law firm에 충분한 수임료를 지불하지 않으면, A사의 사건은 law firm의 우선순위에서 밀리게 되어 충분한 대응을 할 수 없게 될 수도 있다.

통합된 법무부서를 설치하고, 특허부서를 법무부서에 부속된 팀 정도로 운영하는 방안의 또 다른 단점은 법무부서의 장이 특허에 문외한일 가능성이 높다는 점이다. 따라서 법무부서가 일반 법무와 특허 업무를 총괄할 경우 법무부서의 장은 특허팀보다는 법무팀의 의견을 존중할 가능성이 큰 반면 반대의 경우는 일어나지 않을 가능성이 높다. 그렇다고 통합된 법무부서의 장이 특허전문가일 가능성 역시 낮다. 왜냐하면 특허전문가가 상법, 민법과 관련된 쟁송에 대해서까지 전문가일 가능성 역시 낮기 때문이다.

물론 통합된 법무부서 내부의 법무팀과 특허팀이 서로 협조할 수 있다면 통합된 법무부서가 정답일 것이다. 하지만 위의 제2항에서 설명한 독립된 특허부서와 독립된 법무부서 사이의 갈등은 당연히 통합된 법무부서 내부의 법무팀과 특허팀 사이에도 존재할 수밖에 없다. 따라서 통합된 법무부서라 하더라도 법무팀과 특허팀 사이에 존재하는 선천적 갈등을 봉합하기는 불가능할 것으로 생각된다.

따라서 특허분쟁에 자주 휘말리는 제조업체일수록 단일의 특허부서를 설치하는 방법이 정답이다. 그리고 상기 특허부서로 하여금 특허소송과 특허 licensing은 물론 특허창출까지도 중장기적 관점에서 일관성 있게 총괄하도록 조직을 구성해야 한다. 이러한 통합된 특허부서의 필요성은 저자의 개인적 사고에 의한 저자만의 결론은 아니다. 이는 앞서 그림 11-1에서 도시한 특허생태계의 속성에 기인한 결론이기도 하다.

(4) Chief IP Officer(CIPO)의 역할 및 위상에 대한 선진기업의 예

앞의 그림 11-1에서 모든 특허생태계는 우량 발명 창출이 핵심인 상류, 우량 발명을 권리화한 우량특허 창출이 핵심인 중류 및 우량특허 활용이 핵심인 하류로 구성되며, 특허 활용은 자가실시, licensing, 소송 등으로 이루어진다고 설명하였다. 이와 같이 특허창출부서가 수행하는 우량 발명 선정과 우량특허 창출, 특허소송부서가 수행하는 소송, 특허 licensing 부서가 수행하는 licensing은 모두 특허라는 동일한 대상에 기인할 수밖에 없다. 즉 특허는 특허생태계의 한 부분이 아닌, 특허생태계 전체를 관통하며 창출되고 활용되어 소멸되는, 살아있는 생물이다.

따라서 특허소송부서, 특허 licensing 부서 및 특허창출부서를 각각 개별적으로 설치하고 운영할 경우, 상기 부서들 사이의 synergy를 기대하기는 거의 불가능하다. 오히려 위의 제2항 "부서 간 이익 불합치에 의한 국내 제조업체의 참사"에서 설명한 바와 같이 다양한 부서 간의 이익이 상충될 경우, 이는 보이지 않는 처절한 갈등으로 비화되어 기업 전체에 해를 끼칠 수도 있다. 따라서 특허 업무들은 다양한 부서들을 통합한 단일의 조직이 담당함이 가장 바람직하다. 어쩌면 유일한 방법이다.

이뿐만이 아니다. 그림 11-1과 같이 국내 제조업체의 연구부서가 수행하는 R&D는 특허생태계의 상류에 위치하며, 상기 업체의 제조부서가 담당하는 제품 생산 및 영업부서가 책임지는 marketing은 상기 생태계 하류에 위치한다. 또한 국내 제조업체의 전략부서가 해외 경쟁업체의 시장 진입을 봉쇄할 수 있는 특허침해소송 역시 특허생태계 하류에 위치하며, 전략부서가 특허 licensing을 통하여 해외 경쟁업체에게 부과하는 세금인 royalty 징수 역시 상기 생태계 하류에 위치한다. 이와 같이 그림 11-1의 특허생태계는 특허라는 무형자산이 특허 자체로서만 존재하는 것이 아니라 제조업체의 연구, 생산, 판매 등 모든 분야와 밀접한 관련을 가진다는 엄연한 사실을 반증한다.

그렇다면 국내 제조업체의 특허 부서는 어떤 조직으로 구성해야할까? 정답은 "특허생태계에 근거하여 구성해야한다"이다. 일예로 그림 11-27과 같이 특허 부서는 사내의 연구부서, 제조부서, 전략부서 등 사내의 주요 조직들과 유기적으로 연동되어야하며, 특허 부서의 장인 CIPO(Chief Intellectual Property Officer)는 최고 경영진은 물론 연구부서의 장, 제조부서의 장, 전략부서의 장과 항상 소통할 수 있는 대화 통로를 가져야 한다. 그래야만 국내 제조업체는 중장기 전략에 입각한 R&D 및 결과를 활용할 수 있는 우량특허를 창출할 수 있으며, 이러한 우량특허를 보유해야만 시장에서 경쟁업체를 압박할 수 있고, 필요할 경우 이러한 우량특허를 licensing하여 수익도 창출할 수 있다.

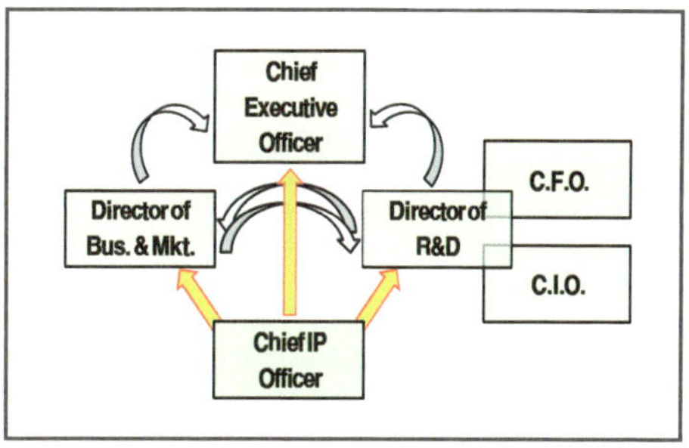

그림 11-27. Chief IP Officer(CIPO)의 지위 및 역할

7. 국가적 전략

앞서 제11장의 4절 "국내 대학교 교수 및 국내 연구소 연구원의 전략"에서 설명한 바와 같이 대한민국 정부는 15.9조원(2012년 기준)을 국가 R&D 사업에 투자하였다. 이는 대한민국 정부 역시 신기술 개발의 중요성은 물론 개발된 기술의 사업화를 통한 신제품의 개발, 제조 및 수출을 통한 국내기업의 global market 선점의 중요성을 인식하고 있음을 반증한다.

하지만 21세기 지식기반시대가 도래함에 따라 제조 능력으로 우위를 판가름하던 시절은 지났으며, 인력 및 infra 측면에서도 선진국 수준으로 발전해버린 중국 제조업체들을 상대로 국내 제조업체들이 제조 능력의 우위를 유지하기는 점점 어려워지고 있다. 즉 국내기업들이 신제조기술의 개발만으로 global market을 사수하기는 불가능해졌으며, 이에 따라 국내기업들도 이에 상응하는 지식재산, 특히 전략적 주요 국가에서 출원·등록된 우량특허를 보유해야만 하게 되었다.

그렇다면 지식기반시대를 맞은 대한민국 정부는 어떤 지식재산 정책과 특허 정책을 운용해야만 대한민국이 지식재산 강국으로 발돋움하여 지식기반시대를 선도할 수 있을까?

이에 대한 답은 간단하다. 국내에 선순환적 특허생태계를 구축하는 정책이다. 이를 위해서 제11장의 1-가절 "특허생태계 이론"에서 설명한 바와 같이 특허생태계 상류의 발명가, 중류의 특허창출 전문가, 하류의 특허활용 전문가를 양성해야함은 물론 생태계 하류에서 창출되는 수익의 합당한 부분이 생태계 상류의 발명가, 생태계 중류의 특허출원 전문가 및 생태계 하류의 특허활용 전문가 모두에게 배분되는 system과 infra를 구축해야 한다.

하지만 아무리 선진 특허 system과 infra가 구축되더라도 특허생태계 상류에서 우량 발명이 창출되지 않는 한, 생태계의 중류와 하류는 제대로 작동할 리 없다. 즉 특허생태계 구축의 선결 조건이 바로 생태계 상류에서의 다수의 우량 발명 창출(즉 "첫 단추")이다. 이를 위하여 제11장의 7-가절에서는 선순환적 특허생태계 구축의 선결 조건인 우량 발명가를 10만 명 정도 양병하도록 제안하며, 제11장의 7-나절에서는 우량 발명가의 모병과 훈련을 책임질 1천 명의 우량 교관을 양병하도록 제안한다. 특히 우량 교관이 우량 발명가들을 대상으로 시행할 교육으로서 우량 발명가들이 연구를 수행하며 직접 R&D와 IP를 연계할 수 있도록 특허의 속성과 특허 전략에 중점을 두도록 제안한다. 제11장의 7-다절에서는 이를 종합하여 21세기 지식기반시대의 대한민국 정부의 국가전략으로서 "**수출**(輸出)입국 전략"과 "**특허**(特許)입국 전략"의 전향적, 창조적 융합을 통한 "**특허수출**(特許輸出)입국" 전략을 제안한다.

가. 10만 발명가 양병설

선순환적 특허생태계는 생태계 상류의 우량 발병가가 착상하는 우량 발명으로부터 시작된다. 따라서 국내에서 우량 발명가를 체계적, 전략적으로 양성하는 작업이야말로 선순환적 특허생태계 구축의 시작임에 틀림없다.

그렇다면 우량 발명가는 누구일까? 우량 발명가란 대학교의 우량 교수와 우량 대학원생 및 우량 학부학생, 연구소의 우량 연구원, 국내기업의 R&D 부서에 근무하는 우량 연구자, 우량 개인발명가들이다. 이뿐만이 아니다. 현재 고등학교, 중학교 및 초등학교 재학생 역시 지식기반시대의 미래의 대한민국을 이끌어갈 우량 발명가라 할 수 있다. 따라서 국내에 선순환적 특허생태계를 구축하여 대한민국이 지식기반시대의 선진국으로 안착하기 위해서는 현재와 미래의 우량 발명가들을 체계적으로 양산하는 전략을 수립, 시행함으로써 대한민국의 특허생태계 상부를 우량 발명가로 넘치도록 구축할 필요가 있다. 우량 발명가 양성의 당위성에 대한 저자의 의견이 표 11-9이다.[88)]

표 11-9. 10만 발명가 양병의 당위성

고구려와 발해를 떠나보낸 후 그다지 넓지 않은 한반도 안에서만 부대끼며 살아온 우리는 영토의 크기로 우열을 가르던 농경시대 내내 2류 국가 신세를 면치 못했다. 그 후 200년간 기술과 자본 및 제조 능력을 근간으로 하는 산업사회에서도 우리는 서양문물을 제때 받아들이지 않은 결과 모진 운명에 휘둘리며 3류 국가로 전락하는 수모를 겪었다. "하면 된다," "잘 살아보세" 등의 구호는 북한의 6·25 남침 이후 베이

88) 저자는 표 11-9의 원고를 "지식재산 강국을 위한 10만 발명가 양병설"이라는 제목으로 동아일보에 투고하였고, 상기 원고는 일부 내용 수정 후 2010년 2월 3일 동아일보 A33면의 '오피니언'에 게재되었다. 자세한 내용은 아래의 URL 참고 (2014.08.31 최종 확인):http://news.donga.com/3/all/20100203/25904899/1

비붐 세대가 박정희 전대통령과 1970년대를 함께하며 귀에 못이 박이도록 들어온 규범이다. 이후 40년간 베이비붐 세대는 실제로 "해보니 되더라"는 사실을 몸으로 체득했다. 그 결과 이제 우리나라는 선진국 문턱에 도달할 정도로 잘 살게 되었다.

지식기반시대라 지칭되는 21세기도 벌써 10년이나 흘렀다. 지식기반시대의 근간은 지식재산이며 지식재산은 바로 이 시대의 기축통화이다. 따라서 지식재산을 많이 보유한 국가가 21세기를 주도할 것은 자명한 사실이다. 땅도 좁고 자원도 부족한 우리나라의 경우 똑똑하고 성실한 국민은 나라의 보배이다. 어떻게 하면 우리나라도 양질의 지식재산을 많이 보유함으로써 21세기 지식기반시대를 주도할 수 있을까? 간단하다. 발명으로 먹고사는 발명가를 기르고 이들을 양병할 수 있는 시스템과 인프라를 구축하면 저절로 이루어진다. 만사형통 전략이다.

발명가는 지식재산의 생산자다. 발명가 없이는 지식기반시대를 헤쳐 나갈 수 없다. 하지만 발명만으로 먹고살 수 없는 사회의 발명가는 굳이 남보다 더 많은 지식을 습득하고 고도의 창의성을 발휘하며 발명 창출에 전념할 이유가 없다. 따라서 발명가 양병 못지않게 중요한 일은 발명가가 신명나게 발명에 전념할 수 있는 시스템과 인프라를 구축하는 것이다.

이를 위해서는 범국가적 지원이 절실하다. 박정희 전대통령 시대의 수출입국(輸出立國)이라는 규범은 일관된 수출 드라이브 정책을 지향한 정부, 신명나게 연구와 개발에 몰입한 연구진, 개발한 제품을 신명나게 생산하던 근로자는 물론이고 서울에서 만든 제품이 부산항에서 제때 적재될 수 있도록 경부고속도로를 오가며 화물차를 경호하던 오토바이를 탄 경찰과 같은 우리 사회의 인력, 시스템, 인프라가 뒷받침되어 값진 결실로 이어졌다.

21세기 지식재산시대를 맞이한 우리는 이제 발명입국(發明立國) 규범을 만들어야 한다. 정부, 기업, 대학, 연구소는 물론이고 국민도 10만 발명가를 양성하고 이들이 발명에 전념할 수 있도록 지원해야 한다. 하지만 발명가 양병에는 모병과 훈련이 필요하고, 시스템과 인프라 구축에는 제도 개선과 정부 지원이 필요하다. 또한 경쟁력 강화를 위해서는 국제 협력과 경쟁이 필수적이다. 즉 발명을 장려하고 발명가를 행복하게 하는 규정이야말로 발명입국을 위한 규정이다.

지식경제부가 민관합동으로 창의자본을 조성해 운용할 계획이라 한다. 하지만 이것만으로는 부족하다. 그동안 우리는 삼성, LG, 현대 등 대기업들이 세계를 무대로 뛰면서 보내온 무역전쟁 승전보에 도취해왔다. 하지만 숨은 영웅에게는 전적으로 무관심했다. 삼성전자가 국내 기업 최초로 매출 100조 원, 영업이익 10조 원을 달성한 것은 알아도, 밥 먹듯이 야근하며 휴가를 반납해온 병사들의 이름은 아무도 모른다.

승전보에만 관심을 기울이며 병사를 돌보지 못하는 한 우리에게 일류란 없다. 시대의 조류는 우리 의사와 관계없이 수출입국을 찍고 발명입국으로 가도록 만들고 있다. 그렇다. 지금이 바로 땅도 좁고 자원도 없는 우리에게 다가온 5,000년 만의 기회이다. 10만 발명가를 양병하고 이들을 키우는 시스템과 인프라를 구축한다면, 21세기 지식기반사회를 우리가 선도할 수 있다. 우리는 한글을 사용하며, 세계 최초로 금속활자, 측우기, 거북선을 발명했던 저력을 지닌 "아주 특별한 우리"이기 때문이다.

표 11-9에서 설명한 바와 같이 21세기 지식기반시대를 맞아 대~한민국을 선진국으로 이끌어갈 첨병은 결국 우량 발명가일 수밖에 없으며, 이러한 평범한 진리는 특허 생태계에 대한 그림 11-1에서도 확인할 수 있다. 따라서 대~한민국이 지식기반시대를 선도할 지식재산 강국으로 자리매김하기 위해서는 정부의 정책 역시 우량 발명가들을 양성하고, 이들이 자신이 착상한 우량 발명으로 수익을 창출함으로써 차세대 우량 발명에 몰입할 수 있는 system과 infra를 구축해야만 한다.

그렇다면 어떤 정부 정책이 우량 발명가를 양성할 수 있는 정책일까? 이에 대한 정답은 의외로 아주 간단하다. 정부 각 부처에서 근무하는 공무원이 새로운 정책을 입안할 때마다 아래의 구절만 떠올리면 된다. "만일 내가 지금 추진하는 정책이 입안된다면?"

① 국내 대학교의 우량 교수와 우량 대학원생·학부학생, 국내 연구소의 우량 연구원, 국내기업의 R&D 부서에 근무하는 우량 연구자, 우량 개인발명가와 같은 대한민국의 우량 발명가들이 두 주먹을 불끈 쥐며 불타는 의욕으로 발명에 더 매진할 것인가?

② 아니면 내 정책을 알게 된 대한민국의 우량 발명가들은 씁쓸한 미소를 짓거나 자조 섞인 한숨을 내쉴 것인가?

나. 1천 교관 양병설

그렇다고 10만 명의 영명한 대학교수, 대학원생, 학부학생, 연구소의 연구원, 국내 기업의 연구자, 개인발명가 등을 모아 놓았다고 해서 이들이 저절로 우량 발명가로 양성되지는 않는다. 오히려 이렇게 모은 10만 발명가들 역시 지금까지와 같이 불량특허 양산에 혁혁히 기여할 수도 있다. 왜냐하면 아직 국내에는 선순환적 특허생태계가 구축되어 있지 않으며, 특히 제3장의 3-가절 "우주의 진리를 탐구하는 연구의 속성"에서 설명한 바와 같이 이들 대부분은 연구자이기 때문에 우주의 진리를 탐구하며 그 결과를 정리하여 학술논문 작성하듯 특허를 작성할 것이 분명하기 때문이다.

따라서 제3장의 4절 "'오로지 특허 쓰듯 쓴 특허'의 요약"에서 설명한 바와 같이 10만 명의 우량 연구자들에게 착상한 발명에 대한 범위의 중요성을 알려줌으로써 자신의 발명을 넓은 범위 및 다양한 범위로 확충할 수 있는 방법을 제시해줄 수 있는 교관이 필요하다. 이를 통하여 우량 연구자들에게 연구와 발명의 차이점, 자신이 저술하는 학술논문과 특허출원 전문가가 작성해야만 하는 특허명세서(즉 "발명의 설명" 및 청구항)의 차이점을 인식시켜야 한다. 이뿐만이 아니다. 특허의 범위의 중요성을 인식하게 된 영명한 우량 연구자들은 자신들이 R&D를 수행하며 직접 권리범위에 입각한 특허전략을 응용함에 따라 R&D-IP 연계 역시 실시간으로 가능해진다.

그렇다면 대한민국에서 10만 명의 우량 발명가를 양성할 수 있는 1천 명의 교관은 어떻게 양성할 수 있을까?

(1) 변리사·특허변호사 등 특허전문가를 교관으로 양성

우선 우량 변리사, 우량 출원전문 특허변호사 등의 우량 특허출원 전문가들을 우량 발명가 양성을 위한 우량 교관으로 활용할 수 있다. 이들은 당연히 특허법과 특허제도, 특허출원서 작성 및 특허청의 거절에 대한 대응전략 등에 대하여 해박한 지식 및 경험을 보유하고 있다. 또한 이들의 대부분은 이공계 출신이며,[89] 특히 이공계 석·박사 학위를 소지한 우량 변리사나 우량 특허변호사는 R&D를 직접 수행해보고, 학위논문 및 학술논문도 작성해본 적이 있는, 연구 분야의 유경험자들이다. 따라서 이러한 특허전문가들은 10만 명의 영명한 발명가들을 우량 발명가로 양성할 수 있는 자질을 보유한

89) 미국 변리사(patent agent)가 되려면 미국특허청(U.S. Patent and Trademark Office)이 관장하는 변리사 시험(patent bar examination)에 합격해야 한다. 단 변리사 시험에 응시하려면 이공계 출신이거나 이공계 출신이 아니더라도 특정 학점 이상의 이공계 과목을 수료해야 한다. 미국에서 변호사(attorney 또는 lawyer)가 되려면 50개 주의 변호사 협회가 각각 주관하는 변호사 시험(bar examination)에 하나 이상 합격하면 된다. 그리고 미국에서 특허변호사가 되려면 변호사가 변리사 시험에도 합격하거나, 반대로 변리사가 변호사 시험에도 합격하면 된다. 이러한 이유로 미국의 변리사 또는 특허변호사는 모두 이공계 출신이거나, 비이공계 출신이라도 특정 수 이상의 이공계 과목을 수료한 준이공계 출신이다. 국내 사정은 어떨까? 미국 제도에 비하면 국내 제도는 아직도 이공계라는 전문성을 등한시하는 경향이 있다. 일예로 국내 변리사가 되려면 반드시 이공계 출신일 필요가 없다. 이뿐만이 아니다. 변호사 자격증을 소유한 자는 소정 비용만 대한변리사회에 납부하고 변리사 자격증을 부여받을 수 있다. 따라서 국내에는 비이공계 출신이거나, 이공계 과목을 거의 수료하지 않은 변리사 또는 특허변호사들도 많다. 물론 이러한 변리사도 자격증 획득 후 이공계 학위과정을 마치거나 이공계 과목을 수료함으로써 진정한 특허전문가로 발돋움할 수 있을 것이다.

교관 후보로서는 최적격자들이다.

단 우량 특허전문가가 우량 발명가를 양성하기 위해서는 특허 관련 database를 이용한 선행기술 조사 방법, 특허법 조문, 국내외 특허 출원 절차 등 특허의 형식적·외형적 측면의 교육에 치중하지 말아야한다. 대신 우량 특허전문가는 우량 발명가에게 "수익 창출"이라는 business에 입각한 특허의 속성을 이해시키고, 이를 달성하기 위한 특허의 공수전략을 중점적으로 교육해야 한다. 그래야만 국내 우량 발명가가 특허 청구항의 권리범위의 중요성, "발명의 설명"에 가상 실시예를 포함하는 다양한 실시예를 기재하는 전향적 과장 전략 및 이를 위한 R&D-IP 연계의 중요성 등을 확실히 체득하고 응용할 수 있게 된다.

단 우량 발명가를 양성하기 위한 교관으로 우량 변리사, 우량 특허변호사 등의 우량 특허출원 전문가들을 활용하려면 해결해야만 할 현실적 문제점이 존재한다. 즉 우량 특허출원 전문가들이 우량 발명가를 양성하는 데 소진되는 시간에 따라 발생하는 비용 문제이다. 하지만 변리사에 대한 특허출원 수임료 현실화는 국내에 선순환적 특허생태계를 구축하기 위한 필수 요소인 동시에 변리사들의 수익 향상에도 기여한다. 따라서 변리사 등의 우량 특허전문가들은 이러한 점을 감안하여 전향적으로 국내 발명가들을 우량 발명가로 양성하는 데 앞장서리라 기대해본다.

(2) 연구소·기업의 연구자를 교관으로 양성

우량 발명가 양성 교관으로 활용하기에 적합한 또 다른 인력은 국내 연구소·기업의 우량 연구자들이다. 우선 이들은 모두 이공계 출신이므로 기술을 확실히 이해한다는 장점을 지닌다. 또한 이들은 실제로 R&D를 수행하며 우주의 진리를 탐구하였으며, 그 결과를 학술논문으로 게재해본 적이 있는 R&D 유경험자이므로, 그 누구보다 R&D 절차와 과정은 물론 타연구자를 잘 이해한다는 장점도 있다. 따라서 국내 연구소·기업의 전현직 연구자에게 특허의 권리범위의 중요성과 광활한 권리범위 및 다양한 종류의 권리범위 확보의 중요성 등과 같은 특허 공수전략을 체계적으로 교육하면, 이들을 우량 발명가 양성을 위한 우량 교관으로 활용할 수 있다.

물론 이러한 전략은 저자의 독창적인 생각은 아니다. 위의 전략은 IBM과 같이 특허 선진기업에서 이미 오래전부터 활용해온 전략이다. 일예로 보유 특허를 licensing하여 매년 수조 원 이상의 수익을 창출하는 IBM은 주기적으로 연구자를 대상으로 특허전략 교육을 실시한다. 특히 IBM은 licensing을 통하여 수천억 원 이상의 수익을 창출한 특허의 발명가 중 기술에 대한 발명의 영향력, 제품화를 통한 발명의 실용도 및 기여도와 같은 여러 가지 요인들을 종합하여 "Master Inventor"를 선발한 후, 이들을 특별히 대우한다.[90] 따라서 IBM의 Master Inventor들은 IBM 명의로 최소한 100여개 이상의 특허를 출원·등록한 발명가들이다. 대신 일단 Master Inventor로 선정된 연구자는 후배 연구자들이 창출한 발명 중 우량 발명을 선정하고, 후배 연구자들과 함께 발명을 창출하며, 이들에게 우량 발명 창출을 위한 혁신적 사고를 지도하는 등의 다양한 임무를 수행한다.

(ㄱ) 한국발명진흥회와 특허청의 "특허관리 Advisor 제도"

IBM의 Master Inventor 제도와 가장 유사한 국내 제도로는 2006년부터 한국발명진흥회와 특허청이 시행해온 "특허관리 Advisor 제도"를 꼽을 수 있다.[91] 특허관리 Advisor 제도는 이공계 출신이자 R&D 유경험자로서 특허 관련 경력자를 advisor로 선정하고, 이들을 국내 대학교에 파견하여 대학 특허관리의 질적 향상을 목적으로 한다. 저자가 이해하는 한 특허관리 Advisor 제도는 국내 대학교 산학협력단 및 그 하부조직인 TLO의 특허관리 능력 제고에 상당히 기여하였다고 생각된다.

물론 특허관리 Advisor 제도에 참여하여 국내 대학교에 파견되는 특허 advisor들은 IBM의 Master Inventor들처럼 사용자가 제공하는 각종 우대를 향유할 수 있는, 국내 대학교 산학협력단의 정식 직원은 아니다. 오히려 특허 advisor들은 각 대학교 산학협

90) IBM 연구자 중 Master Inventor로 선정된 발명가들은 총 수십 명 정도에 불과한 것으로 알려진다. 한편 현재 미국 Silicon Valley에서 venture capitalist로 활동하며 e4TechHub의 대표이기도 한 김문주 박사(미국명 Dr. Moon J. Kim)가 IBM 최초의 한국인 Master Inventor로 알려져 있다. IBM의 Master Inventor 제도에 대한 자세한 내용은 아래 URL 참고 (2014.08.31 최종 확인):http://en.wikipedia.org/wiki/IBM_Master_Inventor

91) 자세한 내용은 아래 URL 참고 (2014.08.31 최종 확인):http://www.etnews.com/200602220148

력단에 수개월 또는 1년이라는 유한한 기간 동안 파견된, 대학교의 입장에서 보았을 때에는 순수한 외부 전문가에 불과하다. 그러다보니 특허 advisor들이 각 대학교 산학협력단의 특허관리 업무에 미칠 수 있는 영향력에는 한계가 있으며 이들의 업무가 연구자의 특허전략 개발이라는 정성적 측면보다 특허관리라는 정량적 측면에 치중하였다는 지적도 있다.[92)]

하지만 저자는 "특허관리 Advisor 제도"는 득이 실을 현격히 상회하는 제도라고 확신한다. 따라서 한국발명진흥회와 특허청은 기획재정부로부터 더 많은 예산을 확보함으로써 더 많은 대학교에 지속적으로 특허 advisor들을 파견할 수 있도록 노력하였으면 한다. 단 현재와 같이 "특허관리 Advisor 제도"의 목표를 특허출원·등록 건수라는 정량적 지표로 관리하는 대신 연구자에게 특허 청구항의 권리범위의 중요성 및 특허의 공수전략 등과 같은 정성적 교육에 치중하도록 사업 목표를 보완할 필요는 있다고 생각한다.

(ㄴ) 한국지식재산전략원과 특허청의 "Lab 맞춤형 지재권 전략지원 사업"

IBM의 Master Inventor 제도와 유사한 또 다른 국내 제도로는 한국지식재산전략원(구 R&D특허센터)과 특허청이 공동으로 시행해온 "Lab 맞춤형 지재권 전략지원 사업"을 꼽을 수 있다.[93)] Lab 맞춤형 사업은 특허 창출과 활용 가능성이 높은 국내 대학교의 우량 연구실을 지정하고, 상기 연구실에 특허전문가를 파견하여 맞춤형 특허 consulting을 지원함으로써 교수·연구원에게 global 연구 경쟁력을 지원함을 목적으로 한다. 특히 Lab 맞춤형 사업은 연구실 단위 교육을 제공함은 물론 연구실에서 창출된 특허에 대한 특허 map을 작성하여 특허 portfolio를 분석하고, 이를 근거로 연구

92) 자세한 내용은 아래 URL 참고 (2014.08.31 최종 확인):http://www.dt.co.kr/contents.html?article_no=2009111802011957731002, http://www.dt.co.kr/contents.html?article_no=2009120902011557731007, http://www.korea.kr/policy/mainView.do?newsId=148643354&pWise=www2, http://news.naver.com/main/read.nhn?mode=LSD&mid=sec&sid1=102&oid=001&aid=0001986035

93) 자세한 내용은 아래 URL 참고 (2014.08.31 최종 확인):http://news.naver.com/main/read.nhn?mode=LSD&mid=sec&sid1=102&oid=003&aid=0002630691

실의 중장기 R&D 전략을 제공한다. 저자가 이해하는 한 Lab 맞춤형 사업은 국내 대학교의 유수 실험실의 특허관리 능력 및 중장기적 R&D-IP 연계에 크게 기여하고 있는 것으로 생각된다.

앞서 설명했던 "특허관리 Advisor 제도"와 비교하였을 때 Lab 맞춤형 사업에는 몇 가지 장점이 있다. 우선 Lab 맞춤형 사업에 참여하는 특허전문가는 연구실의 교수·연구원과 직접 접촉하며 사업을 수행할 수 있는 반면 해당 대학교의 산학협력단 및 그 하부조직인 TLO의 직접적 통제로부터는 자유로운 편이다. 따라서 Lab 맞춤형 사업으로 파견된 특허전문가는 대학교수·연구원과 자유롭게 협업하며 전문적 자문을 제공할 수 있다. 또한 특허전문가는 Lab 맞춤형 사업을 통하여 제11장의 5-나절에서 설명한 바와 같이 국내 의뢰인 계몽을 직접 실행하여 국내 특허출원업계의 차별화를 직접적으로 달성할 수도 있다.

물론 Lab 맞춤형 사업에도 단점은 있다. 일예로 상기 사업에 참여하는 특허전문가는 국내 대학교의 우량 연구실에 R&D와 특허에 대한 각종 고급 service를 제공하지만 그 기간이 6개월 정도로 상당히 짧다는 점이다. 따라서 상기 연구실의 교수·연구원 역시 특허전문가로부터 특허에 있어서의 권리범위의 중요성이나 특허의 공수전략을 익히는 데에는 시간이 상당히 부족하리라고 생각된다. 또한 많은 국내 대학교의 산학협력단 및 그 하부조직인 TLO는 Lab 맞춤형 사업을 위의 (ㄱ)항에서 설명한 "특허관리 Advisor 제도"와 혼합하여 실행함으로써, 두 가지 사업이 모두 특허관리라는 정량적 측면에 치중되어 진행되고 있지는 않는가하는 우려도 있기는 하다.[94)]

하지만 저자는 "Lab 맞춤형 지재권 전략지원 사업" 역시 득이 실을 현격히 상회하는 제도임이 틀림없다고 확신한다. 따라서 한국지식재산전략원과 특허청은 기획재정부로부터 더 많은 예산을 확보함으로써 더 많은 대학교의 우량 연구실들에 지속적으로 특허전문가들을 파견할 수 있도록 노력하였으면 한다. 단 각각의 연구실에 대한 단기의 consulting을 제공하는 현재의 목표에 더하여, 가능하면 특허전문가들이 대학교

94) 자세한 내용은 아래 URL 참고 (2014.08.31 최종 확인):http://go.seoul.co.kr/news/newsView.php?id=20140407027014

수·대학원생에게 청구항의 권리범위의 중요성 및 특허의 공수전략도 계몽하는 등의 보완을 통하여 "Lab 맞춤형 지재권 전략지원 사업"의 효율성 역시 극대화될 수 있을 것으로 생각한다.

(3) 대학교수를 교관으로 양성

한국발명진흥회와 특허청이 2008년부터 시행해온 "지식재산 교수교육 프로그램" 역시 IBM의 Master Inventor 제도를 빼닮은 제도라 할 수 있다.[95] 특히 "T3 프로그램" 또는 "Teaching The Teachers 프로그램"이라고도 불리는 "지식재산 교수교육 프로그램"은 국내 대학교의 지식재산권 창출의 핵심인력인 대학교수들의 특허 역량 강화를 목적으로 하며, 이를 통하여 국내 대학교에서 지식재산을 독자적으로 강의할 수 있는 교수진의 구축을 중장기적 목표로 한다. 한국발명진흥회와 특허청은 2010년경부터 T3 프로그램에 "찾아가는 T3"라는 프로그램을 추가하여 국내 대학교를 방문하여 강의도 제공하고 있다.

위의 T3 프로그램은 한국인 최초의 IBM의 Master Inventor인 김문주 박사에 의하여 국내에 전파된 제도로 알려진다. 단 차이점이 있다면 IBM의 T3 Program은 유능한 발명가인 Master Inventor가 후배 연구자가 창출한 발명 중 우량 발명을 선정하고, 후배 연구자와 함께 발명을 창출하며, 이들에게 우량 발명 창출을 위한 혁신적 사고를 지도하는 등의 다양한 임무를 수행하는 반면, 국내 T3 프로그램은 특허전문가가 국내 대학교수들에게 단기간 집중 교육을 통하여 특허 및 기타 지식재산에 대한 이해도를 증진시키는 한편, T3 프로그램을 수료한 대학교수들이 자신이 속한 대학교·대학원에서 이공계 학생들을 대상으로 지식재산 및 특허에 대한 독자적 강좌 개설을 목표로 한다는 점이다. 따라서 국내 대학교의 T3 프로그램은 IBM에서 시작된 T3 Program의 scaled-down version으로 간주할 수 있다.

---

95) 자세한 내용은 아래 URL 참고 (2014.08.31 최종 확인):http://www.kipa.org/kipaweb/bbs/view.kipa?currPage=1&bs_sid=1165&tcrx=bbs_4&schType=&schString=&ct_sid=9018&bc_sid=4&cat_fx=9016&ct_view=T&cat_sc=9017

한국발명진흥회와 특허청이 시행해온 T3 프로그램은 여러 가지 장점을 가지고 있는 제도이다. 우선 T3 프로그램은 국내 대학교의 이공계 교수에게 지속적 특허 교육을 제공함에 따라 이들이 주도하는 한국발명진흥회의 "지식재산 선도대학 사업"의 다양한 특허 과목 강의나 지도를 통하여 이공계 학부학생·대학원생에 대한 직·간접적 특허 교육이 이루어진다는 점이다. T3 프로그램의 또 다른 장점은 상기 프로그램이 목표로 하는 대학교수들이 대부분 이공계 소속이라는 점이다. 따라서 이공학 분야에서 박사학위를 소지한 연구자들이 특허를 이해함에 따라 저절로 R&D-IP 연계가 가능해지며, 그 결과 국내 대학교 R&D 과제의 성과물을 양질의 특허로 변환할 수도 있는 기초를 다질 수 있다는 점이다.

물론 이와 같이 여러 가지 장점을 지닌 T3 프로그램이지만 정성적인 측면에서 보완한다면 지금의 T3 프로그램은 더 효과적으로 진화할 수 있을 것으로 생각한다. 일예로 대학교수들에게 청구항 권리범위의 중요성, 특허 공수전략은 물론 냉정한 business 세계에서 특허의 목적인 수익 창출을 실현하려면 발명·특허를 장밋빛 관점에서만 볼 수는 없다는 사실을 인지시키며, 이들이 이를 이공계 학부학생·대학원생들에게 전파하는 전략이다. 이를 통하여 미래의 연구자, 발명가들도 발명·특허를 더 이상 취미의 대상으로 삼지 않게 되며, 이 또한 국내에 선순환적 특허생태계를 구축하는 데 간접적으로 기여할 것이다.

저자는 T3 프로그램 역시 득이 실을 현격히 상회하는 제도라고 생각한다. 따라서 한국발명진흥회와 특허청은 기획재정부로부터 더 많은 예산을 확보함으로써 더 많은 이공계 대학교수들을 지속적으로 발명·특허의 전문가로 양성하고, 이들이 "지식재산 선도대학 사업"의 다양한 강좌들을 통하여 이공계 학부학생·대학원생들에게 지속적으로 특허의 실체 및 R&D-IP에 대하여 설파할 수 있도록 노력하였으면 한다.

(4) 1천 교관의 10만 발명가 양병 시 전략 교육의 당위성

위의 제1항 내지 제3항에서 설명한 바와 같이 1천 교관이 10만 우량 발명가를 교육하는 궁극적 목표는 대한민국에서 특허를 이용하여 수익을 창출할 수 있는 10만 우량 발명가를 양성하는 데 있다. 따라서 국내 우량 발명가들에게 특허란 business이며, business 세계에서는 만인에 대한 만인의 투쟁이 paradigm임을 인지시켜야하며, 따라서 우량 발명가가 우량 발명을 착상하더라도 우량 대리인을 선정하여 반드시 이를 우량특허로 재창출해야하되, 우량특허 재창출 시에는 경쟁자가 우회·회피할 수 없는 만큼의 광활하면서도 다양한 권리범위가 으뜸이라는 사실을 각인시켜야 한다.

또한 1천 교관은 국내의 10만 우량 발명가를 대상으로 특허의 공수전략을 교육해야 한다. 즉 특허에서는 공격과 수비 모두 권리범위가 우선이며, 이를 위해서는 광활한 권리범위를 지닌 청구항은 물론 다양한 종류의 권리범위를 지닌 청구항들이 필수 요건임을 각인시켜야만 한다. 이를 위하여 1천 교관은 10만 우량 발명가에게 "발명의 설명"에 자신이 선호하는 "최선의 실시예"는 물론 "차선의 실시예," "열등한 실시예"를 기재함은 당연하고, 더 나아가 자신이 직접 구현하지 않았지만 이론적으로 가능한 "가상 실시예"까지 모두 기입하여 범위를 최대한 확장하는 전향적 과장전략을 숙지시킬 필요가 있다.

이와 같은 맥락으로 보면 1천 교관이 국내 10만 우량 발명가를 대상으로 교육하지 말아야할 주제들 또는 상세히 교육할 필요가 없는 주제들도 있다. 즉 가르치는 만큼 국내 우량발명가들에게, 더 나아가 국가에 피해를 안겨주는 주제들도 존재한다.

우선 몇 시간, 며칠, 몇 주, 또는 몇 달의 훈련만을 받은 발명가들에게 "당신들이야말로 기술과 발명을 가장 잘 아는 주체이므로, 이 교육만 수료하면 특허출원서를 직접 작성할 수 있다"고 가르치지 말아야 한다. 왜냐하면 앞서 제4장의 3절 "특허 실패 사례"에서 설명한 바와 같이 특허출원 전문변호사가 작성한 "발명의 설명"에도 출원 시 인지하지 못하는 공터와 함정이 존재하는 데, 법적 issue를 숙지하지 않은 발명가가 청구항이나 "발명의 설명"을 작성할 경우의 결말은 너무나 확실한 '실패'이기 때문이다. 오히려 이러한 교육이야말로 상기 교육 과정을 준비하는 당사자 및 상기 과정에서 강의하는 강사의 민낯을 여실히 만천하에 공개하는 과정과 동일하다.

또한 교육 자체로는 무방하지만, 마치 "이것만이 전부"라는 식으로 가르치지 말아야 할 주제도 있다. 이러한 주제 중 첫 번째가 선행기술 검색이다. 물론 우량 발명가가 선행기술을 검색하지도 않고 특허를 출원할 경우, 상기 출원특허는 선행기술로 인하여 신규성 결여 또는 진보성 결여로 거절될 가능성이 높아진다. 단 제2장의 3-나절 "선행기술 검색의 한계"에서 설명한 바와 같이 제도적, 현실적, 법적 한계로 말미암아 완벽한 선행기술 검색은 그 자체가 불가능하다. 따라서 선행기술 검색 교육 시 이러한 한계를 확실히 인식시킴으로써 우량 발명가에게 선행기술 검색 결과는 완벽하지 않으며, 그 품질 역시 투자에 비례한다는 엄연한 사실을 각인시킬 필요가 있다.

그 다음으로 주의하여야 할 주제가 바로 특허 출원 및 등록 절차이다. 국내의 경우 특허와 관련된 교육 중 많은 부분이 특허 출원 및 등록 절차에 할애되는 경향이 있다. 물론 발명가가 자신이 착상한 발명을 무심코 논문으로 발표하거나 타인에게 공개함으로써 자신의 발명에 대한 신규성을 상실할 수는 있다. 하지만 몇몇 경우를 제외하면 특허 출원 및 등록 절차가 특허전략 수립에 중요한 경우는 흔치 않다. 오히려 절차적 측면에 치중하다가 본질적 측면에 주의를 기울이지 못하여 확보할 수 있었던 권리범위를 놓치는 경우도 발생한다. 따라서 기존의 특허 교육 중 특허 출원 및 등록 절차에 대한 부분은 과감히 줄이고, 이를 특허전략에 대한 교육으로 대체해야만 한다.

이와 같이 국내의 발명가 양병 및 교관 양성에는 정성적 측면에서 매우 부족한 점들이 많다. 하지만 저자는 대한민국에 이 정도 특허교육 infra가 구축된 것만으로도 일단 "cup의 반 이상은 채운 것"으로 생각하며, 물론 이에 대한 공의 95% 이상은 특허청과 한국발명진흥회, 한국지식재산전략원 등과 같은 유관기관들의 몫이 틀림없다고 생각한다. 따라서 저자는 특허청과 유관기관들이 앞으로는 정량적 측면에 치중한 과거의 paradigm에서 정성적 측면에 치중한 전향적 시각을 확보하고 이에 입각하여 1천 교관을 양성하고 10만 우량 발명가를 양병하도록 제안하다. 저자는 이를 통하여 미래의 대한민국이 21세기 지식기반시대의 강자로 부상하는 일은 시간문제일 뿐이라고 확신하며 단언한다.

다. 輸出입국, 特許입국, 特許輸出입국

베이비붐 세대인 저자가 태어났을 때의 대한민국은 인구는 2천만 명, 수출액은 3천만 달러 정도에 불과한, 6·25 남침의 폐허로부터 벗어나지 못한 세계의 빈국(貧國) 중 하나였다. 당시 모든 면에서 Asia 2위로 군림하던 필리핀의 Marcos 전대통령이 장충체육관을 지어주기 위하여 우리나라를 방문하였을 때 초등학생이었던 저자는 친구들과 함께 길가에 늘어서 태극기와 필리핀 기를 흔들던 기억이 지금도 생생하다.

그러던 대~한민국은 박정희 전대통령의 "하면 된다"는 신념과 정부의 적극적인 수출입국(輸出立國) 정책 하에 선진기술을 가능한 한 빨리 모방하여 선진국을 따라잡는 "fast follower" 전략을 추구하여 상당한 성공을 거두었다. 물론 그 시작은 미미하였던바, 저자가 초등학교 1학년이던 1964년 12월에는 건국 후 최초로 대한민국이 1억 달러 수출을[96] 달성했다고 온 나라가 축제 분위기였다.[97] 그런데 요새는 5,000억 달러를 수출하고도[98] 덤덤하며, 몇몇 국내 제조업체들은 자신의 분야에서 세계 top 10 또는 세계 제일의 위치를 점하게 되었다. 분명 "하면 된다"고 우기던 우리가 절반 이상의 기적은 이루었음이 틀림없다.

하지만 21세기는 지식기반시대로서, 제조 기술이 평준화된 21세기에는 제조 능력보다는 지식재산이 더 높은 가치를 갖게 되었다. 또한 우리를 급격히 추격하며 이미 많은 분야에서 우리를 추월한 중국의 인해전술을 제조 능력만으로는 극복할 수 없음은 자명하다. 결국 21세기 지식기반시대에 대~한민국이 명실상부한 선진국 반열에 안착하는 길은 딱 한 가지뿐이다. 20세기를 거치며 우리가 힘들게 축적한 제조 능력에 역사적으로 입증된 우리 민족의 창의력을 융합시킴으로써 지식재산 대국의 기반을 구축하는 길이다. 즉 전략적 주요 국가에 출원·등록된 양질의 특허를 다량 보유하여, 개개인의 경쟁력, 국내기업의 경쟁력은 물론 대~한민국의 경쟁력을 강화시키는 전략이다.

물론 이를 위해서는 국내에 선순환적 특허생태계를 구축해야만 하며, 그래야만 생태계 상류의 발명가, 중류의 특허출원 전문가 및 하류의 국내기업 및 특허활용 전문가가 역동적으로 대~한민국을 21세기 지식기반시대의 선도국가로 이끌어갈 수 있다. 또한 국내에서 우량 발명이 창출되고 이를 전략적 주요 국가에서 우량특허로 창출해야만 발

96) 1960년대의 대한민국은 1차산업에 대한 의존도가 높았으며, 대한민국의 주요 수출품 역시 중석, 철광석, 무연탄, 생사 등이었다.

97) 저자는 1964년 12월 중순 새벽 3시에 일어나 잠에 취한 몽롱한 상태에서도 1964년 총 수출액인 1억725만 달러를 정확히 암송하여 당시 상공부 상역과장이었던 저자의 부친으로부터 특별 bonus를 받은 적도 있다.

98) 21세기의 대한민국은 2차산업에 대한 의존도가 높으며, 대한민국의 주요 수출품 역시 자동차, 반도체, 선박, cell phone, computer 등이다.

명가는 수익을 창출할 수 있으며, 국내기업도 global market에서 해외 경쟁업체를 상대로 금지권을 활용하며 수익을 창출할 수 있다. 아래에서는 이를 위하여 대한민국 정부가 추구해야할 정책을 제안한다.

8. 정부의 전략 ≡ 제조업과 특허산업의 융합

우리가 살고 있는 21세기는 지식기반시대이다. 극히 일부 분야를 제외하고는 제조수단과 노동력의 결합으로 이루어진 제조 능력은 국제적으로 거의 평준화되었으며, 그 결과 제조 능력만으로는 충분한 수익을 창출할 수 없는 시대가 바로 21세기이다. 따라서 대한민국도 지식기반시대에 부응하여 제조 능력보다 더 높은 가치를 지니기도 하는 지식재산, 특히 전략적 주요 국가에서 출원·등록된 우량특허 창출에 전력을 기울여야만 한다.

여기에서 주목해야할 점은 **제조업과 특허산업은 서로 상충되는 분야가 아니라는 사실**이다. 즉 대한민국이 국내 특허산업을 활성화시키기 위해서 국내 제조업을 반드시 억눌러야한다거나, 반대로 국내 제조업의 번영을 유지하기 위해서 국내 특허산업을 반드시 억눌러야할 필요는 없다는 사실이다. 오히려 **제조업과 특허산업이야말로 전향적 synergy를 달성할 수 있는 분야**이다. 우선 대한민국 제조업은 전략적 주요 국가에 출원·등록한 우량특허를 이용하여 해외 경쟁업체를 시장에서 축출할 수도 있으며, 이와는 달리 해외 경쟁업체에게 royalty를 징수함으로써 이들의 경쟁력을 약화시키는 동시에 자신은 수익을 창출할 수 있다. 또한 특허로 수익을 창출하고자 하는 국내 발명가나 발명 제조업체가 선도하는 대한민국 특허산업은 양질의 제조업과 융합하여 특허 활용을 극대화하여 수익 창출도 극대화할 수 있다. 이러한 측면에서 보면 제조업과 특허산업은 서로가 서로를 전향적으로 활용할 경우, 각각의 가치는 물론 총체적 가치의 극대화도 가능한 산업들이다.

단 아무리 21세기가 지식기반시대라 하더라도 제조업은 나름대로의 여러 가지 장점을 가진다. 일반적으로 발명가, 특허출원 전문가, 특허활용 전문가 등으로 구성되는 특허산업은 소수의 전문가들이 주도하는 산업인 만큼 매출 규모가 증가하더라도 산업 자체에 종사하는 총 인원은 그만큼 증가하지는 않는다. 이에 비하여 제조업은 매출 규모가 증가할수록 더 많은 일자리를 창출하기 마련이므로 고용 창출 측면은 물론 국가 경제 전체에서 제조업은 몹시 중요하다. 이뿐만이 아니다. 국가 비상사태라도 발생할 경우, 제조업은 국민은 물론 국군에 제품을 공급함으로써 그 저력을 발휘할 수 있다. 반면 국가 비상사태 시 특허산업은 무용지물로 전락할 수도 있다. 일예로 대한민국과 경쟁국가 사이에 전쟁이라도 발발할 경우, 국내 발명가나 국내기업이 자신의 특허를 침해한 경쟁국가의 제조업체를 경쟁국가의 법원에서 특허 침해로 제소할 수는 없을 것이며, 설령 특허침해소송을 제기하더라도 현재 전쟁 중인 경쟁국가의 법원에서 승소할 가능성은 전무할 것이다.

하지만 이러한 극단적 경우를 제외하면, 특허산업이 21세기 지식기반시대의 총아임은 기정사실이다. 따라서 제조 능력으로만 자웅을 겨루던 20세기가 지나간 이상 지나치게 제조업에 편중된 정책으로는 기업 경쟁력은 물론 대한민국의 국가 경쟁력 역시 퇴보할 수밖에 없다. 하지만 대한민국 정부가 국내에 선순환적 특허생태계가 구축되는 정책을 수립하고, 이러한 생태계에 기반을 둔 국내 특허산업을 육성하는 정책을 시행하며, 이렇게 육성된 국제 경쟁력을 지닌 국내 특허산업을 국내 제조업과 효율적으로 융합할 수 있는 정책을 추구한다면, 두 산업 사이의 synergy를 통하여 얻을 수 있는 특허산업 종사자의 이익과 국내기업의 이익은 물론 국가 이익 역시 극대화될 수 있다.

아래에서는 대한민국이 21세기 지식기반시대를 선도하도록 유도할 수 있는 정부의 특허 정책에 대한 저자의 의견을 개진한다. 우선 제11장의 8-가절에서는 특허 관련 정부 정책의 거시적 목표로서 "치열한 경쟁"의 보장과 장려를 제안하며, 제11장의 8-나절에서는 행정부, 특히 특허청, 산업통상자원부 및 미래창조과학부의 역할을 제안한 후, 이를 실행하기 위한 안전행정부, 기획재정부 및 교육부의 특허 관련 정책 목표를 제안한다. 또한 제11장의 8-다절에서는 사법부, 특히 특허법원의 역할을 제안한다.

가. 정책 목표 ≡ 우량 발명가 육성 (발명$^+$ 제조업체 포함)

21세기 지식기반시대에 대한민국을 명실상부한 선진국 반열에 올리기 위한 행정부, 사법부, 입법부의 정책은 상대적으로 간단명료하다. 건국 이후 지금까지 노력해왔던 바와 같이 국내 제조업의 국제 경쟁력을 제고하여 수출을 확충하는 동시에 국내에 고착화된 악순환적 특허생태계를 선순환적 특허생태계로 전환하는 정책을 수립·시행하여 국제 경쟁력을 지닌 특허산업을 국내에 육성하는 정책이다. 그 후 정부는 국내 제조업과 국내 특허산업을 효율적, 창조적으로 융합하는 정책을 수립·시행하여 국내 발명가 개개인은 물론 국내기업도 수익 창출을 극대화하며, 이를 통하여 개인, 기업은 물론 국가 차원에서의 지식재산 국제 경쟁력을 극대화해야 한다.

(1) 선순환적 특허생태계 구축을 통한 특허산업 육성 및 제조업과의 융합

그렇다면 어떤 정부 정책이 국내에 고착화된 악순환적 특허생태계를 선순환적 특허생태계로 전환할 수 있을까? 이에 대한 정답은 몹시 간단하다. 즉 대한민국의 행정부, 사법부, 입법부 각각이 특허생태계 상류에서는 우량발명가들이 더 신명나게 우량 발명을 착상하고, 생태계 중류에서는 유능한 특허출원 전문가들이 더 신명나게 우량특허를 창출하며, 생태계 하류에서는 특허활용 전문가 및 국내기업들이 우량특허를 이용하여 global market을 무대로 더 신명나게 더 많은 수익을 창출하도록 유도하는 정책을 수립·시행하면 된다.

왜냐하면 행정부, 사법부, 입법부가 각각의 권한 내에서 이러한 정책들을 수립·시행함에 따라 국내에는 선순환적 특허생태계가 자생적으로 구축되기 때문이다. 따라서 국내의 개인발명가, 대학교수·연구원은 물론 우량발명가를 보유한 국내 발명 제조업체 등은 모두 자신이 보유한 우량 발명을 "선택과 집중" 전략에 따라 전략적 주요 국가에 특허 출원하고 등록함으로써 국내 개인발명가, 대학교와 연구소는 물론 국내 제조업체도 다수의 양질의 global 우량특허를 보유할 수 있게 된다.

그 결과 국내의 개인발명가, 대학교수·연구원은 우량특허를 국내 제조업체에 양도하거나 licensing하여 수익을 창출할 수 있으며, 국내 제조업체가 이를 필요로 하지 않거나 해외 제조업체가 더 좋은 조건을 제시하면 이를 해외 제조업체에 양도하거나 licensing하여 수익을 창출할 수 있게 된다. 또한 국내 제조업체 역시 우량특허를 이용하여 해외 경쟁 제조업체의 global market 진입을 막거나 해외 경쟁업체를 축출하여 수익을 창출할 수 있게 된다. 단 상기 정책의 수립·시행 시 주의할 점은 바로 경우에 따라 특허산업과 제조업 사이에서 발생할 수 있는 이익 상충이다. 즉 특허산업이나 제조업 모두 수익 창출을 목적으로 하며, 수익 창출의 tool은 물론 이에 대적할 수 있는 counter-tool이 바로 발명·특허이기 때문에, 특허침해라는 issue가 발생할 경우 특허산업과 제조업의 이익은 서로 상충될 수 있다.

그렇다면 이와 같이 때로는 상충되는 이익을 가진 특허산업과 제조업을 효율적·전향적으로 융합할 수 있는 대한민국 행정부, 사법부, 입법부의 정책은 과연 어떤 정책일까? 이에 대한 정답 역시 간단명료하다고 생각한다. 즉 정부 정책의 무게 중심을 20세기 제조업 위주의 paradigm으로부터 21세기 지식재산 위주의 paradigm으로 전환하는 정책이다. 바꾸어 말하자면 특허산업 종사자 중에서도 특허 창출자를 총애, 편애하며, 제조업체 중에서도 특허 창출 제조업체를 총애, 편애하는 정책을 시행하면 된다. 왜냐하면 대부분의 분야에서 제조 능력은 평준화되었고, 이에 따라 제조 능력에 "all-in"하던 전략이 통하던 20세기는 막을 내린지 이미 15년이나 되었기 때문이다.

표 11-10. 2014년 미국 Smart-Phone 시장 점유율[99)]

제조사	1분기 (1~3월)	2분기 (4~6월)	증가율
Apple	41.4%	42.1%	0.7%
삼성	27.0%	28.6%	1.6%
LG	6.7%	6.4%	- 0.3%
Motorola	6.4%	5.9%	- 0.5%
HTC	5.4%	4.8%	- 0.6%

그림 11-28. 전략적 주요 국가의 우량특허 확보의 당위성

그림 11-28(a)

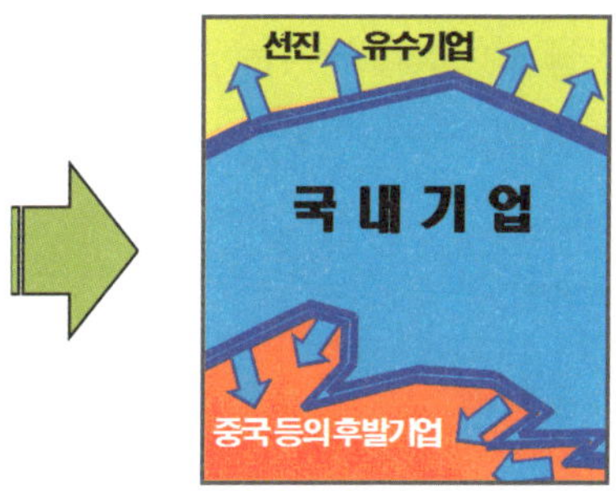

그림 11-28(b)

99) 자세한 내용은 아래의 URL 참고 (2014.08.31 최종 확인):http://www.etnews.com/20140808000171?mc=ns_001_00001

작금의 대한민국의 위기는 표 11-10과 그림 11-28(a)에 표시한 바와 같이 국내 굴지의 제조업체들조차 high-end global market에서는 선진국의 선진 제조업체로부터 강한 견제를 받는 반면 low-end global market에서는 중국 등의 신흥 공업국에게 치받힌다는 점이다.[100] 따라서 이러한 상황에 처한 대한민국의 국제 경쟁력을 강화하기 위해서는 정부 정책의 무게 중심 역시 20세기 제조업 위주의 paradigm으로부터 21세기 지식재산 위주의 paradigm으로 전환할 필요가 있다.

그렇다고 대한민국 정부에게 제조업을 포기하고 특허에 "all-in"하자고 제안하는 바는 절대 아니다. 제조 능력보다 가치가 높아진 특허를 제조업에 융합하자는 말이다. 즉 국내 유수기업의 제조 능력에 국내에서 창출된 미국·유럽(또는 중국?) 등의 우량특허를 융합하여 국내 업체가 global market에서 선진 업체의 시장을 침투하는 반면 후발 제조업체들의 시장 진입을 원천 봉쇄할 수 있는 정책을 수립·시행하자는 말이다.[101]

(2) "침해+ 제조업체"의 이익과는 상충 vs. "발명+ 제조업체"의 이익과는 합치

그렇다면 대~한민국 행정부는 정책의 무게 중심을 제조업 위주의 paradigm으로부터 특허 위주의 paradigm으로 얼마나 옮겨야만 할까? 만일 무게 중심의 이동이 미미할 경우 국내 제조업체에 대한 과다한 보호로 말미암아 국내 특허산업이 지리멸렬하겠지만, 반대로 무게 중심의 이동이 과다할 경우 특허산업의 과다한 보호가 국내 제조업체의 성장을 방해하게 되지는 않을까? 그렇다면 행정부는 정책의 무게 중심을 특허 위주의 paradigm으로 이동하되 국내 제조업체의 안정을 위하여 이동의 폭을 제한

100) 자세한 내용은 아래의 URL 참고 (2014.08.31 최종 확인):http://w3.sbs.co.kr/news/newsEndPage.do?news_id=N1002533298

101) 이를 위한 방법론 중의 하나가 **"발명 제조업체"의 양성이다**. 바꾸어 말하면 그 동안은 fast follower로서 선진 제조업체가 보유한 특허를 알게 모르게 침해함에 따라 침해가 익숙해진 국내의 **"침해 제조업체"**들을, 발명을 더 많이 하여 더 많은 해외 우량특허를 보유하고 더 나아가 해외 유수 경쟁자들을 우량특허로 압박할 수 있는 **"발명 제조업체"**로 전환하는 전략이다. **"침해 제조업체"**와 **"발명 제조업체"**에 대한 내용은 아래의 제2항 및 제11장의 8-나절 "행정부의 전략" 제3항 "특허생태계 하류의 주체인 산자부의 전략"의 (ㄷ) "**'침해+ 제조업체'** 대신 **'발명+ 제조업체'**의 육성·지원" 참고.

하거나 국내 특허산업과 제조업이 균형을 취할 수 있는 정도의 소폭으로 무게 중심을 이동해야할까?

여기에 대한 저자의 생각은 "절대로 이도저도 아니다"이다. 왜냐하면 위의 우려는 국내 제조업체가 남의 특허나 침해하여 피소를 당하며, 많은 경우 특허침해소송에서 패소하여 막대한 금액의 royalty를 지불한다는 전제에 기초하고 있기 때문이다. 특히 위의 우려는 국내 제조업체는 타인의 특허나 침해하는 "침해 제조업체"인 반면 "발명 제조업체"는 아니며, 따라서 국내 제조업체는 현재 "침해 제조업체"이니 미래에도 "침해 제조업체"일 것이며, 국내 제조업체는 젖 먹던 힘까지 보태고 무슨 수를 쓰더라도 절대로 "발명 제조업체"가 될 수 없다는 **자조적 가정**에 기초하기 때문이다.

궁극적으로 특허산업과 제조업체의 이익이 상충되는 경우는 제조업체가 타인의 특허를 침해하였을 경우인 반면 특허산업과 제조업체의 이익이 합치되는 경우는 제조업체의 특허를 경쟁 제조업체가 침해하였을 경우에 해당한다. 물론 지금까지는 대부분 국내 제조업체가 global market의 후발주자였으므로 선진국의 경쟁 제조업체의 기술을 알게 모르게 침해하였을 수 있다. 하지만 국내업체가 현재는 물론 장래에도 이와 같은 소극적이며 안일한 전략을 구사한다면 국내업체는 수년 내 중국의 경쟁업체들에게 모두 추월당하게 되며, 추월당한 후에도 변변한 특허를 보유하지 못한 탓에 국내업체는 중국업체들을 상대로 힘 한 번 써보지 못하고 쓸쓸이 시장으로부터 철수하는 대참사가 벌어질 수밖에 없다.[102)]

따라서 저자는 국내에 고착화된 악순환적 특허생태계를 선순환적 특허생태계로 전환하는 동시에, 이를 국내 제조업에 전향적으로 융합하기 위해서는 행정부, 사법부, 입법부가 모두 정책적 보호 대상을 전향적으로 전환하도록 강력히 제안한다. 즉 특허와

---

102) 마치 smart-phone 시장에서의 제조 경쟁력을 유지하지 못하여 2011년 시장에서 도태된 Canada의 Nortel이나 미국의 Motorola Mobility, 2013년 같은 운명에 처하며 우리 기억에서 사라진 Finland의 Nokia가 연상되는 대목이다. 하지만 Nortel은 자신이 보유했던 특허 6,000여건을 Apple, MS 등의 연합군에게 45억 달러에 매각하였고, Motorola Mobility는 보유 특허 16,000여건을 Google에 125억 달러에 매각하였으며, Nokia는 자신의 특허 portfolio를 MS에게 25억 달러 이상에 licensing하였다. 비록 시장에서는 축출당했으나 그래도 보유한 우량특허로 막대한 수익을 창출한 셈이다.

관련된 정부 정책의 목표를 "침해+ 제조업체"의 보호로부터 전향적·호전적 "발명+ 제조업체"의 양성으로 전환하는 전략이다. 즉 더 이상 "**패자 부활전**"에만 관심을 가질 것이 아니라, "승자의 **연승가도**"는 물론 "**자력 우승**"을 추구하는 전략이다.

결국 지식기반시대의 대한민국이 필요로 하는 국내기업은 "**침해+ 제조업체**"가 아닌 "**발명+ 제조업체**"이다. 또한 대한민국 국민이 자랑스럽게 여길 지식기반시대의 국내기업 역시 전략적 주요 국가에 출원·등록한 다수의 우량특허를 이용하여 그 동안 국내기업들을 괴롭혀온 해외 경쟁업체들을 혼쭐내주는 한편 국내기업이 피와 땀으로 가꾸어 놓은 global market을 호시탐탐 노리는 후발 경쟁업체들에게 전략적 주요 국가의 우량특허로 철퇴를 가할 수 있는 전향적·호전적 "**발명+ 제조업체**"이다.

더욱 중요한 사실은 이러한 "을지문덕, 강감찬, 이순신 제조업체"는 특허산업과 제조업의 이익이 상충된다고 푸념하지 않는다는 점이다. 왜냐하면 제11장의 6-나절 제1항 "동대문 특허 vs. 남대문 특허"에서 설명하였듯 "발명+ 제조업체"는 미국 동부 Virginia주에서는 경쟁자로부터 세 번 뺨을 맞았을지 몰라도 미국 서부 California주, 남부 Texas주에서는 경쟁자가 혼절할 때까지 흠씬 패줄 수 있는 원천특허 '몽둥이'를 보유하였기 때문이다.

물론 이는 결코 쉬운 일만은 아니다. 특히 제11장의 6-나절 "후발 제조업체의 전략"에서 설명한 바와 같이 이미 동대문을 먼저 발견했던 경험도 있으며 보유 기술도 풍부한 선진국의 선발 제조업체를 동대문에서 세 들어 사는 대한민국의 후발업체가 추월하기란 쉬운 일이 아니다. 하지만 그렇다고 대한민국 제조업체가 매일 후발 "침해+ 제조업체"로서의 설움과 신세타령이나 하며 특허산업과 제조업은 양립할 수 없다는 궤변을 주장해봐야 자신의 신세만 더 처량해질 뿐이다.

대~한민국 정부도 마찬가지이다. 물론 넋 빠진 국내기업들을 패자 부활전에라도 참여시키려는 노력은 어느 정도 계속해야 할 필요는 있을지 모른다. 하지만 대한민국 정부가 "**침해+ 제조업체**"의 패배를 정당화하고 **패자 부활전**에 참여시키려 전념하다보면, 결국 대한민국에서 연승 가도를 달릴 수 있는 "**발명+ 제조업체**"는 영원히 태어나지 않는다! **못 태어난다**! 따라서 저자는 지식기반시대의 대한민국을 이끌어야 할 대한민국의 행정부, 사법부, 입법부가 이러한 우(憂)만은 저지르지 않기를 바랄 뿐이다.

(3) 정부 정책의 거시적 목표 ≡ "치열하지만 공정한 경쟁"을 위한 환경 제공

우량 발명을 창출한 국내 제조업체가 이를 우량특허로 재창출한다고 해서 자동적으로 전향적·호전적 "을지문덕, 강감찬, 이순신 제조업체"로 둔갑하지는 않는다. 왜냐하면 아무리 전향적·호전적 발명 제조업체라도 제11장의 2절 "경쟁으로 구축하는 선순환적 특허생태계"에서 설명한 바와 같이 국내 실전을 통하여 경험을 쌓고, 치밀한 계획에 따라 세부 전략을 습득하는 훈련을 거치지 않는다면, 이러한 제조업체는 global market에서 벌어지는 다국적 특허침해소송에서는 연전연패 고전할 수밖에 없기 때문이다.

저자는 바로 이러한 사실이야말로 21세기 지식기반시대에 대한민국을 명실상부한 선진국 반열에 안착시킬 수 있는 행정부, 사법부, 입법부 정책의 거시적 목표를 제시한다고 생각한다. 즉 대한민국 정부는 국내 발명가와 국내 제조업체 사이의 또는 국내 제조업체들 사이의 "치열하지만 공정한 경쟁"을 장려하는 정책을 수립·시행하여 국내 제조업과 국내 특허산업이 동반성장하는 동시에 "공정한 경쟁"을 통하여 전향적·효율적으로 국내 제조업과 특허산업이 융합할 수 있도록 유도하는 정책을 수립·시행해야만 한다.

그렇다면 "치열하지만 공정한 경쟁"을 장려하는 대신 이를 오히려 방해하는 정부 정책은 어떤 정책일까? 예로서 적합하지 않을 수도 있지만, 이분법을 적용할 경우 '경쟁'의 반대 개념은 '담합'이다. 따라서 "치열하지만 공정한 경쟁"을 방해하는 정부 정책은 국내 기업들 사이의 "담합을 종용하는 정책"이다. 일예로 국내 제조업체들 사이의 분쟁이 국내외 특허침해소송과 맞소송으로 번질 경우, 국내 언론은 물론 대한민국 정부도 당사자들에게 읍소하거나 압력을 가하여 합의하도록 종용하기도 한다. 물론 이러한 분쟁 해결 전략은 제11장의 2-나절 "유일한 해답은 실전을 통한 '경쟁력 제고'"에서 설명한 바와 같이 국내기업들의 경쟁력 제고에 도움이 되기는커녕, 오히려 국내기업들의 국제 경쟁력 함양을 방해하는 동시에 국내 특허생태계를 왜곡하는, 지식기반시대에 역행하는 대표적 정책이다.

요약하자면 21세기 지식기반시대에 대한민국이 명실상부한 선진국으로 자리매김할 수 있는 대한민국 행정부, 사법부, 입법부 정책의 거시적 목표는 선순환적 특허생태계의 구축과 이를 통하여 양성된 특허산업과 제조업의 창조적·전향적 융합이다. 단 특허산업과 제조업의 융합에 있어서 대한민국 행정부, 사법부, 입법부는 국내 특허산업과 제조업 사이의 "치열하지만 공정한 경쟁"을 장려함은 물론 특허산업 내부의 경쟁, 제조업 내부의 경쟁도 동시에 장려함으로써, 국내 발명가 및 국내 제조업체들이 자신의 국제 경쟁력을 향상시킬 수 있도록 유도할 수 있는 정책을 수립·시행해야 한다.

나. 행정부의 전략

지식기반시대에 대한민국을 명실상부한 선진국 반열에 올리기 위한 대한민국 행정부의 특허 정책 역시 상대적으로 간단명료하다. 우선 [A] "국내 제조업의 국제 경쟁력을 제고하여 수출을 확충"하는 기존 정책을 꾸준히 추진하는 동시에 [B] "국내에 고착화된 악순환적 특허생태계를 선순환적 특허생태계로 전환하는 정책을 수립·시행함으로써 국제 경쟁력을 지닌 국내 특허산업을 육성"해야 한다. 또한 대한민국 행정부는 [C] "국내 제조업과 특허산업의 융합"을 장려하는 정책을 수립·시행하여 특허로 수익을 창출하고자 하는 국내 발명가나 국내 제조업체로 하여금 특허 활용을 극대화하도록 장려하는 정책을 수립·시행해야 한다. 이에 따라 국내 개인발명가나 대학교·연구소의 수익은 물론 국내기업의 수익이 극대화될 수 있으며, 그 결과 대~한민국의 수익 역시 극대화될 수 있다.

(1) 행정부의 전략 ≡ 선순환적 Infra 구축 및 국제 경쟁력 갖춘 전문인력 양성

그렇다고 대한민국 행정부가 직접 제품을 제조·판매하거나, 우량 발명을 착상하여 우량특허를 재창출할 수는 없다. 왜냐하면 행정부의 주요 업무는 제품의 제조·판매, 발명·특허의 착상이 아니기 때문이다. 또한 행정부는 이를 효율적으로 추진할 수 있는 기관도 아니고, 행정부에는 이에 대한 전문가도 많지 않다.

대한민국 행정부가 직접 제품을 제조하거나 특허를 창출할 수 없는 또 다른 이유는 행정부의 paradigm과 제품의 제조·판매 및 발명·특허 창출의 paradigm이 달라도 너무 다르기 때문이다. 우선 제조업과 특허의 paradigm은 수익 창출이지만 행정부의 paradigm은 헌법·법률에 의거한 정책의 수립·시행이다. 따라서 시장에서 경쟁자와 무한경쟁을 벌이며 제품을 판매하여 수익을 창출하는 제조업체의 paradigm이나 시장에서 경쟁자와 무한경쟁을 벌이며 금지권을 이용하여 수익을 창출하는 발명가의

paradigm을 행정부가 이해하기는 거의 불가능하다. 따라서 이를 행정부 자신이 직접 수행해 보겠다는 권유나 유혹은 무조건 뿌리쳐야만 한다.

따라서 국내 제조업의 국제 경쟁력을 제고하여 수출을 확충하고, 고착화된 악순환적 특허생태계를 선순환적 특허생태계로 전환하며, 제조업과 특허산업의 융합을 위한 대한민국 행정부의 역할은 딱 두 가지라고 생각된다. 첫 번째는 이에 필요한 infra 구축이며, 두 번째는 실제 상기 정책 목표를 달성할 수 있는 전문인력 양성이다.

단 대한민국 제조업의 경쟁력 제고, 선순환적 특허생태계 구축 및 제조업과 특허산업의 융합은 국내시장을 목표로 하지 않고 global market을 전제로 한다. 따라서 대한민국 행정부의 정책 역시 global market을 전제로 이루어져야 하며, 이를 위하여 행정부는 국제 경쟁력은 물론 이를 실질적으로 실행할 수 있는 실무 능력을 지닌 전문인력이 국내시장이 아닌 global market에서 활동할 수 있도록 유도해야 한다.

그렇다면 대한민국 행정부가 특허산업에 직접 참여하면 어떨까? 저자는 행정부가 특허산업에 직접 참여할수록 상기 목표를 달성하기는 더 어려워질 뿐만 아니라, 수익 창출을 전제로 하는 특허산업에 행정부가 참여함으로써 가뜩이나 악순환적 구조에 시달리는 국내 특허산업이 더욱 왜곡되는 문제점을 야기하리라고 확신한다. 따라서 수익 창출을 목적으로 하는 제조업과 특허산업 사이의 창조적 융합을 위한 대한민국 행정부의 역할은 선순환적 특허생태계라는 infra 구축을 위한 정책의 수립·시행과, 상기 정책의 목표를 달성할 수 있는 전문인력의 양성임을 다시 한 번 강조한다.[103)]

(2) 특허생태계 중류의 주체인 특허청의 전략 ≡ Global 우량특허 창출

앞서 제안한 목표 달성에 중추적 역할을 담당하는 대한민국의 행정부처가 바로 특

103) 저자의 의견에 동의하지 않는 다양한 이익당사자들도 존재할 것이며, 저자 역시 이들의 관점이 모두 틀리지는 않을 수도 있다고 생각한다. 하지만 그 동안 대한민국 행정부가 국내 제조업 및 국내 특허산업과 관련하여 정책을 수립·시행한 경우와 이에 직접 참여한 경우를 비교해보면, 대한민국 행정부는 후자보다는 전자의 경우 더 탁월한 성과를 달성하였다는 것이 저자의 결론이다.

허청이다. 왜냐하면 특허청 정책이야말로 국내 특허생태계 중류의 우량특허 창출 여부를 좌지우지함은 물론 생태계 상류의 우량 발명 창출에도 상당한 영향을 주기 때문이다. 특히 출원특허 심사를 통하여 생태계 중류의 주역인 출원전문 대리인과 협업하는 특허청이야말로 상기 생태계 중류의 맹주로서 우량특허가 창출될 수 있는 정책의 수립·시행에 집중해야만 한다.

특허청 역시 이를 위하여 혼신의 노력을 기울여왔다. 저자는 현재 대한민국에 구축되어 있는 특허생태계의 95% 이상은 특허청 작품이라고 확신하며, 세계 4위의 특허출원 건수나 세계 1위의 특허생산성(즉 GDP 10억 원 당 특허출원 건수) 등은[104] 특허청이 정량적 측면에서만큼은 대한민국을 특허강국으로 이끌어왔다는 가공할만한 업적에[105] 대한 명명백백한 증거라고 생각한다. 하지만 국내에는 구조적 한계로 인하여 선순환적 특허생태계 대신 악순환적 특허생태계가 고착되었으며, 앞서 제1장의 4-마절 "총체적 난국의 원인"에서 설명한 바와 같이 특허청은 이에 대한 비판으로부터 완전히 자유롭지만은 못하다. 따라서 저자는 결자해지(結者解之) 차원에서라도 특허청은 그 동안 달성한 정량적 성과를 정성적 측면에서도 달성해야한다고 생각한다.

아래에서는 21세기 지식기반시대의 특허청의 정책 목표로서 "전략적 주요 국가의 특허제도의 최소공배수"를 추구하고, 이를 통하여 "국내 우량특허와 해외 우량특허의 합치"를 달성하는 대한민국의 "특허 경쟁력 강화"를 제안한다. 또한 특허청의 전문성에 입각하여 국내 특허생태계 상류에 대한 교육을 전담하여 10만 발명가 양병 및 이를 위한 1천 교관 양성에도 주력하도록 제안한다.

(ㄱ) 국내특허 ≡ 해외 우량특허로 태어나기 위한 징검다리로서의 모태특허

앞서 제1장의 4-가절 "국내특허의 선천적 한계"에서 각국의 특허법은 속지법이므로

---

104) 자세한 내용은 아래의 URL 참고 (2014.08.31 최종 확인):http://www.etnews.com/news/nationland/2841267_1495.html

105) 대한민국이 세계 5위권에 속한 분야를 곰곰이 헤아려보면, 저자는 짧은 기간 동안 대한민국 특허청이 이룬 성과야말로 가히 "가공할만하다"는 찬사를 받아 마땅하다고 생각한다.

전략적 주요 국가에서 자신의 발명을 보호받고자 하는 발명가는 상기 국가에 특허를 출원·등록해야 한다고 설명하였다. 즉 대한민국은 인구도 5천만 명에 불과하고, 영토도 미국, 유럽(EU), 중국, 러시아의 백분의 1 정도에 불과하므로 시장 역시 협소할 수밖에 없으며, 그 결과 대한민국에 출원·등록된 특허의 가치는 미국·유럽의 등록특허의 가치에 비하여 선천적으로 낮을 수밖에 없다는 선천적 제한이 존재한다는 말이다.[106)]

물론 국내기업이나 국내 발명가(개인발명가, 대학교수·연구원 및 국내기업의 발명가 등)는 선천적으로 가치가 낮은 국내특허를 출원하지 않은 채 해외 유수 law firm을 고용하여 미국·유럽에 직접 특허를 출원할 수도 있다. 어차피 미국·유럽과 같은 전략적 주요 국가의 특허가 상대적으로 훨씬 중요하기에 아예 국내특허를 출원하지 않음으로써 그만큼 특허 비용을 절약하는 전략이다.

하지만 이 경우의 문제는 제1장의 4-바절 "국내특허의 현실적 의미"와 같이 국내 변리사 수임료의 5~20배에 달하는 미국·유럽 특허변호사 수임료이다. 또한 국내 발명가나 국내기업이 미국·유럽의 유수 law firm을 선정하는 작업은 간단치 않으며, 유수 law firm을 선정하더라도 그 곳에서 근무하는 수십 내지 수백 명의 특허변호사 중 더 유능한 특허변호사를 선정하는 작업도 만만치 않다. 이뿐만이 아니다. 미국·유럽의 특허출원 전문변호사가 수임료가 높다고 해서 반드시 유능하다는 보장도 없으며, 언어와 제도가 상이한 미국·유럽에 출원된 특허명세서를 평가하기도 용이한 작업이 아니다.

따라서 국내 발명가나 국내기업에게는 언어 소통도 자유롭고 문화와 정서도 동일한 유능한 국내 대리인을 선임하여 국내에 우량특허를 출원한 후, 국어로 작성된 특허출원서를 번역하여 미국·유럽 등의 전략적 주요 국가에 해외 우량특허를 출원하는 방법이 가장 현실적이다. 그 결과 **국내특허**의 **현실적 의미**는 제11장의 3-마절에서 설명한 바와 같이 전략적 주요 국가에 우량특허를 출원·등록하기 위한 "**중요한 징검다리**"이

106) 국내·해외 특허권자가 보유한 국내특허를 국내기업이 침해하며 제조·판매·수출하는 경우, 특허권자는 국내 침해기업을 상대로 국내에서 특허침해소송을 제기할 수도 있다. 만일 특허권자가 상기 소송에서 승소할 경우, 법원은 상기 기업에게 금지처분을 내려 침해기업이 더 이상 침해제품을 제조·판매 ·수출하지 못하게 된다. 이와 같이 국내특허도 나름대로의 중요성을 가진다.

다. 즉 국내 발명가나 국내기업에게 국내특허란 전략적 주요 국가에서 출원·등록된 해외 우량특허를 확보하기 위한 모태특허에 해당하는 셈이다.

그래도 혹자는 가까운 장래에 대한민국 사법부가 전 세계에서 가장 강력히 특허를 보호하는 미국 수준만큼 국내특허를 보호해준다면 그런대로 국내특허의 중요성 및 가치가 증가할 것이며, 따라서 국내특허가 "해외 우량특허의 징검다리"에 불과하지만은 않다고 항변할 수도 있다.

하지만 저자의 생각은 여전하다. 왜냐하면 설령 대한민국 사법부가 국내특허를 미국보다 더 강력히 보호한다손 치더라도, 국가적 관점에서 보았을 때 국내특허는 여전히 해외 우량특허의 모태특허로서의 역할이 훨씬 더 중요하기 때문이다. 우선 특허법은 속지법이므로 국내에만 출원·등록된 특허는 대한민국을 제외한 5대양 6대주에서 누구나 무료로 사용할 수 있게 된다. 또한 대한민국은 영토가 좁고 인구도 적기 때문에, 해외로부터 유입되는 외화 없이 국가 경제의 발전이나 선순환적 특허생태계 구축이 현실적으로 불가능하다. 더불어 국내 발명가나 국내 발명기업이 국내 침해기업을 상대로 특허 license 계약을 체결하건 특허침해소송에서 승소하건 수익 창출이 국내시장에만 국한될 경우, 이는 대한민국 내부에서의 부의 재분배에 해당할 뿐, 대한민국의 국경을 넘어 해외로부터 유입되는 수익 창출과는 무관하다. 특히 국내 특허침해소송이 국내에만 출원·등록된 국내특허를 중심으로 이루어진다면 이는 외화 획득과는 전혀 무관함을 넘어서서 국내에서 개발된 특허기술을 5대양 6대주에서 공짜로 사용할 수 있도록 도모한다는 점에서 합법적 기술 유출에 해당할 수도 있다.

따라서 대한민국 특허청은 국내 발명가나 국내기업이 국내에서 국내특허만을 이용하여 국내시장에 국한된 수익을 얼마나 많이 창출하느냐에 집착하지 않도록 제안한다.[107] 오히려 특허청은 국내 발명가·기업이 국내에서 국내특허만을 이용하건 말건, 이

107) 앞서 설명한 바와 같이 국내 발명가와 국내 제조업체 사이의 또는 국내 제조업체들 사이의 국내 특허침해소송은 모든 참여자의 특허 경쟁력을 향상시키는 데 도움은 된다. 하지만 이러한 특허 경쟁력 제고의 최종 목표는 global market에서 해외 경쟁업체를 상대로 한 국내 발명가 또는 국내기업의 특허침해소송 및 이를 통한 수익 창출임을 잊지 말아야 한다.

들이 해외 우량특허를 이용하여 전략적 주요 국가에서 licensing을 통하여 수익을 창출하거나 특허기술을 구현한 제품을 상기 국가에 수출하여 수익을 창출하도록 전향적으로 유도할 수 있는 정책을 수립·시행할 필요가 있다.

(ㄴ) 최소공배수 전략 ≡ 미국·유럽(또는 중국?)특허와 국내특허의 "합치(合致) 전략"

그렇다면 대한민국 특허청은 국내 발명가, 국내 제조업체가 한반도 남단에서 북미·유럽과 같은 전략적 주요 거점지에 진출하기 위하여 건너야 할 "중요한 징검다리"를 어떤 방법으로 설치해야할까? 태평양에 듬성듬성 돌덩어리를 대충 던져놓거나, Eurasia 대륙을 가로질러 외줄타기 밧줄이라도 걸쳐놓으면 충분할까? 아니면 징검다리 돌덩어리들을 규칙적으로 배열한 후 그 주위에 난간을 설치하여 국내 발명가·기업이 Eurasia 대륙으로 이동하는 중 낙상하는 불상사를 방지하는 정도이면 충분할까? 아니면 이들이 올라타기만 하면 원하는 목적지까지 쉽게 이동할 수 있도록 escalator를 설치하거나 움직이는 밧줄을 설치해야할까?

물론 국내 발명가·기업이 한반도 남단에서 북미·유럽 등의 전략적 주요 거점지에 진출하는 데 가장 바람직한 '징검다리'는 '후자'이다. 왜냐하면 국내 발명가·기업이 올라타기만 하면 추락 위험 없이 종착역까지 편히 이동할 수 있기 때문이다. 물론 이를 위해서는 태평양을 가로지르는 escalator의 폭과 높이가 동일해야 하며, 북미·Eurasia 대륙을 가로지르는 밧줄의 규격 역시 동일해야 한다. 이와 더불어 escalator나 밧줄을 움직이는 전기 motor에 공급되는 전압, 전류는 물론 주파수도 일정해야 한다.

저자는 "특허도 마찬가지"라고 확신한다. 따라서 저자는 대한민국 특허청이 앞장서서 **국내 특허제도**를 전략적 주요 국가인 **미국·유럽**(또는 **중국**?)의 특허제도와 **동일하거나 상당히 유사하도록 정비**하고 이를 운용하도록 강력히 제안한다. 특히 저자는 대한민국 특허청이 전향적으로 국내 특허출원서의 서식, 요건 및 심사 기준을 미국·유럽(또는 중국?) 특허청이 요구하는 특허출원서의 서식, 요건 및 심사 기준과 동일하거나 상당히 유사하도록 정비하도록 요청한다.

그 결과 국내 발명가·기업은 유능한 국내 대리인을 통하여 작성한 우량 특허출원서를 특허청에 출원한 후, 법이 정한 기일 이내에 이를 번역하여 미국·유럽특허청에 출원함으로써 우량 미국특허와 우량 유럽특허를 획득할 수 있게 된다. 특히 국내 발명가·기업은 국어로 작성된 국내 특허명세서의 청구항과 "발명의 설명"을 검토하기만 하면 자동적으로 미국·유럽과 같은 전략적 주요 국가에 출원·등록될 특허의 품질도 가늠할 수 있게 되며,[108] 이러한 과정을 통하여 출원·등록된 국내 발명가·기업의 미국·유럽특허 역시 양질의 해외 우량특허로 재창출될 가능성 역시 높아질 수밖에 없다.

만일 이와는 반대로 국내 특허제도가 미국·유럽 특허제도와 상이하다면 어떤 결과를 초래할까? 일예로 특허제도의 목적에 더 충실히 부합된다고 확신하기에 대한민국 특허청이 미국·유럽 특허청과는 완전히 상이한 특허 출원·심사제도를 시행하지만, 미국·유럽특허청이 이를 인정하지 않는다면 어떤 결과를 초래할까?

이에 대한 정답은 "거의 대부분의 경우, 국내 발명가·기업에게 절대적으로 불리하다"이다. 왜냐하면 대한민국 특허청이 운용하는 제도가 실질적으로 특허제도의 목적에 더 부합한다하더라도 이를 전략적 주요 국가에서 인정하지 않는다면, 우리만의 특이한 제도로 인하여 국내 발명가·기업이 해외에서 얻을 수 있는 이익은 전혀 없는 반면, 오히려 전략적 주요 국가에서 실(失)을 초래할 가능성이 매우 높기 때문이다

일예로 제9장의 4-라절에서 설명한 "**가상 실시예**"를 살펴보자. 국내 특허제도가 명시적으로 가상 실시예를 인정하지 않는 것은 아니다. 하지만 대한민국 특허청은 가상 실시예를 인정하지 않는 편이며, 대리인과 발명가 역시 "발명의 설명"에 가상 실시예를 기재하는 행위를 마치 연구 부정행위와 동일시한다. 이렇게 작성한 국내특허이기에 "발명의 설명"에는 기껏해야 최선·차선의 실시예 정도만이 포함됨은 당연한 귀결이다. 이에 반하여 미국 특허제도는 "가상 실시예"를 인정한다. 일예로 MPEP는[109] 발명가가 권리범위 확장을 위하여 "발명의 설명 (specification)"에 가상 실시예를 기재할

108) 이를 달성하기 위해서는 우량 국내 대리인이 우량 번역 전문가에게 합당한 번역료를 지불하며 상기 국내 특허출원서를 영어로 번역해야 한다.

109) MPEP는 "Manual of Patent Examining Procedure"의 약자로서, 미국특허청 심사관의 특허 심사 절차 및 판단 기준 등에 대한 지침서이다.

수 있다고 명시적으로 규정하기까지 한다. 따라서 미국 특허변호사가 제대로 작성한 미국특허의 권리범위에는 최선의 실시예, 차선의 실시예는 물론 열등한 실시예 및 가상 실시예까지 포함된다.

그림 11-29. "발명의 설명"에 기재한 실시예와 권리범위

그림 11-29(a)

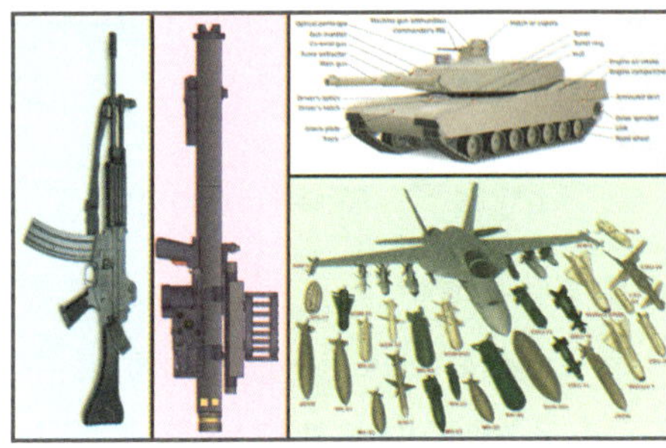

그림 11-29(b)

특허명세서의 "발명의 설명"에 가상 실시예를 기재하건 말건 무슨 큰 차이가 있을까 의아해할지 모르지만, 가상 실시예의 포함 여부는 특허의 권리범위에 결정적 영향을 미친다. 일예로 그림 11-29와 같이 발명가가 착상한 발명이 '무기'이며, 특히 "원거리에서 목표물을 정확히 타격하는 무기"라고 가정하자. 이를 위하여 국내 발명가·기업은 자신이 출원·등록한 국내특허에서 그림 11-29(a)와 같이 가장 저가(低價)에 원거리 타격이 가능한 동시에 자신이 실제로 만들어 test도 해본 K2 소총에 대해서만 기술한다. 이에 반하여 동일한 발명을 착상한 미국 발명가는 그림 11-29(b)와 같이 자신의 미국 특허명세서의 "발명의 설명"에 자신이 만들어본 M-16 소총은 물론 실제 본 적도 없고 가격도 고가(高價)이지만 원거리 타격이 가능한 Stinger missile, 육상전을 위한 tank는 물론 공중전용 최신형 전투기까지 기재한다. 그 결과 국내 발명가의 권리범위는 아무리 넓히더라도 소총 이상으로 확충될 수 없지만, 미국 발명가의 권리범위는 M-16 소총은 물론 tank, 대포, 기관총은 물론 대공 missile, 전투기까지 확충될 수 있다. 따라서 국내 발명가·기업과 미국기업이 미국에서 특허소송을 벌일 경우, 국내 발명가·기업은 막중한 handicap을 안고 경기를 시작할 수밖에 없다.

이뿐만이 아니다. 앞서 표 9-1(a)에서 설명하였지만 대한민국 특허법은 제42조 제3항에서 발명가로 하여금 "발명의 설명"에 청구발명의 **배경기술**, 즉 선행기술을 기재하도록 요구한다. 이에 따라 국내 대리인은 "발명의 설명"에 상기 선행기술을 기재할 수밖에 없다. 또한 대부분의 국내 대학교수, 연구원은 학술논문 작성하듯이 "발명의 설명"을 작성하며, 방대한 분량의 선행기술을 상세히 소개하기도 한다. 더 나아가 국내 발명가·기업은 "발명의 설명"에 선행기술에 대비한 자신의 발명의 장점을 기술하며, 이러한 기재 방법이 자신의 발명의 특허성을 더욱 확연히 강조하리라고 자신하며 뿌듯해하기도 한다.

표 9-1(a). 기재요건에 대한 특허법 제42조 제3항

제42조(특허출원)
③ 제2항에 따른 발명의 설명은 다음 각 호의 요건을 충족하여야 한다. 1. 그 발명이 속하는 기술분야에서 통상의 지식을 가진 사람이 그 발명을 쉽게 실시할 수 있도록 명확하고 상세하게 기재할 것 2. 그 발명의 배경이 되는 기술을 기재할 것

하지만 그 결과는 참담하다. 왜냐하면 이와 같이 작성한 국내특허의 "발명의 설명"은 앞서 제7장의 2-나절 제3항 "고백과 뼈아픈 후회"에서 설명한 바와 같이, 자신이 보유한 특허의 무효성을 주장할 수 있는 선행기술의 소개인 동시에 발명가의 고백에 해당하기 때문이다. 이에 반하여 미국 특허업계는 "발명의 설명"의 배경 기술 부분에 필수 불가결한 선행기술만을 간단히 언급하며, 특히 선행기술과 청구발명의 비교는 가능한 한 생략하거나 극히 간단히 기술하는 편이다. 따라서 국내 발명가·기업이 미국연방법원에서 미국기업과 특허소송을 벌일 경우, 국내특허는 자신의 전략적 약점은 물론 선수 개개인의 장단점을 경쟁자에게 문서로 작성하여 넘겨주는 격의 실수를 범하게 된다.

따라서 저자는 대한민국 특허청에 "제도의 합치(合致) 전략"을 강력히 제안한다. 즉 대한민국 특허청은 국내 특허생태계 중류의 맹주로서 국내 발명가·기업이 전략적 주요 국가에서 통할 수 있는 우량특허를 창출할 수 있도록 도모해야 하며, 이를 위한 정책 목표로서 국내 특허제도, 특히 국내특허의 출원·심사제도와 미국·유럽과 같은 전략적 주

요 국가의 특허 출원·심사제도의 합치(合致)를 추구해야 한다.

상기 "제도의 합치(合致) 전략"은 일종의 "최소공배수 전략"이라 할 수 있다. 즉 대한민국 특허청은 국내특허의 출원·심사제도를 미국특허청과 유럽특허청의 출원·심사제도의 '최소공배수'가 되도록 운용하는 전략이다. 그래야만 국내 발명가·기업이 대한민국 특허청에 제출한 국내 특허출원서를 번역만 하여 미국·유럽특허청에 출원·등록하더라도, 국내 특허제도의 특이 규정에 따르는 손해를 보지 않고 오히려 이익을 볼 수 있게 된다.

혹자는 복잡한 "제도의 합치(合致) 전략"이나 "최소공배수 전략"이 반드시 필요하기는 한지 반문할 지도 모른다. 즉 국내에서는 대한민국 특허청이 요구하는 대로 특허출원서를 작성하고, 추후 미국·유럽에서 특허를 출원할 때 상기 국가의 특허청이 요구하는 양식으로 특허출원서를 보강하여 출원하면 이 모든 문제가 해결되지 않을까?

이에 대한 정답은 "절대 불가능하다"이다. 왜냐하면 국내 발명가·기업이 국내특허 출원 후 상기 출원일에 대한 우선권을 주장하며 전략적 주요 국가에 특허를 출원하거나 PCT를 출원할 경우, 상기 우선권은 국내출원 시 특허청에 제출한 특허출원서에 기재한 발명에 국한되기 때문이다. 따라서 국내 발명가·기업이 국내 특허출원서에는 최선의 실시예, 차선의 실시예, 열등한 실시예 정도만 기재하였다면, 추후 미국·유럽에서 특허를 출원할 때 "발명의 설명"에 가상 실시예를 추가할 수 없는 경우가 대부분이며, 설령 이를 추가할 수 있더라도 추후 추가한 가상 실시예는 국내특허 출원일에 대한 우선권을 인정받지 못한다.

다시 한 번 강조하지만 저자는 국내 특허제도와 미국·유럽 특허제도의 합치(合致)야말로 21세기 지식기반시대에 대한민국이 특허 선진국으로 자리매김하는 데 지대한 공헌을 하리라 확신한다. 왜냐하면 국내 특허제도와 미국·유럽 특허제도의 합치(合致)는 국내에서 창출된 우량 발명과 우량특허가 미국·유럽과 같은 전략적 주요 국가에서 통할 수 있는 우량특허로 재창출될 수 있는 일종의 보증수표에 해당하기 때문이다. 따라서 국내 발명가·기업 역시 상기 특허를 global market에서 전향적으로 활용할 수 있게 된다.

그래도 "제도의 합치(合致) 전략"이나 "최소공배수 전략"에 대한 저자의 제안을 신뢰하지 못한다면 이의 정반대의 경우를 가정해보자. 일예로 배달민족의 L사나 S사는 청국장이야말로 인류가 만들어낸 음식 중 항암 효과가 가장 탁월하다고 확신한다. 그렇다면 L사나 S사는 인류 건강 증진을 위하여 미국·유럽시장에 출고하는 냉장고에 청국장을 발라 판매해야할까? 아니다! 절대 그렇지 않다. 왜냐하면 이들이 냉장고를 판매할 곳은 미국·유럽시장이며, 자사 냉장고를 구입할 소비자 역시 미국인·유럽인이기 때문이다. 따라서 L사나 S사가 자사 냉장고를 미국인·유럽인에게 판매하려면 냉장고 규격을 미국·유럽시장에 맞추어야함은 평범한 진리이기 때문이다.

따라서 저자는 대한민국 특허청 역시 마찬가지의 전략, 즉 "제도의 합치(合致) 전략"을 활용해야만 한다고 확신한다. 왜냐하면 자신이 열심히 심사하여 등록시킨 특허가 국내에서만 큰소리치는 "우물 안 개구리" 특허로 전락하여 전 세계에서 이를 무료로 사용하게 되기를 바라는 심사관은 없을 것이기 때문이다. 따라서 저자는 대한민국 특허청이 현재의 전략적 주요 국가인 미국·유럽의 특허제도 및 특허출원서 요건은 물론 이미 전략적 주요 국가로 부상하여버린 중국의 특허제도 및 특허출원서 요건을 예의주시하며, 국내특허를 세계화의 첨병으로 재창출하는 대한민국의 핵심 부처로 거듭나기를 주문한다.

그 이유 또한 간단명료하다. 모든 이가 상식적으로도 쉽게 동의할 수 있고 역사상 증명되었듯이, 배달민족이 목표로 하는 시장은 좁아터진 한반도가 아닌 "global market"이기 때문이다.

(ㄷ) 지향(志向) [1] ≡ "존재가치 배가(倍加) 전략"으로서의 "합치(合致) 전략"

물론 국내 특허제도와 전략적 주요 국가의 특허제도와의 "합치(合致) 전략"은 저자만이 생각한, 저자만이 창작해낸 전략은 아니다. 왜냐하면 이러한 "합치 전략"의 필요성은 특허청 정책 수립에 중추적 역할을 담당하는 특허청 '산업재산정책국'이나 '산업재산보호협력국'이 공공연히 제기하지는 않고 있지만, 특허청 국·과장은 물론 서기관·사무관 대다수가 이미 인지해온 '사실'에 불과하기 때문이다. 또한 상기 "합치 전략"은 최근 국내 특허업계 및 학계에서 불거지고 있는 "국내특허 무용론"에 대응하여 대다수의 특허청 공무원들이 연구하고 있는 정책 중 하나이기도 할 것이다.

그렇다면 이와 같은 엄연한 '사실'이 대한민국 특허청 내외부에서 표면화되거나 특허청의 정책에 명시적으로 반영되지 않는 이유는 무엇일까? 저자는 이에 대하여 다음과 같은 다양한 이유들을 추정해 본다.

① 위의 "합치 전략"은 대한민국 특허청의 존재가치와 정면으로 배치되거나, 대한민국 특허청의 존재가치 자체를 약화시키는 전략이다?

② 현재 특허침해소송의 급격한 증가로 고전하고 있는 미국의 특허제도나 느려터지기로 유명한 유럽의 특허제도가 법적으로 또는 본질적으로 국내 특허제도보다 우수하다는 증거도 없다?

③ 설령 미국·유럽의 특허제도가 실제로 국내 특허제도보다 우수하다손치더라도, 자랑스러운 배달민족의 후예인 대한민국 특허청이 미국·유럽의 선진 특허제도나 따라가기에는 자존심이 상한다?

물론 위의 이유들은 저자의 추정일 뿐이다. 하지만 저자는 국내 특허제도와 전략적 주요 국가의 특허제도와의 "합치(合致) 전략"이야말로 대한민국 특허청의 설립 목적과도 합치되고, 특허청의 상위 부처인 산업통상자원부의 설립 목적과도 합치될 뿐더러, 더 나아가 국가 이익과도 부합한다고 절대적으로 확신한다. 따라서 저자는 특허청이 상기 "합치(合致) 전략"을 전향적으로 추구함으로써 자신의 국내외 존재가치가 약화되기는커녕 오히려 배가(倍加)된다고 확신한다. 저자의 확신은 아래와 같은 다양한 이유에 근거한다.

우선 국내 특허제도와 해외 특허제도와의 "합치(合致) 전략"은 대~한민국 특허청의 설립 목적과 합치된다. 일예로 특허청 공식 website에[110] 의하면 "특허청은 산업재산권을 적기에 보호함으로써 산업기술 개발의 촉진을 지원하고, 산업재산권 행정의 체계

110) 자세한 내용은 아래의 URL 참고 (2014.08.31 최종 확인):http://www.kipo.go.kr/kpo/user.tdf;jsessionid=9863ca6b30d5aaf37903c09a4b75aff1a880d7ca23df.e34RahyTbxmRb40LaxyPahaRahaOe0?a=user.html.HtmlApp&c=6004&catmenu=m05_02_01

를 구축하여 기술경쟁시대에 대처하기 위해 설립"되었다고 설명한다. 물론 혹자는 이를 근거로 특허청이 국내특허 보호를 통하여 국내기업들이 국내시장에서만 기술경쟁시대에 대처하도록 정책을 수립·시행하도록 설립되었다고 주장할 수도 있다. 하지만 이는 현실과는 완전히 동떨어진 주장에 불과하다. 왜냐하면 앞서 누차 설명한 바와 같이 국토도 좁고 인구도 적은 한반도에서만 유효한 국내특허만을 이용하여 국내기업들이 기술경쟁시대에 대처할 수는 없으며, 특허청이 이러한 "우물안 개구리"식 목적으로 설립되지는 않았을 것이기 때문이다. 또한 지식기반시대를 맞이하여 국내 우량특허를 전략적 주요 국가에서 우량특허로 재창출할 경우, 이는 발명가 개인이나 국내기업은 물론 국가적으로도 득이 됨에도 불구하고, 국내에서만 겨우 통하는 반면 5대양 6대주에서는 힘을 쓰지 못하는 국내특허에만 전념하도록 특허청이 설립되지도 않았을 것이기 때문이다. 따라서 국내 발명가·기업이 기술경쟁시대에 global market에서 대처할 수 있도록 도모하는 "국내 특허제도와 전략적 주요 국가의 특허제도와의 합치(合致) 전략"이야말로 특허청의 설립 목적 그 자체라 할 수 있다.

위의 "합치(合致) 전략"이 특허청의 설립 목적과 합치된다는 또 다른 증거는 특허청의 연혁이다. 특허청의 전신은 1949년 상공부의 외국으로 설치된 '특허국'으로서, 상기 특허국은 1977년 상공부의 외청인 현재의 특허청으로 개청하였다.[111] 이후 상공부는 동력자원부와 통합되며 '상공자원부,' '산업자원부,' '지식경제부'라는 명칭을 거쳐 현 정부에서는 '산업통상자원부'로 개명하였다. 그렇다면 특허청의 상위 부처인 상공부의 설립 목적은 무엇이었을까? 부처의 명칭 그대로 상공부는 상업 및 공업을 통칭하는 산업의 발전, 이를 통한 무역 확대 및 이에 수반되는 통상정책을 관장하는 부처였다. 이와 같은 설립 목적은 상공부의 명칭이 '산업자원부' 및 '산업통상자원부' 등으로 변천하면서도 지속적으로 유지되고 있다. 이러한 측면에서 보면 특허청의 주된 임무는 산업통상자원부의 외청으로서 특허를 이용한 국내산업의 발전과[112] 특허를 이용한 무역 확대 및 이에 수반되는 특허 관련 통상정책 수립·시행이라고 할 수 있다.

111) 자세한 내용은 아래의 URL 참고 (2014.08.31 최종 확인):http://www.kipo.go.kr/kpo/user.tdf?a=user.html.HtmlApp&c=6005&catmenu=m05_02_02

112) 21세기는 지식기반시대이다. 따라서 저자는 대한민국 행정부가 사용하는 '산업'이라는 단어의 정의에 '특허산업' 또는 '지식재산산업'도 포함되어야한다고 생각한다. 이에 따라 대한민국을 지식기반시대의 강국으로 자리매김하는 데 필요한 정책 수립이 더욱 명확해지리라고 저자는 확신한다.

여기서 주목할 점이 바로 '통상'과 '무역'이다. 즉 대한민국 특허청은 국내에서나 금지권을 발휘하는 국내특허만 관리하는 외청이 아니라, 통상·무역의 주요 대상국에서 국내 발명가·기업이 특허를 이용한 전향적 통상·무역이 가능하도록 지원하고 이에 대한 정책을 관장하는 중추 조직이라는 말이다. 따라서 특허청이 국내 발명가·기업이 전략적 주요 국가에서 특허기술을 구현한 제품을 판매하여 창출하는 수익 또는 특허를 licensing 하여 창출하는 수익을 극대화할 수 있는 정책을 수립·시행하면, 이는 당연히 국가 이익과도 합치할 수밖에 없다. 물론 이를 달성하기 위한 핵심 전략이 바로 "국내 특허제도와 전략적 주요 국가의 특허제도와의 합치(合致) 전략"임에는 의문의 여지가 없다.

더 나아가 위의 "합치(合致) 전략"은 대한민국 특허청이 "국내특허 무용론"에 맞설 수 있는 이론적, 실질적 근거이다. 우선 한반도는 좁고, 그 안에서 거주하는 인구 역시 적기 때문에 국내에만 등록된 특허는 그 가치도 적을 수밖에 없다. 따라서 대한민국 사법부가 현재보다 특허 보호 강도를 현격히 강화한들 국내특허의 가치에는 선천적, 태생적 한계가 존재할 수밖에 없음은 엄연한 사실이며, 특허청 역시 아무리 국내특허의 존재가치를 호도하려해도 절대로 이러한 선천적, 태생적 한계를 극복할 수는 없다. 하지만 특허청이 자신의 역할을 한반도에만 국한시키지 않고 통상·무역의 전략적 주요 국가의 특허로까지 확대한다면, 이는 국가 이익과 직결될 수밖에 없다.

이와 같이 위에서 설명한 "합치(合致) 전략" 및 "최대공배수 전략"은 대한민국 특허청이 자신의 존재가치를 배가(倍加)할 수 있는 전략이다. 더 나아가 저자는 상기 전략이야말로 대한민국 특허청이 국회에서는 예산 증액을 정당화할 수 있는, 기획재정부로부터는 더 많은 예산을 할당받을 수 있는 강력한 실탄(實彈)이라고 생각한다.

따라서 요약한다. 대한민국 특허청은 앞서 설명한 "**국내 특허제도**와 **전략적 주요 국가의 특허제도**와의 **합치(合致) 전략**"을 전향적으로 수행해야만 하며, 이의 방법론이 바로 앞서 설명한 "**최소공배수 전략**"이다. 바꾸어 말해본다. 만일 국내 발명가·기업이 국내 특허 출원 및 심사 기준에 맞춰 우량 특허출원서를 작성하고 추후 이를 번역하여 미국·유럽에 출원·등록함으로써 거의 자동적으로 우량 미국특허나 우량 유럽특허를 확보할 수 있다면, 이는 특허청의 설립 목적과 합치되며, 이는 특허청의 이익뿐만 아니라 대한민국 전체의 이익과도 합치된다. 다시 바꾸어 말해본다. 만일 앞으로 대한민국 특허청의 기재·심사 기준에 맞추어 우량 국내 특허출원서를 출원하였으나, 추후 이를 제대로 번역하더라도 우량 미국·유럽특허로 재창출되지 않으면, 이의 상당한 부분은 특허청 책임이다.

(ㄹ) 지향(志向) [2] ≡ 국제 경쟁력을 지닌 발명창출 전문가 양성

그렇다면 대한민국 특허청은 국내 특허제도와 해외 특허제도와의 "합치(合致) 전략"만 수행하면 본연의 임무를 다했다고 할 수 있을까? 즉 대한민국 특허청이 국내 특허의 기재요건 및 심사 요건을 미국·유럽특허청의 제반 요건과 합치시킴으로써 국어로 작성된 우량 특허출원서를 번역만 하면 미국·유럽의 우량 특허출원서가 될 수 있도록 하면 자신의 본분을 다했다고 할 수 있을까?

이에 대한 정답은 "그럴 수도 있다"일 것이다. 하지만 이에 대한 저자의 생각은 다르다. 왜냐하면 그러기에는 대~한민국 특허청이 그동안 구축해온 infra와 그동안 확보한 인력이 너무나 아깝기 때문이다. 또한 국내 특허생태계 중류의 맹주인 대한민국 특허청이야말로 국내 특허제도와 해외 특허제도와의 "합치(合致) 전략"을 수립·시행할 수 있는 능력은 물론 이러한 전략에 따라 국내 특허생태계의 상류를 선도할 10만 명의 우량 발명가에 대한 특허전략 교육은 물론 이들을 교육할 1천 명의 우량 교관도 양성할 수 있는 정책을 수립·시행할 능력을 지니고 있기 때문이다.

일예로 제11장의 7-나절 "1천 교관 양병설"에서 설명한 바와 같이, 대한민국 특허청은 한국발명진흥회와 함께 이공계 출신이자 R&D 유경험자로서 특허 관련 경력자를 advisor로 선정하고, 이들을 국내 대학교에 파견하여 대학의 특허관리의 질적 향상을 목적으로 하는 "특허관리 Advisor 제도"를 수행하고 있다. 또한 대한민국 특허청은 한국지식재산전략원(구 R&D 특허센터)과 함께 특허 창출·활용 가능성이 높은 국내 대학교의 우량 연구실을 지정하고, 상기 연구실에 특허전문가를 파견하고 맞춤형 특허 consulting을 지원함으로써 교수·연구원들에게 global 연구 경쟁력을 향상시키는 "Lab 맞춤형 지재권 전략지원 사업"도 수행하고 있다. 이뿐만이 아니다. 대한민국 특허청은 한국발명진흥회와 함께 T3 프로그램 및 지식재산 선도대학 사업을 수행하며 R&D를 직접 수행하는 이공계 교수들을 특허 교육자로 양성하여 이들을 전문 강사로 활용하고 있다. 그 결과 국내 대학교의 대학교수, 연구원 및 대학원생과 같은 발명가들은 특허에 대한 기본 지식을 연마할 수 있으며, 이들은 추후 연구 수행 시 R&D-IP 연계에 근거한 전략을 수립할 수 있게 된다.

물론 위에서 열거한 대한민국 특허청과 유관기관 사업에서 발명가·교관에 대한 교육 내용을 특허 절차, 선행기술 검색, 특허명세서 작성 등과 같은 기존의 절차적·형식적·정량적 내용 대신 권리범위 확충에 입각한 청구항 공수전략 및 이를 통한 실질적 R&D-IP 등의 정성적 내용으로 전환할 필요가 있다고 설명한 바 있다. 또한 상기 사업들의 예산 문제로 말미암아 민간 전문가들이 자발적으로 참여하지 않는 문제도 있으므로, 특허청은 관련 사업의 예산 증액을 통하여 참여 민간 특허전문가들에 대한 대우를 현실화할 필요가 있다고도 설명하였다. 그래야만 유능한 민간 전문가들이 상기 사업에 더 적극적으로 참여할 것이며, 그래야만 상기 사업들의 정성적 결과도 파격적으로 향상될 수 있다. 따라서 이러한 정성적 측면을 보강할 수만 있다면, 대한민국 특허청이 그동안 수행해온 상기 사업들은 모두 득(得)이 실(失)을 월등히 상회하는 우수 사업들로서, 국내에 선순환적 특허생태계를 구축하는 데 크게 기여하리라고 확신한다.

그렇다면 대한민국 특허청과 유관 기관들이 이와 같이 우량 발명가 양성을 위한 다양한 사업들을 성공적으로 수행할 수 있는 이유는 무엇일까?

이에 대한 정답은 대한민국 행정부의 모든 정부부처 중 특허청만이 특허제도 및 특허 출원·심사 업무에 대한 전문성을 지닌 인력을 보유함은 물론 이에 대한 전권을 보유하고 있기 때문이라는 것이 저자의 생각이다. 따라서 저자는 국내에 선순환적 특허생태계를 구축하기 위한 필수 요소 중 하나인 특허생태계 상류의 주역인 우량 발명가를 양병하는 사업은 물론 이를 위하여 대학교 교수들이나 연구소 연구원들을 교관으로 양성하는 사업이야말로 특허청이 지속적으로, 직접적으로, 중점적으로 추진해야할 또 다른 주요 과제라고 생각한다.

따라서 단도직입적으로 요약한다. 대한민국 특허청은 국내 특허생태계의 상류에서 수많은 우량 발명을 창출할 수 있는 10만 발명가에 대한 R&D-IP 연계 교육을 책임져야한다. 바꾸어 말해본다. 만일 조속한 시일 내에 국내에 real-time R&D-IP 능력을 지닌 10만 명의 유능한 발명가, 최소한 1만 명의 유능한 발명가가 양성되지 않는다면, 대한민국 특허청에도 이에 대한 일말의 책임이 돌아갈 수밖에 없다.

(ㅁ) 지향(志向) [3] ≡ 효율적 보호를 위한 전략적 주요 국가의 특허 판례 분석

특허생태계 상류의 핵심은 우량 발명의 창출이다. 우량 발명가는 자연법칙과 치열하게 싸우며 우량 발명을 창출하여 생태계 상류를 구축한다. 이에 반하여 특허생태계 중류의 핵심은 상류에서 창출된 우량 발명을 우량특허로 재창출하는 작업이다. 특히 특허생태계 중류는 발명가를 대리하여 가능한 한 광활한 권리범위를 확보하려는 대리인(변리사나 출원전문 특허변호사)과 엄격한 특허 요건을 내세우며 적법한 청구항에 한하여 합당한 권리범위만을 부여하려는 특허청 심사관 사이의 견제와 균형을 통하여 구축된다. 따라서 국내의 선순환적 특허생태계 구축에 특허청은 결정적 역할을 담당할 수밖에 없다.

앞서 특허생태계 상류에서는 특허청이 직접 나서서 자연법칙과 치열하게 경쟁하는 우량 발명가 10만 명에 대한 특허전략 교육을 전담함은 물론 이를 담당할 교관도 직접 양성하는 정책을 수립·시행하도록 제안한 바 있다. 하지만 특허생태계 중류의 경우는 다르다. 즉 특허청이 특허생태계 중류의 핵심인 우량특허 창출을 책임지는 대리인을 직접 양성할 수는 없다. 왜냐하면 생태계 중류야말로 발명가의 이익을 대리하는 대리인과 공공영역의 보존 및 확충을 담당하는 특허청 심사관의 선의의 경쟁, 치열한 경쟁을 통해서만 구축될 수 있기 때문이다. 즉 선순환적, 국제 경쟁력을 지닌 특허생태계 중류는 참여자들 사이의 공정하면서도 치열한 경쟁을 통해서만 구축될 수 있는 반면 담합을 통한 구축은 불가능하기 때문이다.

결국 특허청은 특허생태계 중류에서 자신의 실력을 증강하는 만큼 자신의 상대인 국내 대리인의 실력 또한 증강시킬 수 있다는 인식 하에 다양한 정책을 수립·시행해야 한다. 일예로 특허청은 신규성 요건, 진보성 요건 및 기재요건 등과 같은 특허 요건에 대한 예측성을 강화하기 위해서 특허 심사 기준을 더 확실히 함은 물론 이를 국내 대리인에게 알려야 한다. 그 결과 국내 대리인 역시 발명가가 더 광활한 권리범위를 확보할 수 있는 청구항과 “발명의 설명”을 작성하려 노력하게 되며, 이러한 선의의 경쟁에 의하여 국내 특허생태계 중류는 선순환적 구조로 재편될 수 있다. 단 특허청이 아무리 특허성에 대한 심사 기준을 명확히 공표하더라도 이를 국내법원이 인정하지 않는다면 아무런 소용이 없다. 따라서 특허청은 국내법원의 특허 관련 판례를 면밀히 분석하고, 이에 합치하도록 심사 기준을 조정한 후, 그 결과를 다시 국내 대리인들에게 알려야 한다.

이뿐만이 아니다. 앞서 설명한 바와 같이 국내 특허제도와 전략적 주요 국가의 특허제도와의 "합치(合致) 전략"과 이의 방법론인 "최소공배수 전략"을 달성하기 위해서 특허청이 전담해야 할 또 다른 과제가 있다. 즉 미국·유럽과 같은 전략적 주요 국가의 특허성 심사 기준 및 판례를 분석하고 그 결과를 국내 대리인에게 제공함으로써 이들의 국제 경쟁력을 향상시키고, 이들이 명실공히 국제 경쟁력을 지닌 특허창출 전문가로 자리매김하도록 장려함으로써 국내 특허생태계 중류를 선순환적 구조로 정착시키는 과제이다.

앞서 설명한 바와 같이 시장이 좁은 국내에만 등록된 특허의 가치는 미국·유럽특허에 비하여 낮을 수밖에 없다. 또한 국내 발명가·기업의 특허를 국내특허로만 보호하여 5대양 6대주에서 무료로 사용하도록 방치할 수도 없다. 왜냐하면 이는 국내 발명가·기업의 이익은 물론 국가 이익에도 부합하지 않으며, 산업재산권을 적기에 보호함으로써 산업기술 개발의 촉진을 지원하여 기술경쟁시대에 대처한다는 특허청의 설립 목적과도 배치되기 때문이다. 따라서 특허청은 특허를 이용한 무역 확대 및 이에 수반되는 특허 관련 통상 정책 수립·시행에 있어서 전략적으로 중요한 미국·유럽은 물론 이미 전략적으로 중요해진 중국 등의 특허제도, 특히 이들 국가의 신규성 요건, 진보성 요건 및 기재요건 등을 심층 분석하고 이를 국내 대리인에게 알려야 한다. 그 결과 유능한 국내 대리인 역시 국내 특허명세서를 작성할 때 추후 상기 명세서가 번역되더라도 미국·유럽 등의 전략적 주요 국가에서 우량특허로 재창출될 수 있도록 만전을 기할 수 있게 된다.

물론 혹자는 이러한 역할은 정부부처인 특허청 대신 국내 대리인이 담당할 일이라고 주장할지도 모른다. 하지만 저자는 대한민국 특허청이야말로 전략적 주요 국가의 특허 심사 기준 및 특허 관련 판례 등을 지속적으로, 체계적으로 분석할 수 있는 최적의 기관이라고 생각한다.

이에 대한 첫 번째 이유는 영리를 목적으로 하는 일반 대리인은 많은 시간은 물론 고도의 법적 지식과 노력을 요구하는 상기 과제를 지속적으로 수행하기 어려운 반면 특허청이 상기 과제를 수행할 경우 이는 국가 이익은 물론 자신의 설립 목적과도 합치하기 때문이다. 즉 국내에서 창출된 우량 발명을 우량 국내특허로 창출하고, 상기 국내특허를 모태로 전략적 주요 국가에서 통할 수 있는 해외 우량특허로 재창출되는 데 도움이 된다면, 이는 국가 이익에도 부합할 뿐만 아니라, 기술경쟁시대에 대처하는 특허청의 설립 목적과도 부합된다. 상기 과제를 특허청이 수행해야할 두 번째 이유는 특허청이야말로 이를 전문적·효율적으로 수행할 전문인력을 보유하고 있기 때문이다. 또한 특허청은 미국·유럽·중국 특허청들과도 활발히 교류하므로 일반 대리인이 접할 수 없는 고급 정보를 더 용이하게 확보할 수도 있다. 따라서 현실적으로 대한민국 특허청은 국내 대리인에 비하여 더 효율적으로 상기 과제를 수행할 수 있다는 이점을 가진다.

따라서 저자는 대한민국 특허청이 전향적으로 전략적 주요 국가의 특허성 심사 기준 및 판례 등을 전략적으로 분석하고, 이를 국내 대리인들에게 제공하도록 강력히 제안한다. 이를 통하여 특허청 자신도 국제 경쟁력을 향상하여 전 세계 제일의 특허청으로 도약할 수 있음은 물론 국내 대리인들이 자신의 국제 경쟁력을 일취월장으로 향상시켜 국제 경쟁력을 지닌 특허출원 전문가들로 거듭 날 수 있다.

이러한 과제를 특허청이 달성할 경우 그 결과는 확연하다. 국제 경쟁력을 지닌 국내 대리인과 특허청은 선의의 경쟁을 통하여 국내 특허생태계의 중류를 성공적으로 선순환적 구조로 전환시킬 수 있으며, 그 결과 국내 발명가·기업은 국내에서 창출된 우량발명이 모태인 해외 우량특허를 다수 보유하게 되어 자신의 이익 창출에는 물론 국가 이익에도 크게 기여할 수 있다. 물론 이를 위해서는 대한민국 특허청의 전문인력이 삼배가되어야 한다! 삼배가(三倍加), 즉 세 배 이상으로 말이다!

(ㅂ) 국내 개인발명가, 대학교·연구소, 국내 발명기업의 선봉장인 대한민국 특허청

1964년 단군 이래 최초로 1억 달러 수출이라는 금자탑을 달성한 대한민국 정부는 그야말로 강력한 “수출 drive” 정책을 밀어 붙였다. 박정희 전대통령의 경제개발 5개년 계획은 물론 저자의 부친이 평생을 바친 상공부의 수출진흥정책에 따라 국내 제조업체는 밤낮없이 보잘 것 없는 시설을 가동하며 각종 경공업 제품을 생산하였고, 출고된 제품은 “수출 drive”에 적극적으로 동참하던 내무부, 교통부 등 범부처 지원을 받으며 “싸이카”를 탄 고속도로 순찰대의 호위를 받으며 경부고속도로를[113] 득달같이 가로질러

113) 그 당시 몇몇 국회의원들과 정치인들은 “택도 없다, 경부고속도로는 오로지 서울 졸부들이 부산으로 편히 바캉스나 다녀오기 위한 사치성 도로이다”라며 고속도로 건설을 격렬히 반대하였으며, 심지어 공사 현장에 드러누워 “나를 밟고 지나가라”고 몸을 바치기까지 하였다. **그 때에도 그랬었다**.

부산항에 도착하여 수출 납기 일자에 맞추어 화물선에 선적될 수 있었다.

저자는 21세기 지식기반시대의 대한민국 특허청 역시 대한민국이 지식기반시대의 강자로 자리매김하도록 유사한 정책을 수립·시행하도록 제안한다. 즉 특허청이 앞장서서 국내에 선순환적 특허생태계를 구축할 수 있는 정책을 수립·시행함으로써 생태계 상류에서는 양질의 발명이 양산되고, 중류에서는 이들이 전략적 주요 국가의 해외 우량특허로 재창출된 후, 하류에서는 이들이 global market에서 전향적으로 활용되어 개인, 기업은 물론 국가의 수익을 극대화할 수 있는 제도를 구축하는 전략이다.

이뿐만이 아니다. 특허청이 이를 달성함에 따라 국내 발명+ 제조업체는 자신의 특허 경쟁력을 향상시키게 됨은 물론 국내 특허생태계 상류·중류에서 양산되는 국내 개인 발명가 또는 대학교·연구소가 보유한 양질의 해외 우량특허를 자신의 제조 능력과 전향적으로 융합할 수 있게 된다. 또한 이러한 융합에 따라 이들은 global market에서 선진 경쟁업체를 제치고 global market share를 확충함은 물론 후발 경쟁업체의 추격을 뿌리치거나 아예 후발 경쟁업체의 global market 진입을 봉쇄할 수도 있다.

따라서 저자는 개발도상국 시절의 대한민국 상공부와 마찬가지로 21세기의 대한민국 특허청도 국내에서 우량 발명이 우량특허로 출고될 수 있는 선순환적 제도를 구상하고 시행하도록 밤낮없이 노력하도록 제안한다. 그리고 21세기 대한민국 특허청의 더욱 중요한 과제는 바로 이렇게 출고된 국내 우량특허가 추후 global market을 호령할 수 있는 해외 우량특허의 모태특허가 될 수 있도록 "Global 특허 고속도로"를[114] 득달

114) "Patent Prosecution Highway" 또는 "특허심사 고속도로"는 국가 간의 협약으로서, 협약을 체결한 국가들의 특허청들이 상대방 특허청의 심사 결과를 전향적으로 활용하는 제도이다. 우리나라 특허청은 미국, 독일, 영국, 중국, 일본 등은 물론 PCT와도 특허심사 Highway 협약을 체결하였다. 물론 국내 특허청과 미국 특허청이 "특허심사 고속도로"에 대한 협약을 체결하였다고 해서, 국내 특허청 심사관의 심사 결과를 미국 특허청 심사관이 준용해야할 의무는 없으며, 마찬가지로 미국 특허청 심사관의 심사 결과를 국내 특허청 심사관이 준용할 의무도 없다. 하지만 "특허심사 고속도로"는 출원특허의 심사 기간을 어느 정도 단축하며, 출원특허의 등록율 역시 어느 정도 향상시키는 것으로 생각된다. 단 저자가 언급한 "특허 고속도로"가 반드시 위의 "특허심사 고속도로"를 의미하는 것은 아니다. 오히려 저자는 국내 특허제도와 전략적 주요 국가인 미국·유럽 등의 특허제도와의 합치를 통하여 국내특허가 타이어나 부속 또는 장비를 교체하지 않고도 '고속'으로 미국·유럽에서 우량특허로 전환될 수 있었으면 하는 의미에서 "특허 고속도로"라는 단어를 사용하였음을 알린다.

같이 가로질러 전략적 주요 국가에 도착할 수 있는 정책의 수립·시행이다.

(3) 특허생태계 하류의 주체인 산업부의 전략 ≡ 우량특허의 Global 활용

앞서 21세기 지식기반시대를 살고 있는 대한민국이 명실상부한 지식재산 선진국으로 발돋움하기 위하여 대한민국 행정부는 [A] "국내 제조업의 국제 경쟁력을 높이며 수출을 확충"하는 기존의 정책과 함께 [B] "국내에 선순환적 특허생태계를 구축하여 국제 경쟁력을 지닌 국내 특허산업을 육성"함은 물론 [C] 이러한 "국내 특허산업을 국내 제조업과 융합"하도록 유도하는 정책을 수립·시행해야한다고 설명하였다. 이를 통하여 국내 발명가와 제조업체는 전향적으로 특허를 활용할 수 있게 될 것이며, 발명가 개개인은 물론 국내기업의 수익 창출도 극대화될 것이고, 이는 궁극적으로 국가 이익과도 직결될 수밖에 없다고 설명하였다. 이러한 맥락에서 특허청은 위의 [B]의 일부, 즉 [B-1] "국내 특허생태계 상류의 주역인 우량 발명가와 우량 교관을 양성"함은 물론 [B-2] "국내 특허생태계 중류에서는 국내특허와 전략적 주요 국가의 특허의 합치 전략"을 수행함으로써 국내에서 우량특허가 창출되고 이것이 다시 해외 우량특허로 효율적으로 재창출될 수 있도록 국내특허의 출원·심사제도를 운용하도록 제안하였다.

그렇다면 나머지 부분인 [A] "국내 제조업의 국제 경쟁력을 높이며 수출을 확충"과 [C] "국내 특허산업과 국내 제조업의 융합" 및 [B]의 나머지 부분에 해당하는 [B-3] "특허생태계 하류의 특허 활용을 통한 수익 창출"을 위한 정책의 수립·시행은 대한민국 행정부의 어떤 부처가 담당해야할까?

저자는 이는 당연히 산업통상자원부('산업부'로 약칭)가 주관해야 한다고 생각한다. 왜냐하면 산업부의 설립 목적은 산업의 발전, 이를 통한 무역 확대 및 이에 수반되는 통상 정책 수립이며,[115] 이를 위한 핵심 정책에는 중소·중견기업의 수출경쟁력 강화,

115) 자세한 내용은 아래의 URL 참고 (2014.08.31 최종 확인):http://www.motie.go.kr/motie/mi/me/history/motiehistory/motiehistory.jsp

global 전문기업 육성 등이 포함되기 때문이다.[116] 물론 이러한 목적과 정책은 위의 [A]의 "국내 제조업의 발전과 수출 확충"과 일맥상통하며, 따라서 산업부가 위의 [A]를 위한 정책의 수립·시행을 주관하는 데 이견이 없을 것으로 생각된다.

또한 특허생태계 하류의 "특허 활용을 통한 수익 창출"을 위한 정책의 수립·시행에 해당하는 [B-3] 역시 산업부의 몫이다. 왜냐하면 특허 활용을 통한 수익 창출에는 필연적으로 global market에서 국내 발명가·기업과 해외 발명가·제조업체들 사이의 치열한 경쟁이 수반되는 데, 이는 산업부의 설립 목적인 무역 확대와 통상 정책 수립은 물론 이를 위한 핵심 정책인 중소·중견기업의 수출경쟁력 강화, global 시장 개척 등과도 모두 합치하기 때문이다. 특히 국내 제조업의 특성을 파악함은 물론 global market의 동향과 이에 대응하는 국내기업의 전략을 수립할 수 있는 능력을 지닌 부서 역시 산업부가 적격이다. 따라서 산업부가 위의 [B-3]의 "국내 특허생태계의 선순환적 하류 구축"을 위한 정책의 수립·시행을 맡는 데 있어서도 이견은 없을 것으로 생각된다.

마지막으로 저자는 위의 [C]의 "국내 특허산업과 국내 제조업의 융합"을 위한 정책의 수립·시행 역시 산업부의 몫이라고 생각한다. 왜냐하면 제조업체는 특허기술을 구현하는 제품을 생산하는 주체이기 때문에 국내 발명+ 제조업체들이 특허산업과 융합하여 global market에서 선진국 경쟁업체들과 경쟁하며 수익을 창출해야한다는 전제조건이 존재하기 때문이다. 따라서 제조업과 무역·통상에 대한 전문성을 지닌 정부 부처인 산업부가 [C]의 "국내 특허산업과 국내 제조업의 융합"을 위한 정책의 수립·시행을 맡는 데에도 이견이 없을 것이다.

단 산업부는 자신이 직접 제품을 제조하여 수출하거나 이를 global market에서 판매하는 제조·유통업체는 아니다. 또한 특허청이 산업부의 외청이라 해서 산업부가 특허에 대한 전문성을 지닌 것은 아니다. 따라서 산업부는 위의 [A], [C] 및 [B-3]를 달성하기 위한 정책의 입안·시행을 주관하되, 특히 정책과 예산 측면에서는 특허청과 긴밀히 협조하며 synergy를 창출해야 한다. 또한 산업부는 실제로 국내 제조업·특허산업이

116) 자세한 내용은 아래의 URL 참고 (2014.08.31 최종 확인):http://www.motie.go.kr/motie/py/cp/globalcompany/globalcompany.jsp

전략적 주요 국가에서 특허를 활용한 수익 창출에 문제가 생길 경우 특허청과 함께 이를 정부 차원에서 해결하는 간접적 역할을 담당해야 한다.

하지만 주의할 점도 있다. 제11장의 8-나절 (2)항 "특허생태계 중류의 주체인 특허청의 전략"에서 설명한 바와 같이, 산업부 역시 제조업·특허산업의 육성·융합을 위한 정책의 입안·시행에는 타의 추종을 불허하는 전문성을 지니지만 실제로 global market에서 선진 제조업체·특허업체를 상대로 직접 경쟁을 통하여 수익을 창출하는 데에는 전문성이 부족한 부처이다. 따라서 특허청과 마찬가지로 산업부 역시 제조업·특허산업의 육성·융합을 위한 infrastructure 구축 및 이를 실현하는 전문가 양성에 초점을 맞추어야 한다.

아래에서는 21세기 지식기반시대의 산업부의 정책 목표로서 국제 경쟁력을 지닌 특허활용 전문가를 양성할 수 있는 정책을 수립·시행하도록 제안하고, 그동안 「산업교육 진흥 및 산학연협력촉진에 관한 법률」에 따라 교육부가 주로 관리해오던 국내 대학교와 정부출연 연구소의 특허관리 조직인 TLO 및 기술지주회사의 지원을 전담하도록 제안한다. 또한 그동안 산업부가 수행해오던 기술경영과정(Management of Technology 또는 MOT)을 지식재산전공과정과 융합하는 전략을 수립해보도록 제안한다. 단 저자는 그동안 산업부가 지원해온 사업 중 정량적 지표에 치중한 사업들은 지양하도록 제안한다. 또한 산업부가 추진해오던 사업 중 극히 효율성이 떨어지는 특허관련 사업, 특히 효율성이 현저히 떨어지는 동시에 정당화하기도 어려운 휴면특허 활용 사업은 지양하기를 제안한다.

(ㄱ) 유(有)한한 유(有)형자산 vs. 무(無)한한 무(無)형자산

산업부가 전담해야할 특허생태계 하류의 "특허 활용을 통한 수익 창출"을 설명하기 위하여 저자는 우선 국내 언론과 대중은 물론 전문가, 정부부처까지도 가끔 혼동하는 유형자산(tangible property)과 무형자산(intangible property)의 차이점을 설명하고자 한다. 왜냐하면 유형자산과 무형자산의 차이점을 간과한 채 "특허 활용을 통한 수익 창출"을 토론하거나 전략을 수립할 경우, 상기 전략은 특허의 무한성을 간과한 국수주의적 전략에 불과해지거나, 특허의 속지성을 간과한 탁상공론 전략으로 전락하기 때문이다.

그림 11-30. 유(有)형자산의 유(有)한성

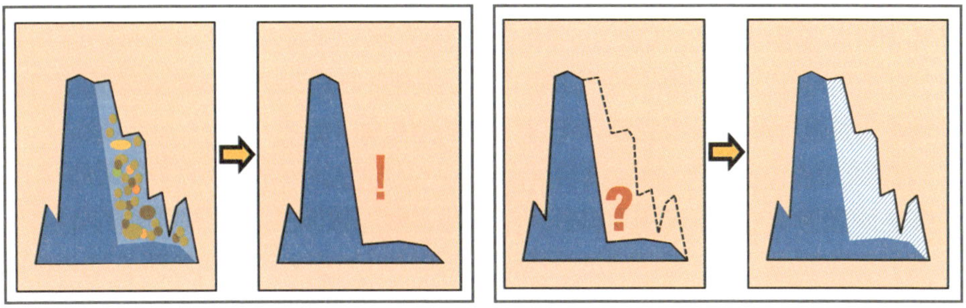

그림 11-30(a) 그림 11-30(b)

우선 유형자산으로서 재산으로서의 가치를 지닌 귀금속이 산 중턱에 매장되어 있는 경우를 살펴보자. 국내기업이 그림 11-30(a)와 같이 귀금속을 채굴하고 해외에 수출하여 수익을 창출하면 어떻게 될까? 당연히 산의 부피는 채굴한 귀금속의 양만큼 줄고, 채굴하면 할수록 산의 부피 역시 이전에 비하여 줄어들게 된다. 즉 귀금속과 같은 유(有)형자산은 그 양이 유(有)한하기 때문에, 우리가 활용한 만큼 소진(消盡)되어 없어지기 마련이다.

그렇다고 소진된 유(有)형자산을 쉽게 원상태로 되돌릴 수도 없다. 그림 11-30(b)와 같이 파헤친 산 중턱을 복구하려면 동일한 양의 유형자산으로 다시 메꿔야하기 때문이다. 이것이 바로 "쓴 만큼 소진되는" 유형자산의 유한성이다. 따라서 "가진 자는 가지지 않은 자보다 유리"하며, "영토가 넓은 국가는 영토가 좁은 국가"보다 유리하다.

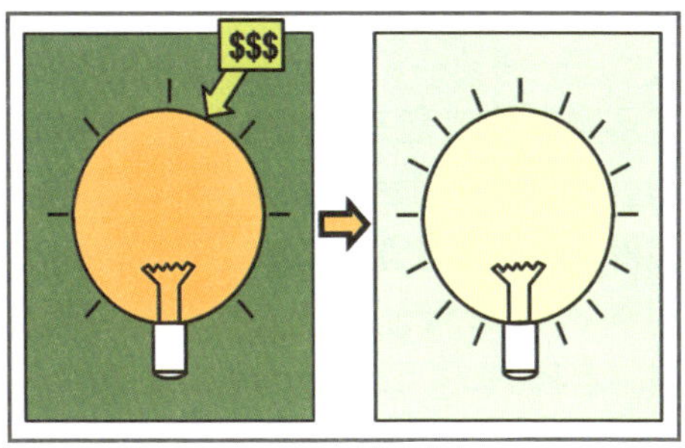

그림 11-31. 무(無)형자산의 무(無)한성

하지만 무(無)형자산의 속성은 유형자산과는 정반대이다. 왜냐하면 무형자산은 그 양이 무(無)한하므로 쓴 만큼 소진(消盡)되지 않을 수도 있기 때문이다. 일예로 발명과 같은 무형자산은 발명가의 머릿속에서 창출되는바, 그림 11-31의 좌측과 같이 발명가가 자신의 발명을 자신의 머릿속에서 꺼내 타인에게 판매더라도, 발명가의 머리나 뇌 자체가 판매한 발명만큼 줄어들지는 않는다. 오히려 발명가가 발명을 판매하여 수익을 창출하면, 발명가는 이전보다 더 많은 수익을 창출하기 위해 R&D에 더욱 매진하게 되며, 그 결과 발명가는 그림 11-31의 우측에서와 같이 이전보다 더 뛰어난 발명을 착상하기 위하여 자연법칙과 더 치열한 결투를 벌이게 된다.

물론 발명가가 발명을 착상하려면 대부분 비용을 들여 R&D를 수행해야 한다. 따라서 발명가가 자신의 발명을 판매한 대부분의 경우에는 cost가 수반되므로, 무형자산의 판매에도 R&D cost에 해당하는 만큼의 유형자산이 소진되었다고 볼 수도 있다. 하지만 발명가가 후속 발명을 착상하고 이를 통하여 수익을 창출하게 되면, 앞서 말한 R&D cost를 회복할 수 있다. 또한 이미 자신의 발명을 타인에게 판매하여 수익을 창출해본 경험이 있는 우량 발명가는 후속 우량 발명을 위한 R&D를 더욱 효율적으로 진행할 가능성이 높으므로, 후속 발명을 착상하는 단위 cost는 감소할 가능성 역시 높아진다.

요약하면 유(有)형자산과 무(無)형자산은 상이하다. 우리가 아무리 효율적으로 노력하고 기도한다고 해서 어느 날 갑자기 없던 금광이 남산 밑에 홀연히 나타나지는 않는다. 하지만 아직 아무도 착상하지 못한 우량 발명을 국내 발명가가 착상할 수 있다. 그리고 발명가가 이를 이용하여 수익을 창출할수록 더 많은 우량 발명을 창출할 incentive를 가진다. 따라서 산업부는 "유(有)형자산은 유(有)한하나 무(無)형자산은 무(無)한하다"는 무형자산의 장점을 명심하는 한편 이를 백분 활용할 수 있는 특허 활용 전략, 즉 아래에서 설명할 "아낌없는 Global 활용" 전략을 수립·시행하도록 제안한다.

(ㄴ) 특허활용 ≡ 아낌없는 Global 활용

결국 창출에 한계가 존재하는 유(有)형자산과 달리 무한한 창출도 가능한 무(無)형자산의 장점을 백분 활용할 수 있는 전략이 "Go Global 전략"이다. 따라서 산업부와 유관기관인 한국산업기술진흥원(Korea Institute for Advancement of Technology, 이후 'KIAT'로 약칭) 등은 global market을 대상으로 한 특허 활용에 전력투구해야 한다. 왜냐하면 영토도 좁고, 인구도 적으며, 제대로 특허도 보호되지 않는 국내 시장에 초점을 맞춘 정책은 국내 특허생태계 하류의 활성화에는 전혀 도움이 되지 않으며, 국내의 선순환적 특허생태계 구축에도 하등 도움이 되지 않기 때문이다.

산업부와 KIAT 등 유관 기관 및 외부 전문가 역시 특허 활용으로 요역되는 특허생태계 하류를 선순환적 구조로 구축하기 위해서는 특허 활용 시장을 global market으로 확충해야한다는 일반론적 명제에는 대부분 동의한다. 하지만 문제는 각론이다. 즉 전도가 유망한 국내 발명가의 특허를 국내기업에 licensing하지 않고, 이를 국내기업보다 더 많은 액수를 제시하는 해외 경쟁기업에 licensing하는 것만은 막아야하지 않겠냐는 반문이다.

물론 이러한 주장에도 일리는 있다. 특히 발명가가 공적 자금을 이용하여 개발한 기술이 국내외 시장에서 차지하는 기술적·경제적 가치가 높거나 또는 관련 국내산업의 성장잠재력이 높아 상기 기술이 해외로 유출될 경우 국가 안위나 국민경제에 중대한 악영향을 줄 수 있는 경우, 이러한 주장은 더 설득력을 얻을 수도 있다. 이 때문에 제정된 법률이 「산업기술의 유출방지 및 보호에 관한 법률」로서,[117] 동법은 제2조에서 규정한 발명, 특허 등의 산업기술의 유출 및 침해행위를 금지하며(제14조), 산업기술 침해에 대한 금지 청구권(제14조의2) 등을 규정한다. 특히 국가 연구개발비를 이용하여 개발한 산업기술이 동법 제7조에서 규정한 국가핵심기술에 해당할 경우, 동법은 국가핵심기술의 수출(제11조), 국가핵심기술을 보유한 기관의 해외 M&A(제11조의2) 등에 대한 제한을 규정한다.

하지만 이러한 극단적인 경우를 제외한다면,[118] 국내기업만을 위하여 국내 개인발명가 또는 대학교·연구소가 보유한 해외 우량특허를 해외 경쟁업체에게 licensing하거나 양도하지 못하도록 제한하는 특허활용 정책은 국내 특허생태계를 왜곡하는 부작용을 초래하며, 궁극적으로 국가 이익에도 반함은 분명하다. 왜냐하면 이에 따라 국내 발명가는 자신의 발명에 대한 공정한 수익을 창출하지 못하며, 그만큼 국내 발명가의 발

---

117) 자세한 내용은 아래의 URL 참고 (2014.08.31 최종 확인):http://www.law.go.kr/lsInfoP.do?lsiSeq=136940&efYd=20130323#0000

118) 저자 역시 「산업기술의 유출방지 및 보호에 관한 법률」의 필요성은 인정한다. 하지만 저자는 동법이 국내 개인발명가나 대학교·연구소 또는 창업기업보다 국내 대기업들의 이익을 대변하는 방향으로 운용되지 않을까 항상 우려하고 있다.

명에 대한 열정도 식을 수밖에 없기 때문이다. 또한 국내 제조업체 역시 국내 발명가의 우량특허를 언제나 항상 헐값에 얻을 수 있다면 그만큼 발명을 등한시하게 되어 특허 경쟁력을 계발할 incentive를 상실할 가능성이 매우 높다. 그 결과 국내 제조업체들은 21세기 내내 "**발명⁺ 제조업체**"로 발돋움하지 못하고 "**침해⁺ 제조업체**"로서 고전을 면치 못할 것이며, 국내에 고착화된 악순환적 특허생태계 역시 21세기 지식기반시대에 갈 길이 먼 대한민국의 발목을 잡을 것이 분명하다.

다시 한 번 강조하지만 창출에 막대한 cost가 따르며 한계도 존재하는 유(有)형자산과 달리 발명·특허는 무(無)한한 창출이 가능하다. 특히 우량 발명을 창출하는 국내 발명가들이 합당한 수익을 얻을 수만 있다면, 이들은 정부가 말리건 처자식이 말리건 더 많은 시간을 우량 발명 창출에 기꺼이 할애한다. 따라서 특허 활용을 통한 수익 창출로 국내 특허생태계 하류를 선순환적으로 전환해야 할 주무 부처인 산업부는 국내 발명가가 창출한 우량특허의 활용 범위를 **좁은** 규모와 **왜곡된** 구조의 **국내 시장**으로 한정하는 정책만은 무조건 지양해야 한다. 대신 산업부야말로 국내 발명가가 창출한 해외 우량특허를 국제 경쟁력을 지닌 특허활용 전문가들이 **global market**에서 거래함으로써 **극대화된 수익**을 창출할 수 있는 정책을 수립·실행하도록 강력히 제안한다.

(ㄷ) 지향(志向) [1] ≡ "침해⁺ 제조업체" 대신 "발명⁺ 제조업체"의 육성·지원

앞서 산업부의 주요 목적은 산업 발전, 이를 통한 무역 확대, 이에 수반되는 통상 정책 수립이며, 핵심 정책에는 중소·중견기업의 수출경쟁력 강화, global 전문기업 육성 등이 포함된다고 설명하였다. 상기 목적을 달성하기 위하여 산업부는 global market 동향은 물론 경쟁국의 산업정책을 감안하며 국가핵심산업, 차세대유망산업, 미래선도산업 등을 발굴하고 상기 산업의 발전 계획을 수립·시행한다.

하지만 대한민국 산업부라고 해서 무에서 유를 창조할 수는 없다. 왜냐하면 산업 발전에는 해당 산업에 종사하는 국내기업의 존재가 전제조건이기 때문이다. 그렇다면 대한민국 산업부가 육성해야할 국내기업은 과연 어떤 기업일까? 물론 이 중에는 반도체, 통신, bio, 의료, 자동차, 조선 등과 같이 다양한 분야의 기업이 있겠지만, 그 중에서도 21세기 지식기반시대의 대한민국 산업부가 육성해야할 기업체의 속성은 무엇이어야 할까?

저자는 산업부에게 "침해 제조업체" 대신 "발명 제조업체"를 육성하도록 강권한다. 즉 현재 또는 미래의 유망 분야에서 항상 선진업체의 기술과 특허를 소화하고 열심히 따라가다가 특허침해소송의 단골 피고로 전락하는 후발 "침해 제조업체"가 아니라, 상기 유망 분야를 남보다 먼저 개척하고 이를 특허로 권리화하여 해외 선진업체가 사수하려는 global market에 진입함은 물론 해외 후발업체의 global market 진입을 저지할 수 있는 법적 우위를 보유한 "발명 제조업체"를 집중적으로, 창의적으로 육성하는 전략이다.

단 여기에도 주의할 점이 있다. 이종 기술의 융·복합이 횡행하는 21세기에는 어떤 제조업체도 자신이 필요한 기술 모두를 자체 개발할 수는 없다는 사실이다. 즉 Apple이나 삼성전자가 박사(博士)급 연구원 23만 명과 도사(道士)급[119] 연구원 2만3천 명을 신규 채용하더라도, 차세대 smart-phone에 탑재할 모든 기술을 자체 개발할 수 없음은 엄연한 진리이다. 이는 저자 자신의 독창적 이론이 아니다. 이는 개방형 혁신의 기본 paradigm이다. 이러한 개방형 혁신의 기본 진리를 바꾸어 말하자면 "전 세계 어느 제조업체도 특허침해소송을 피할 수는 없다"이다. 따라서 융·복합의 mecca인 IT 업체나 자동차 업체는 이종 분야의 업체에 비하여 몇 배 내지 수십 배에 달하는 특허침해소송을 당할 수밖에 없다.

그렇다면 산업부에 대한 저자의 제안도 다음과 같이 수정되어야 한다. "대한민국 산업부는 '침해⁺ 제조업체' 대신 '발명⁺ 제조업체'를 육성해야만 한다." 즉 산업부는 **"침해⁺ 제조업체"**의 육성을 **지양**하는 한편 **"발명⁺ 제조업체"** 육성을 **지향**하자는 제안이다.

산업부가 어떤 분야에서 어떤 유망 국내기업을 육성하더라도, global market을 개척하고 확보하다보면 상기 기업 역시 여기저기서 특허침해소송을 당하게 된다. 특히 유망 국내기업이 시장 점유율을 확충함에 따라 상기 기업은 "deep pocket"을 소유하

119) 도사(道士)란 저자와 친구들이 미국 유학 당시 미래에 대하여 토론하며 예측하였던 신규 학위의 명칭이다. 즉 작금의 학력 inflation, 평균수명의 연장 및 구직난을 고려하였을 때, 미래에는 박사(博士) 학위만으로는 구직 자체가 어려울 것이며, 이종 분야의 박사 학위를 최소한 3개 이상 소지한 자에게 수여하는 도사 자격증은 있어야 대학교수로 취직하거나 유수기업에 취직할 수 있으리라는 예측이었다.

게 되며, 그 결과 상기 기업이 더 많은 소송에 휘말리게 될 것은 불 보듯 뻔한 이치이다. 유망 국내기업은 일부 소송에서 패소하여 막대한 손해배상금을 물것이다. 하지만 상기 기업이 전략적 주요 국가의 우량특허를 다수 보유하였다면, 상기 기업 역시 해외 경쟁기업을 상대로 특허침해소송을 제기할 수 있으며, 그 중 일부는 승소하여 막대한 손해배상금을 받을 수 있다.

만일 상기 국내기업이 해외 경쟁기업들로부터 벌어드린 손해배상금과 royalty의 총액이 자신이 패소하여 경쟁기업들에게 물은 손해배상금 총액을 초과하면 어떻게 될까? 이러한 "royalty surplus"는 국내기업에게 이득이 됨은 물론 국가 경제에도 이득이 된다. 이러한 국내기업을 "**발명+ 제조업체**"라고 지칭하자. 즉 "발명+ 제조업체"는 앞서 제11장의 6-나절에서 설명한 "동대문 특허 vs. 남대문 특허" 중 동대문에서는 뺨을 세 대쯤 맞았지만 남대문에서는 경쟁자 100명의 무릎을 짓이길 능력을 지닌 제조업체에 해당한다.

반면 자신이 벌어들인 손해배상금과 royalty의 총액보다 자신이 지급한 손해배상금 총액이 많으면 어떻게 될까? 이러한 "royalty deficit"은 국내기업은 물론 국가에도 독이 될 가능성이 높다. 이런 국내기업을 "**침해+ 제조업체**"라고 지칭하자. 이는 앞서 제11장의 6-나절의 "동대문 특허 vs. 남대문 특허" 중 동대문에서는 뺨을 세 대쯤 맞았고 남대문에서는 남을 때리려다 뭇매를 피하지 못하고 다시 한 번, 더 심하게 흠씬 두들겨 맞는 제조업체에 해당한다.

따라서 대한민국 산업부는 이제부터라도 국내에서 "침해+ 제조업체"가 아닌 "발명+ 제조업체" 육성에 전력을 기울여야 한다. 산업부가 "발명+ 국내 제조업체"를 양성해야만 하는 이유는 앞서 제11장의 8-가절 "정책 목표 ≡ 우량 발명가 육성 (발명+ 제조업체 포함)"의 제1항 "선순환적 특허생태계 구축을 통한 특허산업 육성 및 제조업과의 융합"에서 설명한 바 있다. 즉 국내 유수 제조업체들조차 high-end global market에서는 선진국의 선진 제조업체로부터 강한 견제를 받는 반면 low-end global market에서는 중국 등의 신흥 공업국으로부터 치받히고 있기 때문이다. 만일 산업부가 이를 무시한 채 기존의 정량적 지표 위주의 정책을 고수한다면, 조만간 국내 제조업체들은 선진국 제조업체들의 벽은 허물지도 못한 채, 후발제조업체들에게 추월당하고, 최악의 경우 자신이 global market에서 축출 당하게 되며, 그 결과 대한민국의 경쟁력 자체가 일순간 와해될 수도 있다는 점을 명심해야 한다.

설마 그런 참사가 벌어지겠냐고 반신반의하는 독자도 있을 것이고, 이는 저자의 상상에 불과하다고 강변하는 독자도 있을 것이다. 물론 저자도 저자의 우려가 기우에 불과하기만을 바라는 바이다. 하지만 몇 개 group의 매출액이 국내 총생산의 34% 이상을 차지하며,[120] 2~3년에 달했던 중국과의 제조 능력 격차는 1년 이하로 줄었다는 상황이 대한민국이 처한 냉엄한 현실이다.[121] 또한 만인이 만인을 상대로 투쟁하는 global market에서는 순간의 방심도 허락되지 않으며, global market에서는 영원한 1등 역시 존재할 수 없다. 이러한 당면한 위기에도 불구하고 산업부가 방심한다면, 혹자가 말하듯 우리가 자랑하던 "Kangnam Style"이 언제 중국인 관광객을 위한 "발 마사지 Style"로 전락할지 알 수 없는 일이다.

그렇다고 입법·토론 능력 부족으로 모든 사안을 입씨름으로 해결하려는 소수 국회의원들이 다수를 압도하는 대한민국 입법부에 선순환적 특허생태계 구축을 위하여 도움을 요청해보았자 관련 법안의 상정 여부는 물론 상정 시기도 예측할 수 없다. 또한 현실과는 괴리된 사법세계에 안주하며 목소리 큰 극소수 판사들의 방해를 피해 대한민국 사법부가 이를 시정하기를 기다림은 비현실적이다. 결국 이는 대한민국의 산업과 수출을 책임지는 산업부의 몫이며, 산업부는 지금이야말로 국내 유수기업들은 물론 중소·중견기업들의 체질을 "**침해+**"가 아닌 "**발명+**"로 전환하는 정책을 수립·시행해야만 한다.

따라서 대한민국 산업부는 지금부터 [a] "**침해+ 제조업체**"가 아닌 "**발명+ 제조업체**"를 육성하여 [b] 국가핵심산업, 차세대유망산업, 미래선도사업 등에서 "**침해+ 산업**"이 아닌 "**발명+ 산업**"을 발전시키고, [c] 이를 통하여 특허와 제품이 전향적, 창조적으로

120) 이에 대한 자세한 자료는 아래의 URL 참고 (2014.08.31 최종 확인):http://news.naver.com/main/read.nhn?mode=LSD&mid=sec&sid1=101&oid=001&aid=0006696969

121) 2010년 한국이 2.5년 앞선 바 있는 한·중 기술격차는 2012년 1.9년으로 단축되었고, 앞으로 더 빠른 속도로 단축될 것으로 예측된다. 이에 대한 자세한 자료는 아래의 URL 참고 (2014.08.31 최종 확인):http://biz.newdaily.co.kr/news/article.html?no=10034964

융합된 '특허제품'의 수출을 확대해야 하며, [d] 이에 수반되는 통상 정책을 수립해야만 한다. 또한 산업부는 핵심 정책으로서 [e] "**침해+ 중소·중견기업**"이 아닌 "발명+ 중소·중견기업"의 수출경쟁력을 강화시켜야 하며, [f] "**발명+ 중소·중견기업**"만을 선정하여 이들을 global 전문기업으로 육성해야만 한다.

요약한다. 산업부는 그동안 대한민국 대기업·중견기업·중소기업이 자신이 축적한 제조 능력에 전략적 주요 국가에 출원·등록된 우량특허를 창조적으로 융합시킬 수 있도록 장려하는 다양한 정책을 수립·시행해야만 한다. 따라서 산업부는 특허청과 정책 수립, 예산 집행에서 긴밀히 협조할 필요가 있다. 물론 "하느님의 일도 이 세상에서 구현하는 주제는 인간"이기에, 산업부는 전략적 주요 국가에서 특허를 전향적으로 활용할 수 있는 국제 경쟁력은 물론 실무 능력을 지닌 특허활용 전문가를 심도 있게 양성해야할 것이다. 왜냐하면 이러한 전문가들이야말로 바로 "**머릿수** (**頭數**)" 또는 "**머리숱** (**頭髮**)"이 중요한 것이 아니라 "**머릿속** (**頭腦**)"이 중요하기 때문이다.

(ㄹ) 지향(志向) [2] ≡ 국제 경쟁력, 실무 능력을 지닌 특허활용 전문가 양성

저자는 이를 위한 산업부의 첫 번째 정책 목표로서 "명실공히 국제 경쟁력 및 실무 능력을 지닌 특허활용 전문가 양성"을 제안한다. 즉 국내 발명가와 국내기업들에게 중요한 전략적 주요 국가의 특허제도에 대한 지식은 물론 책에만 있는 이론적 지식이 아니라 실무 능력을 지닌 다수의 global 특허활용 전문가를 양성하는 전략이다. 산업부가 이러한 정책 목표를 충실히 달성하게 된다면, 특허 활용을 통한 수익 창출이 핵심인 국내 특허생태계 하류도 선순환적으로 구축될 것이며, 이는 21세기 지식기반시대에 대한민국이 지식재산 강국으로 부상하는 데 결정적 역할을 담당할 것이다.

그렇다면 국내 특허생태계 하류를 책임지도록 산업부가 양성해야할 특허활용 전문가는 과연 누구일까? 앞서 제11장의 1-가절 제3항 "특허생태계 하류"에서 설명한 바와 같이 특허 활용은 (가) 자가실시, (나) licensing 및 (다) 소송으로 구성된다. 따라서 산업부가 양성해야할 특허활용 전문가 역시 (가) 특허기술을 자가실시하는 창업가 또는 이러한 창업가에게 필요한 재원, infra 및 network을 확보해 줄 수 있는 창업용 특허활용 전문가, (나) 특허 licensing에 전문성을 지닌 licensing용 특허활용 전문가 및 (다) 특허침해소송에 전문성을 지닌 소송용 특허활용 전문가 등으로 구성된다.

단 앞서 설명한 바와 같이 이러한 특허활용 전문가는 인구도 적고 영토도 좁아 태생적으로 시장이 좁을 수밖에 없는 한반도만의 "구들목 장군"이 아닌, global market에서 다국적 해외기업을 상대로 활동할 수 있는 국제 경쟁력을 지녀야 한다. 또한 이러한 특허활용 전문가는 실무 능력도 있어야 한다. 왜냐하면 상기 전문가는 국내 발명가·기업을 위하여, 그리고 국가 이익을 위해서라도 실질적으로 global market에서 해외 선진기업들을 상대로 전향적으로 특허를 활용함은 물론 실제로 수익도 창출해야하기 때문이다.

따라서 산업부가 양성해야할 "(가) 자가실시를 통하여 수익을 창출할 수 있는 특허활용 전문가" 또는 "창업용 특허활용 전문가"는 global 창업 mecca인 미국 Silicon Valley의 생태계 정도는 반드시 이해해야만 한다. 동시에 창업용 특허활용 전문가는 Silicon Valley의 venture capitalist(추후 'VC'로 약칭)와도 실무적 network 정도는 보유해야 한다. 그래야만 국내 창업가가 Silicon Valley로 건너가 funding을 받고자 할 때 상기 창업가를 현지 VC에게 연계해줄 수 있을 것이고 상기 창업가가 startup을 설립하며 동료 창업가를 영입하거나 공동연구, marketing을 수행할 때 창업용 특허활용 전문가로부터 실질적 도움을 받을 수 있게 된다. 물론 창업용 특허활용 전문가가 Silicon Valley 외에도 Boston, San Diego, 또는 유럽 VC와도 실무적 network를 보유한다면 더 바람직할 것이다.[122)]

산업부가 양성해야할 "(나) licensing을 통하여 수익을 창출할 수 있는 특허활용 전문가" 또는 "licensing용 특허활용 전문가"는 국내 발명가·기업이 보유한 해외 우량특허의 수요자로서 국내기업은 물론 다국적 제조업체를 선정할 수 있는 국제적 안목은 갖추어야 한다. 또한 이러한 licensing용 특허활용 전문가는 상기 제조업체의 licensing

---

122) 국내 VC와의 network만을 보유한 특허활용 전문가도 필요할 수 있다. 하지만 경험적으로 국내 startup의 성공 확률은 Silicon Valley의 성공 확률보다 낮다. 또한 시장 규모 등을 감안하였을 때 국내 startup이 국내에서 성공하여 거둬들일 수 있는 수익은 Silicon Valley에 비하여 적을 수밖에 없다. 따라서 자가실시를 통한 특허 활용 및 수익 창출 측면에서도 globalization은 필수이다.

담당자와도 실무적 network를 보유해야 하며, 경우에 따라서는 미국의 특허괴물 또는 비실시기업이나 특허 broker들과도 실무적 network를 보유해야 한다. 왜냐하면 다국적 제조업체가 국내 발명가·기업이 보유한 해외 우량특허를 licensing하지 않을 경우에는 상기 특허를 특허괴물이나 특허 broker에게 licensing해야만 하는 경우가 발생하기 때문이다.

이러한 licensing용 특허활용 전문가는 자신이 직·간접으로 비실시기업이나 특허괴물을 설립·운영하는 데 필요한 기초 지식 정도도 갖추어야 한다. 그래야만 국내 발명가·기업이 보유한 해외 우량특허를 해외 제조업체, 특허괴물 또는 특허 broker에게 더 좋은 조건으로 licensing하거나, 자신이 직접 특허괴물을 운영할 수 있는 등의 option을 지님으로써 국내 발명가·기업은 물론 국가를 위한 수익 창출을 극대화할 수 있기 때문이다.[123)]

또한 산업부가 양성해야할 "(다) 특허침해소송을 통하여 수익을 창출할 수 있는 특허활용 전문가" 또는 "소송용 특허활용 전문가" 역시 전략적 주요 국가의 특허제도와 소송에 대한 전문 지식을 지녀야 한다. 이러한 전문가가 자신이 해외 특허침해소송에 참여할 수 있는 자격증, 특히 미국 변호사 자격증 등을 보유할 경우, 이는 최상의 scenario이다. 왜냐하면 미국 변호사가 사내에 근무함에 따라 추후 미국 법원에서 벌어지는 증거조사(discovery) 시 많은 양의 자료를 attorney-client 예외 특권을 주장하며 상대방에게 제출할 필요가 없어지기 때문이다. 설령 소송용 특허활용 전문가가 해외 자격증까지는 보유하지 않더라도 최소한 해외 law firm과 소송 전략에 대하여 충분히 소통할 수 있는 실무 능력은 보유해야 한다. 그래야만 국내 발명가·기업이 보유한 해외 우량특허를 이용하여 해외 제조업체와 특허침해소송을 진행할 때 국내 발명가·기업이 해외 law firm에 주도권을 넘기지 않고 자신의 이익을 위하여 소송을 전향적으로 진행할 수 있기 때문이다.

123) 국내 제조업체에 대한 다양한 정보를 보유하고 국내 제조업체의 licensing 담당자와의 network만을 보유한 특허활용 전문가도 필요할 수 있다. 하지만 시장도 좁고, 특허 보호 강도도 낮은 대한민국에서 특허 licensing을 통하여 얻을 수 있는 수익은 극히 제한적이다. 따라서 licensing을 통한 특허 활용 및 수익 창출 측면에서도 globalization은 필수이다.

산업부는 이러한 특허활용 전문가 양성 사업을 진행했었다. 일예로 산업부와 KIAT가 진행하였던 "IP 비즈니스 전문인력 양성 프로그램"은 해외 우량특허를 국내로 licensing하는 "in-bound" 특허 비즈니스, 국내 우량특허를 해외로 licensing하는 "out-bound" 특허 비즈니스는 물론 국내 창업가가 Silicon Valley에서 funding을 받고 startup을 설립하는 과정에 도움을 제공할 수 있는 국제 경쟁력을 지닌 실무 전문가 양성을 목적으로 하였다. 이를 위하여 산업부는 국내 변호사·변리사, 국내기업의 특허부서 종사자들을 대상으로 특허제도, 특허 licensing 및 특허침해소송 등에 대한 국내교육을 실시한 후, 이들 대부분이 Silicon Valley에서 현지 특허 broker, 특허괴물, VC 등과 밀착하여 실무 능력을 배양함은 물론 이들과 실질적 network를 구축하도록 도모하였다.[124)]

산업부가 진행하였던 또 다른 특허활용 전문가 양성 사업으로 "IP관리에 관한 학위과정 운영 사업"이 있었다. 상기 IP학위과정 사업은 국내 법과대학원생이 국내 대학원이 요구하는 학점 외에 미국 law school에서 특허 관련 수업으로만 구성된 curriculum을 수료할 경우, 국내 법과대학원 및 미국 law school로부터 법학석사 학위를 동시에 수여받는 국제 공동 IP학위과정 사업이었다. 물론 상기 공동 학위과정을 수료한 수강생 중 일부는 미국 law school에서 추가 학기를 수강하여 미국 변호사 시험에 응시할 수 있었으며, 실제로 많은 졸업생들이 미국 변호사 시험에 합격한 바 있다.[125)]

그렇다면 산업부는 국제 경쟁력은 물론 실무 능력도 갖춘 창업용, licensing용, 소송용 특허활용 전문가들을 얼마나 많이 양성해야할까?[126)] 많으면 많을수록 좋을까?

---

124) 상기 과제는 아쉽게도 2013년 종료되었다. 단 저자 역시 상기 과제에 참여했던 바, 과제 종료에 대한 더 이상의 설명은 생략한다.

125) 상기 과제 역시 아쉽게 2014년 종료되었다. 단 저자도 상기 과제에 참여했던 바, 과제 종료에 대한 더 이상의 설명은 생략한다.

126) 물론 창업용 특허활용 전문가, licensing용 특허활용 전문가 및 소송용 특허활용 전문가가 반드시 상이한 전문가일 필요는 없다. 왜냐하면 소송용 특허활용 전문가가 licensing 업무를 동시에 수행할 수도 있으며, licensing용 특허활용 전문가가 창업 지원도 할 수 있기 때문이다.

이에 대한 이론적 정답은 "많으면 많을수록 좋을 수도 있다"이겠지만, 이에 대한 현실적 정답은 "**많으면 많을수록 나빠질 수밖에 없다**"이다. 이에 대한 근본적 원인은 바로 창업이건, licensing이건, 소송이건 상관없이 특허활용 전문가가 되기 위해서는 상기 분야 각각에 대한 기초 소양이 필요할 뿐만 아니라, 국제 경쟁력도 갖추어야함은 물론 자신의 분야의 해외 유수 실무자들과 실질적 network도 구축해야만하기 때문이다. 따라서 인구도 적고 특히 전문 소양을 지닌 후보의 pool 역시 적은 대한민국에서 무조건 수많은 특허활용 전문가를 양성하려 할 경우, 검증되지 않은 또는 기초 소양이나 전문성이 부족한 후보까지 포함될 수밖에 없음은 불을 보듯 뻔하다.

사실 특허활용 전문가의 수는 상대적으로 중요하지 않다. 왜냐하면 특허활용 전문가의 수가 적더라도 이들 개개인의 국제 경쟁력과 실무 능력이 훨씬 더 중요하기 때문이다. 즉 다른 전문가와 마찬가지로, 대한민국 특허생태계의 하류를 책임져야할 특허활용 전문가 역시 "**머릿수 (頭數)**" 또는 "**머리숱 (頭髮)**"이 중요한 것이 아니라 "**머릿속 (頭腦)**"이 중요하다는 말이다.[127)]

그렇다면 산업부가 국제 경쟁력은 물론 실무 능력까지 갖춘 특허활용 전문가를 양성하고 이들이 global market에서 활동하여 수익을 창출할 경우, 누가 가장 큰 이득을 볼까? 이에 대한 정답은 당연히 "우리 모두"이다.

국제 경쟁력은 물론 실무 능력까지 갖춘 특허활용 전문가로부터 도움을 받을 수 있는 첫 번째 주체는 바로 국내 발명가 및 국내 대학교·연구소이다. 왜냐하면 특허활용 전문가가 창업, licensing 또는 소송을 통하여 창출하는 이익의 일정 부분은 국내 발명가와 국내 대학교·연구소의 교수·연구원의 몫이기 때문이다. 또한 이러한 특허활용 전문가는 시장도 좁고 왜곡된 국내시장이 아니라 global market에서 수익을 창출하기 때문에 국내 발명가, 대학교수·연구원이 창출한 발명의 활용 성공 확률 및 금액도 증가하게 되며, 이에 따른 발명가, 대학교수, 연구원은 물론 대학교·연구소의 몫 역시 증가할 수밖에 없다.

---

127) 이에 대한 상세한 설명은 아래에서 설명할 (ㅂ) "지양(止揚) [1] ≠ 전문가의 '**머릿수 (頭數)**' vs. 전문가의 '**머릿속 (頭腦)**'" 참고.

특허활용 전문가로부터 도움을 받는 두 번째 주체는 해외 우량특허를 보유한 국내 제조업체이다. 제조업체의 본업은 경쟁자보다 우수한 기술을 구현하는 우량 제품의 생산 및 global market에서의 판매를 통한 수익 창출이다. 물론 국내업체가 제품의 제조·판매는 물론 자신의 해외 우량특허를 이용한 licensing이나 특허소송까지 모두 직접 담당하면 금상첨화이겠지만, 웬만한 대기업이 아닌 한 국내업체가 특허활용 전문가까지 채용하기는 쉽지 않다. 따라서 해외 우량특허를 보유한 국내 제조업체는 민간 특허활용 전문가를 고용하여 자신의 특허를 구현하는 startup을 자회사로 또는 joint venture로 설립하거나, 자신의 해외 우량특허를 licensing하거나, 또는 이를 침해하는 해외 경쟁업체를 상대로 특허침해소송을 제기하여 수익 창출을 극대화할 수 있다. 특히 국내 제조업체는 국제 경쟁력은 물론 실무 능력까지 갖춘 국내 특허활용 전문가와 한국어로 소통할 수 있으며, 상기 전문가의 비용은 해외 전문가에 비하여 조금이라도 저렴할 수도 있다는 장점도 있다.

반면 해외 우량특허를 보유하지 않은[128] 국내 제조업체도 국제 경쟁력과 실무 능력까지 보유한 특허활용 전문가의 도움을 받을 수 있다. 일예로 이러한 국내업체가 해외 경쟁업체와 경쟁하기 위하여 해외 우량특허가 필요할 경우, 국내업체는 상기 전문가를 통하여 전략적 주요 국가의 우량특허를 수배하고 매입할 수 있다. 물론 이 경우에도 국내업체는 국내 특허활용 전문가와 모국어로 소통할 수 있다는 장점이 있다. 또한 국내업체가 해외 경쟁업체나 특허괴물로부터 특허침해로 제소당할 경우에도 국내 특허활용 전문가는 자신이 직접 또는 해외 law firm과 공동으로 소송을 진행하며 국내업체와 긴밀히 소통함으로써 국내업체에 유리한 방향으로 소송을 전개할 수 있다는 장점도 있다.

이와 같이 국제 경쟁력과 실무 능력까지 보유한 특허활용 전문가는 국내 특허생태계 하류에서 활동하며 생태계 상류의 발명가들에게 결정적 도움을 제공할 수 있으며, 생태계 중류의 출원전문 대리인들과도 전향적으로 협업하여 양질의 해외 우량특허를 더 많이 창출할 수도 있다. 또한 이러한 특허활용 전문가가 global market에서 창출

128) 정확한 표현은 '않은'이 아닌 '못한'일 것이다.

하는 수익을 극대화함에 따라 국내 특허생태계 역시 더 빨리 선순환적 구조로 전환될 수도 있다. 결국 산업부가 국내 특허생태계 하류에서 활동하는 특허활용 전문가에게 국제 경쟁력과 실무 능력이라는 날개를 달아줄 수 있는 정책을 효율적으로 수립·시행할 수만 있다면, 이는 국내 특허생태계의 모든 참여자나 참여 기업들에게 더 많은 수익을 창출해줄 수 있을 것이며, 이는 지식기반시대의 대한민국의 이익과도 직결될 수밖에 없다.

(ㅁ) 지향(志向) [3] ≡ 대학교·연구소 TLO 및 기술지주회사와의 협업

앞서 제11장의 4-다절 "국내 대학교·연구소의 특허관리·활용 조직인 TLO의 한계"에서 설명하였듯이, 대학교·연구소의 TLO야말로 국내 대학교수, 연구소의 연구원이 창출하는 우량 발명을 우량특허로 재창출하고 이를 활용하는 핵심 조직이다. 하지만 교육부가 무리하게 (구)연구처를 무늬만 (현)산학협력단으로 바꾼 결과, 대부분 국내 대학교 TLO는 자신의 상부조직인 산학협력단의 business mind 결여, 전문성 부족 등으로 인하여 소기의 목적을 달성하지 못한다고 설명하였다.

저자는 내일부터라도 당장 국내 대학교 TLO와 교육부 사이의 연결고리를 끊고, 대신 특허 활용을 주관해야할 산업부가 TLO를 지원하도록 강권한다. 왜냐하면 이러한 governance의 변화가 없는 한, 대학교수가 국민의 세금으로 R&D를 수행하여 창출한 발명이 해외 우량특허로 재창출될 가능성은 요원하고, 더 나아가 대학교의 TLO가 이를 전향적으로 활용하여 global market에서 수익을 창출할 가능성은 극히 예외적인 경우를 제외하면 전무하기 때문이다.

위의 제11장의 4-다절에서는 교육부의 「산업교육진흥 및 산학연촉진에 관한 법률」에 근거하여 국내 대학교 산학협력단의 하부조직으로 설립된 TLO의 문제점에 대하여 상세히 기술하였다. 일예로 제4항에서는 산학협력단의 하부조직인 TLO의 현황을 소개하였고, 제5항에서는 대학교수의 발명을 발명가의 자식으로 비유할 경우, 대학교 TLO의 대부분은 청담동의 사립 유치원이나 지자체가 운영하는 공립 유치원도 아니며, 오히려 고아원에 가깝다고 비유하였다. 그리고 제7항에서는 국내 대학교 TLO의 문제의 원인은 대학교수나 연구원이 착상한 발명·특허의 "유동성 결여" 때문이라고 설명하였으며, 이의 개선책으로 "TLO에 대한 경쟁 도입"을 제안하였다. 또한 제11장의 4-라절 "국내 대학교·연구소의 교수·연구원의 전략"에서는 대학교·연구소에서 착상된 직무발명의 유동성을 강제적으로라도 증진시키기 위한 고육지책인 "폭풍신고 (暴風申告) 전략"도 제안하였다.

하지만 저자가 단언하건대 국내의 다른 분야에서와 마찬가지로 대학교의 교수나 연구원이 주도하는 상향식 풀뿌리 개혁이 실질적으로 달성되기는 상당히 어려울 것이다. 또한 아무리 풀뿌리 개혁이 상향식으로 전달되더라도 산학협력단이나 대학본부에서 이를 받아들인다는 보장 역시 전무하다. 따라서 저자는 산업부가 국내 대학교 TLO의 개방을 유도하고 TLO 및 TLO 보유 특허의 활용에 경쟁을 도입하는 개혁에 앞장서도록 강력히 제안한다. 왜냐하면 국내 대학교의 TLO가 교육부의 「산업교육진흥 및 산학연촉진에 관한 법률」에 따라 하부 조직으로 남아있는 한, 국내 대학교에서 창출된 우량 발명이 국내 우량특허는 물론 해외 우량특허로 재창출될 가능성은 요원하며, 이에 따라 global market에서 상기 특허를 활용하여 수익을 창출하기는 더욱 요원할 것으로 확신하기 때문이다.

저자가 더더욱 소스라칠 정도로 놀란 사실은 국내 대학교·연구소에 설립된 기술지주회사 역시 교육부의 「산업교육진흥 및 산학연촉진에 관한 법률」에 근거하여 산학협력단의 하부조직으로 설립되었다는 사실이다. 일예로 기술지주회사의 설립·운영에 대한 동법 제36조의2의 제1항은 산학협력단은 단독으로 또는 다른 대학의 산학협력단이나 연구기관과 공동으로 기술지주회사를 설립할 수 있다고 규정하며, 제3항은 기술지주회사는 교육부 장관의 설립 인가를 받아야 한다는 점이다.

상황이 황당한 만큼, 원인을 규명하고 해답을 찾기 위해서는 교육부가 국내 대학교·연구소의 기술지주회사에 관여할 자격이 있는지 조목조목 따져볼 필요가 있다. 도대체 '기술지주회사'란 무엇인가? 국내 대학교·연구소가 보유한 기술을 실시하는 자회사 등을 설립하여 수익 창출을 추구하는 영리회사(營利會社)가 기술지주회사인바, 기술지주회사는 말 그대로 "for-profit corporation"이다.

그렇다면 영리(營利)는 물론이고 회사(會社)의 '會'자나 '社'자에 관한 한 절대적 문외한인 교육부는 과연 어떤 기준으로 「산업교육진흥 및 산학연촉진에 관한 법률」에 근거하여 산학협력단으로 하여금 기술지주회사 설립 인가를 결정하도록 규정하였을까? 그리고 상기 기술지주회사에 대한 설립 인가는 왜 교육부 장관에게 부여했을까? 과연 business mind에 대해서는 타의 추종을 불허할 정도로 전문성이 결여된 교육부와 산학협력단이 좌지우지할 수 있는 국내 대학교·연구소의 기술지주회사의 성공 가능성은 어느 정도일까? 과연 작금의 대학교·연구소 기술지주회사에는 성공 가능성 자체가 존재하기는 할까?

결국 국내 대학교·연구소가 보유한 기술을 이용하여 자회사를 설립하고 수익을 창출해야만 하는 기술지주회사 역시 국내 대학교·연구소 TLO와 마찬가지로 대대적인 governance의 변화가 요구된다. 따라서 저자는 산업부가 국내 대학교·연구소의 기술지주회사에 대한 지원을 전담하는 개혁에도 앞장서도록 강력히 제안한다.

단 여기에도 주의할 점이 있다. 즉 국내 대학교·연구소의 TLO와 기술지주회사가 수행해야 할 대학교·연구소 보유 특허의 기술이전이나 상기 특허를 이용한 창업은 단순히 TLO와 기술지주회사에 대한 지원이나 의지만으로 가능하지는 않다는 점이다. 대신 보유 특허의 기술이전이나 사업화가 성공하려면 상기 특허의 근거가 되는 발명이 우수해야함은 물론 상기 발명을 광활한 권리범위를 우량특허로 재창출해야 한다. 이뿐만이 아니다. 앞서 설명한 바와 같이 우량 발명을 우량특허로 재창출하려면 발명가가 유능한 변리사를 선임함은 물론 합당한 대우를 지불해야 한다. 따라서 국내 대학교·연구소의 TLO와 기술지주회사가 기술이전·사업화에 성공하려면 특허생태계 하류의 활용을 책임지는 산업부의 지원은 물론 생태계의 상류와 중류를 책임지는 특허청과 산업부의 협업도 필수이다.

(ㅂ) 지양(止揚) [1] ≠ 전문가의 “머릿수 (頭數)” vs. 전문가의 “머릿속 (頭腦)”

저자가 21년 3개월간의 해외 실전 연수를 끝내고 대한민국에 영구 귀국하여 서울대학교 산학협력재단에서 본부장으로 근무하던 2007년, 저자는 정부부처가 발주한 사업의 최종평가회에 참석한 적이 있다. 상기 사업은 “국내 기술사업화 전문가 양성 사업”의 기초 연구였던 것으로 기억한다. 상기 사업을 수행한 정부출연연구소는 기술사업화 전문가의 이상형으로서 '법'과 '기술' 및 '경영'을 섭렵한 "융합형 전문가"를[129] 제안하였다. 또한 상기 연구소는 수요조사 결과 수백 개 이상의 국내기업은 약 27,000여 명의 기술사업화 전문가를 필요로 한다고 결론지었다. 더 나아가 상기 연구소는 이들을 3~5년의 기간에 걸쳐 체계적으로 양성하는 전략도 제안하였다.

그렇다면 '법'과 '기술' 및 '경영'의 섭렵이라는 기술이전 전문가의 융합 조건은 타당한가? 이러한 융합형 기술이전 전문가의 양성은 가능할까? 그것도 무려 27,000명에 달하는 전문가를 3~5년의 단기간에 양성할 수 있을까?

저자는 법·기술·경영을 모두 섭렵한 "융합형 기술이전 전문가"의 양성은 불가능하다고 단언한다. 또한 저자는 적절히 융합된 전문가를 몇 명 정도 조기 양성하기는 혹 가능할지 모르지만, 무려 27,000명의 융합형 전문가들을, 그것도 3~5년의 단기간에 양성하겠다는 계획은 "꿈이며, 이상이며, 현실이 아닌" 어불성설이라고 확신한다.

우선 그림 11-32를 보자. 법이건, 기술이건, 경영이건 이 중 한 가지라도 확실하게 섭렵한 전문가는 이에 합당한 예우를 받으며, 편안하면서도 의미 있는 생을 영위할 수 있다. 더 나아가 법·기술, 기술·경영 또는 경영·법과 같이 두 가지의 이종 분야를 확실히 섭렵한 전문가는 한 가지 분야만 섭렵한 전문가에 비하여 더 합당한 예우를 받으며, 더 편안하면서도 더 의미 있는 생을 더 오래 영위할 수 있을 것이다.

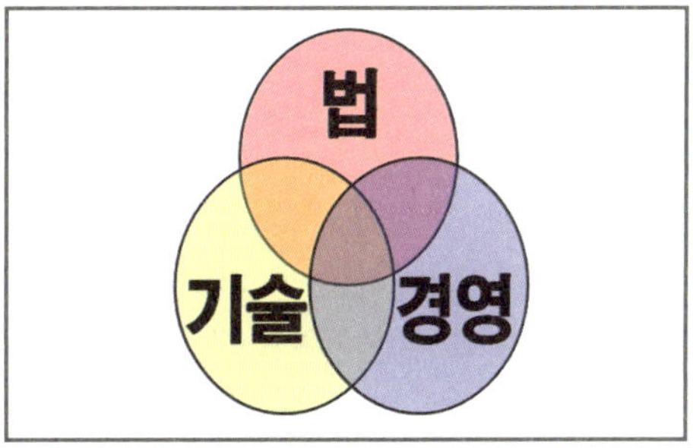

그림 11-32. 꿈이며, 이상이며, 현실이 아닌, 국내 기술사업화 전문가의 조건

129) "융합형 기술사업화 전문가" 개념은 일본이 원산지인 것으로 기억한다. 저자가 대한민국 특허청과 특허업계가 곧 일본 특허청과 특허업계를 추월할 수 있다고 감히 주장하는 근거 중 하나가 바로 일본은 이와 같이 "꿈이며 이상이며 현실이 아닌" 정책을 거론한다는 점이다. 거꾸로 말하면 대한민국 특허청과 특허업계 역시 앞으로는 단지 일본에서 논의되었다는 이유로 이와 같이 황당하면서도 꿈이며 이상이며 현실이 아닌 정책을 고려하지 않기를 바란다.

동일한 이치로 법·기술·경영을 모두 확실하게 섭렵한 융합형 전문가는 두 분야를 섭렵한 전문가보다 더 심한 예우를 받으며, 상상할 수 없을 정도로 편안하면서도 황당할 정도로 의미 있는 생을 은퇴할 때까지, 죽을 때까지 또는 죽은 후에도 영위할 것이 틀림없다.

그렇다면 무엇이 문제일까? 왜 저자는 법·기술·경영을 모두 섭렵한 융합형 기술이전 전문가의 양성은 "꿈이며, 이상이며, 현실이 아니다"라고 단언할까?

그 첫 번째 이유는 "소요되는 시간의 비현실성" 때문이다. 즉 저자가 법·기술·경영을 모두 섭렵한 기술이전 전문가는 존재하지 않는다고 주장하는 이유는 바로 이와 같은 이종(異種) 삼종(三種) 분야의 융합에 소요되는 막대한 '시간' 때문이다. 따라서 하나 또는 두 분야만 제대로 섭렵해도 편안히 사는 마당에, 굳이 막대한 시간을 소비하며 세 번째 분야까지 섭렵해야할 incentive는 존재하지 않으며, 설령 존재하더라도 이는 극히 예외적인 경우에만 국한되기 때문이다.

물론 공과대학을 졸업한 학생이 law school을 졸업하고 law firm을 다니며 야간 MBA를 마친 후, 자신이 바로 법·기술·경영 모두를 섭렵한 융합형 전문가라고 주장할 수는 있다. 하지만 저자는 이 정도로 법·기술·경영 모두를 확실히 섭렵할 수는 없다고 확신한다. 왜냐하면 공과대학 졸업과 우주의 진리 규명은 동일할 수 없으며, law school 졸업과 수년 동안의 도제제도를 통한 knowhow와 skill의 습득은 차원이 다르며, 야간 MBA 과정 졸업이 경영 전선에 종사하며 굵어진 잔뼈에는 당연히 못 미치기 때문이다.

저자가 법·기술·경영을 모두 섭렵한 융합형 기술이전 전문가를 양성하기는 몹시 어려울 것이라고 생각하는 두 번째 이유는 "이론적 비현실성" 때문이다. 왜냐하면 법·기술·경영을 모두 섭렵한 융합형 기술이전 전문가를 교육시킬 수 있는 기술이전 도사(道士)를[130] 어디에서 찾을 수 있는지를 아는 전문가도 없을뿐더러, 법·기술·경영을 모두

130) 앞서 도사(道士)란 저자와 친구들이 미국 유학 시 이종 분야의 박사 학위를 최소한 3개 이상 소지한 전문가를 지칭한다고 소개하였다. 따라서 이와 같은 기술이전 또는 기술사업화 도사(道士)야말로 법·기술·경영의 이종(異種) 삼종(三種) 분야를 섭렵한 전문가에 해당할 것이다.

섭렵한 융합형 기술이전 전문가를 양성할 교재도 없기 때문이다.

우선 저자가 아는 한 대한민국은 물론 전 세계에도 법·기술·경영을 융합하여 섭렵한 도사(道士)는 없는 것으로 안다. 물론 혹자는 이에 대한 차선책을 제안할 것이다. 일예로 융합형 기술이전 전문가가 되려는 수강생들을 한데 모아놓은 후, 법 전문가를 초빙하여 법을, 기술 전문가를 불러 기술을, 그리고 경영 전문가를 섭외하여 경영을 강의하는 방법이다. 하지만 그렇다고 수강생들이 자신의 "머릿속 (頭腦)"에서 법·기술·경영을 융합한다는 보장은 전무하다. 만일 이러한 자발적 융합이 가능하다면, 우리 모두는 이미 수십 년 전 국어·산수·사회·자연·음악·미술·실과·도덕·체육의 칠종(七種)의 이종(異種)학문을 융합한 **홍익인간**이 되어 있어야만하기 때문이다.

또한 저자가 아는 한 대한민국은 물론 전 세계에도 법·기술·경영의 융합에 대한 마땅한 교재도 없다. 이는 당연한 귀결이다. 법·기술·경영을 융합한 도사(道士)가 계시지 않으니 상기 도사(道士)가 저술한 교과서가 존재할 수 없기 때문이다. 따라서 이러한 비현실적 가정을 근거로 대한민국에서 3~5년 만에 27,000명의 융합형 기술이전 전문가를 양성하겠다는 발상 자체가 꿈이며 이상이며 현실이 아닐 수밖에 없다.

저자가 아까운 지면을 할애해가며 위의 황당한 사례를 장황하게 설명한 이유는 바로 대한민국 행정부가 종종 정성적 특성은 전혀 고려하지 않은 채 현실과는 완연히 동떨어진 정량적 지표에 의존하기 때문이다. 일예로 고용노동부나 기획재정부는 정부 각 부처에 예산을 배정할 때 "투입 대비 성과" 또는 "파급 효과"를 평가지표로 사용하며, 경우에 따라서는 "수혜 수강생의 수" 또는 "수혜 기업의 수"를 사용하기도 한다.

물론 딱 3분의 공연으로 가능한 한 많은 시민들이 "Kangnam Style"을 듣도록 하려면, 테헤란로에 응집한 군중 수가 중요하다. 하지만 국제 경쟁력과 실무 능력이 필수인 특허활용 전문가를 양성하려면 테헤란로에 모인 군중의 "머릿수 (頭數)" 또는 "머리숱 (頭髮)"은 전혀 중요하지 않다. 오히려 극소수의 수강생들을 변두리 뒷골목에 모으더라도, 필요한 기본 지식을 보유한 수강생들을 선발한 후, 이들에게 global market에서 통할 수 있는 전공 지식을 심화하는 전략이 옳은 전략이다. 왜냐하면 제대로 된 특허활용 전문가를 양성하려면, 이들을 1:1로 계몽하는 한이 있더라도 이들에게 국제 경쟁력은 물론 실무 능력을 실제로 익히도록 하고 이를 그들의 "머릿속 (頭腦)"에 주입하는 전략이 유일하기 때문이다.

따라서 국내 특허생태계 하류의 주역인 특허활용 전문가, 특히 국제 경쟁력과 실무 능력을 겸비함으로써 국내에서 창출된 우량 발명과 전략적 주요 국가에서 재창출된 해외 우량특허를 활용하여 국내 발명가·기업의 수익 창출은 물론 국가 이익에도 기여할 전문가 양성에는 이들의 "머릿수 (頭數)" 또는 "머리숱 (頭髮)"은 전혀 중요하지 않다. 오히려 이들의 "머릿속 (頭腦)"이 더 중요하다. 왜냐하면 '머릿속'이 꽉 찬 특허활용 전문가를 1명이라도 제대로 양성할 수 있다면, 상기 전문가는 자신의 제자를 양성함으로써 언젠가는 국내 특허생태계 하류도 "머릿속 (頭腦)"이 꽉 찬, 일당백(1當100)의 능력을 가진 특허활용 전문가가 10명 이상은 활동하게 될 것이며, 이들은 다시 동일한 능력을 지닌 특허활용 전문가를 100명 이상 길러낼 것이 확실하기 때문이다.

이를 좀 더 '머릿속'에 확 와 닿는 예를 들어 설명하자. 양푼은 하나, 물은 0.1 liter에 불과하더라도 양푼 속의 물이 펄펄 끓으면, 이 물로 달걀 한 개 정도는 삶을 수 있다. 하지만 아무리 양푼을 23만개 준비하고 각각의 양푼에 물을 100 liter씩 쳐 넣더라도, 쳐 넣은 물의 온도가 20°C에 불과하다면 당연히 달걀 하나도 삶을 수 없다. 이뿐만이 아니다. 양푼 23만개의 물을 모아 2,300만 liter의 초대용량을 가진 tank에 부어 넣더라도 2,300만 liter의 물의 온도는 여전히 20°C이다. 따라서 아무리 tank에 물이 넘치더라도 여전히 달걀 하나 삶을 수 없다.

그렇다면 온도는 20°C에 불과하지만 용량은 무려 2,300만 liter나 되는 tank에 위에서 설명한 펄펄 끓는 물 0.1 liter를 넣으면 어떻게 될까? 정답은 간단명료하다. 악화가 양화를 구축할 것이다. 즉 펄펄 끓는 물 0.1 liter마저 미지근해져서 달걀 하나도 삶을 수 없을 것이다. 하지만 문제는 이뿐만이 아니다. 더욱 큰 문제는 2,300만 liter의 초대형 tank 안의 물 분자 1.27×10^{29}개가 모두 "나도 달걀 삶는 물"이라고 외쳐댈 것이다. 이와 같이 악화가 양화를 구축하는 시장에서는 제대로 되는 일이 하나라도 있을 수가 없다.

따라서 다시 한 번 요약한다. 국제 경쟁력과 실무 능력을 겸비한 특허활용 전문가를 양성하는 데에는 "**머릿수** (**頭數**)" 또는 "**머리숱** (**頭髮**)"은 전혀 중요하지 않다. 이들의 "**머릿속** (**頭腦**)"을 **국제 경쟁력**과 **실무 능력**으로 제대로 채우는 일이 핵심이다.

그리고 다시 한 번 강조한다. 아무리 "머릿수 (頭數)" 또는 "머리숱 (頭髮)"은 중요하지 않고 "머릿속 (頭腦)"이 중요하더라도 텅 빈 "머릿속 (頭腦)"을 국제 경쟁력과 실무능력으로 제대로 채우려면 하세월이 필요하다. 따라서 대한민국 특허생태계 하류에서 global market을 상대로 수익을 창출할 수 있는 특허활용 전문가를 제대로 양성하기 위해서는 우선 "머릿속 (頭腦)"이 웬만큼은 차있는 후보들을 엄선해야만 하며, 그 후 이들에게 국제 실무교육과 전략적 주요 국가의 network를 제공함으로써 이들의 "머릿속 (頭腦)"을 완전히 채우는 방법이 유일한 전략이다.

(ㅅ) 지양(止揚) [2] ≠ "신토불이(身土不二) 국내특허"인 휴면특허 활용 사업

"창해유주 (滄海遺珠)"란 사자성어는 "큰 바다에 있는 진주"를 의미하며 흔히들 말하는 "진흙속의 진주"와 비슷한 뜻이다. 또한 "삼승보패 (三枡寶貝)"란[131] 사자성어도 있다. 구슬이 서 말이라도 꿰어야 보배란 의미로서, 아무리 좋은 물건이라도 제대로 정리하고 다듬어야 쓸모가 있다는 말이다.

"삼승보패 (三枡寶貝)"에 근거한 정부 사업이 바로 "휴면(休眠)특허 활용 사업"으로서, 국내 대학교·연구소, 국내기업이 보유하고 있지만 실시하지 않은 채 유지비만 내고 있는 특허 중 유망특허를 발굴하여 활용하자는 사업이다. 통계에 따르면 국내 대학교·연구소의 휴면특허 비율은 2008년 76%, 2009년 70.7%, 2010년 69.7%, 2011년 70.6%, 2012년 72.9%로 꾸준히 70%대를 유지하고 있다고 한다.[132] 이에 따라 산업부, 특허청은 물론 다른 정부부처들도 나름대로 국내 대학교·연구소의 휴면특허를 활용하기 위한 사업을 틈날 때마다 수행하고 있다.[133]

131) 아마도 "삼승보패 (三枡寶貝)"라는 사자성어를 처음 들어보는 독자가 많을 것이다. 왜냐하면 "삼승보패 (三枡寶貝)"는 ... 저자가 지어낸 사자성어이기 때문일 것이다.

132) 자세한 내용은 아래의 URL 참고 (2014.08.31 최종 확인):http://www.mt.co.kr/view/mtview.php?type=1&no=2014010821484963740&outlink=1

133) 자세한 내용은 아래의 URL 참고 (2014.08.31 최종 확인):http://www.cnews.co.kr/uhtml/read.jsp?idxno=201406300911385860472

하지만 저자는 "휴면특허 활용 사업"을 믿지 않는다. 왜냐하면 저자는 거의 대부분의 국내 휴면특허는 휴면할 이유가 있어서 휴면 중이며, 따라서 "잠자는 숲속의 공주나 신데렐라"처럼 그리 쉽게 깨어날 특허는 절대 아니라고 확신하기 때문이다.

저자가 "휴면특허 활용 사업"을 믿지 않는 첫 번째 이유는 본 사업의 기원이 일본이기 때문이다. 물론 일본특허청과 특허업계가 대한민국 특허청과 특허업계보다 역사도 길고, infra는 물론 인력도 잘 갖추어진 만큼은 확연한 사실이다. 하지만 저자는 일본특허청과 특허업계야말로 우리보다 더 정량적 성과에 안주하는 경향이 있다고 생각한다. 그러다보니 휴면특허의 여러 가지 선천적 단점, 비효율성에도 불구하고 일본의 선도 하에 우리나라가 뒤따르며 함께 "휴면특허 활용 사업"을 추진하고 있는 것은 아닌가 생각된다.

저자가 "휴면특허 활용 사업"을 믿지 않는 두 번째 이유는 휴면특허의 속성 때문이다. 이를 좀 더 '머릿속'에 확 와 닿도록 휴면특허 대신 10,000명의 휴면 축구선수들, 즉 대한축구협회에 축구선수로 등록하자마자 game을 한 경기도 치르지 않고 은퇴한지 어언 10여년이 지난 축구선수들을 예로 들어보자. 도무지 어떤 선수들이 대한축구협회에 등록만 하고 축구도 하지 않을까? 사실 축구를 해본 적도 없는 문외한이고, 축구를 혐오함에도 불구하고, 오직 대학교 졸업 후 대한축구협회에 취직하기 위하여 가입비와 회원비를 지불하며 자신을 축구선수라고 등록한 선수도 1,000명 쯤 있을 것이다. 또한 K-League에서 뛰어보겠다는 열망으로 일단 가입비, 회원비를 기꺼이 납부하며 대한축구협회에 등록은 했으나, 그 후 10년간 K-League의 어떤 구단도 자신을 원치 않기에 중도에 꿈을 포기한 선수도 9,000명 쯤 있을 것이다.

물론 이러한 9,000명의 휴면 축구선수들 중에도 숨어있는 보배가 분명 10~20명 정도는 있을 것이다. 일예로 실력은 뛰어나지만 유년기에 제대로 된 coach를 만나지 못한 불운으로 기본기가 취약한 선수, 기본기도 충실하고 실력도 양호하지만 고약한 성질 때문에 team에서 반기지 않는 선수, 기본기도 충실하고 실력도 우량하며 teamwork도 최고이지만 K-League 등록 직전 심한 부상을 당하고 이를 회복하지 못한 선수 등이다.

그렇다면 우리는 이러한 휴면 축구선수들을 면밀히 분석하고 진흙속의 진주를 발굴하여 대한민국 축구 국가대표팀에 합류시켜야할까? 물론 충분히 그럴만한 가치는 있다. 하지만 여기에는 여러 가지 문제점들이 존재한다. 첫 번째는 후천적 한계이다. 아무리 대기만성(大器晩成)이라지만 이미 다른 대표선수에 비하여 10년은 나이가 많아 체력이 떨어질 수밖에 없다. 또한 진흙속의 진주를 활용하려면 묻어있는 먼지도 닦아내고 표면의 흠도 제거해야 한다. 즉 그만큼 cost가 수반되는 것이다. 따라서 현실적으로나 확률적으로나 휴면 축구선수 중 우량선수를 발굴한 후, 이들을 다시 훈련하여 국가대표팀 선수로 발탁하고 활용할 가능성은 매우 희박하다. 게다가 조기 은퇴한 휴면 축구선수들 중 우량선수를 발굴하는 데 열중한 나머지 지금 한창 물오른 청소년 우량선수나 대학 우량선수를 제 때 발굴하여 제 때 양성할 기회마저 영영 놓칠 수도 있다.

저자는 휴면특허 역시 마찬가지라고 확신한다. 물론 어쩌다 진흙속의 진주도 존재하겠지만, 특허가 휴면하고 있다면 휴면하는 이유가 있기 마련이다. 일예로 발명 자체의 기술성이나 시장성이 부족하거나, 발명은 그런대로 양호하지만 반 page에 불과한 "발명의 설명" 및 엉성하게 작성된 청구항 등으로 경쟁자가 모두 우회·회피한지 10년은 족히 경과한 특허 등이다. 게다가 휴면특허는 국내에만 출원·등록된 "신토불이(身土不二) 국내특허"가 거의 대부분이다. 즉 아무리 기술성과 시장성이 우수하고, 특허가 제대로 작성되었더라도, 이러한 특허는 국내에만 출원·등록되었기에 5대양 6대주의 다른 인종들이 모두 공짜로 실시할 수 있는 특허이다.[134] 이와 같이 휴면특허는 휴면하는 이유가 있기 마련이므로 이 중 우량특허를 발굴하여 활용할 가능성은 매우 낮을 수밖에 없다.

저자가 "휴면특허 활용 사업"을 믿지 않는 세 번째 이유는 통계의 비현실성이다. 만

134) 물론 국내 대학교·연구소, 국내기업이 보유하고 있는 장기 미활용 국내특허 일부는 미국, 유럽 등에 출원·등록된 경우도 있다. 하지만 저자는 이러한 장기 미활용 해외특허 대부분의 활용 가능성 역시 무척 낮다고 확신한다. 왜냐하면 dumping 수준의 수임료와 번역료로 등록한 해외특허를 경쟁자가 침해하거나, 설령 침해했더라도 상기 해외특허가 경쟁자의 무효화 시도를 버티기는 무척 어렵기 때문이다. 물론 예외 없는 법칙이 없듯, 분명 상기 해외특허 중 추후 어느 정도 수익 창출이 가능한 경우도 존재한다. 발명의 기술성과 상업성이 너무 출중하여, 변리사가 dumping 수준의 수임료에도 개의치않고 순전히 애국심으로 이를 최소한의 수준의 특허로 재창출한 경우이다. 하지만 만일 변리사가 합당한 수임료를 받고 발명가의 전폭적 지지 하에 이를 제대로 된 특허로 재창출하였다면 상기 특허의 가치는 얼마나 더 높아질 수 있었을까?

일 꾸준히 유지하고 있다는 70%의 국내 대학교·연구소의 휴면특허 비율이 정확한 통계라면, 이의 반대인 30%의 특허 활용 비율은 전 세계 어디에 내놓아도 자랑스러운 결과이며, 이는 미국 대학교·연구소의 특허 활용 비율보다 훨씬 높은 (반대로 휴면특허 비율은 훨씬 낮은) 것으로 생각된다.[135)]

그렇다면 국내 대학교·연구소의 특허 활용 비율은 왜 이리 높을까? 그 이유는 대한민국 정부의 정량적 성과지표에 따라 국내 대학교·연구소는 기껏해야 특허출원 비용에 해당하는 100~200만원의 기술료에도 특허 licensing을 마다하지 않기 때문이다. 또한 정부가 연구비를 지원하는 산학협력 R&D 과제의 경우, 국내기업이 상기 과제를 '성공'으로 평가받은 후 추가 정부 지원을 받기 위하여 상기 과제를 통하여 대학교·연구소가 창출한 특허를 정부가 설정한 금액에 licensing하기 때문인 것으로 추측한다. 그렇기 때문에 허상의 수에 불과한 70%의 휴면특허 비율을 더 낮추기 위한 "휴면특허 활용 사업"의 투자 대비 성과는 극히 미미할 수밖에 없다.

마지막으로 저자가 "휴면특허 활용 사업"을 믿지 않는 이유는 상기 사업을 가장 잘 추진할 수 있는 주체는 정부가 아닌 발명가이기 때문이다. 발명가야말로 자신의 발명을 가장 잘 아는 주체이며, 따라서 발명가야말로 자신이 출원·등록한 특허를 10년이 지난 후 경쟁자가 실시하는 지에 대한 여부에 가장 관심 있는 주체이다. 그럼에도 불구하고 발명가조차 신경을 쓰지 않는 휴면특허, 그것도 국내에만 출원·등록된 "신토불이(身土不二) 국내특허"를 행정부, 국회가 주도하여 재활용하겠다는 발상 자체가 비현실적이다.

이러한 휴면특허의 선천적 단점, 현실적 비효율성에도 불구하고 정부부처는 휴면특허 활용사업에 상당히 많은 시간과 재원을 투입하는 경향이 있다. 그러다보니 기껏 발

135) 정확한 통계자료는 없으나, 특허 활용률 또는 이의 반대개념인 휴면특허 비율은 특허권자의 성격에 따라 크게 다르다. 일예로 제조업체는 제조 시설을 보유하기 때문에 종업원의 직무발명 중 우량 발명을 즉시 실시할 수 있다. 따라서 제조업체의 경우 특허 활용률은 대학교·연구소의 활용률에 비하여 월등히 높은 편으로 알려진다. 일예로 미국에서도 특허 활용률이 높은 기업으로 소문난 IBM의 특허 활용률은 약 1/3 정도, 이의 반대인 휴면특허 비율은 2/3 정도인 것으로 추정된다. 이에 비하여 대학교·연구소는 국내이건 미국이건 보유한 제조 시설이 없기 때문에 특허 활용률이 상당히 낮은 편이다. 또한 사업 분야가 한정된 기업에 비하여 다방면의 기초·응용연구를 수행하는 대학교·연구소의 특허 활용률은 당연히 낮을 수밖에 없다.

굴하였다는 휴면특허의 licensing 비용을 보면 대부분 100~200백만 원에 불과한 경우가 대부분이다. 바꾸어 말하면 휴면특허 더미 속에서 찾아냈다는 진흙 속의 진주의 가격이 개당 100~200만 원으로서, 이는 국내특허의 출원·등록·유지비용에 미치는 못하는 경우도 있다. 따라서 휴면특허 발굴 및 활용에 투입되는 인건비가 발굴한 휴면특허의 licensing을 통하여 거둬들이는 royalty를 상회하는 경우도 많다.

그렇다면 국내기업은 왜 국내에만 출원·등록되어 5대양 6대주에서 무료로 실시할 수 있는 "신토불이 국내특허"를 무려 100~200만 원씩의 '거금'을 지불하며 구입할까?

물론 여기에는 여러 가지 이유가 있겠지만, 저자는 국내기업이 국내 대학교·연구소의 휴면특허를 구입하는 주된 이유는 특허 자체가 탐나서가 아니라, 이를 구입함으로써 얻는 부수적 이익 때문이라고 생각한다. 즉 국내 중소기업이 정부 지원 사업에 지원하거나 벤처기업·연구소 기업으로 인증받기 위해서는 특허를 보유해야하는바, 상기 기업이 직접 특허를 출원하는 대신 이보다 싸게 치는 휴면특허를 구입하는 것이 아닐까? 또한 "기왕이면 다홍치마"라 하지 않았나? 국내기업은 가격도 싸면서 때깔도 좋은, 국내 유수 대학교·연구소가 보유했던 특허, 특히 대학교수나 연구소의 박사급 연구원이 발명가로 기재된 특허를 선호하는 것이 아닐까?

결론적으로 대한민국 정부의 각 부처가 추진하고 있는 "휴면특허 활용 사업"은 국내특허생태계를 선순환적인 구조로 구축하는 데 거의 도움이 되지 않음은 물론 오히려 특허생태계를 왜곡하는 사업이다. 동시에 상기 사업은 가뜩이나 가치가 떨어진 국내특허의 가치를 더욱 하향 평준화한다는 문제점도 지닌다. 따라서 "휴면특허 활용 사업"이야말로 더 이상의 시간과 재원을 투자하지 않고, 이제는 잊어도 될 사업이라고 생각한다.

이러한 측면에서 보면 미활용 장기 휴면특허에 대한 국내 대학교·연구소 TLO의 합리적 전략은 일정 기준을 정하여 휴면특허를 포기하는 전략이다. 물론 TLO는 상기 휴면특허의 유지비를 납부하지 않고 소멸시키기 전 발명가에게 이를 통지할 필요는 있다. 즉 발명가 자신이 아끼는 특허에 대해서는 최소한 발명가에게 이를 유지할 기회는 제공함이 합리적이기 때문이다. 하지만 발명가 역시 TLO의 결정에 동의할 경우에는 휴면특허에 대한 유지비를 납부하지 않음으로서 상기 특허를 소멸시키면 된다.

그래도 정부 R&D 재원이 투입되었기에 국내 대학교·연구소의 장기 미활용 휴면특허라도 죽이기 아까워 이를 활용하고 싶다면 아래의 전략을 제안한다. 국내 대학교·연구소가 자신이 장기 보유한 국내특허의 유지비가 부담이 되어 특허청에 유지비를 지급하지 않음으로써 특허를 소멸시키기를 원한다면, 특허청은 이러한 특허를 국내 대학교·연구소로부터 무상으로 양도받으면 된다. 그 후 국내 대학교·연구소가 상기 특허를 licensing하거나 이를 이용하여 startup을 설립하여 수익을 창출하는 경우, 특허청은 그 동안 미납된 유지비는 물론 수익의 일부를 징수하면 된다.

물론 저자는 이러한 전략은 특허청이 확실히 손해 보는 장사라고 확신한다. 왜냐하면 이로 인하여 특허청이 거둬들이지 못하게 될 휴면특허 유지비는 매년 최소 수억~수십억 원에 달하겠지만, 상기 사업을 통하여 특허청이 실질적으로 올릴 수 있는 수익은 기껏해야 매년 수백만~수천만 원 정도에 불과할 가능성이 매우 높기 때문이다.

(4) 특허생태계 상류의 주체인 미래부·산업부의 전략 ≡ 우량 발명 창출

앞서 21세기 지식기반시대에 대한민국이 명실상부한 지식재산 선진국으로 발돋움하기 위하여 대한민국 행정부는 [A] "국내 제조업의 국제 경쟁력을 높이며 수출을 확충"하는 기존의 정책은 물론 [B] "국내에 선순환적 특허생태계를 구축하여 국제 경쟁력을 지닌 국내 특허산업을 육성"할 수 있는 정책 및 [C] 이러한 "국내 특허산업을 국내 제조업과 융합"하는 정책을 수립·시행해야한다고 설명하였다. 이러한 순차적 전략을 통하여 국내 발명가나 제조업체는 전향적으로 특허를 활용할 수 있으며, 그 결과 발명가 개개인은 물론 국내기업의 수익 창출이 극대화되며, 이는 국가 이익과도 직결된다고 설명하였다.

또한 위의 [B] 중 [B-1] "국내 특허생태계 상류의 주역인 우량 발명가와 우량 교관을 양성"과 [B-2] "국내 특허생태계 중류에서는 국내특허와 전략적 주요 국가의 특허의 합치 전략"에 대한 정책의 수립·시행은 특허청이 담당해야한다고 제안하였으며, 산업부는 특허청과 함께 위의 [A]와 [C] 및 [B]의 나머지 부분인 [B-3] "특허생태계 하류의 특허 활용을 통한 수익 창출"에 대한 정책의 수립·시행을 담당하도록 제안하였다. 그렇다면 위의 [A], [B], [C] 모두의 근본이 되는 우량 발명 창출에 대한 정책의 수립·시행은 대한민국 행정부 중 어떤 부처가 담당해야할까?

저자는 미래창조과학부(약칭하여 ‘미래부’)와 산업부가 우량 발명 창출에 대한 정책의 수립·시행을 주도해야한다고 생각한다. 더욱 자세히 말하자면 미래부는 기초과학·기술에 대한 우량 발명 창출을 위한 정책을, 산업부는 응용과학·기술에 대한 우량 발명 창출을 위한 정책을 전담할 수도 있을 것이다.[136)]

우선 미래부의 설립 목적은 과학기술과 ICT의 구현, 창조경제 생태계 조성, 국가연구개발 및 혁신역량 강화 및 software와 contents의 핵심 산업화 등을 위한 정책의 수립·시행이다.[137)] 따라서 이 중에서 과거 정보통신부의 영역에 해당하는 부분을 제외한 “과학기술의 구현”이나 “국가연구개발 및 혁신역량 강화” 등은 우량 발명 창출과 일맥상통함을 알 수 있다. 따라서 앞으로 남아있는 21세기 지식기반시대의 대한민국을 두고두고 먹여 살릴 기초과학·기술에 대한 우량 발명 창출 정책은 미래부가 전담해야 한다고 생각된다.

이에 반하여 앞서 설명한 바와 같이 산업부의 설립 목적은 산업의 발전과 이를 통한 무역 확대 등이며, 이를 위한 핵심 정책에는 중소·중견기업의 수출경쟁력 강화, global 전문기업 육성 등을 위한 정책의 수립·시행이다.[138)] 이와 같이 기초과학·기술을 이용한 응용과학·기술 산업을 발전시키며, 응용과학·기술을 구현하는 제품을 제조하는 제조업체의 경쟁력 향상 및 상기 제품과 관련이 있는 산업부야말로 21세기 지식기반시대의 대한민국을 먹여 살릴 응용과학·기술에 대한 우량 발명 창출에 대한 정책을 전담해야한다는 점에 대해서는 큰 이견이 없으리라 생각된다.

---

136) 참고로 기초과학·기술과 응용과학·기술의 차이를 좀 심할 정도로 단순화하자면, 저자는 기초과학·기술이란 언제 어떻게 유용하게 응용될지 모르는 과학·기술을 의미하는 반면 응용과학·기술은 특정 문제를 해결하기 위하여 전자를 응용하여 얻은 과학·기술을 의미한다고 생각한다.

137) 자세한 내용은 아래의 URL 참고 (2014.08.31 최종 확인):http://www.msip.go.kr/www/wpge/m_223/www050102.do

138) 자세한 내용은 아래의 URL 참고 (2014.08.31 최종 확인):http://www.motie.go.kr/motie/py/cp/globalcompany/globalcompany.jsp

하지만 아무리 미래부와 산업부라도 기초 및 응용과학·기술 모두를 담당할 수는 없다. 따라서 의학·약학 등의 특화 분야에 대한 우량 발명 창출은 타부처가 어느 정도 책임져야 한다. 단 각 부처마다 우량 발명 창출 전략을 시행하다보면 국가 R&D 사업의 집중도는 물론 중복 지원 등으로 인하여 효율성도 저하될 수 있다. 따라서 기초과학·기술에 대해서는 미래부가, 응용과학·기술에 대해서는 산업부가 주도권을 가지며 행정부 전체의 국가 R&D 사업에 대한 정책을 수립·시행해야할 것으로 생각된다.

그렇다면 미래부와 산업부는 어떤 정책을 수립·시행함으로써 각각 기초과학·기술 및 응용과학·기술에 대한 우량 발명의 창출을 장려할 수 있을까? 이에 대한 정답은 "대부분의 경우 이론적 정답은 없다"이다. 왜냐하면 앞서 설명한 바와 같이 정부 R&D 사업을 수행한 국내 대학교·연구소 및 국내기업이 창출한 발명 중 어떤 발명이 우량 발명인지 아닌지를 판별할 수 있는 완벽한 방법은 존재하지 않기 때문이다. 결국 제2장의 5절 "청구항 및 공수전략의 요약"에서 설명한 바와 같이 미래부와 산업부는 국내 대학교·연구소 및 국내기업으로 하여금 "선택과 집중" 전략을 활용하도록 유도하여 발명가는 물론 대학교·연구소의 TLO가 나름대로의 기준을 선정하여 유망 발명에 한하여 전략적 주요 국가에 특허를 출원·등록하도록 유도해야 한다.

물론 이를 위해서는 국내 대학교·연구소가 수행한 국가 R&D 과제 및 대학교·연구소 및 국내기업이 공동으로 수행한 산학협력 사업에 대한 평가 방법은 물론 평가지표를 대폭 수정할 필요가 있다. 왜냐하면 많은 정부부처에서 그 동안 사용해 왔던 특허 출원·등록 건수와 같은 정량적 평가지표는 각종 부작용을 초래하며 국내 특허생태계를 왜곡해 왔기 때문이다. 따라서 미래부와 산업부가 솔선수범하여 국내 대학교·연구소 및 국내기업이 종업원으로부터 접수한 직무발명 중 얼마만큼의 발명만을 "선택과 집중" 전략을 활용하여 특허로 출원하였는지, 얼마만큼의 우량 발명을 미국·유럽과 같은 전략적 주요 국가에 집중적으로 출원·등록하였는지, 그리고 국내 대학교·연구소 및 국내기업이 중장기에 걸쳐 얼마만큼의 royalty 수익을 창출하였는지에 대해서 평가해야 하며, 이를 위한 새로운 평가지표를 개발해야할 것으로 생각된다.

(5) 특허생태계 Infra의 주체인 안행부·기재부의 전략 ≡ 인력·재원 지원

아무리 이상이 고귀하고 준엄하더라도 속세에서 이를 실현하는 주체는 인간이다. 마찬가지로 특허청과 산업부가 국내 특허생태계의 상류, 중류 및 하류를 공고히 하여 국내에 선순환적 특허생태계를 구축하고, 이를 통하여 국내 발명가와 국내기업이 global market에서 특허로 수익을 창출함은 물론 대한민국의 지식재산 경쟁력을 배가하고 국가 이익도 증진시킬 수 있는 정책을 수립·시행하기 위해서는, 이를 속세에서 실현하는 전문인력을 양성하고 지원하는 재원이 필요함은 당연하다. 따라서 행정부의 타부처, 특히 안전행정부와 기획재정부는 대한민국의 특허입국을 실현하고 대한민국을 지식재산 강국으로 전환하는 데 중추적 역할을 담당하는 특허청, 산업부, 미래부 등이 상기 목표를 구현하기 위하여 필요로 하는 실질적 전문인력 양성을 지원하고, 이에 필요한 예산을 적시에 지원해주도록 제안한다.

이에는 안전행정부(이후 '안행부'로 요약)의 역할이 중요하다. 왜냐하면 안행부는 행정부의 인력·인사에 대한 정책 수립 및 이를 관리하는 중추적 기관이기 때문이다.[139] 따라서 안행부는 특허청, 산업부 및 상기 부처의 유관기관들이 대한민국이 특허입국을 실현하고 지식재산 강국으로 부상하는 데 필요한 전문가를 적시에 충원할 수 있도록 공무원 인력 규정을 탄력적으로 운용해주도록 제안한다.

특히 앞서 제1장의 4-마절 제3항 "특허청의 피로 누적과 단축된 심사기간의 추가 단축"에서 설명한 바와 같이 대한민국 특허청 심사관들은 특허 심사 업무량에 비하여 인력이 턱없이 부족하여 제대로 된 특허 심사를 수행할 수 없는 상황에 처한 지 오래다. 따라서 안행부가 전향적으로, 파격적으로 특허청 심사관 정원을 3배 이상 증원함으로써 특허청이 국내 특허생태계의 총체적 난국을 해결하는 첨병으로 다시 태어날 수 있도록 지원해주기를 강권한다.

물론 안행부라고 해서 특허청 심사관을 일부러 증원하지 않는 것은 아니다. 수년 전부터 공무원 정원 증가에 대한 문제점이 제기되어 왔으며, 그 결과 안행부도 최근 100만 명을 돌파한 공무원 정원이 더 이상 불필요하게 증가하지 않도록 최근에는 공무원

139) 자세한 내용은 아래의 URL 참고 (2014.08.31 최종 확인):http://www.mospa.go.kr/frt/sub/a07/orgranFunction/screen.do

통합정원제를 실시하고 있다.[140] 또한 각종 사회적 재난이 발생할 때마다 이를 방지하는 안전 요원 증원과 같이 필요성이 눈에 보이는[141] 분야에 비하여 특허청 심사관 증원의 필요성은 국내 특허생태계의 악순환적 구조는 물론 특허의 성격을 이해해야만 절감할 수 있기에 안행부가 나서서 예산을 배정하는 기재부와 입법부를 상대로 특허청 심사관 증원의 필요성에 대하여 설득하기도 쉽지 않다. 하지만 그렇다고 안행부는 특허청이나 산업부가 국회를 이해시킬 때까지 기다릴 수만은 없다. 오히려 안행부는 지식기반시대를 헤쳐 나가는 대한민국의 미래를 위해서라도 어떤 부처의 어떤 인력이 시급한 지를 인식하고 이에 따라 특허청 심사관의 수를 대폭적으로 증원해야 한다.

기획재정부(이후 '기재부'로 요약)의 역할은 더욱 중요하다. 왜냐하면 기재부는 거시경제를 안정적으로 운용하고, 경제 정책을 조정함은 물론 국가재원을 합리적으로 배분하는 중추 부처이기 때문이다. 물론 기재부는 특허청, 산업부, 미래부 및 상기 부처의 유관기관들이 수행하는 사업들 중 불요불급한 사업에 대한 예산은 신중히 검토해야 한다. 하지만 대한민국이 특허입국을 실현하고 대한민국이 지식재산 강국으로 전환하는데 필요한 사업은 전향적으로 지원할 필요가 있다.

특히 "하느님의 일도 속세에서 구현하는 주체는 사람"인만큼 기재부는 국내 특허생태계를 선순환적 구조로 변환시킬 뿐만 아니라 국내 개인발명가, 국내 대학교·연구소 및 국내기업을 위하여 global market에서 우량특허를 이용하여 수익을 창출할 수 있는 전문가를 양성하는 데 주력해야 한다. 따라서 기재부는 산업부가 국내 특허생태계 하류를 선순환적 구조로 전환함은 물론 국제 경쟁력 및 실무 능력을 갖춘 특허활용 전문가를 양성할 수 있는 예산을 전향적으로 지원할 필요가 있으며, 특허청이 10만 명의 우량 발명가에 대한 특허전략 교육은 물론 이들을 교육할 수 있는 1천 명의 우량 교관을 양성할 수 있도록 전향적으로 지원할 필요가 있다.

---

140) 자세한 내용은 아래의 URL 참고 (2014.08.31 최종 확인):http://article.joins.com/news/article/article.asp?total_id=13664102&cloc=olink|article|default

141) 과연 이러한 재난의 원인이 안전 요원의 머릿수(頭數)가 부족해서인지, 아니면 이들의 머릿속(專門性)이 문제인지, 아니면 구조적 문제인지에 대한 논의는 여기에서는 생략한다.

특히 저자는 안행부와 기재부에게 특허청, 산업부, 미래부에 제공하는 지원을 좀 더 전략적으로 재편하도록 간곡히 요청한다. 즉 안행부와 기재부는 특허청, 산업부, 미래부가 추진하는 특허 관련 사업이 국내에 선순환적 특허생태계를 구축하는 데 불요불급한 명목상의 사업인지, 아니면 상기 사업이 생태계 상류, 중류, 하류에 국제 경쟁력을 부가할 수 있는 사업인지 면밀히 검토한 후, 후자인 경우에는 전폭적으로 지원해주도록 요청한다. 그렇지 않으면 21세기 대한민국은 강대국에 치받혔던 20세기 초의 절박한 형국에 다시 처할 수도 있기 때문이다.

(6) 교육부의 전략 ≡ 특허생태계로부터 "완전 철수"

교육부는 대한민국에서 실행되는 교육 전반을 총괄하는 행정부의 중요 부처이다. 또한 교육부 website에 의하면 교육부는 유아교육, 초·중·교육, 대학교육, 평생교육, 교원 및 학부모에 대한 정책의 수립·실행을 담당하는 부처이다.[142] 따라서 교육부는 우수한 교육을 공급하기에 적합한 정책을 수립·시행하고, 이에 참여하는 유치원, 초등학교, 중학교, 대학교 등에 대한 인허가를 담당하게 된다.

그러다보니 교육부는 매년 급변하는 세계정세에 따라 국내 대입제도를 근대화하기 위하여 대학입시 수험 과목의 선정 및 각 과목의 배점을 미세하게 조절함은 물론 각 대학교의 시험 제도 및 방식까지 결정해주기도 한다. 이뿐만이 아니다. 교육부는 대한민국 대학교육의 근대화를 위하여 국내 모든 대학교, 상기 대학교의 단과대학은 물론 상기 단과대학의 각 학과 당 교수 수, 개설 과목 수, 학생 정원까지 미세하게 조절하는 막중한 임무도 수행한다. 교육부가 이러한 업무를 수행하는 목적은 물론 기준을 만족하지 않는 교직원이나 부실 학교를 규제하기 위함이다.

이러한 교육부의 정책 범위나 교육부의 체계, 인력 구성을 보더라도 교육부가 특허생태계와는 전혀 관련이 없는 부처임은 명백한 사실이다. 그럼에도 불구하고 교육부는

142) 자세한 내용은 아래의 URL 참고 (2014.08.31 최종 확인):http://www.moe.go.kr/web/100010/ko/board/list.do;jsessionid=azNRJk9qEHA11PF054pLBvX45XX13oziwlcXPu1ypL1s0ZFcSYcuT0HycZa2p7Y0.homepageAP2_servlet_engine1?bbsId=312

「산업교육진흥 및 산학연협력촉진에 관한 법률」을 통하여 국내 대학교에서 창출되는 발명을 관리하고 이로부터 재창출되는 특허로 수익을 창출하는 조직인 TLO를 관장하고 있으며, 특히 이를 위하여 기존의 '연구처'를 '산학협력단'이라는 조직으로 개명하여 운영해오고 있다. 그 결과 제11장의 4-다절 "국내 대학교·연구소의 특허관리·활용 조직인 TLO의 한계"에서 설명한 바와 같이 대부분의 국내 대학교·연구소 TLO는 제대로 된 특허 창출 및 활용은 엄두도 내지 못하고 있으며, 국내 대학교·연구소에 설립된 기술지주회사조차 본연의 임무를 수행하지 못하고 있다.

이러한 문제를 해결하기 위한 근본적 해결책은 하나뿐이다. 교육부가 **기득권**을 **포기**하고 국가 이익을 위하여 국내 특허생태계로부터 완전히, 철저히 '**철수**'하는 일이다. 이를 위한 구체적 방안은 여러 가지가 존재할 수 있다. 하지만 저자는 교육부가 대한민국의 국가 이익을 위한 대승적 결단을 내려「산업교육진흥 및 산학연협력촉진에 관한 법률」을 폐지하거나 아니면 동법으로부터 국내 대학교·연구소의 TLO 및 기술지주회사를 완전히 분리함으로써, 국내 대학교·연구소의 TLO 및 기술지주회사가 영리를 위한 기관으로 재탄생할 수 있는 길을 열어주도록 탄원한다.

다. 사법부의 전략

21세기 지식기반시대의 대한민국 사법부의 특허 전략은 무엇일까? 사법부에서 근무해본 경험이 전혀 없는 저자이기에 사법부에 대한 지식은 서적을 통하여, 언론 매체를 통하여, 지인을 통하여 확보한 간접 지식이 전부이다. 따라서 저자는 특허입국을 위한 사법부의 전략에 대하여 현실적인 대안을 제시할 적임자는 아닐 수 있다. 게다가 21세기 지식기반시대의 대한민국 사법부가 추구해야할 전략 역시 특허를 활용하여 수익을 창출하는 입장에 따라, 관점에 따라 다양할 수밖에 없다. 그럼에도 불구하고 아래에서는 21세기 지식기반시대의 대한민국이 지식재산 강국으로 부상하기 위한 사법부의 전략에 대한 저자의 생각을 대략적으로 간추려 본다.

(1) 선순환적 특허생태계 구축의 당위성 및 사법부의 임무

우선 사법부는 행정부, 입법부와 구분되는 국가기관이다. 사법부는 대한민국 헌법

제102조에 따라 법관으로 구성되는 법원으로 이루어지고, 대한민국 영토에 대한 사법권을 독점하며, 법치주의를 완수함을 목적으로 한다.[143] 한편 사법부는 대한민국 국민에 대한 의무도 진다. 일예로 대한민국 헌법 제27조에 의하면 모든 국민은 헌법과 법률이 정한 법관에 의하여 법률에 의한 재판을 받을 권리를 가지며, 모든 국민은 신속한 재판을 받을 권리를 가진다고 규정하기 때문이다.

그렇다면 21세기 지식기반시대의 대한민국 사법부는 국내 특허생태계와 어떤 관계가 있을까? 대한민국 국민인 발명가와 침해의심 제조업체 사이의 분쟁을 헌법과 법률이 정한 법관에 의하여 특허법에 의하여 신속히 재판하여 판결을 내리면 충분할까?

반드시 그렇지만은 않다. 왜냐하면 사법부의 재판과 판결에는 법에 대한 해석 및 사실 관계의 적용이 필수이기에, 객관적 잣대로 모든 법적 분쟁을 판결하기가 어렵기 때문이다. 특허의 경우에는 그 난이도가 더 심하다. 왜냐하면 특허 소송의 사실 관계에는 발명가가 자신의 청구발명을 언어로 묘사한 청구항과 "발명의 설명"에 대한 해석이 필수이며, 이 결과를 침해의심 제품에 적용하여 침해 여부에 대한 판결을 내려야하기 때문이다. 따라서 특허 침해 여부에 대한 사법부의 판단에는 사법부의 가치 판단이 어느 정도는 포함되는 경우가 대부분이다.

이뿐만이 아니다. 특허 소송에서는 침해 여부 외에도 선행기술과 대비한 청구항의 신규성 요건, 진보성 요건, 기재요건 등을 판단하게 된다. 하지만 상기 요건 역시 발명가가 자신의 발명을 언어로 표시한 청구항과 "발명의 설명"은 물론 선행기술이 언어로 개시한 내용을 비교해야 한다. 그렇다고 특허법이나 시행령이 모든 청구항과 이를 침해하는 모든 제품에 대한 자세한 예를 설명하지는 않으며, 각종 선행기술과 대비한 신규성 요건, 진보성 요건의 자세한 예를 설명하지도 않는다.

결국 발명가와 침해의심 제조업체 사이의 분쟁을 해결하기 위한 재판에서, 특허 침

---

143) 자세한 내용은 아래의 URL 참고 (2014.08.31 최종 확인):http://www.scourt.go.kr/info/scrt_intro/judicial/

해나 특허성에 대한 판단에는 특허법은 물론 사법부의 판단 기준이 매우 중요한 영향을 미칠 수밖에 없다. 따라서 저자는 대한민국 사법부는 국내 특허생태계는 물론 21세기 지식기반시대의 대한민국의 위상과 국가 이익에 지대한 영향을 미치는 기관이라고 확신한다.

그렇다면 대한민국 사법부는 어떤 전략을 사용함으로써 특허법에 대한 법치주의를 완성하는 동시에 21세기 지식기반시대의 대한민국의 이익에도 기여할 수 있을까? 저자는 치열하면서도 공정한 경쟁의 보장이야말로 사법부가 특허법에 대한 법치주의를 완성하는 동시에 대한민국이 지식기반시대의 강국으로 부상하는 데 기여하는 지름길이라고 생각한다. 왜냐하면 제11장의 2절 “경쟁으로 구축하는 선순환적 특허생태계”에서 설명한 바와 같이, 발명을 통하여 수익을 창출하고자하는 발명가와 발명가의 권리범위를 우회·회피하여 수익을 창출하려는 경쟁 제조업체 사이의 치열한 법리 경쟁은 당사자들의 특허 경쟁력 향상과 직결되기 때문이다. 그래야만 발명가이건 국내 제조업체이건 전략적 주요 국가에서도 우량특허를 이용하여 수익을 창출할 수 있는 기초 역량을 기를 수 있다.

그렇다고 저자는 국내 발명가와 국내 제조업체 사이의 마구잡이식 경쟁과 이에 수반되는 법적 갈등을 부추길 의도는 전혀 없다. 오히려 저자는 대한민국 사법부가 특허법에 대한 전문적 해석과 예리한 통찰력으로 침해 및 특허성에 대한 일관성을 유지함으로써, 청구항 해석, 침해 판단은 물론 특허성 판단에 대한 예측성을 증진시키도록 제안한다. 그래야만 국내 발명가, “발명+ 제조업체”는 물론 특허업계에서도 사법부의 예측성에 입각하여 광활한 권리범위는 물론 강화된 특허성을 보유한 특허를 창출할 수 있기 때문이다.

또한 대한민국 사법부가 특허성 판단에 대한 예측성을 증진시키게 되면 국내 제조업체 역시 발명가 특허의 권리범위를 성공적으로 우회·회피할 수 있는 제품 개발에 몰두하게 되며, 그 결과 국내 제조업체 역시 해외 경쟁업체의 우량특허의 권리범위를 효율적으로 우회·회피할 수 있는 역량을 키울 수 있게 된다. 물론 대한민국 사법부가 이를 효율적으로 달성하려면 제1장의 4-마절 제5항 “특허법원의 전문성 배양 원천금지”에서 설명한 바와 같이, 사법부는 특허법원은 물론 지방법원이나 고등법원에서 특허 관련 사건을 담당하는 전문판사를 집중적으로 육성할 필요가 있다.

그렇다면 사법부는 무형자산을 다루는 특허제도에서 발명가와 경쟁 제조업체 사이의 권리를 어떻게 정의함으로써 특허법에 의한 법치주의를 완성할 수 있을까? 제조업이 산업의 꽃이므로 침해 여부 판단이나 특허성 판단 시 가능한 한 발명가보다는 제조업체에 우선권을 부여해야 할까? 아니면 21세기가 지식기반시대이고 선진국을 추격하는 동시에 후발국의 추격을 뿌리치는 데 필수인 우량 발명과 우량특허의 창출을 장려하기 위하여 제조업체보다는 발명가에게 우선권을 부여해야 할까? 아니면 이와 같이 수익 창출을 위하여 상충되는 두 가지 이익 사이에서 외줄타기처럼 실현하기 어려운 균형을 취해야 할까?

이에 대한 정답은 "21세기 지식기반시대의 **발명가**, **발명+ 제조업체**의 반응을 보면 알 수 있다"이다. 즉 "시장 반응을 통하여 쉽게 인지할 수 있다"이다. 일예로 사법부의 전략에 따라 국내 발명가가 더 많은 수익을 창출하고 그 결과 국내에서 더 많은 우량 발명이 창출되는가 아니면 이와 정반대의 현상이 초래되는가? 사법부의 전략에 따라 국내의 **우량 발명+ 창업기업**이 추후 세계를 호령하는 global 중견기업이나 대기업으로 성장할 수 있는가 아니면 그냥 국내시장에서 시들어 사라지는가? 결국 사법부의 선택에 따라 시장은 반응하기 마련이다. 그리고 사법부는 이를 feedback으로 삼아 21세기 지식기반시대에 걸맞는 전략을 선택할 수 있을 것이다.

(2) Dynamic Korea, Dynamic 서울중앙지방법원

그런데 대한민국 사법부가 드디어 선택을 한 것으로 보인다. 2014년 10월 서울대학교 기술과법센터가 개최한 아시아·태평양 IP Forum에 참석하였던 서울중앙지방법원 염호준 판사의 발표 자료에 따르면[144] 2012년~2014년 상반기까지 서울중앙지방법원이 선고한 손해배상금의 중앙값은 1억5,000만 원으로서, 이는 2009년~2011년 사이의 손해배상금 중앙값인 5,500만 원의 약 세 배에 달하는 금액이다. 특히 2012년~2014년 상반부 사이에만도 서울중앙지방법원은 145억 원과 22억 원의 손해배상

144) "특허침해소송에서의 적정 손해액 산정을 위한 개선방안 검토," 염호준, 아시아태평양 IP Forum, 서울대학교 기술과법센터 (2014.10.01).

금을 선고하기도 하였다.

물론 이와 같은 손해배상금의 증가는 21세기 지식기반시대에서의 특허의 중요성에 대한 대한민국 사법부 전체의 사고방식의 점진적 변화에 의한 결과일 수도 있지만, 어쩌면 서울중앙지방법원의 전향적, 창의적 소수에 의한 일시적 변화일 가능성도 배제할 수 없다. 즉 사법부 내에서도 특허침해 관련 사건을 집중적으로 담당하는 소수의 핵심 판사나 부장판사의 성향에 따라 손해배상금의 액수가 상당히 상이해질 수도 있기 때문이다.

하지만 여기에는 간과할 수 없는 중요한 사실도 숨어있다. 즉 이러한 변화는 현행 특허법 조항의 개정 없이도 가능하였다는 점이다. 따라서 이는 대한민국 사법부도 드디어 제대로 된 특허를 제대로 보호하는 것이 지식기반시대를 헤쳐 나가는 대한민국에 얼마나 중요한 지를 실감하고 있다는 증거라고 생각된다.[145] 따라서 손해배상금 관련 증거조사 제도가 일부나마 도입되고 고의 침해에 대한 손해배상 증액제도가 도입된다면, 국내특허 침해에 대한 현실적 손해배상이 가능해짐은 물론 이의 제도적 정착도 가능하리라 생각된다.

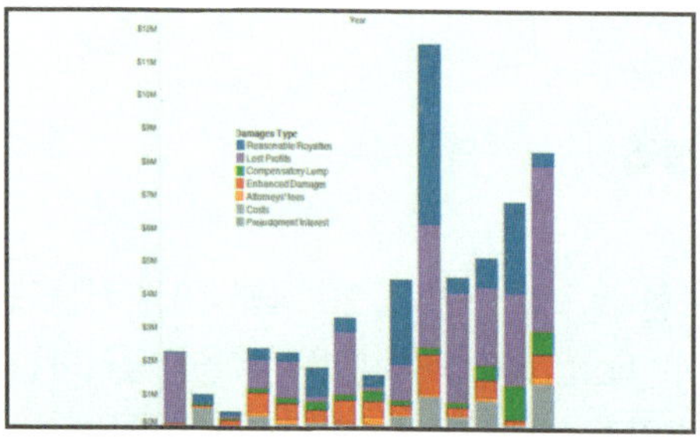

그림 11-33. 미국 법원의 연도별 손해배상금 추이 (중앙값)[146]

하지만 아직 충분치 않다. 왜냐하면 대한민국이 특허 종주국인 미국만큼 특허를 보호하려면 갈 길이 멀기 때문이다. 일예로 그림 11-33과 같이 2013년 미국 법원이 선고한 손해배상금의 중앙값은 약 800만 달러(약 84억 원)에 달하며, 이는 동일한 기간 서울중앙지방법원이 선고한 손해

145) 대한민국 사법부의 보수성을 감안하였을 때, 저자는 솔직히 저자가 은퇴할 때까지 이러한 변화가 일어날 수 있으리라고는 전혀 기대한 적이 없었다. 하지만 이는 분명 저자의 기우에 불과하였던 것 같다. 왜냐하면 저자는 대한민국의 최고의 elite 집단인 사법부의 지성 대신 보수성에만 집중하는 실수를 저질렀기 때문이다. 역시 대한민국은 "Dynamic Korea" 이며, 대한민국의 사법부 역시 "Dynamic Judiciary"임에 틀림없는 것 같다.

146) "Patent Litigation Damages Report," Lex Machina (2014).

배상금의 중앙값인 1억5,000만 원의 약 56배에 달하기 때문이다.

그렇다면 특허침해에 대한 대한민국 법원의 손해배상금은 어느 정도가 적정할까? 앞서 제1장의 4-다절 "국내특허의 후천적 한계 2 [낮은 손해배상금]"에서 설명하였지만, 일실이익이나 합리적 실시료로 구성되는 손해배상금은 각국의 시장 크기(즉 GDP)에 비례한다.[147] 따라서 미국의 GDP가 대한민국 GDP의 약 15배인 점을 고려한다면, 대한민국의 손해배상금의 적정치는 그 중앙값이 약 66만 달러(6억9,000만 원 정도)라고 추정할 수 있다. 이는 2009년~2011년 사이의 손해배상금의 중앙값인 5,500만 원의 12.5배, 2012년~2014년 상반기의 손해배상금의 중앙값인 1억5,000만 원의 4.6배에 달하는 금액이다.

물론 이러한 수치를 보며 앞으로 국내기업들이 특허침해소송으로 고전을 면치 못하리라고 우려하는 전문가도 있을지 모른다. 하지만 이러한 우려는 사실과는 다르며, 또한 이러한 우려에 대한 판단 기준도 재고할 필요가 있다. 왜냐하면 제조 능력의 평준화로 인하여 제조만으로는 충분한 수익을 창출할 수 없도록 고안된 21세기 지식기반시대에, 대한민국 정부와 국민이 거국적으로 지원해야할 기업은 "**침해+ 제조업체**"가 아니라 "**발명+ 제조업체**"이기 때문이다. 그리고 이를 위해서는 국내에서도 특허에 대한 정당한 보호가 이루어져야 하며, 이에 대한 판단 기준 중의 하나가 바로 손해배상금의 적정 수준이 6억9,000만 원 정도여야 한다는 점이다.

어쨌건 2009년~2011년 선고된 손해배상금의 중앙값인 5,500만 원에 비하여 2012년 이후 손해배상금 중앙값이 약 세 배 정도 증가하였다는 점은 매우 고무적이다. 하지만 이러한 결과가 대한민국 사법부 전체가 지식기반시대에서의 특허의 중요성을 인지한 결과인지는 좀 더 두고 보아야할 것 같다. 특히 특허침해 관련 사건을 집중적으로 담당하는 몇몇 핵심 지방법원의 현직 판사나 부장판사가 교체된 후에도 손해배상금이 계속 증액될 지는 지식기반시대의 대한민국의 장래를 고민하고 특허가 이를 위한 한 가지 중요한 방법이라는 점을 직시하고 있는 전문가들이 분명 주의 깊게 관

147) 심영택, 김두규, 박성수, 박준석, 백강진, 최승재, "지재권 소송에서 손해배상 산정의 적절성 확보 방안," 국가지식재산위원회 (2012.08.01).

찰해야할 부분이다.

(3) Dynamic Korea, 대한민국의 Dynamic 특허법원

그러던 중 2015년 4월 'IP리더스포럼'에 참석한 저자는 강영호 특허법원장의 "특허 Hub, 특허법원의 꿈"이라는 제목의 강연을 들으며 대한민국 특허법원과 사법부의 변화에 또 한 번 큰 충격을 받았다. 강법원장은 특허법원의 현직 판사 중 3/4 정도가 이공계 출신이며, 특허법원 판사의 전문성 증진을 위하여 전문법관제를 도입하였다고 소개하였다. 그 결과 이제 특허법원 판사는 자신이 원할 경우 5년 (또는 그 이상?) 동안 특허법원에서 장기 근무할 수 있게 되었다고 설명하였다. 또한 강법원장은 대한민국 사법부와 특허를 아끼는 모든 전문가들이 힘을 합쳐 대한민국 특허법원을 동북아시아의 특허 Hub, 더 나아가 세계의 특허 Hub 법원으로 성장시키자고 제안하였다.

그림 11-34. "특허법원 2014년호" 및 특허법원의 2014년 IP 영문 판례 및 학술지

그림 11-34(a)

그림 11-34(b)

저자가 특허법원과 사법부의 변화에 큰 충격을 받은 이유는 특허법원 판사의 수효 및 장기 근무 등과 같은 정량적 지표 때문만은 아니었다. 당일 'IP리더스포럼'에 참석한 저자와 모든 회원들은 강법원장, 특허법원 및 대법원의 자신감과 열정에 충분히 공감할 수 있었기 때문이었다. 앞서 설명한 바와 같이 대한민국 사법부는 대한민국의 대표적 영재 집단이다. 따라서 특허에 지대한 관심과 열정을 가진 판사들이 특허법원에서 5년 또는 그 이상 근무하게 될 경우, 대한민국 특허 소송의 전문성과 예측성은 급

격히 향상될 것이며, 이러한 변화는 대한민국에서 선순환적 특허생태계를 조기 구축하는 데 크게 기여할 것이다. 따라서 저자는 대한민국 특허법원의 활약을 크게 기대해본다. 뭐든지 마음만 먹고 "하면 되고 마는" Dynamic Korea에서 이 또한 안 될 이유가 없기 때문이다.

한편 대한민국 특허법원과 강특허법원장이 소망하는 특허 Hub와 특허 Hub 법원은 무엇일까? 대한민국 특허법원이 과연 동북아시아의 특허 Hub, 더 나아가 세계의 특허 Hub로 발전할 수 있을까? 아래에서는 대한민국 특허법원이 세계의 특허 Hub까지는 아니더라도 최소한 동북아시아의 특허 Hub로는 인정받기 위한 저자의 의견을 정리해본다.

라. 특허 Hub와 대한민국

미국 Texas주 Smith County에 인구 10만 명의 Tyler라는 소도시가 있다. Tyler시에는 변변한 공장이 없기 때문에 병원 세 곳이 8,000명, 식료품점이 2,600명, 공공·사립 초중고교가 2,500명, Texas 주립대학의 Tyler 분교와 단과대학이 2,000명 정도의 일자리를 제공한다. Tyler 시의 주요 산업은 원예와 목축 정도이며, 특히 Tyler 시는 미국 남부의 장미꽃 주산지로 알려져 있다. 따라서 위에서 설명한 15,000명 정도를 제외하면 Tyler시의 노동 가능 인구의 대다수는 농업, 원예업, 목축업 종사자라고 간주할 수 있다.

그러던 Tyler시에 수 년 전부터 외지인의 발걸음이 무척 잦아지고 있다. 이들은 단순한 관광객이 아닌, 고학력자 관광객들이다. 특히 이들은 미국에서도 잘 나간다는 소송전문 특허변호사들이다. 그렇다면 이들이 Tyler시를 찾는 이유는 무엇일까? 바로 Tyler시에 거주하는 주민 대부분이 보수적이며, 특히 친특허 성향을 띄기 때문이다. 일예로 이들은 미국 연방행정부에 속한 미국특허청 심사관들이 면밀히 심사한 후 등록시킨 특허가 설마 무효이겠냐고 반문하는, 특허권자들이 가장 선호하는 배심원 후보들이다. 그 결과 Texas주 Tyler시에 위치한 U.S. District Court for the Eastern District of Texas("Texas주 동부연방지원"으로 약칭)는 미국에서 특허침해소송을 제기하는 전 세계 특허권자들이 가장 선호하는 연방지방법원으로 부상하고 말았다.

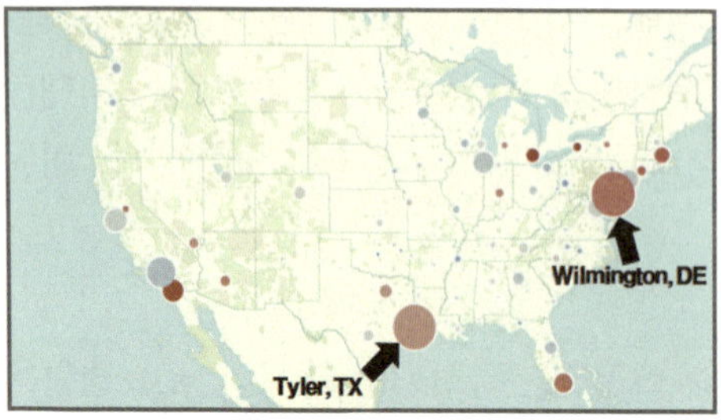

그림 11-35. 미국 연방지방법원의 특허침해소송 건수 분포 (2013년)

일예로 그림 11-35와 같이[148] 2013년 미국의 94개 연방지방법원에 제기된 특허침해소송의 분포를 보더라도 Texas주 Tyler시의 인기를 가늠할 수 있다. 무려 275건의 특허침해소송이 Texas주 동부연방지원에서 제기된 것이다. 물론 Delaware주 Wilmington시에 소재한 U.S. District Court of Delaware("Delaware주 연방지원"으로 약칭)가 364건의 특허침해소송을 접수하여 특허침해소송에 관한 한 제1위의 연방지방법원임은 사실이다. 하지만 이 역시 Texas주 동부연방지원에 수많은 특허침해소송이 제기되고 일정이 지연됨에 따라 특허권자들이 1~2년 전부터 Delaware주 연방지원에 많은 특허침해소송을 제기한 결과이다. 따라서 최근 수년간의 특허침해소송 건수를 따진다면 역시 부동의 1위는 Texas주 동부연방지원이라 할 수 있다.

그렇다면 전 세계 특허권자의 사랑을 받게 된 Texas주 Tyler시에는 어떤 변화가 일어났을까? 우선 수많은 외지인들이 짧게는 1~2주, 길게는 1~2개월씩 Tyler시에서 장기 숙박함에 따라 숙박업과 요식업이 호황을 누리게 되었다. 또한 Texas주 동부연방지원의 local rule에 따라 진행되는 특허침해소송에서 외지의 소송전문 특허변호사들이 자신들과 함께 소송을 진행할 Texas주 특허소송 변호사 및 민사소송 전문변호사를 대거 선임함에 따라 Texas주 변호사들도 밀려드는 일감에 비명을 지르게 되었다. 그 결과 Texas주 대도시의 민사소송 전문 law firm들은 Tyler시에 분소를 설치하게 되었고, 일부 소송 전문 변호사들은 아예 Tyler시로 이주하였다.

이뿐만이 아니다. 타지역의 연방지방법원에 비하여 매년 월등히 많은 건수의 특허침해소송을 담당해야만 하는 Texas주 동부연방지원의 판사들은 특허침해소송에 대해서만은 도사가 되어가고 있다. 이에 따라 내로라하는 미국의 소송전문 특허변호사들 역

148) 자세한 내용은 아래의 URL 참고 (2014.08.31 최종 확인):http://news.uscourts.gov/patent-cases-rise-two-courts-leading-nation

시 이들의 판결문을 숙독하지 않을 수 없게 되었다.

이러한 사실은 특허침해소송이라는 특이한 분야의 소송 건수가 지역 경제에 미치는 영향을 반증하는 증거라 할 수 있다. 또한 이러한 사실은 특허침해소송이 특정 연방지방법원 및 판사들의 특허에 대한 이해도를 증진시킬 수 있으며, 그 결과 이들의 판결이 특허제도에 미칠 수 있는 영향을 반증하는 증거라고도 할 수 있다.

(1) 필연적으로 출현할 “동북아시아 특허 Hub”

제조업 중심지이자 세계 제2위의 시장으로 부상한 중국, 몇몇 분야에서만큼은 세계를 주도하는 제조업체를 보유한 대한민국 및 과거 부동의 세계 제2위였으며 지금도 막강한 경쟁력을 지닌 수많은 대기업·중견기업을 거느리는 일본은 모두 동북아시아에 위치한다. 이러한 측면에서 보았을 때 동북아시아야말로 작금의 특허산업의 중심지라 할 수 있다. 왜냐하면 앞으로 세계 곳곳에서 미국·유럽의 선진기업들은 물론 미국의 특허괴물들의 집중 견제로 말미암아 수많은 특허침해소송에 연루될 수밖에 없는 중국의 대기업들과, 지난 10여 년 동안 이미 이와 비슷한 사정에 처해왔으며 앞으로는 우리를 추격하는 중국기업들을 상대로 “공수 전환”하여 활발히 특허침해소송을 벌여야만할 수밖에 없는 대한민국 대기업들은 물론 global market에서의 점유율 하락에 따른 제조업 침체로 보유 특허를 활용하여 활발히 수익을 챙기려는 일본기업들이 모두 동북아시아에 위치하기 때문이다.[149]

앞서 설명한 Texas주 Tyler시의 예는 미국이라는 단일 국가 내에서도 특정 지역의 사법부가 상기 지역의 특허산업은 물론 지역 경제까지 부흥시키는 좋은 예로서, 특히 주목해야할 점은 바로 이러한 예는 다수의 국가들로 구성된 일정 권역, 일예로 동북아시아라는 지역에서도 공히 적용될 수 있다는 점이다. 물론 선진국 제조업체들과 특허

---

149) 이러한 주장은 대한민국 특허업계 및 특허산업계의 권위자들이 이미 2~3년 전부터 개진하여 왔다. 특히 저자와 미국 law firm인 Pennie & Edmonds에서 같이 근무하였던 삼성디스플레이의 김광준 전무는 동북아시아 특허 Hub의 열렬한 주창자이다. 참고로 김광준 전무는 저자가 본 저서를 탈고하는 동안 ID (Intellectual Discovery) 대표로 영전하였다.

괴물들, 국내기업들, 중국기업들은 물론 일본기업들 역시 여전히 특허보호 강도가 높은 미국·유럽 등의 선진국 법원에서 특허침해소송을 제기할 것이다. 하지만 한·중·일 제조업체들의 제조 시설이 한·중·일에 위치하기 때문에 선진기업들은 물론 한·중·일 제조업체들 역시 자국의 법원은 물론 경쟁기업이 소재한 국가의 법원에서도 특허침해소송을 제기할 가능성이 높다.

따라서 이와 같이 동북아시아의 한·중·일 제조업체들을 상대로 특허침해소송을 제기하려는 선진기업들이나 특허괴물들, 서로 경쟁자를 제소하려는 한·중·일의 제조업체들이 선호하는 법원이 어디로 결정되느냐에 따라 상기 법원이 위치한 국가의 법원 및 상기 법원의 판사들은 다국적으로 진행되는 특허침해소송들을 통하여 특허 경쟁력은 물론 국제 경쟁력을 키울 수 있다. 또한 선진국 또는 한·중·일의 외지인들이 진행하는 수많은 특허침해소송을 대리하는 상기 국가의 특허업계 역시 특허 경쟁력 및 국제 경쟁력을 급격히 배가할 수 있음은 물론 막대한 수익을 창출할 수 있다. 따라서 막강한 제조 능력을 지닌 중국기업들, 제조 경쟁력을 상실함에 따라 특허로 막대한 수익을 창출하려는 일본기업들 및 그 사이에 어정쩡하게 기어있는 국내기업들이 한·중·일 중 어떤 국가의 법원을 선택하느냐는 각 기업의 수익 창출 전략을 떠나 대한민국 특허업계는 물론 대한민국 국가적 차원에서도 중요한 의미를 지닌다.

최근 이와 관련된 움직임이 Asia 각국에서 감지되고 있다. 일예로 싱가폴은 영어가 능통한 자국의 사법부를 앞세워 Asia의 특허 Hub가 되겠다는 의향을 공개적으로 표명하고 있다. 하지만 한 국가가 특허 소송 분야의 지역적 Hub가 되려면 특허침해소송을 자주 접해야하며, 이를 위해서는 자국의 시장이 광활하거나 또는 자국의 제조업체가 자국에서 특허침해소송에 자주 연루되어야 한다. 하지만 이러한 면에서 보유 제조산업이 거의 전무한 싱가폴의 주장은 상대적으로 설득력이 떨어지기 때문에 현재까지는 지지를 받지 못하고 있다.

일본 역시 Asia의 특허 Hub가 되겠다는 야심을 들어내지 않는 채 이를 실천하기 위한 전략을 차근차근 진행하고 있다. 일예로 매년 줄어드는 특허출원 건수와 이로 인한 심사 건수 감소로 고전하고 있던 일본특허청은 남아도는 심사관들을 해고하는 대신 동남아시아 각국의 특허청에 파견하고 있다. 즉 일본은 자신의 특허제도를 동남아시아 각국에 전파하고 확산함으로써 궁극적으로 자신이 Asia의 특허 Hub로 부상하는 데 필요한 지원군 양성에 전력을 기울이는 중이다. 싱가폴에 비하여 일본은 시장도 광활한 편이며 특허침해소송에 대한 전문성 역시 국제적으로도 웬만큼은 인정받는 편이다. 따라서 일본특허청의 전략이 계획대로 진행될 경우, 추후 일본이 Asia의 특허 Hub로 부상할 가능성은 상대적으로 높은 편이라 할 수 있다.

(2) "동북아시아 특허 Hub"의 최대 수혜자 ≡ 대한민국 특허업계

그렇다면 대한민국이 Asia의 특허 Hub로 부상할 가능성은 존재할까? 조금 양보하여 우리와는 거리도 먼 인도, 동남아시아를 제외하더라도, 대한민국이 한·중·일 3개국으로 구성되는 "동북아시아의 특허 Hub"로서라도 부상할 가능성은 존재할까?

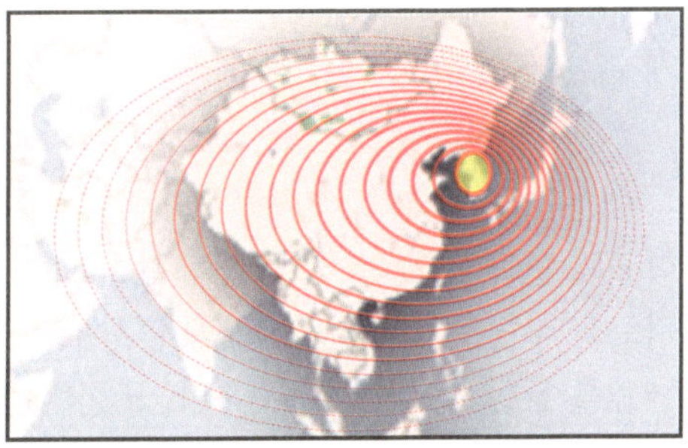

그림 11-36. 동북아시아 특허 Hub로서의 대한민국 사법부

이러한 가능성을 논하기 전 저자는 우선 대한민국 사법부에 아래와 같은 질문을 던지고 싶다. 좁은 영토, 적은 인구로 인한 협소한 시장이라는 선천적 한계를 지닌 대한민국 특허 보호의 선봉인 대한민국 사법부는 한반도 절반에서만 특허 보호에 대한 법치주의를 완성하는 사법부로 만족할 것인가? 아니면 그림 11-36과 같이 21세기 지식기반시대의 기축통화로서 5대양 6대주에서 통용되는 특허에 대하여 대한민국 사법부는 동북아시아의 맹주로 부상하고, 미국·유럽 등 해외 주요 국가의 사법부로부터 대등한 대상으로 또는 존경의 대상으로 부상하기를 원하는가?

물론 대한민국의 대표적 영재 집단인 대한민국의 사법부는 적어도 특허에 관한 한 좁은 영토, 적은 인구로 인한 협소한 시장을 벗어나 동북아시아는 물론 전 세계에서 존경받는 사법부로 부상하기를 원할 것이다. 따라서 대한민국 사법부는 대한민국이 "동북아시아의 특허 Hub"로 부상하는 데 열과 성을 다할 것으로 믿는다.

한편 저자는 대한민국 특허출원·특허소송 업계의 모든 종사자들, 즉 대한민국의 변리사와 변호사들에게 다음과 같은 질문을 던지고 싶다. 대한민국이 "동북아시아의 특허 Hub"로 부상할 경우 이에 따르는 열매를 가장 많이 차지하게 되는 가장 직접적인 수혜자는 누구일까?

이에 대한 정답은 "대한민국 특허출원·특허소송 업계의 종사자들인 대한민국의 모든 변리사들과 변호사들이다"임에 틀림없다. 왜냐하면 대한민국이 동북아시아의 특허 Hub로 부상함에 따라 전 세계 특허권자들이 대한민국 법원에서 특허소송을 제기하려면 반드시 대한민국 특허청에 출원·등록된 국내특허가 필요한 바, 이에 따라 국내 특허출원 업계는 미국·유럽, 중국·일본은 물론 전 세계 발명가들이 대한민국 특허청에 출원하는 업무를 도맡으며 즐거운 비명을 지르게 될 가능성이 무척 높기 때문이다. 또한 대한민국 특허청에 등록된 특허를 이용하여 대한민국 법원에서 특허 관련 소송을 제기하려면 해외 발명가나 해외 기업은 반드시 국내 변리사나 국내 변호사를 고용할 수밖에 없다. 이에 따라 국내 특허소송 업계 역시 넘치는 소송 업무에 즐거운 비명을 지르게 될 가능성 역시 무척 높다.

이뿐만이 아니다. 대한민국이 "동북아시아의 특허 Hub"로 부상함에 따라 국내 대학교의 법과대학 및 법학전문대학원 교수들은 동북아시아 특허법 및 특허제도의 권위자로서 수많은 국제회의에 VIP 연사로 초청되며 business class 또는 first class로 전 세계를 누빌 수 있게 될 것이다. 또한 대한민국 법조계에서 특허 관련 소송을 담당하는 판사들 역시 동남아시아 각국 사법부의 존경을 받게 될 것이며, 미국·유럽 등 선진국 사법부로부터는 동등한 counterpart로서의 예우를 받으며 위상을 높일 수도 있을 것이다.

하지만 대한민국이 "동북아시아의 특허 Hub"로 부상함에 따라 가장 직접적으로 가장 큰 금전적 혜택을 보게 되는 주체는 역시 대한민국의 특허출원·특허소송 업계에서 종사하는 변리사들과 변호사들이다. 이러한 점을 감안한다면 대한민국 특허출원·특허소송 업계는 대한민국 사법부나 입법부가 대한민국을 명실상부한 "동북아시아의 특허 Hub"로 부상시키기만을 기다릴 수는 없다. 오히려 대한민국 특허업계야말로 대한민국 사법부보다 10배, 100배, 더 나아가 1,000배의 노력을 기울이고 재원을 투자해야만 한다. 또한 대한민국 특허업계야말로 이를 달성하기 위하여 사법부는 물론 입법부·행정부와 전향적으로 협조해야만 하는 incentive를 가진다. 결국 대한민국의 변리사들과 특허전문 변호사들에게 지금은 매우 중요한, 절체절명(絶體絶命)의 시기이다.

하지만 특허 관련 사건을 별로 담당해본 적도 없는 싱가폴 사법부가 Asia의 특허 Hub로 인정받기 위하여 노심초사하고 있고, 일본 사법부가 동북아시아의 특허 Hub, 더 나아가 Asia의 특허 Hub로 부상하기 위하여 장기적 안목으로 물밑 작업을 하고 있는 사이 대한민국의 변리사들과 변호사들은 특허소송 대리권을 놓고 서로 첨예하게 다투고 있다. 밥그릇 싸움인 셈이다. 물론 이러한 밥그릇 싸움이 전 세계의 식량을 독차지하거나 더 많이 차지하기 위한 싸움이라면 그런대로 구경해줄 수 있다. 하지만 국내 변리사들과 변호사들이 벌이는 작금의 싸움은 우리 집 부엌에 있는 조그만 밥그릇 싸움에 불과할 뿐이다. 물론 해답은 간단하다. (1) 상대방을 인정하던지 아니면 (2) 상대방의 시험에 합격하면 그만이다. 하지만 서로 편한 길만 도모하다보니, 상대방의 흠결을 따지며 적법성을 따질 수 밖에 없는 상황으로 치닫고 있다.[150)]

다시 한 번 강조하지만 지금이야말로 국내 특허출원 업계와 특허소송 업계는 합심

150) 위에서 설명한 두 가지 방법 중 첫 번째 방법인 “(1) 상대방을 서로 인정”하는 방법은, 변리업계와 변호업계가 서로 화합하는 방법이다. 일예로 변리사도 법원에서 의뢰인의 특허침해소송을 대리하는 반면 변호사도 특허청을 상대로 의뢰인의 특허 출원을 대리하고 특허심판원에서 의뢰인의 특허심판을 대리하는 방법이다. 단 변리업계와 변호업계는 이 방법을 반대한다. 왜냐하면 변리업계는 변호사 대부분이 비이공계 출신임은 물론 특허법 전문가가 아니기 때문이라고 주장하는 반면, 변호업계는 변리사 대부분이 비록 변리사 시험을 통과하기 위하여 민법개론 및 민사소송법을 공부하기는 하였지만 법정에서 의뢰인을 대리할 만큼의 전문성은 없다고 주장하기 때문이다.

저자는 양측의 주장이 모두 일리가 있는 동시에 부족함도 있다고 생각한다. 따라서 저자는 변리업계와 변호업계의 갈등 해소를 위한 위의 두 가지 방법 중 두 번째 방법인 “(2) 서로 상대방의 시험에 합격”하는 방법을 적극적으로 제안한다. 즉 변리사는 민법개론 및 민사소송법을 더 심층적으로 공부하여 추가 시험을 치르는 반면, 변호사는 이공계 개론 및 특허법 등을 공부하여 추가 시험을 치르는 방법이다. 그리고 상기 추가 시험에 합격한 변리사 및 변호사들을 모두 “특허변호사”라 지칭하며 특허 출원, 특허 심판 및 특허 소송을 모두 대리할 수 있도록 하는 방법이다.

혹자는 이러한 추가 시험에 따르는 시간과 노력의 낭비를 비판할지 모른다. 하지만 분명 한 가지 부족함이 존재하는 변리사와 또 다른 한 가지가 부족한 변호사로 하여금 지식기반시대의 기축통화인 특허를 대충 다룰 수 있도록 허락함은 변리업계나 변호업계에 이로울지는 몰라도 분명 국민과 국가를 위해서는 최선의 방법이 아니다. 왜냐하면 이러한 해결 방법이야말로 질의 향상을 위한 해결 방법이라기보다는 질의 하락을 감수한 채 집단 이기주의에 근거한 담합을 통한 해결 방법이기 때문이다. 따라서 21세기 지식기반시대의 변리업계와 변호업계가 자신들만을 위함이 아닌, 국가와 민족을 위한 대승적 결단을 내리기를 기대해본다.

하여 우리 집 부엌 밥그릇만 쳐다보지 말고 전 세계 시장을 대상으로 pie를 키울 전략을 치밀하게 수립하고 완벽하게 수행해야 한다. 물론 민간인 특허출원 업계와 특허소송 업계가 대한민국을 "동북아시아의 특허 Hub"로 부상시키는 데에는 한계가 존재한다. 하지만 국내 특허업계가 사법부와 합심하여 치밀한 전략을 성실히 수행한다면 대한민국이 빠른 시일 이내에 명실상부한 "동북아시아의 특허 Hub"로 부상할 가능성이 배가되리라고 저자는 확신한다.

(3) "동북아시아 특허 Hub" 부상 전략

과거 참여정부와 열린우리당은 동북아시아 시대의 균형적 실용 외교를 위한 전략으로서 대한민국의 "동북아시아 균형자론"을 추진하였다.[151] 물론 부족한 국방 예산마저 매년 감축하는 재미에 더 감축하는 한편 자주국방 능력도 없이 전시작전통제권 전환 협정이나 체결하던 참여정부하의 대한민국이 동북아시아 균형자로 부상할 수 없었음은 당연한 귀결이다. 군사력 뒷받침 없이는 실용 외교 역시 통할 수 없다는 평범한 진실을 알면서도 외면한 탓이다. 마치 권리범위가 워낙 협소해서 권리범위가 없는 것과 마찬가지인 보잘 것 없는 청구항만 포함한 특허로 수 조 원 짜리 licensing을 해보겠다고 외치는 절규나 다름없다.

이뿐만이 아니다. 참여정부와 열린우리당은 대한민국을 "동북아시아 금융 Hub"로 구축하겠다는 전략도 추진하였다.[152] 새로운 성장 동력 확충과 service업 강국의 근거를 마련하기 위하여 금융 산업을 집중 육성하겠다는 취지와 이를 달성하기 위한 자본시장통합법 개정 및 hedge fund 도입 등과 같은 조치는 그럴듯해 보였다. 하지만 알면서도 외면한 금융 규제·감독의 불투명성, global 전문가의 부족 및 이들의 양성에 대한 무관심으로 말미암아 참여정부하의 대한민국은 외국 투자자들의 신뢰를 얻는 데 참

---

151) 자세한 내용은 아래의 URL 참고 (2014.08.31 최종 확인):http://news.naver.com/main/read.nhn?mode=LSD&mid=sec&sid1=104&oid=001&aid=0001022212

152) 자세한 내용은 아래의 URL 참고 (2014.08.31 최종 확인):http://news.naver.com/main/read.nhn?mode=LSD&mid=sec&sid1=101&oid=008&aid=0000322570

담히 실패하였다. 물론 겉보기에나 좋은 섣부른 정책 탓에 외국 금융회사의 국내 진출만 증가했을 뿐 국내 금융회사의 해외 진출은 극히 부진하였다. 마치 연구비 10억 원당 특허출원 건수 및 등록 건수는 독보적 세계 1위이지만 미국·유럽 등 선진국에 출원·등록한 우량특허가 턱없이 부족하여 국가적으로는 만성 기술료 적자에 허덕이고, 국내 간판기업들 역시 다국적 특허침해소송에 시달리는 신세와 마찬가지인 셈이다.

하지만 이와 같이 기초 없이 부르짖어 처참하게 실패한 "동북아시아 균형자"나 "동북아시아 금융 Hub"에 비하여 "동북아시아 특허 Hub"는 상당히 실현 가능성이 높은 편이다. 특히 앞서 설명한 바와 같이 대한민국의 대표적 수재 집단인 국내 특허출원 업계와 특허소송 업계가 앞장서고 대한민국의 대표적 영재 집단인 사법부가 이를 전향적으로 지원한다면, 대한민국이 일본과 중국을 제치고 한층 더 수월하게 "동북아시아 특허 Hub"로 부상할 가능성이 배가될 것으로 저자는 확신한다.

또한 대한민국이 "동북아시아 특허 Hub"로 부상하게 되면 저자는 국내에 선순환적 특허생태계도 조기에 구축될 것으로 생각한다. 왜냐하면 대한민국이 "동북아시아 특허 Hub"로 부상함에 따라 국내 출원인은 물론 해외 출원인들의 특허출원 건수 및 특허침해소송 건수도 급격히 증가하기 때문이다. 또한 이에 따라 국내 특허생태계 상류에서는 더 많은 우량 발명이 창출되고, 상기 생태계 중류에서는 더 많은 우량특허가 창출되며, 상기 생태계 하류에서는 미국·유럽 등의 전략적 주요국에서 등록된 우량특허를 이용한 global market을 대상으로 한 특허활용도 가능해지기 때문이다. 아래에서는 대한민국이 명실상부한 "동북아시아 특허 Hub"로 부상하기 위한 저자의 생각을 간추린다.

(ㄱ) 예측성 및 일관성 홍보를 위한 판결문 번역 및 보급

우선 대한민국이 "동북아시아 특허 Hub"로 부상하려면 대한민국 국민이 아닌 남들이 대한민국을 "동북아시아 특허 Hub"로 인정해주어야만 한다. 이는 아무리 우리 정부가 대한민국이야말로 "동북아시아 균형자"니 "동북아시아 금융 Hub"라고 떠들더라도 남들이, 특히 관련 분야 전문가들이 이를 인정해주기는커녕 코웃음 치는 바람에 처절하게 실패했던 과거 참여정부의 실수를 돌이켜 보면 금세 실감할 수 있다.

그렇다면 다른 나라, 특히 미국·유럽 등과 같은 특허 선진국 전문가들이 대한민국을 "동북아시아 특허 Hub"로 인정하도록 유도하는 전략은 무엇일까? 끊임없는 홍보와 사절단 파견과 같은 외교 전략이 중요할까? 아니면 특허 선진국 전문가들을 끊임없이 초청하여 국제 학술대회를 개최해야 할까?

이에 대한 정답은 매우 간단하다. 우선 홍보, 사절단 파견, 국제 학술대회와 같은 외형적 전략만으로는 대한민국이 "동북아시아 특허 Hub"로 인정받을 수 없다. 대신 이들 전문가가 학술논문이나 seminar에서 대한민국의 특허제도 및 관련 판례를 자주 인용하도록 유도하는 전략이 우선이다. 물론 이들 전문가들이 학술논문에서 대한민국 특허제도 및 관련 판례의 비예측성, 비일관성, 후진성을 언급하는 경우에는, 대한민국은 절대 "동북아시아 특허 Hub"로 인정받을 수 없다. 이런 학술논문은 오히려 없느니만 못하다. 대신 이들이 학술논문에서 대한민국 특허제도 및 관련 판례의 예측성 및 일관성을 언급하며 대한민국 특허제도 및 대한민국 사법부의 신뢰성을 언급한다면, 이는 금상첨화이다.

따라서 대한민국이 "동북아시아 특허 Hub"로 부상하기 위한 선결요건은 바로 대한민국 특허심판원, 지방법원, 특허법원과 고등법원, 대법원의 특허 관련 판례를[153] 제대로 영어로 번역한 후 이를 미국·유럽 등의 특허 선진국의 전문가들에게 전향적으로 보급하는 전략이다.[154] 더 나아가 필요하다면 이를 전담하는 인력을 양성하거나, 상기 업무를 민간 특허 사무소나 law firm에게 용역을 주어 해외 전문가들의 자료 요청 시 이에 전향적으로 대응해야 한다.

그러다보면 미국·유럽 등 특허 선진국 전문가들은 대한민국의 특허제도에 익숙해질 것이다. 또한 일관성, 통찰력, 창의력이 넘치는 판결문은 물론 이를 작성한 대한민국 사

153) 물론 대한민국 특허법, 특허법 시행령 및 특허법 시행규칙 역시 제대로 번역하여 특허청 web-site 등에 공지해야함은 물론이다.

154) 특허 관련 판결문 전부를 번역하고 보급하는 대신 내부 심사를 거쳐 양질의 판결문만을 엄선하여 보급하는 방법도 고려해 볼 만하다.

법부 판사들도 특허 선진국 전문가들의 관심의 대상이 되며, 이들이 특허 선진국 전문가들과 교류하고 경쟁하는 동안 대한민국의 특허 국제 경쟁력은 제고될 수밖에 없다. 이에 따라 특허 선진국 전문가들에게 대한민국 특허제도 및 사법부는 예측 가능하며, 일관성을 유지하는, 신뢰할 수 있는 system으로 각인되며, 이러한 신뢰가 충분히 쌓일 때 대한민국은 자연히 "동북아시아 특허 Hub"로 부상하게 될 것이다.

(ㄴ) 동북아시아 각국의 특허제도 비교에 대한 영문 학술논문 보급

하지만 이것만으로는 충분치 않다. 왜냐하면 대한민국의 강력한 경쟁자인 중국이나 일본이 우리와 동일한 전략을 수립하고 구사할 경우, 인구가 적어 전문가의 수 역시 월등히 적은 대한민국은 절대적으로 불리하며, 이에 따라 "동북아시아 특허 Hub" 역시 대한민국 대신 일본이나 중국으로 건너갈 가능성이 농후하기 때문이다.

이러한 불상사를 사전에 방지하는 전략은 중국·일본보다 발 빠른 대응이 유일하다고 판단된다. 즉 대한민국 특허심판원과 법원의 특허 관련 판례를 제대로 영어로 번역하여 특허 선진국의 전문가들에게 보급함은 물론 대한민국의 특허제도와 판례를 중국·일본의 특허제도 및 판례와 비교·분석하는 영문 학술논문을 대량 생산하여 특허 선진국의 전문가들에게 전향적으로 보급하는 전략이다. 즉 특허 선진국의 전문가들을 대한민국 특허 전문가들이 저술한 영문 학술논문의 중독자로 만드는 전략이다.

그렇다면 특허 선진국의 특허 전문가들이 숙독하게 될 판결문은 과연 누가 작성해야 할까? 물론 대한민국 사법부의 판사들이다. 그렇다면 상기 판결문은 누가 영어로 번역해야 할까? 결자해지(結者解之)라 했듯이 당해 판결문을 작성한 판사가 이를 직접 번역하는 것이 최선이다. 하지만 가뜩이나 수많은 송사에 허덕이는 판사가 자신이 작성한 판결문을 다시 영어로 번역함은 국내 현실에서는 상상조차 힘들다. 따라서 정부 차원에서 양질의 판결문의 영어 번역을 지원하도록 강력히 제안한다.

그렇다면 특허 선진국의 특허 전문가들이 숙독하게 될 학술논문은 누가 집필할까? 물론 대한민국 특허업계 종사자들과 대학교수들이다. 단 이를 위한 몇 가지 전제조건이 필요하다. 첫 번째는 바로 국내 법원의 특허 관련 판결문을 특허업계 종사자들과 대학교수들이 거의 실시간으로 검색 가능해야한다는 점이다. 왜냐하면 판결문을 읽지 못하면 이를 분석하는 학술논문 집필은 불가능하기 때문이다. 두 번째는 특허업계 종사자들과 대학교수들이 global academia에서 통할 수 있는 학문적 깊이를 갖춘 영문 학술논문을 작성해야한다는 점이다. 특히 기왕이면 특허 선진국의 전문가들이 대한민국의 변리사, 변호사, 대학교수가 집필한 학술논문만 읽고도 한·중·일의 특허제도의 특징을 가늠할 수 있다면, 저자는 이러한 논문이야말로 대한민국을 "동북아시아 특허 Hub"로 부상시키는 주춧돌 역할을 담당하리라고 확신한다.

단 반드시 명심할 점이 있다! 즉 특허 선진국의 특허권자들은 '선택권'을 보유하고 있다는 엄연한 진리이다. 아무리 대한민국 사법부의 영문 판결문이 수려하고 공판 중 제공되는 동시통역이 real하더라도, 특허권자 승소율이 파격적으로 제고되지 않는 이상 이들이 대한민국으로 올 이유는 전무하다. 왜냐하면 이들은 판결문은 이해하기 어렵고 동시통역은 상상도 못하더라도 특허권자 승소율이 70%인 국가가 있다면 모두 그 국가로 갈 것이기 당연하기 때문이다. 대한민국 사법부의 현명한 선택을 기대해본다.

(ㄷ) 대한민국 특허업계의 분발 및 정진

앞서 설명한 바와 같이 대한민국 특허업계는 고전하고 있다. 우선 국토도 좁고 인구도 적으므로 특허출원 및 특허소송 시장은 좁은 편이다. 즉 물리적, 선천적 한계로 말미암아 대한민국 특허산업의 발전에는 한계가 존재할 수밖에 없다. 게다가 그 동안 대한민국 행정부, 사법부, 입법부는 물론 일반 국민도 특허제도를 마치 제조업을 억압하고, 더 나아가 제조업 발전에 장애가 된다고 오해하는 경향이 있었다. 이에 따라 소송을 통하여 국내 등록특허는 무더기로 무효로 처리되고, 설령 특허침해소송에서 승소하더라도 특허권자가 받는 손해배상금은 푼돈에 불과하며, 그 결과 국내에서는 특허무용론이 제기되고 있는 실정이다. 상황이 이러하니 특허출원과 관련된 변리사 수임료 역시 지난 15~20년간 답보상태이다. 여기에 물가 상승률마저 고려한다면 현재의 변리사 수임료는 거의 dumping 수준이라고 할 수 있다.

그래도 일부 특허사무소들과 law firm들은 해외 경쟁업체가 국내에 출원하는 특허와 국내 법원에서 제기하는 소송 덕에 그런대로 수익성을 유지해 왔다. 하지만 이제는 해외 경쟁업체들도 국내특허 무용론을 인지하게 되었고, 이에 따라 해외 경쟁업체가 국내에 출원하는 특허 건수와 국내 법원에서 제기하는 소송 건수는 해마다 줄어들고 있는 실정이다. 이와 같이 사면초가인 국내 특허업계에게 대한민국의 "동북아시아 특허 Hub"는 기사회생을 위한 절호의 기회이다.

만일 국내 특허업계가 이번 기회를 살리지 못하고 "동북아시아 특허 Hub"라는 상패를 일본이나 중국에 빼앗긴다면 어떤 상황이 발생할까?

혹 국내 특허업계가 서서히 사경을 헤맬 정도로 위급한 상황에 처하게 되지는 않을까 저자는 우려해 본다. 우선 국내 제조업체들은 해가 지날수록 중국 경쟁업체들의 추격에 더 고전하게 될 것이 틀림없으며,[155] 이에 따라 국내 제조업체들이 국내특허에 투자할 수 있는 여력은 물론 투자하는 비용 역시 줄어들 공산이 크다. 또한 국내 제조업체들의 고전에 따라 대한민국 경제 역시 위축될 가능성이 크며, 그 결과 해외 경쟁업체들이 대한민국에 특허를 출원하거나 특허침해소송을 제기할 이유 역시 반감될 것이다.

따라서 저자는 국내 특허업계에 강력히 요청하고 싶다. 지금이야말로 내부 분열을 잠시라도 멈추고, 시선을 global market으로 돌려 더 큰 pie를 차지할 전략을 수립할 때라고. 그리고 이 pie야말로 국가를 위한 것이 아니고, 사법부나 입법부를 위한 것도 아니고, 바로 국내 특허업계를 위한 것이라고.

9. 결론

개인이건, 기업이건, 국가이건 성장의 전제조건은 지속적 수익 창출이다. 물론 개인이나 기업은 국내 시장에서만 수익을 거둬들일 수도 있고, 좀 더 전향적으로 국내 시장은 물론 global market에서 수익을 창출할 수도 있다. 하지만 대한민국의 국내 시장에는 국토는 좁고 인구도 적어 시장 자체가 협소하다는 선천적 제한이 존재한다. 따라서 개인이나 기업은 물론 대한민국 국가 차원에서도 실질적 성장을 유지하려면 "수출을 통한 외화 획득"이라는 수익 창출 mechanism이 중요할 수밖에 없다.

155) 이는 과거 일본 기업들이 미국이나 유럽의 경쟁업체를 추월한 예나, 대한민국 기업들이 일본 경쟁업체들을 추월한 예에서 쉽게 유추할 수 있다. 즉 "What goes around comes around"이다. 이에 대한 자세한 내용은 아래의 URL 참고 (2014.10.31 최종 확인):http://www.wowtv.co.kr/newscenter/news/view.asp?bcode=T30001000&artid=A201410010466&arttype=V

앞서 제5장의 2-다절에서 설명한 바와 같이 무려 150년 전 미국 대통령이자 특허변호사이며 발명가이기도 한 Abraham Lincoln은 “특허제도는 발명가라는 불에 수익이라는 기름을 끼얹는 제도”임을 간파하였다. 이와 같이 특허제도는 혁신을 통하여 수익을 창출하기 위한 도구이기 때문에, 특허에는 필연적으로 당사자 사이의 금전 교환이 수반될 수밖에 없다. 결국 발명과 특허는 장난도 아니고, 취미 생활도 아니다. 발명과 특허야말로 수익 창출을 위하여 만인이 만인을 상대로 속세에서 처절하게 투쟁하며 경쟁하는, business 세계에서의 “전가의 보도”이다.

가. 대한민국 정부 정책의 중요성

대한민국은 “하면 된다”는 신념으로 반세기만에 세계 최빈국에서 선진국 대열에 합류하기는 하였다. 하지만 우리는 규모에서나 성격에서나 아직 명실상부한 선진국으로 자리매김하지는 못한 상태이다. 또한 삼성그룹, 현대그룹, LG그룹과 같은 세계 굴지의 기업군에 대한민국 GDP의 1/3을[156] 의존하는 상황에서, 정부는 기존 기업군이 현재와 같은 global market share를 유지함은 물론 새로운 창업기업이 global player로 부상할 수 있도록 지원하는 정책을 수립·시행할 필요가 있다.[157] 그래야만 기존 기업군은 선진국의 경쟁 제조업체에 뒤처지지 않고 오히려 이들과 경쟁하며 global market share를 유지하고 확장할 수 있는 반면 중국기업 등과 같은 후발국 경쟁업체들의 추격

156) 자세한 내용은 아래의 URL 참고 (2014.08.31 최종 확인):http://economy.hankooki.com/lpage/opinion/201407/e2014071021235548010.htm

157) GDP와 매출은 단순 비교가 불가능한 수치라는 주장도 있다. 즉 한 국가의 모든 경제주체가 일정 기간 생산을 통해 창출한 부가가치의 총계가 바로 GDP로서, 부가가치란 원가를 제한 가치를 의미하므로 원가를 포함하는 매출과 다르며, 해외생산까지 포함하는 매출과도 구별된다는 것이다. 그 결과 매출은 부가가치보다 더 클 수밖에 없으므로, GDP 대비 매출의 비율은 100%가 넘기 때문에 수학적으로 오류가 있고 또한 논리적이지도 않다는 주장이다. 일예로 삼성과 현대차 그룹의 매출이 전체 GDP에서 차지하는 비중이 35%라면 이들 2개 기업군을 제외한 나머지의 합이 65%이어야 하지만, 나머지 기업들의 매출이 GDP에서 차지하는 비중은 180~190%가 넘는다는 것이다. 이에 대한 자세한 내용은 아래의 URL 참고 (2014.08.31 최종 확인):http://www.mt.co.kr/view/mtview.php?type=1&no=2014011315520103530&outlink=1

도 뿌리칠 수 있기 때문이다. 또한 국내 발명가의 우량 발명을 이용하여 설립한 창업기업도 해외 주요 국가에서 우량특허를 확보함으로써 해외 선진기업의 틈새를 파고들며 자신만의 영역을 확보, 확충할 수 있고, 국내에서 실시하지 않는 우량 발명의 해외 우량특허를 해외 제조업체에 licensing하여 수익을 창출할 수도 있다.

물론 상상도 하고 싶지 않지만, 대한민국 정부가 국내에 선순환적 특허생태계를 구축하여 우량 발명과 우량특허를 양산하고, 이러한 우량특허와 제조업을 융합할 수 있는 절호의 기회를 놓치게 된다고 가정하자. 그 결과 기존의 대한민국 기업군은 물론 창업기업들이 미국·유럽 선진 제조업체들의 견제를 이겨내지 못하고, 중국의 신흥 제조업체들의 추격도 뿌리치지 못하면 어떤 결과를 초래할까?

저자가 감히 예측하건대 삼성, 현대, LG와 같은 굴지의 기업군의 global market share는 심각하게 위축될 것이며, 최악의 경우 이들 기업군은 선진 경쟁업체들은 물론 후발 추격업체들에 의하여 global market에서 축출될 수도 있을 것이다. 만일 이러한 재앙이 발생한다면 미래의 대한민국은 Nokia 없는 Finland처럼 될 것이다. Finland와 Nokia의 사례가 대한민국에 시사하는 바는 간단명료하다. 만인이 만인을 상대로 투쟁하는 global market에서는 순간의 방심도 허락되지 않으며, 따라서 영원한 1등 역시 존재하지 않는다는 냉엄한 현실이다.

따라서 21세기 지식기반시대를 맞이한 지금이야말로 대한민국 정부는 국내의 개인 발명가, 국내 대학교·연구소의 발명가 및 국내 발명+ 제조업체들의 발명가들이 다량의 우량 발명을 창출하고, 이들을 전략적 주요 국가에서 우량특허로 재창출함으로써, 이들이 global market에서 상기 특허를 자가실시하거나 licensing하여 수익을 창출할 수 있는 선순환적 특허생태계가 국내에 구축되도록 혼신의 힘을 기울여야 한다. 그리고 대한민국 정부는 이러한 선순환적 특허생태계를 통하여 구축되는 양질의 국내 특허산업과 그 동안 일구어 놓은 국내 제조업이 전향적으로 융합되도록 유도하는 정책을 수립·시행해야 한다. 그래야만 국내의 기존 기업군은 물론 창업기업들이 선진국의 경쟁업체들과 global market에서 경쟁하여 승리하는 한편 후발국의 경쟁업체들의 global market 진입을 봉쇄하거나 이들의 시장 활동을 억제할 수 있을 것이다.

이를 위하여 대한민국 정부는 기존의 기업군이 우량 발명을 창출하고 이를 전략적 주요 국가에 출원·등록하여 다수의 해외 우량특허를 확보하도록 장려함은 물론 국내 개인발명가, 국내 대학교·연구소는 물론 국내 중소·중견기업도 유사한 전략을 활용하여 다수의 우량 발명을 창출하고 이를 다시 전략적 주요 국가에서 해외 우량특허로 재창출할 수 있도록 유도해야 한다. 이를 위한 구체적 방법론으로서 저자는 제11장의 7절 "국가적 전략" 및 제11장의 8절 "정부의 전략"에서 대한민국 행정부의 각 부처 및 대한민국 사법부의 역할을 나름대로 제안하였다.

나. 대한민국 행정 정책의 중요성

그렇다면 대한민국 정부가 국내에 선순환적 특허생태계를 구축하고 국내 특허산업과 국내 제조업을 전향적으로 융합할 수 있는 정책을 시행할 때까지 국내 개인발명가, 국내 대학교·연구소, 국내기업은 기다려야만 할까? 저자의 생각은 "절대 그렇지 않다"이다. 저자가 미국에 거주하던 중 지인의 외삼촌이자 퇴역 육군소장으로부터 얻은 교훈 때문이다. 저녁 식사를 하며 퇴역 육군소장의 남·북한 군사력, 일본 군사력, 중국·러시아 군사력에 대한 평가를 들은 후 저자는 물론 참석자 모두 대한민국의 안위를 걱정하며, 퇴역 육군소장에게 대응책이나 해결책을 물은 적이 있다. 퇴역 육군소장은 껄껄 웃으며 "절대로 걱정할 필요가 없다"고 단호하게 말했다. 그리고 그는 덧붙였다.

"배달민족이 언제 정규군만으로 승리한 적이 있느냐?" 물론 퇴역 육군소장은 일반인에게 군의 기밀 사항을 누설하지 않기 위하여 또는 자신을 전역시킨 상급자들을 조롱하기 위하여 농담반 진담반의 답변을 하였을 수도 있다. 당연히 그렇게 믿고 싶고, 또 그래야만 한다.

하지만 작금의 대한민국 입법부의 입법 활동을 면밀히 분석해 보면 답답한 심정을 금할 수 없다. 우선 일부 국회의원들은 국가 발전과 국민을 위한 입법 활동보다는 자신이 신봉하는 이념만을 주창하며 자신이 경쟁력을 지닌 투쟁만을 주요 업무로 삼는 경우가 흔하다. 더욱 심각한 우려는 이들과는 달리 이념에만 치우치지는 않는 대부분의 국회의원들 역시 이러한 이념 투쟁에 대한 전향적 대응 전략이 부족하다는 점이다. 어쩌면 이념 위주의 강경파 동료들의 기에 눌려서일 수도 있으며, 어쩌면 강경파 의원들의 이념 투쟁에 합리적으로, 논리적으로 대응할만한 실력을 갖추지 못해서일 수도 있다. 따라서 이유야 어떻든 이러한 상황에서 대한민국 입법부가 국내에 선순환적 특허생태계 구축을 위한 입법 활동을 선도한다거나, 국내 특허산업과 국내 제조업의 전향적 융합을 위한 선진 법안을 발의하고 전향적 법률을 제정하기를 기대하기는 객관적으로 몹시 현실성이 떨어진다고 생각된다.

따라서 저자는 대한민국 입법부보다는 행정부가 국내에 선순환적 특허생태계 구축을 위한 정책을 선도하고, 더 나아가 국내 특허산업과 제조업의 융합을 유도할 수 있는 지식기반 정책을 수립·시행할 수 있기를 기대한다. 단 행정부가 이러한 과업을 달성하고 21세기 지식기반시대에 대한민국을 특허강국으로 자리매김하려면 행정부가 그 동안 추진해오던 정량적 성과 위주의 정책은 반드시, 기필코 탈피해야만 한다. 바꾸어 말하자면 앞서 제11장의 7절 및 제8절에서 설명한 바와 같이 대한민국 행정부는 (1) 국내 특허생태계 상류에서는 "**10만** 명의 **우량 발명가**들을 양성"하고, (2) 국내 특허생태계 중류에서는 "전략적 주요 국가의 특허제도와 국내 특허제도의 **합치 전략**을 수행"하는 동시에 이를 달성할 수 있는 "우량 특허출원 전문가들을 양성"하며, (3) 국내 특허생태계 하류에서는 **국제 경쟁력** 및 **실무 능력**을 지닌 "**우량 특허활용 전문가**들을 양성"해야만 한다. 대한민국 행정부가 이러한 목표를 달성할 수 있는 정책을 수립·시행하지 않는 한 국내에 선순환적 특허생태계가 구축될 날은 멀어지며, 그 결과 국내기업들이 해외 우량특허를 활용하며 global market을 사수하기는 더욱 어려워질 수밖에 없다.

다. 발명가 의병의 선도적 역할의 당위성

하지만 21세기 지식기반시대의 대한민국의 미래에 대하여 저자가 그나마 안도할 수 있는 이유는 대한민국 입법부 또는 사법부 또는 행정부가 국내에 선순환적 특허생태계 구축을 위한 노력을 게을리 하고, 국내 특허산업과 국내 제조업의 융합을 추구하지 않더라도 이에 대한 대응책이 존재하기 때문이다. 즉 "대한민국의 **영민**하며 **dynamic**한 **발명가 의병**"들은[158] 대한민국 정부에 의존하지 않고서도 국내에 선순환적 특허생태계를 구축할 수 있는 한편 이들은 global market에서 해외 우량특허를 이용하여 수익을 창출할 수 있다는 점이다. 왜냐하면 특허에는 지식기반시대에 걸맞지 않게 대우도

158) 대한민국의 발명가에는 국내 개인발명가, 국내 대학교·연구소의 대학교수나 연구원 발명가, 국내 기업의 발명가 등이 모두 포함된다.

못 받고 박해받는 국내특허만 존재하는 것이 아니라, global market에서 통용되며 수익을 창출할 수 있는, 지식기반시대의 기축통화도 존재하기 때문이다.

물론 대한민국 입법부, 사법부, 행정부의 전폭적 지원 없이 대한민국의 개인발명가, 대학교·연구소의 발명가, 국내기업의 발명가들이 자발적으로 국내에 선순환적 특허생태계 구축하려면 더 많은 시간과 노력을 투입해야하는 만큼은 사실이다. 하지만 이와 같이 발명가가 주동이 되어 국내에 선순환적 특허생태계를 구축하는 경우의 장점은 바로 대한민국의 발명가들이 외부의 불합리한 간섭 없이 global business 원리에만 입각하여 현실적으로 더 충실한 선순환적 특허생태계를 구축할 가능성이 높다는 사실이다. 즉 구조적 문제로 제대로 보호받지 못하던 국내 발명가들이 **범위**, **또 범위**, **그리고 범위**에 입각하여 우량 발명을 창출한다면, 이들 발명가들은 자신이 국내에서 창출한 우량 발명을 미국·유럽 등의 전략적 주요 국가에서 해외 우량특허로 창출한 후, global market에서 제품 판매를 통한 수익을 창출하거나, 특허 licensing을 통한 수익을 창출하거나, 특허소송을 통하여 충분한 수익을 창출할 수 있기 때문이다.

물론 정부의 전폭적 지원 및 협조 없이 대한민국 발명가들이 자발적으로 국내에 선순환적 특허생태계를 구축하고, 국내 특허산업과 국내 제조업이 창조적으로 융합하기 위해서는, 국내 발명가들이 자발적으로 다량의 우량 발명을 창출해야 하며, 발명가들이 이러한 발명들을 전략적 주요 국가에서 해외 우량특허로 재창출해야 한다. 그리고 이러한 우량특허를 창출하기 위해서는 무엇보다도 국내 발명가들이 권리범위를 앞세운, 공격만이 존재하는 특허의 공수전략을 익혀야 하며, 유능한 대리인을 선정함은 물론 이들에게 service에 합당한 보수를 지급해야 한다. 즉 국내 특허생태계 상류의 주역인 국내 발명가들이 앞장서서 제대로 된 특허전략을 숙지하고, 생태계 중류의 주역인 유능한 대리인에게 합당한 보수를 지불해야만 자신의 우량 발명을 미국·유럽에서 통하는 해외 우량특허로 재창출할 수 있게 된다.

그렇다면 국내 발명가가 우량 해외특허로 수익을 창출하게 될 경우, 이는 국내 발명가 개인에게만 득이 될 뿐 국내 제조업이나 국가에는 도움이 될까?

저자는 국내 발명가의 수익 창출은 대한민국 국가 전체에 당연히 지대한 수익을 제공할 것으로 확신한다. 왜냐하면 국내 발명가는 자신의 해외 우량특허를 필요로 하는 국내기업과 licensing 계약을 체결할 수 있으며, 이에 따라 국내기업은 global market에서 더 우수한 제품을 제조·판매하여 더 큰 수익을 창출하거나 해외 경쟁업체를 시장에서 축출하거나 압박할 수 있기 때문이다. 또한 국내 발명가는 해외 우량특허를 직접 구현하는 창업기업을 국내에 또는 Silicon Valley에 설립하여 global market의 강소기업으로 부상할 수도 있다.

다시 한 번 강조한다. 이제 대한민국 입법부, 사법부, 행정부는 물론 언론, 일반인, 학계 모두 특허에 대한 국수주의적 감정은 버려야 한다. 왜냐하면 제조 능력이 평준화된 21세기 지식기반시대에서는 특허야말로 대한민국을 세계 강국으로 자리매김할 수 있는 유일한 무기이기 때문이다. 또한 특허는 재료 없이도 무한정 창출할 수 있는 무형자산이다. 즉 대한민국이 이어도를 중국이나 일본에 팔아버리면 국토 서남단의 섬은 완전히 우리 품을 떠나지만, 대한민국 발명가들이 착상한 발명과 특허를 해외에 팔더라도 우리의 발명가는 더 좋은 발명을 더 많이 창출할 수 있다는 말이다. 또한 global market에서 해외 경쟁업체들을 상대로 한 licensing 또는 global market에서의 창업을 통하여 막대한 수익을 창출해 본 경험을 쌓은 발명가일수록 실전 경험을 통하여 global market에서 더 높은 가치를 가진 발명을 착상할 수 있는 국제 경쟁력을 쌓을 수 있음은 당연한 귀결이다. 저자는 이것이 바로 지식기반시대를 선도할 수 있는 민족의 힘, 대한민국이 선진국에 안착할 수 있는 구체적 방법론이라고 생각한다.

라. 더 급박해진 현실

전 세계의 제조 공장 중국! 짝퉁의 강국 중국! 그래서 많은 이들은 smart phone의 강자로 부상한 샤오미를 농담조로 "대륙의 실수"라고 부른다. 하지만 샤오미가 진실로 "대륙의 실수"이기를 바라는 이들도 많다. 왜? 샤오미가 "대륙의 습관"으로 고착화되면 국내 기업들의 고전이 뻔히 예상되기 때문이다.

아니나 다를까? 대한민국 행정부, 사법부는 물론 "**발명가 의병**"이 더 빨리, 오늘부터라도 당장 특단의 행동을 취해야할 사건이 발생하고 있다. 아니, 이미 발생하고 말았다! 또 중국에서다!

그래도 특허에서만큼은 만만해 보이던 우리의 이웃 중국이 그만 global 특허 강자로 부상하고 만 것이다. 샤오미가 "대륙의 실수"라면 중국의 친특허 정책이야말로 대륙의 "천추의 한이 될, 크나 큰 실수"이면 좋겠고, 더 나아가 중국 정부가 이 "크나 큰 실수"를 하루 빨리 바로 잡았으면 한다. 왜? 중국의 친특허 정책이 공고화되면 대한민국 특허업계는 물론 대한민국 제조업체의 장래는 더 난감해지기 때문이다.

본 저서의 탈고가 거의 끝나가던 2015년 12월 초 저자는 Firstface의 정재락 대표와 함께 이스라엘 기술이전학회에[159] 참석하였다. 그리고는 화들짝 놀랐다. 왜냐하면 중국의 특허 보호에 대하여 강연하던 이스라엘 강사가 갑자기 중국 제조업체를 상대로 하는 중국 본토에서의 특허침해소송에서 외국 특허권자의 승소율은 70%를 상회하며, 이는 중국 특허권자의 승소율인 63%보다 높을 만큼 중국이 외국 특허권자의 특허를 보호한다고 자랑하였기 때문이다. 이어 등장한 중국인 강사는 자신의 투자 fund가 최근 14개월 동안 이스라엘 창업기업에만 $7,000만 달러를 투자하였다고 자랑하며, 이제는 중국 정부도 특허를, 특히 외국 특허권자의 특허를 적극적으로 보호하는 만큼 중국특허를 많이 출원하고 중국으로 더 적극적으로 진출하라고 권유하였다. 물론 중국 강사는 이스라엘 관중의 우레와 같은 박수를 받았다.

"에이, 아무리 그래도 그렇지, 설마 그럴 리가? 대국의 '통'과 '뻥'은 당할 재간이 없었는데 ... 유태인이 중국인과 가깝게 지내더니만 이제는 한 수 더 뜨는구나!"

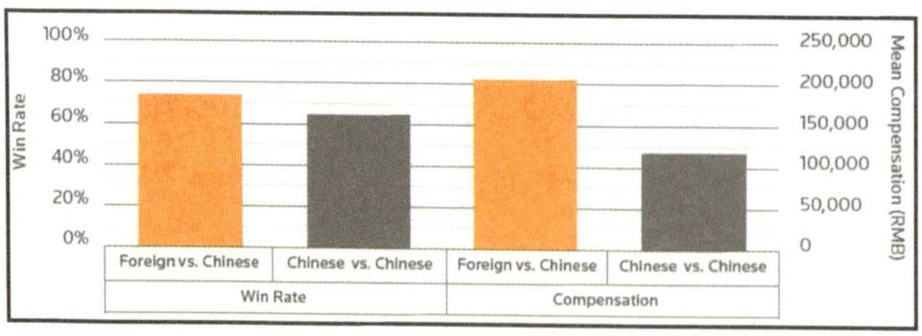

그림 11-37. 중국 특허침해소송에서의 승률 및 손해배상금

159) "이스라엘 기술이전학회"는 Israeli Tech Transfer Association이 2015년 12월 10일 Israel의 Tel Aviv에서 개최한 "The Annual Israeli Tech Transfer Conference"를 말한다. 저자는 2015년 11월 27일 한국발명진흥회의 한국지식재산중개소가 서울에서 개최한 "IP T&T (Transaction and Transfer) 2015"의 종합토론의 좌장으로서 IP T&T에 초청된 Israel 기술이전 전문가들과 자연스럽게 의기투합하게 되었고, 그 인연으로 이스라엘 기술이전학회에 초청받아 참석하였다.

그래도 혹시나 해서 internet을 검색하던 저자는 결국 또 한 번 소스라치게 놀라고 말았다. 저자를 놀라게 한 것은 바로 “China’s IQ (Innovation Quotient)”라는 제목으로 Thomson Reuters가 2014년 12월 발간한 보고서이다.[160] 상기 보고서의 그림 8에 해당하는 그림 11-37의 좌측 panel에서와 같이, 중국 제조업체를 상대로 하는 중국 특허침해소송에서 중국 특허권자의 승소율(갈색)은 63%인 반면 외국 특허권자의 승소율(황색)은 무려 75%에 달함을 알 수 있다. 더더욱 놀라운 점은 이러한 결과가 시진핑 주석의 최근 지시에 의하여 급조된 결과가 아니라, 2006년 이후의 누적 통계치에 근거한다는 점이다.

앞서 제1장의 1-나절 “전략적 주요 국가 특허 확보를 통한 선진국 안착의 당위성”의 주3)에서 저자는 동일한 발명에 대한 특허의 가치가 국내에서 ‘1’이면 미국에서는 ‘100,’ 유럽에서는 ‘10’ 정도인 반면 중국에서는 대충 ‘0.2’ 정도에 불과하다고 설명한 바 있다. 하지만 이는 더 이상 사실이 아니게 되고 말았다. 결국 중국특허의 가치는 평가절상되어야 한다.

그렇다면 중국특허의 가치는 과연 어느 정도까지 평가절상되어야만 할까? 물론 그림 11-37의 우측 panel에서와 같이 외국 특허권자가 중국의 특허침해소송에서 승소하여 받는 손해배상금의 평균은 아직 3,500~4,000만 원 수준으로, 이는 국내 손해배상금인 5,500만 원보다 약간 적다. 하지만 65~75%에 달하는 중국에서의 중국 특허권자 승소율은 국내에서의 국내 특허권자 승소율의 최소한 세 배 이상에 달한다. 또한 국내에서와 마찬가지로 중국에서도 특허침해가 확인되면 거의 자동적으로 금지처분 결정도 내려진다.

이와 같이 높은 승소율 및 이에 따르는 금지처분을 고려한다면 중국특허의 가치는 대충 얼마나 될까? 우선 손해배상금만으로 보면 0.68배(즉 3,700÷5,500)이지만, 승률은 무려 2.9배(즉 70÷23, 물론 23은 현실상 최대치에 해당)이다. 따라서 중국특허의 가치는 앞서 추정한 ‘0.2’가 아니라 최소한 ‘0.4’ 정도로 평가절상할 필요가 있다.

160) Thomson Reuters, “China’s IQ (Innovation Quotient) ~ Trends in Patenting and the Globalization of Chinese Innovation” (2014.12).

이 뿐만이 아니다. 정권이 바뀔 때마다 정신 나간 미인(美人)이 널뛰듯 오락가락하는 대한민국 정부 정책과는 달리 중국 정부는 10~20년의 장기적 안목에 근거하여 안정적으로 정책을 추진하므로, 중국의 친특허 정책은 당분간 계속될 가능성이 크다. 또한 우리나라 GDP의 10배 이상인 중국의 GDP를 감안한다면, 중국특허의 가치는 '0.4' 정도가 아니라 최소한 '4' 정도로 평가절상되어야할 지도 모른다.

여기에 더불어 자신들의 안위가 우선인 대한민국의 국회, populist들이 내거는 공약(空約)이 난무하는 우리 국회와 지자체, 철지나도 한참 지난 "빠이와 염병"에 대한 일부 의원의 애착에 아직도 제대로 대응하지 못하는 여의도 국회를 중국의 전국인민대표회의와 중국 정부와 비교해보자. 그러면 중국특허의 가치는 '4' 정도가 아니라 최소 '40' 정도로 평가절상해야할 지도 모른다는 생각이 불현듯 든다.

중국특허 가치의 증가가 왜 그렇게 중요한지 되묻는 독자도 많으리라. 하지만 저자는 중국특허 가치의 증가가 대한민국에 지대한 영향을 미칠 수밖에 없다고 단언한다. 이에 대한 가장 큰 이유는 바로 대한민국 수출의 약 25%가 중국에 의존하기 때문이며, 또한 우리는 한중 FTA로 인하여 대한민국의 대중 수출이 비약적으로 증가할 것으로 기대하기 때문이다. 과연 우리의 기대대로 될까? 무려 10년의 장기적 안목에 근거하여 안정적으로 정책을 추진하는 중국 정부가 이에 대한 대비책 정도는 미리 세워놓지는 않았을까?

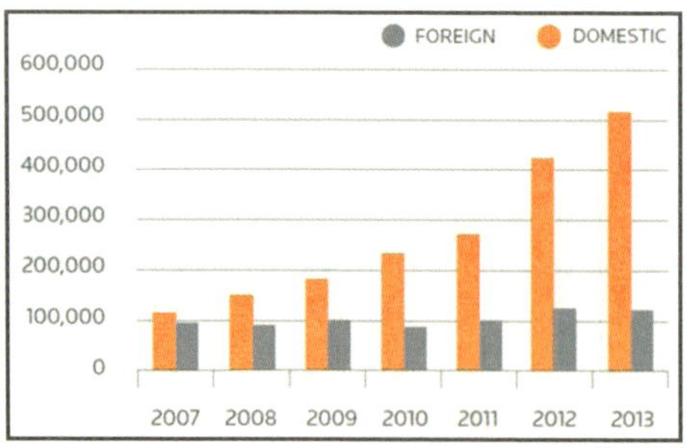

그림 11-38(a). 중국특허 출원 현황 (2014년)[161]

161) 앞주와 동일.

우리는 아직까지도 중국을 "짝퉁 문화의 천국" 또는 좋게 표현하여 "산자이 (山寨) 문화의 천국"이라고 얕보는 경향이 있다. 하지만 중국정부가 장기적으로 추진해온 특허 정책을 곱씹어보면, 지금의 중국은 "특허 천국"이다. 일예로 그림 11-38(a)와 같이 중국은 이제 미국을 젖히고 세계 제1의 특허 출원 대국으로 부상하였다. 그리고 앞서 설명한 바와 같이 중국은 특허침해소송에서의 특허권자의 승소율에서도 대한민국은 물론 미국도 앞질렀다.

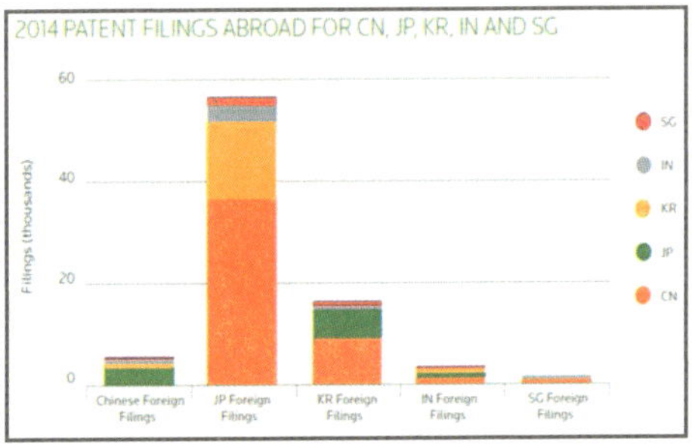

그림 11-38(b). Asia 각국의 특허 출원 현황 (2014년)[162)]

이에 반하여 국내 발명가와 대학교, 연구소는 물론 국내 기업의 대중국 특허 출원은 그림 11-38(b)에서와 같이 극히 미미한 정도이다. 이는 무엇을 의미할까? 대한민국에게는 가시밭길을 의미한다. 왜냐하면 우리가 중국기업의 창의성이나 제조 능력을 얕보고 중국 시장에 진출할 경우, 그 동안 우리가 미국이나 유럽에서 당했던 것처럼 중국에서도 중국특허의 융단폭격을 받게 될 가능성이 해가 갈수록 높아지기 때문이다. 우리가 보유한 중국특허가 미미한 만큼, 중국기업이 보유한 중국특허는 무한한 만큼, 대한민국 제조업체들은 중국에서마저 특허침해소송에 치일 수밖에 없다.

FTA가 무슨 대수인가? FTA 덕분에 관세 몇 푼 아끼며 중국에 수출할 수 있을 지는 모른다. 하지만 그래보았자 특허침해소송에 시달리다가 금지처분을 받게 되고, 이를 해결하기 위하여 손해배상금을 지불하고 로열티를 지불하다보면, 대한민국 제조업체

162) 앞주와 동일.

들은 관세보다 훨씬 더 많은 돈을 중국 개인발명가, 중국 대학교·연구소, 중국 제조업체들에게 지불하게 될지도 모른다.

과연 중국정부는 이러한 가능성을 모두 감안하였기에 10여 년 전부터 중국의 개인발명가, 중국 대학교·연구소의 발명가, 중국의 발명 제조업체들에게 중국특허는 물론 해외특허도 출원·등록하도록 독려해온 것일까? 그리고 중국 발명가들의 사기를 진작시키는 동시에 자국의 이익을 위하여 친특허 정책을 추진해온 것일까? 그 진정한 이유는 무엇일까?

중국특허 소유권자는 중국인 대 외국인의 비율이 약 5:1 정도이다. 따라서 중국에서 특허침해소송이 제기되면 중국정부의 친특허 정책 덕분에 외국 특허권자도 승소하겠지만, 이의 약 5배에 달하는 중국 특허권자도 더불어 승소하게 된다. 또한 중국 특허권자는 중국 제조업체만이 아니라 중국에 진출한 외국 제조업체도 제소할 것이 분명하다. 그러다보면 확률적으로 중국 제조업체보다는 외국 제조업체가 중국 시장에서 고전을 면치 못하게 될 가능성이 무척 높다. 이 뿐만이 아니다. 이와 같은 친특허 infra가 중국에 구축됨에 따라 대한민국에 앞서 중국에서는 특허침해소송에서 승소하여 수익을 창출한 중국의 개인발명가, 중국 대학교수나 연구원, 중국 발명 제조업체가 더 열심히 우량 발명을 창출함으로써 선순환적 특허생태계가 자연적으로 구축될 것이다.

물론 저자는 이 모든 것이 우연의 일치일 뿐이라고 치부하고 싶다. 왜냐하면, 만일 그렇지 않을 경우를 생각하면, 이 모든 것이 중국 정부의 장기간에 걸친 계획의 결과라면, 모골이 송연해지고, 온 몸의 털이 곤두서다 못해 빠질 지경이기 때문이다.

저자는 제11장 8-라절 “특허 Hub와 대한민국”에서 우리도 열심히 노력하면 최소한 “동북아시아 특허 Hub” 정도는 구축할 수 있다고 주장한 바 있다. 하지만 최근 중국의 특허 상황을 보면 국내 특허업계는 특허 Hub 역시 영영 중국에 빼앗길 가능성이 점점 커지고 있다. 왜냐하면 영토도 넓고 시장도 큰 중국이 이제는 친특허 정책 덕택에 발명가의 특허침해소송 승소율 역시 무려 65~75%까지 치솟았기 때문이다.

앞서 발명가는 수익 창출을 위하여 발명을 착상하고 특허를 출원·등록·유지한다고 누차 강조하였다. 또한 발명가는 수익 창출을 위하여 자신과 license 계약을 체결하지 않는 침해의심 제조업체를 제소한다. 그렇다면 발명가가 특허침해소송을 제기하려할 때 고려하는 결정적 지표는 무엇일까? 그렇다. 승소율이다. 발명가는 승소율이 높은 친특허 국가에서 특허침해소송을 제기하기를 원한다.

그렇다면 피고만 억울하지 않을까? 발명가에게 제소당하는 피고의 마음은 누가 헤아려줄까? 물론 정답은 “아무도 헤아려주지 않는다”이다. 왜냐하면 피고는 원고에게 제소당하면 따라가는 수밖에 없기 때문이다. 이것이 바로 소송의 역학이다. 따라서 아무리 대한민국 법원의 판결문이 수려하고, 이를 원어민이 청산유수의 문장으로 번역한들 발명가의 승소율이 중국보다 낮은 한 그 누가 대한민국에서 특허침해소송을 제기하겠는가?

당장 오늘부터라도 국내 변리업계, 변호업계, 사법부, 특허청 등은 특단의 조치를 강구할 필요가 있다!

어디 이뿐인가? 아직도 대한민국에서는 남의 기술을 베끼건 말건 제품을 제조하여 수출만 하면 대통령 또는 국무총리로부터 직접 “수출의 탑” 훈장을 받을 수 있다. 창업기업도 마찬가지이다. 정부가 아무리 창조경제, 창조경제하더라도 아직도 특허에는 신경도 쓰지 않은 채 제품을 제조하거나 서비스를 제공하는 창업기업이 수두룩하며, 그럼에도 불구하고 이런 창업기업들에게 수억 원씩, 수십억 원씩 자금을 투자하는 VC들도 널렸다. 물론 이러한 VC들이 대한민국 국민들의 세금으로 조성한 모태펀드로부터 자금의 상당한 부분을 받아감은 공지의 사실이다.“”‘“”

만일 우리 세금이 포함된 자금을 받은 이러한 창업기업들이 중국 본토에 진출하면 어떻게 될까? 그 흔한 국내특허 1건도 없거나, 있더라도 겨우 100~200만 원 정도로 대충 특허를 출원한 경우가 대부분이기에 변변한 중국특허 하나 없는 이들은 어쩌면 중국에 진출하자마자 철수하게 될 가능성이 무척 높다. 우리 모두 지금부터라도 분발해야만 한다!

마. 다시 시작하며

20세기를 풍미하던 제조 선진국들의 제조 능력에 대한 독점이 와해됨에 따라 도래하게 된 새 시대가 바로 21세기 지식기반시대이다. 즉 지식기반시대의 특징은 바로 제조 능력의 평준화이다. 따라서 21세기 지식기반시대에는 그 어떤 기업도 제조 능력만으로 생존할 수는 없다. 아무리 큰 물고기가 작은 물고기를 잡아먹으며 살더라도 "there always is a bigger fish"가 있듯, 아무리 우수한 제조 능력을 자랑하더라도 곧 더 싼 가격에 동일한 제조 능력을 구현할 수 있는 경쟁자가 출현하기 마련인 시대가 바로 지식기반시대이기 때문이다.

저자는 선진국이라는 문턱에 턱걸이한 채 다음 전략을 고민하고 있는 상황이 바로 21세기 지식기반시대의 대한민국의 현주소라고 생각한다. 특히 위에서는 선진국 경쟁업체들이 국내기업들의 머리를 짓누르며 더 이상 턱걸이를 할 수 없도록 압박하는 반면 아래에서는 후발국 경쟁업체들이 국내기업들의 발을 당기며 기어 올라오고 있는 절박한 상황이 현재 대한민국이 직면한 위기라고 설명한 바 있다. 저자는 국내기업들이 이번에 턱걸이를 못하게 되면 나락으로 떨어질 수도 있는 절체절명(絶體絶命)의 위기에 처해있다고 생각한다.

결국 작금의 대한민국의 첫 번째 거국적 목표는 지금 선전을 거듭하고 있는 국내 우량기업들은 global market에서의 경쟁력을 유지하며 선진국 경쟁업체들이 확보하고 있는 시장을 지속적으로 포획함으로써 자신의 사업 영역을 확장해나가는 동시에 국내 우량기업들을 잰 걸음으로 추격하고 있는 또는 국내 우량기업들을 이미 추월한 후발국 경쟁업체들이 global market, 최소한 국내 우량기업의 영토에는 진입하지 못하도록 저지하는 전략이다. 또한 21세기 지식기반시대에서 앞의 첫 번째 목표보다 더욱 중요한 대한민국의 두 번째 거국적 목표는 바로 국내의 유망 창업기업들을 신규 global market을 창출할 수 있는 global 강소기업 또는 선진국 경쟁업체들이 확보하고 있는 시장을 침투할 수 있는 능력을 지닌 global 강소기업으로 육성하는 전략이다.

물론 위의 첫 번째 목표와 두 번째 목표를 달성하기 위한 필수 요소가 바로 미국·유럽(이제는 중국도?) 등의 전략적 주요 국가에 등록된 우량특허이다. 특히 상기 우량특허를 확보하려면 국내에서 우량 발명이 다수 창출되어야만 하는바, 그 이유는 전략적 주요 국가의 우량특허를 보유하지 않은 채 선진국 경쟁업체들과 high-end market에서 경쟁하거나 후발국 경쟁업체들을 low-end market에서 저지하기는 불가능하기 때문이다.

20세기의 대한민국은 가진 것도 없이 "하면 된다"는 신념만으로 제조업 육성을 통한 부흥을 이루어냈다.

21세기의 지식기반시대에서도 대한민국이 가진 것은 많지는 않다. 하지만 21세기의 대한민국 역시 "우량 발명·특허면 된다"는 신념으로 선순환적 특허생태계를 구축하고, 이로부터 창출된 특허산업을 창조적으로 제조업과 융합함으로써 제2의 부흥을 마무리 지어야 한다. 물론 이를 위한 전략은 간단명료하다. 국내 특허생태계 상류의 국내 개인발명가, 대학교·연구소의 교수와 연구원, 국내 발명+ 제조업체의 연구자들은 "젖 먹던 힘, 혼신의 힘"을 다하여 우량 발명을 지속적으로 창출해야 하며, 특허생태계 중류의 출원전문 특허전문가들은 상기 우량 발명을 미국·유럽(이제는 중국도?) 등의 전략적 주요 국가에서 통하는 우량특허로 재창출해야 하며, 특허생태계 하류의 특허활용 전문가들은 상기 우량특허를 global market에서 활용하여 수익을 창출해야 한다. 이것이 바로 국내 특허생태계의 참여자들이 성공적으로 완수해야할 시대적 임무이다.

이를 달성하기 위한 대한민국의 입법부, 사법부, 행정부의 사명 역시 간단명료하다. 앞서 설명한 선순환적 특허생태계를 구축하기 위한 제도를 만들고, 이를 구현할 수 있는 국제 경쟁력 및 실무 능력을 지닌 전문가를 양성하면 된다. 즉 대한민국 입법부의 국회의원이 제안하는 법안, 사법부의 판사가 내리는 판결, 행정부의 관료가 시행하는 정책 각각이 국내 특허생태계 상류의 발명가들로 하여금 "젖 먹던 힘, 혼신의 힘"을 다하여 더 많은 우량 발명을 창출하도록 유도하고, 특허생태계 중류의 출원전문 특허전문가들로 하여금 상기 우량 발명을 미국·유럽(이제는 중국도?) 등의 전략적 주요 국가에서 통하는 우량특허로 재창출하도록 유도하며, 특허생태계 하류의 특허활용 전문가들로 하여금 상기 우량특허를 global market에서 활용하여 수익을 창출하도록 유도할 수 있어야 한다.

20세기의 대한민국은 "하면 된다"는 신념으로 온 국민이 합심하여 제조업 육성을 통한 부흥을 이루어냈다. 마찬가지로 저자는 21세기의 대한민국 역시 "또 해보자"는 신념으로 온 국민이 합심하여 선순환적 특허생태계를 구축하고 이를 제조업과 전향적으로 융합함으로써 수 년 이내에 대한민국이 지식기반시대의 진정한 선진국 대열에 자랑스럽게 안착하기를 기대한다. 대~~한민국, Fighting!

색인 (INDEX)

ㄱ

ㄴ

ㄷ

ㅁ

ㅂ

ㅅ

ㅇ

ㅈ

E

ㅍ

ㅎ

A

B

C

D

E

F

G

H

I

J

K

L

M

R

S

T

U

V

W

색인 (INDEX)

- 국내외 판례 -

국내외 판례 (해설)

국내외 판례 (각주)

색인 (INDEX)

- 법조항 -

색인 (INDEX)

- 보고서 -